U0039205

OPEN是一種人本的寬厚。

OPEN是一種自由的開闊。

OPEN是一種平等的容納。

OPEN 3/18

築草為城

作　　者　王旭烽

責任編輯　雷成敏

校 對 者　楊　明

美術設計　吳郁婷

出 版 者
印 刷 所　臺灣商務印書館股份有限公司

地址：臺北市 10036 重慶南路 1 段 37 號
電話：(02)23116118 · 23115538
傳眞：(02)23710274 · 23701091
讀者服務專線：080056196
郵政劃撥：0000165 — 1 號
E-mail：cptw@ms12.hinet.net
出版事業登記證：局版北市業字第 993 號

初版一刷　2001 年 1 月

定價新臺幣 320 元

ISBN　957-05-1677-1（平裝）／ 84340000

OPEN 3/18

築草爲城

茶人三部曲 之三

王旭烽／著

臺灣商務印書館 發行

目次

序

公元一九五七，春之政事，顯然與茶事有關。浙江杭州龍井茶區梅家塢鄉記錄在冊：春四月，中共國務院總理周恩來與陳毅、賀龍元帥、羅瑞卿大將及北京市委書記彭真，陪同蘇聯最高蘇維埃主席團主席伏羅希洛夫參觀梅家塢。周恩來祖籍浙江紹興，當年正值花甲。

有關史料還證實了周恩來在此次茶鄉之行的日程安排：二十三日，周恩來至杭後即去茶區，分別參觀了玉泉寺、龍井製茶廠和龍井小學。翌日下午又訪九溪茶區。二十五日，親去機場迎接伏羅希洛夫；二十六日，中蘇首腦同遊茶鄉梅家塢。在茶園，伏羅希洛夫與一位九歲姑娘比賽採茶而敗北，一片笑聲中，周恩來戴上箬帽茶簍，招呼大家一起學小姑娘採茶。同行中人發現周對採茶很內行，採下的都是一芽雙葉的嫩頭。人們由此推測，周恩來在伏氏未抵杭前的兩次訪茶，並非興之所至。周恩來的風格一向縝密，你完全可以把他前期的茶區出遊理解為重大國事活動的選址與考察。周恩來後來曾五次到梅家塢，可見他對這個生產梅字號龍井茶的茶鄉情有獨鍾。

位於杭州五雲山下的梅家塢，作為杭州郊外一個茶鄉，已有六百年歷史。杭州本山龍井茶，向分獅、雲、龍、虎、梅五大品牌，其中梅字號龍井茶精美的炒製工藝，堪稱榜首。據說有兩位梅家塢的製茶能手，每年春上製茶，光是擦亮那兩口茶鍋，就得費工時十二，可見其講究。

一九四九年之後，梅家塢茶農的茶鍋，逐漸由各家彙聚在一起，「集體」作為一個新名詞，成為他們使用率越來越高的日常用語。一九五二年梅家塢成立互助組，三年後，杭州市第一個高級農業合作社——因為紀念十月革命而命名的「十月高級茶葉生產合作社」誕生。隨後，一位名叫伊萬諾娃的蘇聯女茶學專家遠道而來，專為梅家塢人講授茶樹的根外施肥與修剪技術。

一年以後的一九五六年，梅家塢人與蘇聯人民的感情似乎更為熱烈，五位蘇聯茶學專家以農學副博士康麥·德熱莫哈德為首來到梅家塢，他們向中國茶農教授現代茶學知識，中國茶農則向他們展示剛剛總結出來的雙手採茶法。當此時，梅家塢茶農的精神，和他們上下翻飛狀如彩蝶的雙手一樣，是快樂與亢奮的。

一九五〇年至一九五七年茶史稱之為中國茶葉恢復發展期。有關統計證實，一九四八年中國茶葉年產量不足一萬噸，為三百年來中國茶業最低谷。一九四九年十二月，中國茶葉公司在北京成立，吳覺農先生出任總經理。一九五七年茶葉總產量已達十一萬多噸，出口達四萬多噸。這個數字比起六十年前一八八六年的年出口量十四萬多噸，固然只是一個零頭，但比起八年前近乎於零的狀況，畢竟是一個飛躍。杭州龍井茶區自然與中國茶業發展同步，梅家塢茶區則又為其中之佼佼者。中國共產黨領導人，把江南優美的茶鄉、有著小橋流水人家和百千種綠色包圍的梅家塢定位為開放窗口，無疑是要對制度優越性進行直觀的展示。

我們或許還不能忽視個人在歷史上的作用，中國千百年來飲茶習俗的蔓延，有來自於民間的，宗教的，文士的，亦有來自於宮廷的。而宮廷中，最高統治者對茶的熱衷，顯然是飲茶能自上而下推廣的重要原因之一。唐宋明清，歷代皇帝對茶無不推崇備至。社會制度的根本改變，並不能同時改變中國人的這種品飲習俗。孫中山是華茶的大力鼓吹者，同樣，毛澤東與周恩來，都是茶的嗜好者，毛澤東數十次來杭，大多住在西湖宅園劉莊和汪莊。汪莊以往就是茶莊，而劉莊則在毛澤東的倡導下，於三年自然災害期間種了數十畝茶園。

那一年春天，周恩來與伏羅希洛夫江南杭州茶鄉之行，亦成為中蘇兩國友誼向世人顯示的標誌。中國人傳統觀念，向來就把人與世界的理想境界稱之為「和」。和為貴，茶，作為「和」的象徵，恰恰是最合適不過了。

而真實的一九五七，恰是「和」與「不和」的共存之年，上年與下年風光斷然分明。陽春四月的江南，其樂融融，二十五日下午，西湖煙雨空濛，周恩來一手舉西湖綢傘，一手挽著伏羅希洛夫，漫步西湖。同日，周恩來又去寓居西湖金沙港燕南寄廬的江南活武松蓋叫天處探望。據說周是獨步而行的，還在蓋叫天家路口一炒茶娘的炒茶鍋前觀看了一會兒炒茶，誰也沒有認出這位獨自撐傘的男人為何許人。京劇表演藝術大師蓋叫天此時年事已高，正為沒有安排他的演出任務而生氣。周恩來說：「伏老是蘇聯英雄，你是舞台英雄，我們是想讓英雄陪英雄看戲啊。」老人方笑，說：「總理周到。」雖如此，還是安排了他演出一刻鐘的《打店》。事後活武松對周恩來說：「您讓我露臉了！」

當夜杭州飯店的宴會，也許是浙江省省長沙文漢政治生涯最光輝的頂點。此次盛大國事活動中，這位浙江寧波籍的資深革命家與省委書記、紅軍出身的老革命江華一樣，始終未離周恩來左右。八個月後他的政治生命即遭滅頂之災——反右鬥爭中中國大陸有四位省長和九位副省長被解職並開除黨籍，沙文漢是最早被清洗者之一。七年後他在蒙冤中孤獨死去。然而此刻，燈火輝煌，杯盤交錯，沙文漢啜飲著極品龍井茶，對自己如此凶險的命運卻一無所知。翌日他與周恩來同去梅家塢，夜裡又陪同貴賓一起觀看了中國美麗的神話故事、由王文娟和筱桂芳主演的越劇《追魚》；第三天，沙文漢隨同周恩來一行同遊蘇堤六橋，至虎跑，品嘗西湖雙絕「龍井茶虎跑水」。到濟公塔院時，周恩來說：「這裡葬著一個古代和尚濟公的骨灰，人民很喜歡濟公，他關心人民，專打抱不平，在民間流傳著許多關於濟公的美麗傳說。」伏羅希洛夫的公子也隨同父親來華，此時插話道：「濟公本來想替天行道，但是統治者不讓他這樣做，結果只得裝瘋賣傻。」周恩來笑著說：「看來你對濟公還挺有研究嘛。」於是大家都笑，襯出一片春和景明、政通人和的景象。

伏氏與國學大師馬一浮的會見也被安排在那一天。彼時馬一浮正住在西湖南山、他學生蔣國榜的莊園——杭州人稱為蔣莊。周恩來親到樓下恭候。馬老頭大身矮，銀鬚飄胸，至西樓香岩閣下，自有一種莊嚴法度，令伏羅希洛夫肅然起敬。伏老問：您老在研究什麼？馬老答：讀書；伏老又問：您老在做什麼？馬老又答：讀書。兩老在各自的語言體系中進行了和氣短暫又似是而非的交談，然後合影留念。伏老又請馬老同遊，馬老拱手道：年老體弱，恕不遠送。就此作君子之別。

七年之後的北京，毛澤東在中南海懷仁堂宴請馬一浮，周恩來、陳毅等人坐陪。馬一浮留下贈毛與周的詩聯兩副。贈毛的一聯為：使有菽粟如水火，能以天下為一家。贈周的一聯為：選賢與能講信修睦，體國經野輔世長民。

又兩年，馬一浮被紅衛兵逐出蔣莊，他很快就在劫難中西歸。臨終前的日子他依戀龍井茶，特用高價求得二兩，以開胃口。大約三十年前的抗日戰爭中，他在逃難間也曾飲得學生壽毅成從中茶總公司送來的龍井茶。當時他正在貴州山中講學，收到新茶，感慨之至，題記曰：龍井已沒虜中，山民日夜潛摘，間道送上海輾轉而後得之。自經亂離，久不嘗此味也。又吟詩一首，其中有「空有茶經誇博物，當筵誰與辨勞薪」之句。一九六七年夏，垂死的大師在日飲龍井一二杯之餘，寫下了另一番境界的絕筆：臨崖揮手罷，落日下崦嵫。

此是後話，暫且放下。當下卻正是中國社會主義建設一浪高過一浪的時代。熱情很快將變成狂熱，一大批知識份子正在被清洗之中，但總體而言，廣大的中國鄉村與城市，經濟面貌呈蓬勃之勢。茶事也一年盛於一年。全國茶葉面積已達近五百萬畝。一九五七年八月，國務院規定，茶葉由國家委託國營商業和供銷合作社統一收購，農民自己留用部分如果需要出賣的時候，也必須賣給國家委託的收購商店。

周恩來以他自己一貫的清廉作風實踐著他自己制定的政策——陪同蘇聯貴賓離開杭州之前，他自己掏錢付了他送給伏羅希洛夫兩斤茶的茶錢。他說：以我名義送的茶葉，錢一定要我自己付。

一九五八年大躍進之年，白熱化之年，大建設與大破壞之年，中國當代茶業史上大起大落之年。三月在杭州召開全國茶葉會議，提出的口號是三年超錫蘭，五年趕印度。五個月後，杭州第一個人民公社西湖人民公社宣佈成立。同月，毛澤東在安徽宣城，指著一群山巒說：「以後山坡上要多多開闢茶園。」此話一出，便成為中國茶界的最高指示。再過一個月，中國農業科學院茶葉研究所擇址在梅家塢附近宣告成立。

與此同時，一名浙江籍的音樂家周大風來到茶區體驗生活，並在很短的時間內寫出了一首被後人視為經典的極富江南色彩的茶歌〈採茶舞曲〉：溪水清清溪水長，溪水兩岸好風光……此曲作為現代越劇《雨前曲》在北京長安劇場公演之時，得到周恩來的肯定，同時他也對其中兩句歌詞提出自己的看法，認為「採茶採到月兒上」是採露水茶，脫離生活；而「插秧插到大天光」則是不注意勞逸結合。三年後他在梅家塢再一次見到周大風的時候，專門為他重新擬了兩句：插秧插得喜洋洋，採茶採得心花放。

紅旗與歌聲裡的綠色之茶，再也無法安寧了。人們開始提出或者接受一些令後人目瞪口呆的口號。全中國茶區都有人號召茶躍進，放衛星。茶的本性是不移，移了易死，所以民間婚事才把茶作為聘物。現在也學了稻麥，提出茶園移植歸併，讓它們全擠堆成一團，密不透風，此曰密植；對人民公社一大二公的理解，一旦落實在茶葉上，便被理解為茶山開放。管你阿狗阿貓，只管上山，連城裡修鞋的，剃頭的，洗澡堂子的，賣水果的，全都拉去採茶。至於農村，那就更是社隊亂採一氣，誰採就是誰的。茶採春夏秋，歷來如此，現在說是打破迷信了，加上一個「冬」字。這就成了四季採茶，片葉下山，最後讓茶樹赤膊過冬。那些日子，夜訪茶山，只見人們個個挑燈夜戰，耳邊一片唰唰唰唰，人力過處，老葉新葉一鍋端。站在山頭往遠看，但見城裡一片火光沖天，紅星亂飛，那是一個個小高爐；往近看，滿山遍野燭影明滅，人聲鼎沸，這才知道什麼叫大打一場採茶的人民戰爭。又，製茶原是個精細活兒，特別是炒茶，光一個龍井茶就有十種手法。現在老葉掐都掐不開，手炒就沒用了，有的地方的老葉，老到得先推著大石碾把它給碾碎了，才有「下回分解」。此時的茶，分明就成了玉米棒子，還談得上什麼精美玄妙。直到有一天，那些美麗如少婦的豐腴的茶蓬一株株赤身露體，四枝八杈，灰頭土臉，骨瘦如柴，奄奄一息，人們才傻了眼。這時才發現，他們再也沒有什麼可採了。

十年之後的一九六九年，中國茶葉才恢復到一九五七年的元氣。

一九六二年開始的茶葉持續發展階段，建立在三年自然災害後痛定思痛的基礎之上。五年前中蘇在茶氣飄香中祝福的友誼，早已被嚴酷的意識形態的重大分歧取代。蘇聯茶葉專家不再被派往梅家塢，而浙江農業大學中國第一個帶外國留學生的茶學專家莊晚芳先生，也不再培養他的蘇聯研究生。中國人開始咬緊牙關，苦渡難關。這個階段常來杭州居住的毛澤東，在宣佈自己不吃肉的同時，號召他身邊的工作人員開荒種地。有一張照片記錄下他正在採摘劉莊茶葉的鏡頭，這些茶葉，恰是他讓他的警衛員們種下的。經濟建設已成當務之急，中國茶業，便在休養生息中緩過氣來。

階級鬥爭這根弦並未有任何鬆懈，許多重大政治謀略與決策，就在龍井茶包圍著的劉莊和汪莊做出。一九六五年十一月，國防部長林彪派他的妻子葉群專從蘇州趕到杭州，歷時五小時，向毛澤東狀告羅瑞卿。一九五七年梅家塢之行時，羅瑞卿和沙文漢一樣，是簇擁在周恩來身邊的重要人物。這一次他難逃劫網，一個月之後他的所有職務——其中包括公安部長、國防部副部長、總參謀長等等，統統罷免。

下一年，一九六六年，是毛澤東夫人江青作為旗手和學生亮相的時段，杭州成了中國又一個動亂大年代開始的策源地。一月，江青從上海趕往杭州，與林彪密謀「文藝革命」問題。三月，杭州劉莊，毛澤東召開政治局擴大會議，被點名的共產黨高級幹部中，有楊尚昆和陸定一。毛澤東在品茗閒談間，大有深意，使人驚心，說：「我看你們只是半個馬列主義者，半個三民主義者。你們自己做結論，算不算馬列主義？」說話之間，彭真接到一個電話，他面色嚴峻地來到毛澤東身邊，輕輕地告訴他，羅瑞卿跳樓了。毛澤東有些驚訝，說：「為什麼跳樓？」然後講了一句話：「真沒出息。」

同樣也是梅家塢之行中重要一員的彭真，僅僅一個月後便步羅瑞卿後塵，在劫難逃了。四月中央又在杭州開會，四月十五日彭真再到杭州，要求見主席二十分鐘，未果。而與會者聽了毛澤東的講話，更是啞口無言，誰也不能表態，相互之間也不敢多言。會間休息，到蘇堤上散步，誰也不敢再和彭真並行，更不敢和他講話了。

杭州的四月會議上，基本通過了〈中國共產黨中央委員會的通知〉，這就是舉世聞名的〈五·一六通知〉，它向全黨全軍全國人民宣告：

混進黨裡、政府裡、軍隊裡和各種文化界的資產階級代表，是一批反革命的修正主義分子，一旦時機成熟，他們就要奪取政權，由無產階級專政變為資產階級專政。這些人物，有些已被我們識破了，有些則還沒有被識破，有些正在受到我們信任，被培養成我們的接班人。例如赫魯雪夫那樣的人物，他們現在正睡在我們的身旁，各級黨委必須充分注意這一點。

那年春夏之交，正值新茶上市，城裡人買茶雖然還要憑票限量，但沿街茶店終於出現一些好茶，郊外山坡茶蓬，也重新有鳥兒鑽入茶心啼鳴。看來，茶事終於從八年前的元氣大傷中走出。人們開始暗暗渴望，在「四清」和「社教」之餘，能有自己的點滴時間，用於品飲生活。須知，一些古老的傳統依舊潛在地左右著中國人隱藏很深的生活習性，誠如茶聖陸羽所言：飛禽、走獸和人類，都生活在天地之間，依靠飲食維持生命活動，飲的現實意義是多麼深遠啊！

一場狂飆般曠日持久的運動，就在這時醞釀爆發，一個無法品飲的年代，就要來臨了！

第一章

燕子銜將春色去，紗窗幾陣黃梅雨。

昨夜一場大雨，今日陽光明媚，但翁家山老革命、老貧農小撮著的孫女翁採茶依舊坐在窗口傷感。天光從窗外射入，打在她的不抹油也發光的瀏海上，她的眼睛經過三代人的優化組合，已經不再那麼鼓暴，凝視春天時雖然依舊殘留著曾祖父的些許呆滯，但憨厚的嘴角一咧，結實的白牙一露，她自己就從祖先的外殼中徹底彈出，她就會像窗外蓬勃的一團新茶，四處飛濺活力。況且她既不是剛暴出來的米粒般的新芽，也不是綠枝成蔭的老葉，她就是那種清明前後一芽一葉狀如雀舌的優質龍井，聞一聞，噴噴香。

小撮著在堂前一角的門背後，忙著藏茶前的事情，手裡捧著石灰袋，一邊怨她：「發什麼呆？也不曉得幫我一把。」

採茶把手襯在方方的額下，很不敬地說：「你自己曉得！」

小撮著把口小肚大的龍井罎一推，生氣地盯著孫女，這時候祖孫兩個的表情便因為血緣關係而奇異地相像。採茶是在他身邊一手拉扯大的，最近剛剛到了城裡湖濱路招待所燒鍋爐沖開水，户口還在鄉下呢，就開始人五人六了。小撮著很不滿，威嚴地咳了一聲，說：「人都要到了，你心思還沒有收回來。」

「還說他們怎麼好，也不看看現在幾點鐘！」孫女回過頭來，看一眼八仙桌上的自鳴鐘。土改後杭家送給小撮著的這口台鐘，此時已經中午十二點，但杭家人說好十點就要到的。小撮著懊惱地看看一桌涼菜，又盯著孫女，他越來越說不過她了，雖然他也知道，今天是相親，杭家不該遲到。

「給你留點時間還不好？來裝石灰袋！」小撮著想不出用什麼話來解釋杭家的這一重大失誤，只好轉移話題。採茶懶洋洋地走到爺爺的身邊，開始幫著幹活。

活兒並不多，一只龍井罎，高不過半米，胖著肚子，貯十三斤的茶，還得夾四斤生石灰。小撮著家多年都沒有那麼些茶了，自家自留地裡能採幾斤？今年捋捋刮刮，收了五六斤，還不敢讓隊裡發現。國家規定得嚴，郵寄不得超過一斤，送人不得超過兩斤，每個人只能留下私茶半斤到一斤。小撮著雖是老革命，卻是脫了黨的；雖是老貧農，卻是和城裡資本家牽絲攀藤的。所以他躲在門背後，不想讓隊裡發現他的能裝十三斤茶的龍井罎——他千方百計弄來的茶，也只能裝滿一半，但左鄰右舍連這半罎都裝不滿呢，有些乾脆把茶罎都扔到屋外院角裡去了。你想，茶都沒有，還要什麼茶罎？

小撮著的這只茶罎，就是從院後撿回來的，所以要好好地烘罎。這活兒小撮著在忘憂茶莊做了幾十年。「解甲歸田」後，給隊裡幹活，大鍋飯，手藝粗了。今日便技癢，下了一番心思，要把它給重新「細」回來。

他讓採茶往紙袋裡裝生石灰，再用布袋套上。茶葉事先已用兩層的牛皮紙包了，一斤一包，放在旁邊矮桌上。然後，他開始了第三遍烘罎。

龍井茶的烘罎，先得兩樣東西，一只鉛絲吊籃，盛了燒紅的炭，用了三根鉛絲掛到罎底，烘十來分鐘，取出；然後冷卻，再來一次，凡三遍。小撮著為了這五六斤茶，就忙上忙下忙了一上午。他是成心想把第三次烘罎留給杭家的，他知道今日杭嘉和必帶著侄甥孫輩來，就想創造一個熱烈的懷舊的氛圍，在七手八腳和七嘴八舌中，把兒孫們的事情給定了。

現在茶鏜已冷過兩遍，人影未見。眼見茶鏜火氣已盡，再不烘鏜，就要前功盡棄了。他只得重新撥亮炭火，心裡納悶：東家杭嘉和一向就是個守時之人，他常用茶聖陸羽的人品來作例證，說：與人為信，雖冰雪千里，虎狼當道，不愆也。這個「愆」字，東家是專門作了解釋，就是耽誤的意思。今日卻「愆」了，想來必是有原因吧。

祖孫兩個，各想各的。那個已經在城裡招待所當臨時工的採茶，對爺爺的舉動不那麼以為然——烘鏜三遍，空佬佬，犯得著？

採茶姑娘翁採茶有她的苦惱：一是想有城市戶口而不能；二是招待所的小姐妹給介紹了一個對象，爺爺不但不同意，還要把城裡寄草姑婆的兒子杭布朗配給她。這個杭布朗，又不像得荼、得放他們，從小就熟的。她從來就沒有見過他，只曉得這個人一直在雲南少數民族乾爹那裡的大森林裡生活，二十出頭才回杭州，工作也沒有的。現在暫時在煤球店裡鏟煤灰，和她在招待所裡燒鍋爐沖開水有什麼區別？爺爺把他說得千好萬好，又有城市戶口，又是世交，人又登樣。總之配給他，天造地設。

她就趕到梅家塢，奶奶本來就是那裡人，父親又是那裡的招贅女婿，一家人都在那裡落戶，只把她留給了翁家山的爺爺。現在是要辦終身大事了，父母管不管！父母當然是管的，他們聽了這門親事，倒也輕鬆，說：「寄草姑婆家有個小院子，嫁到城裡去，那有多少好！你爺爺錯就錯在土改前頭回了家，貧農倒是變了個貧農，到底弄得我們都成了農村戶口。雖說你現在當個臨時工，哪年哪月能轉正？」

翁採茶激動地說：「你們又不是不曉得，寄草姑婆的老公還在牢裡呢！」父母聽了，呆了一會兒，關上了門，說：「不是說冤枉的嗎？人家死不認賬，只說自己是共產黨的人，一天到晚在告呢。」

翁採茶撇撇嘴，到底城裡待了兩個月，領導常到那裡開會的，茶都替他們倒過七八十來回了呢，也算見過世面了。她說：「告？一百年告下去也沒用的，告來告去，還不是十五年？」

採茶娘掰著手指頭算了算，十五年已經到了，就說：「阿囡，管他真冤枉假冤枉，不要緊的，反正你還有七八個兄弟姐妹，其他人都好嫁工人階級貧下中農的。」

翁採茶很委屈，說：「為什麼讓人家嫁好人，讓我給勞改犯做媳婦？」

父母沉默了一會兒，說：「六〇年你們兄妹要餓死了，全部在羊壩頭度的饑荒，杭家救過我們的命，你忘記掉了？」

「那姐妹好幾個，做啥硬要挑我？」

父母說：「採茶你弄清楚了，不是我們要挑你去，是你爺爺要挑了你去的。你是爺爺一手養大的，這次能到城裡去做工，還不是靠爺爺的牌頭？他對你的好處，你自己想想去。」

翁採茶就悶聲不響地回來了。父母對她不怎麼親，她是知道的。家裡女兒生得太多，那年是要把她送給浙南山裡人家的，爺爺要下了，三日兩頭去城裡杭家討奶粉煉乳，把這條小命養大了，現在要回報了。

正是梅雨季節，她愁腸百結地答應了爺爺，但心裡很不平衡。肚裡有事，手腳就亂，小撮著小心翼翼把六包茶葉貼著罎壁放好，伸手就去取那石灰袋。誰知還沒接到手上，石灰袋就散了。小撮著跟嘉和幾十年，也是近朱者赤近墨者黑，最見不得做事情馬虎。此時他一下子護住茶罎，盯著孫女就叫：「紹興佬有什麼好？要你這副吃相放不下！」

孫女的眼淚一下子湧了出來，說：「人家是解放軍！」

原來小姐妹給採茶介紹的對象是個紹興人，在省軍區當著幹事呢。

小撮著又呵斥：「脫了軍裝，還不是老百姓！」

「人家會越升越大的！」翁採茶簡直是氣勢洶洶地喊了起來。

「喊！」爺爺驚奇又鄙視地問，「你怎麼曉得他會越升越大，你是他的領導？」

「看得出的！」

「你什麼時候見過他了？」爺爺放下茶罏，烏珠突出，活像一隻生氣的大青蛙。

「我照片上看到過的。」

小撮著伸出巴掌：「給我看看。」

翁採茶本能地護住了貼身小背心的口袋，說：「就不給你看！」

爺爺見狀便說：「我看好不到哪裡去。」

「你反動，你敢說解放軍好不到哪裡去！」

小撮著嚇了一跳，連忙「呸」了一口，以表明他剛才的話已經被他「呸」掉了，結結巴巴地說：

「我是說相貌、相貌，相貌好不到哪、哪裡去！」

這話才是觸到了採茶姑娘的心肝肺上。實際上，如果那張兩寸照片上的解放軍叔叔不是那麼英姿勃發的話，她翁採茶才不會動心呢。她為來為去，還不是為了這個紹興當兵的小伙子的帥。從小到大，她就在這麼一群牙齒齙出、烏珠外鼓的黑臉父老鄉親間長大，一下子看到這張穿軍裝的英俊的臉，她心頭哐噹一聲巨響，從此太陽就從天上落下，一頭砸進她的心裡，所以她決不能允許爺爺貶低他，便厲聲叫道：「我告訴你，他就是生得好，生得像——」她一時想不出她的意中人應該像誰，突然眼睛一亮，說：「他生得像周總理。」

爺爺小撮著先是目瞪口呆，然後清醒過來，生氣地說：「收回，收回，你給我收回！周總理什麼人，啊，周總理什麼人？你曉得什麼，你見過周總理嗎？人家是天人，我在梅家塢見到他兩回，周總理一站，旁邊還有什麼人看得見？光都罩住了，我看來看去，就是他一個人了。」

採茶就被爺爺鎮住了。她在招待所裡，常聽人家說周總理是四大美男子之一，還有哪「三大」她也搞不清楚。但周總理和採茶能手沈順招談話的照片她是看到過的。她承認周總理是美男子，但她認為她貼身小背心裡的解放軍也是美男子。

「他就是生得像周總理嘛。」她招架著，口氣卻軟了很多。

「誰像周總理啊，誰像周總理啊？」一個小姑娘跳了進來，邊跳邊說，「撮著爺爺，快點給我們吃飯，我們都餓了！」

話音剛落，兩個小伙子陪著一位老者進屋。老者抱拳說：「來遲了，來遲了……」

左邊那一位戴眼鏡的小伙子就說：「怪我，怪我，學校裡有點事，耽誤了。」

採茶認識他，嘉和爺爺的孫子杭得茶。那麼右邊的那一位，就是「他」了。翁採茶有些失措，有些無奈，有些緊張，還有些害羞，牙齒一咬，抬起頭來。那人笑了起來，指著她說：「就是你啊！」

翁採茶只聽得耳邊又是一聲「哐噹」，另一個太陽就掉了下來，一瞬間，就把前一個太陽砸得個無影無蹤，灰飛煙滅。

杭布朗，在遙遠的西南大森林裡長大成人，小邦崴一手把他拉扯成會追姑娘的小伙子。正在大茶樹下把情歌唱得方圓幾十裡山林有名，母親要他回杭州了。他不能夠老在森林裡待下去，他的户口在杭州。

一回家，他就神奇火速般地交結了一班酒肉朋友，寄草悄悄養的幾隻母雞統統被他殺光，不年不節地大吃大喝三天。居民區的小腳老太婆們就輪流來偵察——布朗一視同仁，對酒當歌，人生幾何？每人遞上一塊雞肉。最後肉吃光了，就搬出一個大盆子，說是雞湯，湊到老太婆們的皺嘴邊。那段時間正在放一些邊疆片：《五朵金花》《景頗姑娘》《山間鈴響馬幫來》……布朗又有異族情調，雖是大森林裡出來的小伙子，卻是在城裡讀過初中的，比《五朵金花》裡的阿鵬還帥呢，老太婆們簡直覺得他是從放電影那塊白布上複下來的。她們抹著油光光的嘴唇回家時，決定對這種違反社會主義生活的做派，睜一隻眼閉一隻眼。

當初把布朗放在西雙版納，實屬權宜之計。一來是小邦崴太想念這個義子，二是羅力突然進了監獄，布朗的出身就成了大問題。為此全家人議過此事，誰也沒叫寄草離婚，因為誰也不曾想到羅力這一去就沒有再回家。

羅力是抗戰勝利之後加入中共地下黨組織的，淮海戰役中，他在他所屬的那支國民黨軍隊裡成功地進行了策反工作，被收編之後，羅力一度春風得意，打進杭州城時，他也是接收者之一。沒想肅反時他找不到他的入黨介紹人——他說他犧牲了，他們是單線聯繫的。本來這事情還不足以讓他坐十五年牢。問題是這東北人脾氣大，受不得委屈，審他的人不過是詐詐他罷了，他卻聽不得，暴跳起來，結果把上頭查他的人得罪了，銬進去再說。誰知一銬進去，渾身上下都是嘴也說不清楚了。羅力又死不認賬，監外的杭家人跟著著急，有人建議不妨先認下來再說，或者刑還可往輕裡判。寄草說：「他真是地下黨啊，我比誰都清楚，他就是地下黨啊。」那時候，寄草的老朋友楊真也已經從延安到杭州了，正春風得意地要上北京，他懂外語，又是老革命，國家要把他往國外放，當外交官去呢。他和羅力的遭遇可真是天壤之別。他很關心老朋友的問題，便問寄草：「你有羅力是共產黨員的證據嗎？他告訴過你嗎？你參加過他的組織活動嗎？」寄草就傻眼了，指著心說：「我憑我的心證明他是革命的，他是共產黨。」楊真嘆著氣搖頭說：「憑你的心怎麼能夠說明問題呢？」寄草火了，指著他的鼻子罵道：「楊真你忘恩負義，你們共產黨人做人不憑良心，我們還跟你們見什麼鬼？」大哥嘉和連忙喝住寄草，說：「不是楊真，羅力現在還不知怎樣呢。」這話也不假，那時候鎮壓反革命，沒人攔著，說槍斃也就槍斃了，羅力的命，真還是楊真說過話才保下來的呢。

楊真臨走時還去看過一次寄草，寄草「拎」不清，也不想想楊真這種時候還來看她，那是什麼樣的情誼。話就很重地甩過去，說，你怎麼還來啊，我可是反革命家屬了呢。楊真搖搖頭苦笑，想告訴她什麼是延安時期的整風和肅反，又想跟寄草哪裡說得清這個。兩人面對面看著，寄草眼淚就被看了出來，她想，楊真再也不是那個躺在爛被窩裡仰望夜空憧憬共產主義的年輕人了，他們之間的那點朦朦朧朧的感覺，如今已經蕩然無存了。楊真不懂女人那種物是人非的複雜感受，以為寄草是在哭羅力，就安慰她，說這麼大的革命，天翻地覆，泥沙俱下，難免有吃誤傷的，有些事情搞搞清楚也好。比如他楊真從上海跑了來後的那一段，在延安時也查過，要不是這次保育會和寄草出證明，他說不定也得掛起來，不是也和羅力差不多了。羅力就是脾氣太大，這樣不好，對組織一定要有耐心，要相信組織，積極配合，把事情真正查清楚。這些話寄草聽得耳朵起老繭，就反唇相譏，說你要是碰到這種倒楣事情怎麼辦？楊真聽了，突然笑笑說：「真要有那麼一天，恐怕也只有你那樣的人會來看我。」他這麼說一句，倒把他們之間的距離又拉近了。

也是羅力晦氣，怎麼也找不到他的身份證明。越找不到越火冒三丈，在監獄裡一點也不老實，那刑卻也就往重裡判了。到了這個地步，他們杭家人才全部傻了眼。二哥杭嘉平最清醒最務實，首先看到了監獄外的母子該如何活下去，於是便提議，先把小布朗的姓由羅改為杭。「這是一個實際問題，」

已經是省政協委員的杭嘉平說，「他姓羅，就會有許多人問他，姓羅的父親在哪裡？所以不如讓他姓杭。新社會，男女平等，姓母親的姓，也是很正常的。」

對改姓問題大家都沒有異議。方西泠的兒子越兒就改了兩回姓了。原本隨父姓李，李飛黃當了漢奸，方西泠離開他去了美國，把兒子託給了前夫杭嘉和，越兒改姓了方。共產黨執政，重新登記戶口，被收為嘉和義子的方越就正式姓了杭，杭方越，聽的叫的都順口。

布朗姓了杭，但依舊有個羅姓的父親問題。所以寄草乾脆一咬牙，讓小邦崴帶走。江南與雲南，真正是天各一方啊，別人都說寄草狠心，只有嘉和支援妹妹。他說：「不是還有寒暑假嗎？眼睛一眨的工夫就好回來的。」

眼睛一眨就眨了十五年，「反動軍官」羅力表現再不好，還是刑滿了。當局讓他留在勞改農場，外人看來，和勞改也沒什麼區別。寄草這才下了決心，小布朗終於回到了闊別多年的故鄉。大舅介紹他暫時到一家煤球店裡鏟煤灰，還算是消耗掉一點精力，但這種黑乎乎的生活讓小布朗實在憋氣，下了班後和媽媽又談不了幾句話，媽媽就要去上中班。他發現江南城裡的親戚到底和大茶樹家鄉的人們不同，比如杭家所有的人都有自己的生活，他們喜歡他，但都沒有軋堆的習慣，但小布朗是有軋堆習慣的，他不習慣孤獨。

小布朗悶悶不樂，一下班便倚在門前，洞簫橫吹。沒過幾天，馬市街的巷口就傳開了一個消息：有一個年輕的流浪漢，日夜在家門口發情呢。

一群失意失業的男女青年，頓時聞風而來。向晚時分，捧著飯碗，立在小布朗家門前的台基上，聽他唱歌。

布朗是有他自己的情歌的，和《外國民歌二百首》上的歌兒都不一樣。有一首中國民歌，年輕人也都會唱，叫做〈小河淌水〉，可他們那叫什麼唱啊，白開水一樣。杭布朗的唱才是唱呢，和特級龍井茶一樣地雋永啊——

……

月亮出來亮汪汪亮汪汪
想起我的阿哥在深山
哥像月亮天上走
哥啊……哥啊……哥啊……
山下小河淌水清悠悠

……

杭州弄堂裡穿進穿出的那些個小家碧玉們，有幾個聽到過這樣的近乎於嘆息的「哥啊哥啊哥啊呀」，那三個「哥啊」真正是驚心動魄，真正是要了那些個杭州姑娘兒的命。她們誰還有心思去弄堂居民區跟纏過小腳的老太婆囉哩囉嗦讀報紙學文件發老鼠藥啊，一天就盼著傍晚，好到杭家門口去聽——哥啊。

這一來小家碧玉們的娘不答應了，她們紛紛跑到居民區去告杭布朗這個小流氓的狀，她們不免聳人聽聞地說：「我們的孩子，雖不都是生在新社會，卻也可以說都是長在紅旗下的了。如今每日到那國民黨勞改犯的家門口去混，哥啊妹啊的，誰是他的哥，他這樣出身的人配當哥嗎？」

居民區老媽媽頓覺問題嚴重，便叫來已經在街道小廠裡糊紙盒的杭寄草談話。寄草聽著她們的一番話，也不申辯，回家便問兒子，是不是天天唱歌沒幹別的？

兒子說，還能幹什麼啊，就唱歌他們還難為情呢，倒是想叫他們跳舞來著，誰敢啊——膽小的漢人！沒趣的漢人！

當媽的不想告訴兒子，他是一個和別人不一樣的漢人。又想，其實兒子不是不知道。她說：「她們說你實在憋不住，可以像五八年大躍進時那樣，弄些革命的東西來念。」

小布朗不知道一時半會兒的，革命的可以念的東西哪裡找去。杭家幾乎沒有人是學文的，小輩中得茶好不容易學了文，卻又是學的歷史。《唐詩三百首》倒是有，但是它也不革命。寄草東翻西翻，翻出了一份侄兒杭漢從蘇聯帶回來的茶葉雜誌，意外地發現裡面有一首漢譯詩，夾在雜誌當中，正是他們這一代人熟悉的馬雅可夫斯基的階梯詩。

布朗就念了起來：

白熊、
　　馴鹿、
　　　　愛斯基摩——
　　茶管局的茶
　　　　誰都愛喝。
哪怕喝到北極
也覺渾身暖和。

「這是什麼詩啊，」布朗哈哈大笑說，「好。不讓我唱阿哥，我就唱馬雅可夫斯基賣茶。」

當晚，杭家院子一片的嚷嚷，不明就裡的人，還以為茶莊開到杭家門口來了呢。

我敢向全世界
　起誓：
私營公司的茶葉
　太次。
茶管局
有信譽。
茶葉成色
　你請沏出來一試，
整個房間，
　會香得如花噴放
千紅萬紫。

老太太們這會兒聽清楚了，原來剛剛成立了一個茶管局，想買茶，儘管上那兒去。這幾年國家控制買茶，一個人只能買半斤，正愁著不夠喝呢，這下子好了，有了一個茶管局了。要票嗎？要什麼票，票是什麼都沒有才想出來的法子啊。老太太們也不讓無業青年們再往下念了，她們急赤白臉地湊上去問道：「茶管局在哪裡？我說蠻胡佬，茶管局在哪裡？」

布朗說：「茶管局？茶管局在蘇聯啊！」

眾婆婆們聞聽大怒，鬧了半天，茶管局還在人家蘇修的地盤上。這是可以拿來鶯歌燕舞的嗎？這是可以拿來朗誦的嗎？這是可以聚集年輕人日唱夜唱的嗎？他們吃不準這算不算是反革命行為，也吃不準到底這個世界上有沒有個茶管局。她們且按下滿腹疑慮不表，那天夜裡，她們截住了剛下中班回來的寄草，開門見山地說道：「都道你市裡頭有大幹部認識，所以你丈夫在牢裡，人家也為你作保。這個你要領人民政府的情才是。新社會裡做人，前半夜想想自己，後半夜想想別人。」

寄草說：「我新社會裡做人這樣做，舊社會裡做人也這樣做的。」

眾婆婆們聽得幾乎厥倒，她們也吃不準這是不是反動言論，只好說：「你這樣說話，小心公安局抓了你去，有人保你也保不住。」

所謂有人「保你」，的確有一段掌故。話說三反五反之時，有人揭發杭寄草，說其原本是反動軍官的老婆。居民區裡要爭先進，正愁抓不出一個反革命呢。牆門裡裡外外，大小標語貼起來，要「過」寄草的「堂」。不曾想那個揭發寄草的媳婦，自己也不爭氣，從前也是堂子裡出來的人，跟過國民黨雜牌軍當團長的，也不知是第幾房的野夫人，風光了沒幾天，團長就被共產黨打得無影無蹤死活不知了。這媳婦轉眼就嫁給了團長勤務兵，那勤務兵轉念一掉槍，又成了解放軍，解放軍一轉業就成了工人階級。媳婦就從妓女轉而成為一個工人階級媳婦，簡稱「工媳」。工媳一來要求進步心切，又找不到進步的捷徑，這一回找到了寄草這個活靶子，心裡只有狂喜的份兒；二來工媳家添了人口，便覺得房子不夠寬敞，特別是夏日納涼少了一個院子，便相中了寄草的房子。寄草是趙寄客的義女，寄客遺囑中就寫明寄草為這套私家小院的繼承人，所以抗戰勝利寄草回杭後就一直住在那裡。現在這工媳就指望著寄草掃地出門她好登堂入室呢。也是她命不好，正在那裡國民黨長國民黨短之時，恰逢了小撮著來替寄草送茶。見那寄草正站在天井中間挨鬥，聽那工媳說得稻草變金條白鯗會搖尾，寄草這個反革命看樣子是死定了，小撮著由不得就上了火。小撮著是無產階級，一九二七年的老黨員老革命，雖然脫黨了，他自己是當沒脫黨一樣的。年紀大了，資格又老，難免說話天一句地一句的，別人拿他沒奈何。一見此狀，他就吼了起來：「你是哪路瘟神，也到這裡來放屁！人民政府相信你這種野雞倒是有鬼了。嫁給國民黨，那是舊社會裡的事。要嫁也嫁個明媒正娶，正房夫人！哪裡像你，第幾茬野老婆，自己掰著手指還數不清呢。」

這番話嚇昏了在場的男女們，工媳一聲叫，當場厥倒。

也是天保佑，恰在此時，北京有人發了話，說杭寄草同志早在抗日戰爭時期就參加了革命工作，不但救了地下黨，還掩護護送了不少革命同志和烈士遺孤，杭寄草同志是革命的功臣，和她丈夫沒關係，杭寄草同志反不得。

那時楊真還在北京走紅著呢。杭寄草因此沒有在三反五反中被反掉。君子報仇十年不晚，等了十多年，這工媳終於等到了機會。

話說那幾個街道里弄積極分子把寄草一把攔住，工媳使了個眼色，大家就回過了神來，說：「杭護士你掂掂分量，你們家布朗怎麼說話，也不該搬出一個蘇聯的茶管局來。你們那不是成心拿修正主義壓著我們社會主義嗎？」

這頭風波還沒平下，那邊一個小腳偵察員屁顛屁顛跑了過來，張口就叫：「啊喲不得了了，小布朗要放火燒房子了！」

「在哪裡？」眾人驚叫。

「還不是在他自己家的院子裡！」老太太指著寄草就喊，「杭護士你不快趕回去？你這個亂頭阿爹的兒子，野人手裡教壞了，不要一把火燒起來，把我們也都燒進去了呢。」

原來，那快樂的小伙子杭布朗，那原始共產主義分子，那在西雙版納大茶樹下連短褲都會脫給人家的樂觀主義者，他哪裡有那麼些自己的、別人的概念。大舅杭嘉和特地從嘴裡摳下來的龍井送給了他，一口喝去，寡淡得很，就幾把抓了分光。這會兒已經沒有什麼可以拿來招待他的朋友們了，他們都是社會青年、無業遊民，吃吃邋遢，無所終日，還要受各種教育，等著發到農村和邊疆去，心裡正煩著呢，也沒個可以宣洩之處。天上掉下來一個小布朗，他們唱啊跳啊，朗誦詩歌啊，一到晚上，寄草上中班走了，他們倒是留下了。小布朗又是一個要朋友不要命的人，見沒有龍井茶可以招待朋友們了，就說：「我這裡有雲南帶來的竹筒茶呢，我們拿來烤了吃怎麼樣？」

杭州的姑娘兒小伙子從來也沒有見過竹筒茶，聽聽都新鮮，急忙說：「拿出來，拿出來。」

「要喝烤茶，可是要先點火塘的啊。」

一個姑娘兒說：「啊喲媽，那不就是夏令營嗎？」她激動得連媽都叫了出來。

一夥人就分頭去找柴火了，轉眼間捧來了一大堆，院子裡當下點著，小布朗就取了竹筒出來，當中劈開，緊壓成形的竹筒茶就掉了出來，細細長長黑黑的一條。有人就驚問：「這個東西怎麼吃啊？」

小布朗就說：「看我的！」

說著，變戲法般地拿出了一套茶具，邊人稱之為老鴉罐的。這老鴉罐已經被火熏得活像一隻黑老鴉了，它還有四個兒女呢，不過是四只小得如一個乒乓球般大小的杯子罷了。

小布朗就讓一姑娘先把那竹筒茶用手撚碎了，放在一個盤裡，然後就拿著那老鴉罐到火上去烤。早有一個小伙子自告奮勇地從家裡廚房中捧出了一只瓦罐，小布朗見了拍拍那小伙子的肩說：「這個東西好！」

如此這般，瓦罐灌了水就上了篝火，這邊老鴉罐也烤得冒了煙，小布朗抓起一把竹筒茶就往那罐裡扔，一陣焦香一陣煙，只聽得那噼噼啪啪一陣響，竹筒茶就渾身顫抖地唱起歌來了。

茶都開始唱歌了，人能不唱嗎？星星都開始唱歌了，火苗兒能不唱嗎？小布朗激動地看看他的朋友們，環視著這個人工的村寨家園——唉，有總比沒有好啊！夜晚降臨了，多麼想念你啊，我的父親，我的老邦崴爸爸。都說茶的故鄉就在大茶樹下，都說那株大茶樹，就是茶的祖宗，那麼我小布朗呢，為什麼我就不可以是大茶樹下的人的子孫呢？為什麼我會來到這裡，過上了如此這般的一種令人窒息的生活呢？小布朗喉嚨哽咽，不唱是絕對不快了。他拎起了已經沸騰的瓦罐之水，黃河之水天上來一般地直沖那老鴉罐。哧啦一聲，白煙彌漫，彷彿老妖出山一般，又是火又是水又是雲又是煙，還沒等杭州的那幫姑娘兒小伙子緩過神來，一個聲音彷彿是從那遙遠的大森林裡傳來了：

……

山那邊的趕馬茶哥啊，

你為什麼還沒有來到？

快把你的馬兒趕來吧，

快來馱運姑娘的新茶！

馱去我心頭的歌呀，

再細品姑娘心裡的話，

茶哥哥啊……

一曲高歌，姑娘小伙子們被驚呆了。天哪，這是發生了什麼事情，原來生活是可以這樣來過的嗎？可以這樣點著篝火、數著星星、蒙著茶煙、唱著情歌來進行的嗎？原來這不是童話也不是夢，只要夜晚一降臨，山那邊的阿哥就出現了。

老鴉罐裡的竹筒茶浮起來了，翻滾著，咕嚕咕嚕，那是一種多麼豪放的香氣啊，那是大森林的氣息，那是遠古的聲音呢。小布朗一邊端起老鴉罐，把那沸騰的濃郁的茶汁往小杯子裡倒，然後一只只地送到朋友們的手裡，自己也端起了一只，望一眼蒼穹，不由得再一次引吭高歌：

……

熬茶就如做錦緞衫，
美麗的茶園繡上面，
無花的錦緞不好看。

水只倒三勺不能多，
茶只下三勺不能少，
鹽只放三把味道巧。

紅茶改色要乳牛，
擠出的白奶要巧手，
牛奶熬茶勝美酒。

……

唱到這裡，豪氣上來，大聲喝道：「有牛奶嗎？」

剛剛過了困難時期，牛奶還是個極其奢侈的詞兒，但剛才喊媽的姑娘毅然決然地應道：「有，我們家有！」

她家的老爺爺生病，醫生說營養不良，得喝點牛奶。全家人不知走了多少門路，才換來那麼一丁點兒的牛奶，還不知道哪一天會停。姑娘立刻奔回家中取來，小布朗三下兩下就倒入老鴉罐。這就是牛奶熬茶啊！江南的小伙子姑娘們驚嘆地看著，他們怎麼能夠不嘗一嘗呢？

於是就一人一口地喝開了，誰都覺得味道無法言說，又苦，又香，又醇，又麻，但誰都不敢說不好喝。他們每一個人都激動萬分地彈冠相慶般地互道：「真香啊！味道真好啊！從來也沒有喝過這樣好的茶啊！」

姑娘突然說：「龍井茶哪裡好跟這個牛奶熬茶比啊！」

大家不免一愣，但立刻清醒過來，紛紛附和。就在這時候，院子的女主人杭寄草趕到了。看著一院子的年輕人，個個臉上被篝火映得通紅，滿院子的香氣。住了多年的家，一下子竟然不像是自己的家了。寄草想問布朗他到底又在演哪一齣戲，小布朗卻興高采烈地喊道：「媽，來一碗邦崴爸爸煮過的烤茶！」

寄草笑了笑，心裡輕鬆多了，對跟來的老太太們說：「孩子們喝烤茶呢。」話音剛落，一聲淒厲喊叫：「牛奶啊——我的牛奶啊——牛奶啊……」姑娘的奶奶，拍打著大腿，就哭天搶地地叫開了。

第二章

小布朗鬧到了這個地步，眼看著就成了杭州城裡的不良青年，杭家只好召開緊急會議了。這次會議晚輩一律不參加，旁聽的卻有小撮著。和以往大多數這樣的時候一樣，會議由政協委員杭嘉平主講。他分析了杭布朗的當下情勢，以為他只有三條出路：一、回雲南大茶樹下，從此做個山寨野夫；二、在城裡趕快找個正式工作，不要是鏟煤灰的那一種，得是一天八小時關起來能收性子的；三、找個合適的姑娘成家，有個地方讓他費心思，他也就會安耽多了。三條出路中前一條當下就被寄草否決了。回雲南，絕對不可能，除非她不要這個兒子了；找個收性子的工作，當然好，但一時哪裡找去？小布朗成分不好，好工作真是沒人要他；找個合適的姑娘結婚倒是可以考慮。小布朗二十多歲，也不小了，看他在杭州的巷子裡東竄西鑽，吹牛皮，說大話，胸膛上手指頭紅印子拍得嘭嘭響，有個老婆鎮著，或許能夠改變他的這種與杭家人完全不同的習性。然而，合適的姑娘在哪裡呢？

這時大家的眼睛就都朝嘉和看。杭嘉和一過六十，就正式從評茶師的位置上退休了，但在家裡，大事最終還是他拍板。聽了眾人發言，他一聲不響，過了好一歇，長嘆一口氣。寄草見大哥嘆氣，不等大哥開口就說：「大哥你不要說了，這件事情我做娘的會操心。」

「我倒還可以到茶廠去說說看的。」嘉和說，「我從評茶師這個位置上退下來，好好的徒弟是帶過幾個的，可惜都是能人，派去做大用場了，如今那裡倒是缺人手，前日還來催我出山呢。」

寄草眉眼鬆了開來，她知道，大哥從來不隨便許願，便說：「茶廠可以的。」

「也不是說去就可以去的，要先掛號。」嘉和看著寄草，「這段時間不要給他空下來，鼓樓旁邊這家煤球店還算正氣，還是先在那裡放一放。」

「你們要叫他鏟煤灰鏟到什麼時候去？」寄草又叫。

嘉和口氣有點硬了，說：「什麼事情人做不得？掙工吃飯，天經地義。布朗心野，先收收骨頭，真到了茶廠，我還有一張老面子要靠他給我撐呢。」

大哥溫而厲，寄草最聽的還是他。嘉和見大家沒有異議，又說：「要相姑娘兒，也把心放得大一些，眼睛不要只盯在城裡。」

大家都知道嘉和這句話的意思。你盯在城裡也是白盯，有幾戶人家真正肯把女兒嫁給有個勢改爹的小伙子，你把洞簫吹破了也沒用。這樣悶了一會兒，寄草又說：「我們那個廠，也不都是十不全，有幾個姑娘，還是蠻順眼的，就是聽不見說不出罷了。」

寄草說的是她所在的那個街道小廠，專門製了雞毛撣子來賣，也兼著糊紙盒子。那裡也是什麼樣的人都有，尤其是殘疾人。

話說到這裡，旁聽的小撮著就聽不下去了，接口說：「剛才大先生已經說了，眼睛也不要只盯在城裡，我就接了這個口令。我反正是孫子孫女七八個的，你們要誰只管挑。」

大家聽了，眼睛就亮了起來，小撮著便順勢說：「我看我跟前的採茶就還可以，她還有份工作，雖是臨時的，也難說哪一天不會轉正。再說了，布朗真的工作難找，到翁家山落戶也不是不可以的，總比城裡掛起來強。」

大家就想起來那個有著結實板牙和同樣結實背脊的村姑，相互對了對眼，誰也不說話。最後還是嘉和說：「寄草你也曉得，這種事情還是娘舅最大的，我來出面吧。」

大哥一句話，寄草就掏手帕了，邊擦眼淚邊說：「我也想通了，過幾日我就到十里坪去。」十里坪在浙江腹地金華，勞改農場的所在地。寄草找的肯定是羅力，這時候找他，還能有什麼事情？大家聽了都不響，只是眼巴巴地盯著寄草，彷彿早就期待又害怕聽到寄草接下去要說的話。

果然寄草說：「大哥，我現在提出離婚，不會再是落井下石吧。」這句話剛剛吐出，她就失聲痛哭，連帶一起坐著的大嫂葉子和侄女杭盼，都一起哭出了聲來。

大哥嘉和眼眶裡也都是淚水，一是心痛他的小妹寄草——可憐十五年紅顏守空房，雙鬢漸生華髮，苦到今日還沒有一個頭；二是心痛他的妹夫羅力——他本來還一直指望著十五年後他們能在西湖邊共飲一壺茶。他對這個東北漢子一直有著很好的印象。他是個真人，死硬分子，一口咬定坐牢是受了天大冤枉的。硬到後來，也不是沒有出獄的可能，但又暗示，得有個前提，先承認罪行，然後再減刑釋放。嘉和趕到牢裡去見羅力，把這個消息告訴他。羅力聽了這話，攤開一雙大手十根手指，問嘉和他已經坐了幾年牢，嘉和看著那雙累累傷痕之手，說，十年有餘了。羅力又問：我犯得著為那餘下的幾年做狗嗎？嘉和聽罷此言，一隻手按住自己的心，一隻手抓住羅力的手，說：「大哥三年後再來接你！」

三年過去了，人卻還是接不著。

杭嘉平見不得眼淚，連忙拿話來堵，說：「是好事啊，是好事啊，哪裡說得上落井下石。有幾個人等得了十五年？再說現在羅力也已經出獄了，布朗也準備著成家立業。羅力這個人，我還是瞭解的，為了兒子，他什麼不肯做？」他想了想，一拍胸膛，「寄草，要不要三哥陪你去一趟十里坪？」

寄草連連搖手，說：「你還想當右派啊，這回可沒有人保你了。」

一九五七年時，杭嘉平仗著自己資格老，又是個心直口快之人，差一頭髮絲的距離就要當右派了。還是因為有著吳覺農這些老先生說話，才保下來了。世上之事，真是白雲蒼狗禍福難測啊。嘉平苦笑著說：「你看人家楊真，還沒坐牢呢，老婆孩子就和他一刀兩斷了。你到今天才提，還擔心自己良心過不去。」

提到楊真，大家就重新唏噓起來。楊真也是，外交官也做過了，京官也做過了，到底還是管不住自己那張嘴，躲過了五七年，躲不過五九年。好在右傾比右派要輕一個等量級，已經在北京某理論研究部門從事領導工作的楊真又「發」回了杭州，到大學裡去教書。唉，馬克思主義者楊真同志當年奉旨進京時何等躊躇滿志，如今回來又是如何的悽惶落魄，真是昔我往矣，楊柳依依，今我來思，雨雪霏霏。寄草這才悄悄叫了楊真，湖上三潭印月我心相印亭前，清茶一杯，為他接風。

正是三年自然災害期間，雖然湖上依舊風月無邊，但楊真心情沉重，又不想讓寄草這倒楣的人再難受，就和她開玩笑，說他當年的話有預言作用，果然他落難了，他老婆立刻離婚，來看他的，還是她杭寄草。寄草這些年一個人在底層生活，又加這兩年沒飯吃，雙頰黑瘦，動作表情都有了一種下層人才有的麻利無礙，備下的那點瓜子她也用來填肚子了，她飛快地吐著瓜子殼兒，一邊聽了老朋友的話，說：「你和羅力不一樣，他是階級敵人，你是人民內部矛盾，官當不成了，還不是當教授？我就是不明白，你倒是犯了什麼事情？」

楊真這些年讀了一些書，又見了一些世面，年輕時的書呆子脾氣又重新發作起來：「馬克思主義者是歷史唯物主義者，相信歷史是漸進式前進的。但歷史真的可以通過革命而飛躍嗎？比如我們真的可以從一個半封建半殖民地的國家直接進入社會主義，也就是共產主義的初級階段嗎？我到蘇聯當了幾年外交官，才明白為什麼列寧會在十月革命之後提出新經濟政策。你不知道，蘇聯這個國家，別看有飛機有原子彈，可他們的農業生產，還不如沙皇時期呢。」

寄草噗地吐出一片瓜子殼，說：「我明白了，你是說蘇聯人吃得還不如沙皇時候好。」

楊真愣了一下，說：「你這話聽起來就像批判我的人說的。」

寄草啞啞地笑了起來，她的聲音這些年來在底層不停的叫喊聲中，已經如殘花敗柳，和她風韻猶存的面容實實在在地形成一個大反差。她說：「別當我十根手指黑乎乎髒兮兮的真的什麼都不靈清，你說的我全明白。你是說我們現在還不如從前活得好，這不是污蔑社會主義制度又是什麼？」

楊真一邊環視周圍一邊捶著桌子小聲說：「你怎麼也這麼亂彈琴？我是想從理論上搞明白，社會發展的必然階段能不能夠跳躍，這是個學術問題，可以研究嘛。」

寄草瞪著眼睛說：「你也不要此地無銀三百兩了。老百姓幾年沒飯吃了，你那些理論要是不能讓他們吃上飯，他們要你的理論幹什麼！」

楊真看著寄草，覺得她真是一個奇蹟，人都快餓死了還敢說這樣的反動話，還竟然沒有步丈夫的後塵。又想想自己，的確有一點此地無銀三百兩。實際上這是一個不可能不涉及到實踐的重大理論課題，他當然不是沒有想過實踐，打他右傾也沒有冤枉。他乾瞪著眼說不出話，倒叫寄草想起那個很久以前因傷寒打著擺子的革命書生。她重重地嘆口氣，才說：「我知道你在為我擔心，可是你不知道我才是真正為你擔心呢。你當了這些年的官，也沒學會怎麼當，我看你學當老百姓也難。你一個人待在這裡，沒個人照顧，也不知道什麼該說什麼不該說，那才真正要當心呢。」

楊真攤攤手說：「我也認了，這麼多年你也不是這麼過嗎？」寄草說：「你看看我還像不像個人樣。不瞞你說我早上出來時還想把自己弄得像樣些，破鏡子裡照照自己，一點信心也沒有了。我說書呆子，你就快快成個新家吧，趁你現在還是個教授，還有人肯嫁你。」

楊真突然不假思索地就冒出了這麼一句：「到哪裡再去找一個像你這樣的人？」寄草一怔，烏珠就亮了起來，臉上有了一點赧色，卻笑著說：「是啊，到哪裡去找那個把你的《資本論》往車下扔的同路人啊！」

他們不約而同地站了起來，看著湖面，饑餓使他們身輕如葉，他們有一種站不住要被風刮走的感覺。桌面上剩了幾粒瓜子，寄草麻利地撿了起來，抓起楊真的手，慷慨地說：「都給你，男人經不起餓！」楊真要推，寄草已經往湖邊走去。奇怪，西湖也彷彿餓瘦了似的，湖面淺了許多。寄草想起了當年家族中血氣方剛的年輕人。一九三七年秋天的湖上，他們的衝撞和吶喊，他們的犧牲和決戰……如果楚卿還活著，會不會與她杭寄草繼續舌劍唇槍呢？她看了看憔悴的楊真，突然沒來由地胡思亂想——如果他們還活著，會不會也和這個楊真一樣倒楣呢？溫情和憂傷升起來了，她對楊真說：「楊真，別跟我和羅力那樣，要跟我大哥學。他總是跟我說，別說話，人多的地方，一定記住別說話，要管好自己的嘴巴。」

「你是要消滅嘴的一種生理功能嗎？」楊真苦笑著，用玩笑的口吻說。

寄草撇了撇嘴，說：「用心說話不是一樣嗎？我年輕時看武打小說，知道武林高手中，有人就會說腹語。」

楊真突然問：「你知道那會兒為什麼我老想和你在一起？」看寄草被問得有些茫然，便說：「我就是喜歡和你對話，或者你不停地說，我不停地聽，或者我不停地說，你不停地聽……哎，多好的日子啊……」

他最後的那句感慨，讓寄草一下子潸然淚下了。

還真讓寄草說準了，楊真上了幾年課，到底也沒管住自己的嘴巴，又開始與人理論可不可以超越階段的問題了。對他這種有前科的人，上頭決定不再姑息，「發」到浙北鄉下勞動改造了事。此刻嘉平再提起楊真的事情，寄草就回了一句：「我怎麼好跟人家楊真老婆比？人家也是延安時期的老革命。我是什麼，立場不分，落後分子，連護士都當不成，只好在弄堂裡扎雞毛撣帚。要不是你們替我擔著，我也怕是早進了監獄了。」

葉子從頭到尾就沒有說過一句話，杭家人也早就習慣了只要嘉平在場她就不說一句話的態度。可這會兒她伸出她那雙已經乾癟的手，輕輕地按在了寄草的嘴上，發出了一聲：「噓——」寄草這才住了嘴。

另一個沒有說過一句話的女子杭盼，剛才一直陪著小姑走過羊壩頭，路過青年路口的那座鐘樓的時候，不約而同地停了下來，抬起頭，呆呆地望著高高在上的那口大鐘。寄草很想就那麼站下去，一直站回到從前，她強打起著精神做人那麼多年，現在有一種要垮的感覺。她想，為什麼我就不能像盼兒那樣呢？你看她獨身一人，在龍井山中教書，倒過得安靜，連肺病也好了。那就是因為她有她的上帝啊。她羨慕她，也為自己奇怪。她既不能像楊真那樣相信共產主義，也不能像盼兒那樣相信上帝。她覺得自己還是更像她的大哥嘉和，他們是相信生活的人，是在生活中討信心討希望的人。可是生活卻不買她的賬，她越想生活，生活就越難為她，越勢利。她看看杭盼，長嘆了一口氣，說：「真是有點熬不下去了。」

盼兒沒有回答她，只是習慣地喃喃地祈禱了一聲：「主啊……」

天空倏然暗淡下來，暮鐘，就在這一聲嘆息中敲響了……

一開始，大家都以為對小布朗說破這件事情很難。杭嘉和用他一貫舉重若輕的作風處理此事。他不讓寄草對兒子說什麼，他只讓侄孫女迎霜來通知布朗。他也不說過幾天相親，他說過幾天踏青。

迎霜十二歲，和媽媽一起住在大爺爺嘉和家，哥哥得放則住在爺爺嘉平處。父親杭漢援非好幾年了，母親黃蕉風常常下鄉，這杭家最小的女孩子，和嘉和的關係倒比自己的親爺爺嘉平還要親。她的性格也有些像她的母親的憨。平時她就愛上寄草姑婆家去，他們兩家住得近，布朗叔叔和她特別好。此刻她鬼頭鬼腦地探身入院，見了叔叔就忍不住抿嘴笑，邊笑邊說：「大爺爺說……嘻嘻……過兩天，哈哈哈……我們一起去踏、踏、踏青，哈哈哈……」

小布朗已經從煤球店裡下班，正在給他的小中藥園澆水，一回杭州，他就在自己家的雞窩的廢墟上種上了草藥，可別人看上去那些都是鮮花：鳳仙花、紫藤、芍藥、石榴，還有菊花，甚至還有雞冠花。他能夠把雞冠花種得大如小臉盆，寄草說這是她這一族系的遺傳基因，如果布朗的外公還活著，他們肯定會朝夕切磋技藝。聽了迎霜的話，他連頭都不回，說：「實際上啊，根本不是去踏青，是去幹什麼呢——也許是相親吧？」

迎霜就大吃一驚，問：「誰告訴你的，布朗叔叔？你怎麼知道是去相親，我沒跟你說啊？」

小布朗回過頭來，笑出了一口白牙，說：「她漂亮嗎？」

迎霜想了想，把嘴巴一咧，水蜜桃一般毛茸茸的小臉就咧成了核桃皮，她指著自己的那一排密牙，說：「就這樣！」

小布朗認真地說：「與小撮著伯伯一樣？」

迎霜說：「我不知道，大爺爺說一定要把你叫去，成不成的，人家等著呢。」

小布朗就彎下腰來，笑嘻嘻地盯著迎霜那張嫩臉，問：「迎霜，你說呢？」

「你多少日子也沒帶我們出去玩了。」迎霜用另外一句話做了回答。

小布朗就果斷地站了起來，拍拍手說：「去！起碼我可以為她校正牙齒。實話告訴你吧，小迎霜，地球上沒我做不到的事情！」

迎霜知道她的這個表叔愛吹牛，奇怪的是大爺爺卻不煩他說大話。大爺爺平常是最看不慣說大話的人了，但布朗叔叔瞎說什麼，大爺爺也不生氣。

杭嘉和為這次行動做了精細的物質準備：吳山酥油餅，頤香齋香糕，知味觀幸福雙，葉子昨夜煮的茶葉蛋，他還專門到杭州酒家訂了一隻叫花雞。寄草到十里坪去了，錯過這個日子，又不知什麼時候見得上羅力。這是表面上說得過去的一個理由，另一層理由，他們兩兄妹心照不宣：寄草是沒有把握，她是擔心人家姑娘嫌男方家的成分。她受過多少拒絕了，這一次她可承受不了，不如眼不見為淨。這樣一來，相親這件重大的家事，就全部落實在了杭嘉和頭上。

兩天前寄草到大哥家來時，匆匆忙忙，什麼也沒有帶，要往口袋裡掏錢，被大哥兩隻薄手一把按住了，生氣地說：「你做什麼？我有。退休工資也夠用了！」

忘憂茶莊公私合營後，嘉和就謝絕了拿定息，只拿他的那份工資用於一大家人開銷，葉子沒有工作。得茶是烈士子弟，國家養到十八歲，上大學後也由杭家人自己負擔了，祖孫兩個都覺得自己掏錢讀書，感覺氣順。蕉風、迎霜母女兩個，加上出國前的杭漢，都住在羊壩頭。至於寄草一家，這些年來是已經把大哥家的錢袋當作自己家的錢袋了。杭嘉和的生活擔子，實在是不輕啊。

寄草臨走前遞給大哥一個小包，說：「這是我在雲南和羅力成親時，證婚的大爺送我壓箱底的，你拿去，採茶若是看得中我們布朗，就送她壓箱底。」

嘉和打開一看，是兩塊已經發了黑的沱茶，形狀如碗，天長日久，硬如石頭。原來用茶來作聘禮，一向就是老規矩。中國人，東南西北，都是有這個同樣習俗的。在江南，這種儀式被稱為下茶。那女方若是接了男方的茶，也算是接了一個信物，這門親事，也就算是那麼定了。無怪《紅樓夢》裡的鳳姐要對林黛玉說：你既喝了我家的茶，怎麼就不做了我們家的媳婦？嘉和想到這裡，心就熱了起來，把那沱茶在手裡托了一會兒，才說：「小妹，我有數了。」

小布朗卻全無母親那番拳拳心意，一大早他就趕到了大舅家，一口氣吞了四只茶葉蛋。見外甥杭得荼還沒有從學校回來，又靠在他的床上，美美地睡了一個回籠覺。醒來時，正不知身在何處呢，恰好杭州酒家就送來了叫花雞，他立刻就扒拉開包著雞的荷葉，聞著香就用手鉗了一塊。迎霜看看大爺爺，見這種反常行動並沒有遭到譴責，也學著要去鉗一塊，就被葉子奶奶輕輕地一抹。布朗沒看見，吃著舔著，又扯一塊塞到迎霜嘴裡，手指頭油乎乎，要往乾淨襯衣上蹭，嚇得葉子趕快遞過一塊毛巾。布朗也不難為情，叫道：「你們這裡也有這樣的烤雞啊！」

嘉和告訴他，這就是叫花雞，叫花子發明的製作法，偏叫皇帝看中了。皇帝吃了，卻不叫皇帝雞。

布朗一拍胸膛：「今日我們吃了，我們就是皇帝！」

迎霜吃驚地指著他：「你，封建主義！」

布朗大笑，一隻手拍自己胸膛，一隻手點她的額頭：「小腳老太婆！」

迎霜看看自己的腳，疑惑地問：「大爺爺，我的腳不小，我也不是老太婆。」

杭嘉和知道布朗的意思，是說迎霜也像居民區的老太太那樣愛管閒事呢。他很想告訴布朗，這麼說話，別人聽見了，又要吃苦頭的。想了想，還是沒有講，卻問：「葉子，九芝齋的椒桃片買了嗎？」

葉子慌慌張張地回答：「還沒有。剛要走，居民區把我叫去，查特務呢。」

嘉和不以為然地搖搖頭。不知道從什麼時候開始，葉子就成了這麼一個膽小瑣碎的女人。

布朗搖著手說：「算了算了，吃什麼不一樣？」

嘉和鄭重其事地搖搖手，說：「可是不一樣的。九芝齋的椒桃片，做工那才叫講究。先把糕蒸熟了，再裹上山核桃肉，然後入模子，一壓，就成了長方條。然後呢，再把它切成極薄的片，再烘乾，白裡透黃，用梅紅紙包好。這個好東西，是要就著茶，才能吃出品味來的，布朗你倒是不妨一試。吃一口糕，下一口茶，噴香！那才叫如入太古呢。」

「什麼叫如入太古？」迎霜聽傻了，她也不是沒吃過那椒桃片，但吃出如入太古來，這的確是不曾有過的事情。

倒還是布朗心有靈犀，說：「我知道什麼叫如入太古。我在大茶樹下吹著那簫的時候，常常如入太古哩。」

舅甥兩個會意，淡淡一笑，嘉和拍拍小布朗的肩，說：「把你那簫帶上！」

小布朗立刻轉過身去，拍拍自己的後背，原來簫就插在腰間衣服裡呢，這一次，杭家老小就都笑起來了。嘉和看著布朗年輕快樂的臉，想，這個頭開得不錯。現在，就差孫子得茶沒有到了。得茶是個守時的人，怕不是被什麼事情耽誤了吧。正那麼想著呢，只聽街口管公用電話亭的來彩一聲尖叫：「杭家門裡——電話——」

來彩不用人家評價，一目了然，斜眼瞄去，就是個風騷娘們。她高個細腰，肥臀粉臉，削尖下巴，越發襯得唇紅齒白，柳眉杏眼。頭髮盤一個髻，穿件陰丹士林藍大襟衫。她的嗓音也是獨具風采的，又尖又細，拎高八度。她又喜歡手裡夾著一塊手帕，倚門那麼一靠，身體就呈S形，整個兒就彎出了一個舊社會的妓女相。

事實上來彩的確也是妓院裡出來的，被她養父賣來賣去的不知道賣了多少次，竟然賣到了香港。前幾年，正是蔣介石反攻大陸，這個來彩好來不來，這時候突然回來了，說是探親，也就是探她那個把她賣了不知道多少次的養父。別人說，哪有這樣的人，養父把她賣了她還不知道記恨，還回來看他，必有美蔣特務嫌疑。這就扣下了不讓她回港了，可查來查去也查不出一個子丑寅卯。養父熬不過這段時光，一命嗚呼，把她扔在了新社會的街道里弄。居民區一時也不知把這個尤物怎麼處理，最後總算廢物利用，塞給一個瞎子做老婆去了。來彩倒也沒怎麼反抗，嫁給誰不是一個嫁，在香港的那個男人因她不會生孩子，早就外面娶了二房，她回去也沒好日子過，這就糊裡糊塗地做了瞎子老婆。瞎子的一個八竿子剛剛能打到的遠房表姐在清河坊居民區管著一塊天，見自家人有了活路，便動了惻隱之心，讓正在監督勞動拉煤車的來彩回到人民內部矛盾中來，專門去管羊壩頭巷口的公用電話。來彩從糠籮跳到了米籮，她那扭動著的水蛇腰和大肥臀，從此就伴著她尖而騷的聲音，出入在清河坊的大街小巷之中。

一聽是來彩的聲音，葉子就攔著嘉和說：「我去接，我去接。」

嘉和側過臉，扳一下葉子的肩頭，微乎其微地一笑，說：「哎，還是我去吧。」

布朗一抬頭，突然看到舅媽的目光——他就看出來了，那不就是如入太古嘛，一瞬間，竟讓他想起遙遠的大茶樹。

電話是得荼打來的，說他是被同寢室的吳坤的事情耽擱了，現在馬上就來。嘉和聽了，突然心裡一咯噔，脫口就問：「他怎麼還沒有搬走？」

電話那頭的孫子得荼沉默了一下，才說：「快了，他的未婚妻已經來和他登記了。」

嘉和這才不追問，只說：「別忘了買九芝齋的椒桃片。」

擱了電話，他還在想自己的心事，慢吞吞地往回走著，卻聽來彩叫道：「杭先生，你怎麼就那麼走了？」杭嘉和回過頭來，有些茫然地看了看她，把她看笑了，卻伸出手，說：「喏，拿來。」杭嘉和這才想起自己沒有付電話費，連忙口裡說著對不起，把零錢就交給了來彩。來彩一邊數著一邊說：「真是兒子像老子，上回方越來打電話，也不付錢。」嘉和一聽連忙又說：「我付，我付，我替他付。」來彩揮揮手，說：「好了好了，誰要他的錢，他一個人山裡頭改造，也是可憐。」嘉和連忙也揮手，意思是叫她不要再說下去。這個來彩，一點也不接令子，反而還問：「你們家方越怎麼還在龍泉燒窯，他的右派帽子什麼時候能摘？」

嘉和真是怕聽到「右派」這二字，搖著頭對付著逃一般地退了去。轉過巷子的彎，才鬆了口氣，一件心事剛放下，另一件又被撿了起來。

這件心事，正是和得荼剛才電話裡提到的那個吳坤有關。

一九四五年抗戰勝利，杭、吳二姓的冤家對頭就此結束。兩個家族，一在浙，一回皖；一在城，一在鄉，互不交往，更無音訊，半個世紀的糾纏，似乎已經被時光順手抹去。誰知二十年後的某一天，杭嘉和突然收到了一封信。信是從北京寄來的，自稱吳坤，和杭家的老相識吳升是親戚，算起來應該是吳升的侄孫。信裡說他從小就不止一遍地聽老人說過杭家與吳家的生死之交。老吳升雖然早已死了，但吳家人都知道，當年他是如何揹著那忘憂茶莊斷指的杭老闆死裡逃生的。這個名叫吳坤的年輕人，自稱剛讀完北京名牌大學的碩士學位，因為女朋友大學畢業分到了浙江湖州，所以他也想往浙江方面分。但是在浙江他沒有一個熟人，想來想去，只好與久無交往的杭家聯繫。他還說，他已經打聽了，聽說您杭老先生的孫子杭得荼就在江南大學留校任教，和他一個專業，都是修史學的，能否請他幫忙打聽一下。

杭嘉和撫著那根斷指，思忖一夜，第二天就專門從學校叫回得荼看信。信是黃表紙，印著紅色豎格子，字是毛筆小楷，透著才氣和功夫，這樣的行書拿去，哪個老先生看著都舒服。得荼倒是高興，說：「我們系裡，宋史一向就是研究的強項。這個吳坤修的是北宋那一塊，再接著研究南宋，那是最完整的了。我先到系裡問一問。」

嘉和心裡一陣暖，看了看孫子，除了戴著眼鏡之外，他和兒子杭憶長得真是像。得荼三歲以後就回到爺爺身邊，他連一天也沒有見過自己的父親，但在許多地方，卻驚人地繼承了他那位年輕詩人烈士父親的品性——比如他身上的那種潛在的浪漫和無私。所以一九五八年大躍進，少年杭得荼帶著一群人來拆他們忘憂茶莊的那扇鏤花鑄鐵門時，杭嘉和一點也不奇怪，因為事先這個寶貝孫子已經把葉子廚房裡的鍋碗瓢盆都收去大煉鋼鐵了。不過，當得荼把茶莊那張有乒乓球桌那麼大小的茶桌也搬出去的時候，嘉和還是真正心疼了。對他而言，這絕不是一張單純的桌子啊。再說，他們要桌子幹什麼呢，桌子又不能大煉鋼鐵。

他心裡想的話還沒有說出來，葉子就忍不住先替他說了。葉子拉著孫子，小心翼翼地問：「荼荼，你們要茶桌幹什麼？」他們的寶貝荼荼奇怪地看著他們問：「爺爺奶奶，我們要茶桌幹什麼？」這一句話就把兩位老人全問傻了。他們面面相覷，回答不出。他們的茶莊早已公私合營了，來買茶的人早已沒有先在茶桌上品一杯的習慣了。至於一起在茶桌前鬥鬥茶、看看字畫的雅興，那根本就是前朝幻影，不提也罷，若提，自己都有恍若隔世之感了。

烈士子弟杭得荼的性格在三年自然災害之中，發生了巨大的變化。這當然不能僅僅歸於他的吃不飽。他是在這期間進入大學，並開始和楊真這樣的人真正開始接觸的，楊真的思想、學說和遭遇很深地影響了他，甚至影響了他的性格與為人處事，直至影響到了他對學業的選擇。

此刻，孫子的熱情感染了爺爺。杭嘉和可以說是很久沒見過得荼眼裡燃燒起來的這種熱情了，這是一種既為之擔憂，又為之欣慰的熱情。這份熱情也多少消解了因為這封信給他帶來的憂慮。杭嘉和已經老了，從他飽覽的人生中可以得出一些神秘的不可解釋的箴訓，比如過於巧合的事，往往是某些事件發生前的徵兆。在這封年輕人的信中，雖沒有看出過於巧合的機緣，但想起吳家，杭嘉和的感情依然是十分複雜的。

杭嘉和的預感沒有錯，得荼在得到系裡的肯定答覆之後，寫信給北方的吳坤。果然第二封信裡，就出現了年輕人火熱的傾吐。得荼看信的時候，激動得信紙都發出了嗦嗦的聲音，像饑餓的蠶正在吞吃著桑葉。果然世界既大又小，生命處處設置機緣，原來吳坤的行動裡有著這麼強大的內在的邏輯：原來他的那位名叫白夜的女朋友、那位名義上是北京某位德高望重的老幹部的女兒，實際上卻是杭家的老朋友楊真先生的親生女兒；原來她自願從北方分到這江南小鎮，只有一個目的，就是離她的生父近一點，楊真先生不是正在湖州長興的顧渚山下勞動改造嗎；原來他是那麼地愛他的女友，她是他的全部生命，是他的永恆的女神，是他的命運，總之沒有她他是無法再活下去了，所以他放棄北京的更廣闊的學業天地，寧願到這東南一隅來重新開始兩個人的新生命。他說這件事情只有求靠他們杭家，尤其是他杭得荼了。因為他不能讓更多的人知道他和楊真之間的關係——也許這會影響他順利地分配到這裡。這封信倒是用藍墨水鋼筆橫寫的，辦公信紙。這個尚未見過面的年輕人的鋼筆字一開始也很漂亮、瀟灑，是那種專門進行過書法訓練的人才具有的筆力。但這種筆力行文到三分之一時就開始潦草，很快就轉化為一種天馬行空般的充滿激情的噴湧。急不可耐的傾吐，毫無設防的渴望，簡捷而十分有力、子彈一般地擊中了得荼的心。最後那一張紙得荼是連猜帶朦讀出來的，看得出這位愛情的信徒，此刻已經處在白熱化階段。得荼只把這信看了一遍，就急匆匆地騎著自行車又往家跑。豈料爺爺連他一半的激情都沒有，爺爺杭嘉和把兩封信同時取了出來，反覆比較，這讓杭得荼站在一邊暗自不解，在他看來，有些東西是不好拿來作比較的，比如說有關涉及到愛情的東西。爺爺彷彿看出了他的心思，把信收了起來，只說了一句話：「這兩封信倒不像是一個人寫的。」得荼眼睛一眨不眨地盯著他，他知道，在這件事情上，爺爺還是很關鍵的。嘉和卻只揮揮手讓他吃飯。嘉和有嘉和的想法，他要核實一些關鍵的問題，還要尊重老友的意見，尤其是在老友落魄的時候。他與楊真之間的通信以及他後來與嘉平在這件事情上的努力，杭得荼一概不知。他只知道半年以後，吳坤就如願以償地來到了杭州城。

吳坤剛來時沒有房子，得荼就讓出自己宿舍房間的那一半，兩個助教合住。他們相處得很好，學術上也能互補。吳坤長於表述，得荼長於思考與實證，年輕而不泥古，有獨立見解，但發乎心止於言，輕易不下定論。吳坤卻很有衝勁，一到學校，就發表了好幾篇在學術圈子裡很有銳意的文章，這其中的不少見解，來自於得荼的思考。有人很在乎自己的東西被他人所用，得荼卻完全不在乎，不但不在乎，他還為自己的思考能為他人所用而高興。他們兩人都有相見恨晚的感覺，在系裡一時就成了一對才子。吳坤長得十分精神，下巴方方的，每天刮得雪青。頭髮濃黑粗硬，把前額壓了下來。大而略顯肥厚的手掌，動作有力不容置疑。他的面部表情生動，脖子略粗但極為靈活，頭部擺動時猶如一隻靈敏的年輕的豹子。他又那麼豪爽、隨意，與人交往，三句兩句，就拉近距離。總之吳坤是一個好小伙子，大家一開始就那麼認為。

實際上，得荼第一次與吳坤交談就發現他們的根本不同之處，吳坤是那種性格外向的人，而他自己卻是一個內斂者。彷彿正因為如此他反倒更欣賞他，或者他要求自己更加欣賞他。在他欣賞他的同時，四年級的女大學生們也紛紛向吳助教拋去媚眼，站在一邊的同樣年輕的杭得茶倒像是一個書童。吳坤愉悅地和她們對話，這裡面的光明正大的調情，像杭得茶這樣一位從未涉入愛河的人是感覺不到的。他只能從事後吳坤那閃著愉快的眼神上看出一些異樣，他總是擺擺手，彷彿無可奈何地說：「南方的女孩子啊，都是這種風格。」每當他這麼說的時候，得茶不知為什麼地就會想到那位北方的女孩子。吳坤是為她而來的，但直到現在，杭得茶還沒有見過她。

總之，一旦有了吳坤，一種格局就形成，那是一種比較的格局，得茶在吳坤的襯托下，顯示出了另一種風貌，他喝茶，而吳坤愛酒，看上去他彷彿比吳坤要嫩得多。他羞澀，有時還不免口吃，這也是家族的印記，杭家的男人，幾乎都有些口吃。他治學的方向是地方史中的食貨、藝文、農家、雜藝類，對這個領域，許多人聞所未聞，純屬冷門。吳坤開玩笑說，他以為像得茶這樣出身的人，應該去修國際共運史呢。得茶說：「從邏輯上推理，我去修食貨也和出身有關啊。我們家可不是光出烈士的，主要出產的還是茶商，所以我最近正準備研究陸羽，他那部《茶經》，不是在湖州寫的嗎？」這一說吳坤也樂了，回答說：「照你那麼說，我正準備研究秦檜，也和祖上有關囉？我們家祖上可沒有當奸臣的啊！」

得茶為了表達自己那種人生得一知己足矣的心情，破例把吳坤帶回家裡，吃了一頓飯，知道他對酒的興趣比對茶更濃，特意請奶奶去買了紹興老酒。宴畢，又把他帶到後院的那間小屋子，門楣上刻著的那四個字讓吳坤停住了腳步。「曲徑通幽處，禪房花木深。你還坐禪啊？」他笑指著門楣上寫著的「花木深房」那四個字問得茶。其實這裡早已是七十二家房客的大雜院，再無通幽之感了。得茶笑笑說那是曾祖父手裡的事情，屬於文物，所以才讓它留著的呢。現在這裡是他的小書房兼臥室。

吳坤在那間禪房裡看到了一些別樣的東西，他暗暗吃驚，這裡的每一樣東西，都是可以體現杭得茶的個性，而在學校裡看到的那些卻只是杭得茶的一部分，或者一小部分。只有在這裡，杭得茶才會在瘦削的面容上露出了些許的得意。他讓他看掛在牆上的〈琴泉圖〉，他曾祖父用過的臥龍肝石，他的日本親戚在六十年前送給他們杭家的砸成兩爿後又重新鋦好的天目盞，那尊放在案頭的年代悠久來歷不明的青白瓷器人兒陸鴻漸，還有那把有神奇傳說的曼生壺。這些東西放在那裡，並不讓吳坤覺得有多起眼，但一經得茶解釋就不一般了。吳坤更感興趣的還是掛在牆上的兩張大圖，一張寫著「唐陸羽茶器」，另一張寫著「南宋審安老人〈茶具圖〉」，兩張畫畫的都是古代的茶器。吳坤的視野就被第一張畫上第一幅圖——一只風爐吸引住了。

風爐畫得蠻大，三足兩耳，風爐旁豎寫著四行字：伊公羹，陸氏茶；坎上巽下離於中；體均五行去百疾；聖唐滅胡明年鑄。吳坤指著那最後一行問：「聖唐滅胡明年，應該是七六四年吧？」

「正是那一年。陸羽是安史之亂時從湖北天門流落到江南的，這只茶風爐大概就是紀念平叛勝利所鑄的吧。」

「可見陸羽號稱處士，也是一個政治意識很強的人。」

他見得茶很認真地看著他，就又指著那第一行字說：「我不懂茶學，瞎講，關公面前耍大刀。不過拿伊公羹和陸氏茶來平起平坐，說明陸羽，其實是有伊尹之志的。」

伊尹是史籍中記載的商朝初年的著名賢相，有「伊尹……負鼎操俎調五味而產為相」的記載，這也是鼎作為烹飪器具的最早記錄。在中國歷史上，「伊尹相湯」和「周公輔成王」一樣，都被後人祀之以聖賢之禮。吳坤這樣評價陸羽，也是順理成章。

但得茶卻不同意這種簡單的立論，他說：「在我看來，陸子在此倒不一定把自己擺到政治立場上去。我對他算是已經有了一點初步的研究，至少有句話我敢說，他是封建時期的知識分子中少有的一個具備自己價值體系的人。比如他敢拿自己的茶與伊尹的羹比，應該把鼎的因素放進去。鼎最早不過是一種禮器，傳國重器，用於祭祀，也可在鼎上刻字，歌功頌德吧。後來用到煉丹、焚香、煎藥等等上來。伊尹用來煮羹，陸羽用來煮茶，都是首創。自從陸羽生人間，人間相學事新茶，陸羽事茶和伊尹相湯一樣，都是千秋偉業，雖一在朝一在野，一論政事一論茶事，都可平起平坐，不分高低貴賤。所以後來太子兩次召陸羽進宮當老師，都被他拒絕了。這就和日本的茶祖千利休很不一樣嘛。千利休就當了幕府豐臣秀吉的茶道老師，結果怎麼樣，活到七十歲，還讓秀吉逼著自殺了。」

得茶突然滔滔不絕地說了那麼多，倒讓吳坤新鮮，但他從來就不是一個在爭辯中甘拜下風的人，立刻就回答說：「你那些例子可是個例，別忘了，任何一部歷史都是政治史。」

「那可是政治家說的。」

「也是史書上那麼寫的。」

「別忘了，還有另外一條歷史長河，日常生活的歷史長河，沒有被政治家們正眼相看，但是卻被老百姓一代代傳承的歷史，比如它們。」他指了指牆上的那兩幅畫。

吳坤第一次吃著了得茶分量，他的內功，就在這裡，花木深房中，這番話之後，他微微地有些吃驚和不快。他不是一個能公然聽不同意見的人，尤其是得茶，這個在他眼裡相當低調的人。但他非常聰明，也有相當敏捷的微調能力，他立刻就指著中間的那兩句話，笑著說：「快把這兩句沒有被政治家正眼相看的話解釋給我聽。」

得茶突然警覺，像是感覺到朋友的調侃，笑指著他說：「你算了吧，宋朝人最喜歡講異端，算八卦，你會不知道？坎、巽、離你還要我來講？」

吳坤也笑了，說：「你就讓我當一回聽眾吧，我最懶得記這些東西，真是要用了才去查資料的，快說快說，也讓我長點見識。」

得茶這才解釋說：「一說就明白。這四行字都是刻在這只陸羽親自設計的茶爐上的。其中第一行分成『伊公』、『羹陸』和『氏茶』，分刻在爐壁的三個小洞口上方，其餘三行字分刻在三隻爐腳上。坎主水，巽主風，離主火，坎上巽下離於中，不就是煮茶的水在上，風從下面吹入，那火卻在中間燃燒嗎？至於那『體均五行去百疾』七個字，就更好理解了。我們都知道，古代中國的中醫學是根據金木水火土五行的屬性，來聯繫人體臟腑器官，再通過五臟為中心，運用生剋乘侮的理論，來說明臟腑之間生理和病理現象，從而指導臨床治療的。這句話的根本意思，也就是說茶是一種好喝的藥罷了。不過陸羽把卦義都滲透到茶事的各個方面去，這種文化對日常生活的介入，卻是不簡單的。你看這幅風爐圖，是我根據陸羽的描述畫的，你看那個支架的三個格上，也分別鑄上了巽、離、坎的符號，還有象徵風獸的『彪』，象徵火禽的『翟』，象徵水蟲的『魚』，這些，都是根據《周易》上的卦義設計的。這樣，當人們使用這只風爐的時候，還會以為在使用一只普通的風爐嗎？」

「一只燒茶的爐子都文化成這樣，從這只爐子裡燒出來的茶，還不知道文化成什麼樣呢！中國封建社會漫長到兩千年，不知道跟這樣的燒茶的爐子有沒有關係。」吳坤再一次調侃著說，但他的心裡充滿著對這位同室的尊敬，這才是搞學問，這才叫治史，能把冷門研究得那麼熱火朝天，這就是一種本事，雖然他對這一方面並無大興趣。

得茶這一次倒沒有聽出朋友的調侃，反倒認真地說：「這肯定是研究歷史的一個角度。一個民族、一個國家採取什麼樣的生活方式，對這個國家的正史不會起作用嗎？我可以告訴你，喝茶與不喝茶，肯定是不一樣的。唐代的甘露之變是怎麼引起的，你不會不知道吧，那不就是因為國家的茶事政策作了重大調整引起的宮廷政變嗎？魯迅先生在古書中橫橫豎豎地看，都是『吃人』二字；我在古書中橫橫豎豎看，都是帝王將相。難道歷史不可以有另外一種記載法嗎？難道以庶民生活變遷為標誌的歷史不可以是歷史嗎？所以我才特別看重唐煮宋點明沖泡，因為這是人民自己的歷史。你不會覺得我談得太遠吧，我告訴你，我的茶史裡有歷史觀呢。」

吳坤笑著說：「什麼唐煮宋點明沖泡，我真是不知道，包括甘露之變的詳情，唐史我也不太清楚，那是你的領域。不過宋代王小波的起義倒真是名副其實的茶農起義，他倒也真是影響宋王朝歷史發展的。」他們的話說到這裡的時候，葉子手指頭上鉤著兩只洗乾淨的茶杯走來，要給這對年輕人沖茶。得茶說：「奶奶，我們要用曼生壺。」葉子早就把曼生壺洗得乾乾淨淨，放在案上，只是說了一聲「手腳輕一點」，就悄悄走了。

那天晚上，關於曼生壺，得茶又講了許多，吳坤認真地聽著，不再隨便插嘴。得茶講的許多關於這塊土地上的故事和人物，都深深地吸引了吳坤，當他講到很想收集各種茶事方面的實物，有一天可以建一個有關茶的博物館時，吳坤真的心血熱了起來。他當即表示他家鄉徽州還保留著不少這方面的實物，他一定幫他徵集回來，說這些話時他已經沒有一絲一毫的調侃了。他是京城大學經過名家正宗訓練的才子，在外省，突然發現了足以和京城文化平起平坐的另一種力量。

飯後這對年輕人回了學校，嘉和來到廚房，看著葉子在昏暗的燈光下收拾盞碗，他突然問：「你覺得怎麼樣？」

葉子說：「没看清啊，我的眼睛不行了。」

嘉和怔了怔，想，我的眼睛還很好啊，怎麼我看這個年輕人，也是模模糊糊的啊。

第三章

一種遭遇被另一種遭遇阻隔，小撮著遲遲等不到的杭家人，是被得茶耽誤了。

那年梅雨季節中的某個早晨，得茶第一次看到白夜。在此之前，他只聽說過她的名字——她讓他想起陀思妥耶夫斯基同名小說的版畫插圖：黑白分明的俄羅斯姑娘側面頭像，激情飛揚的大裙子和有著美麗花邊的女帽。因為吳坤對他幾乎無話不說，他開始瞭解到有關這個姑娘的種種。這使他多少有些好奇，楊真先生在他眼裡是一個正正經經的革命的知識份子，儘管他當下在人們眼裡是很不革命的。但是傳說中的那個姑娘完全和楊真先生對不上號，也許她像她的母親吧，聽說她那姓白的母親是天津買辦家的大小姐，當年和楊真先生差不多時候上的延安。經過這幾十年的交叉組合，他們這一家的關係也已經搞得錯綜複雜，謎上加謎。杭得茶對這種家族間的不正常關係倒是見怪不怪，因為他們杭家就是最典型的一例，所以他對吳坤和楊真之間的低調處理並無異議。倒是吳坤常常要尋找機會解釋，說他之所以從來没有和楊真接觸，乃是她的本意，是她不願意他們接觸。這倒反而使杭得茶不好理解起來：倘要避嫌，她自已為什麼偏偏要來到親生父親的身邊呢？

昨天下午，吳坤把他從圖書館裡拉出來，告訴他，白夜今晚要來了。這一次他們下決心結婚，明天一早就去登記。得茶興奮地握著他的手，熱烈祝賀，他們這一久拖不決的好事經過反覆錘煉，終將修成正果。吳坤一臉燦爛，但依舊露出謹慎的擔憂，他說他只認歷史結果，不認歷史動機。現在還只有動機，結婚證書拿到手了，史實方能確立。得荼不以為然地說：「這正是我和你在治史上的一大分歧嘛，我可是從來都把動機和結果看做史實的。」這一次吳坤笑了笑，沒有和以往那樣，與得荼舌劍唇槍，卻說：「好吧，為了支援你的史學觀，今天晚上你能否把房間全部讓給我。」

儘管吳坤用開玩笑的口氣把這話說了出來，得荼還是愣住了，他的臉，突然沒來由地紅了起來。吳坤有些誤解了，連忙說：「不方便就算了，不方便就算了。」看得出來，他也被得荼的表情弄尷尬了。得荼一把拉住了吳坤的手，他用力過猛，甚至把吳坤手裡的一卷雜誌報紙也奪了過來，然後說：「這太好了，但是你們一定要結婚啊。」吳坤真的有點急了，說：「你又不是不知道是誰拖著？都一年了，是誰拖著。」得荼回頭就走，邊走邊說：「明天一早我來看你們，我來做你最後的說客。」一直走回圖書館，他才發現他手裡拿著的雜誌是去年十二月的《紅旗》，翻開的那一頁正是戚本禹的文章〈為革命而研究歷史〉，報紙則是《人民日報》，尹達發表的〈把史學革命進行到底〉。這兩篇文章中的不少段落，吳坤都認真地畫了紅線呢。

虛歲二十五歲的杭得荼與女性缺乏交往，他還沒有談過一次戀愛，也還沒有哪一位少女打動過他的心。得荼從小由爺爺一手帶大，也許某些老氣橫秋的潛質妨礙了他和姑娘們交流，特殊的出身又無形隔開了他與同齡人之間情感的對應，史學專業則把他訓練成了一個穿長衫的按部就班的老夫子——誰知道呢，對得荼而言，關於白夜的印象，一開始都是從她的熱戀者吳坤那裡來的。吳坤搬進他的單人宿舍時，帶來了白夜的照片。從相片上看，她是一個風格獨特的女子，瀏海鬈曲，微笑著，面頰上有著兩個深深的酒窩。因為頭往上側仰，看上去她的脖子很長。她的襯衣的領子攤得很開，她的神態，像一個電影明星。她長得真是不怎麼像她的父親，除了那雙略顯凹陷的大眼睛，那是嶺南人特有的眼睛。

吳坤得意地告訴得茶，白夜絕對是他們學校的校花，他現在的當務之急，就是趕快把她娶到手。

在得茶看來，吳坤雖然從來不肯錯過與女大學生們的調情，但對白夜的那片深情，也著實是讓得茶感動的。有時他想，也許正是因為他與白夜之間的感情不順，才弄得他心煩意亂，和他人過過嘴癮吧。得茶一點也沒有這種愛好，他們杭家從爺爺的爺爺開始，對女性就近乎有一種特殊的敬重。他們杭家風流與風情都有的是，就是沒有調情。儘管如此，杭得茶還是能夠理解吳坤。

吳坤是幾乎一到單位報到之後，就張羅著去湖州的。當時得茶還想，吳坤一定會帶著他的明星新娘而來，他們會很快地從他的小屋裡搬出，共建愛巢的。誰知三天後吳坤一個人回來了，面色蒼白，拉著得茶在宿舍裡喝酒。得茶第一次領略青年朋友的如此強烈的感情方式。他醉了，哭了，又笑了。杭得茶震驚地聽著吳坤的傾訴，這簡直就是一場驚心動魄的感情大戰。原來白夜的青春少年都隨父母在蘇聯度過，回國深造，讀的是外文系。原來這個女孩曾經有那樣光輝的前程，她是外交部點名培養的高才生，似乎等著她一畢業出任外交官呢，但卻在學校裡掀起了一股愛情旋風。是的，是的，像她那樣的姑娘，被一群群青春年少包圍，那有什麼關係呢？那是她的光榮，而他們追不上她，則是他們活該倒楣。是的，我說的活該倒楣也包括我。沒關係，我認了。問題是一個不配愛她的人竟敢糾纏她——一個正在圖書館裡勞動改造的右派分子。當然她是無罪的，有罪的是那個人。那個人罪上加罪，竟然用俄語和她討論蘇聯文學，還一起翻譯陀思妥耶夫斯基。他配嗎？一個無產階級專政的敵人，連老婆都離他而去了，他配和她說話嗎？配看她一眼嗎？配和她一起翻譯陀思妥耶夫斯基嗎？我們眼睜睜地看著她日復一日成為被污辱與被損害的人，被那個人拉入了墮落的泥坑。所有的辦法似乎都用盡了，家庭、學校、朋友、同學，沒有人能夠拆散他們。你已經知道她的繼父是誰了，那可是德高望重的老革命，你想這個繼父怎麼能夠允許有這樣的家庭關係存在呢？她的母親拉著我的手，請求我拯救她的女兒，也拯救這個新建的家庭。我那時候血氣上來，還和幾個朋友聯合揍過那右派幾次，但我們後來不敢再那麼做了，因為我們越打他，她就陷得越深。令我們百思不解的是，她竟然越來越迷人了，讓我不可自拔，我一定要把她弄到手。對不起，我説把她弄到手，這個詞很霸道粗魯，也不文明，但我那時候就是那麼想的。然後，我的一個機會來了。組織終於出面了，決定把這個勾引女大學生的右派分子送到勞改農場去。你知道，這真是一個一了百了的好主意。讓時間和空間出場，在這場較量中擔任重要的角色。時空是站在我們這一邊的。看來那個墮落的傢伙也意識到了時空的力量，他畢竟從前還是中文系的大才子。這一次他明白他走入了絕境，他只有撒手懸崖這一條路了。他只好如此，自絕於人民，自絕於黨。

他們在台燈下突然沉默了下來，一隻飛蛾停在燈罩上。好一會兒，得荼才問：「你是説他死了？」

「他不存在了，縱身一躍，就那麼簡單。其實並不那麼簡單，他以另一種方式與我們較量。他在那個世界勾引她，誘惑她，她是無罪的。他誘惑她跟他一起下地獄。她服毒自盡，但我救了她。畢業後她不可能再分往外交部了，她將永遠與那些輝煌的掛著國徽的大門無緣。她的繼父一家雖然沒有與她斷絕關係，但她顯然已經成為不受歡迎的人。好吧，也算是按照她自己的意願吧，她才被千里迢迢地發配到江南的這個小鎮上來。直到這時候，簇擁在她周圍的我的其他幾個對手才死了心。」

「可是據我所知，她和她的生父並無來往。」

「這並不影響她真正地愛他。她跟我不止一次地用贊許的口吻評價她父親的右傾。她身上有著一些相互矛盾的激烈感情，它們常常處在尖銳的火拼狀態。我應該找一個怎麼樣的説法來形容呢？我可以説那是一個旋渦，或者一個陷阱，一碗迷魂湯，總之不是什麼好東西。」

「可是你被這些東西吸引了。」

「你用了一個好詞兒。不過如果用誘惑，或者蠱惑，也許更準確吧。」

「那麼她現在開始忘卻從前了嗎？」

吳坤搖搖頭：「這是一場長期的較量，她要求在那個名叫南潯的小鎮中學裡當一名圖書管理員。你看，她就以這樣一種方式，與那個已經自尋滅亡的傢伙同在。」

「你是說，她還沒有同意和你結婚？」

「不，不，她同意和我結婚，她非常樂意和我結婚，但她不愛我。」

杭得荼吃驚地盯著已經進入醉意的吳坤，他現在開始明白什麼叫相互矛盾的激烈感情了。他一時無話，眼睜睜地看著坐在他面前的朋友長吁短嘆，痛哭流涕，他無能為力。關於愛情，他可真是沒有什麼忠告可以說。但他結結巴巴起來，反倒說了很多，全是大路貨，書上看來的。吳坤終於停止了眼淚，曖昧地笑了起來，說：「杭得荼，你應該去戀愛，品嘗書本以外的愛情。」他向他擠了擠眼睛，他的眼睛是混濁的，而這個動作在杭得荼看來，也是非常低級趣味的，他立刻就明白書本以外的愛情指的是什麼。儘管吳坤很痛苦，並且已經喝醉，但得荼依舊本能地拒絕接受他下意識流露出來的品位。他盯著他看的時候，他正看著白夜的相片，用手摸著相片上她的臉，甚至把他酒氣沖天的嘴印到了相片中她的脖子上。正是在這一剎那，他產生了厭惡感，他想推開他，結果他站起來推開了窗，然後對他說：「你醉了，睡覺吧。」

那一夜他和往常一樣，就著台燈看書，他聽到了吳坤的鼾聲，酒氣混濁，使得荼感到窒息。他夢裡不設防的睡相有些醜陋，和他白天的樣子看上去大相徑庭。得荼已經不習慣與人同室相處了，他睡不著，便看到了桌上相片夾裡的姑娘。台燈的餘光下，她有著朦朦朧朧的面容，脖子長仰著，如受難後垂死的天鵝。他就這樣凝視了很久，突然發現自己也是非常低級趣味的，一種不可告人的心情陌生地向他襲來，他就背過臉去，不敢再看。

那對新人準備進入圍城的當夜，助教杭得茶在系資料室裡度過。從前他也有過這樣的時候，徹夜翻查資料，資料員就給他開了綠燈。今夜，他帶足了濃茶，準備通宵讀書，但心不在焉，只好把新到的《文物》雜誌放到一邊，順手亂翻白天放到包裡的雜誌和報紙。其中有一篇是吳坤的署名文章：〈鼓吹歷史主義的真相是什麼〉。文章主要批判六十年代以來史學界有人對一九五八年史學革命的批評。這是一篇反對歷史主義、主張階級觀點的討伐檄文，有許多問號和感嘆號。文章認為，歷史主義是反歷史上的農民戰爭的，而我們新中國的天下難道不就是靠農民戰爭打下的嗎？吳坤甚至說，誰否定歷史上的農民和農民戰爭，誰就是反動派。得茶看著看著，眉頭就皺了起來，他決不能同意吳坤這種虛張聲勢、亂扣帽子、亂打棍子的做法，他認為他過線了，他怎麼可以用政治批判來代替學術爭論呢？

他們相處剛剛一年有餘，但彼此的史學觀點，已經從一開始的完全契合到現在的越來越大相徑庭了。吳坤一方面認為翦伯贊的歷史學觀沒有問題；一方面又對強勢方面採取不加分析的認可，仿佛誰聲音大口氣橫誰就占了真理，對此得茶絕不能夠苟同。照此推理，真理就不是什麼客觀規律，戈培爾謊言千遍，也就真的成為真理了？沒想到吳坤對此也沒有否認，他眯起眼睛說：這正是我多日來思考的一個問題。杭得茶你和我不一樣，你是烈士子弟，特權階層，你有許多真實的東西都沒有看到，而我，我是從什麼地方奮鬥上來的？告訴你一個秘密，真實和真理是兩回事，而我們應該服從的是真理，哪怕它只不過是重複了千遍的謊言。

這是一個根本問題上的重大分歧，它大得甚至使得茶不得不懷疑他們當初曾經推心置腹的真實性。那些在燈下大醉後的獨白，是真實的嗎？符合真理嗎？愛情應該屬於真理的範疇吧，那麼他的愛情是不是也屬於重複了千遍的謊言呢？

儘管如此，在得荼看來，吳坤還是他的好朋友，是他少有幾個可以對話的年輕助教之一。沒有他的激發，他的許多思想火花也不能迸發。所以他準備立刻趕回宿舍，與他辯論一場。走到門口時，正要熄燈，突然心生一驚，想起今夜吳坤要做的事情。他的眼前白光一閃，一段優美的脖子和敞開的胸襟瞬息即逝。他回到桌邊，掩了書卷，閉上眼睛。

多日晴晦到今夜，狂風暴雨作了最後的衝刺，雨注如筷，嘩嘩哳哳，砸在地上，響如雷鼓。得荼躺在資料室凳子拼成的臨時床板上，難以入眠，便想起明人羅廩所言：梅雨如膏，萬物賴以滋養，其味獨甘。但那應是杜甫的春雨啊——隨風潛入夜，潤物細無聲才是，如此狂轟濫炸，何以如膏？況且羅廩究竟是不是那樣說的呢？應該查一查……煩躁的年輕人起身開燈，衝向書架，翻開胡山源的《古今茶事》。沒錯，羅廩的《茶解》就是這樣說的：烹茶須甘泉。次梅水。梅雨如膏……梅後不堪飲……

現在是淩晨二時，窗外大雨滂沱，得荼能夠清晰地感覺到，他的身體裡面也在下著大雨，他聽到了雨在身體裡敲擊的聲音。他關上了燈，在黑暗中站了一會兒，他不明白，這個天人合一的夜晚，季節和他都在瘋長著什麼？

次日清晨，大雨偃旗息鼓，晨光明亮，萬物清新，像廣播體操一樣朝氣蓬勃。得荼晨練跑出校門外，回來時到開水房提水。他看到了吳坤。他看到他滿足的神情，如願以償，勝券在握。他不知道，這些算不算一個男人的幸福的神情。

吳坤看到他，高興地叫了起來：「得荼你快回去，白夜正等著，她有信要轉交給你，快去。」

他走了過去，在吳坤的胸口重重地拍了一下，吳坤會意地大笑起來，周圍的人都嚇了一跳，誰都不知道，這突如其來的笑聲源於底事。

他幾乎沒有和白夜寒暄什麼，他們甚至連通常的握手也沒有，得荼慌慌張張地半斜著臉，問：信呢？是誰給我的信？這麼說著的時候，一隻女人的手就從桌上推了過來，手指下按著一封信，得荼看到了粉紅色的貝殼一般光滑的手指甲，和手指甲下面的信封上的楊真的字跡。信是楊真寫來的，很長，裡面還夾著一批照片。原來前不久楊真去顧渚山中採茶，發現了幾組有關茶事的摩崖石刻，信上說：

前些天接到了你的信，說有志於收集有關茶事的實物，以便聚沙成塔，積少成多，將來或許可以自成一家。我瞭解你的性格，知道你沒有考慮成熟的想法是不會輕易提出來的。你問我有什麼意見，我當然是舉雙手贊成。我們的一生，就是為人民服務的一生，為人類的永久的幸福生活奮鬥的一生。我現在的處境，用范仲淹的說法，是處江湖之遠，則憂其君，但這個君，不是君王，而是人民。你選擇的治學方向，也是為人民的，從某種意義上說，是更加直接地為人民。我們的目標既然如此一致，我怎麼會不舉雙手贊同你呢？

而且，說到茶事，我目前的處境，反倒是對你會有些直接的幫助呢。

關於我下放勞動的茶區顧渚山，儘管你已經知道地名，《茶經．八之出》中專門點到了它。但是因為直到現在你還沒有親臨現場看一看，所以根據我手頭的資料，僅供你參考。寫到這裡我想扯開去再說幾句，我在這裡除了茶園勞動，沒有別的精神活動，所以能幹點什麼就幹點什麼。聽說沙文漢活著的時候，也在專門從事奴隸制社會的研究。不過因為我年輕的時候從事革命活動，以後又搞了很長一段時間的外事，再教書，重新揀起學業，研究經濟學，沒搞幾年，現在又來從事世界觀的改造勞動。因此，就我目前的情況而言，是自己也已經無法判斷我有沒有機會完成自己想幹的事情。如果不能，做一架人梯，讓你們這樣的有為青年從我的肩上踏過去，便是我的最大心願了。我相信，真理會在歷史進程中顯現它的真理性，但這顯現的過程，是要靠我們大家的努力，尤其是你們這些青年的努力的。

好吧，讓我們現在回過頭來看顧渚山。陸羽在《茶經》中曾說，浙西的茶，以湖州的為上品，而湖州的諸茶中，他首推的就是生在長興縣顧渚山的茶。我記得陸羽好像是寫過〈顧渚山記〉的。《吳興志》裡提到顧渚時曾說它「今崖谷之中，多生茶茗，以充歲貢」。《吳興志》裡提到的顧渚山明月峽，還有一段很漂亮的文字，我現在全部抄下來給你：

明月峽，在長興顧渚側，二山相對，壁立峻峭，大澗中巨石飛走，斷崖亂石之間，茶茗叢生，最為絕品。張文規詩曰：明月峽中茶始生。

關於明月峽，明代的布衣許次紓在他的《茶疏》中也有記載，說：姚伯道云：明月之峽，厥有佳茗，是名上乘。這個姚伯道為何許人也，我這個半瓶子醋就不知道了，請你查出後再寫信告訴我。

又，明月峽所產的茶，明代人有把它叫做岕茶的。長興這個地方叫岕的不少，比如羅岕，懸臼岕，應該算是一個方言詞吧，老鄉說這個字發「卡」音，我猜想，也就是小山谷的意思吧。手頭沒有工具書，方便的話也請你幫我一併查閱。

至於這個地方何以茶事如此之盛，大約總是與山形及太湖水有關的吧，我所知僅為皮毛，此事你可訪你爺爺，他才是這方面的真正專家。長興是茶聖陸羽久居之地，你家世代事茶，想必是知道的。陸羽為湖北天門人氏，安史之亂後來浙江，他對浙江的經濟也是有貢獻的。因為陸羽在長興，故而有了推薦顧渚紫筍茶給皇家的可能。又因唐大曆五年紫筍茶被定為貢茶，才有許多官員包括楊漢、杜牧等人有關茶事的摩崖石刻。這些珍貴的石刻此次被我發現，高興的心情，不知道用什麼才可以傳遞。我覺得，無論搞經濟研究還是治史，都離不開實事求是，而實事求是的精神之一就是說話立論要有證據。這批摩崖石刻與唐代貢茶關係密切，是研究古代浙江經濟的重要史料。我不知道在我之前有沒有別人發現和利用過這批石刻的史料，但就我個人而言，這次摩崖石刻的發現，無疑是為我提供了一個為黨為人民繼續工作的機會。

想必你已經知道我的大女兒白夜在南潯工作，這次她專門帶著照相機過來，利用星期天來此山中幫我拍攝，現在，照片已沖洗印好，還算清楚。我讓白夜與信一併送來。當然，你若有可能來顧渚實地考察，那是再好沒有的事情。

顧渚茶如今已經沒有了一千多年前的盛況，我想給你寄點來，請你爺爺和姑婆嘗一嘗。但是茶事的情況你不應該比我知道得少，真正好茶，都作為出口物資換取外匯了。白夜帶了半信封，說是讓你們嘗一嘗。我們已經好幾年沒見面了，我目前的狀態，過多地與她接觸是不利的，她不是還年輕嗎？她應該有更通暢的生活。這次我們在明月峽間談了很久，我還是有點為她擔心。你們都是同齡人，在可能的情況下，幫助她，與她共同進步吧。

這封信寫得長了，就此打住，問你爺爺和姑婆好，聽說小布朗已經從雲南回來了，也向他問好。我不知道今年有沒有可能回到學校重新工作，想念杭州的一切。即頌

夏祺

楊真一九六六年五月二十八日

這是一封多麼好的信，杭得荼心急慌忙地想，一定要好好地從頭再讀幾遍。然而，即便信寫得那麼好，那麼情真意切，得荼還是沒有心思立刻再讀。他手忙腳亂頭不敢抬，便只好抓起那疊照片來看。

照片的每一張背面都有解說，一看就是白夜的字跡。得茶說不上來這是什麼原因，反正他覺得白夜的字就應該是這樣的——女人的字。得茶喜出望外的神情顯然帶動了站在一旁的白夜，她指著照片告訴得茶，這裡共有八張，分三組，其中金山外崗村白羊山那一組，就有唐代詩人杜牧的題字：「……刺史樊川杜牧，奉貢（茶）事春」。

白夜說：「我查了一下史料，這一組石刻時間跨度是七十多年，正是顧渚紫筍茶作貢的盛期，最高年貢額是一萬八千四百斤。」

「這裡講的唐興元甲子年——」得茶疑問。

白夜立刻接口：「公元七八四年——」得茶還沒有點完頭，白夜又繼續解釋，「唐興元甲子年是袁高的題詞……您看——大唐州刺史臣袁高，奉詔修貢茶……賦茶山詩……歲在三春十日。接下去這一張是貞元八年于頔的題字——貞元八年就是公元七九二年——肯定不會錯，這些年代，我都已經查過了。」

另外兩組石刻，一組在懸臼岕霸王潭，另一組在斫射岕老鴉窩。白夜指著那些落款，說：「這個楊漢公，做過湖州刺史，為了推遲貢茶時間，還給皇帝上過奏摺，皇帝也還真的批了，也就是說，得到了詔從。那是為老百姓說話，不容易。還有這個張文規，寫過著名的茶詩，你記得嗎？」

得茶吃了一驚，說實話他的功夫還沒有到這一步。白夜並不讓他尷尬下去，旋即背道：「牡丹花笑金鈿動，傳奏吳興紫筍來。」

得茶看了看白夜，這才算是他第一次正面看她，他說：「沒想到你對茶也有興趣。」

她站了起來，兩隻手撐住了桌面，上身朝得茶傾斜，她的臉離得茶的臉很近，緩慢地閉了一下眼睛，搖著頭，仿佛很認真，仿佛在撒嬌，仿佛因為什麼而陶醉了，又仿佛對什麼都不在乎了，一股從昨夜挾裹而來的男歡女愛的強烈的氣息就撲面噴出，得荼便看到了她著碎花衣裙的胸部——鬆開兩粒衣扣而不是一粒的胸部。她的略黃的濃髮盤在頭上，被陽光照出了一圈光環。

她突然呈現出與剛才完全不一樣的風貌，用一種仿佛有些做作的聲氣回答：「我對什麼都有興趣。」

這些話和動作，可都是當著吳坤的面的。得荼看到了她的眼睛，他被她目光中的神色嚇出了冷汗，手指甲叩在桌上，發出了輕微的嗒嗒嗒的響聲。他發窘地說不出一句話來，突然想起了那個「犴」字，立刻就去翻書，一邊翻辭典一邊說：「那個犴字，你父親還等著要呢。」

他聽到了她的笑聲，略帶沙啞，很響亮。她說：「不用翻，辭典裡沒有這個字。」

得荼困惑地看著她，她又說：「兩峰相阻，介就夷曠者人呼為犴，你要出處嗎？」

得荼怔著，看看吳坤，吳坤一邊翻抽屜，一邊得意地朝他笑。白夜也笑了，對他說：「吳坤，你看，杭得荼他臉紅了！」

吳坤關上抽屜，有些發窘地說：「白夜，你別嚇唬得荼，他還沒有女朋友呢。」說完這句話，拿著手裡的一疊證明，朝得荼擠擠眼睛：「得荼你別怕她，她這是外強中乾，你們談，我去系裡跑一趟，很快就回來。」

杭得荼見吳坤走了，呼吸都緊張起來。想了想站起來也要走，找了個藉口說：「還有那個姚伯道……你爸爸也要他的資料，我去找找，你坐一會兒，失陪。」他走到門口，想想有點不禮貌，才又加了一句：「祝你們幸福。」

對方沒有一點聲音。他鼓起勇氣，再看了一眼，怔住了，一個準備結婚的女人是不應該有這樣的神情的，她讓他走不成。

她說：「吳坤到系裡去開結婚證明了。」

「你們會很好的。」他語無倫次地回答。

「請你幫助我一件事情，」她嚴肅地說，「我請你陪我等他回來。」

他想說，他上午要出去，他要辦的一件家事，也和婚姻有關。但是看著她嚴肅的神情，他卻攤攤手說：「這太容易了。」

她臉上就露出了欣慰的表情，緩慢地閉了一下眼睛，頭往後微微仰去，彷彿因為感激而陶醉。她的這個神情，往往在她想要特別強調什麼的時候，重複出現，就像電影中那些重複播放的經典鏡頭，永遠地刻在了杭得茶年輕的心裡。

他還記住了她的許多可以反覆回味的表情和話語，比如她用純正的普通話、用她那略帶沙啞的女中音說：「我知道你會陪我的，我從我父親那裡已經深刻地瞭解了你。」

她的單刀直入般的話實在讓得茶吃驚。但白夜懂得用什麼樣的方式為他壓驚。她說：「看見了嗎，我有茶，顧渚紫筍茶。」

「你有顧渚紫筍茶！」杭得茶終於可以為茶而歡呼，但他的臉更紅了，他覺得自己的歡呼很做作。

她沒有呼應他的歡呼，卻從身邊那只漂亮的小包裡取出一只信封，兩隻手指如蘭初綻，輕輕一彈，撐開信封，把手臂伸向得茶，她說：「請看，請聞。」但實際上得茶根本沒來得及看和聞。他只看到了她的手，他看到她取過來一只茶杯，她說：「只有一只茶杯。」

她沖了一杯茶，顧渚茶是長炒青，細彎如眉，略呈紫色，浮在杯面，看上去沒有龍井茶那麼漂亮。得茶說：「是山中野茶。」

「你喜歡嗎？」

「很難搞到這種茶了。」得茶回答，他心裡有些亂，羞澀使他兩眼不定，東張西望，有失常態。

「你喝，」她把茶杯推到他眼前，「早上我洗乾淨了，這是你的茶杯。」

「是我的，你喝吧，我們家有茶。」

「我爸爸讓你喝的。」她的話有點撒嬌，她是一個女人氣十足的女人。

邢瓷類銀，越瓷類玉，茶湯泡在龍泉梅子青色的杯中，襯托出來的一片野綠色和噴散出來的一片撲鼻香，把得茶四下裡不知往哪看的目光定住了。他端起杯子，輕輕地吸了一口，說：「好茶。」

「怎麼好？」

「說不出來，也許……是那種不成規矩的香吧。」

她伸出手去，眼睛看著他，拉過得茶剛剛放在桌子上的那只杯子，端到嘴邊。她看著他，芳唇一點，含住杯沿，在他的嘴剛才碰過的地方吸了一口，得茶的氣就短了起來，他說：「你坐你坐，你喝茶，我看書。」他取過那本昨夜沒有心思看的《文物》，翻來翻去，他能感覺到她坐在他對面，慢條斯理地品茶，一會兒看看杯子，一會兒看看他，他的心就又慢慢地平了下去，重新抬起頭來，說：「我真的為楊真先生高興。」

「因為我去看了他嗎？」

「你早就應該去看他的。你知道他不敢來看你的原因，是怕他牽連了你，我瞭解他是一個什麼樣的人。」

可是他發現白夜根本不和他處在一種狀態下說話。她沉浸在自己的泛濫的情感世界裡，她幾乎可以說是多情地看著他，聲音充滿著磁性，她問他：「問你一件事情，知道馬是怎麼變成駱駝的嗎？」

她的大眼睛很黑，黑得發藍，波光粼粼。得茶被搞糊塗了，這到底是怎麼一回事啊？女人，正要結婚的女人，這到底是怎麼一回事啊？女人卻很清醒，緩緩地深沉地說：「馬，背上馱著太多的東西，牠累得連聲音都發不出來了，牠只能在心裡對自己說，我受不了了，我真的受不了了，別再往我身上壓東西了。就在這時候，天上飄來了一根羽毛，不偏不倚，就落在了馬背上。只聽咕隆嗵一聲，馬背壓塌了，馬就這樣成了駱駝，懂嗎？」她朝他擠了擠眼睛，但她擠出了淚水，她接著說：「馬就這樣變成了駱駝。」

「馬就這樣變成了駱駝。」得茶傻乎乎地重複了一句。

「可是因為這樣，牠揹的東西就更多了，而且還沒有水喝。」

她突然被她自己的最後一句話說笑了，就仰著脖子把杯中的茶大大地喝了一口。

杭得茶就這樣走近了她，他為她倒了一杯茶。十分的茶，倒得七分，留三分人情在。她對他說謝謝，淚眼汪汪的，不再有剛才那種失態；得茶搖搖頭，他看著她時不再害怕了。就這樣他以為他是瞭解她的了，他認為他非常瞭解她。她孤苦伶仃，無所適從，迷亂彷徨，她在命運的轉捩點上，尋求最後的一根救命稻草。她是來結婚的，事實上他們已經結婚了，可是她依然不願意結婚。那麼誰是那根羽毛呢？

吳坤好久才從系裡回來，滿頭大汗地罵著人：「今天倒是節日，六一兒童節，可是關辦公室的大人什麼事情？都跑到哪裡去了，說是學校有緊急會議，傳達中央精神，怎麼不早說！這半個月，系裡就那麼亂糟糟的，找誰誰就不在，還讓不讓人結婚了？」

杭得茶和白夜都緊張地站了起來，問：「證明開出來了嗎？」

吳坤這才笑了，揚了揚手裡的那只信封，說：「沒有我幹不成的事情！」

那兩個剛才留在屋裡的青年男女對視了一下，長噓了一口氣，從此他們有了他們的隱私。杭得茶的目光一下子暗了，彷彿他的生命突然地被籠罩了，他說：「對不起，我該走了，我的確是有事，的確是有事。」他邊說邊退，他的目光，再也不敢望她一眼了。

與得荼同歲、在輩分上高出一代的杭布朗，在與異性交往的過程中，完全呈現出另一種風采。沒幾句話他就和翁採茶打得火熱了。杭得荼一開始甚至為他表叔的過於坦誠沒遮沒攔的行為感到難為情。比如他們剛剛吃罷了飯，布朗就拉著採茶到門口稻場上。開門見山，山上有茶，茶間有姑娘採茶。布朗見了姑娘，就激情澎湃了，他就對採茶說：「姑娘，唱個歌好嗎？」

採茶吃驚而著迷地看著他，問：「唱歌，什麼歌？在這裡唱？」她覺得不可思議。他的做派與眾不同，令人慌亂。

杭布朗不慌不忙地抽出別在身後的簫來，他要高歌一曲，而且真正做到入鄉隨俗，廣播裡不是也在播這首曲子嗎？

……

溪水清清溪水長

溪水兩岸好呀麼好風光

哥哥呀上畈下畈勤插秧

妹妹呀東山西山採茶忙

插秧插得喜洋洋

採茶採得心花放

插秧插來密又快
摘得茶來滿屋香
多快好省來採茶
好換機器好換鋼
……

他到底已經在杭州生活了一段時間了，到底能夠聽出一個大概意思了。在他想來，這首江南的採茶歌，不就是一首情歌嗎？這裡面不是有一個插秧的哥哥和一個採茶的妹妹嗎？他不知道眼前那麼多妹妹中，哪一個是他的。他只是快樂地吹著簫，邊吹邊在她們對面搖頭晃腦。那些姑娘都驚訝地停下手來，手裡還拎著一片新葉呢，她們又禁不住竊竊私語，然後掩嘴而笑。天底下的姑娘都是一樣的，他們都喜歡勇敢的小伙子，英俊的小伙子，快樂的小伙子。慷慨的杭布朗覺得不能只顧自己出風頭，他還得顧及他的表侄杭得茶呢。他就一邊吹著簫一邊用腳鈎著、用肩膀撞著走出門來聽他吹簫的杭得茶，想把他也推到前面去。他的舉動讓採茶的姑娘們大笑起來，被布朗撞得跌跌絆絆的杭得茶面孔都紅了起來。

比杭得茶臉更紅的當然要數翁採茶。她興奮地走到門口場地上，和對面山坡上的小姐妹們高聲對話，露出那一口結實的白牙。她已經自覺不自覺地表露出這位帥小伙子屬於誰的神情。姑娘的心，夏天的雲，一頓飯工夫，她已經唯恐小布朗不是她的了。

小布朗聽到眼前姑娘的讓他幾乎聽不懂的郊區方言土語，就想起此行重大使命。把洞簫往後腰一插，他飛快進屋，從大舅包裡掏出母親交代過的普洱茶，一手托著一個，又奔到門口的採茶面前，問：

「美麗的姑娘，這是給你的，你要嗎？」

採茶大吃一驚，她活到二十歲，從沒聽過人家讚她是「美麗的」，實事求是說，她離「美麗的」畢竟還是有一段差距。但她不懂這個，還以為小布朗第一個發現了她的美。她激動，要哭了，但依舊指著對方手裡那兩個黑沱子，問：「這是什麼？」

得茶用杭州話來作解釋，他告訴她，這是他們雲南的茶，你要收了它，你就接受了這個小伙子的求婚，你要不同意，不接就是了。

小布朗從他們說話的表情中猜出了意思。彷彿為了表達他的誠意，他上前一步，兩手一伸，把兩塊沱茶直直地展到採茶姑娘的眼皮子底下。

翁採茶萬分激動，看看對面山坡，姑娘們又驚又樂，尖叫起來，有人高聲問，那小伙子要送她什麼？金子嗎？不接受看來是萬萬不行了。她一把抓過那兩塊沱茶，只聽對面山上「哄」的一聲，她又羞又樂，就一頭扎回房中，把正從屋裡出來的小姑娘迎霜撞了一個滿懷。她也顧不上解釋，飛快衝進閨房，打開梳妝匣，那裡藏著一個農村姑娘的亂七八糟的寶貝：玻璃絲、毛線、小鏡子、明星劇照，現在加上了那兩塊沱茶。迎霜走了進來，手裡舉著一張兩寸照片，問：「採茶姐姐，這個解放軍叔叔是你認識的嗎？」

原來剛才她們撞了一下，採茶藏在胸口的那張照片掉了出來，正好讓迎霜撿了。此刻，翁採茶陌生地盯著那張照片，想，那是誰啊，跟我有什麼關係啊！我可不認識他。她搖搖頭，迎霜說：「不管是誰的，扔在地上讓人家踩，多不禮貌啊。」她就放進自己的小口袋裡去了。

布朗放下了簫，愉快地看著茶山，說：「工作實在難找，那我到這裡來採茶也行啊。」

「這麼快就決定了？」得茶到底還是有點吃驚。

小布朗卻很認真地想了想，說：「沒有一個姑娘是不好的，我喜歡她們每一個人。」

得荼想說，這是不對的，這說明你不愛她。可是他沒有說，他再一次想起了那個叫白夜的女人。他想，她現在已經是別人的妻子了。他不能就此進行深入的探討，他知道，這些青年男女們，都在做一些超越愛情的事情。比如他們今天一天的努力，就是要小布朗喜歡上杭州。因為要他喜歡杭州，才給他一個杭州郊區的姑娘。眼前再一次閃現出另一個姑娘的長長的脖子，還有關於馬與駱駝的故事。這是一些多麼本末倒置的事情啊，而我，竟然也參與在其中了。

那天夜裡，天已完全黑了，八點多鐘，他們才疲倦而輕鬆地回到羊壩頭。葉子慌慌張張地來開門，說：「得放等了你們好幾個鐘頭了。」

一聽說堂弟來了，得荼趕緊往廚房裡走，奶奶卻說他在屋裡聽廣播呢。

得放在客堂間，趴在桌上，盯著正在播新聞的收音機。他是個濃眉大眼的少年，眉間一痣，被皺起的雙眉擠得鼓了出來。見了得荼，也不站起來，卻問：「荼哥，什麼叫牛鬼蛇神？」

得荼一邊咕嚕咕嚕喝水，一邊回答：「鯨去鰲擲，牛鬼蛇神，不足為其虛幻荒誕也。從出典看，所謂牛鬼蛇神一詞，乃是杜牧用來歌頌李賀詩歌的瑰麗奇想的，不妨說是一種浪漫氣息的比喻吧。」

「錯了，牛鬼蛇神，泛指妖魔鬼怪，也就是形形色色的……你看看這個吧。」得放遞過來一張報紙，是《人民日報》，頭版頭條大字標題——〈橫掃一切牛鬼蛇神〉。

得荼根本來不及看報紙，他已經被收音機裡那個無比振奮的聲音吸引住了：

……革命的根本問題是政權問題。……有了政權，就有了一切，沒有政權，就喪失一切。因此，無產階級在奪取政權之後，無論有著怎樣千頭萬緒的事，都永遠不要忘記政權，不要忘記方向，不要失掉中心……

得放看得茶開始認真聽，連忙把音量調到最高處，嘉和正在洗臉，聽到收音機裡的大聲音，拎著毛巾進來，眯著眼問：「怎麼啦？」

「爺爺你好好聽聽，我要回學校去了。」得茶拿起報紙就走，得放說：「我跟你一起去，我跟你一起去！」

嘉和茫然地跟著兩個孫子走到天井，收音機的聲音也一起跟著響到了天井：

……一個無產階級文化大革命的高潮，正在占世界人口四分之一的社會主義中國興起……

杭得茶正忙著推自行車，布朗從廁所裡出來，一邊繫著褲子，一邊拉住車後座：「說話不算數，講好了今天夜裡陪我談天的。」

天井裡沒有燈，屋裡光線射出來，只襯出得茶眼鏡片上的閃閃反光。他說：「文化大革命開始了。」

「開始了！」堂弟得放跟著強調了一句，跳上了自行車的後座，轉眼不見了。後面跟著手握鍋鏟的葉子，她心急慌忙地輕聲喊著：「什麼要緊事情，飯也不曉得吃了，布朗你快給他們送幾個茶葉蛋去。」

布朗捧著幾個茶葉蛋衝到門口，路燈下哪裡還有這對兄弟的影子，倒是有一對老棋槍正在燈下酣戰。初夏的夜晚，行人們大多到西湖邊去了。月兒彎彎照九州，幾家歡樂幾家愁，布朗想起了白天的故事，幽黑的夜裡，他有些記不清那姑娘的容顏了。布朗慢慢地走到路燈下的棋譜前，蹲了下來。文化大革命開始了嗎？他想，開始就開始吧。

第四章

然後，夏天到了。那是一個人物和事件紛至沓來的夏天，一個陌生女子的修長的腿一腳踢開杭得茶屋門的夏天。

非常苗條的姑娘，身材可用「極好」來形容。頭戴軍帽，雙肩削瘦，黃軍裝上紮皮帶，胸部刻意挺起，連帶眉眼五官都豎拔起來。黃毛丫頭，文靜而暴烈，如中國傳統武俠小說中某些乖戾的武林女高手。個把月來的暴風驟雨，人們對此一族已刮目相看。不用提示，這些人很快就知道了腿的諸多用處——除了跳舞，踢球，跑步，行走，腿還可以這樣發揮功能啊——像一根雨後的春筍，「嗖」的一聲，彈開了杭得茶書香小屋的木門。

她身後保鏢似的站著一個身材適中的少年，濃眉大眼，眉間一痣，略呈紅色，鼻粱高挺，他也穿著一身舊軍裝，指著得茶，卻對姑娘說：「就是他。」

這樣的見面依然使得茶彆扭，多年來，在爺爺熏陶下，他已經成為一個在生活習性上非常注意細節的人，他勉強克制著自己，說：「得放，你們找錯人了吧。」

「沒錯，她要找的人就住在這裡。」杭得放強調說。

這些天，杭得茶已經這樣接待過好幾批人了，他們都是來找吳坤的，說是革命戰友。吳坤也真是出人意料之外，他本是上街買喜糖去的，還借了得茶的自行車，誰知就著了魔似的，跟著一群人進入了省委大院。那群人亂哄哄，吳坤看他們公說公婆說婆的，忍不住出來協調了幾句，這就被他們抓住不放了，非要他加入核心小組不可。吳坤拎著一包喜糖說：「不行不行，我還得回去結婚呢。」一個傢伙就叫：「先革命吧，革命完了我們給你舉行盛大的婚禮！」吳坤又叫：「我的自行車還是借來的！」那群人哪裡還容他說更多的，一把把他推進了人群。他只好把鑰匙扔給一個他認都不認識的人，然後說：「騎上我的自行車，把我的喜糖帶回去，告訴新娘子，一會兒我就回來。」這乃是他對這場即將舉行的婚禮所說的最後一句話。

兩天以後白夜也沒有等到她的新郎，皇帝不急急死太監，得茶去找了吳坤好幾次，沒有一次找到的。第三天白夜就準備走了，和得茶告別時倒蠻正常，好像婚沒結成，她卻更輕鬆了。杭得茶問她，要不要他帶著她再去找一次新郎，白夜搖搖頭笑說：「提這樣的問題，說明你太不瞭解此人了。」她把他叫做「此人」，用詞中已見輕慢。得茶連忙說：「你別生他的氣，要知道他有多愛你，他是為你才到南方來的。」

白夜用一種奇怪的神情看著他，說：「不完全是吧。」見得茶那老實的樣子，想了想才說，「你不知道，他在北方處境並不好。他原來是翦伯贊歷史學派的後起之秀，這一派受批後他就跟著倒楣了。他要不是分到這裡來，這場運動，也會夠他受的。」

得茶簡直可以說是大吃一驚。在他的心目中，說吳坤是反歷史學派的青年健將還差不多。他那副受到強烈刺激的神情，一定也讓白夜吃驚了，她笑笑說：「新娘子揭新郎的老底，你不會給他貼大字報吧。」

得茶這才醒過來，見她一定要走，想送送她，她又搖頭：「千萬別送，我會愛上你的，我可是個大情種。」

「別用這種口氣跟我說話！」他突然說，看上去他真是有點生氣了。白夜彷彿無動於衷地笑笑，不再說話。得荼推著自行車，還是把白夜送到了汽車站。直到快上車的時候，一路無話的白夜才問：

「生氣了？」

得荼臉紅了，他能夠感覺出來，因為耳朵燙得厲害。他說：「我沒生氣，你不用對我也那樣，那樣是很痛苦的。」

她一下子睜大了眼睛，她的面容發生了奇特的變化，另一種嚴肅的神情從玩世不恭的表象中滲透出來了。

她的樣子讓得荼不安起來，他拉著她的行李包，說還是回去吧，他一定負責把吳坤給找回來。姑娘卻使勁地搖搖頭，抽泣了一會兒，再次抬起頭來時，目光裡都是焦慮。她說她想早一點趕回去看看父親，這場革命到底怎麼回事，誰也摸不清，還是先回單位再說。

「可你為什麼嫁給他呢？」杭得荼終於問。

她攤開了手，近乎於慘然一笑，說：「因為牽駱駝的人只有他。」

她再也沒有用曾經讓他出冷汗的那種目光看他，她是低著頭和他分手的，甚至沒有和他握一握手。

白夜走後差不多一個星期，吳坤才從外面回來。他幾乎變成另一個人了，到校務處去領了紙墨毛筆來，把他和得荼原來視為書齋的宿舍弄得硝煙瀰漫。得荼進門，見桌上床間，到處墨跡斑斑，就指著吳坤搖頭，說：「你啊，操之過急了。」吳坤一邊對不起對不起地收拾東西，一邊說，正等著他杭得荼回來，道一聲告別呢。得荼說：「好嘛，學校分房子讓你結婚，你倒想用房子當起造反總部來了！」吳坤聽出得荼的弦外之音，卻也不反駁，只是笑指他的額頭，說：「婦人之見，婦人之見。」

他倒也不勸得荼加入他的行動，反而問他，最近又有什麼收穫。得荼這才興奮起來，說發現一把大盤腸壺，從前吳山頂上茶館中用的。吳坤聽到這裡，嘆了一口氣，說：「你倒還有心做學問，我想寫的〈秦檜論〉，現在也只有擱一擱了。」

吳坤研究宋史，到抗金那一段，學問反著做，不從岳飛處下手，卻從秦檜這個人物來解剖，得荼原來是很佩服的。他說這就從一種鄉愿式的非學術態度中解放出來，以歷史主義的嚴肅態度進入史實了。吳坤所以要把秦檜從道德層面的聲討中剝離出來，擺到南宋初年的大時代背景下深究其行動的社會動因，得荼也是極為讚賞的。個人品行與大時代間的關係，他們過去也時有爭論。他們私下裡討論的東西，和吳坤發表在雜誌上的不少論文，往往大相徑庭。漸漸地，得荼就以為吳坤起碼在學問上是心口不一的了。所以他現在即便長嘆一聲，得荼也不怎麼當真。他只是勸他別忙著革命，連結婚都忘記了。吳坤正要走，聽了此言，開玩笑似地說：「你看你，白夜已經回湖州了，你比我們還急呢。」得荼聽了，張口結舌，一句話也說不出來了。

果然，吳坤搬走之後，就聽得到他的驚天動地的響聲，靜坐啊，點名啊，通報啊，致電啊，果然，婚也顧不上「結」了，人也見不著蹤影了。「文化革命」工作組進駐院校之後，運動有人領導，吳坤他們一行人就顯得猶如另類，彷彿無政府主義者一般的了。個把月過去，朝令夕改，工作組突然又被撤回去了，說是執行了一條資產階級反動路線，吳坤這一派大獲全勝，瀟瀟灑灑殺了回來，在學校裡衝殺了一陣，又搬出去和別的造反派聯合造反。這其間他倒是回來過一次。這一次得荼再勸他冷靜一些，他就不像第一次那麼客氣了。他說：「我本來還想勸你和我一起幹呢，沒想你到底還是採取保守主義立場。」

「你沒說我保皇派，算是客氣了吧。」得荼笑笑說，他還是不願意因為觀點問題破壞他們之間的友誼。吳坤也笑了，說：「因為單純輕信而受蒙蔽，歷史上不乏其人。」

「這話難道不是應該由我來說給你聽的嗎？」得茶說。兩個青年人，仿佛半開玩笑，其實是越來越當真的了。

吳坤愣了一下，突然神色一變，笑了起來，從口袋中取出一封信說：「好了好了，暫時休戰，給你。」

得茶打開一看，卻是當年徽商開茶莊時的茶票，這可是寶貝，坊間已見不著這些東西了。得茶大為高興，一邊小心地對著天光看品相，一邊笑著說：「你還沒忘記為那個未來的博物館收集實物啊，這可都是四舊。」

「家裡人一從安徽寄來，我就立刻轉給你。放在我手裡，可說不定什麼時候就把它破掉了。」

得茶盯著那張茶票，愛不釋手地看，他像是已經被這張茶票吸引似的忘記了他們剛才的爭論，實際上完全不是這樣。他們兩個智商相埒，且都是生性敏感之人，在這方面，得茶一點也不比吳坤遜色。只是得茶常常內化為理解，而吳坤則往往外化為多疑，又往往不能控制他的多疑，你從他的臉上總能看到那猜疑的蛛絲馬跡。正因為如此，得茶不相信吳坤和得放他們一樣不假思索就一頭扎進運動。恰恰相反，吳坤在許多方面甚至比他更為深思熟慮，難道他真的以為在一九六六年的夏天之前，中國已經有了一個足以顛覆黨中央毛主席的資產階級司令部嗎？

見他拿了幾件換洗衣服要走，得茶從抽屜裡拿出那個相夾，白夜仰著脖子在玻璃後面向他們微笑。他吸了口氣，說：「物歸原主，拿去。」

這一次吳坤沒有像上次那樣隨意，他英氣煥發的臉灰暗下去，接過相夾說：「到現在還沒把事情辦了，倒把白夜給氣走了，真是罪該萬死。」

「跑一趟接回來就是了嘛，別再耽誤了，自己的事情也是事情，何況還是終身大事。」這話把吳坤說感動了，相片夾重新放到桌上，回答說：「我是真走不開，特別是現在，每天都有可能發生不可預測的事情，大家眼睛都瞪著我。你別看我在你這裡不算個什麼，我在他們那裡就是一個精神支柱，說實話，我哪怕想隱退，也不能在這個時候，再說我就是去了湖州，白夜也未必肯跟我來，她生我的氣。這些天我打了多少電話她也不理我。你別看她笑得那麼甜，她骨子裡就是不肯妥協，我有時候真是覺得自己迷上了一個反革命。這樣吧，你就幫我跑一趟，她一個人在湖州我實在不放心。拜託了。」

得荼連連搖手，他可沒想到吳坤會來這一招，他心裡一驚，口吃起來，這怎麼行這怎麼行地拒絕著，他說他的新娘子應該讓他自己來安排，吳坤卻一邊看錶一邊作揖一邊強調地說：「拜託拜託，如果連你我也靠不住，我還靠誰去！」

得荼說：「真是豈有此理，那可是你的新娘子！」吳坤攤開手說：「拿來，茶票！」得荼一愣，吳坤哈哈大笑，拍著他的肩膀說：「幫幫忙吧。也不是我真沒有時間，問題是她現在生我的氣，我去了反而帶不回來，這個女人，我看出來了，對你倒還算客氣，哎，幫幫忙吧。」

他走後，得荼才發現桌上那個相片夾又被吳坤留下了。她看著他，有一種受難的聖潔感，還有點無可奈何，仿佛說：你們到底想把我怎麼處置啊？得荼就用自己那隻大薄掌，把相片夾遮了起來。

眼下這個姑娘顯然也是吳坤的同道，卻不知中學生杭得放怎麼跟她搞到了一塊。他只得重申，吳坤已經不在這裡住了，你們到你們的造反總部去找他。姑娘也不搭腔，兩手叉腰，像是插了兩翼翅膀，雙腳呈八字形，在方寸之地來回走動，戴著軍帽的小腦袋昂首朝天，審視周圍，像是高級將領決策大戰之前在大地圖面前的運籌帷幄。杭得放用完全崇拜的目光看著來回走來走去的女中豪傑，說：「她們是女中『全無敵』戰鬥隊的。」

「什麼？」得荼真的沒聽明白。

「要掃除一切害人蟲全無敵的『全無敵』！」姑娘說。

和她的奇大無比的口氣剛剛相反，她的聲音暗啞，彷彿被囚禁在嗓子眼裡，難見天日。聽見這樣的聲音你有一種婉約派詞家的遐想。當然你不能看她，一看就是一個悖論。現在她終於伸出了手來：「我叫趙爭爭，注意，不是珍寶的珍，是鬥爭的爭。你就是杭得荼？我見過你，我上小學的時候，那時你和現在很不一樣。你那時還沒戴眼鏡，你給我們全市優秀少先隊員作報告：做共產主義的接班人。我那時候很崇拜你，不像現在。貴校已經有人和我們聯合去北京串聯，取革命火種，吳坤去了，你為什麼不去？我們已經核查過你的烈士家庭出身，你不革命誰革命？同志，我可以叫你一聲戰友嗎？兩個司令部的鬥爭已經開始了，橫掃一切牛鬼蛇神的暴風驟雨已經到來，國際悲歌歌一曲，狂飆為我從天落。我們的身上都有紅色的印記，我們是天生的紅色接班人。老子英雄兒好漢，老子反動兒混蛋，基本如此。參加我們的戰鬥隊吧，我們雖然受到了資產階級反動路線的迫害和壓制，但我們不怕，有毛主席給我們撐腰，我們刀山敢上，火海敢闖——沒事沒事，我口不渴，我們已經百煉成鋼了。」最後一句話是對給她遞上水來的得放說的。得荼不滿地看著得放，他竟然把他已經喝過的茶杯遞了上去。他想說那樣不衛生，但已經晚矣，她還是口渴了。

趁她喝水，杭得荼打斷了她的滔滔不絕，問：「請問你到底要我幹什麼？」

女中學生趙爭爭瞪著眼看了他半天，紅紅一對薄唇奇怪地顫動：「幹什麼？除了幹革命，還能幹什麼？」

這個嗓子幽幽的少女好像天外來客，她的言行舉止，她的豪情壯志，不知道是從哪一個世界搬來的，得荼有一種他們正在彩排什麼的感覺。趙爭爭很漂亮，有一種刻薄美，言行舉止，一板一眼，像個正在無意識表演的演員。得荼把目光轉向了得放，他實在不明白，堂弟為什麼要把這個「全無敵」帶到這裡來。

趙爭爭本來是代表女中紅衛兵來找吳坤，想成立一個兩校聯合的革命聯絡站的。吳坤不在，正巧在大學門口碰到了杭得放──一年前他們在團市委組織的夏令營活動上認識的，得放就自告奮勇帶她過來。

得荼的回答令他們失望，他說：「這事我不能答應你們。我們是大學，你們是中學，不是一個系統。再說，我們的認識也不盡相同，至少我不同意血統論。趙爭爭同志，你有事情，可以找我們的學校領導──」

這個正常的回答反而使趙爭爭小將感到了反常，她攤攤手，問杭得放：「怎麼回事，他們竟然還有領導！」

得荼說：「還沒人下令撤了他們。」

趙爭爭叫了起來：「遲早要撤！」

「那就等撤了再說。」他邊說邊開始整理東西，作為下逐客令的表示。

兩個中學生呆呆地看著這個大學助教，趙爭爭突然冷靜，恢復剛才不可一世之傲氣：「聯絡站的事情，也不是想成立就可以成立的，還要審批，還得看看夠不夠格。你這裡封資修的東西也不少啊。這裡，這裡，這裡，這是誰？」

她指著桌上夾著白夜的相片夾子。得荼終於不耐煩了，說：「你去問吳坤吧，是他放在這裡的。」得放為難地看看趙爭爭，不知道怎麼解釋好，說：「要不先到別處看一看？」

趙爭爭想了一想，爽快地答應了，說：「杭得茶同志，我們過幾天再來拜訪，有不同的觀點，我們也可以辯論，真理越辯越明嘛！」

「我也還有點事情，要和我哥哥商量。」得放為難地對趙爭爭說。趙爭爭打量了他一下，突然一拍他的肩膀，說：「行啊，小不點兒，商量去吧。」

看著她邁著那仿佛經過訓練的矯健步伐揚長而去的背影，杭得放發了一會兒愣，突然抓住杭得茶的手臂，叫出聲來：「去北京見毛主席，他們沒有選我！」

他的一向自信的大眼睛裡，此刻，流露出了從未有過的神情——這是哥哥杭得茶沒有看見過的被嫌棄的人的深刻的恐懼。

杭得放與杭得茶，猶如白堤與蘇堤，是杭氏家族中的「湖上雙璧」。這位杭州重點中學的高一男生，無論從哪一個方面而言，都可與他的堂哥杭得茶相映生輝。杭得茶，杭得放，一個烈士子弟，一個學者後裔；一個大學畢業留校，一個初中畢業保送；一個前途無量，一個後生可畏。這個年方十七的杭家後人，雄心勃勃，目標明確，在內心世界與眾不同的同時，外表也長得與眾不同。他的容顏是吸收了父母身上的優點的：一個杭漢般的大額頭與一雙黃蕉風熱帶叢林中馬來人種特有的深陷的大眼睛。他的鼻梁卻是承繼了奶奶葉子的——日本女人特有的那種秀氣挺拔的、略帶些鷹爪形的鼻梁。他的脖頸和脊梁也和他的鼻梁一樣挺拔，眉心奇特的一痣使他走到哪裡都眾目睽睽。他長得並不高大，在瘦削略高的杭家人中，他只能算是個中等個子，但看上去他甚至比那個酷似爺爺嘉和的得茶還要高。得茶雖然才二十幾歲，可是他的背卻已經略略地彎下來了。得放不一樣，他從來就是一隻雄赳赳氣昂昂的小公雞。他走到哪裡，就把他的聲音和形象帶到哪裡。他走後，人們就會相互打聽：這孩子是誰？

長大後可不得了！

在學習興趣上，得放和他的哥哥一樣，更喜歡文史哲。也許受著父親杭漢的影響，得放也熱愛自然與生物。他還正處在少年跨向青年的門檻上，但他那不得了的架勢已顯端倪。在這個年齡段上，他已經熟讀了《可愛的中國》、《鋼鐵戰士》、《星火燎原》、《牛虻》、《斯巴達克思》、《鋼鐵是怎樣煉成的》等文學作品，還不止一遍地看過由小說改編的電影《保爾．柯察金》。強烈的成就欲和教育所帶來的革命欲搭配在一起，把他培育成六十年代中期的典型的中學生。

高一第一次活動課上，他走上講台，高聲地朗誦保爾．柯察金的名言：人最寶貴的是生命，生命屬於人只有一次，一個人的一生應該是這樣度過的，當他回首往事的時候……

第二天，全年級的女生中就傳開了一個消息，學校誕生了一個保爾．柯察金式的人物。得放不動聲色地聽到了這一傳聞，繼續不動聲色地回到家中，鎖上臥室之門，便在鏡子前擺出種種角度，越看自己越像保爾．柯察金。再繼續往鏡中人看，竟然又被他看出了《牛虻》中的亞瑟，《絞刑架下的報告》中的伏契克以及《斯巴達克思》中的斯巴達克思……如果他繼續那麼把自己凝視下去，誰知還會不會把自己看成一個青年馬克思。幸虧他終於不能再在鏡前自恃，一個跟頭翻到了床上，豎蜻蜓打虎跳，直到門外的人聽到屋裡轟然一聲——原來床被他生生地折騰塌方。他頂著一頭灰塵從臥室中出來的時候，他的爺爺嘉平有些不認識他了：他的孫子有一種電影裡要上刑場的仁人志士的偉大莊嚴的表情。

杭得放一直住在爺爺那寬敞的院子中，由會畫畫的華僑奶奶、驕傲的黃娜哺育成長。父親本來就住在郊外雲棲茶科所，一個星期才回來一次，後來又出了國，兩年多沒見人影了。母親黃蕉風和婆婆一起住羊壩頭。她這個人心寬體胖，無心無事，兒女像朋友一般地對待，想起來了看一看，有時候一個星期也不照個面，所以得放不覺得母親是可以談心的對象。他和爺爺奶奶倒是能說上一些什麼的，但華僑奶奶比較資產階級，得放便只和她談生活和學業，不和她談思想。後來奶奶出國去了，他連生活和學業也無須再與人談，只與爺爺談談思想便可。在家族中，少年得放目前崇拜的對象也只有兩個——他的爺爺杭嘉平、他的堂哥杭得荼。

高中才上了一個星期的課，杭得放就已經看清了形勢，摸清了底牌：一個班的佼佼者中，被重點培養的對象亦不過三人。其一為一高幹子弟，其二為一工人子弟，其三便是他杭得放。之所以如此排座次，並非他杭得放謙虛謹慎、不驕不躁。少年杭得放，聰明過人，心高氣傲，但頭腦清醒。他明白，論真才實學，他是當仁不讓可以排第一的，可是論出身，他能排上第三也就相當不錯了。

他曾經像一個大男人一樣地分析過自己：是的，他有一個民主黨派政協委員的爺爺，一個具有全部日本血統的家庭婦女奶奶和一個具有一半日本血統的茶學專家父親，還有一個華僑畫家的繼奶奶以及一個教師母親。說句誇張一點的話，他的家就夠得上組織一個聯合國了。當然，還有另一種成分的排列法，比如太爺爺是一名辛亥革命老人，爺爺是一位愛國人士，父親是一名抗日英雄，母親是一個歸國華僑，旁及大家族，又有革命烈士數人。但是，和那排第一的女高幹子弟董渡江和排第二的工人子弟孫華正相比，他不得不感到心虛，不得不顯出底氣不足。他那顆敏感的心靈，總彌漫著一層說不出來的危機的陰影。儘管從小學到高中，每到關鍵時刻，他都沒有落下。掛紅領巾、當大隊長、升重點中學。但入團，他小小年紀，就有危如累卵之感。他能從人們的信任的目光之中，發現某一種尚未言說出來的困惑。

這正是杭家後人杭得放和他的祖父杭嘉平看似相像實質大不一樣的原因。一句話，如果嘉平是希臘，那麼得放就是羅馬。

如果他們看上去都是那樣的與眾不同，那麼，青年杭嘉平的所有努力，在於從那個整體秩序中廝殺出去，以個體的形象衝擊社會，以對舊有制度的拒不認可為最高原則，以盜火者為最高使命，以叛逆者為最高榮譽。少年杭得放的所有努力卻恰恰相反。他渴望參與集體並打入集體的核心，他是以順從為手段，以認可為目標的。在他的少年血液裡流淌著兩種成分：一是熱愛，熱愛黨，熱愛人民，熱愛祖國，熱愛一切教我們去熱愛的事物；二是鬥爭，鬥爭帝修反，鬥爭地富反壞右，鬥爭封資修，鬥爭一切教我們去鬥爭的。熱愛加鬥爭，等於革命。而革命是不用論證的。最遠大的終極的東西，是人家早已為我們考慮好的，就像我們一生出來就有父母一樣，我們呱呱落地，撲通一聲，順理成章地就掉在那只金光燦燦的思想的托盤上了。

所以少年杭得放的真正痛苦，不是叛逆的痛苦，而是認同的痛苦。沒有人知道，他的少年早熟的心靈總是繃著一根弦，他擔心，恐懼，攪得內心世界惶恐不安。從上中學開始，他就迅速地發現了什麼叫陣營，什麼叫人以類聚物以群分。在任何地方都存在著左、中、右，在少男少女組成的班級中也分成幹部子弟、一般人子弟和出身不好者子弟。他懷著一種近乎地下工作者的警覺，每一次都成功地打入左派，但每一次他都疑惑著，都以為別人暗暗地把他劃在中間。他恐懼著那種中間的感覺，就像他以為小業主比資本家還差勁，中農比地主還可疑一樣，他覺得中間比兩邊都平庸，而且更危險，甚至更不安全。他形容不出來落在中間的那種上不上下不下的懸置感有多麼可怕。那時他已經知道希臘寓言中的達摩克利斯之劍了，他覺得，「中間」就是一把隨時會落到頭上的達摩克利斯之劍。

為了避免落入「中間」這個深不可測的陷阱，他自己努力地在任何地方都出類拔萃。考上高一的那一年，他沒有和任何人商量就寫了入黨申請書。這份申請書他只給幾乎混沌未開的妹妹迎霜看過。妹妹是他的崇拜者，她也非常努力，可惜能力有限，從上幼稚園開始就是個中間人物。她無限敬仰地看著哥哥，向他取經說：「有什麼辦法才能做到像你那樣的進步呢？我的學習成績，在班裡已經進入前十名，但他們還是不給我評優秀少先隊員。」得放一邊仔細地疊著申請書，放到貼胸的口袋，一邊語重心長地教導妹妹：「這就說明你做得還不夠。像我們這樣的人，只能夠爭第一，第二就不行，一定要第一——除了加加林，誰能記住那第二個登上了月球的人。」

迎霜吃驚地看著哥哥，然後把這段話記在她的小本本上。她是個十分認真的糊塗姑娘，嚴肅而又輕信，每天晚上都用鉛筆記錄各種各樣的人生格言。在有一段人人都吃不飽飯的日子裡的一個晚上，她坐在床頭，突然哭了起來。奶奶黃娜走到她身邊，問她是不是餓了。她淚眼汪汪地看著奶奶，說她害怕美帝國主義。原來學校白天剛剛宣傳了國際形勢，說美蔣特務可能要反攻大陸，美帝國主義的飛機常常飛到中國來。迎霜越想越害怕，萬一美帝國主義的飛機扔原子彈的時候，她卻偏偏睡著了、被炸死了怎麼辦？

黃娜聽了哭笑不得，就把她抱到自己的被窩裡來，摟著她睡。就在她快要睡著的一剎那，突然又驚慌失措地醒了過來，疑惑地盯著奶奶，問：「奶奶，如果你是美蔣特務，你一定要告訴我，我帶你上公安局去，坦白從寬，抗拒從嚴。」

黃娜很吃驚，她不明白為什麼七八歲的孩子會生出這樣奇怪的念頭。迎霜卻一本正經地說：「你不是要到帝國主義那裡去嗎？」

那是指黃娜出國探親的事情。說這話不久，奶奶黃娜就真的去英國了。大人們花了很長時間，才讓她懂得什麼是探親，什麼是到帝國主義那裡去。在哥哥得放眼裡，她是一個因為缺乏洞察力而猶猶豫豫的頭腦一般的姑娘，於是他開導妹妹：「像我們這樣的人，如果不能做到第一，那麼就有可能做最後一個了，明白嗎？」

迎霜不明白，她繼承了母親性格單純的那一面，生來不要強，也沒有危機感。因此得放便嘆了一口氣，並想到了他們的父親。他知道，父親很好，但父親的面目總是不清，你不知道他到底是站在左邊的還是站在中間的。有的時候，你甚至以為他已經跌入了右邊。父親出國援非之前有過一次驚天動地的政審，那一次，剛剛上初中的得放，甚至以為父親要像那個小叔方越一樣，成為右派呢。

杭得放來自心靈深處的恐懼，可以用一句話作出結論：因為家庭出身的曖昧，他認為他自己的革命思想也是生來曖昧的。在現有的社會秩序裡，他實在是拿他的這個「家庭出身」沒辦法。然而，現在一切都變了，砸爛舊世界，建立一個紅彤彤的新世界，給了他個人一個重生的機會。在這個機會中，他有望成為一個徹底的革命者，一個革命的第一號種子選手！

但他依舊擔憂，唯恐自己落後於革命了，因此這個對政治實際一竅不通的大孩子，成為一個有高度政治敏感性的人物。否則他不會為了一篇社論花幾小時等著他的堂哥。六月一日運動正式開始的那天夜裡，他是在得荼的宿舍度過的，可說徹夜不眠。當時還與得荼同室的吳坤對形勢也有著巨大的關注，這種熱情甚至已經超過了他多年來對愛情的窮追猛打的熱情。他把他的新娘子扔在一邊，自己則一口氣拿出一疊報紙：〈資產階級立場必須徹底批判〉、〈在真理面前人人平等是修正主義的反黨口號〉、〈揭穿用學術討論掩蓋政治鬥爭的大陰謀〉、〈揭露吳晗的反革命真面目——吳晗家鄉義烏縣吳店公社調查材料〉，等等。實際上杭得放沒有一篇是讀懂的，但又可以說是已經領會了深意。他問大哥哥們，中學生有可能介入這場運動嗎？從那時候他就看出得荼和吳坤的區別了。但他把這種區別理解成得荼的鬥爭性不強。他是烈士子弟，他鬥爭性不強是覺悟問題，沒關係，但有的人鬥爭性不強就是立場問題了啊。杭得放也不清楚自己若出了這樣的問題，是劃在覺悟上，還是劃在立場上。他想關鍵的關鍵是不能出現這樣的問題。第二天一早他從江南大學出來時，一路上眼前晃來晃去的仿佛盡是那些暗藏的階級敵人的幢幢鬼影。

事件發展甚至超過了他們對運動的估計，停課鬧革命了，成立紅衛兵了，貼大字報，鬥老師了。得放一樣沒落下，但人家偏要落下他。昨天他騎著自行車趕到學校，一見學校裡擠滿學生，就有一種不祥之感。到班級教室門口時，看見了教室裡已經一群群地擁著了許多同學。董渡江眼尖，已經看到了得放，她先跑了出來，聲音有些不太自然地說：「你到哪裡去了，怎麼現在才來？」

杭得放不知道班裡發生了什麼，但他決定先發制人，熱火朝天地喊道：「哎，到江南大學去了！」一下子就擁上來許多同學，杭得放用眼角掃了掃正在講台旁的孫華正，立刻就開了講，原來江南大學造反派給毛主席黨中央拍電報了，有近兩千人署名，還到省委大院去靜坐呢。他的消息夠驚天動地的了吧，但同學們看他時都有一種奇怪的神情，仿佛他是條恐龍化石。他花了好長時間才明白，一夜之間，他已經失掉了民心，也就是說失掉了天下。你想他甚至不知道今天班級聚會的原因——原來是選上北京的代表，他當然沒份。他問了一句為什麼，孫華正冷冷地說，問你爺爺去吧，大字報上都寫著呢。頓時就把杭得放問得啞口無言。那天上午從教室出來，他跌跌撞撞，熱淚盈眶，怒火萬丈，全然沒有杭保爾的半點影子。他出乎意料之外地不在第一批上北京名單之中，理由是這樣的顯而易見，他的血液不純粹，離無產階級遠著呢；小心你的爺爺被揪出來吧。

如果不是因為受到了嚴重的挫傷，杭得放不會注意走在他前面的那個長辮子姑娘的。他滿肚子的理想計劃，從來也沒有真正注意過班上的那些不是班幹部的女生。此刻他走在學校的大操場上，目光發直地盯在了走在他前面不遠處的那兩根甩動著的長辮子上。長辮子的髮梢上有著兩個深綠色的毛線結，它們輕輕地磨擦在那件淺格子的布襯衣上，突然停住了。

杭得放和這個名叫謝愛光的同班女同學，沒有說過幾句話。在他眼裡，她和他的妹妹迎霜一樣，都屬於一般的女孩。況且，他還聽說這個謝愛光有一個背景十分複雜的家庭。班長董渡江曾在一次公開場合上聲稱，謝愛光能進他們這個學校，完全是一個疏忽，她是條階級鬥爭的網箱中的漏網之魚。這個比喻如此深刻，以至於他一看到這個苗條的姑娘，眼前就出現了一張破了一條口子的大網，一條真正的魚，緩緩地悄悄地從口子中漏了出去。

現在，這條魚兒靜悄悄地等在了他的身旁──這條長辮子的魚。

他走到她的身邊，看看她。她也看看他，朝他笑笑，像一條魚在笑。一片碎葉的樹影襯在她的臉上，她的臉就成了一張花臉。

「幹什麼？」他生硬地問。

她顯然有些吃驚，臉一下子紅了，半張開了嘴。她的嘴很小，像小孩子的嘴。杭得放也有些吃驚，怔住了，說：「你怎麼先走了？」

班裡的同學還在表決討論，有許多事情需要立刻作出決斷，杭得放被自我放逐了。

她的紅雲退了下去，她輕輕地說：「我和你同路。」

她的臉又紅起來了，她又張了張嘴，像魚兒在水裡吐氣，她真是個黃毛丫頭，額上頸上毛茸茸的，鬆軟的頭髮，亮晶晶的，長長的，她同情他嗎？那麼她為什麼要同情他呢？因為物以類聚人以群分嗎？因為他也是一條漏網之魚嗎？

他的心尖子都驚了起來，他的一隻眼睛警惕萬分，另一隻眼睛委屈萬分，除此之外，他必須保持自己的杭保爾的一貫風度。他乾咳了幾聲，說：「我沒關係。」

說完這句話他嚇了一大跳，他怎麼說出這句話來，這是什麼意思？這不是不打自招嗎？

她卻突然抬起頭來，堅定地同時也是張皇失措地表白：「我選你的！」

她的眼睛並不亮，直到說這一句話的時候，她的眼睛才突然亮了一下，然後立刻又黯淡了下去。她的眼睛，和她的頭髮一樣，都是毛茸茸的，不是油亮油亮的。

杭得放不知道為什麼，竟然像外國電影裡的那些人一樣，聳聳肩膀。他只有一張嘴巴，卻同時想說兩句話，「我不在乎」是一句，「謝謝你」是另一句，可是他沒法同時說，所以他只好沉默。在沉默中深入了話題，問：「為什麼？」

現在她不再臉紅了，她緩緩地走在了他的身邊，看樣子她也是一個杭保爾迷，只是隱藏得更深罷了。她依然激動，但注意控制自己，她說：「一個人應該公正。」

他看了她一會兒，出其不意地問：「你們家也有人被貼大字報了吧？」

她顯然沒有想到他會這樣說話。她怔住了，臉白了下去，他親眼看到她的臉從鼻翼開始發白，一直往耳邊白過去，甚至把她面頰上的淺淺的幾粒雀斑也白了出來；然後，他又看到她的淺淺的眼窩裡水浮了上來，像是小河漲水一樣；他看到她的眼睫毛被大水浸泡了，有的豎了起來，有的倒了下去，這是他第一次發現女孩子的眼睫毛。最後，他看見她像電影裡的慢鏡頭一樣，緩緩地，倒退著，走了。她走過了操場邊的那排白楊樹，走過了白楊樹外的沙坑，走過了雙杠架子。陽光猛起來了，曬得操場泛起了白光。杭得放先是看不到她的綠辮梢，接著就看不見她的長辮子，再接著，就看不見她的人了，她仿佛整個兒的，都被耀眼的強光吞沒了。

生活所呈現出的奇異瑰麗的一面——那些瞬息即逝的一瞥，那些游離在主旋律外嘆息一般的副調，那些重大事件旁的瑣屑細事，原來正是它們，像被樹葉倒影切碎的陽光一樣，閃爍在我們度過的時間深處，慰藉我們的生命。然而，在陽光沒有被切碎的歲月，往往在我們把它稱之為青春的那個階段，我們看不到世界對我們的體恤，我們看不到那雙注視著我們的眼睛。

總之，中學生杭得放的心思被眼神微微拉動了幾下，眼神就斷了，很快就又被挫敗感吞沒了。他萬分委屈，失去常態，找不到更痛切的詞兒來詛咒人們的背信棄義。他又痛恨自己掉以輕心，沒有做好思想準備——是的，他應該有落選的思想準備，他應該有！別人只把他看成一隻小公雞，那是不對的！是看走了眼！他要比一隻小公雞深刻多了，複雜多了！忍辱負重得多了！後來他開始傷感，孤獨，那天夜裡輾轉反側，腦海裡一片毛澤東詩詞——啊，獨立寒秋，湘江北去……悵寥廓，問蒼茫大地，誰主沉浮……而早晨起來時，他已經進入惶恐。他越想越不對頭，越想越害怕，他不能沒有集體，不能失去戰鬥……

他本能地又朝江南大學飛奔而去，他還是需要他的哥哥杭得荼給他打氣。爺爺已經開始受到衝擊，偶像已經倒塌，但他相信，杭得荼是不會倒塌的。

江南大學門口停著一輛宣傳車，有人在車上的大喇叭裡反覆喊：馬克思主義的道理歸根結底，就是一句話：造反有理！

黃軍裝，標語，口號，糨糊桶，高音喇叭，寬皮帶，再加上一個朗朗夏日——夠了，青春就這樣立刻進入顛覆期，幾乎成了一種生理反應。十分鐘內，三好學生杭得放完成了人類歷史上最迅猛的脫胎換骨。在他的青春期，有著許多難言的痛苦，以往他從來也沒有想到過要通過外力來解決，更不要說是像當下那樣的暴風驟雨般的外力了。現在好了，一切摧枯拉朽，一切蕩滌全無，一切正常的和非常的苦惱如今都有了一個藉口，一切的秩序都將徹底砸爛——我們迄今為止所經歷的心事都將有一個宣洩口——資產階級反動路線！

他把他那輛飛鴿牌自行車隨手一扔，就跑上前去打聽：中國發生了什麼？世界發生了什麼？噢！噢！噢！原來是這樣，竟然有人敢反對毛主席，反對無產階級文化大革命！竟然出現了一個資產階級司令部，要讓中國人民受二茬罪，吃二遍苦，紅色江山從此變黑！這還了得，我們一千個不答應，一萬個不答應！向他宣傳革命真理的是女中的趙爭爭，杭得放去年在夏令營時見過她。那時她梳著長辮，辮梢也有臭美的蝴蝶結，而今邁步從頭越了，兩把小板刷，英姿颯爽。杭得放一開始還問她，她們這麼出來，是誰組織的。趙爭爭氣勢磅礡地反問他：革命需要批准嗎？造反需要恩許嗎？克倫威爾是有了批准才進行英國革命的嗎？巴黎人民是有了批准才攻打巴士底獄的嗎？阿芙洛爾巡洋艦是有了批准才有了十月革命那一聲炮響的嗎？革命者失去的是鎖鏈，得到的卻是整個世界！不用理論來證明什麼——你只要走出校園，從你那些棺材板文化中抬起頭來，舉目四望，你就知道，全中國都已經沸騰了。從中央到地方，從工廠到學校，從城市到農村，人民已經最大限度地被發動起來了。海燕在天空飛翔，它在迎接暴風雨，它在吶喊——讓暴風雨來得更猛烈些吧！

杭得放看著她，簡直就如看著一個天外來客：這種說話的腔調、詞彙，走路的直挺腿與八字腳，紅袖章和紮著牛皮腰帶的腰，同樣是一身舊黃軍裝，穿在趙爭爭身上卻顯得氣宇軒昂。這才是革命！這才是生活！這才是理想！什麼推選——讓一切推選之類的雞毛蒜皮見鬼去吧！他拿眼前的這一位比較起他自己學校中的那幾位來，真是有比較才有鑑別，兩下裡一對照，他們學校的什麼董渡江什麼孫華正，簡直就是小兒科，就是杭諺裡的「蟑螂灶壁雞，一對好夫妻」。杭得放的腦海裡像是在過電，胸膛上仿佛在滾雷，真是四海翻騰雲水怒，五洲震蕩風雷激。他面孔煞白，雙目發呆，他仿佛在思考著什麼，其實什麼也沒有思考。他只是強烈感受到，一定要和眼下的革命者在一起，只有和他們在一起，才有出路，才有前途，才有未來。杭得放就這樣跟著趙爭爭進了大學門，誰知被他的堂哥潑了一盆冷水。

杭得茶決定從事他選定的專業研究時，少年杭得放就有些不理解，他自己是對那些所謂的食貨之類的東西一點也不感興趣的。他的心嚮往未來，希望有感受新事物的狂喜。但他尊重茶哥，把這疑惑藏在心裡。他不能接受的現實是，時至今日，如火如荼的形勢，茶哥怎麼還要到湖州去考茶事之古，還要去接什麼新娘子，婆婆媽媽的怎麼就到了這個地步！他怎麼會對局勢發展保持這樣一種少有的冷靜，在他看來，這已經是近乎冷漠了。甚至在聽到他親愛的弟弟沒有被推選為第一批上北京的紅衛兵之後，也沒有表現出特別的憂心忡忡。他說，文化大革命究竟怎麼搞，搞成多大的規模，還有待於時間定論。中華人民共和國還是中國共產黨的天下，事情並沒有發展到一夜之間人頭就要落地的地步，他總懷疑，有些人把局勢估計得那麼嚴重，是有其自身的不可告人之目的的。

杭得放用一種不可思議的目光盯著他的茶哥，他甚至認為他的思維是不是出了問題，他怎麼還會得出這樣大錯特錯的估計，一個嶄新的世紀就要開始了，舊世界砸個落花流水奴隸們起來起來……

得茶真的不知道得放的這種激情究竟是從哪裡來的：什麼是舊世界？為什麼要砸個落花流水？誰是奴隸？得茶在攻讀史學中的確已經養成了吃豬頭肉坐冷板凳的習慣，凡事不務虛，他對那些大而無當的口號，本能地就有了一種抵觸和警惕。

「這一次你肯定錯了！」得放盯住了得茶的眼睛，說，「你肯定錯了！你看著吧，你會為你的錯誤路線的立場付出代價的。」

「我不要你的結論，我要你的論據論證。」

「你錯了！錯就錯在你給我設置了一個理論的圈套，可是我不會去鑽！理論是灰色的，生命之樹常青。克倫威爾是有了論證才進行英國革命的嗎？巴黎人民是因為有了論證才攻打巴士底獄的嗎？阿芙洛爾巡洋艦是因為有了論證才有了十月革命那一聲炮響的嗎？不用理論來證明什麼——你只要走出校園，從你那些棺材板文化中抬起頭來，舉目四望，你就知道，全中國都已經開始沸騰了。從中央到地方，從工廠到學校，從城市到農村，人民已經最大限度地被發動起來了。海燕在天空飛翔，它在迎接暴風雨，它在吶喊——讓暴風雨來得更猛烈些吧！」

海燕在吶喊，杭得放也在吶喊。他在得茶的斗室中來來回回地走，形如困獸，怒氣衝衝；鸚鵡學舌，豪情萬丈。他接受這些言論與思想，不過是在剛才，但彷彿這些言論和思想的種子從來就生在他腦子裡，只是一場春雨把它們催發了出來罷了。他的口才、他的學識、他的勇氣和魅力，像原子核突然核裂變，放出了人們根本無法估算的能量。

比他大七八歲的哥哥大學助教杭得茶，雖然被他依舊大而無當但畢竟如暴風驟雨般的演講鎮住了。他緊張地看著得放，心想，會不會是我真的錯了呢？人民群眾正在創造的歷史，難道是可以用以往的一切經驗來囊括的嗎？如此近距離地洞察歷史內在的發展規律、把握歷史進程的走向，對年輕的杭得茶而言，顯然是一件力不勝任的事情。他向得放遞過去一杯茶，他想趁他喝茶之際，見縫插針地思索一下。茶是白夜上次信封裡剩下的那一點顧渚紫筍，非常好喝，但恰恰屬於得放所言的棺材板文化。杭得放顯然進入狀態，一邊就著那棺材板文化，一飲而盡，一邊繼續滔滔不絕——

「人民群眾為什麼會被廣泛地發動起來？為什麼振臂一呼而百應？為什麼這呼聲來自最高統帥？什麼叫史無前例？是誰真正歪曲了真理的聲音？是誰要在神州大地上建立水潑不進針插不入的獨立王國？誰是躺在身邊的赫魯雪夫？」

杭得放那麼東一句西一句地對著他的堂哥吶喊著，彷彿得荼就是他革命的死敵，又彷彿那個死敵就在他自己的心裡，他要通過這種窮追不捨的方式把它從靈魂深處逼出來。這樣一陣沒有明確目標的窮追猛打，終於把他自己給追累了，伸出手去，對得荼說：「再給我倒點茶。」

現在他坐在床頭，神情沮喪，昨天被選下來的失敗感重新湧上心頭，他也就總算和從前的他挨上了一點點邊。

得荼發現他不再那麼歇斯底里了，被他攪亂的思緒也才開始恢復一點正常。他當然還是同情他的堂弟的，堂弟的生活原則是永遠第一，不要第二。這其中不是很有著少年人的虛榮、資產階級的個人主義和英雄主義情結嗎？他的那麼些排比句，那麼些反詰，那麼些「必須」、「絕對」、「肯定」之中，不正包裹著一個非常軟弱的、卑微的東西，非常個人的東西嗎？如果真要批判，他自己不正是靶子嗎？不過此刻當哥哥的並不想點破他罷了。他愛他的弟弟，甚至愛他的「永遠第一不要第二」，他相信他是會很快成熟起來的。

「塞翁失馬，焉知非福？革命也不在乎別人挑選。」他只好那麼泛泛地寬慰他。

「爺爺在政協也受衝擊了。」他告訴得荼，得荼並不奇怪。這場運動會涉及到很多人，他們杭家人是在所難免的。

「就把它作為對我們的一場考驗吧。」得荼回答。

得放很感動，抬起頭來，說：「我會調整好自己的。我會讓他們接納我的。畢竟我還不是黑五類嘛。」

現在，得放接受了這個同情和安慰，他的心情好起來了，信心足起來了。他站了起來，說：「你還要去湖州接人家的新娘子嗎？等你回來，這個世界會變化得讓你認不出來！」

第五章

茶學家杭漢，自馬里首都巴馬科乘飛機歸國，在北京待了一天。或許因為時差，他尚未從某種恍惚狀態中恢復過來。

杭漢是在六十年代初馬里獨立後的第三年去那裡的——黑人兄弟想喝在自己土地上生長的茶，他們的願望得到了茶之故鄉中國人民的支援。茶，到底是種出來了，被命名為四九—六十號，顯然與兩個國家的國慶節有關。四九—六十號長勢特別好，插穗一年就可抽長一米，每個月都有乳白色的茶花懸掛枝頭。作為主攻茶葉栽培學的中國學者杭漢，在那個懶散而又好客的熱帶國家裡，便分外地享受著榮譽和承受著別情了。

在國外事茶，回頭看東方，遙遠得像夢，中國就帶上了馬可·波羅般的傳奇色彩。西非內陸的茶園又大又靜謐，叫你無法想像「四海翻騰雲水怒，五洲震蕩風雷激」的現實含義。杭漢亦不是一個耽於玄想者，他的房間裡掛著一副對聯：和馬牛羊雞犬豕做朋友，對稻粱菽麥黍稷下功夫。那是茶學教授莊晚芳先生在他出國前贈送的，說是他早年立志學農務茶時的座右銘呢，杭漢也就把這種務實精神拿來做了自己的座右銘。

故而，人到中年的杭漢，通過各種途徑聽說的國內局勢，不過是一個令人既感不安又生猜測的問題。杭漢模模糊糊地想到這十幾年來的歷次「運動」，在國外，這兩個字的尖銳感，被距離磨鈍了。

恢復感覺是需要氛圍的。此刻，杭漢站在根本進不去的天安門前。盛夏八月，紅旗翻飛，人山人海聲浪如嘯。所有的人都在叫喊，用的那一套詞語，是以往運動中都沒有用過的。杭漢除了聽清楚了「萬歲」和「打倒」，其他都還不甚了了。他不由想起了杭州的一雙兒女，他無法判斷他們會不會也在其中——他已經在西非待了好幾年，最後的那幾個月，他想家想得很厲害。可是眼下他站在首都北京，站在紅浪終於退去的天安門廣場，夕陽西下，華燈初放，他看到一卡車一卡車從廣場上撿起來的在歡呼中被擠掉的紅衛兵們的鞋子，卻一時找不到自己作為一個中國人的感覺了。

這種找不到感覺的感覺，一直從北京延續到上海，又從上海延續到杭州，直到他擠掉了襯衣所有的扣子，從火車車廂的窗口狼狽地跌出，終於站到了月台上。

儘管他把國外帶回的東西都暫寄在北京朋友處，但火車上依舊擠得一天一夜沒地方坐。他累極了，而妻子黃蕉風果然沒有來接他，關於這一點，他早有思想準備。他們雖生有一雙兒女，但在杭漢的心目中，他始終是三個孩子的父親。他是把蕉風當作大女兒來看待的。她總是出錯，沒有他的照顧，這個胖乎乎的女人的生活，就像她的近視眼，終日懵裡懵懂。杭漢激動地想念著家人們，步行從城站穿越半條解放街。雖然滿街都是「萬歲」和「打倒」，以及五花八門的遊街隊伍，但沒有影響杭漢思家心切的情緒，他折入中山路，在快到羊壩頭的一家菜場裡，竟然還發現了集市上的半木桶黃鱔。杭漢心頭一熱，中國人的感覺，杭州人的感覺，一下子就回來了。

稱了三條本地大黃鱔，按老規矩，杭漢請營業員燙殺了再帶回家。他記得菜場旁邊有家老茶館，老虎灶上有現成的開水。杭漢與伯父同住，知道伯父喜歡吃炒鱔絲，但全家人沒一個會殺，以前杭漢買了黃鱔，都是在那裡燙殺了拎回家的，多年來也就成了習慣。

杭漢不知，此一回破了祖宗多少規矩，連燙殺黃鱔也一併破了。女營業員是個少婦，剛才賣黃鱔時就很不耐煩。菜場裡成分比她差的人都造反遊行去了，單把她留在這裡抓這些滑膩膩的黃鱔，心裡不平衡。想遷怒，正恨著沒有機會呢，機會就找上門來了。她定定地目擊了杭漢片刻，用大拇指戳戳後牆，嗓音嘶啞地喝道：「你給老子看看靈清，什麼年代了，還要我們革命群眾殺黃鱔？啥個成分都沒查就賣給你，已經便宜了。你聽好，革命不是請客吃飯，不是做文章，不是繪畫繡花——不是殺黃鱔！」

杭漢先是吃了一驚，手提著那幾條黃鱔一時發愣，後來便有些生氣。杭州，出蘇小小的地方，女子都該如西施一般的，怎麼可以手指戳戳，老子老子，一副青洪幫的吃相！杭漢自小在溫良恭儉讓中長大，在國外待的時間長了，又是茶學權威，別人也是當他一個人物來對待的，這樣聽人說話，倒還不曾有過。援非的中國人，雖然也離不開政治學習，但也不曾發展到日日背誦語錄，故而孤陋寡聞，竟不知剛才那段「革命不是請客吃飯」乃是今日造反天下的口頭禪。一時語塞，愣了片刻，才輕輕地回敬了一句：「你這個女同志，這麼說話，什麼意思？」

誰知那女子就蹬竿上房，秤盤扔得震天響：「你你你，你這個現反，竟敢說毛主席的話什麼意思！抓你到造反司令部去！」

現反！杭漢狠狠地眨了一下眼睛，才想起來現反就是現行反革命。這下子，杭漢可是真正地碰了個頂頭呆——怎麼買了幾條黃鱔的工夫，他就成了現行反革命。正不知如何是好，一旁有人來拉勸他，邊推邊說：「好了好了，這位革命群眾看樣子是跟不上飛躍發展的革命形勢了，趕快回去鬥私批修，再不狠鬥私心雜念，就要戴高帽子跟牛鬼蛇神一起遊街了。」

杭漢認出來了，拉他的正是開茶館的周師傅，從前在汪莊當伙計的，抗戰前夕他還請他們杭家人在三潭印月喝過茶的，杭家和他向來就熟。他不解地邊走邊說：「這位女同志是怎麼啦，為什麼這麼恨我？對待同志要像春天般的溫暖嘛，六四年我出國前全國人民都在學習雷鋒，大家見面都是笑嘻嘻的嘛。」

周師傅邊拉他到拐角處的老虎灶旁，邊說：「杭老師你就再不要多說一句話了，今日要不是小撮著伯讓我拉了你出來，說不定一頂高帽子已經戴在你頭上，鍚鑼敲敲遊街去了。」

正說到此，小撮著就在老虎灶旁的舊八仙桌後立了起來，用腳踢開了長凳，說：「我眼睛不好，也没看出是漢兒。不過聽聲音看做派，必是我們杭家人。」

杭漢見是小撮著伯，雖是老了一些，精神卻是好的，便著急地說：「撮著伯你也進城來了，虧了你拉我過來。我出國幾年，家裡的事情都接不上頭了。」

小撮著伯用手指了一下周圍，說：「莫提你出國幾年，連我這日日在家門口拄著的人，也接不上頭了呢。」

周師傅連忙為他們二人沖了茶，擺著手壓低聲音說：「撮著你也是管不住自己這張嘴，小心被紅衛兵聽見，抓去遊街！」

「老子一九二七年的老黨員，老子革命的時候，這群毛孩子的爺爺還不知在哪裡穿開襠褲呢，老子怕他們這些小猢猻屌毛灰！」

「你小撮著是一九二七年的老革命，我周二可没有你的光榮歷史可以拿來吹。不要到時候你撣撣屁股就走，連累我這老虎灶也開不下去。」

杭漢見周師傅一邊在老虎灶前為他爂殺黃鱔一邊那麼說，心裡過意不去，就說：「不會的，不會的，公私合營那會兒，我們忘憂茶莊都合營掉了。記得當時你也想合的，没地方合，這才留下的嘛。」

「杭老師，你真是不知今日天下如何走勢！我已經看出來了，這根資本主義尾巴，割了多少年，這一回算是真正保不住了。」

周二這麼說了，杭漢倒是有些上心，這才抬頭仔細看那老虎灶。老虎灶的爐面是平的，下埋大鍋，靠裡砌兩口小鍋，遠遠看去，小鍋似虎眼，大鍋似虎口，那通向屋頂的一根煙囪，倒是像煞了一根老虎尾巴。旁邊又置著幾張八仙桌，配著數條長凳，這就便算得上是茶館了。杭漢還能記起那老虎灶旁貼的一副對聯：灶形原類虎，水勢宛噴龍。如今這副對聯已經換得一新：為有犧牲多壯志，敢叫日月換新天。

雖然這資本主義的尾巴說割就割，但此刻既未割，那尾巴上便依舊坐滿了看熱鬧的人。從前茶客相坐，談的話題，天一句地一句，什麼都有，杭州人稱之為說大頭天話。這個大頭天話裡也是包括革命的。但從前在茶館裡闊談革命，畢竟多為風雅，不像今日，除了革命，茶館裡也沒別的主題可以闡發了。杭漢邊喝茶，邊等著周二和撮著幫他收拾黃鱔，邊聽人們評點眼下局勢，聽一個茶客搭腔：「我們街道有個女人，一個人守著個兒子過，人也漂亮，脾氣也好。昨日紅衛兵去她家抄了，說是台灣特務呢。我去看了，嘿，那才叫挖地三尺！把地板都撬完了，說是要查那發報機呢。」

「查出來了嗎？」眾人就心急地問。

「要那麼好查，還叫台灣特務嗎？」說話的不屑，「那女人也是硬，紅衛兵拿皮帶抽，也沒把發報機抽出來，我看就差上老虎凳了。可惜不是白公館渣滓洞，那女人也不是江姐。最後幾個小將也急了，說她是花崗岩腦袋死不開竅，澆了一頭的沸水……」

聽到此，眾人不由輕叫起來，說：「虧這些小將想得出！」

茶客站了起來，抖抖手裡的小彩旗說：「你們哪，都記著，這碗茶也不能夠再喝上幾天了。保不定一會兒來群紅衛兵，也往茶桌上潑那沸水。你當我們這樣二郎腿蹺蹺，茶杯托托，是什麼人？統統都是封建主義資本主義修正主義，要打倒在地再踩上一隻腳，一萬年不得翻身呢。」

他這麼說著，就揚長而去。杭漢心裡忐忑，想問問那人是哪個街道的，張了張嘴，也沒有開口。眼前發生的一切，令他摸不著頭腦，也讓人恐懼。他有一種萬丈高樓就要一腳踏空的不幸的預兆。現在他已經徹底忘記了非洲——真不可思議，他離開那裡才兩天，就已經無法判斷，那個黑非洲中的綠色的茶園，究竟是現實還是夢了。

頭上不遠處鐘聲響了，是熟悉的鐘聲，青年會的鐘聲，是他杭漢青年時代的英勇無畏的象徵。可是，此刻他手裡拎著一串殺好的黃鱔，卻茫然失措。他看看東又看看西，一雙腳不知道往哪裡挪。他記掛著杭州的所有的親人，既想往羊壩頭走，又想別過頭到解放街，那裡住著他的親生父親杭嘉平和他的寶貝兒子。父親是政協委員，也許從他那裡，能得到一點局勢的內幕。

就聽口號與錫鑼又密密響起，但見一隊人馬便浩浩蕩蕩地殺將過來。那領頭的小將，一身軍綠，一邊倒走，一邊叫喊，黑髮一聳一聳的，背脊上一大片的汗漬。因為不停地揮手，皮帶紮著的衣服下擺都聳上去了，在腰上擰成了一團。遊行隊伍一圈是用繩子圍起來的，前面綁著些牛鬼蛇神，掛著大牌子，戴著高帽子，個個都弄得奇形異狀，恐怖古怪，像是古裝戲裡被押赴刑場的囚徒，只是自己敲著錫鑼開道罷了。後面，倒像是開了一家流動的成衣鋪子店。兩個人一排，一頭一尾地扛著晾衣服的竹竿，竹竿上掛滿了花花綠綠的衣服，有貂皮大衣、緞子旗袍、高檔呢料子的西服。人群一下子就擠成了堆，杭漢被他們裹挾在其中，看著看著，耳朵就嗡嗡響，眉毛上的汗直往眼睛裡掉。不知怎麼的，他瞧著這些東西怪眼熟。

小撮著在旁邊對他耳語：「你看看你看看，如今的人革命真是容易，把人家屋裡的衣服抄出來到各處亮一亮相，也不用冒槍林彈雨的追殺，這算什麼好漢？我們那時候才叫提著腦袋——」

杭漢一邊擦著汗一邊說：「小撮著伯，你給我上去仔細瞄瞄，那件灰呢大衣旁邊，捧著個暖鍋一般的東西走著的姑娘，我看看有幾分像我們家的迎霜——」

小撮著腳一踮就回過頭來說：「不是迎霜還能是誰？你看她手裡捧著的那個東西，你仔細看看，不是那年你上蘇聯專門買回來煮茶的？你爸爸喜歡，你就送給他了。」

「莫非這個茶炊也成了四舊？」杭漢還是有點不相信自己的眼睛。還有一層不相信他沒有說出來——他的那個和她媽媽一樣膽小的女兒迎霜，竟然敢捧著個茶炊——那東西可不輕——走在門志昂揚人群簇擁的大街上。

小撮著跺腳嘆氣說：「你這個人啊你這個人，那年你剛剛捧回這個東西，我就說了這種洋貨沒意思。蘇聯修正主義赫魯雪夫他們用用的東西，你拿來用幹什麼？還不是用出禍水來了！」這麼說著就一頭鑽進人堆裡，找迎霜去了。

杭迎霜手裡捧著的那個茶炊，俄語稱為「沙瑪瓦特」，是紫銅鍛製的。那年浙江農業大學茶學系教授莊晚芳先生帶國外留學生，首先就是從兩名蘇聯學生開始的。杭漢第一次從他們那裡聽說茶炊，回家向曾經去過蘇聯的父親請教，父親對那滲透俄羅斯風格的茶炊大加讚賞。以後他作為中國茶葉代表團的成員出訪蘇聯，千里迢迢地就專門揹回來一個，送給了父親。沒想到今日竟然在八月的驕陽下，由自己的女兒捧了出來示眾。他滿臉發燙，汗如雨下，後背卻刷的一陣涼到了前胸，此時女兒已出現在他面前。

一九五六年，杭漢與他的同事們剛剛培育出了一種小喬木種的茶樹優良品種，因在霜降之後仍有新芽萌發，故名迎霜。回到杭州，妻子在醫院生下了一個姑娘，正等著他取名呢，他看著姑娘的小胖臉，說：「就叫迎霜吧。」

劍，迎霜比三年前高出了一大截，胖乎乎的，像她的媽，但一臉的緊張，看不出見到父親時的喜悅，只是睜著大眼睛說：「是哥哥叫我來的，是哥哥叫我來的！」

「你哥哥呢？」

迎霜指指那個已經蹦遠了的領頭喊口號的紅衛兵，杭漢可真正是一點也認不出他來了。

「你們把爺爺家給抄了？」杭漢的聲音變了調。他這才醒悟過來，怪不得看了這些大衣旗袍他會那麼熟悉。

迎霜低下頭去，俄頃，又抬起頭來看著父親，目光又空洞又堅定。那麼就是了，就是這一對兒女幹的好事情了。他一把拖過了茶炊就往回走，迎霜跟在父親後面，幾乎就要哭了起來，抽泣著說：「媽媽進牛棚了。」

杭漢停住了腳步，看著女兒的眼睛。女兒的額上，奇怪地浮著幾條皺紋。女兒像看一個陌生人一樣地看著他，她小聲地問：「爸爸你到底是不是特務？」

「我？」

女兒一邊往前走一邊說：「媽媽進牛棚了，交代你的問題。造反派已經來過我們家了：你是日本特務，爺爺是國民黨，我們是要和你們劃清界限的！」她像是突然清醒過來了似的，猛地站住，從父親的懷裡搶過了那只茶炊，小聲而堅定地說：「我是可以教育好的子女。有成分論，不唯成分論，一切重在表現。」

這話根本就不像是她這樣十二歲的孩子說的。她回頭就走，杭漢還沒來得及抓住她的胖胳膊。他一邊揩著自己臉上的汗——他已經分辨不出那是熱汗還是冷汗——一邊問：「你要和我劃清界限？」

他自己都能聽出來，他的聲音在發抖。

女兒皺起眉頭深深地看了他一眼，看樣子，這個問題已經困惑著她許多天了。她一邊搖頭一邊倒退著走，那個大茶炊被她抱在懷裡，胖鼓鼓的像是抱著個小孩。她就這麼搖著頭轉身，小跑著走了。

後面看去，她可真像是一隻搖搖擺擺的、胖鼓鼓的鴨子。杭漢沒弄明白，女兒的搖頭，究竟是什麼意思；他也沒弄明白那些突然湧現出來的從來也沒有聽說過的名詞：黑五類、牛鬼蛇神、無產階級司令部……他恍兮惚兮，不但不知今日是何時，也不知今日所處何地。他想張嘴，但突然發現自己語言發生了障礙，母語已經發生了巨大的變化，他已經不能用「對待同志要像春天般的溫暖」這樣的詞組語段，來與人們對話了。

杭漢到羊壩頭的時候，天色已近黃昏，大街上白天群情激奮的場面暫告一段落，小將們紛紛回營補充糧草去了，杭漢也拐進了伯父嘉和家的老院子。

在大院門口的垃圾箱蓋上，杭漢看到報紙堆裡漏出了一雙白色的高跟皮鞋，樣子很摩登，看著眼熟。他想起來了，是蕉風的鞋子，放在家裡很多年了，也沒人再去穿它。他順手拎了起來，眼睛都熱了，彷彿那上面還有著蕉風的體溫。他的另一隻手上還拎著那串黃鱔，小半天下來，都有些發臭了。他順手一扔，讓那黃鱔換了皮鞋，沒有再多想，夾著鞋就走進院子，穿過早已失去了原樣的弄堂和天井，到家門口。見房門緊緊關著，就用細細的高跟鞋跟敲打著。從門裡伸出了一個腦袋，是住在龍井山中教書的盼兒。一見他手裡的高跟皮鞋，細眼睛都驚圓了，失聲叫道：「怎麼又回來了！」

杭漢丈二和尚摸不著頭腦，就見母親葉子一擼手把杭漢拉了進來，接過了那雙鞋子，心有餘悸地問：「有人見你手裡的鞋了嗎？」

杭漢說：「沒注意，好像……」

「──有人看見了？」葉子問。她那種大驚小怪的樣子很好笑，杭漢搖搖手說：「你們也太草木皆兵了，這麼大的群眾運動，誰顧得上你們手裡的一雙高跟皮鞋啊。」

這麼說著的時候，他就走進了自己的房間。房間掀得天翻地覆，日本鬼子掃蕩過一樣，叫他愣住了，瞠目結舌。回過頭來看看，伯父嘉和站在門口。母親葉子哭了起來，說：「他們昨天來抄的。」

杭漢乾巴巴地問：「蕉風是從這裡帶走的嗎？」

嘉和說：「不要急，不要急，他們不過是翻了翻，沒大弄。我剛剛從她那裡來的，他們說是教職員工集體辦學習班。被帶走的人還有很多，蕉風自己把事情說清楚就好了。」

杭漢坐都沒有坐下來，就要向外走，說：「我現在就去說清楚。」

他碰到嘉和的薄薄的胸脯上。葉子拉住了他的袖子，說：「你明天再去吧。」杭漢看著這兩位老人的眼睛，知道他們拉住他是對的。他現在根本就不能夠露面。他一露面，就會被那些人抓進去的。

嘉和幾乎半夜沒睡，從昨天那些不速之客來翻過這裡之後，他就開始整理家裡的東西。要說杭家的細軟，這幾十年來，也可以說是幾乎蕩然無存了。他們的生活和幾十年前茶莊中的小伙計相比，也沒有什麼高下之分了，嘉和覺得很踏實。直到昨日造反派們從這裡帶走了蕉風，他們才發現，原來還有那麼多需要破的四舊啊。

左鄰右舍都在熱火朝天地毀物，院子裡焦火煙氣，紙灰滿天飛，倒像是下了場黑雪。葉子不停地輕輕跺腳，對著嘉和發小火：你怎麼還不燒啊！你怎麼還不燒啊！可杭嘉和不是一個輕舉妄動之人，他看著葉子，說了一句相當嚴厲的話：「又不是日本佬進城！」葉子就怔住了，眼淚流了出來。嘉和頓時心軟下來，摟過了葉子，貼著她的臉，說：「別害怕，有我呢。」葉子看看丈夫，說：「我不是害怕，我是擔心。」嘉和拍拍葉子的肩膀，說：「我去去就來，回來就辦事。」葉子說：「我真是擔心。」嘉和就嘆氣說：「不要擔心嘛，我們什麼樣的事情還沒有經過？」

嘉和是想去一趟陳揖懷家，他在中學裡教書，市面應該比他更靈一些。

陳揖懷住在離他家不算遠的十五奎巷，還沒走到他家客堂間，就聽裡面一片嘩啦嘩啦地捲紙軸的聲音。進門一看，桌子上凳子上到處鋪著名人字畫。陳揖懷這個胖子，在這個初夏的一大早，已經忙得油頭汗出。他關著門，開著日光燈，手裡舉著個老花鏡，撲到東撲到西，捨不得這些一世珍藏的寶貝。見了嘉和，舉起一張文人山水畫，說：「嘉和，這張畫還是上個月我專從蘇州收得來的，說是文徵明的真跡。我看著也不像是仿的，還想讓你來過過眼，不料兩個小祖宗就催死催活要我當四舊燒了。昨日已燒了半夜，你看看你看看那些東西——」

他用腳踢踢紅木桌子底下的那只破臉盆，裡面那些拆下來的畫軸頭子橫七豎八的已經塞得滿滿，像一只撳滿了香煙屁股的煙灰缸。陳家夫人聽了丈夫的牢騷，嚇得一邊趴在門隙上看，一邊壓低聲音埋怨：「輕一點輕一點，當心人家聽見。」

這邊話音剛落，門就嘭嘭嘭地響，陳家那兩個晚輩——嘉和都認得，從小就抱過他們的，一個外孫，一個孫子，臂上套著個紅袖章，已經雄赳赳氣昂昂地打上門來了。爺爺外公地叫得一個響，陳揖懷看看老友，無可奈何地說：「來了，破四舊的來了！」

說著就去開門，雖然心亂如麻，臉上還露著笑，說：「我和你奶奶外婆都準備了一夜，全部都在這裡了。」

那兩個小將叉著腰，見了嘉和也當沒見著，連個頭也不點，仿佛一夜間他們已經高不可攀，只用腳踢踢那堆舊紙，說：「都在這裡了嗎？」

「都在這裡了，都在這裡了，不相信你們自己再去查查。」陳夫人連忙搭腔。看看嘉和在一旁不語的樣子，又連忙解釋說：「損懷學校裡的紅衛兵原來說了，要到家裡來抄這些四舊的，還是看在孫子外孫的面上，讓我們自己處理了，兩個孩子回學校也好交代。」

陳揖懷抖開了那張古畫，走到院子裡，只聽嘩啦一聲，自己就扯開了畫軸，扔給那兩個孩子，說：「燒吧。」

聽著這嘶啦的一聲，嘉和的心都拎了起來，手按在胸口，一時就說不出話來。探出頭去看，見那兩個小祖宗正蹲著，一人一把刀，對開劈剖那些圓鼓鼓的畫軸，一邊嗨嗨地叫著，說：「劈了通通當柴燒，廢物利用，通通燒掉！」陳夫人站在旁邊，一邊抖著腳，一邊點著頭，連聲說：「通通燒掉，通通燒掉！」

杭嘉和原是來尋求支援的，看到此處情狀，竟也是泥菩薩過河自身難保，就什麼也不想說了，點了點頭，只說了一聲「你們忙你們忙」，就往外走去。剛剛走到門口，就見揖懷趕了上來，拉住嘉和問：「嘉和，你說，這個運動還要搞多久？會不會和五七年一樣？」

五七年陳揖懷也是差點做了右派的，提及往事依然心有餘悸。

嘉和無法回答陳揖懷的問題。他一生，也可謂是歷經人世滄桑了，但他還是沒見過這樣的事情。他只預感，正如那些紅衛兵高喊的一樣，這是一場史無前例的運動。它會走向哪裡，會把我們每個人的命運挾向何方，誰都不知道啊。

正相對無言說不出話呢，只聽陳師母就在巷口那邊叫：「揖懷，揖懷，革命小將到我們家裡來了！」

兩隻殘手就突然拉緊，陳揖懷緊張地說：「是我們學校的學生來抄家了。我曉得她們是要來的，

我曉得她們是要來的，幸虧昨日燒掉一些。」

嘉和只好說：「女中的學生，姑娘兒，怎麼鬧也鬧不過得放他們的，你隨她們去吧。日本佬手裡都過來了。」

這句話對陳揖懷顯然是個很大安慰，他鬆了手，說：「等這陣子過去我再來找你，你自己也當心。」兩人這才告別。那胖子也不敢慢吞吞走，跑著回去，一邊還叫著「來了，來了……」嘉和站在那裡，一直看著他的身影消失在巷口轉彎處。

嘉和回到家中，才發現四舊這個東西，也不是那麼容易根除的。這些年來，儘管他身處寒舍，清心寡欲，可還是不可避免地留下了一些四舊的蛛絲馬跡。

首當其衝的就是蕉風的那雙高跟皮鞋。

葉子拿著一根棍子在床底下撈的時候，只是想檢查一下床底下會不會藏著什麼四舊，沒想到果然就撈出了一雙皮鞋。她順手拎出那雙鞋子的時候，還無法斷定它究竟算不算是四舊。她把它提在手裡，就問剛剛下山來的盼兒，說：「你看看，造反派能容得下這雙鞋子的跟嗎？」

盼兒接過來一看，大驚失色，畫著十字輕聲呼道：「主啊，這不是那年黃姨從英國帶回來的皮鞋嗎？蕉風腳胖，又嫌它跟太高，一次也沒穿過。那時還說要送給我呢。我一個當教師的，為人師表，哪能要這個，沒想到你們一直把它放在床底下。」

「照你這麼說來，這雙鞋就是四舊了？」兩個膽小的女人，大眼瞪小眼，相互感染著心中越來越濃的恐懼，然後幾乎同時發出一個聲音：「扔了！」

葉子把這雙高跟皮鞋遞給了盼兒，盼兒走到門口，打開門縫看了一會兒就回過頭來說：「我不常來，這會兒拎雙皮鞋出去，人家會盯住我的。」這麼說著，就把皮鞋遞給了葉子。

葉子想了想，用一張舊報紙包著鞋就出了門，沒過兩分鐘，就大驚失色地夾著皮鞋跑了回來，說：「不行，門口正在開批鬥會呢，鬥的是巷口糧站的老蔡，說是反動軍官，這鞋扔不出去。」

「你回來的時候，後面有沒有人跟著？」盼兒又問。

葉子嚇得冷汗都冒出來了，一把把皮鞋扔進床底，說：「不知道，根本就沒敢往後面看。」

嘉和想了想，薄薄的大手掌就握成了拳頭，說：「唉，不就是一雙高跟皮鞋嘛，把它砸了不就完事。」說著蹲下，又用掃帚柄把那雙皮鞋弄了出來，一邊說：「拿刀來。」

杭家人原本是連雞都不敢殺的。從前這類事情，自有下人去做。以後沒了下人，總還有小撮著跟著幫忙，再後來就是鄰居朋友幫忙，所以家裡除了一把切菜刀，哪裡還有什麼利器。此刻，葉子從廚房裡取了菜刀來，嘉和接過，就地對著那高跟一陣猛砍。葉子一迭聲地喊道：「小心手指頭，小心手指頭。」突然想到當年嘉和自己砍自己手指的事情，立刻就噤住了聲音。

他們都小看了這雙英國進口高跟鞋。嘉和怎麼砍，那鞋跟也穩如泰山，紋絲不動。葉子這就急了，說了一聲「你不對，還是我來」，接過那刀來繼續砍。這一刀下去不要緊，高跟鞋索性一個大反彈，一下子蹦到五斗櫥上，砸破了一只茶杯，又掉到地上。盼兒不由尖叫一聲說：「不得了，千萬別砸了偉人像，我們學校一個一年級小學生昨日還被公安局抓走了，說是拿偉人像當了手紙呢。」

嘉和也嚇出了一身冷汗。他倒不是擔心偉人像，五斗櫥上共放著兩件要命的東西，都是從花木深房裡取出來的：一是那把無價之寶的曼生壺，一是那只天目盞。好在這兩樣寶貝還在，他就又伸出手去說：「還是我來吧。」

盼兒卻接過了刀，一邊畫著十字，念叨著上帝，一邊避著刀鋒，顫抖著聲音說：「還是我來試試，還是我來試試！」

眼看著這雙該死的高跟鞋，在杭家幾個人的輪番打擊下，已經被砍得面目全非，白色的鞋皮下面灰色的鞋跟坯也露了出來，但鞋跟與鞋面之間的聯繫，卻依舊令人驚奇地牢不可破。嘉和束手無策地坐在床邊，盯著那雙被按在地上負隅頑抗的高跟鞋。生平他曾殺過一次鴨，用力過猛，鴨頭都斷了，掛在脖子上就是不往下掉。鴨子帶著這截斷了的頭頸，瘋狂地在院中瞎跑，最後跑到他的眼前，用一種人一般絕望的眼神看著他，很久，才一頭栽下死去。此刻，他突然生出了一個奇怪的念頭——如果這雙皮鞋是有眼睛的，那麼它會用一種什麼樣的眼神看著他們呢？

他不願意再這樣對待這雙高跟鞋了。他覺得，如果再這樣砍下去，這雙鞋跟會睜開一雙斷頭鴨子一樣絕望的眼睛。他一聲不響地捧著那雙用報紙包著的鞋子，送到了門口的垃圾箱旁。垃圾箱裡很髒，他的手伸了好幾次，也放不下那雙白色的美麗的鞋。最後兩眼一閉，撒手懸崖一般地一扔，放在箱蓋上，掉頭就回來。

沒想到，才一頓飯的工夫，這雙皮鞋又頑強地回來了。

嘉和長嘆了一口氣，說：「看來物與人一樣，也是各有各命的。隨它去吧。」他說完這句話後，朝葉子看看，老夫老妻，都是心領神會的了。她就拿出一只紙盒，把皮鞋放了進去，重新推到床底下了。在座的幾個人，這才不易察覺地鬆了口氣。

杭家這幾十年來，慎獨為本，這才保著一派平靜。嘉和老了，一切狂風暴雨的事物，都不再適應他那顆激情已經預支殆盡的心了。

他轉身取過了那把曼生壺，對盼兒說：「這把壺，原本就是你交給我的，我想來想去，還是從禪房裡拿了出來，重新還給你吧。」

盼兒的臉突然就紅了起來。她因生著肺病，已經在龍井山中獨居二十年了，以後病好了，她也不想再下山。那裡的空氣好，茶園中養著她這麼一個人，先是做代課老師，以後日子長了就轉了正，她也就安安心心在那裡待著。她沒想到，父親這一次叫她下山，竟然是為了這一把壺。這麼愣了一會兒，想說什麼，喉嚨就塞住了。嘉和也搖搖手，不讓她說，卻對杭漢他們說：「山上人少，這東西易碎，還是她留著省心。」

嘉和又指著那天目盞說：「還有這只兔毫盞，是個鍋過的，我想想總不見得也當四舊了吧。什麼時候方越回來，送給他。方越幹了燒窯這一行，收了這個我也放心。這幾樣東西分掉，我手頭要藏的東西，現在也就只有項聖謨的〈琴泉圖〉了。不要說它是四舊，哪怕它是八舊十舊一百舊，我也不能毀了它的。」

杭家人都知道這張畫的珍貴：當年扒兒張在茶樓為嘉和助棋，被日本佬打死，嚥氣前還不忘記告訴嘉和此畫的下落，從此嘉和就把它當了性命來看的，他說這番話，大家也不覺得奇怪。只是不知道這種時候，這幅畫又能藏到什麼地方去。

嘉和卻說，他已經想好了，放到得荼的學校去。放在他那裡，不會出事的。

「其餘東西，生不帶來死不帶去，隨便了吧。」

他的那隻斷了一根手指的手掌，在空中輕輕地劃過了一條弧線，杭漢看得心都驚起來了。

這就是少少許勝多多許，萬千話語，盡在不言中了。屋裡小，家具就顯多，擺得一屋子黑壓壓的，又兼黃昏未開燈，外面的沸騰聲仿佛就遠了。一家老小默默地圍在一起，茶飯無心，悶聲不語，只想那麼久久地待下去。

猛聽到外面一個尖嗓子叫了起來：「杭家門裡——」葉子嚇得跳了起來，才聽到下一句——「電話——」

兩老就爭著要出去接電話，一開門，來彩就擠進門來，壓著嗓子耳語：「杭先生杭師母，清河坊遊街，我看到你們家方越戴著高帽子也在裡面呢！」

一家人頓時就被冷凍在這個消息裡了。來彩顧不上杭家人的表情，一邊說：「別告訴人家是我通報你們的。」一邊開了門走，在門外還沒忘記喊：「革命群眾都記牢，我們羊壩頭從現在開始不叫羊壩頭，叫硬骨頭巷了！革命群眾都記牢……」

第六章

右派分子杭方越，在革命群眾眼裡是死老虎，扔在浙南龍泉山中燒窯，眼不見為淨。沒想到他自己送上門來，那怪誰？這是個命既大而又苦的人，從小顛沛流離，日本佬槍炮下幾次死裡逃生，絕處總有貴人相助。自幼受了杭家人熏陶，就成了一個不太有政治頭腦的憨子。既然憨了，就憨到底吧，卻又到底還有血緣裡的那份聰明，一大半用在業務上了，一小半張開眼睛東張西望，就用到了不該用的地方上。在美院學的工藝美術這一行，剛剛工作，五七年大鳴大放，他提了條意見，說解放後人民生活不注意審美趣味，燒的一些瓷器過於粗糙，還不如明清時期的一些民窯瓷器精緻，結果一總結，變成新中國的共產黨還不如三百年前的皇帝會當領導，這還了得？又加生父為漢奸，生母在美國，他不當右派誰當右派？發配浙南山中——你不是那麼關心燒窯嗎，我就讓你燒它一個夠！

好在方越跟著忘憂在山裡也待了那麼些年，也還吃得起苦。再加從小就跟著無果師父燒過窯，大學裡學的又是工藝美術，龍泉又是中國古代名窯哥窯弟窯的發祥地，杭方越在那裡倒也是歪打正著。

這一去，就好像回不來了。哥窯弟窯的燒製法，已經失傳了幾百年，方越和同事們花了好大力氣，終於在前幾年相繼破秘。山中一住十年，雖然戶口還在杭州，但老婆孩子卻都是當地農民。山裡人倒也不曾對他白眼相加，他也算是過了一段平靜日子。可憐終究是個倒楣人兒，屋漏偏逢連日雨，老婆帶著兒子上山勞作，竟被毒蛇所咬，來不及搶救，死了。方越痛苦了一番，想想忘憂哥一生未娶，在天目山做了守林人，不是也過了半輩子，這才活過心來，只是兒子杭窯太小，他一個人帶不過來。正發愁呢，得茶來信，說他的養母茶女可以帶杭窯，於是便跟了去。而他和他的同事們，也就在山裡扎下根，繼續恢復對龍泉窯燒製的課題研究。這次來杭，就是彙報這方面的進展。沒想到一進機關大院就被拿下，臨時套了頂高帽子就上了街。

遊鬥正酣，突然紅衛兵們就散了，說是靈隱寺那邊有行動，需要人力支援，他們把牛鬼蛇神扔在路燈初亮的十字街頭就不管了。杭方越在山裡時間太長，本機關有許多造反派竟然都不認識他，趕著牛鬼蛇神往回走，就把他給落下了。方越運動過得多，也有些老油條了，再說剛進城裡，還不明此次紅色恐怖究竟有多恐怖，傻乎乎地提著個帽子正四下裡觀看呢，一眼就看到了養父嘉和與二哥杭漢。杭漢一把抓過他手裡的帽子，快步往前走著，邊走邊說：「走得理直氣壯一點，就當我們是造反派，專門去遊人家街的。」虧他回到杭州才半天，就已經開始學會鬥爭了。

嘉和卻問：「越兒，你怎麼改名叫周樹傑了？」

方越被這二位挾著走，邊走邊埋怨著：「我跟他們講了我不叫周樹傑，我叫杭方越。可是他們根本就不聽我的，非把周樹傑的帽子給我戴上了。周樹傑是我們廳的領導，那年我的右派還是他定的，怎麼我就成了他。我再回頭看，他就排在我身後，戴著我的高帽子呢。我想換回來，紅衛兵也不讓。他們都不理我，當沒聽見。」

方越好像說著別人的事情，東張西望，突然站住，指著街對面一家店說：「這不是奎元館嗎？我一天沒吃飯了。」

杭嘉和想，虧他這種性情，隨遇而安，想得開，這十年才活得下來，換一個人試試？又想，也不知方越這孩子多久沒吃過杭州城裡的麵了，這麼想著，接過了那頂帽子，說：「走，吃蝦爆鱔麵去。」

他把高帽子隨手放到門口，三人就進了麵館。這奎元館的麵，也是幾十年的好名聲了。革命，革命，總算還未把蝦爆鱔麵革掉。嘉和要了三碗，又對伙計說：「三碗都過橋。」伙計走開時，嘉和對方越、杭漢二人笑笑說：「今日越兒是辛苦了，漢兒又剛剛從國外回來，我請你們客，過橋。」

過橋麵，或是杭州人的一種特殊的麵條吃法，就是把麵條上的料加足了另置在小盤中，用來下酒。嘉和要了過橋麵，就是要請他們二位喝酒了。果然嘉和又點了一瓶加飯，說：「下次專門吃過，今日意思意思。」

杭漢雖和大伯幾年不見，但他是最懂這老人心事的，喉嚨就噎著，說不出話來，三人就先乾了一杯。熱氣騰騰的麵上來了，他幾次舉箸也難以下嚥。他是不勝酒的，此時卻陪著伯父一杯一杯喝。方越餓了一天，自顧填肚子，呼嚕呼嚕吞著麵條，卻問：「二哥，非洲比這裡熱吧，茶葉可生得好？」

杭漢一下子就想起了非洲，才離開了兩三天，卻恍如隔世。他不是一個很善於言詞的人，但這時卻強打精神，自己寬自己的心，說出的話倒像是首詩：「非洲怎麼不熱，一年到頭都可採茶，每個月都可見茶花發，白花花的一片。我們在苗圃裡插下茶穗，一年就有一米可長。到了雨季，茶葉就越發可看。茶園周圍，那是一片片的火焰樹，高高大大的，比街上遊行的紅旗還紅。火焰樹旁邊，芒果樹掛滿了淺黃色的果實。香蕉的葉子，比門窗還大，一串串的香蕉，就掛在中間，就像一串串的眉月。還有一大球一大球的鳳梨，像士兵一樣，五步一崗十步一哨，立在茶園旁邊——」

正說到這裡，突聽一聲吼：「周樹傑！周樹傑！誰是周樹傑！」

只見一個服務員拎著那高帽子走進店堂，猛的一聲吼，那三人頓時半張著嘴說不出話來。眼看著杭漢的臉就刷的一下白了，方越突然就站了起來，卻看見嘉和坐著，朝他笑了一笑。突然，方越就感到了一陣輕鬆，就像那年從深山裡出來時第一次到杭家見到他一樣。義父那沒有了小手指的左手朝他揮了揮，他就重新坐了下來。那服務員卻走了過來，警惕地問道：「誰是周樹傑！」嘉和卻問：「請問，請問，廁所在哪裡？」服務員用手指了一指，拎著高帽子回灶間去了。嘉和咧了咧嘴，說：「再往下說——」

「說什麼？」

「說你的非洲啊！」

「噢噢，非洲，非洲的茶園旁邊，還開滿了合歡花。茶不是喜歡陽崖陰林嗎？這些合歡花一束束地開著粉紅的花，就是陰林。茶樹上面成群地飛舞著長尾巴的金色鳥兒。我們的茶，在牠們眼裡，就是最美好的東方伙伴。噢，我差點忘了說，還有麵包樹，猴子最喜歡吃那東西。仙人掌長得比人還高，它開的花，那才叫好看呢，非洲啊……」

杭漢突然停箸不言了，看著他們，他看見他們的眼睛都已經是紅紅的了，自己的眼眶就一熱，喃喃自語：「非洲……非洲……」

「被你那麼一說，我真想去一趟非洲啊……」嘉和說，和兩個晚輩碰了碰杯，一飲而盡。兩個晚輩卻停箸望著他——他們的目光中流露出崇敬的神色。這是大難臨頭時的成年男子對德高望重之輩的依賴。杭漢一口氣乾下了這杯酒，就著眼淚，說：「伯父，吃了飯，我想到父親家裡走一趟。」

杭嘉平被封在院子裡，既進不了他的屋門，又出不了他的院門——紅衛兵可真能革命，拿大字報把他家的院子大門和屋門都糊了起來。好在七門八門一陣，皮肉吃點苦頭，還未傷筋動骨，也許是看在得放的面上，還沒拉他去遊街，只是亂七八糟擄了一些東西，一聲號令，就撤了。

八月份之前，嘉平是擁護這場革命的。要抓黨內走資派，他想，這又何樂而不為。反正他也不是黨員。有些黨員幹部，早就該這麼衝擊一下，頭腦清醒清醒了。五七年是知識份子給他們提意見，還沒怎麼觸及靈魂呢，就被一棒子打下去了，他算是僥倖過關，當時吳覺農先生也在政協，關鍵時刻保了他。不過他也沒有少檢查，想起那時候他杭嘉平竟然也有在大庭廣眾之下痛哭流涕之時，事後他汗毛都會豎起來。他想這還是他嗎？還是那個搞工團主義、去蘇聯留學、參加過北伐的杭家二公子嗎？從此以後，他再也不唱反調了。不用他唱，因為毛主席已經發現了問題，毛主席還是偉大啊，他不會因為五七年大鳴大放之後就對黨內的嚴重問題視而不見。這次他不再依靠知識份子了，他依靠青年學生，依靠工農兵群眾。群眾和知識分子風格是不同的，群眾什麼也不怕，他們不但要觸及人的靈魂，還要觸及人的皮肉。從前那些嚴重的官僚主義分子，這下確實有他們的好看了。群眾的怒火不是無緣無故就那麼點起來的，他樂觀地想。

要抓走資派，難免他們這些無黨派人士也會吃點誤傷，圍攻起來一起批鬥的事情也不是沒有，但杭嘉平私下裡願意承受這種磨難。他想，要黨改正錯誤，看來也只有這樣猛烈地衝擊一下了。誰知過了八月，中央〈關於無產階級文化大革命的決定〉一發表，工作組聯絡組一撤銷，毛主席在天安門城樓把軍帽那麼一揮，一切就迅猛地走向了極端。杭嘉平從年輕時代開始，就是一個思想趨於極端的人，年紀雖大，思想依然容易偏激。即使是他這麼一個人，對這場運動的理解也已經走向了不理解。運動越來越激烈，範圍越來越大，黨內黨外、各行各業、知識份子、工農群眾，誰挨上運動的邊就誰倒楣。最後弄到傳統也不要了，學校也停課了，工廠也不上工了，街上出現造反派，所有的社會秩序、公德、規範、習俗，全都翻了個底朝天。到了這個地步，杭嘉平不得不想想，這個世界，正在發生著什麼，而他自己，也正在面臨著什麼了！

杭嘉平最痛心的是他的得放。他沒想到首先帶著紅衛兵來抄家的，會是他的最得意的孫子。當他和一群黃毛小子黃毛丫頭站在他面前，要他交出反動證據時，他吃驚地攤著手說：「我哪有什麼反動證據！我革命都革命不過來呢，你們說話可是要有證據的啊！」

孫子冷笑一聲，說：「你當我們革命小將是瞎子？這半個月來，你每天早上在廁所裡塞什麼東西？」

杭嘉平驚得背上的汗刷地流下來。這段時間，他確實是在銷毀一些信件。辦法也獨特，先拿臉盆把信件泡軟了，第二天一早倒到抽水馬桶裡沖掉。他愛寫信，自然回信也多，但五七年之後，他寫的多是應酬之作，還參加了詩詞學會，也無非是風花雪月加三面紅旗罷了，他自己都覺得自己已經充滿了遺老的頭巾氣。即便如此，這些東西他還是不敢留下，統統消滅在下水道裡。有幾回馬桶被塞住了，他就讓孫子來幫他通。他雖然沒跟孫子說廁所為什麼會堵，但也沒有想過要隱瞞。沒想到孫子就那麼出賣了他。孫子竟然能從廁所裡揀出一批信，那是黃娜從英國寄來的。孫子大聲地叫道：「老實交代，你是怎樣裡通外國的？」

「那是你奶奶給我的信！」

「誰叛黨叛國，誰就是我不共戴天的敵人！」得放突然叫了起來。杭嘉平活到六十五歲，此刻真是如夢大醒，盯著孫子得放，一句話也說不出來了。

杭嘉平住的院子，在解放街的馬坡巷小米園後面。這小米園，傳說是明代大書法家米芾的兒子小米的故居，後來又成了清代大詩人龔自珍家的院子。平日裡，此處也是一個鬧中取靜之處，杭家又是個獨門獨院，被畫家黃娜悉心收拾，很是像樣。如今造反不過月餘，院裡院外，攤得一世八界。各家牆頭和門上貼著一張張的標語和大字報，大字報上的墨水還是濕的，流下來一條條的，像是被雨淋過了一樣，人名上打著紅叉叉，那紅顏色也是濕的，流下來，像血，殃及南廊下的一隻八哥，也被「打翻在地」，再「踏上一隻腳，永世不得翻身了」。現在整個街巷突然一下子冒出來那麼多打著紅叉叉的人名，那情景，不能說是不恐怖的了。

白天來抄家的時候，大門口來來回回地集聚著一群人，衝進來也是著實地看了一會兒熱鬧，後來大門被封上了，院子裡反倒安靜了。現在是夜裡，殘月東升，杭嘉平當院而坐，就著天光，還能看到掛在晾衣服的鐵絲上的那些紅紅綠綠的標語，東一條，西一條，就在風中輕輕地舞動。間或，他還能聽見院角處有潑剌潑剌的水聲。他想起來，那是黃娜從前在院角建的金魚池，被小將們砸了，水漏得差不多了，那些半死不活的金魚正在掙扎呢。

反正家裡也進不去，他不知道自己此刻還能幹什麼，什麼也不能幹了，就去救那些金魚的命吧。

院裡還有一個自來水龍頭，所幸還未被砸了，嘉平正接著水呢，就聽後門鑰匙響。這扇後門自黃娜走後，就沒有再被開啟過。嘉平神經繃緊地想，是不是小祖宗又回來了。他自己都不敢想，他竟然會突然之間地怕起他的孫子來了。

推門進來的，卻是已經三年未見的兒子杭漢，他激動地衝了上來，抓住父親的手就說：「讓我看看，讓我看看，他們打了你哪裡？」

父親的頭就晃著，躲來躲去，說：「門都封了，瞧你回來的好時候。」

杭漢這才說，後門還有人，是伯父，專門來看他的，不知道要不要緊。嘉平說估計今天夜裡不會再有人來了，趕快讓嘉和進來。杭漢又說，還有一個人呢，方越，他能不能也進來？

自從方越做了右派，嘉平就再也沒有見過他，算起來已經十年了。嘉平一跺腳，說：「橫豎橫拆牛棚，都進來。」

話音剛落，身材偏矮的方越就攙著瘦高的嘉和，出現在院子裡。大家愣了一會兒，無言以答。好一會兒，嘉平方說：「慚愧慚愧。」

嘉和連忙搖手，答：「彼此彼此。」

「屋裡封了門，進不去了。」

嘉和說：「找個角落就行。」他們移到金魚池的水泥池邊，摸索著坐了下來，說：「人活著就好，還能說話就好。」又說，「越兒，看看你嘉平叔，多少年沒見到了。」

方越鼻子一酸，叫了一聲嘉平叔，就蹲了下來。

杭漢團團轉了一圈，想撕了那嘩啦嘩啦掛在空中的標語紙條，又吃不準，手都伸出去了，看到上面寫著打倒國民黨反動軍官杭嘉平，便問父親：「這是誰那麼胡說八道？！」

嘉平擺擺手，生氣地說：「讓他自己回來撕！」

杭漢知道父親指的是得放，嘆口氣說：「還不如前幾年跟著黃姨去英國呢。」

「她是一向做逃兵做慣的，哪一次不是國內有些風吹草動，她就想往國外跑。你看你媽，那麼多年，她出過杭州城嗎？」

杭漢想，也許並不是國內的那些風吹草動讓他的這位後媽走的，也許正是父親剛才的那番話才把她氣走的呢。二三十年過去了，杭漢的這位岳母從來也沒有停止過對嘉平前妻的忌妒。杭漢由他的岳母想到了他的妻子蕉風。蕉風十九歲就成了他的妻子，二十歲就生了得放，現在也還不到四十歲。她一向習慣了在杭漢的羽翼之下生活，她怎麼對付得了這樣的衝擊呢？一想到蕉風那雙有些木然的大眼睛，一動不動地睜在她的眼鏡片後面，杭漢心裡就發急了，說：「也不知他們會把蕉風怎麼了，會拉她去遊街嗎？」

「他們又不是要整她，只不過是要通過她整你罷了。你倒是把自己要回答的問題理一理。」

「笑話，我是什麼人，誰不知道？別人不清楚還好說，這兩個毛孩子也跟著瞎起哄。」

杭漢還是忍不住地站起來，要去找得放。他要他向爺爺賠禮道歉，還得讓他把大字報揭了，要不一家人還怎麼進屋？總不能造反造得不讓人吃飯睡覺啊！

杭嘉平搖搖手說：「你幾年不在家，你這個兒子可是生出大脾氣來了。他若連我都敢造反，我看也不見得就會理睬你的了。他從前除了相信我，就是相信得荼。現在我是不相信了——」

「得荼他也不相信了。」嘉和輕輕嘆了口氣，「兩兄弟碰到一起就吵架，喉嚨還是得放響。」

「這有什麼奇怪。你看你兒子，剛才把我批鬥的。」嘉平用手指指他頭上的一個紫血包。杭漢心都拎了起來，抽了口涼氣說：「他打的？」

「誰曉得是誰打的，反正是他帶來的人打的，說我是紅茶派，紅茶是專門給帝修反喝的。我心裡想，真要批判紅茶派，還不是得先從你爹批判起。那年是你跟我談了國內紅茶出口的情況，我才在政協會議上作了個提案的。」

「這話怎麼說呢，擴大紅茶生產還是吳覺農提出來的，莫不是他這個當過農業部副部長的人也是紅茶派，也要挨批鬥了？」

「當過部長算什麼，吳老現在還是全國政協的副秘書長。比他厲害的人，還不是名字上都打叉叉了？」

杭漢就更不明白為什麼要搞這場運動，但他非常清楚什麼是紅茶派。一九五〇年十二月，得放的母親在杭州家中分娩生得放的時候，他正在杭州參加全國各地茶葉技術幹部集訓。開學第二天，吳覺農先生的報告，內容是關於中國與全世界紅茶生產趨勢。正是在這次報告中，杭漢知道了國外紅茶的市場。當時的需求量是二十四萬擔，而我們的實際生產只有十四至十五萬擔。杭漢還清楚地記得吳先生的原話：至於國外市場上的需要，特別是蘇聯紅綠茶的消費，紅茶要占百分之七十五至百分之八十，其他新民主主義國家，如民主德國、波蘭、羅馬尼亞、捷克、匈牙利等都需要紅茶，資本主義國家如英國和美國需要的也是紅茶。杭漢記錄下這些國家的名字時，一點也不曾想過，把蘇聯和美國放在一起有什麼關係。正是那次回家之後，家人告訴他，蕉風已經被送到醫院去了。他和同樣興奮的父親跑到了產房門口，在等候新生命出生的那個空隙裡他們也沒停止對建設新中國的熱情探討，談到錫蘭這個國家還沒有我們浙江省大，但我們中國的紅茶生產只有他們的三分之一。國際市場對紅茶的需求，占全部茶葉需要的百分之九十。正在這時，嬰兒出生了，孩子那張小老頭一般的紅臉出現在他們面前時，剛過天命之年的杭嘉平激動地說：「中國人民得解放，我們已經有了一個得茶，就叫他得放吧。」

今天，就是這個得放，把蘇聯、美國和他杭嘉平一鍋端了。他不但封了他的門，還讓人在他的大腦門上砸出了一個包。他們祖孫兩個一向親密無間啊。就像杭漢一點不理解那個陌生的營業員為什麼那麼恨他一樣，杭嘉平也不理解，為什麼他的孫子會這麼恨他——嘉平突然激動起來，仿佛忘記了兒子剛剛從非洲回來，盯著兒子，又盯著哥哥，問：「這句話只有今朝夜裡蹲在門角落裡問你們了，這是為什麼？啊，這樣弄，到底是為了什麼？」

他的聲音忍不住又要響了起來，嘉和站了起來，用手壓一壓，說：「輕一點，輕一點，要熬得過去，要熬得過去……」

杭家這四個男人，同時蹲了下去，誰都不再說話，卻就著天光，撈起那些半死不活的金魚來了。

杭得放並不是一開始就決定批鬥爺爺杭嘉平的。他並沒有什麼批鬥目標，只有一個堅定的信念：

必須行動了！必須批鬥了！必須造反了！

前不久杭得放與堂哥得荼交換過對運動的看法之後，的確是打定了主意，暫時看一看，不以眼下的得失論成敗。他自信這場運動不會只給孫華正之流一個舞台。他應該學一學得荼，應該沉得住氣。然而他太年輕了，世事太瞬息萬變了，造反太突然了。總而言之一句話，革命太偉大了，大出了一切年輕人的夢想。一夜之間，全班每一個人都有了自己的戰鬥隊，幹部子弟跟著董渡江去了，工農子弟跟著孫華正去了，黑五類子弟灰溜溜地回家陪鬥去了。一小撮中間的紅不紅灰不灰的子弟們，自己集成一個小堆，一邊有心無心地說著話，一邊臉上擠出一種討好的笑容，朝各個陣營裡探頭探腦。得放剛剛走進教室，他們中的一個就焦急地拉住他的胳膊，說：「杭得放，他們都行動起來了，我們怎麼辦？」

得放打量了一下他們，心想，我就落到了這個地步，落到了非得在「中間」安營紮寨的境地？他放眼望一望革命格局，發現果然沒有一個人要理他，他就有一種虎落平陽被犬欺的英雄末路之感。但他還不甘心，要作最後的鬥爭。他環顧周圍，知道孫華正根本不可能要他，眼看著只有那颯爽英姿的董渡江還有些縫隙可鑽。他就朝她那公社婦女主任般健壯的背影走去。他屈尊擠進董渡江的隊伍要說話，可是別人不聽，別人用一種陌生的目光審視著他。董渡江一張一合著她那遼闊的大板牙，嚴肅地問：「你家裡的問題搞清楚了嗎？」

「我家，我家有什麼問題？」

「你難道還不知道？你父親有歷史問題，你母親單位也準備審查她了。」

「不可能！」

「怎麼不可能？老實告訴你，我剛剛外調回來。你父母的單位，我們都去過了。」

吧。「去我父母的單位？」

「怎麼，去不得嗎？」孫華正咄咄逼人地說。

「可我是和我爺爺住在一起的。」得放想了想，搬出一張擋箭牌。不料那兩人都冷笑起來，說：

「你就別提你那爺爺吧，政協門口自己去看看，你爺爺的大字報大標語多到天上去了。」

得放嚥了口氣，又嚥了口氣。他知道，如果他不那麼連續地嚥氣，他會衝上去咬他們一口的。嚥氣的結果，是他壓低了聲音，問道：「你們是說，我不配做無產階級革命派了？」

「忠不忠，看行動！」

杭得放絕望地想，怎麼看行動，該批鬥的牛鬼蛇神都讓人揪走了，該成立的戰鬥隊都成立了，他還有什麼可以行動？還有什麼事情可以證明他是紅色的、革命的、純潔的？

他環顧四周，自己也不知道自己，就像一頭餓狼一般到處尋找食物。他突然看到了那雙眼睛。那雙眼睛，恐懼地善良地望著他，眉頭皺了起來，痛心的樣子讓人永生難忘。千鈞一發之際，命運給杭得放送來了那條大辮子。看樣子這的確已經是全班唯一的一條大辮子了。他本來不是應該欣慕於它，愛它，擁有它嗎？然而他卻對它一刀兩斷。杭得放舉起放在桌子上的一把剪刀，突然大吼一聲：「我讓你們看我的行動！」

他撲了上去，一把抓住謝愛光的那兩根辮子，以迅雷不及掩耳的動作，飛快地絞了下來，提在手上，大聲地叫道：「這是資產階級的生活方式，這是四舊，革命的同學們，跟我走，造反去！」

他就這麼提著兩根辮子衝出了教室，後面一陣排山倒海的歡呼聲，杭得放的氣勢壓倒了眾人，征服了眾同學，連孫華正也向他拍手致意，他成功地在最短的時間裡再次成為學生領袖。他雄赳赳氣昂昂地走出好遠，聽到了教室裡傳來了一陣慘叫，他的心，就在那慘叫聲中劇烈地跳了起來，然後一直往下墜去，墜去，墜得他眼中逼出了淚水，他想：這就是革命的淚水，造反的淚水，革命就是人民的狂歡節，革命無罪，造反有理！他揮著辮子回過頭來，連蹦帶跳地喊著口號，又激動又茫然地想：到哪裡去造反呢？到哪裡去抄家呢？他們已經來到了十字街頭，有許多過路的群眾以及也在遊行的隊伍都停了下來，看著他。同學們開始停下腳步發出追問：「我們去哪裡，我們去哪裡！」董渡江問他：「杭得放，革命的下一個目標在哪裡？」

杭得放盯著手裡抓著的那兩根黑油油的大辮子，辮子的下端是兩根綠色的細絨線的髮繩，他應該想到他的下一個造反目標在哪裡，可是他卻無法控制自己地想：為什麼綠頭繩可以配黑頭髮呢？為什麼家裡的廁所老是堵塞呢？然後，他就聲嘶力竭地舉起雙手喊道：「戰友們，跟我走，抄我的家去，衝啊！……」

現在的杭得放也並沒有回家的打算。這是一個被清算的家，一個無產階級專政的對象之家。他現在要做的首先就是和這樣一個家族劃清界限。另外一方面，他的革命行動也很忙。杭州大中學校一批紅衛兵正在籌備成立紅衛兵司令部，他也終於成為了他們的聯絡人之一。晚上是他們開會的時間，不料臨時被趙爭爭從女中派來的人叫走了。他還以為有什麼了不起的事情，沒想到是讓他用自行車把妹妹迎霜接回去。趙爭爭在日光燈下面的臉色蒼白，她有些神經質似地在屋裡來回走著，不停地說：「你要對你的妹妹說，革命是暴動，是一個階級推翻一個階級的暴烈的行動。」接著她又不滿地說：「她離一個革命者太遠，你不應該讓我來帶領這樣一個革命素質太差的人。」得放不知發生了什麼事情，他惶恐地說：「不過她的確還是小了一點。」趙爭爭嘆了口氣，說：「她在醫務室裡，把她帶回家吧。」

但是他沒法把妹妹直接送回羊壩頭，妹妹手裡死死捧著那只大茶炊，兩眼發直，全身發抖，像是受了巨大的驚嚇。他反覆問她，發生了什麼事情，她就是不說。還是旁邊的人告訴他，今天學校門一個隱藏得很深的歷史反革命，那傢伙像茅坑裡的石頭又臭又硬，怎麼鬥他也不交代。鞭子也抽過了，噴氣式也坐過了，大牌子把脖子也快掛斷了，他就是死不承認。正好迎霜手裡還抱著那個茶炊，幾個女紅衛兵裡，就有一個人，舉過那茶炊就往那反革命砸去。杭得放一時聽得熱血沸騰，問砸過去後那老反革命有沒有招，回話的那人嘆了口氣，說：「招什麼呀，他就帶著花崗岩腦袋見上帝去了。」

死了！杭得放想，他有一點茫然，有一點惋惜。他沒有親自經歷這樣的場面，卻讓趙爭爭經歷了，他這才明白為什麼趙爭爭反覆強調革命是暴烈的行動。他想起了這段話的出處〈湖南農民運動考察報告〉。他想，可惜現在是沒有地主的牙床了，否則他也是一定要上去打一打滾的。

迎霜卻被這暴烈的革命行動嚇傻了。得放怎麼給她背毛主席語錄都不行。她只是一個勁地磕巴著牙齒說：「回家，回家，回家……」杭得放想，抱著這麼一個大茶炊，怎麼回家啊。他想把這修正主義的破玩意兒扔掉拉倒。誰知迎霜就像殺豬一樣地尖叫起來。得放也是實在沒辦法，只好先回爺爺家，把茶炊扔了，隨便拿幾件換洗的內衣褲，再送妹妹去羊壩頭——噢——不是，是送妹妹到硬骨頭巷去。

進家門還真是費了一些工夫，整個大門都被大字報封住了，得放又不能扯了它們，就蹲在那裡一點一點細心地剝，剝得像個門簾子，才掀開爬了進去，然後，再把那抱著茶炊的迎霜拖了進來。一進院子，他一把奪過那茶炊就往牆角扔去，邊扔邊說：「這下回了家，你該扔了這修正主義的破玩意兒了吧。」

只聽迎霜一聲尖叫就朝牆角衝去，她叫了一聲爺爺，得放這才看見月光下牆角邊靠著的四個身影，再定睛一看，指著方越就叫：「你，你這個右派分子，你怎麼還敢到這裡來！」

從前方越回羊壩頭，也是常見到得放的。他不像得荼，對他總有些心不在焉，但總算還客氣，一聲越叔還是叫的，他想不到得放會對他這樣說話，一時心如刀割，條件反射一樣，身體一彈，囁嚅著：

「我這就走，我這就走……」

嘉平一把拉住方越的手，說：「我還沒掃地出門呢，這還是我的家！」

杭漢也忍不住了，說：「得放，得放，你給我住嘴！」

杭得放看見父親，突然大爆發，跺著腳輕聲咆哮：「都是你們！都是你們！都是你們！」

「都是你們」下面的內容實在太多，只好省略了，黑夜裡這壓抑的憤怒的控訴聲，就在這剛剛被蕩滌過的院子裡迴盪。然後是一陣巨大的沉寂。好一會兒，方越說：「我，我，我走了。」

一句話也沒有說的杭嘉和這時說話了：「一口茶總要喝的。」然後才對得放說：「你把屋門的大字報給我們處理掉，我們要進去。」

「一千個做不到！一萬個做不到！」杭得放莊嚴地宣告。

「你去不去？」

「不去！」

「去不去？」

「不去！」

突然，杭嘉和拎起那桶放金魚的水，「嗨」的一聲，夾頭夾腦潑到了杭得放的臉上。然後，他伸開那個只有半截的小手指，一字一頓地問道：「你、去、不、去！」

被一盆涼水澆得一個透心涼的杭得放，突然心裡有一種焦灼後的妥貼感。星光下水珠成串地隔著眼簾往下落，看上去仿佛眼前的那四個影子都在流淚。就那麼呆若木雞般地怔了一會兒，得放順從地去扯那些大字報了，三下兩下，就打開了封著的門，說：「好了。」

然而大家都沒有回答他，都沒有進去，都沉默地盯著他。現在是他囁嚅了，他說：「明天人家問，就說是我拿東西打開的。」

一個影子們依舊盯著他，不說一句話。得放開始覺得自己的臉上麻麻的，有熱水在流。這種傷心的感覺已經久違，且不合時宜。他被自己的亂作一團的愛恨交加的感情扯裂著，又為自己而感到恥辱。他哽咽著，說：「我走了……」一轉身就推開了大門，大字報門簾就一陣風似的被這少年帶出的力氣推出好遠。院子裡的影子們依舊一聲不響——發生的一切令人心碎，還會發生什麼又不知道……

迎霜突然尖聲哭叫起來，斷斷續續地說：「死了……用茶炊砸死了……用茶炊砸死了，爺爺……」

大人們又拎起心來，問：誰死了，誰被這茶炊砸死了？什麼？是陳老師？誰是女中的陳老師？

嘉和突然就眼前一陣發黑，朝天上看，星星嘣裡啪啦冒著火星直往下掉。他顫抖著嘴唇，半天也沒有把陳揖懷三個字吐出來，就一下子坐倒在地上了。

第七章

仿佛童年的流浪正是今夜亡命的預演，或者今夜的亡命正是童年流浪的複習。一九六六年夏天，杭方越加入了驟然暴漲的無家可歸之人的行列。夜幕下他踽踽獨行，街上人流川湧，殺聲震天。他卻仿佛行走在荒野。前面看看也沒有親人，後面看看也沒有親人，他被命運第幾次放逐了？

以往他就是很少回杭州的，但凡回來，單位裡那間斗室還給他保留著，他畢竟還是這個單位的正式職工嘛，況且，怎麼説對國家都還是有貢獻的。前幾年單位分進一個年輕人，沒有房子，就暫居在他那裡。偶爾他回去，若多住幾天，那年輕人的臉色就不好看。這也罷了，再往後回去，竟發現門鎖已換，叫來那小伙子，目光近乎憤怒。夜裡來了一姑娘，兩人嘰哩咕嚕説個不停，方越多遲回來他們也不走。方越只好説聲對不起，先躺下頭朝裡睡，一覺醒來，那小伙子正在摔摔打打，當然摔的都是他的東西，叫他為難。他不能跟他説：同志，這是我的床，我的書架，我的箱子，我的房子，你長期在我的房間裡待著，應該摔打的是我。然而今日挨鬥遊街，他發現那青年臂箍紅袖章，顯然是造反派一個了，他若連夜回去，還有他的好果子吃！

至少今天夜裡是絕對不能回去的了。

還能去哪裡呢？從嘉平叔那裡出來，他就不打算回羊壩頭了。他自認自己是個災星，挨上誰誰倒楣，剛才得放的那一句驚喊，讓他心裡實在震撼。説不上委屈，只是發現自己在別人眼裡的實際地位已經到了這個地步，他自慚形穢。他舉頭看一看天空，月輪有暈，雲厚氣悶，難說會不會有雨。他再沒有別的想法，要緊的是先把今天夜裡對付過去再說。

右派分子杭方越不敢走大街，那裡太亮，一切「魑魅魍魎」都會暴露在光天化日之下。他就專門尋找那些小巷，沿著中河邊密密的平民窟一般的居民區走。說起這條河，八百年前，也是繁華地帶，皇帝趙構、大臣秦檜，都在這河邊住。如今俱往矣，王謝堂前燕，平常百姓家了，一片的舊垣頹樓，黑乎乎的，路燈也隔著好遠才有一盞。

一開始他自以為找個地方睡覺並不困難——果然，在一偏僻處的小屋門前，他發現了一張「睡床」，那是一輛停歇著的黃包車，顯然主人已經休息了。

杭方越沒有再多想一下，就鑽了進去。他的個子本來就不大，兩個人可坐的座椅，被他一個人一縮，也就安下身來。很快他就睡著了，還做了一個夢，夢裡他狠狠地摔了一個跟頭，頭著地，痛得他大喊一聲，睜開眼一看，果然他已落在地上。他的確是摔了一個跟頭，他被車主人從後面一掀，從車裡倒了出來。

車主人說：「什麼人賊大膽，我上了一趟茅坑，你倒鑽到我車裡睡覺了！」

方越想，他自以為美美睡了一覺，還做了一個夢，原來不過上一趟茅坑的時間，真是一枕黃粱。靈機一動就順著那人話說：「我是等你拉我的呢，上城裡看大字報去！」

那人一聽果然口氣就變了，說：「大字報啊，我曉得哪裡最多了。解放街百貨公司門口，還有醫科大學大門兩邊的圍牆，密匝匝，炮轟省委呢。」

一個拉車的，平日裡知道什麼，現在說起省委書記，也跟說起隔壁鄰居一樣，方越終於知道，這一次和五七年真的不一樣，一座城市，也是一片人民戰爭的汪洋大海了。於是便想趕快溜，再扯下去他就得露餡，說：「我也去趟茅坑，去去就來，你等著我。」然後，順著人家拉車人手指的方向，溜之大吉了。

在暗夜裡又跑了一陣，進入一條狹長的小巷，確信人家不會追他，才放慢腳步，定睛端詳，是大塔兒巷。大塔兒巷啊，旁邊就是杭七中，他的中學母校。他入中學那一天，還是義父嘉和親自送來的。報完到，義父帶著走過這條巷，告訴他說，這是戴望舒的撐著油紙傘的雨巷啊，是走過結著紫丁香般愁怨的江南姑娘的雨巷啊……從那時候開始，他知道了戴望舒。然而知道了又怎麼樣，紫丁香的雨巷通向愛情，流浪者的雨巷通向流浪，他這麼茫然地想著從前的傷感詩人，茫然地往前走，有一滴水落在他的鼻梁上，是露水，還是雨水？方越突發奇想：如果戴望舒還活著並且依舊住在這裡，那麼紫丁香般愁怨的姑娘肯定是隔壁母校杭七中的女學生，而且她肯定不愁怨了，說不定此刻她正上房揭瓦，在抄戴詩人的家呢！那麼戴望舒將怎麼辦呢？詩是肯定寫不出來了，只有兩條出路：要麼吐血，要麼上吊！五七年他們那一批右派中，好幾個人就是這樣死掉的。

方越那麼胡思亂想著，又踅進了另一條巷。巷不長，狹狹的一線窄天，兩旁是高高的山牆。他彷彿是走到死胡同裡面去了，卻轉過了彎，並看到了清吟巷小學的掛牌。這一回他清醒了：那是從前王文韶住的清吟巷啊。幸虧王文韶這個老滑頭琉璃球，這個封建王朝的最後一任宰相一九〇八年就死了，要是活到今天，還不被人活扒了皮吃掉。也許還沒等人來扒皮，自己就先嚇死掉了吧。方越如一條喪家之犬，橫橫豎豎地在杭州的拐彎抹角的弄堂裡踽踽獨行，遙想著世紀初的往事，竟不知今夕何夕。終於眼睛一亮：真是天無絕人之路，路旁有一幢正在施工的建築物，夜裡空著，恰好鑽進去睡覺。

這一次卻是睡不著了，躺在潮乎乎的地上，有地氣泛起，有硬物硌著他的腰，朝天上看，有一閃一閃的星星在烏雲裡明明滅滅。方越又突發奇想：究竟是烏雲遮不住日月星，還是日月星終究要被烏雲遮住呢？從前他也是拿這個問題問過忘憂的。忘憂是有佛性慧根之人，話多有機鋒，說：「那就看你是心向烏雲還是心向三光了。」這麼想著，他便定心守住丹田，一心向著星星。誰知也是白向，一會兒，星就完全被烏雲遮住，然後是閃電，在空中劃出許多的冰裂紋，像窯變後的瓷片，轟隆隆的雷聲炸響，嘩裡啪啦的雨就下下來了。

一下雨這裡就沒法待了，方越只得再起身，沿著巷子出來，一怔，想，此處不正是寄草姑媽所住之巷嗎？聽說小布朗也回來了，他還沒有見過呢。又想，寄草姑媽怕也是凶多吉少的，不妨也去看一看，哪怕暗中看一眼，也是牽掛啊。

杭方越看到了他最不願意看到的光景。院子裡燈火通明，人進人出。方越仔細找，也沒看到他們母子倆，心一急就湊了上去，見屋裡造反一般的亂，連地板都被撬了起來，東一塊西一塊，濕漉漉的，扔在院子裡。他就問看的人挖地板幹什麼，旁邊有人白一眼，說：「搜敵台，連這也不知道？」

「這家人會有敵台？」

「什麼東西挖不出來！」

「我怎麼沒看到敵台啊？」

「那麼好找，還要造反派幹什麼？」

「那，這家人都到哪裡去了？」

「誰曉得，反正沒有好下場！」

方越聽得額上汗水直滲，默默地走開，喉嚨憋得喘不過氣來，就蹲在電線桿子下裝吐，背上雨水嘩嘩啪啪打，腦子一片空白，想：現在我該到哪裡去呢？

這家的主人，此刻卻是在西湖上度過的。

原來白天得放帶著人抄自己家去的時候，寄草也沒有被閑著，她被單位裡的人揪出來挨鬥了。別人一直叫寄草杭護士，其實她從丈夫被捕之後，就再也沒有幹過護士這個行當。這期間她做過種種雜事，甚至還給人當過保姆。直到五八年大躍進，她和一群家庭婦女，才組織起了這麼一個街道小廠，糊紙盒，粘雞毛撣子。她也算是開工廠的元老，因為不肯和丈夫離婚，所以也當不成廠長，但副廠長還是非她莫屬的，其實，廠裡一應大小事情，她還是常要出面拿主意的。

寄草生性是這樣的倔強，簡直讓人想不通。她生得細瘦高挑，分外秀氣，又加這些年來愛流眼淚，貌似弱不禁風，不瞭解她的人就當她好欺侮，偏沒想到她一邊流著淚一邊冒出來的話，能把人聽得噎死。這次她去了一趟十里坪，就有人說她進行反革命聯絡，要在廠裡鬥一鬥反動氣焰。你想他們這個街道小廠，本來就是一個大雜燴，人堆裡比來比去，大多半斤八兩，誰鬥誰啊。推選半天，才推出一個名叫阿水的鬥雞眼，原是廠裡的搬運工。因為常拉著人力車在外，算是領略過革命形勢的人，心裡癢癢的，總想自己也能造一把反，把廠裡的這粒芝麻綠豆般的小權奪過來。

他自告奮勇主持批鬥會，且先下手為強，把廠裡的一枚大印先抓到手裡。身上衣服也沒個口袋，又怕大印放在別處被人盜走，實在是無計可施，憋出一個餿主意，把大印就吊在了褲腰帶上，掛在襠下。他本來就是一個小丑式的人物，舊社會裡跑過碼頭，胳膊上刺著青龍，一雙烏珠「鬥」得有點過分，襠下晃蕩晃蕩一只「南瓜柄兒」搖了上去，已經站在台上准備挨鬥的寄草，先還流著眼淚呢，這時就指著那人襠下，哈哈哈哈地笑了起來。台下站著的革命群眾，本來覺悟就不高，和杭護士個人關係又好，見阿水師傅這樣一副吃相，都禁不住前仰後合地跟著大笑。阿水大怒，手裡拿著一把雞毛撣子，指到東，指到西，命令群眾閉嘴。可憐他又是一個鬥雞眼，他指東，人以為指西，他指西，人又以為指東，小小一個會場，就演繹了一場鬧劇。

果兒，上來！

看看會再這樣鬧下去就開不成了，他把揮子往桌上一摔，拼力一喊：批判大會現在開始——果兒，

那叫果兒的一位，卻是個中年瞎子，正是來彩的丈夫。他翻著沒有瞳仁的白眼，手裡一根探路的馬杆，甩搭甩搭，準確地走上前去，一隻手捏著本紅寶書，又按在胸前，那樣子也是很神氣的。到什麼位置根本就不用人家說，不遠不近，恰恰就在台子前立定，把馬杆在台子邊靠好，手伸開，一聲叫口穿雲裂帛：「茶來！」

立刻就有人給他端上一大茶缸，他接過，咕嚕咕嚕半缸下去，抹了抹嘴，道：「想聽什麼？」

台下的人就紛紛叫：〈為人民服務〉，〈為人民服務〉！還有人叫：〈紀念白求恩〉，〈紀念白求恩〉！又有人打橫炮：〈愚公移山〉很好聽的，上回我聽果兒全本念過。果兒笑嘻嘻地聽著，又不耐煩地搖搖手，說：「那麼喜歡聽，『老三篇』通通來一遍算了！」

台下的人們就轟的一聲，然後紛紛拍手，果兒就笑，說：「白念念，有那麼好的事情？」下面就又笑，有人朝他身上扔硬幣，有一枚竟準確地扔進了他的圓領汗衫內。果兒一邊抖著，一邊手往屁股後面摸，又往襠前摸過來，還笑嘻嘻地說：「怎麼滑到前面來了，怎麼滑到前面來了。」下面的人看了，簡直笑得前仰後合，包括站在台上準備挨鬥的寄草，也笑成了一團。就有幾個婦女衝上去搡果兒，一邊搡一邊笑說：「〈三大紀律八項注意〉第七條是什麼？」那果兒就叫：「第七不許調戲婦女們！」「好哇，你違反了第七條，該當何罪，大家說要不要給他搡年糕？」下面的人，瞎的亮的啞的響的，都一道起哄，要給果兒搡年糕，也就是四腳四手拎起來往地上摔，嚇得果兒直叫：「我是婦女，我是婦女，你們不要調戲我好不好？」

寄草早就習慣了這些從前杭家大院裡絕對不會聽到的葷笑話，而且她也曉得為什麼果兒今天會這樣說，人家會那麼鬧。她手下的這些弱人，有他們的弱辦法來對付這個強梁時代。

阿水先也鬥著眼睛笑，眼看著階級鬥爭的大方向就這樣要被轉移了，這才醒來，連忙敲桌子，果兒咳嗽了幾聲，終於開始了：

「我們的共產黨和共產黨所領導的八路軍、新四軍是革命的隊伍。我們這個隊伍完全是為著人民服務的，是徹底地為人民的利益工作的……」

開門見山，此一段非背也，乃唱也，且不是劫夫所作的那種曲，這一段唱腔用的是風靡吳山越水間的越劇調子，果兒一開口，老太婆們就擊掌道：「真正徐派！跟徐玉蘭的賈寶玉一式一樣！」又有老太婆反駁：「我聽聽是范瑞娟的梁山伯。」

「你耳朵聾了，明明是徐玉蘭的賈寶玉！」

「不要好的坯子，連范瑞娟的梁山伯都聽不出來！」

「賈寶玉！」

「梁山伯！」

「賈寶玉！」

「梁山伯！」

「不要吵了，已經到張思德揹炭了。」有人氣乎乎給她們一掌，這才停息，屏氣靜心，側耳傾聽。

果兒的「老三篇」實在是表演得好。嗓音如裂帛，這倒也罷了，難得一口純正的紹興方言，可謂鏗鏘有力，錯落有致，跌宕起伏，抑揚頓挫，再配以動作和表情，如說杭州小鑼書一樣，把「老三篇」說成了一場大戲。果兒的張思德一出場，聽得人恨不得立刻就到山裡去揹炭；說到白求恩，毫不利己專門利人，不遠萬里來到中國，為中國人民的抗日戰爭獻身，聽得人又恨不得一路衝到火車站，買一張票夾腳屁股就趕到越南，和美帝國主義決一雌雄；至於那老愚公，太行山，王屋山，果兒自己也說得一時興起，單腿飛揚，一根馬杆踢出丈把遠，腿倒是架到了台面上，雙手握拳，順手撈起阿水摔到桌上的雞毛撣帚，高舉在上，那老愚公就成了打虎英雄武松，一腔豪氣，直衝雲天。廠裡大大小小，台上台下，都聽得恍兮惚兮，目瞪口呆。寄草站在一邊，也不由想起她小時候隨父親讀古文，念到張岱的《陶庵夢憶・柳敬亭說書》，父親每每就高聲朗讀：「……其描寫刻畫，微入毫髮，然又找截乾淨，並不嘮叨。哱夬聲如巨鐘，說至筋節處，叱咤叫喊，洶洶崩屋。武松到店沽酒，店內無人，暑地一吼，店中空缸空甏皆甕甕有聲……」念到此，父親就忍不住擊節讚嘆，不知是柳敬亭的書說得好呢，還是張岱的文寫得好。此刻寄草看著果兒說大書，禁不住想，別看果兒是個瞎子，討個老婆還是從前的婊子，若是活在張岱手裡，說不定也是一個柳敬亭呢。

正那麼胡思亂想，「老三篇」已經演完，果兒嘴角泛起了白沫，寄草連忙把台上的那杯大茶缸的茶再遞給他。他咕嚕咕嚕地又喝，大家都傻了，想來想去，沒人能把毛主席的話表演成這樣，餘音繞梁，三月不知肉味。倒是寄草雖站在台前，卻由衷地鼓起掌來，說：「果兒真正是個人才！」

阿水這才想到，序曲已經結束，正劇應該開場，鬥雞眼亂晃一陣，叫道：「給走資派杭寄草掛牌！」

果兒聽到這裡，誇張地噴出一口茶來用手搭著胸腔，說：「哎喲姆媽哎，我要落去哉！」馬杆也不摸了，跌煞絆倒就往下逃，大家就又都笑了起來。

也沒有人給我們的阿水師傅打下手，只好樣樣自己來。阿水從椅子背後拉出一塊硬紙板做的牌子，上面歪歪斜斜寫著：國民黨臭婆娘杭寄草，上面還很時髦地打著一個紅叉，仿佛叫這名字的人立刻就要拉出去槍斃。

寄草看到那牌子，頓時就從剛才的鬧劇中脫出，忍不住悲憤交加。她想起了羅力，想起了她在十里坪跟他商量離婚時的情景。她是看著他在離婚協議書上簽字的，他們是抱頭痛哭一場的啊，羅力，我千里迢迢趕到緬甸和你成親，難道就為了這一天！

她一把搶過那硬紙牌，三下兩下，扯成幾片，扔在阿水頭上，嘴裡叫著：「你這個畜生！你敢，我看你敢！」

阿水想這還了得，這些天外面走來走去進行革命串聯，何曾見過那些牛鬼蛇神中有誰敢撕掉那掛牌的？他以牙還牙也大吼一聲「我看你敢」，就衝上前去，和杭寄草這走資派推推搡搡打了起來。但寄草也不是一個逆來順受之人，她尖叫著，披髮跣足，橫豎橫拆牛棚，不顧一切亂抓亂跳起來。這一來阿水是真動怒了，他不是一點政治素質也沒有的人，舊社會裡也是入過青洪幫的，兩隻手臂上還刺著青龍呢，露一手厲害的給你們瞧瞧！他一邊掙扎一邊氣喘吁吁地叫了一聲：「春光，你還不給我上！」

話音剛落，一個拎著糞勺的青年人就衝進會場。此人精神病，每年春天都要把廠裡一些年輕姑娘的手臂掐出幾塊烏青來，杭州人的說法是一個花瘋。春光被收留到廠裡專燒開水，還是寄草發的善心，體現的也著實是社會主義的優越性了。可他壓根兒不懂這個，人家叫他幹什麼他就幹什麼。會前阿水就對他佈置好了，一聲令下，他就衝將出來，手裡舉的那糞勺盛的既不是糞也不是開水，卻是一勺專門用來澆柏油路的瀝青。只見他大吼一聲，就將那糞勺橫潑過去，台上的人全都尖叫起來，其中阿水叫得最慘。他穿得少，又加正和寄草廝打，背上被澆了一大攤，另外濺起來的，就澆在了寄草的頭上。寄草頭髮厚，皮肉雖有燙傷，倒沒受多少苦，但瀝青黏糊糊的粘到頭髮上結成了餅，怎麼也拉不下來，台上台下，這才就真正亂成了一鍋粥。

這一齣杭州小市民的文化革命鬧劇，小布朗沒有趕上。那一日他倒是休息，但母親讓他留守在家中，以防居民區的那位工媳趁他家沒人來搶佔房子。不料果兒摸著道給他來報信。果兒又看不見，又是個生性誇張之人，上氣不接下氣，說得寄草幾乎要一命嗚呼了，小布朗還能不急？門都沒關就往衛生院裡奔，還好是一場虛驚，那阿水才成了真正的搶救對象。寄草有預感，揮著手一定要讓布朗回家，布朗卻不肯，一直陪著母親上完藥，用自行車把她推回來。誰知就那麼一會兒工夫，那老工媳已經帶著造反派來撬他們家地板了。小布朗不幹了，操起一根木棍要上去拼命，卻被寄草一把攔住。小布朗跳著腳叫：「媽媽我把他們打死了，揹著你上雲南！」

寄草連拖帶拉地把兒子拉出巷口，說：「你父親還想來參加你的婚禮呢。」

此刻，星稀風緊，殘月當空，當杭方越正在杭州的古老深巷裡倉皇躊躇之時，寄草、布朗母子兩個，卻在西湖六公園邊大樟樹下的木椅上舔傷口。

他們的身後，是一頭巨大的石雕獅子像，一尊戰士雕像，再後面就是湖濱路。到處都在造反，只有西湖在暗夜裡依然一如既往地溫柔。布朗心痛母親，讓她在長椅上躺下，頭就擱在他的腿上。湖上的風很熱，小布朗的膝蓋也很熱，小布朗能夠感覺到母親虛弱的身體在一陣陣地顫抖。

他輕輕地撫摸著母親的遍體鱗傷，他說：「媽媽，你一定要放心，我是你的兒子，有我在呢！」

寄草嘆了一口氣，說：「不曉得你爸爸現在過得怎麼樣？」

「我想爸爸也許在裡面更好一些。」布朗若有所思地回答。

母親對兒子的話表示同意：「至少不會像我們現在這樣，打得半死，頭上澆柏油，地板撬光，還被從家裡趕出來，躺在西湖邊，看天上閃電，挨大雨淋。」

她說這話的時候，一聲雷鳴，雨點就打下來了。小布朗卻輕盈地跳了起來，說：「媽媽，我不會讓你挨雨淋的。」他一把將母親扶起，然後縱身一躍，跳入岸邊一艘有頂棚的小舟，一拉手，又把母親扶上了船。

小布朗的原意，只是臨時跳到小船上躲躲雨，不料那小舟的纜繩未在岸上繫緊，人一上去，吃到了分量，就一下子離開了湖邊。又加上下大雨，岸邊的人都跑光了，小舟自由蕩漾在湖面上，竟然沒有一個人來管他們。

一開始寄草還有些心慌，但兒子卻叫了起來：「太好了，我們就讓這隻船一直蕩下去，一直蕩到金沙港，然後我們就上岸去龍井，我們到盼姐姐那裡去。那裡有剪刀，我來給你修頭髮。」

「你可真能想，然後呢？」

「然後就然後再說吧。」小布朗回答，「如果我很快結婚了，你就可以和我一起搬到翁家山來住，我們可以一起採茶，那是很快樂的事情。」

「有那麼好的事？鬥雞眼會放過我！」

「他起碼還得在床上趴半個月呢。」

寄草躺在小舟的靠椅上，咬牙切齒地說：「好狠毒的鬥雞眼啊，當年還是我把他收下來的呢！」

小布朗這一次的回答卻是有一點開心了：「媽媽，這裡還有一壺熱開水，還有兩只茶杯。噢，這裡什麼都有，還有一包橄欖，還有半包山楂片，還有什麼——哈哈，這裡還有半個麵包。」

估計這些東西都是白天顧客留下的。小布朗不由分說地把這些東西都塞到母親眼前，自己卻走到船頭，頭頂著暴雨狂風。寄草欠起身來，看見兒子背對著她叉開雙腿的背影，他的頭髮被風吹得亂作一團，豎了起來。從仰視的角度看去，他顯得十分高大。此時驚雷閃電，狂風大作，他們的一葉小舟，正在湖面上顛簸，湖面在閃電下大出了無數倍，西湖刹那間成了汪洋大海，一個沒有彼岸的地方。恐懼和疼痛讓她趕快縮回身體。大雨嘩嘩地下著，閃電不時照亮保俶塔的塔尖和白堤口的斷橋。寄草斜靠在椅子上就著茶，一口一口地吃著那半塊麵包，看著兒子興奮地鑽回船艙，說：「媽，我在西湖上撒了一泡尿。」寄草說：「西湖可不是撒尿的地方。」布朗說：「我知道，可我就是想在西湖上撒尿。」寄草看著黑暗中的兒子的輪廓，嘆了一口氣，就躺了下去，一會兒就睡著了。

杭氏家族的義子杭方越，以同樣智慧和不同的方式面對這場突如其來的狂風暴雨。他跳上了從拱宸橋到南星橋的一路電車。在電車的最後一排位置上找到了最角落的位置。他渾渾噩噩地半睡半醒，從杭州城的北端到西端，跳上跳下，打了好幾個來回。直到一位售票員走過來嚴肅地問他：「『為人民服務』，你坐了幾趟車？」才把他嚇醒，掏出一把車票說：「我買票了。」

售票員根本不理他的回答，嚴厲而又固執地提高了聲音：「我說『為人民服務』，你耳朵呢？」方越我我我的，不知道應該怎麼回答。倒還是旁邊一個老人熱心，推著他說：「還不快說『造反有理』！」方越這才明白，連忙一聲高喊：「造反有理！」他那傻乎乎不接令子的樣子，把一車的人都弄笑了，那老人方說：「鄉下人吧，思想覺悟沒那麼高。」售票員也笑了，說：「你怎麼又說半句話，我問你坐了幾趟車了，你記不起來了嗎？」

杭方越連忙擺出一副可憐相，用一口浙南普通話說：「我是從龍泉來的，下著大雨，一時認不到路，只好在電車裡避雨，我自己也不曉得坐了幾趟車了。」

售票員說：「真是壽頭，你看看，老早天晴了。」她總算正常地說出了能讓方越聽得懂的杭州俚語。方越抬頭一看，又要到拱宸橋了，連忙說：「我這就下車，我這就下車。」售票員也說：「看你老實，不追究你了。」那老者也說：「是啊是啊，『我們都是來自五湖四海，為了一個共同的革命目標，走到一起來了』嘛。」說著就和方越一起跳下車，又接著輕聲說：「你這個傢伙今天算是運氣的了，這幾天車廂裡日日都有牛鬼蛇神抓出來呢。」方越一聽，冷汗出來，縮頭縮腦，再不敢說一句話，道一聲謝謝就朝老者反方向走去了。

看一看手錶，現在已經是凌晨時分了。拱宸橋一帶，杭一棉和杭絲聯的工人們上中班的已經下班，上夜班的，也已經上班了。周圍是那樣的黑暗，在黑暗上方的一盞路燈，更襯出世界的荒涼；而路燈下的那只垃圾箱，那只垃圾箱旁的一條正在覓食的狗，更加襯出夜行人的悽楚。這是一個什麼樣的夜行人啊，在他的身上，還能看出一個美術學院的風流才子的一點一滴的影子嗎？他現在唯一還能思考的是縮到哪裡去睡一覺，茫茫人世，哪裡還有他方越的棲身之地呢？

茫然地往前走去，他突然聞到了一股強烈的臭味，一條大河，黑黢黢的，躺在眼前。是大運河啊，又聞到你熟悉的臭味了。方越打起了幾分精神，至少，大運河的臭味接納了他。還有拱宸橋，高高的大石橋，黑暗中拱著身體，無聲地橫跨在運河之上。他晃晃悠悠地上了橋，站在橋頭，看著水面。遠遠地，還有突突突突的拖輪駛來。死是多麼容易啊，只要往下那麼一跳！

方越朝天空望去，一場大雨之後，夜空如洗，月牙兒彎彎，又掛在天上了。方越下意識地回過頭去，後面沒有一個親人，連忘憂哥哥也不在。他想起了他那潔白的身影，想起他當年把他送出山去時的擔憂的眼睛。他曾經一遍遍懇求哥哥和他一起回到生他的故地：到西湖邊來吧，到山外繁華的都市裡來吧。忘憂只是搖搖頭，他說他喜歡山裡，他習慣了生活在白茶樹下。方越那時候不能理解哥哥，他以為忘憂是因為不能擺脫一個殘疾人的自卑感，才隱居山間的。他說：「哥哥，跟我回城裡去吧，我會養活你的。」忘憂笑了，說：「越兒，誰養活誰啊？」

這話沒過多少年就讓忘憂哥哥說準了。他當了右派之後，每個月都能夠收到忘憂寄來的錢。救命恩人啊，幾十年之後你還在救我。我想念你，沒有你們我活不下去。絕望使他低下頭，他在黑稠的河水中尋找親人的影子。沒有，誰也不會從這樣混濁的水中顯現出來。我們杭家人是潔淨的，我們無法在混濁中生存。

大學期間，方越就曾到這裡來寫過生，畫過素描，他那時候就知道杭州其實有三種水：西湖水、錢塘江水和大運河水。人們擇水而居，那麼杭州也就有三種人了：屬於西湖的人，屬於錢塘江的人，屬於大運河的人。一種是雅的，一種是勇的，而一種正是卑微的啊，方越發起抖來了。

背後有人輕輕拍了他一下，聲音尖尖地問：「喂，你在這裡幹什麼？」

方越一顫，回過頭來，認了好一會兒，才認出她是羊壩頭那個管電話的來彩，突然拍拍腦袋，說：「我還欠你電話費呢，這就給你，這就給你。」

來彩就嗲兮兮地搖著肩膀說：「你倒頭腦還清爽啊，我當你要跳河自殺了。」

方越這才想起來，問她跑到這裡來幹什麼。來彩說：「我是這裡人啊，你腳板底下這塊石頭，就是我爹把我抱來的地方，我不到這裡，我到哪裡去？」

原來來彩的養父是拱宸橋的賣魚人，一次趕早市，就在這橋頭撿了她這個女嬰，養大後再賣出去的。儘管如此，來彩還是念著養父的養育之恩。養父死了，他那間房子來彩就理所當然地繼承下來了。夜裡十二點以後，不叫電話了，她有時會回來看看，次日一大早趕回去。沒想到竟然在這裡看見了右派分子杭方越。她已經在後面盯了好一會兒了，以為他要自殺呢。見他沒有死的意思，這才放心了，只是忘不了那老習慣，纖手一掌拍在方越肩上，說：「哎呀，你可嚇死我了，你要死了，我明日怎麼跟你爹說去。我跟你說，好死不如賴活。六二年我從那邊回來，當我特務呢，鞋兒襪兒脫光，六月裡赤一雙腳，到這橋頭來拉煤車。那個痛啊，腳底板起泡，真正弄得我活撞活顛。後來問我瞎子嫁不嫁，我心裡想，什麼瞎子，死人也嫁，先活下來再說。你看，我現在不是活下來了嗎？」她就顧影自憐地環視了一下自己，又說：「方越，你不要以為我這話對多少人說過，我只對你一個人說，因為我怕我一走你又要尋死。我是救人一命勝造七級浮屠啊——再會！」她就再一次嗲兮兮地向方越招了招手，扭著她那個細腰大屁股就下了橋。方越傻乎乎地還沒回過神來呢，那尖嗓子又回來了，這一次是告訴他她在拱宸橋的地址，說：「你什麼時候到我這裡來玩噢，不要以為你們杭家有好茶，我這裡也有好茶的！」這才一扭一扭地消失在半夜裡的大石頭橋上。

方越呆若木雞，手撫被來彩拍過的肩膀，女人的手掌又溫暖又柔滑，他有一種心酸的幸福，一種活下去的勇氣油然而生。他用手掌拍拍欄杆，冰涼骨硬，和女人的感覺完全兩樣。大運河的臭水閃著一亮一亮的白光，黏稠地鋪在身下，一直伸展到遙遠的看不到的地方。在這樣短暫的時刻，杭方越修正了自己的想法。他想，大運河並不真正卑微，大運河通向所有的活路。杭方越決定了要做一個自覺的賤民。他已經找到了一個賤民入睡的地方，橋洞下，運河旁，那裡太臭，巡邏隊不會到那裡去的。

第二天上午，杭州西郊茶鄉龍井小學還算安靜。學校放暑假還沒開學，幾個要革命的青年教師到城裡活動去了，農村的造反雖然也激烈，但作為文化革命，發動時總還要比城裡慢半拍的，紅衛兵陸陸續續來過一些，跑到煙霞洞砸了一些石雕菩薩。龍井茶多，四舊倒不多，昨日砸了一天，今日便放過一碼。

儘管如此，龍井小學教師杭盼還是心驚肉跳，教堂是再也不能夠去了，城裡也不敢再去。思澄堂和耶穌堂弄教堂的牧師們，大多都受到衝擊了，異教徒眼裡是沒有上帝的，他們把《聖經》扔到廁所裡去，或者燒掉——這些迷途的羔羊啊，這些被撒旦控制的猶大啊。

上帝在杭盼的心中。她幾乎把整本《聖經》都背下來了，她一邊祈禱，一邊從脖子上摘下她那一枚小小的十字架，掛了幾十年了，現在她要把它放在那把帶回山中的曼生壺裡。壺裡還放了那只古老的懷錶，那是當年小堀一郎在湖上自殺前交給她的，她從來沒有動過它，甚至連看也沒有再看一眼。現在她拿起它來，看到了「江海湖俠趙寄客」七個字，眼睛就立刻閉了起來，頭別轉了過去。這幾十年她就是以這樣一種姿態面對生活的，這一次也準備這樣。她想把壺送到胡公廟去保存，當年接待過父親的老師父還活著呢，他們經常走動的。

在杭布朗眼裡，盼姐姐是一個非常古怪的女人。她比母親要瘦小得多，眼睫毛特別地長，還喜歡不停地眨眼睛，一眨，兩隻眼睛就成了毛茸茸的兩團。她講話的時候不停地夾著不知從哪裡來的句子，因為不時地畫十字，她看上去顯得特別的手忙腳亂。寄草母子的突然到來顯然使她措手不及。她哆哆嗦嗦地讓他們進來，又讓寄草對著鏡子坐下，在她脖子下面圍上一塊毛巾，說是要先把她頭上的那些柏油去掉。但她手裡拿著一把剪刀，上帝長上帝短地念叨了半天，也不知從何下手。最後還是寄草自己等不及了，接過剪刀說：「自己來吧，我看上帝在這裡也用不上。」

兩個人就一聲不響坐在一旁，看寄草自己處理臭柏油。寄草是大刀闊斧的，幾剪刀下去，腳下就攤開了一地的粘著柏油的青絲。布朗撿起一縷，叫道：「媽媽，你有白頭髮了！」

寄草說：「早就白不過來了，這種日子，能不白髮嗎？」

「我給你上山採何首烏去。盼姐姐，你們這裡有何首烏嗎？」

「那得先看你盼姐姐這裡能不能收留我們。」

盼兒就急切地眨起眼睛來，臉上就只看到那兩團毛茸茸，說：「主啊——除非我死了……」寄草放下了剪刀，嚴肅地看著盼兒，說：「定個規矩，從現在開始，杭家人誰也別說死。日本佬手裡都沒死呢，共產黨能讓人隨便死嗎？」

說完這話，她就讓兒子再取一面鏡子來，放到她腦後，她就反背過手來給自己剪髮。一會兒，剪完了，滿意地看看前後，說：「人倒是顯得年輕了。」

她讓布朗到門口自來水龍頭去打水，她要好好洗一下頭，把門雞眼的晦氣洗洗掉。布朗走出門外，卻發現自來水龍頭前站著一個叫花子一樣的男人。他汗臭熏天，朝他笑著，還露出一口白牙，結結巴巴地問：「為、人民、服務，你是誰？」

「你是誰？」布朗反問。

那人輕輕笑了起來，說：「你、應該、應該說『造反有理』，然後再說，我是布朗。」

獅峰山下老龍井胡公廟內，老師父以茶待客。這裡早已不是香火鼎盛之處了，老師父抱得一個養子，從此也過起俗家生活。只是龍井茶人心善，並不多去打攪他們。胡公雖在杭州名氣不大，但在浙中一帶，可是以大帝稱之的，永康方岩，他的香火旺盛得很呢。只是香火到胡公的葬身之地卻已經斷了脈，一年到頭，竟然也沒幾個人來拜訪，庭前那兩株宋梅，也就只管自己紛紛地且開且落，反倒讓那從前廟裡的師父還能過上幾天清靜日子。盼兒把杭家幾個不速之客一起請到了這裡，也是心想這裡人少，造反派一時也不會抄到這裡來。誰知一到廟門才發現情況不妙，胡公廟的一進院子已經被人扒了大門，顯然已經被人破過了四舊。師父一見他們就合掌念阿彌陀佛，說：「你們可是來巧了，昨日還有一批紅衛兵來造反，把大門也砸了，我跪在地上，求他們不要再往裡砸。真是菩薩保佑，小將們竟然退了，只把那裡面老龍井的龍頭給砸了，你們來看看，你們來看看，阿彌陀佛，總算門前的那十八棵御茶保住了。」

胡公廟前那塊三角地帶上的十八棵御茶，已經被挖得七零八落，不成樣子了。布朗不知那御茶的來歷，說：「什麼御茶，皇帝的茶嗎？皇帝種的嗎？皇帝能種茶嗎？」

茶倒不是皇帝種的，但也不能說和皇帝一點也挨不上邊，紅衛兵來破這裡茶的四舊，也不是沒有一點革命道理。原來乾隆六下江南到杭州，倒是有四次來過這西湖茶區——騎馬來到了獅子峰下的胡公廟前時，於石橋邊勒繮下馬，在溪邊那塊三角茶地採了茶葉，夾在書中，一騎紅塵，差人送往京城，請皇太后品嘗。因茶被書給夾扁了，從此龍井茶形扁；因乾隆親手採過胡公廟前的茶，所以被封為十八棵御茶。

寄草剛剛活過一口氣，就說：「哪裡就真的是乾隆手裡封的茶，不過是後人借了皇帝之名來抬高茶的地位罷了。若說它們都是封資修，那麼中國人只好從此閉口不喝茶了。」

見大家都没情緒回應她，又對垂頭喪氣的方越說：「別臭烘烘地站著說話，趕快到後面老龍井把自己沖一沖。」

那老龍井就在胡公廟後面，一泓深潭，生著年深日久的綠苔，伏其前，一股寒氣撲面而來。明代張岱曾有記載，說此地的水是如何的好，泉眼上方還刻有老龍井三字，早已被雜草蓋了，經師父指點，眾人才看出來的，師父說，聽說這三個字還是蘇東坡寫的。

那隻龍頭已經身首異處，從山岩上細細流下的泉水不再從龍嘴裡流出，而是直接淌入潭中。

杭盼這才捧著那曼生壺過來，對師父說：「我想把這把壺埋在老龍井旁邊。」

老師父看看壺，說：「曼生壺啊，真是可惜。」

「總比讓人砸了好。」寄草也小心捧過壺來，細心摸著，「這把壺還是我義父當年送給父親的呢，他自己是寧為玉碎不為瓦全的，地下見了這把壺，怕不是要倒過來說，甯為瓦全不為玉碎呢。」

方越卻突然難得地來了一句機鋒，說：「本來就是瓦嘛，泥中來，泥中去，倒也是物有所歸。」

寄草卻說：「被你那麼一說，你也不必去試製什麼官窯了，製出來，還不是等著被毀被埋。」

方越聽到這裡，突然心裡一陣悲哀，沒有了說話的興趣。原來他們這個組，自攻克了龍泉青瓷這個課題之後，就開始把目標定在了南宋官窯上。南宋官窯，堪稱陶瓷史上的世界級寶貝，南宋之後便神秘地消亡了，至今出土的，還不足三位數。方越他們一群高智商的工程師技術員，花了那麼些年，也沒把它的配方找出來。可一旦要毀它，哐啷一聲就夠了。現在想來，歷史上也不知道有多少次這樣的毀滅，最美的東西總是最容易被毀滅的吧。他心裡的荒誕感像一個無底洞，不知要把他的靈魂帶到何方。為了不讓自己陷入在這種向下墜的情緒中，他拿起鏟子工作，就在老龍井旁，挖了一個很深的洞，把用木板箱裝好的曼生壺輕輕地放了進去，埋上土之後，又在那上面移種了一株新茶。在做這一些的時候，他們中沒有人再說過一句話。

第八章

車過洪春橋，入龍井路，神仙世界，訇然中開，兩翼茶園，如對翻大書，千行茶蓬，綠袖長舞，直抵遠方。江南的夏日清晨，驕陽初升，映得地綠天藍。一面斜坡，鶴立雞群般，突兀拱出數株大棕櫚，闊葉翻飛，像是風車輪轉，襯得茶鄉平靜如水。

有一個男人，一邊雙放手騎著自行車，一邊歌唱：

有心戀郎莫怕窮；
只要兩人情意好，
冷水泡茶慢慢濃。
韭菜開花細茸茸，

不用問，那是杭布朗，他是一個心急功利的求婚人。原本兩手空空，一無所有，如今有了一枚戒指，就信心百倍地衝到翁家山去談婚論娶，且準備了滿腹的情歌——

哎，大茶樹後面的小寡婦泰麗啊，你不但教會了我無數情歌，你還教會了我男人的生活，多麼懷念被你勾引的日子啊，雖然因此而被剽悍的叭岩打得落花流水，但我小布朗是不記仇的啊，你們的婚禮我不是又回來了嗎？我不是又喝了你們的竹筒茶，為你們唱了祝福歌嗎？

戴起草笠穿花裙，採茶的姑娘一群群，
採茶上山岡呀，採呀採茶青。
採茶要採茶葉青，你要看一看清，
嫁郎要嫁最年輕，也要像茶葉青。
……

這哪裡是祝福歌啊，這就是對往日初戀的無盡懷想啊——我的心愛的小寡婦泰麗，你如今已經是那第三巡的濃茶，你已綠冠成蔭，你已兒女滿行。你心愛的小布朗，在千山萬水之外，也要娶上一個茶鄉姑娘了。

小布朗對採茶沒有什麼不滿意的地方。看得出來，她是喜歡他的，但她總是生氣，因為他為別的姑娘吹洞簫。她還為他的職業生氣，她從不願意到他的煤球店裡去找他。儘管大人們早就承諾，小布朗在煤球店裡不過是過渡，以後一定會到國營企業裡去的，嘉和舅舅是已經答應過的。但她還是不放心，親自去找了一趟嘉和舅舅，她不敢找她未來的婆婆寄草，她有點怵她。可她不怵嘉和舅舅，她才不管嘉和是什麼樣的人呢，開門見山就說：「大舅舅，你答應給布朗解決工作的。」

嘉和用他的老眼看了看她，他記得從前採茶是叫他爺爺的，和她自己的爺爺一個輩分。現在她叫他舅舅，是跟著布朗叫呢，說明她還是有心做他們杭家人的。想到這裡，便問：「我什麼時候說過不幫他了嗎？」

「我們等不及了。」她回答。

「要辦事了嗎？」嘉和問，「要辦事，就辦事的做法；不急著辦事，就不急著辦事的做法。」

採茶臉紅了，她還是個姑娘嘛，就不知道怎麼回話了。嘉和看了看這姑娘，嘆了一口氣，他對她沒什麼太大的好感，這姑娘心太凶——這是杭州人的話，也就是「要心」太重。可布朗還能給他什麼呢？現在正是搞運動的時候，要安排一個工人，談何容易。茶廠和別的單位一樣，都在造反。好在造反的保皇的兩派頭兒，都是他從前帶過的徒弟，找準一個機會才好開口。事情做得還算順利，但嘉和不喜歡別人來催，尤其是這麼一個黃毛丫頭。

話雖如此，嘉和知道，布朗和採茶處得不錯，他們好就行了，就是不幸中之大幸了，嘉和想到這裡，就為自己剛才的冷淡抱歉，說：「你們不要著急，總會給你們想辦法的。」

採茶聽了這話，臉紅還沒退下去，眼睛又紅了，說：「大舅舅，我阿爺當時跟我說好，城裡有房子的，現在房子也被人家搶了去，你說我們辦事，我們到哪裡去辦事呢？」

嘉和怔住了，他原本以為他的那番話會給她有所寬慰，不料她倒越發氣急了，健壯的腰一扭，揚長而去，倒把嘉和一個人晾在那裡了。

採茶的這些火倒發不到布朗身上。她剛要發火，他就仿佛能猜出來，立刻撲上去拿嘴親住。採茶活到二十歲，何曾經歷過此，一開始真是神魂顛倒，不知東西南北。回到城裡繼續給客人沖茶，水都沖到桌子上。小姐妹來問她，那個解放軍叔叔你還談不談，她連連搖頭，不談不談，哪個曉得以後會不會留在杭州。那段時間招待所也亂，各色各樣的人來進駐造反，一會兒這一批，一會兒那一批，採茶也不過問，談戀愛要緊。

可是你要以為翁採茶就是那麼一個粗放型的姑娘，那你就錯了。翁採茶喉嚨梆梆響，該細的地方全都細，關鍵問題上她是門檻煞精的。比如吻香她不反對，吻得越多越好，不過煤球灰一絲都不能有。還有，再進一步她是絕對不做的。她曉得，弄到床上去她就完了，要房子沒房子，要戶口沒戶口，要工作没工作了。再說運動這麼搞下去，好像越來越厲害，採茶心思擔著，新鮮勁一過，她就又開始回過頭來想，做勞改犯的兒媳婦犯不犯得著了。這麼心思活佬佬，小布朗知道嗎？反正從他那張齜著白牙的臉上是什麼也看不出來的。他現在要面對的是兩個女人，首先是他的母親，他得讓她有地方住，有飯吃，還要保護她不再讓鬥雞眼阿水來鬥。另一個女人採茶要簡單得多了，他現在最大的目的，就是想和她上床睡覺。想上床的目的也是非常清晰的，一是他純粹地想上床，在他們生活過的大茶樹下，愛一個姑娘固然是要唱情歌吹洞簫的，但根本的目的就是上床。不上床的愛能算是愛嗎？想和採茶上床的另一個目的也是明確的，只要上了床，什麼事情都不是事情了，什麼房子什麼戶口什麼工作都不著急了。杭州人是很把睡覺當回事情的，所以舅舅才要專門來跟他說，不要亂脱鞋子。可是他想，他並没有亂脱鞋子啊，他只想在採茶姑娘的床前脱鞋子啊。你們不是都要讓我娶她嗎，不是都說娶了她我就好了嗎？可是為什麼大家都不贊成他和她睡覺呢，連採茶她自己也不贊成。布朗寬容地想到，這就是漢人姑娘最不可愛的地方，也是採茶和小寡婦泰麗的最大差别之一——雖然她們同樣地愛吃醋，在這點上，雲南女人和杭州女人倒没有任何區别。

採茶和小寡婦之間還有另外一個差别，就是採茶時不時地要提起彩禮和嫁妝。她總是說：「爺爺已經答應我，全套嫁妝備齊，馬桶一定要紅漆的，裡面花生紅雞蛋都要備好的。城裡那個院子，總歸是我們的了吧。」

小寡婦泰麗卻是把什麼都準備好，酒和山歌，還有滚燙的身體，她可是從來也不曾向他要過一分錢的啊，儘管布朗没少往她家裡揹山雞和野豬。許多次布朗都想把小寡婦泰麗和他的已經遥遠了的但依舊是香噴噴的愛情告訴採茶，最終還是忍住了，他再天真，總也知道在一個女人面前歌唱另一個女人，是犯規的。

但是他能到哪裡去弄到這些紅漆馬桶全套家具呢。他嚇唬她說：「現在已經文化大革命了，再那麼搞就是四舊，要拉去遊街的。」採茶就有些被嚇住了，但心裡不服，說：「戒指總要給我一只的，我把它放在枕頭底下，別人也找不到。」

這就是今天布朗唱著山歌前往翁家山的原因了。昨天夜裡，在龍井山中，小布朗硬著頭皮對母親說：「她要戒指。」

寄草正躺在盼兒的床上打盹，聽了此話，眼睛睜開，看著天花板，說：「要一只戒指，本來也不為過的。」

盼兒坐在窗口一張椅子上，正做著晚祈禱：耶和華是我的牧者，我必不至缺乏。他使我躺臥在青草地上，領我在可安息的水邊……

房間裡暗暗的，沒有開燈，聽得見盼兒的呢喃的聲音：「我雖然行過死蔭的幽谷，也不怕遭害，因為你與我同在。你的杖，你的竿都安慰我，在我敵人面前你為我擺設筵席……」

寄草嘆了口氣說：「我哪裡還有什麼戒指。」

話音剛落下一會兒，杭盼手指上那只祖傳的祖母綠便取下，放到了寄草手裡。寄草也不推，怔了一會兒才說：「盼兒，你的主才是最好的。」

盼兒也沒有回答，卻又顧自己回到了剛才她坐的地方，繼續她的禱告。

寄草招招手叫兒子過來，對著兒子耳語道：「按說要只戒指也是不為過的，只是這只戒指實在珍貴。你爺爺先是給了你大舅的生母，她死後又到了我姐姐嘉草手裡，姐姐死後由你大舅保管，後來又給了你盼姐姐。戴過它的人，把太多情誼滲到它上面去了。你若給了哪位姑娘，你就要把心交出去了。你說，你已經答應把心全給了她嗎？她真的要你的心嗎？」

布朗想了想，說：「沒關係，如果我們的心不在一起，我會把它要回來的。」此刻，戒指就在小布朗的手指上。有情歌，又有戒指，小布朗覺得他實在是天底下最胸有成竹的求婚者了。

事情一開始進行得很順利，採茶看到那只戒指，眼睛就亮起來，臉蛋也紅起來，她的手指頭都幾乎蹺到小布朗的鼻尖，就等著小布朗把那戒指往上套呢，突然一驚，發問：「那麼新房呢？」

小布朗早有準備，從容不迫地說：「就這裡啊，到哪裡去找比這裡更好的新房呢？」

翁採茶是真想去城裡的，城裡哪怕造反造到天上，她也喜歡到城裡去。聽了小布朗的話，採茶不由得一陣失望，叫了起來：「你們真的不想把人家搶去的房子要回來了？你們不敢，我敢，我找幾個人把他們的東西都扔出去。」

布朗說：「不是不想要，是暫時不想要，等我媽媽單位裡不再批她了再說。」

「你們這是一戶什麼人家，怎麼隨便什麼事情都要沾到一點？你媽媽算一個什麼走資派？我們招待所裡揪進揪出的走資派，那才叫走資派呢。我爺爺一九二七年入過黨的人，他才算是走資派呢。」

「你那麼一說我就更放心了，」布朗說，「用不了多久，我們就搬回去，可我們現在還是得先結婚啊。」

「你那麼急著要結婚幹嗎？」採茶警覺地盯著他。布朗笑了，說：「真的是想和你睡覺呢，你們杭州人不是一定要結了婚才能睡嗎？」

他那麼一個疙瘩也不打地就把別人一輩子也說不出口的話說了出來，叫採茶目瞪口呆，也算是出奇制勝。採茶騰的一下，臉紅得連耳朵也紅了，不要臉不要臉地捶罵了對方一陣，就心軟手軟下來，想：小布朗的戶口還在城裡，房子也在城裡，遲早都是他們的。再說，他肯入贅到郊外，也是他的一片誠心，至少爺爺會非常喜歡的。爺爺收養她的時候，原本就是為了防老，不料她又想進城，現在暫時把新房放在翁家山，也算是對爺爺的報答吧。

這麼想著，就羞答答地問：「那，把你媽媽一個人扔在城裡，她同意嗎？」

小布朗說：「什麼同意不同意，我們一結婚，我就讓她搬過來跟我們一起住，城裡那個雞毛小廠的走資派，我們也不當了，退休還不行嗎？我已經看過了，你們家有四間房，一間當客堂，其餘三間，夠我們四個人住了。」

採茶一聽，大吃一驚——什麼什麼，小布朗你是不是瘋掉了，放著城裡獨家小院不住，要跑到這裡到處是茶的鄉下來住。什麼意思？什麼意思嘛！我可是不要婆婆管的，我本來就不喜歡這個連照面都不打的婆婆。這麼想著，跳起來喊：「誰說讓你媽媽過來住了？」

小布朗一聽，這才真正著急起來，說：「爺爺都同意的。」

「他同意讓他同你去結婚好了！」採茶嘴巴也硬了起來。

小布朗這才把底牌亮了出來：「我們城裡的房子，一時半會兒的，也要不回來，已經被人家占去的東西，哪裡那麼方便就拿回來！」

採茶聽了這話，真正厥倒，半天才回過神來，指著小布朗的鼻子，罵道：「你打的什麼主意？你是跟我結婚，還是跟我們家房子結婚！」

小布朗這也才真正算是領教江南姑娘的厲害了，他愣了半天，一跺腳才說：「也是和你結婚，也是和你們家房子結婚！」

採茶倒還真沒想到小布朗會那麼老實招供。他把話說得那麼白，簡直叫她無話可說，越想越氣，

越想越氣，頭毛痱子一時奓起，叫道：「你愛跟誰結你就跟誰結，反正我是不跟你結婚了！」

小布朗也生氣了，他畢竟也是讀過書的人啊，也有他的自尊心啊，冷冷地收起了他的戒指，說：「這話是你說的嗎？你再說一遍？」

採茶又叫：「是我說的，怎麼樣，怎麼樣？流氓！你這個小流氓！」

小布朗一下子就推開窗子，對著對面山坡上採茶的姑娘，舉著他的戒指叫道：「美麗的姑娘們，我的未婚妻已經和我解除婚約了。你們誰願意和我結婚，可以來找我，我有世界上最美麗的寶石戒指，我還有一顆寶石般的心！」

屋裡屋外，山上茶坡，茶蓬間所有正在摘夏茶的女人們，都愣傻了，一隻喜鵲橫飛過她們身邊，吱吱喳喳叫著。空谷間，突然就聽到採茶一聲號哭：「啊呀我的姆媽哎……」

小布朗沒有時間多生氣，他跨上自行車騎出龍井路，便是另外一個世界。本來他是準備回城到家裡去看看——掃地出門，也不能不給他們一個棲身之處啊。這個地方看來還是要佔領的，從剛才採茶的那些個尖叫裡面，他也已經領悟到一席之地的重要性。可是一拐到洪春橋，見一路上不斷有人急匆匆地往靈隱方向趕。那是一隊隊的紅衛兵，基本上都穿著黃軍裝，腳步聲咔咔，有一種逼人的氣勢，夾帶著陌生的恐懼和興奮，直往人們的心裡而去。他的自行車龍頭就不由自主地轉了向。

還有一些自行車也從他的身邊飛快駛過，朝那些趕路的紅衛兵丟下一句威脅之語：「走著瞧吧，你們的行動必將以失敗而告終！」

趕路的紅衛兵一邊氣喘吁吁地跑著，一邊振臂高呼：「砸爛封資修！保衛毛主席！」

布朗好奇，問一個掉隊的紅衛兵：「你們有什麼行動啊？」

那紅衛兵朝他看了看，說：「到靈隱寺去啊。」

他這才發現，這個頭髮又短又亂的中學生還是一個女的，她的長脖子下面是一個斜斜的肩膀，把她那身軍裝也穿得不像軍裝了。

「那你還不快點跟上去？」

「隨便……」

布朗不知道這個隨便是什麼意思，就說：「要不我用自行車帶你一段？」

這個女孩子突然睜大了眼睛盯著他，上下一陣打量，就飛跑起來，跑出了一段路，回過頭來，吐了一口唾沫，尖聲喊道：「流氓！」然後背過身去，一下子就跑得看不見背影了。

杭布朗撇撇嘴，在自行車上一個雙放手，今天真倒楣，已經被兩個姑娘罵過了。一抬頭，卻看見了他的表侄杭得放。得放全副武裝，皮帶把腰紮得像女孩子的腰那麼細，神氣活現地喊著口號，往靈隱方向趕。他還在他們的那支隊伍後面，看到那個男不男女不女頭髮的姑娘，她仿佛想跟上去，又仿佛刻意地要與大部隊保持一點距離。

小布朗叫著得放，問他們要去幹什麼。得放一邊氣喘吁吁地跑著，一邊說著：「……去砸……封資修……砸靈隱寺，革命……行動……保皇派反動……」

小布朗一聽這話，也不再和得放說什麼，就加緊往前蹬車，蹬了一會兒，一個大轉彎回了過來，掠過得放身邊，伸出手去，一把撈下了得放的軍帽，說：「借你的帽子一用。」然後飛也似地騎回到那掉隊的女孩子身邊，說：「流氓又回來了！」

姑娘緊張地看著他，說：「你要幹什麼？」

「幹什麼？」小布朗一下子把那頂帽子往姑娘頭上一罩，說：「你是雌的還是雄的？美麗的姑娘要像孔雀一樣愛惜自己的羽毛啊，這樣子走出來，不怕人家笑話嗎？」

姑娘先是愣著看他，突然，嘴唇哆嗦，眼睛裡就有淚哆嗦出來。小布朗不想讓姑娘在大庭廣眾之下失態，拍拍後座，用當下最流行的話說：「向毛主席保證我不是流氓！」

姑娘還流著眼淚呢，但不知為什麼就上了小布朗的後座，他們一會兒工夫就超過了得放。得放依舊一、二、一地喊著口令，目睹著表叔帶著謝愛光揚長而去，心裡卻想：都要結婚了，還勾引女人，這個嚴重違反〈三大紀律八項注意〉第七條的……分子！他很想給表叔扣一頂帽子，可是一時腦子混亂，怎麼也想不出來了。

杭家叔侄趕到靈隱寺時，寺外可說是人山人海。幾日來，以中學紅衛兵為代表的一方組成了搗毀派；以大學生和工人、農民組成的一方形成了保存派，雙方各有理由，各不相讓，就這樣糾眾在靈隱寺前僵持對陣。到得今日上午，火藥味愈濃，武鬥已經一觸即發。

得放一到現場就說：「怎麼還沒有砸了那破廟！」

布朗比得放早到，早已在人群中轉過一圈，此刻就湊過來說：「聽說請示過總理，總理指示，靈隱寺不能砸，無論如何要保下來的。」

得放一聽就火了：「這是誰造的謠，反動派的一貫伎倆就是拉大旗作虎皮，以達到他們阻礙歷史進步的真正目的。」

布朗笑笑，卻說：「誰是大旗，誰是虎皮？」

這一問，倒把得放給問住了，他張了張嘴，回答不出來。

布朗大拇指蹺蹺，說：「是我造的謠，行嗎？是我偽造的總理指示，行嗎？」

布朗回杭時間不長，和得放這樣的小輩話也不多，得放從來還沒聽到他說過火藥味這麼重的話，可他心裡反感他。他也大不了他幾歲，再說也不是一個階級陣營的。這會兒得放非常生這位表叔的氣，可是他絕不願意承認那是因為剛才布朗載了謝愛光，他才把這事情往階級鬥爭上靠。此刻，他看到謝愛光就站在布朗身邊，頭上還戴著他的帽子，便拿出十二分的熱情來說：「革命是需要狂熱的，革命還需要紅色恐怖，不狂熱，怎麼顯其革命的波瀾壯闊？沒有砸爛舊世界的胸懷，怎麼可能建設一個紅彤彤的新世界？」他突然來了一段虛的，這些日子他們在學校裡，革命來革命去的，用的全是這一套新鮮語系。

布朗搖搖頭，說：「得放，我聽不懂你的話。」

「對你來說，這是很正常的。」得放聳聳肩說。這句話相當無情和刻薄，小布朗一下子就聽明白了，這是一句劃清立場的宣言，也是一種自上而下的鄙視。他不由又問了一遍：「你說什麼？你再說一遍？」

「我說這很正常啊。」得放有些心慌了。其實他知道這很不正常，可是沒法再把話說回來了。他自己也不知道為什麼近來他總是把話說過頭，把事情做過頭。他為什麼要去剪謝愛光的頭髮呢？他瞥了謝愛光一眼，苦惱地想。

布朗終於又笑了，說：「我是你叔，我有的是時間揍你，你好好地把屁股給我撅著。不過現在我沒有時間，我得上那裡去。」他指一指大殿上方那些保衛大廟的人群。

得放就眼看著表叔往上走，一邊對站在旁邊的謝愛光說：「他是我表叔，快結婚了。」

誰知道他為什麼要說這麼一句莫名其妙的話。他看見謝愛光驚慌失措地掃了他一眼，就飛快地離開了他。那一瞥他終生也不會忘記。那一瞥照出了他的令人憎惡的一面——但這不是他想成為的那種人。不！他杭得放一點也不想成為這樣的一個人。

陣線此時已經非常分明。大學生們站在殿門內外，黑壓壓的一群，布朗立刻就在那裡找到了自己的位置。與此同時，得放也準確無誤地找到自己的位置——殿門石階下的平台上。那裡，黑壓壓的也都是人。市政府已經派了人來，此時一陣掌聲，有人就上去說話。得放旁邊一個小個子說：「聽這個走資派說些什麼，他要攔我們，立刻就把他拉下來開現場批鬥會！」

得放看了一眼，愣了一下，說：「這個人我認識，是我們同學董渡江的爸爸。她今天也來了。」

董渡江的爸爸站在一邊，另一個看上去更像首長的人，就在台上宣佈市政府的意見。亂哄哄的，得放也沒有能夠聽清楚，但總的精神是明白了：

一、靈隱寺是名勝古蹟，又是風景區。馳名中外，由來已久。飛來峰的摩崖石刻、參天古木和寺內的宏偉佛像、經卷珍藏，都是國家的文物，必須保護；

二、我國憲法規定，人民有宗教信仰自由。杭州是佛地，作為供佛教徒從事宗教活動的場所，現在保存下來的只有靈隱寺和淨寺了，所以不能再減少；

三、東南亞各國信奉佛教的人很多，有些國家領導人也一樣信佛，比如緬甸總理吳努、柬埔寨親王西哈努克，所以我們還要適應國際活動和國際宣傳的需要。

他的這番話剛剛說完，那邊平台上，得放就看見一層層手掌升起，歡呼鼓掌。他沒有看到布朗的身影，但可以想見他擁戴的樣子。這使他生氣，因為政府站在了對方一邊。至於政府的話到底有沒有道理，他壓根兒就沒有時間去想。他只是在感情上站在了搗毀派一邊了。那種由叛逆帶來的巨大的激情，需要通過破壞來發洩。可是這些人卻不讓他們發洩，因此得放對他們義憤填膺。旁邊那個小個子及時地高舉起小紅書，高喊道：「革命無罪，造反有理！」

這一句口號原本是得放剛剛想喊的，沒想到就被那旁人喊走了。還好這次運動的口號很多，而且還隨時可發明創造。得放頭腦靈光，立刻振臂高呼：「我們不要封建迷信，我們要宣傳毛澤東思想！」

他這一派的紅衛兵舉起手上的小紅本本和他一起喊，他靈機一動，又喊：「不要給西哈努克看佛寺，要發給他們《毛主席語錄》！」

大家一起也喊，喊完就哄堂大笑，把語錄發到柬埔寨去，讓親王學習，大家都覺得這條口號發明得好。得放注意地看了董渡江一眼，董渡江面色不正常，但連她也勉強笑了。倒是站得更遠一些的謝愛光沒有笑，她的兩隻手揪在胸口，不知道是在為誰擔心。

這一邊的大學生們也覺得不能沉默，要拿口號來以牙還牙，有人也振臂高呼：「堅決遵循周總理的指示！」

得放聽得耳熟，抬頭一看，果然是大哥得茶。他不是跑到湖州去接別人的新娘子嗎，怎麼一下子又捲入運動了？不管怎麼說，他是從旁觀者轉變成參與者了，雖然參與得不對頭，他站到他對立面去了。他不安地想，也許他早就看到他了吧，凡是腐朽的東西，他沒有不喜歡的，你看他那間書房，還叫爺爺手裡的名字「花木深房」，他那個花木深房裡塞滿了什麼封建主義的東西啊，還說是茶事資料呢。這麼喝茶，本身就是四舊，和靈隱寺一樣的性質。不管怎麼說，杭得茶已經不是他從前崇拜的那個大哥了。

得茶這一喊，四周山上的工人農民都接應著，飛來峰上那些石像也好像跟著一起張開了嘴。可見得保護靈隱寺的人，還是要比砸靈隱寺的人多。

又有人高喊：「靈隱寺不能砸！」

這下呼應的人就更多了，小布朗也用盡力量吼了起來：「靈隱寺不能砸！」這麼呼喊的時候，布朗心裡很痛快。他很喜歡那個「不」字。他已經看到了得荼，就用口號和他打招呼。

另一邊又有人喊：「靈隱寺一定要砸！」

得放也聲嘶力竭地跟著喊。他們人少，但人少不但沒有使他們感到氣餒和心虛，相反，他們有一種少數派的幸運感，有一種少數派才有的眾人皆醉我獨醒的優越感。和布朗相反，得放喜歡那個「要」字。這些天來，他每天自言自語的就是要！一定要！一定要！

靈隱寺內外，此時口號此起彼伏，亂作一團。寺中僧人已散去大半，紅衛兵已經在此圍了三天三夜，僧人和尚也無法坐禪，只在各個門房院落把守。董渡江的父親站了出來，只得說：「請大家靜一靜！請大家靜一靜！讓我們回去與市委再作商量。我們馬上就回來，告訴你們處理意見。時間不會長，我們馬上就會回來。紅衛兵小將們，你們千萬不要衝突！千萬不要衝突！」

他說這番話時，眼睛血紅，喉嚨嘶啞，他的口氣裡面，不但帶著懇求，而且還有著明顯的無奈。他的女兒站在對立面，一副可憐相。得放帶著快意看著他的同學的這位從前貌似威嚴的父親以及他們那一夥人，他們終於也落到了如此下場。

一陣狂呼之後，大家都覺得口乾舌燥，天也漸漸地近了中午，市府人還沒有趕到，雙方都不敢鬆懈那劍拔弩張的架勢，可端著架勢又實在是有些吃不消了。得放一揮手，就帶著幾個戰友去偵察地形，看看有沒有可以進入的其他邊門。走來走去，卻都是高牆石窗，沒有一個地方是可以翻身跳入的。沒奈何，只得重新回來，等董渡江的父親帶回那個早已焦頭爛額的市委的決定。

喊了這半天，有些人就跑到冷泉旁去喝水。站在上面的人卻不敢走開，唯恐人一散，這些小將們就上來衝廟門。也是我佛慈悲，此時竟還有一個人從寺廟後面出來，挑著一擔茶水，一聲不響地放在兩夥人中間。那人雖不是僧家打扮，但也是皂衣皂褲，剃著光頭。與眾不同的是，他那一身皂，與他皮膚與頭髮的雪白，形成了鮮明的對照。要不是搞運動，誰都會好奇地多看他幾眼。

佛是公正的，一碗水端平的，一桶水拎到平台下的搗毀派當中——他們要消滅靈隱寺，靈隱寺的和尚還要給他們弄水喝。茶使人冷靜，使人清醒、理智、溫和、善良、謙虛、友好，也許靈隱寺的僧人想用這種飲料來打動他們。另一桶水便留在平台上了。得茶見了那人，眼睛一亮，那人卻也一邊發著竹筒勺，一邊就走到了得茶身邊，說：「我早就看到你了。」

得茶輕輕地問：「憂叔，你什麼時候到杭州的？」

忘憂並沒有出家，卻在天目山中做了一個在家的居士，他的職業也好，杭家竟出了一個守林人。有時他回杭州，也不住在家中，只在靈隱寺過夜。杭家人對他的行為也都習慣了，可是以往他總要先到羊壩頭報個到，不像這一次，家中人不知，他已先到了靈隱寺。

忘憂說：「走，跟我回廟裡說去。」

他回頭要去取扁擔，卻發現已經在小布朗肩上。小布朗剛回杭州時，忘憂特地來過杭州，所以認得。但得茶對他的出現還是覺得奇怪，在他們眼裡，布朗是個游離於杭州的局外人。布朗卻很自然地說：「你們有沒有看到得放？」

杭家三人邊走邊敘，忘憂說：「你們倆比賽喊口號，一個響過一個，我都看到了。」

布朗笑了，說：「我喜歡靈隱寺，砸了它，我就喝不上靈隱寺的好茶了。」

忘憂說：「我也算是和靈隱寺有緣的。十多年前有一次遊靈隱寺，也是逢著一劫，讓我碰上了。靈隱寺還好那次我正在殿外，就聽殿內一聲轟隆，那根大梁突然斷了，將原來的三尊佛像也砸塌了。靈隱寺這一關就是三年，後來還是東陽人來重修的。那時就有人不願意做這件事情，說是不願意搞封建迷信。」

「這事情我知道，那次也是周總理發的話，這次也是。我看靈隱寺砸不了，得放白辛苦。」得放在石階下，看著杭家三人都在台階上，輕聲說著，轉過廟的牆角而去。一種失落和氣憤同時向他襲來，那天夜裡嘉和爺爺一盆水向他潑來之後的感覺又冒出來了，他一時就沒了情緒，坐到石階下發愣去了。

忘憂說，現在局勢已經那樣了，急也急不得，乘著等市府通知的空檔，不妨學學趙州和尚，吃茶去吧。忘憂的這個提議，使得茶緊張的心情鬆弛了下來。他想，也只有忘憂這樣的山中人才會有此等閒心呢。

忘憂要請二位品他從天目山中帶來的白茶。這茶，往年忘憂也帶來過的，數杯而已，但布朗聽都沒有聽說過。忘憂取出的那套茶具卻叫得茶看得眼熱。但見這套青瓷茶盞呈冰裂紋，鐵口赤足，忘憂用淨水洗沖之時，自己那茂密而又潔白的眼睫毛就緩慢地顫動起來，真有心安茅屋靜，性定菜根香之感。得茶看著忘憂，覺得人家都說他活得可惜，他卻覺得他活得自在，便說：「這套茶具倒是好，像是宋代哥窯的製法。」

「到底在行，一眼就識貨。」忘憂泡上茶來，一邊說，「正是越兒他們試製成功的樣品。你不是也得過一只杯子？你們再嘗嘗我這茶，今年的白茶另有一番味道，得茶你也沒有喝到過的。」

隱。這兩位就低頭看杯中茶，果然奇特，但見這山中野白茶浮在湯中，條條挺立，看上去像是山洞裡的石鐘乳一般，上下交錯，載沉載浮。這湯色也和龍井不一樣，橙黃清澈，喝一口，淡遠深韻。得茶說，好，果然和往日你送我們喝的感覺不太一樣。布朗是頭一回喝，只說：「太淡太淡，太講究了。」

忘憂點點頭說：「你說太講究了，倒也沒錯。我這次製茶的手法，是專門從福建白毫銀針處學的。白茶是個稀罕物，從前都說只有福建有。〈大觀茶論〉裡宋徽宗還說過：『白茶自為一種，與常茶不同。』物以稀為貴，自然就講究了。從前製作白茶，要先把春日裡長出的芽頭，待鱗片和魚葉開展時用手掐下，投入水中洗，說是水芽，然後還要再摘去那鱗片魚葉，再經過揀選，蒸焙到乾，這才算是完了。現在簡單一些了，只把那初展的芽葉及時掐了，揀去魚葉鱗片，只取那肥壯毫多的心芽，稱為抽針，再製成茶。我以往的炒製白茶，只是按一般的眉茶手法。今年春上來了一個專到禪源寺拜章馱的福建雲遊僧，正逢我要製茶，他就把那一手絕活教給我。真正是不比不知道，這才曉得山外有山，那白茶雖只有一株，也不能入鄉隨俗的，該這麼製茶，才不委屈了它呢。」

布朗不知怎麼地就又想到了他們在龍井山中胡公廟前的那番對話，說：「你們這裡的人凡事都喜歡和皇帝扯上關係，不知這個白茶會不會也和皇帝挨上邊？」

忘憂點點布朗說：「這話說起來就長了。若追究也算是四舊，也是要被得放他們打倒的。」

「真是豈有此理！」得茶放下杯子，聲音也高了起來，「什麼東西都要造反，中國名山名剎名茶要多少？名茶多多少少和皇帝有點關係，莫非這樣的茶都不能夠喝了！」

「你以為我們還能夠喝茶嗎？」忘憂突然發問，幾如棒喝，把得茶問得一時怔住。倒是布朗明快，回答說：「我們這不是在喝嗎？」

忘憂回答：「不過是偷著喝罷了。」

布朗一口飲盡，說：「偷著喝也是喝！」

忘憂輕輕一拍桌子：「布朗你的脾氣表哥我喜歡。」

得茶才說：「還是忘憂叔方外之人，六根清淨。外面七運動八運動，你還有心和我們談茶。」

「山裡人做慣了，草木之人嘛，別樣東西也談不來了。」

得茶在忘憂面前是什麼話都肯說的，這才嘆了口氣說：「哎，說起來我本來也是不想那麼快就陷到運動裡去的。我高中畢業的時候，爺爺跟我談過一次，問我日後到底走哪條路，我說我要走又紅又專的道路。爺爺卻說，世界上兩相其美的事情，大約總是沒有的。我那時不能說是太懂爺爺的話，現在運動起來了，才知道，所有想走又紅又專道路的人，其實要麼走在紅上了，要麼走在專上了，這兩條道根本就不是一回事。」

忘憂說：「大舅也不過是說了一層的意思。其實世界上不要說兩全其美的事情是沒有的，一全其美的事情怕也沒有。比如我，你們都道我活得清靜，卻不知我此刻也是一個戴罪之人呢。」

原來忘憂所屬的林業局也來外調忘憂，說是他十來歲時就成了美國特務，用飛機聯絡，還在林子裡接待美國鬼子。這說的是當年忘憂弟兄救下盟軍飛行員埃特的事情了。忘憂此次來杭，就是要有關部門出具證明。另外，他還得找到越兒，統一口徑，免得如五七年一樣，人家說什麼他就認什麼，有時還自作聰明，其實上的都是圈套。

布朗本來不想把家裡的事情立刻就告訴他們，他是個大氣的人，自己的事情是很藏得住的，聽到這裡，他才把方越和他們杭家近日的遭遇前前後後地道了一遍。那二位都聽得愣了，得茶一時心亂如麻，站起來說：「我去了一趟湖州，剛回杭州，氣都沒喘一口就到這裡來了，沒想到那裡亂，這裡也亂。我把得放揪進來，這種時候，他還頭腦發昏。」

忘憂連忙說：「這件事情我來辦，我這裡還要請你們幫忙做一件事情呢。」

原來忘憂一到寺裡，就和留守的僧人們商量了，要立刻去買一批偉人像來，從頭到腳貼在佛像上，看誰還敢砸菩薩。

布朗一聽，大笑起來，說：「這主意該是由我出的呀。還是我去！」

「你去買？」忘憂也微微笑了，他喜歡這個小他許多歲的表弟。他要不是天性那麼豁達，這些年來，怕是愁也愁死了。

得茶也起身告辭，他要到門口去組織好守護隊伍，等著偉人像一來就貼上。兩個年輕人站了起來，一盞清茶入口，他們的心情沉著多了。

布朗出得門來，才發現自己口袋裡空空如也。偉人像四毛錢一張，起碼得買他二十張。他一向是那種兵來將擋水來土掩之人，這時也不慌，急中生智往四下裡看，就看到了剛才他幫過忙的那個女學生。他擠了過去，揮揮手，讓她出來。女學生不像剛才那麼警覺了，反問他有什麼事，小布朗攤開手問：「你有錢嗎？」

那女學生就問他幹什麼，他說買毛主席像。女學生說：「你可不能亂說，人家要抓你的，得叫請寶像。」

布朗說：「我也記不得那些口訣，你陪我跑一趟吧。」

那女學生真行，果然扔下她的那些戰友，跳上布朗的自行車後座，就跟他去了。這一次她自在多了，不再有剛才的那番害怕。布朗開玩笑地問：「你小心，我可是流氓。」

姑娘突然在背後扭了幾下，搖得自行車直晃，不好意思地說：「我們不說這個了。」

「誰跟你說這個了，走吧走吧，再去晚一會兒，寶像可能就請不著了。」

他們說的這些話，得放統統不知道。他被忘憂叔拉進廂房喝白茶去了。喝了半天茶，也沒喝出什麼不一樣的地方來，更不要說談出什麼不一樣的地方了。倒是他杭得放滔滔不絕地教導了他表叔一番：要批判主觀唯心主義，宗教是精神鴉片之類等等，最後還勸忘憂改信馬列主義後再成個家。他語重心長地對他的憂叔說：「你想想當個守林人有什麼意思？一個人住在山裡，什麼革命運動也夠不著。肉也吃不來，還不讓結婚，這是什麼道理！這次文化大革命，就有一個內容，讓和尚尼姑都配對結婚去，不結也得結，趕出廟門，他們不結，怎麼行？你看你還不是一個真正的出家人呢，你認什麼真啊，別人都結婚，你為什麼偏不結呢？這幾個破菩薩，值得你那麼認真嗎？說起來你和得荼哥哥一樣，還是烈士子弟呢，省裡多少次要把你接出來，你為什麼不肯？老子英雄兒好漢，你應該繼承革命遺志才行啊。」

忘憂趁他喘一口氣的時候，問：「你真的認為會有姑娘嫁給我嗎？」

得放這才想起來，從頭到尾地打量了他一遍，說：「怎麼不能？連布朗都有姑娘跟呢，他什麼成分，你什麼成分？」

「那好，你現在就給我請一個女紅衛兵進來，只要她肯嫁我，我就回杭州城，不看林子了。」

得放就傻眼了，他突然發現忘憂表叔還挺能說話，他也立刻明白自己近乎於胡說八道，就不好意思再說什麼。等他喝飽了一肚子的白茶水，出得門去時，傻眼了，董渡江見了他就叫：「你跑到哪裡去了，你看看，你看看，成什麼樣子了？」

得荼正在大雄寶殿大門口貼最後一張大毛主席像，見了得放，終於說了他們在靈隱寺集會後的第一句話：遵照周總理的指示，靈隱寺大廟，暫時被封起來了。

第九章

杭氏家族最後一名女成員，在此大風暴席捲的紅色中國懵懂登場。

黃蕉風，從來就不知道什麼叫暴風驟雨，什麼叫摧枯拉朽，什麼叫再到地主家的牙床上翻一個滾，還有踏上一隻腳叫他永世不得翻身之類等等。多年來她就像一隻心寬體胖的瞌睡蟲，聲音大一點時她醒來了，跟在人家後面，人家幹什麼，她也就幹什麼，人家聲音稍微輕一點，她就睡著了。

她還不到四十就已經發福，人稱楊貴妃。她甚至比她豐滿的母親還胖，圓圓的臉上一對酒窩，大眼睛上架一副眼鏡，那眼睛也被她多年來的微笑擠壓成了兩彎新月。一頭黑髮倒是像少女時代一樣油亮。這個年代的中國婦女，幾乎個個都是齊耳短髮了，偏這個黃蕉風還是一頭長髮，用手絹紮成了一把，披在腦後，成為他們那個專門進行茶學教育的中專中的資產階級景觀之一。誰都知道，實驗室裡的那個僑屬女教師與眾不同，接近於舊社會的十里洋場或者近乎帝國主義修正主義。但全校師生又都對她網開一面，認為她可以不打入黨申請書，可以穿花衣裳，可以在十次政治學習中有一二次在實驗室裡做研究，甚至開全校大會時睡著了也沒有被點名批評，只在小組會上不點名地說了一下。大家都看著這個胖美人兒笑，胖美人兒自己也笑，一邊笑一邊說：「開大會睡覺，這樣對校長是不禮貌的，希望那位同志以後一定要改正。」

大家笑得就更厲害了，目光寬容，仿佛她就是一個不可用同一價值觀念來對照的異類，仿佛她不是一個有思想有靈魂的人，而是一個可愛的小寵物，只有她才配被他們寵愛。這種特權難道不是很危險的嗎？黃蕉風可不曉得。

有一位從農大茶學系畢業的女學生，剛剛分配到他們學校，就下了茶場鍛鍊，茶場勞動苦，她很羨慕黃蕉風的特權，想挪個位子，進實驗室鍛鍊。她一邊學著蕉風的打扮亦步亦趨，倒也不曾東施效顰，一邊開始積極活動，跑到蕉風那裡去說她對業務的精通。她說她知道茶樹鮮葉有兩大成分：水分占百分之七十五至百分之七十八，乾物質占百分之二十五至百分之二十二；她又說她知道乾物質分有機化合物和無機化合物，有機化合物中有蛋白質、氨基酸、生物鹼、酶、茶多酚、糖類、有機酸、脂肪、色素、芳香物質、維生素等等，蕉風聽了半天才知道她想進實驗室。她高興極了，有一個人和她做伴，那還不好？她就去找書記要那個人，書記搞黨務工作多年，怎麼會不知道這些年輕人的鬼把戲，就把那青年人找來，一陣鬥私批修，鬥得那女學生痛哭流涕。書記是個轉業軍人，看姑娘哭了，有些不忍，便把自己身上的擔子往外推一推，說黃蕉風處實際上也不需要人了。女大學生從辦公室回去就把自己打扮成一個貧下中農，從此再也不提實驗室之事。奇怪的是，她沒有恨黨支部書記，卻恨上了「歸國僑眷」黃蕉風。她認為這都是她的陰謀詭計。她來到了黃蕉風的實驗室，神情嚴肅地考問黃蕉風：「黃老師，你那麼忙，有時間學習政治和業務嗎？」

黃蕉風傻乎乎地說：「我不忙啊，比你們在農場的，實驗室裡的工作是不忙的啊。」

「你一天洗頭換衣服要花多少時間啊？」

「很快的很快的，我婆婆會幫我洗的。」

「你是指哪個婆婆啊，聽說你有兩個婆婆呢。」

黃蕉風愣住了，她從來還沒有聽到過這樣的問話，這有點過分了，但她還是笑笑，說：「你也知道啊，有一個婆婆就是我的親媽媽啊！」

黃蕉風如此坦然，倒也叫對方没話説，看著黃蕉風在自來水龍頭前洗實驗瓶，長髮掛下來，真好看。撥撥自己的腦袋，真是焦頭爛額一個，失落的感覺很多。這女學生個子奇小，本來並不壞，只是出身小市民，「要心」很重，也有點忌妒心，看著人家過著好日子，自己一無所有，想效仿，又挨批評，一肚皮氣鬱積在那裡，泛在臉上，一股晦氣相！一副欠她多還她少的神情就露出來了。

想來想去，總想占一點先，就問：「你爭取入黨了嗎？」

黃蕉風這才嚇了一跳，問：「我可以入黨的嗎？」

「為什麼不能？」女青年說。

「可是書記已經跟我談過了，說我可以留在黨外幹革命的啊。」蕉風不安地解釋說。

女大學生愣著看著對方，這個無懈可擊的胖女人，太氣人了，她看著滿架的瓶瓶罐罐，不知從哪裡下手。倒是蕉風憨，反而問：「你的事情怎麼樣了？」

女大學生冷冷地看著她，想：大奸若忠，大智若愚，口蜜腹劍，兩面三刀。

女大學生在下面勞動了一年，回來後對黃蕉風心懷仇恨。這就是運動一來，她便手舉張小泉剪刀衝進實驗室，一刀剪掉那披肩長髮的下意識。

僅僅是下意識倒也就罷了，但運動可不是靠下意識可以發動起來的，運動需要上意識。上意識一躥上來，那年輕女人就一刀扎下去，把黃蕉風的腦袋剪成了一個正在挖坑種地的大寨梯田。經過一段時間的運動教育，她已經把黃從生活枝節問題上升到無產階級政權的高度上來了。她大吼一聲：「黃蕉風你這個鑽進社會主義陣營的蛀蟲，你這個資產階級的嬌太太，你老實交代，是不是你想破壞中國社會主義的茶葉事業！」

黃蕉風，自從八月間被糊裡糊塗關進牛棚之後，再也沒有看清楚過這個世界。她從來就是一個養尊處優之人，在家裡被丈夫和公婆寵著，在單位裡被領導同事寬容著，她完全就不能適應這樣一種使人驚懼的生活。在此期間，伯父嘉和與女兒迎霜來看過她幾次，但她已經被驚懼擊垮。她翻來覆去地只會說一句話：「漢哥哥什麼時候回來？漢哥哥什麼時候回來？」

杭漢此時其實已經回到了杭州，但夫妻還沒有見上面，他就被單位裡的人弄到牛棚裡面去了。他也是悄悄寫了便條叫迎霜帶來的，便條上只有一句話：蕉風，要活下去。可是蕉風看著字條就大哭起來，說：「我活不下去了啊，我活不下去了啊……」

嘉和幾乎是杭家上兩代人中唯一還沒有被衝擊到的人了，也唯有他還有點行動自由。他只好翻來覆去勸慰她，不要擔心，事情總能說清楚的；不要害怕，該幹什麼就幹什麼。要吃得下飯，儘量睡好覺，等著一家人團圓。蕉風淚眼模糊地問，全家人什麼時候能團圓啊？嘉和一時就回答不出來了，只好含含糊糊地說，快了，快了。黃蕉風就又問了一句：「十月一號總能夠回家了吧。」公公就說：「那是一定的了。」蕉風這才不哭了，對迎霜說：「跟你哥哥說，讓他來看我。他又沒進牛棚，他又不考試了，他怎麼就不來看我呢？」迎霜看看大爺爺，見大爺爺拿那隻斷指朝她微微搖動，她就哭了，說：「他革命著呢，特別忙呢，讓我帶口信來，要你好好地在這裡待著，他忙過了這一陣就來看你。」蕉風這才心裡好受一些，又說：「你跟你哥哥說，再不來看我，十月一號就到了，我就出來了。見了他，我可就不理他了，看他害不害怕？」

迎霜看看頭髮亂如女囚的媽媽又要哭，雖然見著出國歸來的杭漢時，也曾想「脫離父女關係」，但她最終沒有在哥哥那張脫離關係的聲明上簽字。哥哥早就不認我們杭家人了，媽媽還不知道，媽媽多麼笨啊。回來的路上，她對大爺爺說：「不管人家說媽媽怎麼樣，我都不和媽媽斷絕關係。」嘉和伸出那個斷指，對迎霜說：「好孩子，我用這個手指頭跟你拉鈎。」大爺爺的斷指在杭州城裡，是革命傳統教育的一個著名故事，所以迎霜知道用斷指拉鈎的意義。他們就那麼鈎著手指回到家裡，卻不知道這是他們最後一次見到活著的蕉風。

黃蕉風被伯父安慰了幾句，立刻就又分不出裡外了。她算了算日子，到十月一日，還有半個多月，難熬啊，就拿出丈夫的字條哭。那女大學生進來了，蕉風看了她就害怕。她本來也不必失措成這樣，但她控制不住自己，一把就把那字條塞進了嘴裡。那年輕女人這時一陣尖叫：反革命，銷毀罪證！立刻就衝進來幾個人，掰嘴的掰嘴，掰手的掰手，一聲聲喊：「吐出來，吐出來！」

黃蕉風，此刻已經被肉體革命驚嚇得失去思維，她本可以吐出來，結果她卻嚥了下去。看來這個世界上的確是有兩種人的。有一種人怎麼打都在皮膚上，進不了心，有的人不能挨一下，挨一下就和挨一萬下挨一輩子一樣了。黃蕉風躺在地上，渾身顫抖，結結巴巴地說：「我……我……我……我……」

她為什麼如此驚慌，難道不是心裡有鬼？常言道無風不起浪，白天不做虧心事半夜不怕鬼敲門。你光天化日之下都敢紮著手絹兒養著長辮兒在社會主義的朗朗晴空下扭動你那資產階級的腰肢，你現在怎麼連話都說不出來了？有什麼東西見不得人，為什麼要吃進肚子裡？女大學生真正認為黃蕉風是在破壞社會主義的茶葉事業的了。她就又大吼一聲道：「老實交代，和誰搞反革命串聯？」

黃蕉風只會搖頭，說不出話來。女大學生很生氣，又拍桌子喊：「要不要我拿出證據來？」

黃蕉風還是只會搖頭。女大學生一聲怒吼：「茶葉愈採愈發，是不是你說的！」

黃蕉風稍微清醒了一下，說：「不是我說的，是莊晚芳先生說的！」

「莊晚芳這個資產階級反動權威，這會兒農大正有人盯著他呢。你不要說別人，你只說你自己的。

是不是你支持『愈採愈發』？老實交代！」

黃蕉風實在是想不起來自己什麼時候支持過「愈採愈發」，或者自己什麼時候反對過「愈採愈發」。她倒是模模糊糊地想起來過，許多年前，當莊先生的那篇文章發表之後，在茶學界立刻就形成了兩大派別。她記得丈夫杭漢站在莊先生一邊的，丈夫是「愈採愈發」派。既然丈夫是「愈採愈發」派，她黃蕉風就不可能不是「愈採愈發」派了。那是多少年前的事了啊，那時，這個姑娘還不知道什麼是茶吧。黃蕉風掙扎地從地上爬了起來，她想解釋一下了，什麼是「愈採愈發」。她聽丈夫說過，這是一個乍一聽起來容易引起人家誤會的概念，它是需要被闡明的。所以她就繼續結結巴巴地說：「愈採愈發，不是莊先生提出來的，是農民提出來的——」

這還了得！一個學生大吼一聲：「黃蕉風污蔑貧下中農罪該萬死！」另一個同學就更革命了，他飛起一腳，邊飛邊叫：「黃蕉風不投降，就叫她滅亡！」——黃蕉風這麼一個胖女子，竟被那個精瘦如猴的男同學踢出老遠，一下子就踢到了實驗室的角落。實驗室架子轟的一聲就倒了下來。上面的瓶瓶罐罐嘩啦啦地往下掉，砸在了黃蕉風的臉上頭上，血淋淋的一片。什麼叫黃蕉風不投降就叫她滅亡，這才真正是應了這句口號了。黃蕉風搖搖晃晃地站起來，一臉的玻璃碴子，她艱難地說：「愈採愈發，是農民先提出來的。」

然後她就再一次轟然而倒，再不能夠交代什麼了。

此時的莊晚芳先生，正在杭州華家池浙江農業大學接受革命小將們的批判。他的家已經被抄，他本人已經被當作日本特務、反動權威，亂七八糟好幾頂帽子，日鬥夜鬥得昏昏沉沉。他可萬萬不能夠想到，還有別人，在為那個愈採愈發送命呢。

正如黃蕉風在半昏迷狀態時所言的那樣，愈採愈發，這的確是一條茶農的茶諺。

茶諺有許許多多，其中有關採摘的茶諺，比如「頭採三天是個寶，晚採三天是棵草」；比如「割不盡的麻，採不完的茶」；比如「頭茶不採，二茶不發」；比如「茶樹不怕採，只要肥料足」等等。茶學教育家、茶學栽培學科的奠基人之一莊晚芳先生，就此發表〈論「愈採愈發」〉一文，刊登在一九五九年第一期的《茶葉》雜誌上。此文在茶學界引起強烈反響。一九六二年，莊晚芳先生又在《中國農業科學》第二期上發表了〈關於茶葉「愈採愈發」的問題〉，再一次對他的論點作了補充和論證。

文章的開頭就開門見山地說：「自從茶葉『愈採愈發』的論點提出後，引起了茶葉界的不少爭論。有的認為農民愈採愈發的經驗是片面的，沒有理論根據，甚至把『愈採愈發』與『捋採』或『一把抓』混為一談。有的認為茶樹沒有愈採愈發的特性。如果依據愈採愈發的理論，只會把茶樹採壞採死，沒有指導生產實踐的意義。概括起來，爭論一方的論點是茶樹沒有愈採愈發的特性，另一方是茶樹有愈採愈發的特性，問題是在於如何正確地掌握它，以便更好地指導生產，制定合理的採摘技術。」

文章接下去層層遞進，從茶樹愈採愈發的概念問題到理論依據，最後當然是講在實踐中發揮指導作用了。杭漢作為先生的弟子，也作為主攻茶學栽培學的農學專家，是茶葉愈採愈發的堅定不移的支持者。他一邊讀著文章，一邊擊節而讚：「透徹！透徹！」

黃蕉風已經記不起丈夫出國前在燈下讀這篇文章時的一番具體的言說了，但她還能記得，那天正巧父親嘉平來看伯父嘉和。兩人坐在客堂間裡談天，見杭漢正在看文章，嘉和便拿過來看。細細讀過，沉吟半晌，也沒說話，便把雜誌又遞給了嘉平。嘉平看了一個標題就不看了，口中終究是沒有遮攔的，張口就道：「什麼愈採愈發，又要我們給茶樹脫褲子啊。」

這一說別人倒沒怎麼樣，一旁的黃蕉風卻噗嗤一聲笑了出來，說：「我想起那時候半夜裡兩點鐘就上山，工農兵學商，一起去採茶，片葉下山，四季採摘，弄得我走路爬山都打瞌睡。有一回癱在茶蓬裡，叫你們大夥兒滿山遍野好找一天。」

杭漢見狀，不由得給蕉風就使勁眨眼睛。蕉風是個好忘性的人，怎麼就沒想起來，正是那天深更半夜地把她從山上找回來之後，父親嘉平才想到要給政府提意見的。

提意見之前，嘉平和嘉和也是有過一番談話的。他們見著大冬天裡，那些大石磨推碾起茶樹的老葉子來，嘉平就問：「大哥，你說這葉子真能吃嗎？」

嘉和看著那墨黑的葉子，說：「這不就是茶葉的褲子嗎？」

原來茶葉採摘，歷來就是摘那新發的茶芽，一般也就是春夏秋三季，留下那老葉在下面，那是茶樹的命呢。如今扒了茶樹的褲子，把那些老葉全採了，且大冬天的也不放過，這就叫片葉下山，赤膊過冬。你想那滿山的人，二更就打著火把上山，哪個行業的人一時都成了茶農，採得那些鬱鬱蔥蔥的茶蓬，幾天工夫就在寒風裡打赤膊，一個個天生麗質的綠衣美人，剎那間就成了一把骨頭架子。

那一日，年近六旬的嘉和也隨著年輕人上得山中。陪他一起上山的還有孫子得茶。得茶此時還正上中學，並未真正見識過茶葉的生產過程，見了這滿山的人，倒也氣勢浩蕩。只是從未採過茶，一味地用手捋下就是。倒是那嘉和見了不忍，說：「哪有這樣採龍井茶的。採龍井早有定論，得用指甲，不能用手指，快快地掐採，這才不會使鮮葉發熱，損害葉質。」

得茶試了試，那些老葉子，哪裡是可以用指甲掐下來的，生在枝上，金枝鐵葉一般的呢。得茶就叫道：「爺爺，你那些古人的指甲，怕不是老鷹爪子變的吧，我怎麼就掐不下來呢？」

嘉和看了看孫子，想跟他說，這哪裡還是茶葉！這哪裡還是採茶葉的時候！吃茶葉飯的人，沒有一個不曉得，茶樹是個「時辰寶」，早採三天是個寶，遲採三天變成草。雖說中國地大，茶葉採摘時期各各不同。海南島可採十個月，江南亦可採七八個月，即使長江以北茶區，也可採五六個月的。但也從未聽說過可以在冬天裡採茶，且採得片甲不留。

採茶是科學。老祖宗陸羽早就在《茶經．三之造》中有言：一是茶葉擇土而採：長在肥地中的茶，新梢四五寸時便可採摘了；長在草木叢中的細弱之茶，須待其生出那四五枝的，選著那秀長挺拔的，也可採摘。二是茶葉擇天而採：下雨天不採，晴天有雲不採，在天氣晴朗有露的早晨才可採摘。這些當然是茶聖的上上之說，一般人也未必能做到的。但弄到茶葉需推著磨盤方能碾碎了，這也是千古未聞之事。

杭嘉和見著那工農兵學商們稀裡嘩啦地推著磨，心裡實在難受，別人那裡不便說，就跑到一頭霧水正在修理摘茶機的杭漢面前，說：「漢兒，我有句話要跟你說。」

杭漢已經三天三夜沒有睡覺，倒不是採茶，卻是在單位院子裡煉鋼鐵。此時見著嘉和連平日裡的禮數都記不起來了，只是蹲著，喉嚨啞得發不出聲來，問：「伯父有什麼事？」

嘉和蹲了下來，看著漢兒那發紅的眼睛，發木的眼珠，想說的話嚥了進去，卻換了另一句：「你們打算畝產報多少？」

「起碼乾茶得在五百斤以上吧。」杭漢說。

嘉和聽了，也沒有嚇一跳，反正現在到處都在放衛星，無論報出怎樣一個嚇死人的數字，也不會讓人大驚小怪了。嘉和不解的是杭漢說這番話時的那種麻木不仁的口氣，好像他真的認為一畝茶園能產出五百斤乾茶來一樣。嘉和這麼盯著他看了一會兒，嘆了一口氣，還是說了話：「去年組織我們這批人下鄉去考察全國茶園的現狀，說是有二十五萬公頃老茶園得重種、補缺或台刈。」

杭漢仿佛根本沒有聽清楚他的話，木愣愣地看著伯父，只是說：「要是能修好這台機器，手工換了機械化，這些茶葉採起來就省力多了。」

嘉和知道他的這番話是白說了——他想說的是不應該採，但杭漢卻說的是怎麼樣才能採得更多更省力。他們在這個問題上發生了尖銳的對立。但嘉和不會像他的弟弟那樣不管不顧地就把話說出來。回到山間，那黑夜裡滿山的吶喊，滿山的火炬，使他突然想起了北宋詩人梅堯臣的一段話，不由感慨萬千地輕吟而出，所幸一旁的工農兵學商沒一個聽得懂，不料這句詩卻讓弟弟嘉平當作意見提上去了。你當這是一句什麼文言，卻原來是梅堯臣〈南有嘉茗賦〉中的名句：當此時也，女廢蠶織，男廢農耕，夜不得息，晝不得停……

嘉和念這段話時，並沒有別的意思，只是以為這樣做對茶樹不好罷了。但一經嘉平認可，整理成文字，政協會上放了一炮之後，事情就鬧大了。梅堯臣的這首同情勞動人民的文字，也可以作為對封建朝廷的抗議，古為今用到這裡來，不是把我們新中國的天下當作封建社會來攻擊嗎？嘉平險成右派。只是時光已經過去了兩年，右派已經變成了右傾。

事後嘉平覺得自己的確是幼稚了。他說那些話，提那些意見幹什麼，誰不知道大躍進是怎麼一回事兒。全國上下一起說假話，那就不是糾正哪一句假話的問題了。

可是，這種局面還會延續多久呢？妻子黃娜對此已經失去了信心，她現在念念不忘的就是出國。嘉平卻還是想看一看。他不能想像離開了這個充滿鬥爭的舞台會怎麼樣。他深陷在中國，不想拔出去。黃娜也想動員女兒黃蕉風出去。但黃蕉風天性軟弱，嫁雞隨雞嫁狗隨狗，丈夫不走，她也就不走。她也知道媽媽和父親有矛盾，但究竟怎麼回事，她是沒頭腦管的。有一次她還聽到他們對話。她聽到嘉平長嘆一聲，道：「黃娜哪，你什麼時候才能真正懂得我哪。」

然後她就聽到媽媽黃娜說：「我是不想離開你的。可是你看你們這個國家，鬧到要餓死人的地步，接下去誰知還會怎麼樣呢？」

「不管怎麼樣，總還是在我們中國嘛。」

「親愛的，你的話缺乏理智。這個政府的人民正在挨餓，而且許多人已經餓死了！」

「閉嘴！」嘉平跳了起來，環視了一下周圍，又問：「你把大門關上了嗎？」

黃娜苦笑了起來，說：「我連在家裡都不能說話了嗎？親愛的，你剛才那副樣子，叫我怎麼也想不起來，你當年怎麼在重慶碼頭和國民黨打架的了！」

這才叫嘉平真正大吃了一驚。二十年英雄豪傑，如今怎麼落得這般賊頭狗腦的境地，長嘆一聲說：「我這個人，你應該是知道的，做寓公，當快婿，或者南洋巨商，或者英倫豪富，都非生平所願。文天祥早就有言：人生自古誰無死，留取丹心照汗青。況且我不過是作為右傾思想被批判了幾聲，離死還遠著呢。」

黃娜也就長嘆一聲，說：「我就是不能同意你的這番辯解。你不說給你按上右傾公不公正，你卻只說你不怕當右傾。就像你們不說上山給茶樹脫褲子對不對，只說不怕沒茶葉喝。這是什麼邏輯？大而無當罷了。我雖不是英國人，但英國人的重事實、重邏輯卻是叫我心服的。嘉平，不是我硬要早走一步，這個國家如此折騰下去，怕是要完了。我走了，安頓好那裡的一切，再來接你們。哪怕你死不肯走，還有那幾個小的呢。」

嘉平這些年來還沒聽到過這樣的話，尤其此話竟然是從黃娜口中說出，他真有驚心動魄之感，輕聲地說：「你怎麼能這樣說話，這話是你說的嗎？」

黃娜卻說：「我早就該說這些話了，只是怕說了一人坐牢，全家遭殃。你想想，這些年，不就是應了安徒生的童話了嗎？皇帝明明光著屁股，誰都只能說他的新衣服漂亮。你不過是說那紐扣釘歪了，便是一頓好訓。我卻真實地告訴你了：皇帝的確什麼也沒有穿啊！」

嘉平連忙就把黃娜往屋裡推了，邊推邊說：「我們這就討論你怎麼走的事情吧。」他不想讓黃娜再這麼說下去了。

這些話，黃蕉風全都聽到了，但她似懂非懂。她也挨過餓，但後來吃飽飯，餓的滋味也就忘記掉了。

嘉平雖然送走了黃娜，但黃娜的那一番話，到底還是在他的心裡起了作用。他心裡頭服他的右傾嗎？當然不服。平時說不得，在嘉和這裡還是敢說。故而，這裡一提起愈採愈發，他就這麼來了一句，且說：「要給茶葉脫褲子啊，你看，我們現在連茶葉都喝不上了，還要憑票。每人還不能超過半斤。那日我給黃娜寄茶，郵局說超過半斤了，不能寄。我真想大喊一聲：這不是社會主義！」

「你喊了？」杭漢嚇了一跳。

「我能喊嗎？我已經是右傾了，害得你這次出國還七審八審的。我要再喊，還不成了反革命！」

杭漢這才鬆了口氣。他總覺得父親雖然叱咤風雲大半生，卻是一個政治上非常幼稚的人。這些年他牢騷多起來了，看問題就意氣用事。杭漢基本上沒走出業務這個圈子。他覺得國家大事都是搞行政的人做的事情，他們有他們的套路，好的壞的，只要不跑到業務裡來插一腳就可以了。當然因為他的這個態度問題，也有人來提醒他，不要走白專道路。對這些話他都笑笑，虛心接受，堅決不改。他心裡明白，找他談話的人，是要他寫入黨申請書。可是自己掂掂分量，以為他的一半日本血統，已經決定了他是不可能入黨的。那麼這種裝腔作勢拿花架子的行動又有什麼意思呢。杭漢不願意欺騙任何人，他認為他們杭家人，還是應該做一點實事。因此，從心底裡說，他以為父親沒有走伯父的道路，實在是吃虧了。他在政協務的那份虛，怎麼可能不犯錯誤呢？

這些話自然也是不能夠和父親講的，便不講也罷。杭漢卻是一向極為重視伯父意見的，便接著剛才的話題說：「伯父，你倒是吃了一輩子的茶葉飯了，還是你說說，茶葉愈採愈發有沒有道理。我就要到馬里去，總有許多道理要對他們講的。誤人子弟總歸不好啊。」

嘉和想了想，說：「茶葉愈採愈發，這本來就不是什麼了不起的事嘛！又不是莊先生一個人憑空想出來的，千百年茶農積累下來的經驗嘛。你看，這裡不是說得清清楚楚，一是茶樹提供較長的採摘期，第二是提供較多的採摘次數，第三是採摘間隔時間短，第四是單位面積產量高。」

「還有下面，莊先生也提出來了愈採愈發的前提，一是應使茶樹形成新梢的營養芽保持一定水平；二是應使茶樹在發育週期中生長活動時期內能經常保有正常的營養生理機能。你看你看，不是正反兩面都講到了嘛。」杭漢興奮地補充道。

黃蕉風正在翻一本電影雜誌，聽著他們說閒話，就又插嘴：「那不是太好笑了，沒什麼可以爭的，還爭個熱火朝天幹什麼？我們學校老師，也拿這愈採愈發分成兩派呢。」

「有些話，在馬里說得，在這裡說不得。」嘉和突然說。

杭漢沒有太聽懂他的意思，抬起頭來，看了伯父一眼，突然明白了——伯父是不贊成這時候提出這個理論的，也就是說，他不是一個愈採愈發派。可是他從來也不把話說透，只讓人家去領會。父親比伯父性急，說：「發現了原子能的科學家好不好？可是美國人拿去造原子彈了。愈採愈發本來只是個學術問題，可是人家要用來脫茶葉褲子了，那就不好了嘛。」

「那不是科學的罪過，是利用科學的人的罪過，這是兩個概念，不能摻和在一起的。」杭漢激烈地反抗父親的反科學觀念。他希望得到伯父的支持，但這一次他失望了。伯父說：「科學是什麼？就真理本身是不是真理是一個問題，什麼時候講也是一個真理問題。圍棋這個東西好不好？好！符不符合科學？符合！那麼我為什麼對日本人說我不會下圍棋？我為什麼斬了手指頭也不肯下圍棋？是我不科學嗎？」

杭漢聽得瞠目結舌。嘉和從來也不願意在人前提他鬥小堀一事。解放後一開始不少單位學校還叫他去作報告，都讓他給擋了。天長日久，人們記得這故事，倒把故事的主角漸漸淡忘，沒想到伯父今天卻把它提了出來。這說明他們之間所談的並不是一個學術問題，伯父是在和他說做人，也是在以某一種形式向他的兄弟表示他的立場。

黃蕉風聽不懂男人們之間的這一番話。說起來她很小就開始跟著杭漢進入茶界了。但她是茶人們的寵兒，吳覺農先生親自來參加了他們的婚禮呢。她天真、厚道，天資比她的母親要差一截，生就不是一個讀書人。黃娜曾經為此長嘆過一聲道：「到底還是像她那個沒出息的父親。」那是說的蕉風的生身父親。

然而杭漢卻喜歡這個傻乎乎的胖妹妹。他們杭家出的人精兒太多了，尤其是女中人精太多了，這就太費杭漢的心思。杭漢喜歡和這個不用他花腦筋去琢磨的姑娘說話。對他而言，這是一種最好的休息。

從十二歲以後，黃蕉風就在寵愛中成長起來了。寵愛的結果是她變成了一個漂亮的木乎乎的不愛動腦筋的愛吃零食的年輕小媳婦兒。不到二十歲她就和杭漢結了婚，結婚之後她就更不愛動腦筋了。所幸杭漢給她找了一份在實驗室工作的清閒活兒。她不愁吃不愁穿，二十歲剛過，她輕輕鬆鬆地生下了一對兒女。她的下巴因為發胖兜了出來，杭州人看了都說這女人好福氣。實驗室裡放著一些大瓶子，瓶子裡面浸泡著一些茶葉標本。有從雲南來的大葉種，也有本地的小葉種。蕉風一天到晚對著它們，也沒有覺得厭煩。她和丈夫住在婆婆也就是伯父家裡，他們的一雙兒女有上輩扶養，所以她沒有一般女人的辛勞，這就是她之所以有時間養著一頭長髮的原因。

丈夫去非洲後，有一段時間她也覺得寂寞，不過她很快就調整好了。也就是在那一段時間，她開始了茶葉的標本整理。幹這一行她可完全沒有工作的觀念，她是把它作為打發業餘時間來做的。但是這件事情得到了伯父的大力支持。伯父看著她在那個標本簿上貼的茶葉，喃喃自語說：「好！好！」又叫來葉子一起看，說：「葉子，你看我們蕉風，漢兒不在身邊，她倒反而有那麼多想頭了。」

葉子和蕉風，可以說是世界上最好的一對婆媳了。葉子內向勤勞，蕉風憨厚懶散，兩人一對，那才叫和諧。蕉風啊，真正是下巴兜兜的福相啊，她怎麼熬得過眼下這樣的日子，一個這樣的下午就能讓她去死！也就是說，當實驗架嘩啦一聲倒下，那些大葉種小葉種標本和著玻璃碴子一起砸在她的臉上的時候，黃蕉風就已經死定了。

所有的人都不能猜透蕉風為什麼會跳井自殺。那天早晨，幾個紅衛兵還在井邊盯著她，罰她跳忠字舞來著。她胖乎乎的樣子，每一個動作都那麼醜陋，那麼不堪入目，那麼引人發笑。小將們笑得前仰後合的時候，她倒是哭了，眼淚把昨天下午砸的滿頭血又沖了下來。所以她的眼淚是紅色的，掛在臉上，活像一個跳梁小丑。後來她就不見了。再出現時已經是井底的一具更胖更難看的屍體。大家都很驚訝，都說，紅衛兵小將沒把她怎麼著啊。你看，雖然剪了頭髮，但還沒來得及遊街啊！也沒給她掛牌子，也沒給她坐噴氣式，也沒拿皮帶抽她。再說她自身也沒什麼大問題啊。他們只是說了她公公是右傾分子，她丈夫有日本特務的可能——聽清楚了，是可能，她自己有破壞社會主義建設的嫌疑——是嫌疑啊，這種時候，這種運動，誰不得攤上一個嫌疑？她憑什麼畏罪自殺！憑什麼轉移鬥爭大方向！憑什麼擾亂階級鬥爭的視線！

蕉風的噩耗對杭家人而言，簡直就是平地一聲雷，炸得人魂靈出竅，嘉和、葉子這對老夫妻，當場就被定在原地，說不出一句話來。還是嘉平，他氣得血氣上衝，也不管自己是不是右傾，下場如何，拍著桌子，要校方查核黃蕉風的真正死因。「是他殺！一定是他殺！她清清白白的一個人，憑什麼自殺！」

一直抱著蕉風屍體不放、已經麻木了的杭漢，沒有力氣說話了，但他還有力量默默地給那雙熟悉的已經僵硬的腳套上高跟鞋——正是那雙怎麼砍也砍不斷的高跟鞋啊！杭漢的努力是徒勞的，這雙美麗的腳現在已經被水浸泡得腫出了一倍，根本就套不進去。但杭漢卻固執地繼續著，只有他明白，蕉風為什麼會死！像她這樣的心靈，給她一個耳光，都可能讓她去死的！這樣快快樂樂生活在世界上的人們，就是最容易去死的人啊。

第十章

杭得荼一直把守著的那種內在的平衡，今年夏天徹底傾斜了。重大的斷裂開始，從前某些時候只是小小的不適、隱隱的疑惑，現在變成靈魂重新鍛造時的劇烈痛楚。

以往他的身體裡另有一人，一個溫和的，有些傷感甚至虛無的人，制約著他的生機盎然著的軀體，在某些人生的重要關口牽引住他，使他不至於和那個外在的、場面上風光的烈士的兒子拉扯得太開。他不是沒有過那樣的時刻，少年歲月他曾經是非常走紅的，他常常出現在一些莊嚴大會的主席台上，給外賓獻花，做優秀少先隊員們的楷模。這樣的簇擁不但沒有使他趾高氣揚，反而折騰得他在疲憊不堪之後生了一場重病。他不得不到杭嘉湖平原上的養母處、那父親和母親長眠的茶園旁去休養生息。

那些歲月，他常常會在傍晚或者清晨路過茶園旁的烈士墓前。父母的犧牲並沒有給他帶來太多悲傷，也許那時候他實在太小，以後又來到了爺爺身旁。爺爺給了他應接不暇的日常生活，許多許多的細節都是重大的。他的目光從鮮花和掌聲中收縮回來時，心裡感到很輕鬆。鄉村的生活雖然比城裡要清苦，但他小心翼翼地向爺爺奶奶提出在鄉下讀書時，爺爺不顧奶奶的不悅，點頭稱是。他在那裡讀完了高中，每年寒暑假回家。鄉間的父老誰不知道他的特殊身份，但他們給了他尊敬，卻沒有給他虛榮。他重新開始寧靜下來，並學會了熱愛寧靜。

在那些日子裡，如果回城，爺爺會帶他去走訪一些人，如果爺爺不帶他去，他永遠也不會知道，杭州城裡還生活著這樣一些人。他們像鼴鼠一樣生活在地表深處，在南方多雨的細如蛛絲的小巷中一閃，就消失在某一扇逼仄的門中。他們大多居住在大牆門院中的小廂房內，破破爛爛的家具中偶爾閃出一件精品。比如茶杯往往是缺口斷把的，但上來一盤炒瓜子，那碟兒卻是乾隆年間的青花。他們往往會有許多的禮節，讓座的程式十分講究，儘管那座椅已搖搖欲墜。有一次爺爺還帶他去走訪過一個怪人，他住在拱宸橋邊一幢危樓中，爬他的樓梯時得茶真有一種地下工作者接頭的感覺。那人的屋裡凌亂，到處都是紙片。看不出他的年紀，有一雙亮眼，他和爺爺談論文章之道，以及一些遙遠的事情。爺爺的聲音很輕，得茶在這樣的時候翻著書，他接受另一種氣息。出門時外面陽光燦爛，紅旗翻飛，強烈的反差使得茶產生了幻想，他發現這是一個套起來的世界，像魔術一樣，大箱子裡套著小箱子，小箱子裡又套著小小箱子。

他逐漸不能接受這樣一種格局——他自己的處境仿佛很好，而他周圍的親人朋友們卻處境不好。他覺得自己這樣夾在當中是很不自在的。羅力姑公和方越小叔犯事的時候，他已經很懂事了，他看不出他們有什麼必須被專政的理由。他的特殊身份和他所受的教育，是要讓他成為這個專政中的重要一員，而這恰恰是他所不願意的。他為他自己心裡萌生的反叛的種子而痛苦。爺爺說，不要急，到鄉下去好好讀書，我們會有辦法的。要學會在惶恐面前做一個啞巴。

爺爺一點也不陳腐，他有他的並沒有被打斷了的一貫的生活信仰，這是得茶的生活總有所依賴的地方。在這一點上，他是比得放要幸福的。得放除了外在強制澆灌的精神營養之外，沒有別的營養來源。得放的爺爺和得茶的爺爺不一樣，嘉平爺爺也老了，但有一顆年輕的心，他狂熱地放棄了許多以往建立起來的精神支柱，後來他再想撿起，卻已經殘缺不齊了。

得茶在進入江南大學之前，良渚文化中的杭州老和山遺址、水田畈遺址以及湖州的錢山漾遺址都已經挖掘過了，當時已在學校教書的楊真，曾邀請嘉和兄弟去觀看一部分出土文物，這杭家的兩兄弟便帶上了得茶。即使是在這樣純粹的學術活動中，他們的關注熱點也大不相同：楊真和嘉平更關心的是這個文化遺存所反映出來的階級狀況：等級、分配、權柄、戰爭與宗教等；而得茶和他的爺爺一樣，被出土的黑陶、玉器、石器強烈地震撼了。杭得茶第一次知道了一些稱呼：璧、環、琮、璜……這些造型奇特的青黃白三色的玉器，使他心潮澎湃，那年他剛上高三。回家的路上，他一聲不吭，突然跺腳站定，對嘉和說：「也不曉得那張茶桌現在在哪裡了？」嘉和看看他，推著他往家走，一邊說：「在哪裡都一樣的。」得茶說：「我真想把它再揹回來啊。」

一切的猶疑，那些在選擇未來的過程中的失意彷徨，至此戛然而止。得茶是從美切入史學的，從對美的茫然無知的蒙昧狀態中突然覺醒了——首先是狂熱地熱愛一切古老的美的東西，再慢慢地分辨真偽，然後，再從那美中對應而看到醜。第一次目睹良渚玉琮上的獸面神像時，他激動得發呆，激動得害怕別人看到他的激動，美使他眼眶潮濕了。他真的不明白，美好的事物怎麼竟然能使人落淚。因為那種神秘的感覺——那種使他全身震顫、目瞪口呆、神情恍惚的感覺太強大了，太不可解釋了，他進入了對一切神秘的不可知世界的敬畏和玄想。他秉性不是一個十分具有批判力的人，即便具有洞察力，並非看不到假醜惡，但他的心靈不由自主地更趨向於對世界上一切真善美的讚美和認同。

在他成長的豐滿期與成熟期中，爺爺的對細節的優雅關注、楊真先生的對事物的批判能力，甚至後來的吳坤的年輕的銳氣和進取心，都給他海綿般正在努力吸收著生活養分的心靈帶來巨大的衝擊和感染。這些原本彷彿來自外面的東西，有的已經滲入他的內部，成為他自己的一部分，有的則和他本人進行著長期的有時不乏激烈的衝突、消化或者排斥，進行著日復一日的艱難的磨合。

他逐漸成了一個在人們眼裡多少有些怪癖的人，比如不隨大流，有時卻又很極端，做一些別出心裁的決定，比如他所選擇的專業方向，實在說不出名堂，暫時也只能歸類在經濟史中。大學畢業那年，他一個人跑到良渚附近安溪鄉的太平山下，考證一個古墓，他斷定它是北宋科學家沈括之墓。這個寫了《夢溪筆談》的大科學家給他一種啟示：正史之外的雜史未必比正史不重要。也就是在這時候，他決定以研究食貨等民間生活習俗為自己的專業方向。他的畢業論文也很怪，〈陸羽生卒年考〉，詳細論證了這位公元八世紀的古代茶聖的出生與逝世的年代。當時系裡有領導就曾經跟他談過，說他外語好，選擇國際共運史更合適，他們勸他再作考慮。他想了想說，他已經決定了，不用再作考慮。

一九六六年夏天的杭得茶，從情感上他是絕不適應，從理論上他也是無法接受那種狂飆式的變革：周圍的人們都在仇恨和千方百計地學會仇恨，甚至於他本人也學會了抽象的仇恨：仇恨帝修反，仇恨地富反壞右，仇恨階級敵人。然而，只要想起一個具體的人，比如想起遠古時代人們磨打著玉璧的手，盛唐時代一雙正在凝視著茶器中碗花的眼睛，或者直到今天還放在他桌上相片夾中的那個剛剛相識的女子的受難般的玉頸，他就心潮起伏，久難平靜。他的那種內在的激動和外部生活的狂熱，如兩股平行著的山路，有時也交叉，但大多時候都是各顧各地在自己的精神坡面上攀登。而正是在那樣一個靈魂雙重攀登的早晨，他離開過杭城，又進行了一次精神的特殊漫遊。

杭得茶對湖州並不陌生，在湖州德清有著他的曾奶奶的娘家——那個據說是被他的小爺爺用大缸悶起來後又吞金自殺的烈性女子的出生地。這個姓沈的家族，幾乎是他杭家政治上的對立面，忘憂叔的父親和他的曾奶奶之死與沈家人直接有關，他父母的犧牲也不能說和他們沈家人沒有關係；反過來，據說那位大漢奸沈綠村的死和今天的茶學專家二叔杭漢以及他杭得茶母親楚卿之間，也有著不可分割的關係。因此一部中國現代革命史，在得茶的童年裡，就幾乎是他的一部分親戚和他的另一部分親戚的殊死拼殺的過程。

杭家和沈家在抗戰勝利後就幾乎絕了來往。這倒不僅僅因為他們兩家之間已經彼此追殺得血赤淋淋，且沈家解放初鎮壓的鎮壓，逃亡的逃亡，自殺的自殺，出走的出走，當地已無人，也沒有再交往的可能。說到底，他們沈、杭兩家自結親以來，就沒有情投意合過。嘉和爺爺說，這就是道不同不相與謀。或因為如此，去年得茶帶學生到離湖州城東南七公里處的常潞鄉錢山漾去參觀良渚文化遺址時，也沒想過要到鄰近的德清城去看一看。但是，來回兩趟都路過德清，在青年學子的歡聲笑語中，得茶還是想得很多。

德清這個地方，地處杭嘉湖平原西邊，出杭州城百把里路程就到了。境內有清涼世界莫干山，夏天好避暑的人，大多都知道其名。還有個著名的唐代詩人，那「郊寒島瘦」中的前者孟郊，也是德清人。得茶自小就隨爺爺讀他的詩：慈母手中線，遊子身上衣。臨行密密縫，意恐遲遲歸。誰言寸草心，報得三春暉。少時讀他的詩文，真有高山仰止之感，誰料就這麼近在咫尺呢？

沿路山坡上一路的茶山，密密匝匝，行行復行行，大學生們看著激動，紛紛尋找形容詞，有人說像一條條綠弧線，大家聽了都笑，說這也是形容？還有人說是群山的一頂頂毛線綠帽子，大家聽了又笑，說像倒是都像了，不過給山都戴綠帽子，山也太委屈了。有個女生倒有想像力，說像是造物主奶奶納出的鞋底子，不過是用綠線納的，大家聽了都說這才有點意思了。那女生就問杭老師，聽說您的名字才是與茶有關的，得茶而解，就是得茶而解，您說，這高山坡上的綠茶像什麼啊？得茶看來看去也找不到形容詞，只好開玩笑說：道可道，非常道，名可名，非常名，茶，可說乎？不可說也。說得大家都再一次大笑，這才把話轉移了。

杭家得茶這代人中，已經沒有一個人在真正事茶了，只有得茶在研究地方志中的食貨類時，對茶進行了專題的關注。他是專門研究陸羽的，德清的茶和茶事當然不可能不知道。《茶經·八之出》有記載，說到浙西之茶，以湖州為上品，產於「安吉、武康二縣山谷」。文字雖少，卻是權威性的，定了德清產茶的品質和地位。得茶還記得舊年陪嘉平爺爺去莊府看農大茶學教授莊晚芳先生，臨別前莊先生送莫干黃芽數兩，又說了一段當年軼事。那還是五十年代，莊先生曾在莫干山蔭山街上，於一農婦手中買得十塊錢一斤的芽茶，問產於何處，笑而不答。莊先生品飲之後，隨即賦詩一首，其中有「塔山古產今何在，賣者何來實未明」之句。嘉平爺爺把茶和茶詩同時帶回了羊壩頭杭家，嘉和喝了，說好，似山中老衲。讀了詩，卻笑了，說：「到底是莊先生，兩句都有典。」嘉平說：「前一句的典我倒還記著一點，縣志上記著：茶，產塔山者尤佳。那後一句典出何處，倒是費解了。」嘉和淡淡一笑，回答說：「你這一典是古典，我這一典卻是今典啊。典出中央文件，國務院不是早就規定了農民不得賣私茶嗎？你想莊先生問那農婦賣茶何來，她敢回答嗎？她笑而不答，莊先生不是只好『賣者何來實未明』了嗎？」

得茶不敢想像上一次來湖州與這一次來湖州之間，會有這麼重大的事件發生。他本來還計劃著，陪爺爺專門來一趟湖州，一是去顧渚山下看望正在勞動改造的楊真先生；二是走訪一下位於武康的小山寺，爺爺說俗稱此寺為翠峰寺，他年輕時還去過那裡。《茶經》上記載的那個釋法瑤，「耳垂懸車，飯所飲茶」，以茶代飯的故事就發生在這裡。爺爺說這個寺建於公元五世紀，至今還有遺址。然而，這一次得茶肩負吳坤的使命而來，卻再也沒有上一次來時的那種求知的熱情了。另一種更為不安的激情，卻以曖昧的方式引導著他，使他在深感不安的同時，卻馬不停蹄地直奔浙北。

湖州城離杭州三小時車程，將近城郊，有人站了起來，興奮地指著車外說：「我說肯定要砸的，

我說肯定要砸的，我老公還不相信，還要跟我打賭，說陳英士是孫中山看中的人。孫中山算個屁？要是活在今天，也不是一個走資派，一個赫魯雪夫，說不定現在也在戴高帽子遊街了呢！」

說話的是個中年婦女，難看，臉皮憔悴刻薄，眼梢吊起，嘴角下拉，看上去有些面熟，得茶心裡一驚，突然想到那個專門來找吳坤的女中紅衛兵。真是不可思議，一個那麼美而一個那麼醜，同時又那麼相像。這種相像的表情，正在一九六六年的夏日以驚人的速度裂變。它們仿佛是自身帶著生命出現的，繁殖的速度如此之快，猶如雨後大森林裡的蘑菇；又好像這張臉本來就潛伏在後面，只要時機一到，就突然顯現出來罷了。得茶從本質上討厭這種對破壞的發自內心的呼應，但還是不由自主地和另外一些乘客一樣站了起來，聽著人們朝著英士墓的方向驚呼和議論。

去年杭得茶帶學生到錢山漾去時，曾經順便去過英士墓。英士墓在南峴山，看上去相當宏闊，墓前有孫大總統誄詞，平台前沿兩側有青石獅子一對；墓道前有四柱三間沖天式的石坊，正中橫額鐫有孫中山的「成仁取義」題字，左額是林森的「浩氣長存」，右額則是蔣中正的「精神不死」。四根石柱上鐫刻的那兩副楹聯，得茶倒是記下了。蔡元培所書的是：軼事足徵可補遊俠貨殖兩傳，前賢不讓洵是魯連子房一流；于右任所書的是：春嘗秋帝生民淚，山色湖光烈士墳。

得茶對陳英士這個人的認同感，或許多少來自於一點家族，他的曾祖父和那個曾舅公，都曾經是英士的辛亥戰友，只是後來分道揚鑣罷了：曾祖父脫離了革命，沈綠村當了大漢奸，而躺在墳墓中的這一位，當了滬軍總督之後沒多久，就被軍閥暗殺了。葬在這裡數十年，湖州鄉黨倒是把他當個大英雄看的，也還算安靜。像這樣的墓地也要砸掉，得茶的心一下子就沉了下去，剛才出杭州城時的那種莫名的興奮，頓時就被衝得七零八落了。

從湖州小城下車，抬頭見飛英塔還在，杭得茶忐忑之心又稍安了一些。這飛英塔才真正是湖州一絕，說是唐代咸通年間有個叫雲皎的僧人自長安得舍利子七粒，又有阿育王飼虎面像一尊，歸湖州建塔而藏之。到了北宋年間，民間傳說有神光出現在絕頂之上，故又做了一個外塔籠之，這才有了塔中之塔的式樣。佛家有「舍利飛輪，英光普現」之說，故取名飛英塔。得茶一年前也專程去看過此塔，那塔因年久失修，外塔塔頂傾塌，內塔也被殃及而受損。當時他還專門跑到文物部門去搖唇鼓舌了一番，說飛英塔乃唐宋之古物，獨一無二的構造古今唯一，歷代都由政府主修，不能到了我們這一代人手裡眼看著倒掉。……現在回想起來，簡直恍然若夢。

小鎮南潯離湖州六十里路，有班車前往，正是中午時分，得茶也沒心思再跑到城裡去吃過去爺爺常常託人帶來的湖州千張包子和想起來就要嚥口水的湖州大餛飩，倒是車站小賣部的鋼精鍋裡還盛著半鍋粽子，早已涼了，得茶買了幾個帶上，一個還沒吃完，車就來了，上車時心裡便有些忐忑不安，不知那個近代史上江浙財團的發祥地，號稱國民黨半個中央的所在處，史稱四象、八牛、七十二條狗的資本家滿地撿的江南名鎮將是何等光景。杭得茶又不免為自己的行動感到茫然，與茫然相伴的，還有那種自己也不願意承認的激動——那種企盼與某一個女子見面、同時又非常害怕相逢的奇怪而又陌生的感情。

無論如何，這一次一定要說服她趕快收拾好東西，等他從楊真先生處回來就立刻動身回杭。至於回杭後她和吳坤結不結婚，那就是他們的事情了。想到他們還有機會一起坐車，單獨待上三至四個鐘頭，他激動得臉都紅了。同時又一再地下決心：只有那麼一次，第一次，也是最後一次。要是被吳坤看破他的心思呢？……年輕的杭得茶怔在那裡，嘴唇就乾了起來。

站在南潯鎮市河與運河的匯流處通津橋上，陽光白得熾人，曬得得茶目光發散，幾乎集中不起來。

往河兩岸掃了一下，牆門上也有各種大標語，但比起省城的鬧猛，這裡畢竟要寧靜一些。

大學時代得荼利用寒暑假跑過許多江南小鎮，其中嘉善的西塘和湖州的南潯，都給他留下了深刻的印象。野花臨水發，江鳥破煙飛，從感情上說，南潯這樣的古鎮給他更多的認同感，所以一聽說白夜到的是這個地方，感覺便好了許多。他很難想像一個如趙爭爭一樣的紅衛兵，如何在這樣的小橋流水人家處叉腰走來走去。

行至中心學校門口，得荼發現，這裡的造反還沒有發展到砸爛一切的程度。至少，這所一九一二年建成的從前的絲業會館的大門上，那用英文書寫的 SILKGUILD 橫額至今依然存在。他探頭往裡面望了一望——還好，那個原名叫「端義堂」的大廳也還在，上面抬梁式木結構上的雙鳳、牡丹圖案也都依然如故。這裡曾經是南潯絲經公會辦公之處，廳內寬敞，可設宴五十四桌。多少年前的每年四月，在此開蠶王會，數百人聚首一堂共祭蠶神。如今早已是一所學校了，應該是最容易受到衝擊和砸毀的那種地方了，竟然靜悄悄的沒有人。得荼心裡好受了一些，此地雖然不是白夜所在的學校，但南潯人看來還沒有從省城沾染上暴力行為。

南潯中學卻很亂，到處是標語，砸爛、炮轟和油炸等等，人卻很少。中學生總是比大學生更激進的，得荼擔心著白夜會不會也出現在這樣的白紙黑字上。她已經在這裡工作兩年，要瞭解她的底細，這點時間也已經足夠用了。

圖書館裡也沒有她，門倒是被兩條交叉的紙條封起來了，說明這裡面的東西，都是封資修。得荼走到圖書館臨窗那面的牆根下，向窗口望去。玻璃窗緊關著，映出了他的臉和他身邊的那株老藤樹。樹上一隻知了突然嘶叫起來，得荼眼睛眨了一下，心生一驚，想到那個他從來沒有見過的已經死去的右派，那個白夜的真正的情人。白夜是為了他才選擇這個職業的，她究竟是一個什麼樣的女人呢？她也深深地誘惑了他，迷惑了他，甚至可以說是蠱惑了他。他盯著玻璃窗上他自己的那張模糊的臉，陷入了對自己的沉思。

俄頃，臉突然破了，窗子對面打開，有兩個少年如輕盈的貓，跳上了窗頭。他們各自的肚子胖鼓鼓的，雙手按著，看著窗外站著的青年男子，一時也愣住了。

想來，這就是兩個六十年代的「竊書不算偷」的孔乙己吧，彼此愣了一下，兩個少年正要往回跳，被得茶一把抓住了，說：「別跑，我不抓你們。」

兩個少年並不十分害怕，其中一個稍大一些的說：「我們才不怕呢，外面都在燒書。」

「燒書可以，偷書不可以的。」說了這句話，連得茶自己都覺得真是混賬邏輯。

兩個少年聽了此話，一番掙扎，想奪門而逃，被得茶拽著不放，問：「圖書館的白老師認識嗎？」

兩少年使勁地點頭，一個說：「白美人啊，誰不曉得！」

這樣一句老三老四的話，倒是把個得茶都說愣了，白夜成了南潯鎮上的風雲人物？他問他們她住在哪裡，那大的猶豫了一下，審視了他片刻，點點頭說：「她就住在學校大操場後面的平房裡。」

另一個說：「我知道她現在在哪裡，我說了你可不能告訴她我們在這裡幹什麼。」

「那是，」得茶說，「別人都燒書呢，你們是拿回家藏起來看吧，什麼書？《海底兩萬里》嗎？」

他鬆開了手，那少年高興了，說：「還有《環球旅行八十天》，還有——」

另一個連忙說：「我這裡還有《聊齋誌異》，有鬼的，全是封資修，你要不要？」

得茶連連搖手說：「你們快跳下來吧，讓人看到了，這些書全得燒。」

兩少年這才往下跳，他們長得很像，一問，果然是兩兄弟。那哥哥說：「白老師到嘉業堂去了。」

杭得茶大吃一驚，說：「這裡還敢燒嘉業堂的書？」

「那有什麼，我們這裡的人什麼都敢做，人也敢打死的。」

哥哥連忙更正說：「嘉業堂還沒燒書呢，什麼時候燒也難說，我們本來是想偷了這裡的書，再到那裡去偷的。不過那裡的都是古書，我們也看不懂，就算了。叔叔，你想要那裡的書，趁亂去偷幾本，也沒有人在意的。我們這樣趁人家抄家，已經偷了不少書呢。」

杭得荼笑笑，摸摸他們的頭說：「你們說起『偷』字，怎麼一點也不臉紅？」

兩個少年捧著「大肚子」彎腰往回走，一邊走一邊說：「我們又不是偷別的東西，我們就是拿了幾本書，人家說外面的人現在槍都亂搶的呢，幾本書算什麼。叔叔你快去吧，嘉業堂的書可值錢呢。」這麼說著，一溜煙地就跑掉了。

路過學校操場時，得荼想了想，還是往白夜住的那排小房子走過去，憑直覺他就找到了白夜的那一間，和別人不一樣，她的窗簾是雙重的，白紗襯著一片燦爛的大花布。得荼在她的門把上套了一張他寫的紙條，告訴她無論如何回來之後要等著他，因為他是專程為她而來的。

嘉業堂在南潯鎮西南的萬古橋邊華家弄，與小蓮莊毗鄰，一條鷓鴣溪流過旁邊，屈指算起來，建成此樓也有四十多年了。一九一四年，樓主因助光緒皇陵植樹捐了鉅款，得溥儀御筆題贈的「欽若嘉業」九龍金匾一塊，一九二四年該樓建成後，就取名嘉業堂了。

說起來，這嘉業堂主劉承幹也是爺爺嘉和認識的老朋友，來往雖然不多，彼此倒也尊重。江南一帶商人多儒雅之士，杭家早先是什麼東西都喜歡的，字畫善本樣樣都往家裡搬，後來發現這樣弄下去這點家底都要搬光了，這才有所取捨，把善本的那一塊忍痛割愛了。發現有好的版本，就先收下來，然後通知藏書界朋友。杭家收的書，一般也就是兩個去處：寧波范家，還有就是這裡的南潯劉家。

杭、劉兩家的交情，還得追溯到他們的上一輩。劉承幹祖父劉鏞乃南潯首富，所謂四象八牛之首，其子劉錦藻，就是當初有名的清朝《續文獻通考》的編纂者，又以候補四品京堂的身份，輔助湯壽潛出任清末浙江鐵路有限公司的副理，嘉和的父親杭天醉和杭家密友趙寄客，還有那後來當了大漢奸的沈綠村，當時都是湯、劉二人在保路運動中的得力幹將，因為父執輩的關係，杭、劉二家的下一代也就相識了。劉承幹年齡要比嘉和大得多，杭嘉和開始發蒙讀書的時候，劉承幹已經開始藏書了。辛亥前一年乃宣統庚戌年，據其人自述：南洋開勸業會於金陵，瑰貨駢集，人爭趨之，余獨步狀元境各書肆，遍覽群書，兼兩載歸。越日，書賈攜書來售者踵至，自時即有志聚書。當時同在南京勸業會上出現的浙江商賈中，就有杭嘉和的父親杭天醉。杭天醉是個什麼東西都要醉心的人，當然也不可能不醉心於書，劉承幹獨步書市之時，天醉也在獨步書肆。只是當時天醉要醉心的事情太多，頭一條就得醉心革命，所以尋尋覓覓，雖也得幾本好書，終究也都到了嘉業堂主那裡去了。

自辛亥後二十年間，嘉業堂藏書達六十萬卷，這倒還真得感謝他的那些參加辛亥革命的朋友們的壯舉。因為革命之故，南方一些故舊世家紛紛避居上海，一時間大量藏書外流：比如甬東盧氏的「抱經樓」，獨山莫氏的「影山草堂」，仁和朱氏的「結一盧」，豐潤丁氏的「持靜齋」和太倉繆氏的「東倉書庫」等等，都把他們珍貴的藏書賣給了劉承幹，連清末著名的藏書家繆荃蓀，都把自己所藏的宋元善本賣給了劉承幹。年復一年，嘉業堂積書竟如此之巨，其中宋、元、明各代善本達二百三十種。嘉業堂又兼刻書，甚至連清代的一些禁書也敢刻。這一來，嘉業堂自皕宋樓後崛起，成為湖州又一大藏書樓，與浙東寧波的「天一閣」相提並論，雄稱於中華藏書界了。

歷代藏書，總是不能免於戰火離亂，嘉業堂亦如是。抗戰淪陷期間，劉家家道中落，其藏書不免散出去許多。一九四九年五月，解放軍進南潯，部隊立刻就進駐嘉業堂保護。後不久，劉承幹將部分藏書又捐獻給浙江省圖書館。嘉業堂也就成了浙圖的一個書庫，還被定為省級重點文物保護單位。一九六三年劉承幹在上海病逝的時候，杭嘉和還專門去了一封唁信，這封信經得茶之手寄出，所以，杭得茶對嘉業堂的感情，似乎又近了一層。

嘉業堂此刻的情景卻使他心裡抽緊。天井裡混亂不堪，一派焚燒的遺跡，杭得茶踩得紙灰騰起，如入巫境。他吃驚地問：「誰敢燒嘉業堂？」管門的老頭滿臉油汗地過來，說：「我有槍，我們自己的事情我們自己會做，要燒書也輪不到他們。」得茶這才鬆了口氣，便問那守門人白老師在什麼地方。老頭手裡握著那把真槍，警惕地問：「你是誰，打聽她幹嗎？」得茶想了想，說他是白老師的哥哥。老頭一把上來就抓住得茶的手，跺著腳，用手勢催他：「啊呀你快去鎮政府，白老師剛剛被造反派拉走！」大熱的天，得茶後背刷的一下就涼到了前胸，老頭又說：「白老師在圖書館工作，和我們嘉業堂熟，造反派要來這裡，她先報了信，她讓我把槍拿出來，還跟我在院子裡裝樣子燒一些無關緊要的書。你看這些，我們正在燒著呢，他們就到了。他們把她帶走了，他們說她管了不該管的事情。」

「他們會把她怎麼樣？」

「不知道，他們什麼都敢幹。鎮政府正在開批鬥大會。我不知道他們會把她怎麼樣，白老師在這裡太觸目，她，她……」老頭突然仔細地盯了一眼得茶，「你們長得不怎麼像……快去啊！」他揮著槍繼續開始跺腳，大聲地叫了起來。

他看到了他不應當看到的，他要為此付出代價。信教的人們把這樣的事件稱為神的考驗，信命的人們以為是天意，什麼都不信的人們把它稱之為悲劇——一些本應珍藏的東西就這樣在人們眼前活生生地撕開。他看見鎮政府的院子裡有四株玉蘭樹，孩子們爬到樹上去了，玉蘭樹蔭下陽光把他們照成了花狸一般的小鬼臉。他們油頭汗出，無比興奮，卻又開心地比賽，看誰把唾沫吐到那些跪在樹下的壞人身上。而這些正在遭受萬劫不復之苦的人們，則在樹下用他們的吳儂軟語詛咒著自己：我是牛鬼蛇神！牛鬼蛇神就是我！我該死！打倒我！我該死！打倒我！他們的臉上全部用墨汁打了叉叉，和省城一模一樣。

他看到她在其中，他們在劫難中的碰撞如同天意。一群人拉扯著她的長髮，扯剝她的襯衣，主要是一群女人。那些人在喊著什麼，得荼聽不見，但他聽見她的呼喊，她叫著：「不要——」，她的聲音和她的長髮一樣，在夏日陽光下跌宕起伏。長髮被驚心動魄地扯開，披掛在背後與胸前，被迫揚起時飄散在空中，閃閃發光，如一面破碎了的黑色的叛逆的大旗。最隱秘的最神秘的，被公開了，光天化日之下被暴曬了，有一雙破舊的鞋子掛在胸前，與黑髮糾纏在一起，看不見她的臉，只看見她從黑白中伸出一隻手——像從前得荼在舞台上看過的厲鬼女吊。他清楚地聽到她的聲音：「不要——，不要——」

得荼突然明白，那「不要」是衝他喊的，她不要他！不要他幹什麼？他一下子就怔住了。發生了什麼，發生了無法覆述的事件！如何制止？有兩分鐘他呆若木雞，眼看這群暴徒裹挾著她，他清醒過來，直撲院子後面的大廳，找到頭目，掏出吳坤和白夜的結婚登記介紹信。頭目吃驚地瞪著得荼：你是吳坤？得荼搖搖頭說他不是，吳坤在省城忙於革命，派他來接她的。頭目結結巴巴：可是可是，她和反革命有串聯——得荼一把抓住那頭目的衣領，咬牙切齒地問：「電話在哪裡？」

頭目立刻明白了事態的嚴重性。吳坤目前是造反派中如日中天者了，是他們造反派中的省級領導，而她是他的妻子。那麼你是誰？頭目突然回過頭來警惕地盯著他，他想也沒有想就怒吼起來：我是她的阿哥！頭目一愣，突然叫道：把她弄上來，送到會議室去。得荼又怒吼：她這個樣子，你們把她送回家！送回家！頭目連忙又改口下命令，剛才那些個扯開她衣服的狗男女，現在懵裡懵懂地往回架起了被按在地上的她。但得茶什麼也沒有看見，他在會議室裡，閉上了眼睛，頭別轉，手攥拳頭喝了一口茶，猛然一拳砸到桌上。那頭目嚇了一跳，以為他要發難，等了片刻發現他眯著眼睛直盯著天花板，卻沒有動靜，就匆匆解釋：我們本來沒有想搞她的，可她實在可疑，你妹妹太招人眼。她又老往嘉業堂跑，給那老頭通風報信，這點已經毫無疑問。我們這才翻了她的檔案，這才曉得她原來有過那樣的事情——她的事情你們家裡人知不知道？那個那個吳坤他知不知道？頭目突然又懷疑起來，再一次盯著得茶問：「她結婚了，怎麼這裡沒有人曉得？」

得茶依舊盯著天花板，啞著嗓音問：「什麼事情？她有什麼事情？她反毛主席了？寫反動標語了？殺人放火了？偷渡國境偷聽敵台了？散佈反動言論了？你給我講清楚寫下來，我回去找吳坤交代！」頭目重新感到壓力，發出小鎮聰明人特有的笑聲：「對不起對不起，我們弄錯了，回去你給我解釋解釋，好人打好人是誤會，壞人打好人是好人光榮，好人打壞人才是活該，我們是誤會，是誤會，吳坤我是佩服的，大學裡只有他們幾個才算是真正揭竿而起的……」得茶面色蒼白，直到這時候冷汗才冒了出來，目光收回到眼前這個人身上：猥瑣，狡猾，愚昧，兼躍躍欲試的野心。就這樣一群烏合之眾，掀起了小鎮的紅色風暴，成了吳坤他們的群眾基礎，並且還是得放朝思暮想渴望擠進去的隊伍！

第十一章

暮色沉沉，杭得茶沿著郊外的田間小道往回走去。

這裡是浙西北真正的杭嘉湖平原，這裡的平原也是女性的，微微起伏的曲線，像是大地正在呼吸。和女性神秘的有待探索的身體一樣，這裡的平原內容豐富，它那毛茸茸的植被，明亮的不大而又星羅棋布的池塘，不時冒出來的一叢叢的竹園和灌木叢，一字兒排開的、在平原的阡陌上稀稀拉拉地生長著的美麗的楊樹，以及村口的那些老態龍鍾的大樟樹，都是令人遐想的。

黃昏星升起在天空，它是從遠山間的兩座丘陵的谷底升起來的，像是大地撐開的一雙手掌托起的珍珠。朦朧中傳來農人挑擔的聲音，有幾個農民正收工回家，小道旁是正在收割的早稻和正在種下去的晚稻，還有成片的桑林。正是雙搶的季節啊。不一會兒，天色完全黑了，太白星特別明亮，孤獨地掛在高空。由於天太黑，剛才如裙帶一樣的遠山的輪廓現在已經消亡在黑夜中，所以那粒亮星愈加顯出了它的孤高。運河水面上，偶爾也傳來突突突突的聲音，那是一列長長的拖輪，它劃過了水面，留下一條從燦爛歸於黑暗的靜寂的水路。得茶路過一片茶園的時候，停了下來，他那生來就敏於感受的心靈深深地感到，大自然和人，在這樣的時刻多麼地涇渭分明啊。大自然不站在這些人的一邊，它用沉默來表示它的立場。

學校的操場屬於人的領域，人正在燒著他們以為要燒的一切，火光沖天，人們興奮地朝火堆裡扔著書稿、漂亮的戲裝和有著美麗女演員頭像的雜誌。杭得茶對這一切已經不再感到驚奇，如果剛才從田間走來時感到了水的善意，那麼人間就是火。他徑直地朝操場一排小杉樹後面的平房走去，他看見屬於白夜的那一間沒有亮燈，但他相信她在那裡。他果斷地走了過去，門果然虛掩著，他輕輕地敲門，他聽見她說：我知道你來了。

他不知道自己該不該走進去，他剛剛那麼想，她就說了：「我知道你為什麼等到天黑了才來。」他站在門口想，她真是不應該把這句話說出來，在這一點上她是和我們杭家人不一樣的。我們一向就知道什麼樣的事情不應該說出來，因為訴說也是一種展示，還是一種渲染。我們不是應該儘量地弱化某些東西嗎？讓它在心裡慢慢地消化，不是比說出來更重要嗎？比如現在，你明明已經知道我是想用夜幕來掩蓋那被撕裂的一切，為什麼你自己還要重新撕裂一次呢？這就像你的婚姻一樣，有一種故意的破壞在其中。可是你不該這樣，你並不是無依無靠的，你弱小的時候，不是沒有力量支撐在你背後的。

他就這樣在門口一聲不響地站了一會兒，看到了旁邊玻璃窗上映出來的前面操場上的火光，它們突兀地明亮突兀地黯淡，火勢古怪，在映象中幻化出一種冰冷的火熱，那個倒影世界彷彿又是很幽深的，是一個無底洞，要把一切想吞噬的人都吞下去。得荼回過頭來，再朝大操場望去，那裡的人們多麼狂熱啊，他們的力量幾乎能排山倒海推翻一切啊。他能夠感覺到處在這兩者夾縫中的走投無路的人的絕望。他彷彿就在這樣的時刻被人推了一把，然後又撞開了門徑直走了進去，在黑暗中準確地走到她的身旁。他伸出手去，自己也搞不清楚要幹什麼。是握手，還是拍肩？他突然緊緊地抱住她，這可不是他想做的，可是他想做什麼呢？他在這樣一個動盪迷亂、火光沖天的晚上，對這樣一個剛剛受過凌辱的女子，究竟能夠做什麼呢？

她卻仿佛對這一切都是有準備的，她順從地完全放鬆地依靠在他的身上，她重重地嘆了一口氣，他們一聲也不吭，清清楚楚地聽到了外面的破壞與毀滅的歡呼聲。她的身體仿佛是沒有生氣的，他感覺不到她是一個女人，她在他的懷抱中，猶如一個孩子。她說了一些話，很慢地貼著他的耳根說的。她的話像是經過了深思熟慮：「我知道，我是一個混沌的女人，我和你之間就像涇水和渭水一樣分明……」

他剛剛聽完這句話，就把她的嘴埋進他的肩頭，他不想讓她說下去。

「你是我見到過的第二個純潔的男子，我要求你聽我說……」

「要洗滌我是不容易的，你看，外面的世界多麼骯髒，我的五臟六腑全是塵埃。」她輕聲地和他耳語，仿佛在說一個與她本人無關的話題。仿佛她是那種善良的風塵女子，而他才初涉人世。為了使他那不停抽搐的心堅強挺拔起來，他甚至努力地正了正腰，把他身體裡的那個敏感的靈魂往心的深處用力地填進去，他要把它壓扁，不讓它再蹿出來。然後他緩緩地說：「沒那麼嚴重，一切都會過去的，但你要有信心。」

「這樣的話我已經聽了很多，我爸爸也曾經這樣跟我說過。但我比說話的人更透徹。說這些話的人，沒有那種實現這種願望的力量，你明白我的意思嗎？」

「……」

「我初戀的情人就是在說了這樣的話之後拋棄我的，在說過這些話不到三天之後……」

「這不是拋棄，你不該用這樣一個詞——」

「是拋棄！」她突然離開了他，她還有憤怒的活力，聲音雖然依然很輕，但急促起來，「離開他生命的一部分，讓她在世界上苟活，這就是拋棄！」

「並不是所有的人都和他一樣——」

「比如說你，你就不會這樣，是不是，你看我又把你沒說出來的話說出來了。你和吳坤非常不一樣，但你們都有相當一致的地方，你們總是話中有話，生活下面都有另一層生活……」

「你怎麼啦，你在生我的氣？是不是，我的感覺不會錯，你在生我的氣！」

她突然沉默了，站在牆的一角，他們始終沒有開燈，他看到的只是一個黑暗中的身影。她終於勉強地說：「是的，我生你的氣，因為你讓我又混濁了一次。」

得荼有些吃驚，他的臉一下子就燒了起來，他下意識地為自己辯解，甚至口吃起來：「我、我是吳坤再三求我，他一定讓我來，你看……」

「是他讓你來的，也是你自己讓你來的。我知道，我是多麼地不純潔啊，我的被凌辱不是沒有一點由來的。你都看見了，真髒，真是不可思議的惡心，咎由自取，自取滅亡。」

她的話非常有力，她讓他啞口無言，她一下子就切中要害了。是的，是他自己要來的，吳坤只是他的藉口。他第一次感受到他有限生涯中的性的美麗，這還不是致命的誘惑，致命的是他活生生地感受到美的破損和消亡，這使他瘋狂。他要抓住她不讓她散去，他要搶救她，讓她凝固在最美的當下。她當然應該與他在一起，而不是任何他人，因為保護她的使命只能是他的。在同樣的撒滿罪惡的土壤裡，必須開出了神聖的花朵。

白夜走到窗口，掀起了窗簾的一角，火光映了進來。她披頭散髮，美麗而淒絕，她甚至沒有換下那一身白天被他們扯裂過的白襯衣。襯衣的領子已經撕破了，後背露出了一大塊，黑夜中白晃晃的，卻沒有應該會有的曖昧。她一邊窺看著窗外，一邊說：「外面在幹什麼？他們正在燒我們圖書館裡的書。」

「……整個中國都在燃燒。」

「熱愛破壞就是熱愛建設。你知道這是誰說的？」她回過頭來，雙眼閃著暗光。得茶想起了另一句風靡中國的語錄。白夜又回過頭去看操場上的火，繼續說：「巴枯寧說的，一個無政府主義者在一百年前說的話。你不覺得這是一種驚人的巧合？這些人正在燒的東西，都是些他們認為帶毒的迷惑物，其中也包括我。假如我們在中世紀，我就是被綁在十字架上燒死的女巫。吳坤告訴過你嗎，有罪的女人也是最能迷惑男人的女人？」

「這和他沒有關係，現在是我們兩個人在這裡——」

杭得茶能夠感覺到她在黑夜裡笑起來的樣子，那是一種無可奈何的容顏，比最動人的面容還要能夠打動人。他看到她再一次打開窗簾，輕輕地念道：「明天早晨，將是天空明朗，無限美好。這生活啊可真幸福，心兒啊，願你開竅！——這是誰的詩？」

得茶沉重地搖著頭，他不知道這是誰的詩，但他知道這是誰、在什麼樣的夜晚念給她聽的詩。他還感到了驚異，因為在這樣的時刻她竟然還有詩意。這在別人是不可想像，甚至做作的。他發現，在這個世界上她是配有那種有詩意特權的，當她沉浸在非世俗的天地裡時，卻是她和生活的最合理的、最天經地義的安排。

「我們都分不清什麼是愛情——吳坤一直想要征服我，也許這就是他的愛情，」她緩緩地走了回來，突然改變了話題，敲了敲桌子，「我沖了兩杯涼茶，我知道你會來喝的，是你們的顧渚紫筍。」

他們分隔著桌子坐了下來，他們在黑暗中默默無語。得茶想起了中午買的粽子，他取了出來，剝了一個給她，這一刻他們仿佛是默契多年的知心人，就著涼茶吃起粽子來。這個日常的生活細節似乎沖淡了下午發生的事件。她說：「我是有些餓了。謝謝你救了我，我差不多以為自己要死在他們手裡了。」

「你應該早一點來杭州的，或者你就根本不應該再到這裡來。楊真先生那裡我會照顧的，這是我們男人的事情。」

「到杭州來幹什麼？跟吳坤結婚嗎？你真的以為我會和他舉行婚禮嗎？這事不怪你，連我自己也以為我會嫁給他的了。我想墮落了，我想品嘗墮落的輕鬆的滋味，我確實挺不住了。你知道，從前我不是這樣的，我是說，當我和我的亡靈在一起的那些歲月，噢，太遙遠了，當我和他在一起的時候，我們只有心碎的感覺。你明白嗎，我不是不清楚我們不能相愛。我的骨頭裡的骨髓都在命令我離開他，但我們不能不相愛，這是一種什麼樣的罪孽……真可怕，一切彷彿又重演了，剛才我投入你的懷抱中。這對你太不公平、太可怕了。我敢說你要為此歷盡磨難，你會苦死的。現在你答應我，一切到此結束，請你現在就離開我……」

當她這樣請求的時候，得荼站了起來，他再一次地擁抱了她，把她擁抱得更緊，甚至把她的骨骼擁抱得咯咯地發出了聲音。而她即便在這樣的時候，也沒有停止她的喃喃自語，她的散發著粽子香的口氣一陣陣地播散在得荼的面頰上：

「……但是那種抓救命稻草一般的感覺呢？我是說靈魂太重了，肉體承載不住了，需要別的肉體來介入。難道那不是罪孽？你能從吳坤的眼睛裡看到這種慾望。你只要靜下心來，盯住他看，你就能從他的目光中看出所有的慾望——他什麼都要，越多越好。對不起我不該跟你說這些。其實你還比我大幾個月，但你在我眼裡是個孩子。我已飽經滄桑，你還情竇未開。我離開杭州以後一直覺得內疚，我對你做了一些不嚴肅的事情，我不該誘惑你，我把對你的誘惑當作救命稻草，那是對另一種生活的仇恨，也是我對生活的自暴自棄。真對不起，你是那麼樣的乾淨。我一直想，你會跑過來的，你遲早會以各種各樣的理由做藉口跑過來的。這使我既激動又恐懼，但是你找了一個最最不好的理由，你為什麼要充當這樣一個使者呢？」

她輕輕地推開了得荼，再次坐回原處，一聲不響地吃完了最後一口粽子，不再說話了。杭得荼回到座位上，他也慢慢地吞吃著手裡的粽子，但他根本不知道自己是在吃什麼。有好幾次心潮湧了上來，幾乎把他的喉口噎住，是他用粽子硬壓下去的。他什麼都聽進去了，最後卻只得出了兩個簡單的概念：他愛她，而她不愛他，就是這樣。現在他坐在她身邊。如果他伸出手去擁抱她，撫摸她，她一定不會反對，可能她還會感到欣慰，但他已經沒有這種慾望了，痛苦洗滌了他，他說：「我愛你，猶如你愛你的亡靈。」

「這是不能相比的。」

「可是你剛才說你的心碎了。」

她站了起來，走到他的身邊，她的帶著一股粽子香氣的手撫到了他的頭上，她輕輕地驚訝地問：「你是說，你的心也碎了？因為我？你不怕弄髒了你自己！」

得荼坐在那裡，他的手正好碰到了她的衣角，他就拉住了它們，把它們湊到了自己的臉上。淚水滲出來了，夾帶著破碎了的心流出。他能從骨子裡感受到他對她的愛情。他發起抖來，越來越厲害，他抱住了她的腰，然後慢慢地往下滑，最後他跪倒在她的腳下，抱住她的膝蓋，他的破碎的心，全都從眼淚裡帶出，流到了她的膝上。她有些驚訝，摸索著也跪了下來。一開始她彷彿還有些不明白發生了什麼，只是輕輕地撫摸著他的臉和頭髮。當她摸到了濕淋淋的淚水時，她的手停住了。她彷彿不敢相信命運再一次地降臨。他們兩個終於抱頭相泣起來，嗚嗚咽咽，和外面操場上那盛大的狂歡的祭奠式的場面相比，那幾乎就不是聲音，甚至連一聲嘆息都算不上了。

而在不遠處的黑夜裡，一些陰謀正在秘密地進行，他們正急速而隱蔽地穿行在浙西北的公路上。當那對情人困在火光後的小屋中相擁而泣時，當另兩個與他們發生著本質關係的男人行進在夜幕中時，他們各自都想到了對方，但誰也不曾想到對方在幹什麼。

楊真是吳坤當夜親自用吉普車押送回來的。他必須這樣做，以表示他的政治立場。說實話，他一開始並不是有意支開得茶來從事這件秘密行動的，那時他只預感到楊真可能會受衝擊，但沒想到事情那麼嚴重。楊真曾經在當今中國幾個必須打倒的領袖型人物手下工作過，並且曾經保持過比較密切的關係。得茶還沒走，他就接到了通知，要把已經在當地監督批判的楊真押解回杭。

此刻楊真就坐在他的後面，現在已經是半夜，他上車後不久就睡著了，並且還發出了鼾聲，這使吳坤能夠比較放心地仔細端詳這個與自己有著複雜關係的男人。他對他幾乎沒有什麼瞭解，他甚至不知道他有沒有把他認出來。吳坤始終沒有暴露自己的身份，這並不能說明他對這個真正的岳父有著什麼樣的親情——不，他對他並沒有感情，但他不想把事情做得太過火，這只是一個技術問題。吳坤一邊聽著楊真的鼾聲一邊想，看來這場政治運動方興未艾，絕不會草草收兵的了。這不是歷史的機遇嗎？幾代人造勢，才能讓一代人趁勢啊，王侯將相寧有種乎？

到長興是要路過湖州的，但他不可以繞路去接白夜，這件事情現在還不能告訴她，至少必須等到他們見面。想到那個不是新婚之夜的新婚之夜，吳坤依然激動興奮。他知道這些天白夜一直在生他的氣，她不和他對話，也不回杭州。但吳坤胸有成竹，他相信，經過那樣的夜晚，她就一定是他的了。倒是那個同室的得茶讓他頭痛。他本來只是讓他去幫忙接新娘子，後來就帶上了陰謀的色彩，其實得茶在杭州還沒動身的時候，對楊真的秘密押解就已經決定了。正因為如此，吳坤就愈加希望引開得茶的注意力。他一下子就看出來了，得茶和他當初一樣，迷上了白夜，這使他好笑。這個書呆子，到底也有開竅的一天。但他一點也不擔心，他既然能夠從重重包圍中得到的白夜，還怕這個一天到晚撥弄古董的吃豬頭肉坐冷板凳的書生？這不過是許多年之後飯後茶餘的一段善意的笑料罷了。

吳坤不知道自己為什麼會那麼喜歡得茶，他很少看到過這樣有學術功夫的同齡人，並且心裡那麼清爽，分寸有度。在他身上看不到任何超越自己界限的過分之舉，他不張狂，並不證明他沒有力量。君子好色而不淫，發乎情而止乎禮。讓得茶做這件事情，他是可以放心的，他略微有些不安地對自己說。吉普車從南潯擦肩而過，那是他特意讓司機繞一繞的，他想，也許得茶已經把白夜接回杭州了吧。想到這裡，他突然急了起來，對司機說：「能不能再開得快一些？」

到杭州城時，天色微明，楊真也已經醒過來，他下車後第一次正眼看吳坤。他那雙閩南人特有的深眼眶的眼睛眯了起來，他說：「我昨天夜裡沒有看清楚你，現在看清楚了。」

吳坤的心一拎，突然明白，他碰到了什麼樣的對手。他從一開始就把他認出來了？一定是這樣的，他一開始就知道他是誰了，所以他一上車就睡大覺。

「你和相片上距離很大，」楊真揮了揮手，「怪不得白夜不肯把你帶來。」

「怎麼，莫非我還會在乎在你面前過不了關？」吳坤笑笑，終於也開口了，老傢伙這種氣勢讓他看了難受，他想用調侃式的語言打擊一下他的氣焰。

「你當然過不了關，你也當然在乎。我思考了你一夜，我在夢裡思考你，我斷定你是一個什麼都在乎的人。你看，你可以派人來抓我，可是你親自來了，你怕帶不回來我，你不好交代。你什麼都在乎，我沒說錯吧。」

聽著這樣的話，吳坤眼睛開始發直，這是他萬萬想不到的。楊真和城裡那麼多的牛鬼蛇神的風格顯然不同，他一開始就佔領了他們二人的制高點，這是一個不怕死的老傢伙！他在山中茶蓬裡住野了，不知道城裡發生了什麼事，不知道大禍臨頭了！

但他沒有思想準備，突然一下子語塞，回不了楊真的話。他對他頓時刮目相看，這老傢伙政治上也是一把高手，別弄砸了。儘管他氣得眼冒金星，還是沒有再跟他較勁，揮揮手對手下人說：「按原定計劃，先關起來再說。」

天色很快地亮了起來，吳坤看了看手錶，焦急地往宿舍趕，房間裡沒有人，他想了想，又往得荼的宿舍衝去，也沒有，顯然他們還沒有回來。又去打長途電話，沒有人接，氣得吳坤想砸電話，掛完電話出來的時候他憂心忡忡，趙爭爭朝他撲來的時候他也心不在焉，那丫頭伸出手說：「戰友，祝賀你成功地完成了任務！大義滅親，英雄！」她伸出了大拇指。

「可別那麼說，遠遠還不到滅的份上呢。」吳坤勉強笑笑，說。

「遲早都得滅！」趙爭爭乾淨利索地回答，她一點也沒有聽出那些話後面的微言大義。

天快亮的時候杭得荼帶著白夜離開了小鎮南潯，走出校門的時候，他們聽到沒有人管的空蕩蕩的傳達室裡，電話鈴急促地響個不停。他們停下腳步，回頭看了看操場，昨夜的餘燼依舊。他們都知道，這裡毀掉的是他們心裡需要的東西，沒有這些東西，這塊土地就沒有什麼可以留戀的了。他們走出好遠時還聽到電話鈴在響，這和他們沒有關係，所有這些，都是那個燃燒的世界裡的聲音，他們不想聽。

趕到長興顧渚山下時，他們才發現他們到底還是來遲了一步，楊真不見了，這裡的組織已經認識了白夜，對她還算客氣，說昨夜被他們學校帶回去了。得荼有些不相信，他怎麼一點風聲也沒有刮到呢。專管楊真他們一撥的管理員說：「這些天我們這裡的人，都讓原單位提得差不多了，楊真還算是最後一批的了，你們看看，這是學校來提人的人簽的名。」

兩人看著那張單子，不由得眼睛發直，面面相覷，這上面分明寫著吳坤的名字，還是他的親筆簽名。他們再打聽，接待他們的人也不耐煩了，說：「來了好幾個人，都是年輕人，我怎麼知道誰是誰，反正有公章，事先還有電話，我們就放人。早晚都得揪回去，誰揪不是一樣！」

得茶有一種要勃然起怒的感覺，他聽不得人家用這樣的口吻說話，倒是被白夜拉住了，婉言說，能不能到她父親的房間再去看一下。白夜的美還是通行證，管理員嘟噥著同意了。房間也不大，只有一間，裡面東西也差不多已經搬光。白夜在翻席子查門角的時候，得茶卻看見一張黑白相片被釘在牆上，因為是疊在報紙上的，不注意還看不到。照片上有好幾個人，一看就是白夜他們當年在學校時的同學合影。得茶把白夜叫了過來，讓她注意相片上的記號。那個劃了一個箭頭、被圈起了腦袋的人，不正是吳坤？

白夜想了想，一下子坐在床上，說：「我明白是怎麼回事了。爸爸當時想要瞭解吳坤這個人的時候，我寄來這張照片，告訴他哪一個是吳坤。前幾天我說好了要再來看他，這張相片肯定是他有意留在這裡的，他肯定是要告訴我們，是吳坤把他帶走了。」

她憂心忡忡的樣子讓得茶看著心痛，安慰她說：「也許這是塞翁失馬吧，與其讓別人提楊先生，還不如吳坤，不管怎麼樣，他們之間總有這麼一層關係吧？」

白夜搖著頭嘆息：「你啊你啊，你不瞭解。我爸爸要是對他沒用，他是絕對不會冒著得罪我的危險來做這件事情的。」

正說著呢，那管理員就來催他們了。臉色很不好看，得茶也把臉板了下來，白夜連忙把他拉到外面，說：「這不算什麼。」

得茶看了看白夜，一夜過去，她憔悴了一些，他說：「我連別人對你的一點點的粗魯都不能接受。」

「那是你遇見得太少。走吧，現在班車還沒有到，我們到前面明月峽裡去走一走，聽說那裡還是楚霸王避難之地，他後來也在這裡發過兵呢。爸爸帶我去走過一次，就是那一次，我們找到了那些摩崖石刻。」

得茶驚訝地站住了，好一會兒才說：「真不敢想，半年前我還準備到這裡來實地考察呢。我知道明月峽，明月峽畔茶始生。我們是不是已經進入峽口了，我能夠感覺到這裡的與眾不同。有多少人走過這裡，陸羽、皎然、十年一覺揚州夢的杜牧、大書法家顏真卿、皮日休、陸龜蒙，陸龜蒙可是在這裡開闢過茶園的。你找到過顧渚山的土地廟嗎？聽說那上面有副對聯就是寫他的，讓我想想，他是怎麼說的？噢，是這樣的：天隨子杳矣難追遙聽漁歌月裡，顧渚山依然不改恍疑樵唱風前。這個天隨子就是陸龜蒙啊。」他突然站住了，說：「根據我對這條路線的研究，如果我們再往前走，我們就有可能走到江蘇宜興去了。」

這裡真正是兩山之間的一塊峽谷之地，兩旁長滿了修竹，不知怎的讓得茶想起杭州的雲棲。他現在能夠理解陸羽為什麼不肯到朝廷去當太子的老師了，這裡的確是神仙居住的地方。

他們倆默默地往回走，很久，白夜才問：「你是不是想說，隱居在這裡才是最幸福的事情？」

得茶摟住了白夜的肩膀，聲音響了起來：「那是沒有認識你之前。現在我不這麼想了，我想到了你剛才說的話，你說霸王在這裡起過兵，所以這裡才叫霸王潭。」

「你也想起兵？」

「如果我扮演的是吳坤的社會角色，如果這次是我、而不是吳坤來押解楊先生，你就用不著擔心了。昨天夜裡你說得很對，沒有能力保護自己所愛的人是一錢不值的。」

「我沒有那麼說──」

「可是我就是那麼想的，我要對你負責。我要成為有力量的人。」

「你現在就很有力量。」

「我知道我的致命傷在哪裡。我不接近權力，我甚至不喜歡看上去過於強大的東西。但是我會改變自己的，我要保護你，我就要有保護你的力量。」

「你想成為楚霸王，可看上去你更像陸羽。」

「我們面臨的生活，會讓陸羽也變成楚霸王的。」

「你的話讓我憂慮，」白夜站住了，把頭靠在得荼的肩膀上，「你不要為別人去改變你自己。」

「也許我不是為你，我已經思考了很久，我應該怎麼生活，」得荼捧起了白夜的臉，他看到了她熟悉的仰臉的動作，她的受難者一般的玉白色的長頸，他突然發誓一樣地說，「我決定，不再像從前那樣活著了。」

他的唇吻在了他曾經夢寐以求的地方。山風吹來，竹林嘩啦啦地響，看不到明月峽的茶，誰也不知道它們躲到哪裡去了。

他們是坐夜班車趕回杭州的。一路上他們緊緊相依，很順利地回到了杭州江南大學杭得荼的宿舍中。他們幾乎沒有說什麼話，仿佛劫難已經過去，或者尚未發生。在小小的書屋裡，放著那張長頸姑娘的相片，得荼放下行李，就把它捧起在手中，他看著真實的姑娘，吻著那鏡中的，他的眼神充滿了甜蜜的柔情，白夜熱烈地和他擁抱，親吻他的額頭，眼含淚水，然後說：「去把吳坤找來吧，你什麼也別說，這完全是我自己的事情，我會把一切都告訴他的。」

得荼也已經做好了精神準備。所謂做好了，實際上是什麼也沒有做，因為他根本無法想像吳坤會怎麼樣表現。他想他會瘋了的。但他根本沒有瘋的機會，得荼剛剛打通電話，告訴吳坤白夜已經回來了，正在他的寢室裡。吳坤就在那頭緊急呼籲，讓得荼趕快帶一隊人馬到靈隱寺去，紅衛兵要砸靈隱寺了。他讓他先安頓好白夜，說他一會兒就過來接她，然後就擱了電話。得荼舉著電話耳機半天也回不過神來。最後他決定再打一個電話過去，這一次接的是個姑娘，口氣很大，說他們的吳司令已經走了。得荼回到白夜那裡，通報了情況，白夜面色慘白地勉強笑了，說：「我應該和你一起去靈隱寺，可是我擔心吳坤現在就已經過來了。我是不是應該把我的決定越早告訴他越好，你說呢？」

得荼緊緊地抱著白夜，從昨夜到今天，他已經有許多次那樣緊緊地擁抱她了，奇怪的是他沒有一絲一毫想佔有她的念頭。他心疼她，像愛一個女兒一樣地愛著她。這種奇怪的帶著父愛般的感情，出現在初戀的從未做過父親的杭得荼身上，實在不能說不是一種奇蹟。他說：「我真想把你吃到我肚子裡去，這樣你就永遠不會受傷害了，你也就永遠和我在一起了。請原諒我說出這樣野蠻原始的話，也許這是一種返祖現象。但即便在動物中，母親把剛剛生下的孩子吃掉也是罕見的，那麼是不是我對你愛得有點病態了呢？我不明白，我仿佛已經愛了你一百年，仿佛你生來就是我的愛人。對不起我得走了，不過你無論如何要等著我。真捨不得走，一想到留下你一個人和他攤牌，我竟然還會生出忌妒。我恨那些紅衛兵，因為他們要砸廟，所以我不能再擁抱你了，再見，親愛的……」

他說了那麼多親密的話語，留下了不時搖頭向他微笑的白夜，匆匆地走了。他那些不祥的預兆果然降臨，他回來時沒有看到她，只剩下吳坤一個人。他盯著他冷笑，他心裡一緊一鬆：現在一切都好了，一切都擺到桌面上來了。他們各自站在桌子的一側，像隔著萬丈深淵。他們完全是陌生人。他告訴他，楊真在他們這一派手裡，也就是在他手裡，要對牛鬼蛇神進行無產階級專政啊，哪怕是岳父也不行。得荼的心一下子縮成了一塊冰，那麼狂熱的夏天，他的話說出來時也噴著冷氣。他問他，白夜到哪裡去了？他說，這跟你有關係嗎？有關係！杭得荼當仁不讓。吳坤聲音更加輕了，他說，好吧，我告訴你有關係的內容吧。她回北京了，她北京的繼父和母親都死了，自絕於人民自絕於黨，她回去料理了。

杭得荼越來越冷，越來越冷，但他還能說話，他說，好吧，我會等她回來的。另一個笑了起來：等她回到你的懷抱嗎？別忘了她是我的合法妻子！得荼想了想，說：「我知道，她只是你的合法妻子。」吳坤說：「這就足夠我對付你們了，你走著瞧吧。」他就控制著自己，儘量優雅地走到門口，突然回過來，拎起桌上那個相片夾就往地上狠狠地一砸，當他抬起頭來的時候，眼裡含著淚水，臉氣歪了，得荼看見了一張他從未看到過的面孔。

第十二章

繼「八一八」毛澤東在北京天安門接見首批紅衛兵之後，外省紅衛兵破「四舊」之風轉向砸寺院，毀佛像、古墓、文物，焚燒書畫、戲裝等。杭州的平湖秋月碑、虎跑的老虎塑像碑、岳墳的秦檜像都被砸了。

杭氏家族最最投入這場革命的少年杭得放，與他的一群志同道合的朋友，砸靈隱寺未遂之後，放眼展望全城，發現該砸該打的，都差不多掃蕩過一遍了，那實在砸不了的，比如靈隱寺，看來也只得作罷。得放感覺杭州天地太小，他要殺向更大的戰場，那更大的戰場，當然是在北京。臨走前他才聽說媽媽和爸爸都辦學習班，也就是都進牛棚了。這消息使他非常沮喪，但不足以使他一蹶不振。他分別寫信給父母，告訴他們，他現在不得不和他們斷絕一切關係了，因為誰知道他們是不是反革命啊。等到審查結束，如果他們回到了人民的懷抱，他也會重新回到他們的懷抱之中的。但如果他們被人民判定為敵人，那麼對不起了，從此兩個階級的陣營交火時再見面吧。他急急忙忙地離開杭州城，其中父母的原因不可謂不重要。趕得早不如趕得巧，正好那時聽說毛主席又要接見紅衛兵了，這一次是浙江美院的紅衛兵戰鬥隊代表上了天安門。得放他們則在下面歡呼啊歌唱啊跳躍啊，直叫得喉嚨發不出聲，這才班師南下。卻也不回家，隨便擠上一輛火車，就去革命大串聯了。

留在家鄉的年輕的革命者，可沒有閑著。出現了許多的司令部，自然也就出現了許多的司令。這些司令又發出了許多的通告，其中最為振聾發聵的，就是紅衛兵司令部發出的有關血統論的宣言。派系間激烈的戰鬥，不可避免地開始了，紅衛兵之間開始了一系列的流血事件。他們還得同時伸縮著腿腳，以便踢開黨委鬧革命，他們在呼喊著打倒對方的時候，也不能把他們的主要任務——批判資產階級反動路線的偉大使命給忘了。他們手忙腳亂，四處出擊，鬧得「環球同此涼熱」。

杭得放從陝西延安回來之時，天氣雖然已經涼了，但滿街看到的氣象，依舊可以用熱氣騰騰四個字來形容。炮轟啦、火燒啦、打倒啦、油炸啦，這些口號劈頭蓋腦地點綴在西子湖畔，讓杭得放產生一種小別重逢之後的親熱，他心裡急切切的，沒想過那親熱是來自於口號，還是來自於西湖。

家裡發生的一切重大的事件他都不知道。杭家人找不到他，他也沒想過要和他們聯繫。按理他應該先到馬坡巷他自己的家去，但三個月前剛剛抄過自己的家，一下子也實在有一點走不進去，想了一想，還是先衝到了羊壩頭大爺爺家。他倒是有一點想念自己的母親了，這才記得，革命開始時，他是給他的母親寫過一封義正詞嚴的信，而且仿佛從那時候開始，他就沒有和母親再打過照面。想起母親，他略略有點不安，他想，現在母親要生他的氣了，不過她從來也氣不長。她這個人啊，真是太幼稚了。

老屋裡只有葉子奶奶，見了得放，幾乎跌坐在廚房裡，半天說不出話來。得放扔下身上那些亂七八糟的東西，說：「奶奶你放心，你們是抗日英雄，烈士家屬，這裡不是我們造反的對象。」

葉子很少有這樣性情外露的時光，她一下子撲過去，抱住得放，聲音輕得連她自己都不能聽見，但得放聽見了，她說：「你媽媽死了。」

得放機械地重複了一句：「我媽媽死了……」他的臉上還堆著因為奶奶撲到他身上而不好意思的微笑呢。然後，這微笑就在臉上僵住，先是變成苦笑，繼而才是一種令人恐懼的發怔的呆笑——沒有聲音，飛揚的眉眼上一下子滲出遽然遭到沉重打擊之後冒出的汗珠。

他不知道自己問了些什麼，只聽到有人告訴他母親是辦學習班時投井自殺的。他第一個反應是驚慌失措地環顧四周，廚房裡已經圍過來幾個大媽，他想都沒有想，脫口而出：「她這是自絕於人民自絕於黨吧。」

這句話剛剛說完他就呆住了，悲從中來，巨大的恐懼，他嚇得頭髮都倒豎了起來，用手一把抓住了按在頭皮上，嘴唇和眼睛像滲水的沙地一樣頓時乾枯。葉子奶奶突然拿起手裡的那塊抹布往他嘴上擦，邊擦邊說：「快給我呸，呸呸！快把你剛才說的話呸出來，你給我呸出來，呸出來！」得放一下子蹲在地上，呸了兩聲，突然跳了起來，叫了一聲媽，就衝出去了。他跑到了巷口，看見外面紅旗招展，標語滿天，又是一個豔陽天。他聽見後面有人在喊：你回來，你爸爸和爺爺都不在家裡，都在單位裡，你回來，我帶你去找你媽！

有那麼一天一夜，杭得放崩潰了，他幾乎精神錯亂，到處亂跑，葉子哪裡是他的對手，根本就抓不到他。連忙就喊迎霜去追，還是迎霜手腳快，跑著跑著哭了起來，跟在哥哥後面喊：「二哥你不要到馬坡巷去，二哥你不要到馬市街去，那裡不好去的！」得放氣勢洶洶地站定吼叫：「你給我說清楚，到底哪裡不好去的？」迎霜一邊哭一邊說：「都不好去的。爺爺辦學習班去了，姑婆家裡抄了——」

「爸爸哪裡去了？也進牛棚去了嗎？」

答案自然是肯定的，爸爸的確是進牛棚了，還有姑婆，這種人不進牛棚誰進？方越表叔——杭家第一個該進牛棚的就是他；忘憂表叔回到了大森林，我想他在那裡也該是進牛棚了；布朗表叔，雖然他在煤球店裡自由地鏟著煤灰，但跟在牛棚裡鏟煤灰有什麼兩樣，他不過是一個不進牛棚的進牛棚者。那麼還有誰沒進牛棚呢？得放看看天，他突然覺得普天之下莫非牛棚。他仿佛突然得了腦震盪，記憶力暫時消失，只模糊地感覺到他還是有救命稻草可以撈的，他們杭家還是應該有人沒進牛棚的。他搜腸刮肚，突然摸了一把臉，仿佛臉上又被人劈頭蓋腦地澆了一盆涼水，他眼睛突然一亮：嘉和爺爺，杭家人的主心骨，他平時是想和他保持一點距離的，因為他發現他不那麼接受他。得放哭了出來，叫了一聲——大爺爺——現在還顧得著什麼自尊心，媽媽死了，永遠也沒有了，這是怎麼一回事啊，怎麼一個人可以說沒就沒有啊，得放一下子小掉了十歲，兄妹倆執手相看淚眼……媽媽埋在哪裡了，他總算問了一句著邊際的話。妹妹卻說她也不知道，因為那是保密的。火葬場裡有很多這樣自殺的人呢，燒掉就倒進農民田裡當化肥了……你去問大爺爺吧，他什麼都曉得……他腦子裡一團亂麻，七想八想：誰都有可能進牛棚，嘉和爺爺可應該是看牛棚的人。不過也難說，他雖然是抗日英雄，但他畢竟還是資本家啊——快說，大爺爺在哪裡？迎霜哭泣泣，大爺爺到外地評茶去了……什、麼——這種時候，還有人喝茶？還有人賣茶買茶？還有人拿著白杯子，口裡含著一嘴的茶水，眼睛朝天琢磨它們該是幾級幾級——而這個人就是他的大爺爺！天底下還有這樣不是人的大爺爺嗎？迎霜又哭了，說：哥哥，爺爺罵你才不是人呢，爸爸關起來了，全靠大爺爺和大哥哥料理媽媽後事，媽媽已經死了三個月了，你剛走她就死了，你是最壞最壞的哥哥，我再也不會理睬你了，你走吧，我再也不會理睬你了……得放這才想起來，他不是還可以找他的大哥嗎？他得先找上一個人才行啊，得找上一個活生生的人，然後陪著他一起面對這樣的大災難——他打到東打到西，砸這個砸那個，他已經看到不少死在這場風暴中的人們了，可他就是沒有想到，他的最最軟弱、最最沒有問題的媽媽——偏偏卻是她死了……

杭得茶並沒有給杭得放帶來什麼安慰。他倒是躺在臥室裡睡大覺，但看上去已經是另外一個人了。得放不能忍受大哥得茶對他母親自殺的態度，他沒有和他抱頭痛哭，扼腕相嘆，他只是點了點頭讓他坐下，破天荒地遞給他一枝煙。他們兄弟倆在相同的時間不同的地方同時學會了抽煙。得放覺得人們太無動於衷了，生活沒有因為一個親人的死去而停止，這太不公平了。他趴在大哥的桌子上，眼淚流得很少，餘光裡還能看到桌上那張姑娘的相片，他甚至還能看到裂成了三片的玻璃片的形狀。他斷斷續續說了許多，心裡千頭萬緒，思想像水銀柱一般迅速而又敏感地從這個極端滑向另一個極端，從傷心欲絕一下子又跳到冷嘲熱諷，從流淚一下子變為假笑。他啞著嗓音說：「我媽媽是被人弄死的。這口氣死都嚥不下。」

得茶慢慢地吸著煙，躺在床頭上，好久才說：「你們也在弄死人！」

得放心裡一驚，悲痛卻被這一驚消解了一些。得茶又說：「陳先生不是被你們砸死的？」

「不是我，是趙爭爭她們，我從來沒有打過人。」

「打不打過，誰曉得。」得茶冷漠地把他的話彈了回去。

「我向毛主席發誓真的沒打過人。」得放也急了，再一次聲明。可是哥哥依然沒有像從前那麼憐惜他。杭得茶冷靜地看著他，說：「你急著辯護你自己幹什麼，就算你沒有親自動手，你們一夥人不是在動手？你以為我這些天吃吃睡睡真的成了逍遙派？我是在想你們這些人是怎麼回事呢！怎麼那麼活潑可愛親親熱熱的紅領巾共青團員，一夜之間說打就打說殺就殺呢？我是想不明白，可是後來我想明白了，我不想別人，我就想你。你從小真正地愛過你父母嗎？愛過你爺爺奶奶嗎？沒有人教育你去愛他們，連二爺爺也不教育你愛親人如手足，他們只教育你愛——」得茶嚥了口氣，不往這個思路說下去了，卻換了另一條思路，繼續說，「所以，我想來想去，你們是我看到過的最可憐最愚昧的人。所以我老實告訴你，我同情迎霜，我不同情你。」

得放手裡舉著那根燃燒到一半的煙，這一次他真的是手足無措，他遇見了真正的個人的聲音。可是他因為長期以來浸潤在集體之中，他們所用的公開場合上與私下裡的語言，全是集體的，包括他和得荼從前的交流，也都是集體的，是全國通用糧票。包括現在、當下、一門之外，那裡的聲音也是和這位坐在床上的青年男子發出的聲音完全不一樣。因此他張口結舌，說不出話來了。

就這麼坐了片刻，他突然跳了起來，向門口衝去，但得荼比他跳得還快，像豹子一樣一口咬住了他，兄弟倆小小扭打了一陣，手足之情突然如閘洞開，得放抱著得荼就哭了起來，他終於說出了心裡的恐懼：「是我把媽媽害死的啊，我給她寫了斷絕關係的信，我是劊子手……」

弟弟的恐懼和淚水化解了得荼剛剛見到他時的憤怒，他拍著他的後頸說：「好了好了，你爸爸媽媽根本就沒有看到這份東西，迎霜沒有交給他們，她交給大爺爺了。你看，迎霜書讀得比你少，年紀比你小，又是個女孩子，卻比你懂事。」

不管得荼再怎麼批評他，得放不再生氣，兄弟兩個不再有芥蒂了，他們坐下來談論著一些接下去的事情。得放因此知道了媽媽的骨灰已經秘密地安葬在杭家老祖墳的一株老茶樹旁了。雖然沒有什麼記號，但畢竟是和自己家裡的人在一起，以後局勢好一些的時候再修墓吧。這件事情杭家人都知道，迎霜也知道，但家裡人一開始都說好了先不告訴你，看看你的態度如何。突然，得荼問道：「你帶來的那個趙爭爭，到底是怎麼一回事啊，她有沒有什麼不太正常的地方？」

得放搖搖頭說：「沒有啊，她只是特別愛激動罷了，聽說她舞跳得很好的呢。怎麼啦，她又來找過你了？」

「她剛才還在這裡，你來時，她剛走沒幾分鐘。」

得放看著得荼的眼睛，他現在明白了，為什麼他一進來時得荼臉上會有那麼一種心不在焉的神情了。

這些天來，杭得荼開始想方設法營救楊真。別的牛鬼蛇神都關在學校裡，唯有楊真被吳坤轉移了，這說明吳坤確實是一個無毒不丈夫的男人。杭得荼還是低估了他。那些日子裡他一遍遍地想起白夜對他說起的有關吳坤的話，他開始理解和洞察書本之外的生活，雖然依舊沒有參加學校的任何一派組織，但他不再打算袖手旁觀。一開始他打算趕往北京，但北京傳來的消息是白夜失蹤了，他只知道她還活著，別的什麼也不知道。得荼想到不能這樣乾等，要把身邊的事情繼續做下去，首先，就是得把楊真先生保護好。然而事實上他沒有再見到過楊真先生，他不知道吳坤把他押到了哪裡。就在此時，只用腳開門的女子又來了，她嘭的一聲彈開房門，重新出現在他的面前。

這一次杭得荼連門都沒有讓她進，他抵著門說，我不是已經告訴你，吳坤搬走了嗎？

而她則用肩膀撞開了門，破門而入，睜大了眼睛說知道。但她就是來找他的。

為什麼找我，我又沒參加你們的組織，你和我有什麼關係？

革命使一切都發生了關係。吳坤怎麼能夠和那個有嚴重問題的女人結婚呢，絕對不能，絕對不能！

我爸爸也認為不能。

你爸爸？杭得荼莫名其妙，你爸爸是誰？他同意不同意關吳坤什麼事？

怎麼沒有關係？趙爭爭聲音激烈起來，像是又開始了大辯論：沒有我爸爸，中央文革的許多內情吳坤能知道嗎？毛主席第二次接見紅衛兵的時候他能夠上天安門嗎？告訴你，我爸爸是林副主席的老部下，是江青同志的親密戰友。

原來是這樣，得荼明白了，他點頭，但你找我有什麼用啊。我又不是吳坤，又不是我在和白夜談婚論嫁。說這話時他明顯地臉紅了，他在撒謊，他甚至還有一點興奮，他多麼希望這是一種事實啊——即便在這樣的時候，他依舊有他道德上的內疚感，讓這個沉重的包袱，因為革命而刷的一下落在吳坤頭上去吧——這念頭閃電般照亮他的心。

她說，我知道你是他最好的朋友，他說你是一個頭腦清晰的很少盲動的人，他還說你才配做他的對手。我認為現在他需要你的指點。你要告訴他，波瀾壯闊的無產階級文化大革命需要他，這場革命深刻極了，深刻到了人們想都想不到的地步，沒幾個人能夠知道它的深刻程度，除了江青同志，林彪同志，張春橋、姚文元等同志——對不起，得荼打斷了她的話，他發現她這個人有點神經質，這是他第一次見到她時沒有發現的。他問：你怎麼知道只有他們幾個人才知道的事情——是你爸爸告訴你的嗎？趙爭爭愣了一下才點頭，說是的，是的，其實我爸爸和吳坤都說過，革命的要害問題是奪權，有了權就有了一切，沒有權就沒有一切。你給我跟他講清楚，他到底是要一個破鞋——她用這詞時杭得荼緊握拳頭才沒給她一耳光——還是要紅色江山？你給我馬上就去問！

杭得荼終於從她的歇斯底里當中發現了什麼。他小心翼翼如探地雷一般地問她：但是，但是，你跟他……你跟他……你……他……

她果斷地打斷了他的「你跟他」，快刀斬亂麻一般地說：是的，就是那麼一回事，的確發生了，革命的友誼昇華為另一種東西，比山還高，比海還深，所以你一定要明白，他不能和她結婚！絕不能，絕不能，否則我就要消滅她！我說到做到，我就要消滅她！消滅她！消滅她！她終於哭了，蒼白的小臉上兩行薄淚——杭得荼聽得心裡發顫——這就是革命時期的愛情！你也可以說這是海燕在暴風雨來臨前的大海上勝利的喊叫；你也可以說這是母獅子在河東怒吼。他再一次小心翼翼地試問：「可是我聽說楊真也在你們那裡啊。」

「這正是我要找你的原因，你必須和吳坤認真地談一次。你知道這一切有多可笑，他把他關在上天竺的破廟裡。多可笑，他還以為他的那個破鞋（杭得荼又一次捏緊了拳頭以免劈她耳光）會因為她的親生父親而回來。他跟我說他們是合法夫妻，呸！合法夫妻？」

杭得荼懷著極其複雜的心情，請走了這位趙爭爭。他陷入了生活的泥沼，這是他沒有精神準備完全沒有精神準備的。

同樣的遭遇不也是落在了兄弟杭得放身上了嗎？他的生活突然變得茫然失措。他一次一次地給茶科所打電話聯繫，但對方的造反派堅決不同意杭漢與他的兒子見面。得放只得在妹妹哥哥的陪同下去了一趟雞籠山。但他們無法辨認出屬於黃蕉風的那株新茶。他陷入了一種半空虛的白板狀態。接下去該怎麼生活，他完全茫然了。夜裡他躺在床上翻來覆去睡不著，沒有了媽媽，連枕頭都和從前面目全非。半夜裡他坐了起來，無聊使他想到繼續抽煙，一扔枕頭，一條大辮子從枕頭裡掉了出來。一開始他嚇了一跳，呆呆地看著繫著綠絨線的這一握長髮。後來他想起了一切，想起那個像一條魚一樣的輕聲輕氣的姑娘，有一種心酸的委屈的感覺湧了上來，他輕輕地把那條辮子抱起，重新躺了下去，他不想抽煙了。

半個月之後他終於動身出門和以往的生活接軌時，卻在謝愛光家的大門口見到了董渡江。杭得放看到她完全沒有那種同學見面時的興奮，只是冷冷地看著她，指指牆頭說：「沒想到你爸爸也上牆了。」

董渡江想了想卻說：「你們家的事情我們已經聽說了。」

得放鐵青著臉，他很想說他實際上不是來找她的，在這裡碰到她連他自己都很意外，嘴上卻說：「我本來只是想給你們家打個電話的，沒人接。」

董渡江連忙解釋：「我在串聯路上就發現家裡電話老沒人接，當時就擔心，現在才知道，總機話務員都造反去了，電話還有什麼用？」

「你們這種人家，也會有這一天。」得放冷冷地說，董渡江從來沒有見過杭得放這樣的神色，這樣的口氣，更不要說是這樣的話語了。她不知道杭得放找她幹什麼，杭得放找了一個理由，說他也沒有什麼別的事情，只是通知一聲，以後什麼組織也不想參加了，什麼事情也不想幹了。

直到聽清楚來意，董渡江才說：「實話跟你說，我也不能去了。」

得放說：「你爸爸的名字還沒有打紅叉叉呢，你怕什麼！」

董渡江看著得放，大圓臉上露出異樣的神情，說：「杭得放，我還可以信任你嗎？」

得放是醉翁之意不在酒，其實，他根本不明白她的意思，便順口說：「隨便。」

董渡江這才急急忙忙地說：「你不來我也要去找你，我們碰到麻煩了。」

董渡江去找他，是希望他能夠介入一個秘密的行動。原來，省政府的造反派正在組織材料，準備上京告浙江省委鎮壓革命群眾的狀。打聽到這一消息之後，省市機關另有一批幹部，其中包括董渡江的父親等數人，準備搶先一步先到北京向中央反映真實情況，此行需要人護送，董渡江的革命組織責無旁貸地擔負起了這個任務。

董渡江說不清是對毛主席的熱愛，還是對保皇派的熱愛，還是歸根結底對她父親的熱愛，總之，在她家的大門口那株大法國梧桐樹底下，她把這件並沒有交給她的戰鬥任務當作一件神聖的使命，秘密地向杭得放傳達了。在她的描繪中，革命的生死存亡，就仿佛押在這一次秘密上京彙報之中了。傾聽著的杭得放當然也不可能不加上自己的合理想像、合理推論，加上自己的階級感情。風蕭蕭兮易水寒，雖然沒有易水，但杭得放依舊有一種悲壯的寒。秋風生錢塘，落葉滿杭州，梧桐樹葉落到了他的身上，落到了董渡江的寬肩上，醜姑娘董渡江甚至在這一刻美麗起來了。杭得放明白了，母親並不是死於這場革命，也不是死於自己的罪行，也不是死於莫名其妙的一時衝動——母親是被那些鑽進革命陣營裡打著紅旗反紅旗的反革命迫害而死的。這些反革命用心何其毒也，他們借著天高皇帝遠，拉大旗作虎皮，鬧得天下大亂，妄圖欺騙毛主席，欺騙黨中央，欺騙全國人民，然後在亂中奪權。是可忍，孰不可忍？

現在，真正是問蒼茫大地誰主沉浮的時刻了，那麼，到底是誰主沉浮呢？我們，我們，當然是我們！董渡江是一個從來也不會撒謊的人，但她現在說出了一串妙語聯珠般半真半假的謊言，這些話都是當她看見了杭得放之後才突然想出來的。她說因為她跟她父親的特殊關係，她沒法護送父親前往北京，想來想去，同學中真正有赤子之心的，首推杭得放，她已經到處派人滿城地去找他了，沒想到他突然出現在面前；她也許是已經看出了得放的疑惑，又說，她是十分明白孫華正這個人的，這種住在拱宸橋西的小市民，在革命的緊要關頭是靠不住的，他們至多不過是革命的同路人，絕不是革命的先行者，革命的橋梁。只有像他，他杭得放這樣的人，明白什麼叫無產者只有解放全人類才真正是解放了自己的人，才擔當得起革命的重大使命。

董渡江這些從革命總部剛剛學來的紅色理論，著實地叫杭得放刮目相看。這些理論，原本應該從杭得放這張嘴裡滔滔不絕才順理成章，可見革命是一所大學校。杭得放的心又熱了起來，他感到他被信任了，他又回到了組織。這個組織此刻正在危難之中，他們千方百計地找到了他，沒有他怎麼能行呢？他說：「好吧，讓我考慮兩分鐘。」

眼前突然一輛三輪車飛奔而來，定睛一看，怔住了，踏車的是表叔布朗，車上放著一堆煤灰，車檔上坐著一個灰頭土臉的姑娘卻是謝愛光。見了得放，布朗倒沒有發愣，謝愛光卻明顯地愣了一下，車就進去了，但她還來得及叫一聲：「杭得放，你進來一趟，我有東西還給你。」

得放心裡突然一陣暖潮，剛才雲集在大腦裡的熱血，刷的一下，流了下來，直到心窩。他臉紅了，耳朵發燙。他正是為她而來的，卻在她家的大門口密謀了半天革命。為了掩飾自己，他也撒謊，問：「怎麼謝愛光也住在這裡？」董渡江這才告訴他，她們本來就住一個院子，她爸爸原來就是市級機關的幹部。

得放想，怪不得董渡江知道謝愛光是一條漏網的魚，又問：「我怎麼沒見過你們說話？」

董渡江有些勉強：「我們就是不說話的。」

得放看出董渡江的神情了，他也勉強地回答：「謝愛光不像是一個壞脾氣的人啊。」

董渡江沉默了一下，突然心煩地說：「都是大人鬧的，其實我小時候和她挺好。後來她爸爸出了問題從機關調走，她媽媽又和她爸爸離了婚，他們家就從原來住的小樓搬了出去，到後面放雜物的小平房過渡去了。沒過多久，我們家又搬到他們家住的小樓。再後來，她媽媽結婚嫁到外地去了，謝愛光不願意走，就留了下來。唉，這麼搬來搬去折騰，也不知怎麼搞的，就不說話了。」

得放突然說：「謝愛光的媽媽做過你爸爸的秘書吧？」

董渡江一下子就愣住了，問：「你怎麼知道？」

「大字報不是都寫著了嗎？」得放這麼說著就朝後面走去。

謝愛光家的小平房在機關宿舍院子的最後一排，靠牆一長溜。看得出來，在舊社會裡，這就是下人居處，或者大戶人家用來放花鋤當倉庫的地方。如今被機關幹部當作廚房和停自行車處。靠頭的那一間，卻被謝愛光家做了正房。

得放沒有能夠進房間，布朗表叔正在謝愛光家門口的那一小塊水門汀上給煤灰和水，做煤球。水門汀左側靠牆一邊還有一個小水龍頭，謝愛光就在這裡洗臉。看見得放來，她抹了一把臉，露出半張乾淨的面孔，她套著的那件男式的中山裝顯然不是她的，因為領口太大，脖子在裡面晃蕩，顯得更加黑細，像電影裡的小蘿蔔頭。

他這麼看著她的時候，心跳了起來，他說不出話。

她絞了一把毛巾就往屋裡走，邊走邊說：「我有東西要給你。」

她進了屋找東西，得放無事，只好走到布朗身邊。他已經意識到表叔不再理睬他了，有些尷尬，說：「表叔，你也在這裡啊。」

布朗正蹲在地上，一個一個地搓煤球，聽了這話，抬起頭，伸出那隻沾滿了煤球泥的大手，朝得放臉上就是那麼一擼，笑著說：「我就等著你叫我表叔呢，我和愛光打了賭。」

得放想，什麼意思？謝愛光就謝愛光好了，什麼愛光啊，嘴上卻不得不笑笑說：「打什麼賭？」

布朗卻不理他，朝屋裡叫：「愛光，我要喝茶。」

愛光笑著答道：「我輸了，你等著。」轉眼就見她拎著一只茶壺出來，把壺嘴就對著布朗，說：「喝吧，熱著呢。」

得放又想：什麼作風，還沒畢業，就來社會上那一套了。臉上就有些不好看，問：「你到底有什麼東西要給我啊，我還有大事要去做呢。」

謝愛光順手就把自己頭上戴著的那頂軍帽拿下來，說：「還你。」

原來是那頂軍帽。得放一下子就想起了那天莫名其妙剪謝愛光辮子的事情，臉就「騰」地紅了起來，頭別到一邊，說：「我還有，你留著吧。」

他聽到她冷冷的聲音：「我用不著了。」

得放吃了一驚，這聲音是那樣的拒人千里，那麼冷漠，那麼生硬，他心裡咯噔一下，忍不住抬起頭來，就看到她的好看的面容和生氣的面孔，看到她繼續用那樣一種表情說：「你快拿去，布朗哥哥幫我把頭髮修好了。」

得放這才發現為什麼一段時間沒見到謝愛光，謝愛光突然漂亮起來了的原因。她的短短的頭髮，毛茸茸的，趴在她的青春的額頭上，使她那種大眾化的女孩子形象突然改變了。在她身上，出現了另一種別致的美麗，她是纖弱的，但又像是一個小男孩子了。得放甚至注意到她臉上和眼神中的新出現的一種光芒，那也是他從前沒有注意到過的。如今再黑的煤灰，也遮不住她臉上的光彩了，這光彩不是他給她的。在這一刻，得放感到了從來沒有過的心酸，他低下頭，拿過了帽子走了，他想起了母親，甚至沒有心情再和表叔布朗道一聲別。

剛走到門口，就聽到後面有人喊他，是謝愛光的聲音。她跑了出來，手裡拿了一塊毛巾，衝到他面前，說：「你臉上有灰。」得放接了過來，擦了擦，又還給了她。她還是不走，低著頭說，「你戴戴看這頂帽子，不知道我有沒有把它撐大。」得放戴上了，不大不小，剛剛好。他們再也找不到話題，只好那麼僵著。看看實在不能再僵下去了，謝愛光才說：「你們家裡的事情，我聽布朗說了。」得放聽了，還是不說話，這下謝愛光真是沒有話了，說了一聲「再見」就往回走。走了幾步，卻聽見得放叫她「謝愛光」，她連忙停住了，又聽到他叫了一聲「愛光」，謝愛光回過頭來了，他看見她眼睛裡的光，這一次他看清楚了，那是為他流露的光。

杭得放走了上去，心要跳到腦袋裡去了，但他看著她的眼睛，說：「你的辮子在我那裡，你還要不要？」

愛光的臉一下子紅了，眼睛裡立刻就湧出了淚水，嘴唇哆嗦著，一句話也說不出來。杭得放一看她要哭，立刻就慌了神，連忙說：「你別哭，我本來今天是要給你送回來的，怕你不在，先跟你來打個招呼。別哭，我馬上就取回來還你。」愛光卻一個勁地搖頭，搖頭。得放又說：「你不要了？」愛光卻又點頭。「那是要了？」謝愛光這才收回去眼淚，說：「誰剪走的，誰負責。」說完就跑回去了。

杭得放這就怔住了，讓我負責，這是什麼意思？這是什麼意思呢？他垂頭喪氣地往回走，董渡江趕了出來，拽住他著急地問：「你到底決定去不去啊？」

杭得放這才想起來剛才的事情。他仰頭看天發愣，呆呆地想，到哪裡去不是一個樣？不就是坐一趟飛機嗎——去！

第十三章

杭家忠誠的老僕人、一九二七年的老革命小撮著，被他自己的多事害苦了。他什麼都把握不住了，無論是形勢、孫女、孫女的未婚夫，還是他自己。

孫女不停地向他控訴，這個雲南蠻胡佬，不但自己要搬過來住，還要把他娘也搬過來。她現在不再稱寄草叫姑婆了，她一口一個他娘——他娘是個厲害角色，國民黨裡當過太太的，被造反派鬥得房子也鬥沒了，這才想逃到翁家山來避難。都是你給我弄出來的事情，你給我退婚退婚，我不要和他結婚了，我什麼人不好嫁？現在我認識的城裡人一點也不比你少了。

翁採茶正處在人生的重大抉擇的關頭。情況完全發生了變化，她，一個鄉村的柴禾丫頭，從奴隸到主人了。她眼看著自己倒茶的對象翻了一個個兒。那些衣冠楚楚之人，那些大腹便便的大人物一個個地倒了，垂頭喪氣地被造反派押到東押到西，有的還要戴高帽子遊街，或者開萬人批鬥大會，坐噴氣式掛牌子。採茶在大街上看到他們的狼狽相，一開始還十分不解呢。

招待所新進駐的是一批她從前沒有看到過的人，有工人，有農民，更多的是學生。採茶現在給他們倒茶了，老張，老劉，小吳，多麼親切，從前哪敢這麼叫？叫聲首長，還不敢抬頭呢，所以採茶感到新生活的快樂。小吳是大學裡的老師，很有學問的，現在是造反總部的頭兒之一，他們一起站在大門口，看遊街的走資派狼狽走過，他雙手藏在腋下，挺著胸膛，他一句話就把新生活的實質挑開了，他說：「憑什麼你這樣的貧下中農只配給這些走資派倒茶，今天造反，就是要造到他們這些人的子女來給你這樣的人倒茶。」

真是醍醐灌頂，真是當頭棒喝，採茶手裡拎著那把茶壺，突然明白，她的這種生活真正象徵著什麼。革命對得放是一回事，對採茶是另一回事。採茶也想舉旗造反了，但她的目的性十分明確，她一定要當一個世世代代不再給人倒茶的翁家人。現在她憶苦思甜，想起她的太爺爺撮著，想起她的爺爺小撮著，想起她的倒插門的父親小小撮著，他們哪一個骨子裡不是給人倒茶的，他們這一倒，給城裡人資本家杭家人就倒了一輩子啊——天！現在生出我來，莫非還是倒茶的命？感謝毛主席，感謝紅衛兵，造反了，革命了，命運的轉機來到了！

這樣就想到了不如意的婚姻——嫁給小布朗，三輩子也是跑堂倒茶當下手的，不管三七二十一，先退了他再說。爺爺是給這個迅速轉變的孫女兒給撥昏了，小撮著長嘆一聲說，好了好了，前世作孽，我去退掉拉倒。不過我跟你把話說清楚，婚事管婚事，他們母子兩個還是要住到這裡來的。房子是我的房子，我愛讓誰住就讓誰住。我要看著你不順眼，說不定還要趕你出去呢。

採茶一聽，嘴上是硬的，想來想去，夜裡就睡不著，臉色就不好了。小吳是住在招待所裡的，見了她悶悶不樂的樣子，就關切地問她是怎麼一回事情，採茶吞吞吐吐，半天才說出她的心事。吳坤聽了，一時也說不出話來。他想起了他自己，這個大時代下，有多少相似的事件在發生啊。

入夜，她拎著熱水瓶，走進吳坤那暫時安靜下來的房間，她一邊給吳坤倒茶，一邊對吳坤說：「小吳，我想來想去，階級還是要的。親不親，階級分嘛。」

吳坤正在獨自喝悶酒，抬起眼睛看看這純樸的鄉村姑娘，又低下頭來看到她的紅嘟嘟的生著胖酒窩的手，一衝動，就握住了。那胖手激動地瞎抖起來，吳坤就閉上眼睛，警告自己，他知道他近來已經有過幾次不檢點的行為了，這有礙於革命，也有礙於自己的將來。這麼想著，又使勁地握了一下那胖手，放開，莊重地說：「慎重，要慎重，要三思而後行。」

採茶是聽不懂「三思而後行」的，但採茶從吳坤剛才凝視她的眼睛裡、從小吳剛才那使勁的一握裡看出了別樣的意思，傻瓜才看不出呢。採茶的眼神裡閃耀起了鄉村少女才會有的純潔的光芒，還有夾雜在其中的困惑與痛苦，吳坤不敢笑她——真誠的姑娘，痛苦的姑娘，他想。但和白夜是不能比的。

這段微妙的時光，無論如何還是一種享受，還是有純潔的東西在裡面的——如果沒有別的東西來干擾。吳坤不能不想念白夜，但想念她就意味著想念痛苦，想念一切和他目前所從事的偉業背道而馳的一切。想念她還意味著拉扯上別的不乾淨的東西，比如拉扯上趙爭爭。他剛剛想到這個令人頭痛的名字，不速之客趙爭爭來到了。她風一樣地旋了進來，手叉在腰上，她常常這樣不招自來。因為什麼，就因為那天夜裡發生的事情。只有一次，唯一的一次，以後永遠也不會有了。

吳坤厭煩透了，後悔，永遠也不能原諒自己。若是和白夜在一起你永遠也不會有這樣的擔心——他喜歡白夜身上那種道德約束與放肆浪漫錯綜複雜交結在一起的不可知的美。這是一種強烈的刺激，喚起他的征服欲和男人的野心，把他的情感的位置提到某個常人不能到達的高度。

而這個趙爭爭是怎麼一回事，她為什麼那麼在乎那一次，那不成功的一次也是在她的渴望之下實現的嘛，而且你也可以說根本就沒有實現。難道我就該承擔全部責任？他再看了看採茶，純樸、健康，雖然憂心忡忡，但一點也不發神經病。她說：你們談，我走了。還給趙爭爭也倒了一杯茶。趙爭爭連起碼的頭也不點一下，什麼感情？一點勞動人民的感情也沒有！吳坤討厭這種農民起義軍兼暴發户式的做派——包括他們的子女們的做派。他說：你別走，我也沒事，我們一起聊聊。

然而這個趙爭爭卻說，我有事，我有正事，中央文革有最新精神來了，我爸爸讓我趕快叫你去。一聽說中央文革，吳坤就像打了強心針一樣，立刻彈跳起來，說：什麼精神，什麼精神，快透露給我一點。

精神來自北京，保皇派們又一次遭到了慘重的打擊，上京告狀的這幾個小爬蟲一下飛機，就遭到了迎頭痛擊。現在文化大革命要深入發展，走資派還在走，但他們越來越無法和革命相抵抗了。他們不得不假惺惺地準備進行檢討了。

吳坤聽了，也非常激動，但還是忘不了叮嚀一句：「以後再有什麼新精神，叫你爸的秘書打個電話給我就可以了，還用得著你當通信員跑來跑去？」

她聽懂了呢，還是假裝不懂，她說：「我不就是想來看看革命戰友嗎？」她的臉上泛起不自然的紅暈，在情感上她不是和這個鄉下姑娘一樣，白紙一張嗎？吳坤要是還能為自己臉紅的話，他是要為自己剛才說過的那句話臉紅的。難道她一點也不明白，她根本就沒聽出這一句話的另一個翻版——謝謝你，你能不能以後不要再通過這樣的方式來見我了，其實我並不想再和你有什麼瓜葛呢！

吳坤心裡明白，他這樣做是不公正的。這時候的姑娘趙爭爭，並非一點也不可愛的啊！

他一邊拿過一件大衣給她披上，一邊說：「那麼晚了，我送你回家。」

採茶從吳坤房間裡出來，請了假，她就到布朗的煤球店裡去了。布朗正從外面送煤回來，灰不溜秋的，下了車就開始鏟煤。穿著舊工裝，渾身的腱子肉，非常帥，像電影新聞簡報裡那些煉鋼爐前的工人。

採茶隔著一條巷口看著他心又開始動搖，她吃不準自己該跟她的未婚夫說什麼好，在巷口她是決定一刀兩斷的，可是一看到未婚夫她又糊塗了。她又想，布朗他雖然在城裡鏟煤，但還是比在鄉下種茶要好，而且他馬上就要到香噴噴的茶廠去工作了。你看他有多快樂啊，她看到他鏟煤時快樂的白牙。在他身上仿佛没有什麼運動——那些半夜三更開會，到哪裡哪裡去抓當權派之類的事情，統統和他無關。當然他的媽媽很麻煩，不過聽説查來查去没有查出花頭來——她現在連國民黨臭婆娘也不是了，她已經和那個國民黨離婚了。她想著想著，溫情上來了，快快地跑到煤球店門口，說：「小布朗，我來了。」

小布朗一邊幹活一邊說：「採茶姑娘你真好，跟我分手了還來看我。」

「說什麼，你倒當真了？我等你下班，去看看我準備的那些東西。」

小布朗吃驚地拉下了口罩攤開手，問：「為什麼，我們不是已經分開了嗎？」

誰說的！採茶害怕周圍的人聽見，把他拉到外面：「那麼簡單，你說分手就分手？」

「但那是你說的分手啊！」小布朗回答。

「我說分手你就分手啊？你就那麼不把我當一回事情？」採茶說。

小布朗久久地盯著這張臉，這張紅紅的蘋果一般的皮膚厚厚的臉。他覺得她太厚了，他進不去。他喜歡那種輕輕一彈就會出水的姑娘，她不是。他抱歉地說：「對不起，你不是我要的那種姑娘。」

採茶聽得連眼烏珠都要彈出來了，小布朗一眼望去，姑娘臉上除了一雙牛眼一般大的眼睛，什麼也没剩下了。他急得大聲地說：「我不是說你不會流眼淚，我是說，我喜歡那種流眼淚的時候，既不喊叫也不跺腳的姑娘。」

他剛剛說完那句話，就發現眼前那個只剩下一雙眼睛的姑娘，無聲地流下了眼淚。她說：「你要到茶廠去了，你就可以不要我了嗎？你叫我回去怎麼做人呢？」她既不跺腳也不喊叫，嗚嗚咽咽地哭了起來。在一秒鐘內，她就成了那種小布朗必須去喜歡的姑娘了。而小布朗也愣住了，他怎麼能夠這樣做人呢？這是患難時刻答應跟他約會的姑娘啊。他自己也不知道這件事情是什麼時候發生的，他就把放在內衣口袋裡的那只戒指，套到採茶手上去了。

那天夜裡，他在愛光家裡坐了很久，他唉聲嘆氣，手抱脖子，不停地問她：「你怎麼不跑出去串聯啊，你怎麼不跟著得放這些傢伙一起出去造反啊？」

謝愛光搓著手問道：「你怎麼啦，不就是結個婚嗎？你要是不願意結，你就不結唄。」

「可是我必須結婚啊，我大舅說了，只有等我結了婚，他才放心給我介紹工作。我必須工作，必須有一個家。」他突然眼睛一亮，盯著單薄的謝愛光，問：「你願意嫁給我嗎？」

謝愛光正在小口小口地喝著一杯茶，她的家裡破破爛爛的，她坐在一堆破爛中，活像一個灰姑娘。她手裡提著個小茶杯，傻乎乎地看著小布朗，突然鼻翼抽動，輕輕的一聲：「——媽啊——」她哭了起來，嚇得小布朗連連搖手：「算我剛才胡說，行不行，你別哭，這算什麼？你這小屁孩子，我還不想娶呢。」

謝愛光不好意思地笑了起來，說：「你別嚇我，我膽子小，我才十六歲呢。我特別想要個哥哥，他們都欺侮我。」

「誰？」

「杭得放他們！」

「這狗東西又不知道上哪裡去了。等他一回來，我打爛他的屁股，你等著。」

「算了吧，到那時候你那個新娘子還不管著你？你再也不會給我送煤來了，我再也見不著你了。」

「她敢！她要敢攔我，我就揍她，她要鬧，我就跟她離婚。這一次是她求著我。我沒說錯吧，我小布朗在雲南就是一條好漢，有多少姑娘喜歡我啊，要不是因為回杭州，我把她們一百個也娶下來了。」

謝愛光叫了起來，她還分不清男人的吹牛和實話，她驚訝地說：「你可不能那麼做啊，婚姻法規定一夫一妻制，你千萬不要犯法啊！」

小布朗深深地看了一眼謝愛光——天哪，都十六歲了，在西雙版納，從前的邦崴爸爸，就可以讓她們當媽媽了，我多麼喜歡你啊，多麼想和你上床啊……小布朗使勁搖了搖頭，站了起來，在今天剛發的工資裡抽出了三分之一，說：「看到了吧，我一份，你一份，沒少吧？」

十五支光燈光下的愛光的眼睛裡，又流出了眼淚：「我媽媽已經兩個月沒給我寄生活費了，我給她寫信她也不回，我告訴她這兩個月的生活費都是向人借的，她怎麼還不回信啊，我真擔心——」

小布朗突然一摟，把愛光摟到懷裡，迅速放開，拍拍她的肩膀，說：「不是都跟你說好了嗎，等我這裡稍稍安定一些，我就替你跑一趟，不就是江西嗎，不遠，打個來回，方便著呢。」這麼說著，他已經推門而出，還沒忘記回頭交代一聲：「外面亂，別出去鬧，鬧得男不男女不女的，不好，聽到了嗎？我會常來看你的，你不聽話我就要揍你了！」這才消失在暗夜中。

現在，一個老男人出場了。他出現在小布朗家的門前，他看上去的確像是一個徹頭徹尾的叫花子，衣衫襤褸倒就不去說它了，奇怪的是那套襤褸的衣衫還東一個洞西一個洞，邊角又都是捲了上去的，像是剛被從火裡搶出來。鑑於前些天一直在廣場巷口燒那些舊戲裝和舊畫報，所以凡與火沾邊的東西都讓人們懷疑。這高個子的老男人往那院門口一站，老工媳就從門裡頭走了出來，上下打量著他，問：「你是什麼人？」

那男人衣衫雖破，一頭花白頭髮卻十分茂密，他露出那種一看就知道是裝出來的謙卑的微笑說：「我……找個熟人，聽說就住在這裡……」

小布朗一家已經被趕到門口的廂房裡，因為房子太小，布朗只好睡在吊床上。鏟完了一天煤灰、正在吊床上睡覺的小布朗，彷彿是在夢裡頭聽到過這聲音，他一個翻身，揹起一件大衣，躍下床來，直衝門口，看著那男人，他說：「走，我帶你去。」

他推起自行車就往外跑，老工媳萬分警惕地想：這傢伙會是他們家的什麼人呢？她搜腸刮肚，從五十年代開始想起，也沒想出這傢伙何許人也。

小布朗陪著那花白頭髮的高個子男人一直走到巷口，把大衣一把裹在那人身上，然後拍拍自行車後座說：「你先上來。」

那男人說：「上哪？」

小布朗說：「我先帶你去翁家山，我要結婚了。」

他們就這樣對視了一眼，小布朗突然說：「爸爸，你沒什麼變化。」他笑了，羅力的眼睛擠了一陣，沒讓眼淚出來，說：「長這麼大了。」

父子兩個就往虎跑路上走，羅力坐在自行車後座上，一路上見那些大字報大標語，說：「你這輛自行車好。」

「飛鴿牌，大舅送的。」

「大舅景況好不好？」

「比二舅好一些，」小布朗虎背熊腰，有力的背脊一彈一彈，「大表嫂死了，大表哥關起來了，就這些。」

「你媽媽呢？」羅力一隻手按在了小布朗的背上，小布朗身上的熱氣，彷彿透過棉襖傳了過來，臉上被冷風吹著的寒意，也彷彿沒有了。

小布朗就跟他說媽媽一開始很倒楣，現在開始好起來了，就是那個占了我們院子的老工媳討厭。她不是一個好東西，要知道你回來了，會鬧得天翻地覆，所以我今天先把你帶到我們準備結婚的新家，等明天我們再把媽媽接過來。你不用擔心，到了杭州，有我呢，兒子嘭嘭嘭地敲著胸脯。羅力看不見兒子的臉，心裡就想，太像我了，太像我了，這話就是二十多年前我對寄草說的。

正那麼想呢，兒子又問：「爸爸，你是怎麼出來的？逃出來的，放出來的，還是請假出來的？」

羅力這才有機會說說自己，他拎起手裡那只塑膠口袋，說：「農場起火了，我什麼都沒搶出來，只搶出了一隻鞋，倒是我專門為你的腳準備著的呢。」說著就把那一隻火裡逃生的棉鞋取了出來，交給布朗。布朗一隻手單放，接過那隻鞋，貼在自己的臉上，說：「真暖和。」羅力說：「可惜只有一隻了。」小布朗說：「沒關係，叫媽媽再做一隻。」

話說到這裡，小布朗車龍頭一彎，進了滿覺隴。兩邊山色一暗，撲面而來的便是黑乎乎的茶坡。羅力一把抱住兒子的腰，把頭靠在兒子的腰上。

這一次，採茶的確認為杭布朗是瘋了，如果不瘋，他不會作出這樣喪失理智的事情，他竟然敢把他的勞改犯父親接到翁家山來住。採茶不會一讓再讓，她現在越來越覺得感情問題的重要，她越來越覺得自己的輕率。原來，經吳坤的力薦，翁採茶已經作為杭州市郊農民造反派的代表常駐造反總部。她立刻就從從前招待所四個人一間的宿舍搬出，住到了吳坤的隔壁，昨天還睡在她下鋪的那一位小姐妹，今天早上就開始給她倒茶，今天中午，小姐妹又重提上次介紹給她的那個解放軍叔叔了。而今天夜裡，他們還有一個重大活動呢，她要和吳坤他們並肩戰鬥，去奪報社的權了。後天，一九六七年一月一號，那就是翁採茶的另一個人生的開始了。這是怎麼樣的翻天覆地的變化！翁採茶深深地感到了革命的偉大，而且她一下子就明白了為什麼那麼多人要革命。

她有許多事情要做，首先就是要學習文化，要掃盲。她小學裡的這點東西，後來已經飛快地還給了老師，她覺得，要配得上和吳坤他們這樣的人坐在一張會議桌上，起碼你得識字啊。這是從今天就可以開始的。再一個，這次她下了鐵血之決心——必須和小布朗解除婚約。這件事情麻煩一點，因為她和小布朗短短半年打了那麼多的回合，弄得大家眼花撩亂，不要說別人，連自己也被自己搞糊塗了。不過這一次採茶已經有了後路，有那解放軍重新接頭，還有吳坤就睡在她隔壁，她突然覺得她的感情生活將開始山陰道上應接不暇。哪怕這雲南佬再發噱，她也絕不和他在一個鍋裡喝粥。

她已經有很多天沒回翁家山了，今天回來，就是和爺爺宣佈這件事情的。她還沒宣佈呢，爺爺卻開始宣佈了，說：「採茶你去跟你們那些造反派說，叫他們趕快給毛主席拍個電報，就說是我小撮著叫他們拍的。」

翁採茶心裡真是感到好笑——你以為你是誰？一九二七年跟蔣介石對打過，你就有權利給毛主席打電報？而且電報的內容又是這樣的反動。原來這些天農村吹風，說是要開始割資本主義尾巴，要農民捐獻自留地、宅邊地和零星果木。聽說再發展下去，就要合併生產隊。農民們不幹，這是可以理解的，連毛主席都教導我們說了，嚴重的問題是教育農民。問題是小撮著帶頭鬧事，他說：是不是又要我們回到五八年大躍進共產風，又要我們過餓死人的日子。採茶說：你為來為去還不是為了你們前門後那幾株茶樹。那幾株茶蓬，能採出幾兩茶來，你好好一個老革命不做，要去做資產階級的尾巴！

小撮著大叫起來：「我就是為了那幾株茶樹，怎麼樣？那幾株茶樹還是我爸爸手裡種下的。他也是老革命，被蔣介石殺掉的。他種下的樹，怎麼到我手裡就要送出去？土改的時候都沒送出去呢。」

孫女也叫：「那是什麼時候，現在是什麼時候，現在是文化大革命，你頭腦清不清？」

這可真把爺爺氣死了。這個孫女，從小黃膿鼻涕拖拖，十個數字一雙手點來點去點不清的人，城裡造了幾天反，竟然問他頭腦清不清。他說：「我頭腦不清？我頭腦不清你哪裡來的鈔票結婚？你以為你到城裡倒那麼幾天的茶就夠你活了？自己肚子填飽算你不錯了。你那些熱水瓶、掛鐘，那些棉被，還不是我辛辛苦苦這點私茶摘了來偷偷摸摸去賣掉，幾年幾年攢下來，才湊起這個數字的。」

翁採茶聽到這裡，門嘭的一聲關緊，指著爺爺鼻子輕輕跺腳：「你還要叫，你還要叫，你就不怕抓了你去遊街？這是投機倒把你曉不曉得，要坐牢的你曉不曉得？」

「我不曉得？我不曉得還是你不曉得？」小撮著看不得孫女這種造反派脾氣，說了一句正中翁採茶下懷的話：「你有本事自己掙錢結婚去！你不要我的房子，也不要我的錢！」

翁採茶說：「我本來就不想結婚，是你硬要我結的，我現在就不結了。你也不准再拿我結婚的名義去賣私茶。我跟你說了，我現在身份和從前是不一樣了，我是參加革命造反派的人，我不想讓人家把我爺爺抓到牢裡去，為了幾兩茶，犯不犯得著？」

「你造反！你造反！你造反怎麼也不為農民說說話，毛主席都是被你們這些說造話的人騙的。五八年就這樣，現在還這樣！」

採茶聽得慌起來了，她想她這個爺爺，這樣亂說，遲早要進大牢。她甚至覺得奇怪，城裡許多沒說什麼的人都被打得半死了，她這個爺爺怎麼還沒有人來抓。

正那麼想著，小撮著一腳踢開門走了。採茶問：「爺爺你要到哪裡去啊？」小撮著對著滿山的茶蓬，說：「我去給毛主席拍電報。你們都給毛主席說假話，我給毛主席說真話去！」

他前腳走，布朗後腳就到了，你想，這種時候，他們父子兩個，還能聽到好話？一聽說站在小布朗旁邊的那一位竟然是勞改釋放犯，採茶快刀斬亂麻，站在門框上，手指著外面，說：「快走，快走，趁現在天還不太晚，你們想上哪裡就上哪裡去。我這個地方，你們就不要來了！」

小布朗走上前去，一把拖過採茶到燈下，慌得採茶直喊：「你要幹什麼？你要幹什麼？」

小布朗一聲也不響，把採茶搡到燈下，仔細辨認了一會兒，確認是她之後，才輕輕地放開，說：「把戒指還我。」

採茶就心慌意亂地還戒指，她也沒往手上套，放在她那個百寶箱裡了。箱子又上著鎖，七弄八弄好一會兒才打開，找到了祖母綠，一聲不響地還給了布朗。這只戒指，嚴格意義上說，她是連一天也沒有戴過的。小布朗依然不走，站在那裡，看著她。她不解，問：「你怎麼還不走？」

小布朗突然大吼起來：「不要臉的東西，退我的訂婚茶！」

這是翁採茶從來沒有見過的小布朗的發怒，她嚇得尖叫一聲，跳了起來，哆嗦著問：「什麼，什麼，什麼茶？」

小布朗啪的再打開那箱子，從裡面取出那兩團被舊報紙包好的沱茶，舉到她面前：「看到了嗎？就是它！就是它！我的心，我把我的心取回來了，我再也不想見到你了，你是我見到過的最最不可愛的最最醜的女人！你照照鏡子吧，你醜死了，我現在看到你就要惡心！」他噢噢地竟然還做了幾下嘔吐狀，捧著他那兩塊沱茶，一下子扔給爸爸羅力，說：「快走，快走，這個人臭死了！」羅力還沒弄清楚是怎麼一回事呢，就被重新拉上了自行車後座，揚長而去了。

翁採茶也是愣住了，半天才回過神來，第一件事情就是走到鏡子前照自己，鏡子中一個哭喪著臉的姑娘，前幾天因為想到自己，做了造反派代表，要老成一些，故而辮子剪成了短髮，因為剪得過短，頭髮又多，如今堆在頭上，襯出一張闊嘴大臉，左看右看都是一個醜字。翁採茶立刻對自己失去了判斷力，對著鏡子裡那個蓬頭垢面者就哭了起來，一邊哭一邊整理衣服。她不敢再在茶山住下去了，在這裡，她已經自己認不得自己了。

她披頭散髮地衝到了造反總部，已經過了夜裡八點。放下東西，看看隔壁房間燈還亮著，就不顧一切地衝了進去，看到小吳還在，還有那個趙爭爭。屋裡一股熱氣，暖洋洋的，慰藉了她那顆受傷的心。她熱淚盈眶，心潮澎湃，猛然一撲，到吳坤的床上，大聲哭了起來，邊哭邊說：「我已經徹底地和他們劃清界限了！我已經徹底站到無產階級革命路線一邊來了。」

「那你還哭什麼？」趙爭爭有些不耐煩地問，她本能地討厭這個貧下中農的女代表，她總是在她最不應該到場的時候到場。

採茶抬起一雙淚眼，飛快地朝屋裡那面大鏡子照了一下，說：「他說我是世界上最醜最醜的姑娘，還說他看著我就要惡心。」說完她就又倒下痛哭。

吳坤不由自主地和趙爭爭對視了一下，還沒說什麼呢，趙爭爭就站了起來，說：「低級趣味，真正的低級趣味。」

她的臉紅了，眼睛卻亮了起來。吳坤看看她，再看看蓬髮如鬼、身材矮胖的翁採茶，心裡懊惱了起來，就說：「該出發了，報社那邊，已經有人在接應我們了。」

從虎跑往城裡去的路兩旁，種滿了落葉的水杉樹，現在葉子已經快落光了，枝杈露出了多指的細骨，一群群地懸在半空，像一隻隻巴掌，伸向天空。月亮掛在夜空，四周有一圈月暈，這是一種要發生什麼的預兆。

四周很暗，又好像很亮，風刮得很緊，那是因為坐在車後的緣故。小布朗把車騎得飛快，他沒有再說一句話，他的父親也沒有再說一句話——他的手裡拿著兩塊沱茶。他突然說：「你把我放下，你回去。」

小布朗一聲不響地騎著車，不理睬他的父親。過了一會兒，才說：「爸爸，我謝謝你。我真的不知道怎麼樣才能把她打發走。你看，你一來，她就走了。」

羅力想了想，說：「我們下來，我們走一走，好嗎？」

下了車並排行走的父子兩個幾乎一樣高，如果羅力的背不是略略駝了一些的話。他們慢慢地走著，好像從來沒有分開過。有時他們在黑暗中對望一下，闊別重逢後的感覺並不如事先想的那麼難以預料。他們就像多年的父子成兄弟那樣親切默契。羅力說：「我一來就給你們添亂，實際上，我只想看你們一眼就走。管教只給我三天假。你還記得我，這太好了，我真怕你把我給忘了。我還怕你不認我。」「你走時我快十歲了，我還記得那輛警車。我最後看到你的黑頭髮。那天風很大，你後腦的頭髮吹得很高，像長得非常茂密的茅草。你現在頭髮還是那麼多，只是花白了。」

「我不應該回來，你媽媽會恨我的。那個姑娘真的就那麼輕率地退婚了嗎？」羅力還是不相信似地問。

小布朗卻笑了起來，輕聲地說：「我們都退了好幾次了，我不習慣這些漢族姑娘，她們喜歡把一次婚退許多次。」

羅力深一腳淺一腳地走在兒子旁邊，他們中間，隔著一輛自行車，他還不敢想像，他就是這樣地獲得了自由。他看看夜空，就想起了茶園。他判刑之後一直在勞改農場裡種茶，他曾經開闢出多少茶坡啊。

他站住了，說：「往這裡面走，是不是花港觀魚？」

「是的。」

「再往裡走是金沙港，蓋叫天住在那裡面。」

「是那個坐在垃圾車裡遊街的老頭嗎，武松打虎，唱戲的。」

「他也遊街了？」羅力不相信地問兒子。

「誰都遊街了，連二舅都遊了好幾次街了。」

「……」

他們這樣說著話，就不知不覺地走到了龍井路，他們杭家人在這裡演繹了多少故事的地方。夜色裡那幾株大棕櫚樹依然如故，在晚風中微微地搖動，它們依然像那些微醉在月夜下得意歸來的僧人，他們依舊是那樣的一派化境，仙風道骨，不沾紅塵。大棕櫚樹下，一大片一大片的茶蓬依然故我，羅力甚至能夠感受到茶蓬下的白色的茶花，以及在她們的花瓣上的晶瑩的露水。父子倆把自行車擱下，就一起心照不宣地朝那個地方走去。一直到他們完全置身大茶蓬裡，他們站住了，一聲不吭地站著，看著這個露水正在覆蓋著的世界。

小布朗說：「爸爸，我要告訴你一個秘密。這話我從來也沒有跟別人說過，可是我能跟你說。有的時候，我是說，像現在那樣非常非常安靜的時候，在這樣的茶園裡，在山坡上，竹筍突然暴芽的時候，我想到了城裡面的事情，我會突然想到放火。我想，我要把這一切都統統燒光，我克制不住自己，想要把一切都統統燒光。放一把火，我想我會很快活的。」

羅力就撫著兒子的肩膀坐下，在大茶蓬下，他們兩個人一起披著那件沾滿了煤灰的大衣，羅力就說：「現在我也來告訴你一個秘密，這件事情，我從來沒有和別人說過——現在我告訴你，我和你媽就是在這裡過了第一夜的。後來你媽媽也是在緬甸的茶叢裡懷上了你的。當時我想：跟你媽過上一夜再死，我也值她也值。孩子，你還沒有開始做人呢。」

杭布朗在聽完這樣一番話之後，一邊推著自行車與父親一起往城裡方向走，一邊說：「爸爸，你放心，我不會放火燒山的。現在我們走吧，我帶你到我大舅家去，那裡會有一張你的床。」

他們終於從寂靜一直走進喧鬧。當他們走到湖濱的時候，看到了一輛綁著兩只大喇叭的宣傳車迎面開了過來，喇叭裡播放著一篇剛剛出爐的社論〈我們為什麼要封掉浙江日報——告全省人民書〉。無論車裡的人還是車外的人都沒有相互注意——車裡朗讀社論的是趙爭爭，旁邊坐著的，是給她當助手的翁採茶，她們的心思，現在全都集中在由吳坤親自起草的這份政治宣言上。而車外的西子湖畔，那豎起領子推著自行車匆匆走過的父子倆，雖然耳朵裡灌進的都是這些口號和聲討，但他們的手上各自托著一塊沱茶，他們的心，還沉浸在剛才的茶園裡，沉浸在茶園裡剛剛敘述過的那些往事上。

一九六六年最後一個夜晚，冬夜多麼長啊，當羅力站在了羊壩頭破敗的杭家門口時，他聽到了記憶深處那湖邊的夜鶯的啼聲，那是故園的隱約的聲音。羅力半生闖蕩，多年牢獄，不知家在何方，只認定了投奔親人。他的軍人的直覺是準確的，羅力止住了兒子欲推門的手，他湊過臉去，把眼睛貼在門上。他透過門隙往裡看，他看到了坐在桌前的杭嘉和，想起了一九三七年冬天的夜訪杭家。他彷彿看到了三十年前的大哥，看到了他獨自一人才會顯現出來的濃重的憂鬱。那憂鬱至今依然，它濃重得幾乎就要從大哥的身影裡流淌下來了。他輕輕地推開了門，他看到大哥站起來，驚訝地看著他們，他聽到他說：「回來了……」

第十四章

下一年的開始和上一年的終結幾乎沒有什麼兩樣。一九六七年一月一日的杭州城，天空青白，陽光很薄，但你不能說它不是陽光。運河邊的大街小巷很熱鬧。這裡是杭州大廠的聚集地，派系鬥爭的中心，武鬥的場所，這裡每天都在醞釀著與市中心西湖邊不同的暗暗激動人心的大事件，新年伊始也沒有停息。宣傳車五花大綁著兩個大喇叭，由遠而近，宣佈著一九六七年將是全國全面開展階級鬥爭的一年，是向黨內一小撮走資本主義道路當權派和社會上的牛鬼蛇神展開總攻擊的一年。拱宸橋彎著它那古老的軀體，從它身上踏過的依然是那些引車賣漿者。不管人們的雙腳有多麼狂熱，拱宸橋是不動聲色的。同樣不動聲色的，還有在它身下流淌的大運河。

一個女人正拉著一車回絲上坡。她低頭奮力，使出渾身的勁來，發出了男人般的號子聲，這就是那種生活在最底層的人們發出的特殊的聲音。偶爾她抬起頭來看一看橋頂，那時，身邊那些看到她容顏的人們，幾乎都會回頭再看她一眼。

寄草現在常常拉著大板車上街，在街上看到各色各樣的熟人，他們有的和她打招呼，有的根本不理睬她。從前，他們都是和她一起捧著青瓷杯喝過龍井茶的。寄草覺得這一切都很正常，她很少怨天尤人，吃苦對她而言，已經是日常生活的全部。勞動使她一直保持著極為苗條的高挑身材，雖然徐娘半老，但風韻猶存，加上家世曾經顯赫，因此當她拉著大板車在街上行走時，她本人就常常成了一道暗藏著的風景線。

元旦那一天夜裡加班，第二天她也不得休息，到拱宸橋絲廠拉著一車舊回絲，正在翻拱宸橋呢。突然渾身一輕，回頭看，兒子推著車朝她笑，還向她努嘴。再一看，她的頭猛地抬了起來，車子差一點倒退到橋下去，羅力正在後面幫她推車呢。

一家三口在大運河下橋洞旁團圓了。寄草沒有和羅力抱頭痛哭，她仿佛在竭力迴避動感情的一刻，她在顧左右而言他，指著橋洞說：「這裡安全，越兒還在這裡睡過覺呢。」

布朗想起來了，一邊幫著媽媽搬回絲一邊說：「就是抄家那天夜裡吧，也不知道我們偷著划掉的那條船有沒有被人家找到。」

「那幾天我是魂靈兒都被你抖出了，萬一人家查到我們怎麼辦？再鬥我一次我是吃不消了！」寄草一邊笑著一邊回答。母子倆說的話，做父親的接不上碴，他傻乎乎地站著，不知道怎麼跟寄草說話。寄草抬頭看了他一眼，說：「過來啊，坐在我旁邊，這塊石頭乾淨。」

「我幫你做點什麼？」羅力笨手笨腳地問。

寄草一邊忙自己的，一邊說：「你真當你是離婚了？想做什麼就做什麼呀，還那麼客氣。」

羅力一下子蹲著，抓住寄草的手，要去搶她手裡的木槌，說：「我跟布朗來，你歇著。」

寄草一邊和他奪那木槌，一邊說：「你幹什麼呀你？人家當我們兩個在武鬥呢。」

羅力突然輕輕叫了一聲：「你做這種事情做了半輩子了！」

寄草愣了一愣，兩隻大眼睛頓時蒙上一層水霧，目光就移到了運河上。一會兒才說：「你看看，這裡有什麼變化？」

羅力搖搖頭，他說不出來。從看見寄草的那一刻起，從看到她像牲畜一樣地拉車起，他就說不出話來了。倒是小布朗自顧自，一邊幫著母親往河邊取出那些回絲，一邊說：「我可真是從來也沒有聞到過這麼臭的河。」

是的，對從大森林裡來的杭布朗而言，一條河能夠流淌得那麼骯髒，散發出那麼一種臭氣乃是一種奇蹟。更為奇蹟的便是這樣一種平行的對應：高高在上的堤岸馬路上是鬥爭的人流，平行在河堤下的，形影不離地伴隨著時代洪流共同滾滾向前的，則是一條人工河的污泥濁水。各式各樣的輪渡、小划子、運輸船、小火輪甚至木筏，從高聳的橋洞下漂過去了。兩岸住房歪歪斜斜，低矮得可憐，點綴著紅旗與彩旗。這樣一種格局，似乎僅僅為了給生活在兩岸的人們一個深刻的啟示：一條河總是配著這條河兩岸的人家的。我們之所以生活勞作在這條臭氣熏天的大運河邊，肯定有著它的宿命的謎底。

寄草已經找到了一塊大石頭，她把一大籃舊回絲都浸到了水裡，汙黑的水面立刻就泛上了一大層油花。寄草戴上皮手套舉起了一根木槌，開始擊打起來。她的神情十分專注，左手揚得很高，打下去的時候，背部連帶著臀部就彈了起來，仿佛兒子的自信也感染了母親。

捶好的回絲，小布朗接了過來，他用他那雙穿著高幫套鞋的腳去使勁地踩。他們母子倆很投入，把這件最下等的勞動做得那麼專注。羅力看了一會兒，到底還是奪過了寄草手裡的木槌，也學著寄草的樣子擊打起來。他投入的力量更大，花白的濃髮不時地往下滑。滑下來，女人就給他捋上去，滑下來，女人再給他捋上去。小布朗看著看著，頭就別開了，走到遠一點的地方去了。

他們之間靜默了一會兒，羅力才說：「我給布朗留了一雙棉鞋，只剩一隻了，你能不能夠再給他配一隻？」

「看時間吧，有時間就做。」

羅力停止了捶打，看著寄草，突然說：「寄草你知道我這次來是做什麼的？」

寄草盯著他，兩隻眼睛大出了一圈，說：「叫我好去嫁人了，是不是？」

羅力愣了，嘴角抽搐地笑了起來，問：「我心裡想什麼你都知道？」

寄草也笑了，從羅力手中抽回了木槌，指指橋上的人，耳語道：「你看看這個社會，亂成這樣，我嫁給誰去？」

羅力盯著寄草，嘴巴張了張，到底還是說了出來：「楊真。」

寄草愣住了，突然就用木槌去觸羅力的肩膀，一邊輕聲嗔道：「我叫你胡說，我叫你胡說！」這句話這個動作，都是他們小夫妻時的私房話啊，那時候羅力就愛把楊真拿出來開寄草的玩笑，那時候的玩笑中卻不是沒有一點醋意的啊。

羅力一把抱住了木槌，雖然臉上還在笑，但目光中卻閃著淚花：「寄草，我說的是真心話，你不要再這樣沒有指望地等下去了。楊真是個好人，我知道你喜歡他的。他現在大學裡教書，一個人，你跟他，還有幾天好日子過，我在農場裡也放心。」

寄草看了看他，突然板下臉來問：「說實話，是不是農場裡有什麼相好了？」

羅力愣住了，好一會兒，才長嘆了聲道：「你開什麼玩笑啊？我想這個事情，多少天都沒睡好，你正經點好不好？」

寄草就又開始勞作，一邊用腳踩著那回絲一邊看著橋頭說：「你啊，坐牢都坐糊塗了。楊真讓造反派抓到哪裡去都不知道了，你還讓我嫁給他？我到哪裡去嫁？」

羅力聽了此言，吃驚地站了起來，這可是他沒想到的。寄草的腳一直就沒有停，邊踩邊說：「說實話，我連跟你假離婚都後悔了。離婚不離婚，有什麼兩樣啊！」

他們的話說到這裡，終於開始沉重起來，面對面四目相望，周圍喧囂的聲音全都遠了。兩雙眼睛仿佛在比賽誰忍得住眼淚，眼眶中淚水滿上來又退下去，滿上來又退下去，就是不溢出來。終於，羅力重新接過那木槌用盡全身力氣捶打起來，聲音啪啪啪的，在橋洞口發出了回聲，響極了。

小布朗拎著一大籃子洗好的回絲過來，他開心地看著他的這對父母，一個用腳踩，一個用手捶，他們一家三口，這樣勞動團圓，多幸福啊！他喝著那個大茶缸裡的濃茶，看著高高的大石橋，突然像是發現了什麼，說：「媽媽，那年爸爸炸錢塘江大橋的時候，你就是站在這樣的橋下看爸爸的吧？」兩個歷盡滄桑的中年人吃驚地對視了一眼，站了起來，靜靜地看著石橋，好一會兒，寄草才說：「哪裡啊，那要遠著呢。我怎麼叫，你爸爸都聽不見啊。」

她朝羅力笑了笑，羅力的身上一下子暖了起來，現在他的感覺好多了，真的好多了。他開始專心致志地幹起活來，這一車的回絲，夠他們一家三口忙的呢。

在同樣的時代裡也有各樣的人生。杭布朗比他的兩個表侄要活得乾脆多了。他已經進了茶廠。但他當評茶師的夢想卻不是那麼容易實現的。他現在還只能當個雜工，一會兒搞搬運，一會兒搞供銷，一會兒收購茉莉花，一會兒打包，布朗沒意見；工資只有十幾塊，也沒意見，分出一半給謝愛光了。他愛廠如家，不參加任何派別，但哪派叫他貼大字報他都高高興興去，給他們拎糨糊桶，搬梯子。茶廠也分成兩派了，兩派的姑娘打照面時都恨不得掐對方一把，但哪一派的姑娘都願意把自己家裡帶來的霉乾菜焐肉夾到小布朗的飯碗裡去。她們還拉著布朗的袖子逼他表態：你給我說清楚，你到底參加哪一派？你給我站隊站清爽，不准你騎牆！小布朗笑了，露出一口白牙，說：「姑娘，我喜歡你，別對我這樣說話。」姑娘們嚇得尖叫著跳開了，一邊笑罵著：「流氓，我說他是個流氓，你們還要不相信！」

杭布朗很快就成了人們心中的異類。西雙版納，在人們心中意味著另一種文明。他仿佛是未開化的森林子民，因此被劃出文明人的殘酷的遊戲圈。他也很忙，永遠有姑娘等著他去呵護，雖然誰也不會跟他上床。這是漢族姑娘們的天規啊，想讓他愛護她們，你就得做他們想要做的人。

但布朗這一階段的熱情，主要還是傾注在謝愛光身上。因為有了杭布朗，謝愛光甚至不再覺得生活過於恐懼了。

杭布朗喜歡和謝愛光在一起，愛光愛光叫得很親切。謝愛光是很會小鳥依人的，那是多年來無依無靠的生活裡突然出現了強大支柱的緣故。這和對杭得放的感情不一樣。一想到這位眉間有紅痣的英俊少年，早熟敏感的謝愛光就會心跳，無端地臉上泛起紅潮。他們突然在一種非常狀態下取得了聯繫。謝愛光在家門口的傳達室接到了他的來自北京的電話。電話裡沒有任何廢話，只讓她趕快找到董渡江，給他出一張證明，證明他是到北京來外調的，然後趕快寄去。謝愛光在電話裡叫：「董渡江整天跟孫華正打派仗，我不知道該怎麼找他們啊！」然後她就聽到電話那頭的聲音：「我正在拘留當中，就看你能不能把這事辦成了。」

能不辦成嗎？謝愛光風裡來雨裡去地跑遍杭城，尋找董渡江。終於找到了，董渡江還警惕地問她：「這事他怎麼會找你啊。」

謝愛光就撒了一句謊：「他找不到你，才讓我找的，他不是知道我和你鄰居嗎？」現在，她確信她與杭得放之間已經有了一種別人無法得知的隱私了。

這兩天她病了，也許就是讓那事鬧的，不過是小小的感冒，她躺在床上，儘量想讓自己不失常態，雖然照顧她的並不是她心目中的白馬王子，而是白馬王子的表叔。

布朗現在幾乎每隔一天就要來看他的小妹妹愛光。這樣他就很快從翁採茶那裡過渡了過來。聽說那姑娘嫁給了一名當兵的，還是四個口袋的呢，布朗撇撇嘴，他覺得這事情已經和他沒關係了。再說他現在和愛光好著呢，反正愛光在學校裡也像是個沒人要的孤兒，不知道為什麼，他們都喜歡說她作風不正派。為此謝愛光曾經哭得死去活來，她知道那是別人說她的媽媽作風不正派，但這和她有什麼關係呢，難道作風不正派也會遺傳？

現在她躺在床上，由布朗照應著吃藥。布朗從葉子舅媽那裡要來了幾包胡慶餘堂的萬應午時茶。顏色像咖啡一樣，長長方方的一塊。布朗往杯子裡放的時候，愛光苦著臉問：「這是什麼，苦嗎？」

布朗一本正經地說：「我是醫生，你聽我的，沒錯。」

這種藥物沖劑裡有連翹、羌活、防風、藿香和紫蘇，這和一般的萬應午時茶倒也沒有什麼區別。但胡慶餘堂的午時茶和別處不一樣的恰恰是在那個茶字上。別人用的是陳紅茶，他們用的卻是紅綠茶各半，並且還是在銅模裡壓製出來的，長方形的小塊，每塊九克。人若受了風寒感冒、食積停滯、腹瀉腹痛等症，輕者一塊，重則兩塊，每塊泡兩次，上午九十點鐘，下午三四點鐘，這倒跟英國人喝午時茶的時間正相巧合了。葉子存放著一些這樣的中成藥，正好讓布朗拿來派了用場。

沖入開水的午時茶湯色像老酒，布朗想到要用茶杯蓋子悶一悶，這樣裡面的成分才不會跑掉，找來找去地找蓋子，哪裡有？謝愛光皺著眉頭說：「我可沒錢買杯子。」

布朗一隻大手就蓋住了杯口，說：「你要杯子，那還不好辦，我們家那個右派哥哥在龍泉山裡頭燒出多少杯子，等你病好了，我給你搬一箱來。」

謝愛光又撒嬌，說：「你看你的手，煤灰都掉進去了。」

布朗伸出巴掌來給她看，邊看邊說：「你聞聞，都是茶末子香呢。」

謝愛光真的聞到了茶香味。她不由得說：「我要是有工作就好了，有了工資，就到江西找我媽去。

我媽也不管我，她會不會也和得放的媽媽一樣……」

這麼一說，她就哭了起來。布朗已經把茶杯送到她嘴邊，說：「哭什麼哭什麼，不是跟你說了嗎，我請了假給你江西跑一趟就是了。」

「我要我媽給我做一條被子，天那麼冷，我都睡得凍死了。」

布朗想起來了，連忙打自己的額頭，說：「看我的記性，把眼睛閉上。」

謝愛光把眼睛閉上，她感覺到臉上一陣冷風，一個重重的東西壓在她腿上。睜開眼睛一看，是一件勞保大衣。她的鼻子一酸，要哭的樣子。布朗連忙又把茶送到她嘴邊，說：「快吃了，發一發汗，睡一覺，明天早上起來就好了。」

謝愛光乖乖地喝完了藥，卻坐著不躺下去，愣愣地看著布朗。布朗說：「快睡下去啊你快睡下去啊，悶一覺就好了，我給你蓋被子。」

謝愛光盯著他看了一會兒，突然說：「也不知道得放怎麼樣了？」

布朗打了打自己的頭，說：「你看我這是怎麼啦，今天盡忘事。我跟你說，得放有消息了，迎霜告訴我的。有人在北京看到他了，特意跑到羊壩頭去通風報信呢。」

「真的，那是什麼時候的事情？」愛光一下子坐了起來，又被布朗按了下去，說：「你可別這麼激動，這麼激動我看了不高興，你不是還生著病嗎？躺下！我告訴你，我這消息是從迎霜那裡來的，你聽我慢慢跟你說。」

說來話長，此事還得從迎霜近日的遭遇提起。按照常規，放寒假的日子到了。學校裡說是停課鬧革命呢，但依舊熱鬧得很。杭家小姑娘迎霜則是能躲則躲，能藏則藏。

但是昨日夜裡有同學來通知，今天一定要到校的，不去的人就是反革命嫌疑犯。膽小的姑娘迎霜不敢不去，一大早，奶奶葉子就被孫女折騰得不得消停。迎霜從起床開始就沒停過哭叫，她翻箱倒櫃，沒一樣滿意的。反正大爺爺也不在，她那顆小小的受了驚嚇的心也沒個發洩去處，奶奶就成了她的出氣筒。她不吃飯，不洗臉，翻了幾下床，就一跺腳哭開了。

葉子說：「好孩子不哭，先吃飯，奶奶替你找你要的東西。」

迎霜說：「我要紅寶書，不帶上這個學校大門不讓進的。」

葉子連忙說：「我給你找，我給你找。」迎霜這才捧起飯碗，又不放心，端著飯碗，口中熱氣和碗裡熱氣升成一團，哧啦哧啦也沒吃兩口，見葉子奶奶沒有找到她要的紅寶書，把碗往桌上一摔，哇的一聲又哭開了。奶奶又問：「乖乖女別哭，跟奶奶說哪裡不舒服。」迎霜其實也說不出哪裡不舒服，就說：「那麼燙你叫我怎麼吃啊？」奶奶就連忙端走碗，一邊用勺子拌，一邊用嘴吹，說：「奶奶這就給你涼，心肝寶貝不要哭，有奶奶呢。」說到這裡，突然拍了拍腦袋，叫了一聲：「我想起來了，你布朗表叔要去茶廠報到，昨日來借了你的『語錄』用的。」

迎霜一聽，天就塌了下來，手一鬆，稀飯撒了一地，瓷碗四分五裂，人就呆若木雞。她原本並不是這樣一個性情，打陳先生被一茶炊砸死之後，她就成了這個樣子。葉子心痛心肝寶貝的迎霜，見她一下子嚇成這樣，一邊揉著迎霜的心一邊說：「寶貝，寶貝，你今天就不要去學校了。」

迎霜發呆一般地念叨：「要去的，要去的。火車站有反動標語，每個人都要對筆跡。」一邊說著，一邊就悶聲不響躺到床上去了。

她那個樣子比剛才亂蹦亂叫還要可怕，葉子就悔死自已，不該讓布朗把那紅寶書借去，現在臨時到哪裡再去弄呢。正愁得在門口直打轉，就見來彩扭著大屁股走了過來，滿面的春風，斜挎一只塑膠小紅包，見了葉子就說：「杭師母，你看我這只包式樣怎麼樣？昨日我表嫂送的。可以放一本《毛主席語錄》，一本《毛主席詩詞》，剛剛出來的新樣式呢。」

葉子嘴裡一聲阿彌陀佛都要叫出來了，雙手合十，從嘴巴裡吐出的卻是一句：「真正是毛主席萬歲萬萬歲！」也顧不得臉面，一把握住來彩的手，說：「來彩嫂，你救救我們心肝寶貝，她今日這一關，沒有你是過不去了。」

來彩嚇了一跳，葉子是大戶人家，還是外國人，她是曉得的，平日裡葉子雖然對她客氣，但她對葉子卻尊敬得有分寸，她是不敢隨便跟她拉手的，怕她嫌她髒。沒想到葉子為了這樣一本「語錄」，放下老臉，幾乎就要撲到她賣過的身體之上。來彩很感動，爽快地說：「不就是一本『語錄』嗎，來彩送給你們了。」

她這句話還沒落腳，迎霜已經從床上跳了起來，「哇」的一聲哭了起來，一邊哭一邊跺腳：「奶奶你快謝謝來彩阿姨，奶奶你快謝謝來彩阿姨啊！」

一老一少就把來彩往家裡拖，一邊說：「喝杯茶去，喝杯茶去。」

來彩這才是受寵若驚呢，前前後後左鄰右舍，有幾個人能喝上他們杭家的茶？來彩是大面子了。雖說是因為文化大革命，但什麼人分量重，什麼人分量輕，來彩心裡還是有數。迎霜一杯熱茶捧上來，恭恭敬敬雙手遞給來彩，說：「來彩阿姨，以後你常到我們家裡來喝茶。我們大爺爺家是烈屬，不會牽連你的。」迎霜心裡有事，一邊說著奶你一定留來彩阿姨多喝茶啊，一邊揹起那新式的語錄包，一陣風似的跑了。

迎霜心裡急，害怕遲到，一路上幾乎瘋跑。學校門口站著兩個掛紅袖章的男同學，看見她遠遠跑來，一邊招手一邊叫：「快點快點，公安局已經來了！」迎霜急了，飛快跑，到校門口，一個筋斗摔了進去，紅挎包從她身上騰空而起，在半天中漂亮地打了幾個滾，落在校門內的大字報前。迎霜自己可沒那麼瀟灑，她一個跟頭，把膝蓋當場摔破。耳朵和右面頰也擦破了皮，立刻就由青轉紅，滲出血來。迎霜自己還不知道，疼出眼淚來了，還死要面子活受罪地笑笑。她那樣子肯定也是萬分可笑的，走在她前面的同學們回過頭來，也都哈哈地大笑起來。可沒一個人來扶她一把，只拍著手說：「杭迎霜，你怎麼摔得一個嘴啃泥呢？」迎霜就苦笑著臉，強作歡顏，走過去，撿起語錄袋，痛得嘴裡嗞啦嗞啦直吸冷氣，還笑著，樣子比哭還慘。

接下去的形勢卻急轉直下。教室裡大家剛剛坐好，每人就發了一張紙。一個大金牙走了上來，烏黑的倒背頭，臉紅得像是剛剛殺完豬。他怎麼看也不像是公安局的。老師早就打倒了，但這時候還得老師出面說話。老師一上來就喊口號：「向造反派學習！向造反派致敬！」——原來大金牙是個造反派。向造反派們學習完了，又翻開《毛主席語錄》第幾頁第幾條，讀得個不亦樂乎。迎霜讀得特別帶勁，因為她到底把這「語錄」給派上用場了。

「語錄」還沒學完，那大金牙突然手指老師，大吼一聲：「你這個臭知識份子給我靠邊！」

老師只好靠邊，大金牙就自己上來領讀：「千萬不要忘記階級鬥爭！」一連讀十遍。一群孩子就一個手指一個手指地數著，怕念不到那個數。總算念完，大金牙開始訓話：「火車站離這裡不算近吧？我們無產階級的眼睛，就是孫悟空的眼睛，什麼階級敵人看不出來？老實告訴你們，反動標語就出在你們這些人當中！」

他那一雙殺豬眼睛就一個個地審視過來。迎霜嚇得直哆嗦，她甚至懷疑自己是不是作案人。標語的內容是打倒江青。她想，為什麼要打倒江青呢？

大金牙又喊：「坦白從寬，抗拒從嚴，現在站出來還來得及。」

沒有人站出來，大家都把頭低下了，仿佛人人都是不肯坦白的罪犯。大金牙這才命令大家寫字，寫自己的名字，寫毛主席萬歲。迎霜坐在最後一排，要下筆了，卻怎麼也寫不下去了。她焦急萬分地回憶：會不會是別人給我下了迷魂藥後按著我的手寫的反動標語呢？或者會不會是我夜裡夢遊寫過反動標語了呢？會不會我一時喪失了記憶後寫的反動標語呢？要查出來真是我寫的，那該怎麼辦呢？她把頭低得不能再低，終於想出了一個辦法，用左手寫字。用左手寫字是要冒風險的，但總比當反革命強。看看前後左右，所有的同學都用手肘給自己圍了一個圍城。她也如法炮製，很快趁人不注意，用左手寫了一條毛主席萬歲，這才鬆了一口氣，靠在椅子上。

大金牙收齊了筆跡，朝這幫孩子數聲地冷笑，喝道：「走著瞧吧。」然後挺著大肚子走了。坐在下面的孩子們互相看來看去，也沒看出誰是作案人，便開始輕鬆起來。不知怎麼回事，大家開始朝迎霜的位子雲集過來。一個全班最大個子的姑娘，熱情地一把摟住迎霜的脖子，差點沒把迎霜給憋死，說：「杭迎霜，你這只語錄包真好看！」

她一邊說著，一邊就斜背在自己的身上，在教室裡走來走去。迎霜受寵若驚，一開口竟然溜出了一句謊話：「是我北京的親戚送給我的。」

「給我也要一個好嗎？」大個子說。

「一句話，沒問題。」迎霜的大話越說越大。立刻就有許多同學扳著迎霜的肩膀說：「杭迎霜給我也要一個吧，給我也要一個吧。」

迎霜一一答應，說：「我回去就寫信，叫我北京的親戚馬上就寄過來。」

「會不會很貴？」有人問。

「我送你們，不要你們的錢。」迎霜又豪爽地拍胸脯。大家都高興，杭迎霜杭迎霜地叫個不停，讓迎霜都忙不過來了。

正熱乎著呢，大個子突然問：「杭迎霜你是支持哪一派的？」

杭迎霜在這關鍵的時刻犯了一個關鍵的錯誤——這仿佛是她以後命運的寫照，她總是在最要命的時刻忙中出亂，然後前功盡棄。其實她知道她的這些同學都是支持一個叫「紅色風暴」的組織的，她再稀裡糊塗，這些大事她還能知道一些，這對一個十二歲的小姑娘，實在已經難為她了。為了討好她們，取得被她們承認、進入她們圈子的資格，她也準備聲明自己就是紅色風暴派的。問題是她一張口，紅色風暴就成了「紅暴」。要知道，紅暴，也就是「紅色暴動」這一派，它和「紅色風暴」雖然都有紅暴二字，卻是兩個勢不兩立、不共戴天的組織。杭迎霜的同學們別看才小學六年級，但對這些複雜的派系鬥爭，卻已經瞭如指掌了。

教室裡熱鬧的氣氛就立刻凝固，這些十二三歲的小大人們，目瞪口呆地看著這個突然冒出來的死對頭。瞧她的膽量，她竟然敢直言不諱地說：「當然是紅暴！」她不要命了嗎？這個小狗崽子，這個老子反動兒混蛋的現實例證。而且她還敢跟她們開心地笑，用一種這樣輕鬆的口氣把她的反動立場通知她們。同學們一起看著大個子姑娘，她是她們的頭兒，得讓她先拿個主意。大個子姑娘正揹著小紅袋在教室裡美滋滋地走著呢，聽了迎霜的表態，也愣住了。好半天才回過神來，拽下小紅包，劈頭蓋臉扔在迎霜臉上，手指頭尖尖，一直觸到迎霜的鼻子，眼睛剛才笑得像新月，突然就瞪得像滿月，狠狠地叫道：「誰要你的東西，你這個保皇派，小反革命！」

迎霜還在笑呢，她都來不及把臉上的笑轉為痛苦，已經被人家來回地推搡起來。她甚至還不知道她的錯出在哪裡。她被人迅雷不及掩耳的翻臉不認人的突然襲擊驚得智力一時喪失。這些人是什麼時候走的，為什麼走，又對她喊叫了一些什麼，她都不知道。可憐她才十二歲，已經目睹了死亡和背叛，還有人性的如此粗鄙。她的內傷很深很深，一生也難以醫治。她搖搖晃晃地回到家，爺爺奶奶都不在。她給自己倒了一杯茶，想迫使自己鎮靜，然而手一抖，茶杯翻了，碎在地上，濺了一身的水。她越想越怕，越想越怕，關上門拉上窗子，悶頭就鑽進了被窩。她在被窩裡嚇得哭開了，她的耳邊，不時出現有人敲門的幻覺。她拼命克制自己不去理睬，但做不到。就在這時候門被推開了，是個穿著軍裝的年輕人。當他看著那個縮在床上渾身發抖的女孩子，著實地吃了一驚。就在他吃驚的同時，那姑娘大叫一聲：「哇——」一頭就重新悶進了被窩。青年軍人大大嚇了一跳，站著不敢動，好一會兒，才問：「請問杭得荼同志是住在這裡的嗎？」

被窩裡那個發抖的小姑娘依舊不鑽出來。青年軍人等了一會兒，只得環視四周，看能不能找出一點他要找的那戶人家的印證。房間不大，也沒什麼東西，牆上掛著一張毛主席身穿綠軍裝的像，像下是五斗櫥，櫥面玻璃台板下壓著一些照片，那青年軍人看著看著就放心了，他看到了在北京認識的得放，卻沒有看到同時認識的白夜。突然，他的眼睛驚詫地睜大了——他看到了他自己，他新兵時的穿著軍大衣的二寸相片。隔著玻璃，他用手摸摸那相片，的確是他，已經被水浸濡了一角，但畢竟還是自己的形象。他順手取了出來，但有些茫然，回頭看看後面床上，他看見那小姑娘從被窩裡鑽出了頭，像一隻正在化蝶的蛹。她不再像剛才那樣驚恐萬狀了，但她也十分詫異，她問：「你不就是他嗎？」

而他，也一時忘記了他此行的任務，他也詫異地舉著相片，問：「你們是從哪裡搞來這個的？」這張相片，正是當初迎霜從採茶家裡撿到的，順手壓在玻璃台板下，現在變成了活生生的人，他的名字叫李平水。一個與杭家素昧平生的年輕人，就這樣戲劇性地走進了這羊壩頭的茶葉世家。

武裝力量的介入運動，對李平水這樣的青年軍人而言，完全是很自然的。一九六六年十一月初，當地方政府在地方軍區保護下召開會議，傳達來自北京的紅頭文件精神時，身為軍區政治部幹事的青年軍人李平水，就開始身不由己地捲入運動。一面是由於會議過程中不斷受到衝擊，不得不經常轉移會場，另一面是因為恰在此時別人給他介紹了一個姓翁的姑娘，是個招待所的服務員，家在杭州郊區，人長得健康，也很熱情，沒有杭州弄堂姑娘的那種勢利相。一開始李平水還想接觸接觸看再說，部隊的青年軍官近年來雖一直是姑娘們的最佳擇偶物件，但一旦轉業麻煩也特別多，所以李平水不想那麼快就把這件事情定下來。但姑娘非常主動，一天好幾個電話，還跑到部隊來看他。當兵的人就是這樣，有姑娘上門了，一般也就認為是木已成舟了。戰友們一起哄，李平水稀裡糊塗的，就算是定了終身大事。事後想起來，他都不知道和那姑娘見了幾次面。

那段時間他也是真忙，千餘名造反派輪流在軍隊大院的操場上絕食、靜坐，安營紮寨一個多月，誰也不敢把他們怎麼著。戰士們把輕機槍壓上了子彈，衝鋒槍抱在懷裡，氣得直掉淚，幹部們每天睜開眼睛第一件事情就是化解戰士心中的塊壘。李平水祖上是世代當師爺的，到他這一代，師爺是沒有了，師爺的那份心氣倒還是在的，所以小李是四個口袋青年軍官中頭腦十分靈光的一個。他深知，若是戰士們一旦激怒向造反派開槍，後果將不堪設想。因此，特殊的日子裡，他把他手下的一批戰士管理得很好。他的表現，自然也是被首長看在眼裡的，因此，當下一年初北京來電要求浙江派出一個代表團解決衝擊軍隊事件之後，軍區領導立刻決定把小李也排在赴京名單之中。

赴京前與翁採茶突擊結婚時，他一點也不知道採茶的那些事情，採茶對她和杭布朗的那一段事情嚴防死守，就怕別人知道。這是她的小吳告訴她的：世界上的許多事情，壞就壞在公開了。比如原子彈，不爆炸的時候，它算是個什麼東西呢，一堆不中用的鋼鐵罷了。一旦爆炸，它才成了天大的災難。保守秘密，也就是不讓原子彈爆炸。翁採茶聽了吳坤的話，親都親他不夠，當下表示：「你放一千一萬個心，我若是透露你不讓我透露的事情一個字，我就千刀萬剮。」吳坤正色說：「我這還是說了一半，對敵人，要像嚴冬一般殘酷，對組織，要像親人一樣赤誠，要有一顆赤誠之心。該對組織上說的，一件也不該隱瞞。」採茶真誠地問：「那我怎麼知道什麼樣的話是該對誰說啊？」吳坤看著她那雙也可以說是天真也可以說是愚昧的眼睛，忍不住笑了，摸一把她的頭，說：「好吧，以後你有什麼事情，就先告訴我，我給你當刁參謀長吧。」採茶哈哈哈地大笑起來，說：「那我不成了胡司令啦！」

採茶和吳坤早已偷吃了禁果。找不到白夜的吳坤，是不能夠一個人熬過那漫漫長夜的了。這一段時間裡他的私生活相當混亂。趙爭爭也常常來找他，半夜半夜地跟他談著革命，眼睛裡卻另有一番情慾和渴求。有一次勉強站起來走了，吳坤睡不著，正不知如何是好，翁採茶拎著熱水瓶進來了，說是給他送洗腳水來。這對曠男怨女可是心裡明白，送上來的到底是什麼。七分醉意的吳坤二話不說就關了燈，把採茶按到床上去了。快天亮時採茶要往自己的宿舍裡摸，吳坤抱著她的脖子，眼淚流了她一下巴。他向她喃喃自語，訴說他的身不由己，他的不幸的愛情和他的革命之間的矛盾。他說了白夜，也說了趙爭爭，說他不能忘懷白夜，也不能擺脫趙爭爭，而真正能夠慰藉他靈魂的，卻還是像她翁採茶那樣的來自茶鄉的少女。他說他也是從農村來的，奮鬥出來，真不容易啊。革命是多麼錯綜複雜啊，白天要在各種力量之間學會平衡，該說的說，不該說的打死也不能說，討厭的人要面對，喜歡的人又要裝作無所謂，真正是難啊。只有夜晚才是他的，因為夜晚有她，他的採茶姑娘，他一定會對她好的，一定會對她好的，但是她一定要理解他啊。

翁採茶也哭了，她也向他懺悔，說她心裡也是亂極了。實際上那個小布朗她還是很喜歡的，要知道他可是親過她的嘴兒的第一人啊。現在人們又把一個解放軍叔叔介紹給她，那解放軍也是生得很好的，可她心裡就是空落落的，她知道自己是得了相思病了，她不該想一個雲端裡的人兒，可是她做不到，日裡也想，夜裡也想，做夢也想呢，你說怎麼辦呢，我的好人兒啊。她說，我知道我是配不上你的，可你若要我去死，你只管嗆一聲，我立刻就從窗門口跳出去死給你看。

採茶這陡然高漲的情愛之火倒著實讓吳坤暗暗吃驚，他想他幸虧有備無患，連忙把那健壯的農婦般的肉體再抱得緊一些，聲音更加真誠，眼淚再一次湧出，他說他憐惜都憐惜不過來呢，怎麼會叫她去死呢？小丫頭你真是胡說八道啊，再胡說我可要生氣了。不過做我這樣的人是很不容易的啊，白夜的事情還沒有了掉，趙爭爭又窮追不捨，我又不能得罪她的父親，你叫我怎麼辦啊。你別看我白天萬人大會慷慨激昂，碰到這種事情我也頭痛得要命啊。

比採茶再笨的人這時也該聽明白了，可她不但不恍然大悟，反而產生一種大無畏的犧牲精神，她說，你放心，你放心，我是真正愛你的，我要再給你添亂，我還配得上愛你嗎？我的事情你不要管，我只問你一句話，不管我的處境怎麼樣，你還像今天這樣愛我嗎？

看你說到哪裡去，我就是有一天化成一堆灰了也要飛到你腳邊啊，我現在就只有你一個知心人，可以說話的人了——

——你說什麼啊，化成灰的該是我啊，你放心吧，有你這句話，我就夠了，我就知道該怎麼活了——

他們二人就互相當著牧師，在懺悔中又達成默契。採茶走後，吳坤美美地睡了一覺，他真是長久沒有睡得那麼踏實了。在夢裡，他終於見到了白夜，這是白夜離開他之後他第一次夢見她。醒來後他很放鬆，開了一個秘密會議，要掀起新一輪的革命行動。採茶又進來倒茶了，看上去比以往稍添一成姿色。他想，他要想辦法，讓她成為一個不倒茶的女人。果然，不久之後，採茶就成了革命指揮部中的農民代表的要員。

為了表示對小吳的愛情沒有一點私心雜念，翁採茶把自己給嫁出去了。婚後三天李平水就去了北京。白天，受到了周恩來總理的接見，李平水心情不錯，晚上在他的戰友那裡見到了得放與白夜。

李平水的戰友是駐北京某部隊高級軍官的秘書，他們住的那幢小院就在一個大院裡面，相對要比外面安全一些。高級軍官有兩個兒子，兩個兒子又有一群朋友。他們面目不清，行蹤不定，匆匆忙忙出入於大院和小院內外，有時蜻蜓點水，打個招呼就走；有時一住幾天幾夜，也不出門。小院後廂房有一間空屋，一群穿著不戴領章帽徽軍裝的青年男女常常聚集在這裡談論革命。他們往往談到一些高層的內幕，用一些代號和別稱來特指某些風雲人物。只有一個人他們襲用了老稱呼，他們依舊稱呼他為總理。他們慷慨激昂的時候，有時也會忘記他們中有些人正是逃犯，造反派正在滿街找著他們這些狗崽子呢。

總之，這裡的氣氛，有點像一七八九年法國大革命時的某個貴族家庭沙龍，只是帶著中國特色罷了。李平水一進入這間煙霧騰騰的屋子，就有一種特殊的放鬆。這裡有一種軍事共產主義式的開明，你不用說什麼套話，立刻就可以切入主題。

他身旁坐著一位眉間有一紅痣的英俊少年，聽說他來自江南，便用家鄉方言說：「給你一點內部情報吧。你們不會帶著什麼好消息回去的。」

李平水辯解說：「我不明白中國當下怎麼會出那麼多自相矛盾的指示。你看，你們這裡把打倒劉、鄧、陶喊得那麼響，我們省裡開的批判大會，總理辦公室再次傳達了周總理的指示：會議上不管喊打倒誰的口號，省軍區的人都不必舉手，一舉手就是表態嘛。結果我們這些參加會議的軍人都沒有舉手。」

一個臉色憂鬱的尖下巴青年說：「這只是個時間問題，遲早是要逼你們舉手的。」

他說這番話的時候，一位姑娘正提著茶壺進來給大家沖茶，恰好沖到他身邊。他親熱地摸摸姑娘那略微垂下的頭髮，他那種隨意而又突然的動作，反而透露了他們之間的親昵的關係。姑娘也朝他笑笑，一屋子的人都把話停了下來，默默地注視著她。她的容貌身材，甚至壓倒了他們熱衷於談論的話題。但她的注意力顯然更在這群人的談話上，她有些吃驚地放下了茶壺，問：「你也住在杭州？」

李平水卻看著她發愣，他是看著她手裡的那只平水珠茶茶罐發愣。姑娘很聰明，連忙要給他倒茶，還告訴他，這珠茶很濃，吃了不犯睏。李平水說：「我知道，這是平水珠茶。」平水的戰友碰碰他的肩說：「他就叫平水，這茶就是他們那裡出的。」那紅痣少年說：「你們家做茶的吧，我聽你的口音家在紹興。」李平水也用方言問他怎麼知道，少年這才回答：「我們家從前也做茶。我哥哥就叫得茶，得茶而解。做茶人家喜歡用茶來取名，現在都該重新取過了。」

李平水倒真是有點興奮，他家從前真是做茶的，平水珠茶，那可是全世界唯一的圓形綠茶產地，外國人特別喜歡，他很想就此說一點鄉音可以交流的東西。但操京腔的人們顯然對南方的鳥語興趣不大，他們很快就回到了自己的話題，開始討論進行世界革命的可行性。是從友誼關進入越南，還是從西雙版納進入緬甸，還是乾脆從烏蘇里江進入蘇聯。談話的時間越長，屋裡的空氣越惡劣，濃煙與濃茶把李平水嗆得頭昏腦漲，他們的話題也越來越讓李平水覺得少聽為妙。他不得不退出屋子。在門外走廊上，卻碰見了那個倒茶的姑娘。她是專門站在那裡等他的，請他為她捎一封信回杭州。收信人是紅痣少年的哥哥，就是那個用茶作名字的杭得茶。姑娘的眼圈發黑，因此她說話時的神情更加憂心忡忡。她希望他把這裡的情況告訴那位名叫杭得荼的大學助教，請他想辦法把他的弟弟弄回杭州去。她說他在這裡非常不安全，和這些人在一起，隨時都有意想不到的事情發生。

李平水幾乎憑著直覺發現了這位姑娘和那個名叫杭得荼之間的特殊的關係，他不由好奇地問她，為什麼自己不直接和杭得荼聯繫？她搖搖頭說：「請你給我帶一封信給他，我相信你。」

她很美，彷彿還有什麼不幸的命運正牢牢地扎在她的美麗之中。他想到剛才那個尖下巴青年對她的親昵的動作，甚至在這種親昵中也包含著某種不幸的成分。他突然想起了那個他幾乎不瞭解的新娘子，一下子站住了，說不出話來。

北方的冬夜，是南方人無法想像的。他們站在小門口時，已經凍得有些站不住了。即使這樣，當她把信交給他的時候，依舊像是漫不經心地問：「小李，你結婚了嗎？」

這樣年輕的姑娘來問他的私事，讓李平水臉紅了，說：「剛剛結婚。」

她又說：「那你更要小心了，以後請不要到這裡來了，這裡並不像想像的那麼安全。」

李平水明白了她的意思。好姑娘，他看著她憂鬱的眼睛說：「我們是軍隊，和地方不一樣。」

她說：「也沒什麼兩樣，再下去也會分裂的。」

李平水吃驚地看著她，她使勁地握了握他的手，熱氣噴在他臉上。她熱切地說：「記住我，但不要對任何人說起我的事情，也不要通過任何人轉交這封信。我叫白夜，不管在什麼場合下聽說了我的什麼事情，都不要說話。你是一個軍人，我信任你，我知道信任一個陌生人是極其冒險的，但我不知道為什麼突然就會寄希望於你，也許就因為你們家也做茶，你也有一個關於茶的名字吧……」

他和杭家的關係，沒敢多告訴新婚的妻子翁採茶。直到領了結婚證，才知道衢省軍區時竟然也有這個翁採茶一份。在軍區大院裡看到她為造反派張羅這張羅那時，李平水就知道是鑄成終身大錯了。他原來以為姑娘是鄉下人，又在杭州工作，不失純樸，應該是與他相配的。誰知完全不是那麼一回事情，姑娘奮發得很，非常地要有事情，三天裡有一天在家就算好了。他們結婚也不過兩個月，但彼此心裡卻淡得很。而且他還發現了一些奇怪的巧合，比如採茶和杭家的關係，他已經發現那天迎霜來他家時他的妻子的表情。

迎霜還是個孩子，不會掩飾，看見開門人，吃驚地張大著嘴巴，一句話也說不出來。她指著採茶，又指指李平水，結巴著：「你……他……」

李平水還有些不好意思，說：「她是我妻子，你進來呀！」他熱情地招呼著。

翁採茶自以為嫁了人，又有了小吳的愛情，一下子就是個雙豐收。沒想到開門不利，又撞到他們杭家人手裡。幸虧還是個小孩子，不知深淺，也不理睬她，就對李平水說：「不是說好了今天上街的嗎？」

李平水知道那是翁採茶的藉口，但新婚夫妻，也不想讓她難堪，就對迎霜說：「你有什麼事嗎？」迎霜看了看他們，她突然明白了許多事情：採茶是怕她呢。她就搖搖頭，說：「也沒什麼事情，我就是路過這裡來玩的。」這麼說著就走了。

李平水知道她是肯定有事情的，連忙就追了上去，問：「是你得荼哥哥叫你來的吧？」迎霜到底是孩子，還是藏不住話的，就說：「大哥說他會來找你的，讓我先告訴你一聲。」她低下頭，又抬起，說，「我怎麼不知道你是有新娘子的啊。」

她這一句孩子話，把李平水說笑了，說：「你這孩子，大人的事情，你知道那麼多幹什麼？」

迎霜對別人說話一向怯場，唯有對李平水不，她有些生氣地說：「我不知道為什麼，」噔噔噔地朝前走了幾步，才回過頭來，說，「你千萬別跟你家的新娘子說我們杭家的事情。」

「為什麼？」李平水有些愕然，迎霜卻一本正經地說：「我現在不能告訴你，你以後會知道的。」這麼說著揚長而去，妻子走了上來，心事重重地問：「這丫頭跟你說了什麼了？那麼鬼鬼祟祟。」

李平水疑惑地回過頭來打量他的新娘子，這個他本來以為是純樸的鄉間姑娘，看上去十分可疑。他冷靜地問：「你認識她？」

採茶忿忿地說：「剝削階級，剝削了我爺爺、我爺爺的爸爸，扒了他們杭家人的皮，也能認得出他們的骨頭。」

她一張口就說出那麼毛骨悚然的話來，竟然讓丈夫一句話也對不上去了。

小布朗當然不可能知道以上那麼多事情。那天迎霜從李平水那裡出來就跑到布朗那裡去了，世界上竟然會有這樣的事情，讓她非常驚詫。那個翁採茶，竟然嫁給了一個當兵的，而且就是相片裡的那一個。這個人還認識得放哥哥，這是怎麼回事啊，迎霜被搞糊塗了。她也同情布朗，忿忿不平地說：「我早就說她不好，你看她那口大牙，越來越往外齙。布朗叔你不要難過——」

布朗敍述到這裡，忍不住大笑起來，說：「愛光你看我會難過嗎？」

愛光舒舒服服地躺著，小布朗還給她塞好了被頭，拿剛發下來的勞保大衣再嚴嚴實實地蓋住，她已經有些睡意了，說：「你會難過？你高興還來不及呢。」

小布朗看她要睡了，就說：「你睡吧，你睡著了我就走。」

「你在我可睡不著。」

「那我現在就走。」

「不，你別走，你走了我就更睡不著。」

「你要我怎麼辦？」

「我躺著，你給我講故事。」

「講什麼，我可沒好故事。」

「你就講你怎麼給泰麗的丈夫趕出去的故事吧。」

「這故事太遠了，還是讓我講怎麼被採茶姑娘趕出去的故事吧。」

「別講這個，聽上去你一點也不恨她。」

「恨過一個晚上，第二天就不恨了。」

「為什麼，她對你太不好了！你還那麼寬容她？」

「我對她才真正是不好的。我想要她的房子，裝作很喜歡她。現在我明白了，我從來也沒有喜歡過她。第一次見到她的時候我就想，她為什麼不再漂亮一點呢？」

「可是她不該把你的父親也一塊兒趕啊。」

「這有什麼，到處都是這樣的事情。比如我們現在坐在這間小屋子裡談天，黑乎乎冷颼颼的大街上，到處都是那些被趕來趕去的人——」

「誰——」愛光突然跳了起來，盯著窗口問。

仿佛就是為了驗證這句話一般，玻璃窗被人輕輕地彈響，有一個聲音沙啞著說：「我，謝愛光，我是杭得放。」

布朗坐在床檔上還沒反應過來呢，謝愛光嗖的一聲彈跳起來，穿著一條棉毛褲就射向小門口，嘩的一下打開了門，急切地說：「杭得放你快進來，快呀！」她又一下子奔回床前，一邊使勁地套褲子，一邊喜出望外地對布朗說：「杭得放回來了。」

得放夾著一大股冷風，趺趺撞撞地走了進來，看見屋裡的情景，顯然是吃了一驚。他有點進退兩難的樣子，呢喃地說：「我，我只是路過這裡，順便看看，學校裡有沒有什麼新的活動。」

謝愛光一邊套襪子一邊說：「杭得放你快坐啊，布朗哥哥，你怎麼不給得放沖一杯熱茶啊，你凍壞了吧，這段時間你跑到哪裡去了，天哪，你怎麼這副樣子，要不要洗個臉？你別動，我給你打洗臉水。」

她一下子說了那麼多話，那天真的樣子重新放鬆了得放的心。看樣子這裡沒有發生什麼事情，他們之間也沒有什麼特殊的關係。布朗沖了杯熱水給得放，一邊使勁地搓了搓他的凍得像個冰柿子般的臉，說：「你別跟我說你還沒來得及回家，我告訴你，家裡人都差不多要為你急瘋了，快喝，這是午時茶，治感冒的。把你這破圍巾給我摘下來吧。」

這邊，愛光已經給杭得放遞上了絞好的熱毛巾，這是布朗從來也沒有享受過的待遇。他看著這對少男少女那默契的樣子，突然覺得自己是多餘的。主角一上場，替補的人就得下場了。布朗心裡有一點酸，不過立刻就調整好了，說：「如果沒什麼事情，我是不是該走了？」

謝愛光彷彿這時候突然猛醒過來，看了看布朗，又看了看得放。得放一邊洗臉一邊說：「我有不少事情得告訴你，謝愛光，我的這段經歷你想都想不到，布朗叔，你能不能給我到羊壩頭去彎一彎，告訴家裡人我回來了。怎麼啦，布朗叔叔，你怎麼不說話，你肯為我跑一趟嗎？」

布朗憂傷地搖搖頭，說：「廢話，你不是我們家的小崽子嗎？」

他摸了摸得放的脖子，又點點愛光的鼻子，說：「明天早晨要是忘了吃藥，我會揍你的，上班前我要過來檢查的，你給我記住。」

他說這話的口氣已經不像一個哥哥而是一個父親了。他不得不把自己這樣給轉過來，否則他就覺得他走不了。他看見愛光調皮地吐了吐舌頭，但完全沒有要挽留他再坐一會兒的意思。他失望了，臨走時手腳還有些不自然，順便往桌上撈了一張什麼紙，再也沒東西可抓了，這才告辭。門在他背後哐噹一聲關上的時候，他立刻聽到了裡面的兩人忙不疊的激動的說話聲。冷風灌進了杭布朗的脖子，剛才來的時候沒那麼冷啊，他想了想，想起來了，他把新發的大衣送給愛光了。

第十五章

杭得茶和李平水接上頭的那天，李平水忙了一日。周恩來辦公室特意從北京打來電話，當晚周總理要對軍區全體幹部戰士進行電話講話。傍晚時分，李平水正忙著檢查線路，門口崗哨打電話進來，說有人找他。在大門口，他見一個架著眼鏡的年輕人走了進來，問誰是李平水。有一種直覺讓小李感覺到，這個人一定就是杭得茶。他沒有他弟弟的英氣，也沒有這個時代的年輕人一般都會有的那種咄咄逼人的神色，他身上有一種超然的東西，仿佛並不怎麼關心眼前的重大事件。他們一邊往裡走，還沒寒暄幾句，他就迫不及待地問：「她怎麼樣？有沒有說要回來？」李平水抬起頭來，從杭得茶臉上讀到了某一種激動的很個人的東西，他這才想起有東西要給他。就說：「你在值班室等等我，一會兒聽完了周總理的電話指示，我再跟你好好聊。」

那天夜裡，周總理講了不少的話，他的話裡包含著這樣一種精神，為了大局而使個人受委屈，那是符合我們的時代精神和我們的道德準則的。這恰恰是最能夠打動像李平水這樣年輕軍人的話。青年軍官十分感動，這種感動一直延續到他重新見到杭得茶。他再一次想到那個姑娘，他連忙取出那封保存得很好的信，為了安全起見，他竟然把它封進了保險箱。

信很薄，匆匆的筆跡，只有兩張紙，第一張上字很大，稱呼讓得茶一下子閉上了眼睛，他的不能自控的神情把李平水看呆了。好一會兒，杭得茶才睜眼讀了下去——

心愛的我的親人，爸爸拜託給你了，保護他吧。我只能匆匆給你寫這些話，不僅僅是因為時間倉促，還有許多許多原因。在北京已經沒有我的家了。我想你或許知道我這裡的情況，但你還不知道一些更加可怕的事情。我好像永遠也不能再回到南方了，是嗎？不管我做了什麼，請記住那個夜晚。你曾讓我以為重生。是的，儘管我沒有資格說這些話了，但我不能不說：在你對我的愛情中，幾乎看不到眼下人們通常應該具有的男歡女愛的場景。……噢，心亂了，我不知道該怎麼寫下去，「原先我曾確信，你還會回來與我相聚。」——多麼荒唐，在這樣的時刻竟然想起了詩，多麼荒唐，你說呢？但我還是要告訴你，這是蘇聯詩人阿赫瑪托娃的詩句，我現在還能全文背下來的，只有這首與我的名字相同的詩了。

詩是抄在第二頁紙上的：

喲，門扉我並沒有閉上，
蠟燭也沒有點燃，
你不會懂得，我疲乏極了，
卻不想臥床入眠。

看一枝枝針葉漸次消失，
晚霞的餘暉變得暗淡，
我陶醉於溫馨的聲息，
恍惚見到你的音容笑顏。

我知道，往昔的一切全已失去，
生活就如同萬惡的地獄！
噢，原先我曾確信，
你還會回來與我相聚。

信就這樣戛然而止，仿佛寫信的人因為不可預測的災難驟然降臨而不得不斷然結束。得茶只匆匆忙忙地看了一遍就放進了口袋。那天夜裡，他和李平水聊了很久，談局勢，談北京的那群人和那群人中的弟弟得放。他幾乎沒有再提過白夜，實在不得不提時也是夾在那群人中一起提的。李平水一直小心翼翼地繞著那個姑娘的話題走。最後他們終於沉默了，杭得茶朝李平水苦笑了一下，嘴角可怕地抽搐起來，仿佛告訴對方，瞧，關於今天晚上我們的首次相見，我的確已經盡力而為了。

直到李平水把得茶送往大門口時才打破了沉寂，李平水突然想起來了似的問：「你認識翁採茶嗎？」得茶想了想，說：「很認識。」

「她現在是我的妻子了。」

杭得茶慢慢地綻開了笑容，說：「成家了，祝你好運。」

「我跟她從認識到結婚，還沒兩個月。」

得茶說：「也許這和時間沒關係。」

「可我們沒有一見鍾情。」李平水突然激動起來，說，「說老實話，我真的很羨慕你們，我對她從來也沒有過這樣的感情，她對我也沒有。我不知道，這樣的時候我結婚合不合適。部隊那麼亂，我的家在紹興農村。局勢再這樣發展下去，遲早我們這些下面的幹部會被殃及的。我對她一點也不瞭解，我甚至不知道衝我們省軍區時，也有她一份，這不是太滑稽了嗎？」

李平水茫然地看著杭得茶，他願意把這樣的話說給這位初相識的人聽，他信任他，相信他是一個有判斷力的朋友。杭得茶也認真地聽著，他不能告訴對方他所知道的事實真相，還有一些關於新娘的更可怕的事實真相，是連他杭得茶也不知道的。

還要和最不願意見面的人交手。想起這個人的名字杭得茶都會窒息，同時卻在精心策劃與他的戰鬥。一個杭得茶與另一個杭得茶像揉麵一樣在進行日復一日的磨合，自從白夜走後，他沒有和吳坤講過一句話。這並不等於說他們沒有再見過面。恰恰相反，他們見面的機會越來越多。他們在江南大學裡簡直進行了一場小型的土地革命，他們各自劃分了自己的勢力範圍，這又是吳坤始料未及的。吳派是資格最老的，在各路諸侯中理當稱雄的。杭派卻神龍見首不見尾，一旦亮相，異峰突起，大旗一杆，招兵買馬，頓時就成吳派最大的對立面。他們甚至在地理位置上也做到了針鋒相對。兩幢大樓，各占一幢，中間那個大操場，以往是吳、杭二人每天來此揮羽毛球拍的地方，現在成了吳、杭二派的三八線地帶。小規模的衝突不斷發生，吳坤和杭得茶用電話進行指揮的時候，可以各自在辦公室裡看到對方手提話筒的身影。他們各自擁有各自的汽車，擦肩而過的時候，各自都盛氣凌人。偶爾他們也會有面對面相對而過之時，每當這時候，雙方都表情傲慢，但內心都痛苦。在杭得茶，那是他徹底背叛了自己以往的生活方式，他為他的新生活而痛苦。在吳坤，則是友誼破滅的痛苦。這是很難讓人理解的。當他抽象地想到那個杭得茶時，他只是他對立面的一個重要對手，而一旦看到活生生的人，看到那雙同樣的眼睛裡的完全不同了的目光，他會為失去的溫情而痛苦。他並不希望得茶真正成為與他一樣的人。有許多時候他討厭自己，因此反而喜歡從前的那個杭得茶，那個在花木深房裡給他講解陸氏鼎的杭得茶。僅僅一年時間，他到哪裡去了？

他們之間的再一次接觸，正是杭得茶在接到白夜的信之後不久。吳坤給他打電話，讓他到湧金公園茶室去見一面。這讓得茶多少有些不解，透過窗戶，他看到對面大樓裡吳坤辦公室中他的身影。得茶還在猶豫，他看見吳坤已經走到了門邊。一會兒工夫，他就下了樓，騎上自行車，這說明此次會見純粹私人性質。得茶跟著他下了樓，他沒有騎車，慢慢地走著，然後坐公交車。他非常不願意見他，並且開始瞭解自己，原來他並不像從前表現的那樣，真的就與吳坤親密無間。他努力地想去回報他人的熱情，其實他對這熱情並沒有真正的投契。

他們的見面並沒有想像的那樣緊張，靠窗的桌前坐下，臨湖眺望，暖冬如春，好像什麼事情也不曾發生。吳坤等著得茶坐定了才說：「我挑了一個好地方，這地方曾經有過我們兩家共同的茶樓。我到杭州的第一天就來這裡考證，可惜我沒有找到從前的忘憂茶樓的遺址。我一直還想問問你爺爺呢，沒好意思開口，怕老人家經不起回憶那段往事。」

得茶歪著頭看湖面，冬日的湖心，有幾隻野鴨在三潭印月一帶嬉戲，鳥兒總是比人快活的，鳥兒也不知道什麼是虛偽。想到這裡，他回過頭來，對吳坤說：「你覺得我們之間，還有懷舊的基礎嗎？」

吳坤噓了一口氣，苦笑一下，說：「怎麼沒有？你看，這是我家鄉專門寄來的一件寶貝，非你莫屬。」他從口袋裡掏出一封信，信封裡裝著一張信函，一看就是三十年代的東西。吳坤一邊把它攤開一邊解釋：「這還是我爺爺那時通過杭州民信局郵寄茶葉時的信函，現在看來，也就是押包裏單吧。裡面的內容倒也清楚，是從杭州發往寧波的一批茶葉，你看，連有幾箱也寫得清清楚楚。郵寄茶葉包裹，就是從我們杭、吳兩家開始的，這個資料應該算是珍貴的吧。」

得茶的熱血一下子上來了，他的目光閃擊了好幾次，但他還是控制了自己，他想，吳坤給他這個東西，不亞於對他施美人計，接下去肯定還有好戲開場，不要操之過急。他的最細微的表情也沒有逃過吳坤的眼睛，他指著信函上寫著的「力訖」二字，說：「你看，這裡寫著力訖二字，信裡面還有茶訖另付，我就不太懂這是什麼意思了。我畢竟是個外來戶，不明白這裡面還有什麼講究。」

得茶這才問：「你把我叫到這裡來，就為了力訖和茶訖啊？」

「也算是其中之一吧。」

得茶站了起來：「儘管這都是四舊，我還是滿足你的求知欲吧。力訖就是正常的郵資費已付的記號，茶訖就是小費。我可以走了嗎？」

吳坤沒有站起來，他推了推桌子，長嘆一口氣，說：「行了，和你兜什麼圈子，你有白夜的消息嗎？」

得茶想了想，就坐了下去，他不想先說什麼。吳坤這才低著頭說：「我知道你有，但我知道的卻是最新消息。和白夜一起的幾個幹部子弟偷越中蘇國境，被當場擊斃。白夜下落不明，我現在還不知道她本人有沒有參加這次行動，她失蹤了。」

「這說明她還活著。」得茶沉默了一會兒，說。

「你聽了這樣的消息之後，對她的感覺依然如故嗎？」

「這是我的私事。」

「也是我的。你不用回答這個問題了，我和你的感覺一樣。而且我以為我比你更瞭解她，如果真的發生了叛逃這樣的事情，對她而言也並不是不可能的。我希望我們之間關於她的消息能夠做到互通有無，其他的一切，以後再說。」

他們兩人一起走出了茶室，向湖邊慢慢走著。不知道的人，會以為一對朋友正在散步談心呢。他們一直走到了停放自行車的地方，杭得荼這才後發制人，説：「既然來了，還是談點正事吧，我們發給你們的通知，你都知道了吧。」

「什麼通知？」

「吳坤，我想告訴你，我們之間裝瘋賣傻完全沒有意義，兜圈子也是浪費智力。你還是説實話，到底打不打算把楊真還給我們？」

吳坤一邊推自行車一邊説：「你不要以為我不想把楊真還給你，我知道經濟系是你的勢力範圍，楊真歸你管。再説楊真放在我這裡對我也並不合適，可以説是有百害而無一利，我和他之間的那層特殊關係怎麼説得清？但是我現在不能放他。我放了他，我們這邊的人不會放了我。楊真和別人不一樣，他是有可能作為歷史的證人出場的。杭得荼，你真的已經從實踐上懂得了東方的政治嗎？」

「那要看楊先生願不願意當這樣的證人，也要看人如何去理解東方的政治。」

「我還是喜歡你身上的書生氣的。」吳坤笑了起來，「雖然我絕對不會把楊真放給你。」他一邊這麼説著一邊跨上了車，卻聽到杭得荼説：「書生認真起來，也是不好對付的啊。有關你在文革前夕的那一段研究生時期的所作所為，我們已經全部整理完畢。你是誰的小爬蟲，很快就會公佈於眾的！」

吳坤這下子才真正地震驚了，他從車上又跳了下來，問：「你，杭得荼，你也會整理我的黑材料？」

「這不是向你學的嗎？你不是也在整理楊先生的黑材料嗎？」

杭得荼等待著吳坤的暴跳如雷，他特意把他引到茶室外面湖邊空曠的草地上，就是為了一旦發生衝突不至於聲勢太大。但吳坤卻出乎意料之外地沒有發怒。他上上下下地打量了一番得茶，才說：「你愛上了白夜，我沒有太意外。幾乎每個見到過白夜的男人都會被她吸引，你我都不過是其中的一個。可是你會整人的黑材料，這太出乎人意料之外了。不錯，我的確曾經是歷史主義學派的，但你直到現在還是，你不是在整你自己的黑材料嗎？」

「我這樣做也是向你學的，是不問動機只問結果的歷史實踐。」

「可是你想怎麼樣，你想讓我把楊真放出來嗎？這是不可能的，這是一個虛擬的結果。他保管在我這裡和保管在別人那裡，有什麼兩樣呢？他很勇敢，固執，甚至偏執，但他依然不過是一個歷史的小人物。要拉他上場的時候，他是無法躲避的。杭得茶，你對這場運動還是太缺乏瞭解，太幼稚了。聽我一句話，回你的花木深房去吧，運動總會過去的，新的權力結構一旦穩定，人們還是要喝茶的，風花雪月是任何時代也不會被真正拒絕的，不過隱蔽一些和顯露一些罷了。」

「你這番忠告倒是和去年夏天的剛剛翻了一個個兒。」

「那是因為我對運動也缺乏體驗，現在我體驗過了，我知道了個中的滋味。也許你並不是沒有能力介入，但你天生不屬於這場運動。聽我的忠告，當一個逍遙派——」

「讓楊真先生這樣的人被你們一個個折磨死！」杭得茶突然厭倦了這番談話，他高聲叫道，「我的忍耐是有限度的。過了這個限度，我會把你的底牌掀得底朝天，你就等著吧！」

他回頭邁開大步就走，走得很快，直到吳坤用自行車重新攔住他的去路。他們兩人的話其實彼此都觸到了對方的心肝肺上，想偽裝正經也偽裝不成。兩個人都氣得發抖，面色發白，嘴角抽搐。吳坤比得茶還要不能控制，他從口袋裡掏出那通信函，揉成一團，惡狠狠地一把砸在杭得茶臉上，然後跨上車就揚長而去。杭得茶彎腰撿起那封薄薄的信，氣得兩手拽住就要撕個粉碎。手抖了半天，眼睛定定地看著信封上的那個力訖，運足了氣，終於縮回手來，把那揉成了一團的寶貝，放進了自己的口袋。

正是在杭、吳二人交鋒的當天夜裡，布朗給羊壩頭杭家裡人帶來了得放歸來的消息。可巧那天得茶也在家，見到布朗高興得很，拍著他肩膀連說來得好來得好，他正有事情求助於他。布朗也說正好你在，我有件寶貝要交給你，順手掏出他放在口袋裡的那張紙。他們杭家上上下下的人都知道得茶在集什麼，布朗以為，得茶看到這張萬應午時茶的包裝紙，應該非常高興。這張包裝紙和別的包裝紙不同，木刻印製的，藉此可以說明茶與藥之間的關係。但得茶看著它，只是把它按在桌面上一下一下地撫平，和吳坤扔給他的信函放在一起，鎖進抽屜。然後，又怔怔地看著布朗，突然問：「表叔，你認識楊真先生嗎？」

布朗攤攤手，表示不置可否。得茶這才開始把他頭痛的事情講了出來：原來楊真先生被關在上天竺了。他這一派現在要做的第一件事情，就是把這些非法關押的牛鬼蛇神統統弄回來，弄到他們這一派的手中。布朗不明白地問，把他們統統弄回來幹什麼呢，放他們回家嗎？得茶搖搖手說，統統弄回來，控制在我們手中，至少我們可以保證他們的安全。現在大專院校中已經有一些人被非法折磨死了，和陳揖懷先生差不多。……可你們是大學生啊，和得放他們可不一樣啊！……嗨，現在是什麼時候了，不想打人的人，也有中學生，也有工人農民，真要想打人的，大學生照樣會伸老拳，讀再多的書也沒用。再說人也不是打就能打死的，有一些人自殺死了，還有一些人生病不讓上醫院，病死了。有的人強迫他幹重活，累死的。還有的人整天交代，寫材料，時間長了，發神經病，遲早也是一個死。

布朗聽了那麼多的死，想起那個楊真，問：「楊真先生關在破廟裡，不會發神經病吧？」得茶攤攤手，說：「我估計不會，我們家姑婆是最早認識他的，他們年輕的時候就認識。」布朗一拍前額，現在他想起來了，他父親剛剛抓走的時候，他媽媽還帶著他去看過這個楊真呢。

布朗準備走了，他站起來看了看這小小禪房間的有關茶的事物，那些壺啊、瓦罐啊，掛在牆上的圖啊、標本啊，還有一大塊橫剖面的木板，那還是小布朗特意從雲南一株倒了的古茶樹上截下來的呢。他囑咐得茶，把這些東西都放好，等得放這個混世魔王回來，他可不管你將來還用不用得上它們。得茶感激地摟了摟布朗的肩膀，可是他心裡想，難道還真的會用上這些東西嗎？至少在很長一段時間裡不會用上。這麼想著，他從鑰匙圈上取下一把備用的鑰匙，說：「這些東西以後拜託你替我多照應一把了。」布朗接著鑰匙說：「你剛才說什麼，你說楊真先生被關在破廟裡，你什麼時候需要我把他弄出來，你就給我打招呼，誰叫我是你表叔呢。」他這才拍拍得茶的肩，走了。

那天晚上，得茶一直在小心地整理他以往精心收集的那些東西。有的放了起來，有的整理到床底下。只是那幾張大掛圖，不知道為什麼他依舊沒有取下來。也許在潛意識裡，他依然不願意把自己的以往清理得太乾淨，他還是想留下一點什麼，作為某一種相逢或某一天歸來時的相識的標記。

他一直忙到後半夜，這才想起杭得放根本就沒有回來。他到大門口站了一會兒，後來又悄悄地打開了後門，最後他實在是有些受不住凍了，這才回到小房間和衣而眠。天亮時他被小布朗弄醒了，小布朗問：「得放沒有回來嗎？」

「出什麼事了？」

「你瞧，謝愛光也不見了。」

「誰，誰是謝愛光？」這是杭得茶第一次聽到這個名字。布朗卻叫了起來，「謝愛光你都不知道啊，就是得放的女同學，昨天夜裡他先到她那裡的。」

得荼想了一會兒，還是沒理清頭緒，便說：「也許他們一早出去辦事了，他們是同學嘛。」

「他一個晚上不回家，和一個女同學在一起。他們會一起睡覺嗎？」

得荼一下子臉紅了，好像布朗指的是他，他連連搖手，輕聲說：「你可別瞎說，也許談天談遲了，回不來了。」

「那麼好吧，我收回剛才的話。可是謝愛光感冒了，我跟她說好的，今天要去檢查她的吃藥的情況。」

得荼瞪著他，一會兒，突然想起來了，問：「她是你的女朋友嗎？」

布朗一攤手，說：「現在我已經不知道是不是了。」

正如得荼猜測的那樣，杭得放在謝愛光那裡聊得太興奮了，他要說的事情太多了。怎麼去的北京；怎麼一下飛機就被人綁架，怎麼被人飽揍一頓後又扔了出去；怎麼身無分文，到處流浪，穿梭在北京的各個紅衛兵司令部之間；怎麼在山窮水盡的時候想起了堂哥告訴過他的一個女朋友母親的工作單位；怎麼跑到那裡去時發現那母親已經自殺而那女兒卻正在單位整理母親的遺物，而這種天大的巧合又怎麼樣改變了他的朋友圈；他怎麼生活在那些人中間，那其中又有多少驚心動魄的故事。他幾乎講了一切，只是當他講到最後怎麼跑回來的時候，他看著她純潔的眼神，使勁地忍住，沒有再往下講。按照他和那些北京朋友的約定，連他前面講的許多內容，也是不能夠講的。

到後半夜他們終於都累了。好在布朗幫謝愛光裝的那個煤爐通風管也修好了，煤也貯藏足了，謝愛光開了爐子，火光熊熊的，照著得放那眉間有顆紅痣的英俊而又疲倦的臉。他幾乎已經說不動話了，但他繼續頑強地斷斷續續地說：「愛光……我要求你一件事……明天一早我要到雲棲茶科所……看我的爸爸……我已經很久很久……沒有再見到過他了……」

謝愛光一邊打著哈欠起來把布朗的大衣披在杭得放的身上，一邊也斷斷續續地說：「沒問題……你要到哪裡我都……跟你去，上刀山下火海……反正人家也不要我……」她突然被什麼驚醒了，流利地說：「不過我們要早一點溜出這大門，別讓董渡江看到我們！」

得放沒有回答她，他已經趴在床檔上睡著了。

第二天清晨，踏著滿地的寒霜，這對少男少女就溜出了門，他們遇見了他們最不願意看到的事情，他們看到了女革命者董渡江正端著一只牙杯從房門裡走出來，她披頭散髮，睡眼惺忪，仿佛還在夢中，陡然與一個熟人相撞，她的牙刷還在嘴巴裡呢，她驚得來不及拿出來，堵著一嘴牙膏沫子，目瞪口呆地看著她最熟悉的兩個同學，而他們也看著她。大家目不轉睛地盯了一會兒，董渡江剛剛把牙刷從嘴裡拔出來，這邊一對刷的一下，就跑得無影無蹤。

謝愛光跑出了老遠還在心跳，跺著腳說：「這下完了，這下完了，董渡江要恨死我了。」

「隨她去恨吧。反正不碰見我們她也恨你的。」

「那可不一樣，從前是因為我媽媽恨我，現在是因為我恨我。」

「我沒聽明白。」

「你呀，別裝傻了，她看到一大早我們一起出來，她會怎麼想，她會以為我們……啊，你明白嗎？」

「還是不明白！」得放說著，他終於笑了起來，這是這幾個月來第一次露出的笑容。「你就別擔心了，這有什麼，我們在北京，男男女女，經常一大屋子的人，談天談累了就睡，地板上啊，床上啊，沙發上啊，哪兒能靠就靠哪兒，才不管你男男女女呢。」

茶科所很遠，他們倆走到那裡時已經快中午了。好在都是年輕人，也不感到怎麼累。只是那裡的造反派很一本正經，聽說是資產階級學術權威的兒子來看他老子，一口就回絕，說是人不在茶科所，在五雲山的徐村監督勞動呢。

五雲山是又得倒走回去的了。得放說：「不好意思，讓你走得太多了。」愛光說：「就當我是長征串聯嘛。再說這裡的空氣那麼好，都有一股茶葉香，我以前從來沒有到過這裡，我真的沒有想到，你爸爸在這麼好的地方工作。種茶葉一定很有意思吧。」

得放不得不告訴她，關於這方面的知識，他一點也不比愛光多到哪裡去。他只依稀記得他剛上小學的那一段時間父親特別忙，說是籌建一個什麼茶所，也就是這個茶科所吧。他還能記得那些天父親常常累得一回家就倒在床上，說是選址什麼的，最後選擇在一家從前的佛寺，也就是這裡，現在是雲棲路一號。因為他住在爺爺那裡，和父母妹妹都分開住，他對父親的工作性質一直不怎麼瞭解。他說：「你可不會想到，我從前甚至連茶都不喝，覺得喝茶的樣子，有點像舊社會的遺老遺少。」

「可是我昨天看到你一杯接一杯地喝茶，根本就沒有停過。」

「說出來你不相信吧，我這個南方人學會喝茶卻是在北方。我這些天全靠茶撐著，否則早就倒下了。現在我可不能離開茶，而且我不喝則已，一喝就得喝最濃的，我不喝龍井，我愛喝珠茶。你喝過珠茶嗎？」

「我也不喝茶，都是布朗哥哥給我的，他不是在茶廠工作的嗎，他發的勞保茶一半給我了。他也不喝這個，他喝他從雲南帶回來的竹筒茶，那樣子可怪了呢，你們家的人真怪。」

「我也覺得奇怪，你怎麼和我的表叔處得那麼好。他很帥是嗎？他書讀得不多，也沒太多的思想，但他的歌唱得很棒，姑娘們都喜歡他。你說呢？」

「我不知道。我從小沒有哥哥，爸爸和媽媽又處得不好，我覺得他像我的大哥哥，甚至我的爸爸。他很孤獨，我覺得他根本就不是我們這裡的人，他就是從很遠很遠的地方，從大森林裡來的。也許他還會回去，你說呢？」

「你問我啊，我不是還問你嗎？別看他是我的表叔，你對他的瞭解已經超過我了。他不太喜歡我，我也一樣。好了，關於這個我們暫時不談。你看五雲山是不是已經到了，我記得剛上高一的時候我們組織活動，到這裡來過一趟。」

「我想起來了，我們還去過陳布雷的墓呢。」

五雲山和雲棲挨在一起，傳說山頭有五朵雲霞飄來不散，故而得名。那雲集於塢，方有雲棲之稱。五雲山的徐村嶺，也就是剛才造反派讓得放他們到這裡來找杭漢的地方，它也叫江擦子嶺。這徐村還有個蘿蔔山，山上有座療養院，董渡江的媽媽在這裡當過醫生，所以那一次班級活動到這裡時，董渡江就帶他們來參觀醫院，順便就去看了陳布雷的墓，它被圈到醫院裡去了，知道的人特別少。得放他們這些年輕人不知道如何對這樣一個人定位：這個慈溪人陳布雷，當過《天鐸日報》、《商報》和《時事新報》的主筆，民國十六年又追隨蔣介石，先後擔任過侍從室主任、國民黨中央黨部宣傳部副部長和中央政治會議秘書長，民國三十七年終於在南京自殺。他是蔣介石的頭號筆桿子，又以自殺來表達對蔣家王朝的失望，聽說他下葬的時候蔣介石親自來參加。但即便如此，共產黨還是沒有挖他的墳。聽說他的兒女中有很革命的人物，這對在不是左就是右不是正就是反的價值評判中長大的年輕人而言，實在是一種很特殊的個例。得放曾經對這個人表示過極大的懷疑，他暗自以為這個人有點像他們這種家庭，不三不四，不左不右，哪裡都排不進去。得放從來沒有把這個人作為自己的人生座標，誰是我們的朋友，誰是我們的敵人，這是革命的首要問題。但他現在已經不再那麼想問題了，他的思想發生了很大的裂變。他們一直走進了療養院大門，一直走進醫院內長廊盡頭的一扇小門內，儘管他們不能說沒有思想準備，但眼前的一切還是讓他們愣住了。一片狼藉包圍著一片茶園，好久，得放才說：「我以為這地方偏遠，他們不會來砸的。」他繞著被開膛破肚的墳墓走了一圈，那裡什麼也沒找到，他嘆了口氣，說：「我應該想到，他們不會放過他的。」

「我記得上次來時，董渡江還在墓前說，有成分論，不唯成分論，這話就是陳布雷的女兒對台廣播時說的，那是由毛主席肯定的呢。」愛光說。

他們已經開始默默地向外走去，得放一邊走一邊說：「我正想告訴你這一切。我這次從北京回來時路過上海，在上海聽說，陳布雷的女兒跳樓自殺了。」

謝愛光聽了這個有點宿命的消息之後，好久沒有再說話。冬日下午的陽光裡，一切都非常安靜。他們走過了一片茶園，冬天裡的茶園也很安靜。他們不知道要到哪裡去，也沒有心情打聽路程。他們甚至不再有心情對話，慢慢地走著，心裡有說不清的荒涼。

得放現在的思想，當下根本無法用三言兩語說清。有時候，他覺得自己身體裡有一大堆人，統統紅袖章黃軍衣，衝進打出，喊聲震天，把他的靈魂當作了一個硝煙彌漫的大戰場。他自己卻是在外面的，像個瞎子，看也看不清，打也打不到，摸也摸不著。有的時候，他又覺得自己置身在荒漠，在月球，在茫茫大海中的一條孤舟上，他是那樣徹骨地心寒，那種感覺，真像一把含著藍光的劍刺進了他的腹部。這種感覺儘管如閃電一般瞬息即逝，卻依舊讓這火熱情懷的革命少年痛苦不堪。那些以往他崇拜的英雄中，如今沒有可以拿來做參照的人物。

只有一點他是很明確了，他不就是希望自己出身得更加革命嗎？但現在他不想，不在乎出身革不革命了。得放像是理出了說話的頭緒，邊走邊說：「謝愛光，我不是隨便說這個話的。我是想告訴你，血統論是一個多麼經不起推敲的常識上的謬誤。在印度有種姓制度，在中國封建社會有等級制度，這些制度正是我們革命的對象。我們不用去引證盧梭的人生而平等論，就算他是資產階級的理論吧，那麼我們馬克思主義的理論是怎麼說的呢？從馬克思主義的哪一本經典著作裡可以看到什麼老子英雄兒好漢老子反動兒混蛋的說法？這不過是一種未開化的野蠻人的胡言亂語，歷史一定會證明這種胡說八道有多麼可笑。一個人絕不應該為這樣一種胡說去奮鬥。」

這些話振聾發聵，強烈地打動少女的心。同樣是姑娘，同樣是崇拜真理，董渡江與謝愛光完全是兩碼事：董渡江崇拜真理，因為她所受到的一切教育都告訴她，真理是必須崇拜的；謝愛光崇拜真理，和教育關係不大，對她來說，誰是傳播真理的人才是最重要的。換一句話，因為崇拜傳播真理的人，謝愛光順便就崇拜真理了。

謝愛光盯著那英俊的面容，那雙眉間印有一粒紅痣的面容——那紅痣現在甚至都沾上真理之氣，謝愛光搜腸刮肚，想讓自己更深刻一些，她好不容易想出了一句，說：「我討厭那些臉，那些自以為自己家庭出身高貴的優越的神情，他們的樣子就像良種狗一樣！」

得放吃驚地看著愛光，他沒想到她在批判血統論上會走得那麼遠，那麼極端。看樣子她不但是他心目中朦朦朧朧的異性的偶像，還是他的戰友、他的信徒了。他看著她，口氣變得十分堅定，他說：「我們的道路還很長，要有犧牲的準備。你看過屠格涅夫的《門檻》嗎？」

其實謝愛光並沒有看過《門檻》，只是聽說過，但她同樣堅定地回答：「我會跨過那道門檻的。」

他們的話越來越莊嚴，莊嚴得讓得放覺得有點繼續不下去了。他想了想，說：「今天說的這些話，只能到我們二人為止，要是有人告發，我們兩個都夠判上幾年的了。我們的目標那麼遠大，需要我們去努力，所以我可不想現在就去坐牢。」

愛光悶著頭走，這時抬起頭，看著她的精神領袖，說：「我向馬恩列斯毛保證，絕不透露一個字！」

時下最流行的誓語是「向毛主席保證」，相當於「對天起誓」，現在愛光一下子加上了「馬恩列斯」，天上又加了四重天，保證就到了無以復加之地步。

他們終於煞住了這個話題，一方面被這個話題深深感動，另一方面又被這個話題推到極致以至於無話可說。結果他們之間只好出現了語言的空白，他們只好默默地走著，一邊思考著新的話題。他們默默地往前走的時候，一開始還沒意識到後方茶園中有個人盯著他們看，那人看著看著就走上前來，走到了他們的身後。愛光有些不解地回過頭來看看他，然後站住了，拉住低頭想著心事的得放。得放回過頭來，有些迷惑地看看身後。那人把頭上的帽子摘了下來，得放看了看，就轉身走過去，指著謝愛光說：「爸爸，這是我的同學，叫謝愛光。」

謝愛光已經猜出他是誰了，連忙說：「伯父，我們到你單位找過你了。他們說你在這裡。你一個人在這裡幹什麼？」

杭漢指指山坡上一小群人，說：「我們有好幾個人呢，這裡的茶園出蟲子了，貧下中農找我們打蟲子呢。」

他雖那麼說著，眼睛卻看著得放。得放眼睛裡轉著眼淚，一使勁就往前走，邊走邊把頭抬向天空。天空多麼藍啊，媽媽永遠也不會回來了。他坐在路邊的大石頭上揉眼睛，為這短短半年所經歷的一切，為他現在看到的父親杭漢。他幾乎認不出他的父親了，他比他想像的起碼老出了一倍。

那天下午的大多數時間，這對父子加上謝愛光，走在茶園裡，幾乎都在和各種各樣的茶蟲相交遊，有茶尺蠖、茶蓑蛾、茶梢蛾，茶蚜……這些茶蟲在杭漢的嘴巴裡如數家珍，聽上去他不是要想方設法殺死它們，而是他的家族中的親密的成員。他說茶樹植保一直是個沒有被解決的薄弱環節，比如一九五三年到一九五四年，光一個雲棲鄉遭受茶尺蠖危害，受害面積達六百畝；一九五四年，新茶鄉一百多畝茶園，被茶尺蠖吃得片葉不留。到六十年代，茶尺蠖被長白蚧取而代之，成為一號害蟲了。現在他們又發現另一種危險的信號：一種叫做假眼小綠葉蟬的害蟲開始蠢蠢欲動。它們給茶葉世界帶來巨大的災難啊，真是罄竹難書。什麼雲紋葉枯病、茶輪斑病、茶褐色葉斑病、芽枯病和根結線蟲病……一開始這對年輕人對這些茶蟲和茶病還有些興趣，但很快就發現事情不對，他們發現對方除了談茶蟲和茶病之外不會談別的了，而且他根本煞不住自己的話頭，他幾乎是不顧一切地狂熱地敘述著，仿佛這就是他的生命，他的感情。什麼文化大革命，什麼妻離子散，統統不在話下，只有他的那些個茶蟲和茶病與他同在。在杭漢那些滔滔不絕的茶蟲和茶病中，這對少男少女不約而同地產生了幻覺：他們發現這個鬍子拉碴半老不老的長輩已經幻化成了一株病茶樹，他的身上掛滿了各種各樣的茶蟲，他正在和它們做著殊死的搏鬥。

日薄西山時杭得放開始驚慌，杭漢突然停止了對茶園的病樹檢查，對兒子說：「去看看你爺爺，我沒事。」

兒子跑上去，抓住父親的圍巾。父親立刻就要把圍巾摘下來給兒子，一邊說：「你來看我，我真高興。我身體好著呢，我是有武功的。」

得放其實並不是想要父親的圍巾，他身上有一塊圍巾呢，是早上從愛光家裡拿的，就這樣和父親換了一塊。天起風了，茶園裡殘陽沒有照到的那一塊變成了黑綠色，一直黑綠到純粹的黑色。這對年輕人和父親告別了。他們一開始走在路上時還各顧各的，走著走著，手就拉在了一起，最後得放摟住了愛光的肩膀。他們默默地想著父親，想著那些各種各樣的茶蟲子。他們進入了另一種感情世界，進入了和見到父親前的慷慨激昂完全不一樣的另一種人的感情世界去了。

第十六章

這樣陰晦潮濕又寒到骨頭縫裡的天氣，只有江南才有。雪有備而來，先是無邊無盡的小雨，像怨婦的眼淚流個不停，然後，北風開始被凍得遲緩濃稠起來，仿佛結成薄冰，凝成一條條從天而降的玻璃幔，掛在半空中。再往後，雪霰子開始稀稀拉拉地敲打下來了。

清晨，杭家的女主人葉子，悄悄地起身，開始了她一天的勞作。這位曾經如絹人一般的日本女子早就從一個少奶奶演變成衰老的杭州城中的主婦。她的個子本來就不高，年紀一大，佝僂下來，就真正成了一個眉清目秀的中國江南的小老太婆。雖然她大半生未穿過和服，但走起路來，依舊保留著日本女人穿和服時才會邁出的那種小碎步子。她的動作也越來越像她的小碎步，細細碎碎，哆哆嗦嗦，任何一件小事情，到她手裡就分解成程式很多的事情。這倒有點像她自小習的日本茶道，茶只品了一次，動作倒有一千多個。

和她的左右鄰居一樣，為了省煤，每天早晨她都要起來發煤爐。煤爐都是拎到大門口來發的，就對著當街口。現在什麼都要票，煤球也不例外。葉子的日子是算著過的，能省一個煤球，也算是治家有方了。

天色陰鬱中透著奇險的白，是那種有不祥之兆的光芒。雪霰子打在煤爐上，尖銳而又細碎地噼噼撲撲地響。前不久下過一場大雪，後來天氣回暖了幾天。這天是除夕，又應該是到了下雪的日子了，但沒了過年時的喜慶氣氛。據說，舉國上下，一律廢除過陰曆年。不讓人們過年，這可是在中國生活了大半輩子的葉子從來沒有碰到過的事情。這也算是新生事物吧，葉子暗暗地感到自己是一個外國人，她不理解這個國度突然發生的這一切的事情。這可真是一件不可思議的事情，她不怕死，連淪陷時最艱難的日子都過來了，面對那些驟然降臨的災難她驚人地沉著。但這些年漫長的日復一日的潛在的不安，與包圍在她身邊的不祥的事件接二連三，把她的意志逐漸地磨損了。

嘉和悄悄地來到她身旁，他是出來給葉子拎煤爐的。煤爐卻還沒有完全發好，拔火筒頂端往上冒著火苗與煙氣，葉子突然用手裡的蒲扇指指，問：「哎，你看看，像不像遊街時戴的高帽子？」

嘉和有點吃驚地看看拔火筒，他突然想起了被拉去遊過街的方越，有些惱火地搖搖頭回答，虧你想得出來。一邊那麼說著，一邊把雨傘罩在葉子的頭上。雪下得大起來了，半空中開始飄飄揚揚地飛起了雪片。葉子把手拱在袖筒裡，盯著那拔火筒上的火苗說：「上班的人要上班，也就算了，學生不上班，怎麼除了迎霜，誰也不來打個招呼？」

嘉和說：「得放你又不是不曉得，他這個抹油屁股哪裡坐得住？可能是去接嘉平了吧，也不知道能不能接回來。」

葉子更加悶悶不樂，說：「得茶也是，忙什麼了，他又不是他們中學生，向來不摻和的，怎麼一個多月了也沒有音信。都在杭州城裡住著呢，過年腳邊總要有個人影吧，你說呢？」

嘉和就想，還是什麼也不要對葉子說了的好，她怎麼會想得通，得茶現在成了什麼角色呢？她會嚇死的。

雖說一家人過年不像過年，葉子還是決定做出過年的氛圍來。吃完泡飯，就要給迎霜換新衣裳，還準備打雞蛋做蛋餃。昨天排了一天的隊，總算買到了一斤雞蛋，兩斤肉，迎霜想起媽媽，夜裡哭了一場，不過早上起來，吃了湯糰，換上新衣服也就好多了。自反動標語一事後，她一直逃學在家，反正學校亂糟糟的也不開課。現在奶奶一邊給她換新罩衣，她就一邊想起來了，問：「奶奶，布朗叔叔今天來不來？」

葉子說：「怎麼問起這個來了？」

「二哥和他有鬥爭呢。」迎霜用了一個可笑的詞兒，「跟一個女的。」

「瞎說兮說。」葉子用純正的杭州方言跟迎霜對話，到底是女人，這種話題還是生來感興趣的。迎霜能夠從奶奶的話裡面聽出那層並不責怪她的意思，就更來勁了，又說：「布朗叔叔前一段時間跟那個謝愛光很好的。謝愛光啊，就是二哥的同學。二哥一回來，她就跟二哥好了。布朗叔叔又沒人好了，只好來跟我好，帶我去了好幾趟天竺了呢。」

嘉和用毛筆點點迎霜的頭，說：「什麼話！小小年紀，地保阿奶一樣！」

「地保阿奶」是杭人對那種專門傳播流言蜚語的人的一個不敬之稱，但嘉和對迎霜的口氣並不嚴厲，迎霜也不怕大爺爺，還接著說：「不騙你的，大爺爺，我們真的去了好幾趟天竺了，都是布朗叔休息天帶我去的。我們還看到很多千年烏龜呢。全部翻起來了，肚皮朝天，哎喲我不講了，我不講了。」

迎霜像是想到了什麼，突然面色蒼白，頭別轉，由著奶奶給她換衣服，一聲也不吭。那二老就互相對了一個眼神，知道這小姑娘又想起了什麼。嘉和突然說，「去，到大哥哥屋裡給大爺爺把那塊硯台拿出來，你當下手好不好，磨墨，大爺爺要寫春聯。」

迎霜勉強笑笑，那是善解人意的大人的笑容，說明她完全知道大爺爺為什麼要讓她打下手，但她也不違背了大人的好意。她剛拿著鑰匙走，葉子小聲問丈夫：「什麼烏龜肚皮翻起來，我聽都聽不懂。」

嘉和卻是一聽就明白了。原來上天竺和中國許多寺廟一樣，殿前都有一放生池。上天竺歷朝就是一個香火旺盛之地，到放生池來放生的善男信女自然特別多。嘉和小的時候，就跟著奶奶到上天竺放過烏龜。放生之前，一般都是要在烏龜殼上刻上年代，有的還會串上一塊銅牌，以證明是什麼年代由什麼人放的生。那烏龜也真是當得起「千年」，嘉和曾經親眼在天竺寺看到過乾隆時代的烏龜。活了多少朝代，日本人手裡都沒有遭劫，現在肚皮翻翻都一命嗚呼了。辦法卻是最簡單的，現在寺廟裡和尚都被趕走了，反正也沒有人敢來管人家造反派造反，造反派就奇出古怪的花樣都想出來了。不要說在大雄寶殿里拉屎拉尿，放生池裡釣魚也嫌煩了，乾脆弄根電線下去，一池子的魚蝦螺螄加千年烏龜，統統觸殺。佛家對這些人又有什麼辦法？他們還說有十八層地獄，可三十六種刑罰也沒有電刑這一說啊。嘉和一向是個玄機內藏的人，這些事情他聽到了就往肚子裡去，不跟大人小孩子說的。又聽說布朗瞞著他帶迎霜到這種地方去，不免生氣，想著等布朗來，要好好跟他說說，別再讓迎霜受刺激了。

「也不知道盼兒什麼時候到，往常這個時候，她也該下山了吧。」葉子擔完孫子的心，又開始擔女兒的心。

「今天下雪，難說。也可能會遲一點，你就不要操這個心了。」

兩個老人正說著閒話，迎霜已經把那方大硯取了來，正是兒子杭憶的遺物，金星歙石雲星嶽月硯。葉子打雞蛋，一邊發出嘩嘩嘩的聲音，一邊說：「今年的春聯還寫啊？」

嘉和說：「你不是也要做蛋餃了嗎？」

「那你還寫去年那樣的嗎？」葉子盯著他。嘉和淡淡一笑，說：「我去年寫了什麼啦？」

「去年寫什麼你記不得了？揖懷不是還跟你爭——」葉子一下子頓住了，原來她也有說漏嘴的時候。嘉和心一縮，眼睛就閉了起來，再張開，那邊桌前正在磨墨的迎霜卻變成了陳揖懷，這胖子還是那麼笑容可掬，右手縮著，用手腕壓著硯台一角，卻用那隻左手磨墨，一邊笑嘻嘻地說：「你寫啊，你寫啊，我倒要看看你的褚遂良字體今年又有什麼樣的筋骨了。」

陳揖懷書顏體，但他知道嘉和一向是更喜歡褚河南的字。嘉和與陳揖懷不一樣，陳揖懷是杭州城裡的書家，大街小巷一路逛去，劈面而來，往往是他的招牌字。嘉和是個茶商，只拿做茶葉生意的好壞來說話的，所以從來不在人前透露自己也喜歡寫字。從前是大户人家，一門關進，他怎麼寫也沒人知道。奇的是後來羊壩頭五進的忘憂樓府已經成了一個地道的大雜院了，左鄰右舍還是不怎麼知道他會寫字。他們雖然跟他住在一起，但大多對他有些敬而遠之，即使有人知道的，也不敢勞駕，到葉子那裡就擋掉了，說：「大先生哪裡會寫字，不過練練氣功罷了。」對此孫子得茶多有不解，問：「爺爺我看你是每日都要臨一會兒帖的，你的褚體真是得其精髓了，怎麼你就不肯給人寫字呢？」嘉和說：「一個人只做一個人自己的事情。給人家寫字是陳先生的事，不是我的事。人家左手都能寫出這樣的筋骨，我去插上一腳幹什麼？」得茶用心琢磨了半天，突然悟了，唉，爺爺還是在教他做人啊。縱有千般才華，不要處處佔先，有所為有所不為，捨棄也不是明哲保身，更有為眾人、為親朋好友的一片玉壺冰心。

但嘉和也不是什麼都不寫，他是有所棄有所不棄的，比如他給得茶的那幅〈茶丘銘〉，就是他親手寫的。得茶十分喜歡，叫西泠印社的朋友給裱了，放在他的花木深房之中還捨不得掛，只是清明品茶時節拿出來照一照眼，平時夜深人靜時，自己拿出來看看。〈茶丘銘〉也不長，原是清初著名詩人杜濬的文章。這個杜濬也是個茶癡，他每天烹茶之後，要把茶渣「檢點收拾，置之淨處，每至歲終，聚而封之，謂之茶丘」。還特意寫了這篇〈茶丘銘〉：「吾之於茶也，性命之交也。性也有命，命也有性也。天有寒暑，地有險易。世有常變，遇有順逆。流坎之不齊，饑飽之不等。吾好茶不改其度，清泉活火，相依不捨。計客中一切之費，茶居其半，有絕糧無絕茶也。」

嘉和對得茶說：「你搞茶的研究，這些東西我零零碎碎的有一些，看到了我就給你抄下來。這一篇你裱了也就裱了，以後不要再那麼做了。從古到今多少書家，能流傳的有幾個？」

除了抄抄這些資料之外，也就是每年除夕時的寫春聯了。這一項他倒也是當仁不讓的，陳揖懷這個時候就只有給他打下手的份，一邊磨著墨這陳胖子就一邊發著牢騷：「你啊你啊你這根肚腸，真正曉得你心思的只有我陳揖懷。關鍵時刻就看出你的態度來了，你說是不是？說來說去，你還是不認我的顏體，你還是認你自己的褚體啊。」

每每這時，嘉和就略帶狡黠地一笑，回答說：「顏真卿固然做過湖州刺史，畢竟不像褚河南，算得上是個杭州人啊。」即便在這個時候，他也不願意在老朋友面前承認，實際上他是更喜歡自己的字啊。

嘉和喜歡褚體，當然不是因為鄉誼。褚遂良深得王羲之真傳，嘉和最喜歡的卻是他晚年的楷書，學王右軍而能別開生面，且保留相當濃厚的隸書色彩，豐沛流暢而綽約多姿，古意盎然又推陳出新，奔放而節制，嚴謹又嫵媚，那微妙之處，只可意會不可言傳。凡此種種，嘉和的性情，都在褚體的字上顯現了出來。

也是愛屋及烏吧，甚至褚遂良的命運也成了嘉和感嘆不已的內容。褚遂良反對高宗立武則天為皇后，到了在皇帝面前扔了笏，叩頭出血，還口口聲聲說要歸田，高宗差一點就殺了他。後來武則天當朝，遂良一貶再貶，竟然被貶到了今天的越南，一代大家，便如此地客死萬里之外。嘉和喜歡這樣的人格，雖不暴烈，但絕不後退一步。

因了這種性情的暗暗驅使，去年他寫了一副春聯：門前塵土三千丈，不到熏爐茗碗旁。為此還竟然差一點和陳揖懷爭了起來。陳揖懷一看他寫了這麼一幅字，顧不上說他的字又更加精到，只是說：「你這是什麼，不是文徵明的詩吧，它也不是個對子啊。」

「我是向來不相信什麼對子不對子的，先父都知道法無法。你還記得當年忘憂茶樓時的那副對子嗎？誰為荼苦，其甘如薺，這哪裡是對子？不過《詩經》上的兩句詩嘛。」

陳揖懷點頭承認了杭氏的道法無法，但他還是心有餘悸地問：「你還真的打算把它貼到門口去啊？」

嘉和又說：「怎麼，還非得貼向陽人家春常在，或者聽誰的話，跟誰走啊！」

他這一句話簡直就是反動言論，嚇得在場的葉子和陳揖懷如五雷轟頂，面如土色，風一般「嘭」的一聲關上門，指著嘉和又跺腳又捶胸，說：「你這是說什麼，不怕人家告發了你？」

嘉和把毛筆一扔，指著他們說：「誰告發？是你，還是你？」

這一說，那兩個人倒是愣住了。嘉和這才走到門前開了門，讓陽光進來，一邊說：「真是八公山上草木皆兵。」

那二位還是愣著看他，他也嘆了口氣，輕聲說：「我若不是相信你們就跟相信我自己一樣，我會這麼說話嗎？你看看我什麼時候在小輩們面前說過這樣的話，什麼時候左鄰右舍有人的時候說這種話。我杭嘉和不是人？一年到頭我就說這麼一句話，也不能說嗎？你們也要讓我出口氣啊！」

雖這麼說話，他還是團掉了那幅字，換上了另一幅，只八個字：人淡如菊，神清似茶。這才又說：「這幅字你們看怎麼樣？」

陳揖懷點頭說：「這幅字放在你家門口還是般配的。放在我家門口，學生來拜年，就要想，陳老師怎麼那麼不革命了？」

嘉和這才笑了，說：「陳胖子，你還是變著法子罵我啊。算啦，不革命就不革命啦，你們給我貼出去吧。」

這副對聯就在門上貼了半年，直到六月裡掃四舊，才被葉子心急慌忙地掃掉了。現在又要貼春聯，該怎麼寫呢？寫什麼呢？陳揖懷那嘹亮的笑聲永遠消失了，被他的學生們一茶炊給砸死了，陳揖懷寫滿杭州城大街小巷的招牌都被摘了，那些老店名——什麼孔鳳春啦、邊福茂啦、天香樓啦、方裕和啦，統統作為四舊廢除了，名字都沒有了，那些寫名字的招牌還有什麼用呢？嘉和默默地看著磨墨的迎霜，一邊用溫開水化著王一品的羊毫湖筆，想，要是得茶在這裡，或許他還可以給我出個聯子。可是，他會回來嗎？他還能想到他的親人正在等他嗎？

一九六七年春節前夕，風雨如晦，壓彎了杭州郊外的竹林，革命正在更加如火如荼地進行，吳坤也在為江南大學的「揭批查」日夜費心，時至今日，他和杭得茶之間的分歧已經成為一種不可調和的你死我活的階級鬥爭了。

前不久，江南大學杭派與吳派發生了一場嚴重的衝突，起因是由批鬥楊真開始的，而批鬥楊真，則是從杭派對吳坤的揭老底開始的。一夜之間鋪天蓋地的大字報，吳坤頓時成了變色龍和小爬蟲的代名詞，一個有嚴重政治問題的革命對象。趙爭爭氣得直跺腳，說：「杭得茶這個王八蛋，他是成心不讓你過年！」吳坤當然比趙爭爭要沉得住氣，但心裡還是有些發虛。他邊穿大衣邊交代：「沒我的話誰也不要輕舉妄動。」趙爭爭一把抓住他，問：「你要到哪裡去？」吳坤掰開她的手說：「別擔心，我去找該找的人。」趙爭爭又撲上去抓住他的大衣領子，說：「去找爸爸，我跟你一起去！」吳坤一聽到這兩個字就上火，他痛恨趙爭爭提她的「爸爸」，雖然他清楚這兩個字的確至關重要。他假惺惺地笑著，說：「你不用為我擔心，這事情我自己能處理。」趙爭爭依舊抓住他的大衣領子不鬆手，她的狂熱簡直讓人煩透了，可是他依然不得不和顏悅色地安慰她，一遍又一遍地說：「謝謝你，革命者經得起任何考驗，謝謝你的革命友情……」而革命戰友趙爭爭就向他深情地望去，他能從她閃閃發光的眼睛裡看到革命之外的東西，那東西強烈得很，一點也不亞於革命。但那東西越是閃光，他越是要和她談革命：羅伯斯庇爾、福歇、馬拉之死……只有他的革命之水能夠澆滅她目光裡的慾火。他發現他怕她，可是他為什麼要怕她呢？

現在想起來他依舊不得不承認，其實一開始他和趙爭爭還是挺好的，儘管那時候他已經聽說了茶炊事件，但他並不認為這是一種殺人行為，他把它歸於革命的必然。夜深人靜，他們暢談了一會兒革命，他就開始訴說他的苦惱，他的感情領域裡的苦惱。他知道這一招最靈，沒一個年輕姑娘不上鉤的。再說這時候他已經喝了一點酒，但還能想到他得利用這個難得的機會把他的尷尬地位通報到上面，他不想因為白夜和她的生父的問題影響他的政治前途。事情就在那種敘述中發生了變化。應當說，短暫的革命，使他飛快地越過了女人之河。從肉體上說，女人對他已不再新奇了。革命加性的感受是非常奇特的，相當刺激的，也是無法抵禦的。而在內心深處，他又明白，那是低級趣味和無聊的。因此，捫心自問，這事兒一開始得歸罪於他。因為他頻頻向她射去深情的目光，然後站起來走到她的身旁，然後又離開她，這麼拉皮條似的以她為軸心遠遠近近地拉了一會兒，他突生一念，請她唱越劇《十六條》，又請她跳芭蕾《白毛女》。這些都是趙爭爭的拿手好戲。她興奮起來，一開始還不好意思，後來且歌且舞，腿踢得老高，雙飛燕、倒踢紫金冠這種高難度動作也出來了，真是欲罷不能。跳到紅頭繩的時候，也是天助我也，突然燈泡壞了。屋子裡一片黑暗，屋子外長夜漫漫。誰知怎麼一回事，他們就把舞跳到床上去了。床很小，舞也沒有跳完。在黑暗中吳坤聽到了姑娘可怕的喘息聲，還有她的近乎歇斯底里的扭動。這使他興奮起來，真是萬事俱備只欠東風。就在這時候，唉，就在這時候，就在這關鍵的時候，姑娘叫了起來！你叫什麼不能叫，你卻偏偏要叫……萬歲……吳坤一下子愣住了，不相信自己的耳朵，但他很快聽到了第二聲第三聲和無數聲……萬歲萬歲萬歲……

完了，一切就此告終，心理上的疲軟和生理上的疲軟同時出現，脊背上一陣冷汗，全身就癱瘓一般。他不能和任何人說這個事情，連對當事人也不能說，連對自己也不能說。而且他也不明白自己，為什麼一叫萬歲他就不行了，這說明他不喜歡萬歲嗎？他想他是喜歡萬歲的，問題是想到這個詞兒他就要疲軟，和階級鬥爭一樣，不以人的意志為轉移。那麼趙爭爭知道這個嗎？他想她永遠也不會知道。她亢奮，激動，也許還很純潔。她盯著他，貪婪的目光寫著那隱秘的、狂熱的激情。她越來越急躁，他聽說她在繼續打人，成了很有名的女打手。有一次他親眼目睹看到她抽人的耳光的狠勁，就跟她談過要文鬥，不要武鬥。她說，要文攻武衛。他說不過她。她簡直能說到了極點。他說英國革命，她就說法國革命，他說修正主義，她就說伯恩斯坦，他說巴枯寧，她就說考斯基。她記憶力驚人，是那種病態般的記憶。如果沒有運動，她可能可以成為那種有點怪癖的科學家。總之吳坤已經發現，要甩掉這個趙爭爭，絕不比追求白夜容易。況且，他還不能得罪趙爭爭的父親，他陷得很深，有許多事情唇齒相依，休戚與共。難道他真的要和這樣一個女人糾纏終身？一剎那間他閃過這個問號，腦袋痛得頭髮都倒豎起來了。

吳坤是趙爭爭的初戀。她愛他的精神，也愛他的肉體。她一生都不會理解在她身上發生了一些什麼事件——對革命而言這只是餘數，對會跳舞的美麗姑娘趙爭爭而言，這卻是青春的死結，她全身心地豁出去了。

激情使她靈感如雷擊電閃，她理所當然地想：吳坤為什麼不敢動那個楊真，是他對岳父有惻隱之心嗎？不！她從來就沒有看到過對革命如此堅定的人，他不過是自己不便下手罷了。可是他不便下手，我便啊，為什麼不能夠把楊真拉到中學裡去批鬥呢？讓他觸及幾次靈魂，他就知道他那個花崗岩腦袋如何開竅了。她雖年輕，卻已經看到過多少德高望重之輩，跪倒在毛主席像前痛哭流涕。難道這些經歷過槍林彈雨的老傢伙膝蓋就那麼軟？非也，要是事先不觸及皮肉，事後怎麼會觸及靈魂？吳坤就是壞在他的心慈手軟上了，運動搞到現在，他還沒有揮過一次手呢。這一次就讓我代他行使革命權力吧。

這麼想著，她已經火速回到學校，糾集了一群戰友，就直衝上天竺。

上天竺值班押守楊真的人中，有吳坤的另一位女戰友翁採茶。吳坤雖然追白夜追得苦煞，但在白夜之外卻是交了桃花運的。兩個女人對他表示了不同形式但卻是同樣火熱的感情。在翁採茶一方來說，那是靈與肉的全面奉獻，她已經不和李平水同床共枕了，絕大多數時間都住在他們的造反總部。吳坤什麼時候要她，她就什麼時候撲上去，還常常扎到吳坤懷裡哭，說：「離婚，我要離婚，我不跟這種人過日子了。」她那種多少有點類似於表態的動作，配上她那張銀盤般的沾了一片鼻涕眼淚的大臉龐，讓吳坤看了一眼就閉上眼睛，然後乾脆關了燈。他還不如摸著黑眼不見為淨呢——他仰著臉，注意著不讓自己的身體沾上這女人臉上的那一片濕。女人是個傻女人，興奮得不知道東南西北。不管怎麼說，她的肉體還有幾分泥土氣，在上面開墾的時候，他不感到吃虧。把楊真交給她守，他也比較放心。採茶是說一是一的，不像趙爭爭，你說一，她能折騰到十。

可是這一次，他還真是失誤了，他真沒想到趙爭爭會親自衝到上天竺去提了楊真，採茶急得連蹦帶跳，連連說不行不行，楊真要押到北京去，中央要派用場的。趙爭爭輕蔑地斜看了這個貧下中農阿鄉一眼，說：「你知道什麼，叫你幹什麼你就幹什麼，別的事情少插嘴！」揮揮手就把採茶擋在路邊，一輛車風馳電掣般就押了楊真到學校。

學校裡早就組織了群眾，口號震天響，楊真被連拖帶拉地押上台。正是大冷的冬天，楊真穿著一件灰呢大衣，那還是當年從事外事活動從蘇聯帶回來的，看上去還有七八成新。他剛剛站定，就有一個紅衛兵手提糨糊桶上去，像是看著一個大字報棚子一般端詳了一下楊真的身板，刷刷的兩道，濕淋淋的糨糊就熟練地塗上大衣的前胸和後背。然後又是刷刷的兩道，前胸後背就跟背帶似的，貼上了兩條大標語，前面是「楊真是一條大走狗」，後一條是「打倒楊真挖出後台」。

楊真剛才顯然是被那群爭奪他的年輕人吵懵了，這才有點緩過勁來。他這個人與別人就是有些兩樣，照杭州人說法，他是那種獨頭獨腦的傢伙；另一點不同，那就是運動一來，他就被軟禁了。雖然也有拉出去的時候，但疾風暴雨般的大規模批鬥他沒有經歷過，他就只按自己的思路行事。台下正在高呼口號呢，他突然不假思索，前後兩隻手出擊，兩條標語就被他扯了下來，上前幾步，把標語放在主席台上、趙爭爭的眼前。他說：「批判我是可以的，但是不要搞人身攻擊，楊真我不是狗，楊真我也沒有後台。」

趙爭爭嚇了一跳，大家也都愣得張開了嘴巴，會場上亂哄哄的聲音突然沒有了，大家都瞪著眼看這個老傢伙。就見這老傢伙又主動走到台角站住，又添了一句：「開始吧！」

兩個男學生如武林高手一般，一下子就從台下跳到台上，要去抓楊真的兩隻手，被趙爭爭擋住了。她一句話也不說，仿佛根本用不著動口，她只是揮揮手，剛才提糨糊桶的小將會意，上去又跟剛才一模一樣地做了一遍。離台近的人都看到了那老傢伙在動嘴，就叫：「他說什麼？他說什麼反動言論？」那刷糨糊的傻乎乎地說：「他說你白費工夫，這樣做不符合中央精神。」

於是便肅靜，不知是困惑還是震驚還是手足無措，因為批判會開到現在，這樣的事情真的還從來沒有碰到過。俄頃，平地一聲雷，也不知道誰喊了一聲：「打！」頓時打破僵局，山呼海應，電閃雷鳴：「打打……打……打打……」

也不知道有多少人衝到台上去了，反正被批鬥的人已經不見了，台上塞滿了打手。他們那麼凶猛地擊打著楊真，楊真的身影立刻就被湮沒在一群生龍活虎的青春軀體中。他們在台上跳來跳去，發出了嗨嗨的聲音，雙拳緊握，仿佛楊真是一個沙袋，而他們則是在練武功。一群黃軍裝一會兒擁到這裡，一會兒擁到那裡，喧囂著，猶如波濤洶湧中的大浪頭。趙爭爭突然意識到這樣做不行，她對著麥克風叫道：「同志們，留活的，留活的，還有用，留活的！」台下立刻一片相互提醒聲：「留活的，有用，留活的，有用！」那些人就收回拳頭，像下餃子似地往台下跳，楊真重新顯露了出來。他被打倒在地，血流遍體，頭上鮮紅一片。人們繼續呼口號，直到現在，真正的批判還不能算是開始，這不過是個下馬威吧。他艱難地爬了起來，好幾次搖搖晃晃，像一隻被屠宰後沒殺死的牲畜。台下的人，從呼喊到沉寂，屏聲靜氣地看著他爬，像是看一場驚險電影。他終於站住了，抬起頭來看著台下，台下的人清楚地看到，兩股鼻血怎麼樣從他的臉上噴湧而出，一直流向胸前。

提糨糊桶的人第三次上台，這一次，連他自己也有些難為情了。他走路的樣子有些彆扭，下面已經有人在笑他，這使他實在不好意思。這也是打他開始拎糨糊桶以來從未碰到的事情，給一個牛鬼貼標語，竟然要貼三次，只能說明他的無能，他的自尊心受到了傷害。一開始他對這個楊真並沒有什麼感覺，一個普通的老牛鬼罷了，但現在不同了，他對他結下了私怨！腦子一熱，他突然發起狠來，一桶糨糊夾頭夾腦倒在楊真身上，然後掏出一大卷標語，七張八條地就往楊真身上扔，把他的腦袋貼得完全蓋住，白色的標語帶垂掛下來，看上去楊真就像一個白無常。這個出其不意的效果顯然使年輕人大為開心，人們禁不住鼓起掌來，趙爭爭帶的頭。氣氛一下子鬆弛了下去，現在，剛才那個倔強的老傢伙頓時就變成一個跳梁小丑了。

有人突然驚喊：「血！血！」

偌大的會場再一次沉寂，所有的人都看到了鮮血。它不是噴湧出來，而是從頭部貼住的白色標語後面迅速地滲濡出來的。頓時人們就看到了一朵鮮紅的血色花。鮮血順著標語往下滴，滴成了一條血路，濺成了一幅奇異的圖案，像是鮮血在發光！

那個頭頂血色花的人，那個被埋在標語中的人，在寂靜中猛然迸發出笑聲：「哈哈哈哈哈——」他仰天大笑，聲嘶力竭，他笑得那麼驚天動地，那麼拼盡全力，最後變成了吶喊。他笑得被鮮血浸透的標語突然在頂部裂開，露出一張裂缺的嘴來，他再一次哈哈大笑，白色的牙齒，被他在笑聲中噴射而出。

台下，突然響起了回聲，那是驚恐的尖叫，先是一聲，然後是一片。膽小的姑娘們終於撐不住了，開始叫喊著往外跑。趙爭爭也嚇住了，這個楊真，第一次超出了她的批鬥的經驗之外。

當笑聲再一次推向極致的時候，所有黏在楊真身上的標語突然全部脫開，它們就像一件血衣，沉重地落在了楊真的腳下。那個血人睜開眼睛，眼睫毛上都掛著血珠，他直愣愣地看著會場，終於，緩慢而沉重地轟然倒下。

吳坤趕往趙爭爭處時，楊真還沒被送往醫院，他孤零零地躺在台上，身下一攤鮮血。一群年輕人正在討論是讓這死不悔改的花崗岩腦袋死掉，還是送去搶救。吳坤趕到現場，一看楊真的樣子，二話不說，走到趙爭爭面前就是一個耳光。這個耳光把所有在場的中學生都給打愣了，趙爭爭顫抖著，一句話都說不出來。吳坤一揮手，急救車就把楊真送往了醫院。

這頭楊真還在急救室裡搶救，那頭警報又來，杭派已經包圍了醫院。吳坤還沒有走出醫院門口，就被杭得茶堵在了樓道上。他們兩人怒目而視，各不相讓，在樓梯上僵持數分鐘之後，杭得茶突然衝了上來，狠狠地撞了吳坤一下，就擦身而上，直奔急救室。

看著已經面目全非的楊真，杭得茶更下了非把他奪回來的決心。這些天來為了楊真，他一直沒有好好睡覺。他每天都在想著、交涉著把楊真先生從上天竺解救出來。但對方看守得很緊，布朗已經去偵察過好幾次了。有一天他成功地讓迎霜朝那間屋子的窗口扔進了一個廢棄的牙膏殼，他們的秘密文件就在牙膏殼裡。過了一會兒，那個牙膏殼又被扔了出來，布朗把它帶回了家交給得茶。得茶看了之後，說：「我們必須抓緊時間把楊真先生救出來，否則他會很快被轉移的。」布朗說：「我發現吃飯的時候只有兩個人在外屋看守著，難道我們不可以想辦法讓那兩個人滾開？」得茶問他有什麼錦囊妙計，布朗說：「那還不簡單，天竺山裡現成就有一種漂亮的毒蘑菇，我可以採來送給他們，讓他們當菜吃，不到十分鐘，他們就會不省人事。夜裡楊真先生只管自己走走出來就行了，我們在外面用一輛車接他，什麼事情都不會發生。」

「會毒死人嗎？」得茶鐵青著臉問。

「瞧你說的，不會毒死人，那還叫毒蘑菇嗎？」布朗反問。

得茶立刻嚴厲阻止了布朗的這個漏洞百出的荒唐舉動，真是虧他想得出來，可他們還能有什麼好辦法呢？下下策才是強搶，得茶後悔自己遲了一步，看著楊真先生此刻昏迷不醒的樣子，他想：我還是不夠狠，我還是讓吳坤先狠了一步！

有那麼三四天時間，醫院簡直就成了一個造反總部，杭派和吳派的人對峙在其中，等著楊真的傷情結果。第四天他終於脫離危險了，杭得荼和吳坤都吐了一口氣。楊真恢復得還算快，從他的眼神中可以看出，他頭腦依然清晰，耳朵也能聽得到，他只是還沒有說過一句話罷了。

這一次杭得荼主動把吳坤堵在醫院的後門，他面孔鐵青，開門見山說：「吳坤，你這一次是放也得放，不放也得放，不帶回楊真先生，我會和你決戰到底。」

吳坤想了想，說：「好吧，楊真已經能說話了，也聽得懂別人說話的意思，你自己跟他去談吧，他願意跟你去，我絕不阻攔。」

杭得荼轉身要走，被吳坤一把拉住，他幾乎換上了一種苦口婆心的語調，對得荼說：「杭得荼，我可以實話告訴你，你這麼做，一點現實意義也沒有。我不知道這是不是白夜的意思，我看你們兩人在青天白日裡做大夢這點上，真是一丘之貉。你挖我的腳底板也好，貼我的大字報也好，對楊真有什麼意義呢？難道我會莫名其妙地死抓住個楊真不放？他怎麼說也還是我的岳父，不是你的岳父吧？難道我就一點惻隱之心都沒有？我他媽的對你都把話說到這個份上了，你還要我怎麼說？」

得荼討厭吳坤說話的神情，他仿佛很痛苦，但那痛苦裡是夾著很深的炫耀感，夾雜著對權力的根深蒂固的崇拜。他在暗示他，他深諳權力的內幕，他對權力的介入與認識，遠遠要比人們多得多。但得荼偏偏要弱化它：「說得那麼聳人聽聞，無非是上面盯著要他的證詞。」

「無非是！你還要什麼樣的壓力，啊？」

「你想做的事情我照樣可以做。有就是有，沒有就是沒有，共產黨不是最講實事求是嗎？」

「真照你那麼說，北京就不會來人押他了。」吳坤悶悶地說，「要不是趙爭爭這一次橫插一杠，楊真已經在北京了。」

聽了這話，得荼也有些發愣，說：「你把你岳父看守得可真好啊，這回你又要為革命立新功了。」

不知道為什麼，聽了這樣刻毒的話，吳坤也沒有發火，對這樣的刺激他彷佛已經疲倦了，只是說：

「我跟你已經没話好說了，你反正永遠也不可能懂。」

直到現在，他還沒有和楊真真正交談過一次，但他能預感到楊真是一種什麼樣的人。他心裡頭是敬佩這種人的，他相信他不會無中生有，所以他是歷史的祭品。歷史當然屬於強者，楊真這樣的人只是歷史的清風，掠過也就罷了，不管他們曾經怎麼地艱苦卓絕。他揮揮手請得荼自便，他知道，楊真是絕不會讓自己扮演一個導火線式的人物的。

楊真的樣子讓得荼流淚，但不能真的流出來。他和他在一起的時候，喉嚨口一直又濕又鹹。楊真先生的情況，他嚴格地向家裡人保密，該是他來挑起擔子了。他坐在楊真先生的床頭，楊真先生的腫成一條縫的眼圈今天退下去了許多，他一直躺著，聽得荼訴說他的打算：我要把你弄回去，由我們這一派接管。放心，你在我這裡，只會是一個名義上的牛鬼。至於他們要你交代的什麼問題，有什麼說什麼，没什麼就不說。難道定中國最大走資派的罪，真的還需要你這樣的人的什麼證詞？我不相信，我看是吳坤在故弄玄虛，是他在撈政治稻草。你怎麼看這個問題？不，你不用說話，我能明白你的意思。你不表態？你是不是覺得我不應該攪到這樣的事情裡去？可是我不能再沉默，我不能眼看著你們受苦受難，我自己卻逍遙自在。先生，我没有機會與你交流，但我可以告訴你，我發現了自己身上的那種政治熱情，我不知道這是從哪裡來的，我過去從未感覺到它的力量。一開始完全是被迫接受它的，讓它進駐到我的心裡讓我非常難受，可是我現在開始習慣於它的存在了。你知道這些日子我想起了什麼？我想起我的父親，聽說他從前一向是個自由散漫的人。個人是怎麼樣轉向集體的，你們有過脱胎換骨的過程嗎？我現在就有這種感覺，這讓我非常難受，同時又有一種犧牲的神聖感。你怎麼啦？你說什麼，你讓我打開窗簾？好的，我現在就打，我現在就給你打開，你想看什麼？

杭得茶打開窗簾的時候，自己先愣住了，紛紛揚揚的大雪下來了，窗外站著一個包著頭巾的女人，手裡撐著一把雨傘，那是他的姑婆杭寄草。得茶要打開窗子，寄草拼命搖手，意思是說外面冷，別開窗。杭得茶連忙過來，扶起楊真先生，他看到他那鼻青臉腫面目全非的臉上露出了笑容。他還看到對面窗外的寄草姑婆也笑了，她的臉貼在窗玻璃上，鼻子壓得扁扁的，樣子很古怪。雪下得越來越大，一會兒就遮蓋了傘面，寄草姑婆一個勁地做手勢，讓楊真躺下。楊真搖著頭，死死地盯著寄草，他還是在微笑，一直就在微笑。但他沒有說一句話。得茶真是覺得奇怪，窗簾拉著，楊真先生是憑什麼知道寄草姑婆站在外面的？是憑心靈感應嗎？這是神秘主義的理論，是四舊、迷信，但至少現在那是事實。他只好再一次走到窗前，告訴寄草姑婆，快回家吧，這裡不讓人進去，外面又那麼冷，快回家吧。寄草微笑著搖頭，眼淚和雪花飄在了一起。但她終於還是離開了，告別時手朝天上指了指，楊真仿佛會意，笑得更甚，露出了他那被打掉了幾顆大牙的牙床。他的樣子非常陌生，他的笑容令人心碎，讓得茶想到了那個與他有著血緣關係的女人。他不忍再看，走到窗前，他看到寄草姑婆那踽踽遠去的背影，在醫院的大門口一閃，就不見了。

半個多月後將近年關，有關押楊真去京的指令再次下達。這一次楊真開口了，他把吳坤叫來，告訴他，他要回上天竺去，他會在那裡儘量回憶他所知道的一切。從未有過的狂喜和失望同時襲擊了吳坤，他激動地甚至討好地對楊真說：「你放心，我會對你的晚年負責的，革命無罪，反戈一擊有功。這些話我早就想跟你說，其實我很敬佩你，如果你不是堅持資產階級反動路線立場，你的性格是很讓我欣賞的。說實話我也不願意你去北京，你一到那裡，什麼情況都可能發生。我是說，那種精神上的東西……」吳坤看著他的臉色，突然覺得自己的話多了，小心翼翼地問：「要不要你自己跟得茶說一下？他總說要來搶你，你知道，這會釀成大規模武鬥，要死人的。」

正當天空又開始飄起大雪，而杭嘉和在羊壩頭自家窗口的桌前為一九六七年春節的對聯躊躇之時，杭得茶和吳坤親自送楊真回了上天竺。吳坤答應，絕不讓類似的毒打事件再發生，而杭得茶也默認了現實，不再提要搶楊真回去的要求。為了表示誠意，吳坤當場打發掉那幾個看樣子很凶蠻的看守，然後叫來採茶，讓採茶領著幾個人「照顧」楊真春節期間的生活，還把楊真安排在樓上，說樓上暖和一些。吳坤也非常關心楊真的紙夠不夠，還關心筆墨等瑣事，旁敲側擊地問：「要你回答的問題都清楚了嗎？還要不要我再給你提示一下？」

楊真搖搖頭，他的眼神告訴他，他什麼都明白了。這眼神讓吳坤失落，那裡面不再有桀驁不馴的骨氣了。個人永遠是渺小的，他想，並為個人的渺小而悲哀。

杭得茶並沒有那種失落的感覺，他不相信吳坤的誠意。他覺得自己已經開始變得和吳坤一樣狡猾了。因此他一直守在楊真的身邊，幫他張羅伙食和被褥，直到離開楊真下山，杭得茶才鬆了一口氣。楊真一直把得茶送到山門口，奇怪的是他送了一本書給得茶，英語版的《資本論》，三十年代的版本。看著吳坤不安的樣子，杭得茶說：「怎麼樣，是不是還得再檢查一下？」吳坤就硬著頭皮讓手下人拿過來，來來回回地翻，除了扉頁上寫著一行字母之外，到底還是什麼也沒翻出來。吳坤記憶極好，他記下了那行字母：Fengyu Ru Hui　Ji Ming Bu Yi。一時沒看懂，想了想說：「這裡的東西，最好還是都別帶出去。」得茶皺了皺眉，對楊真說：「我會來看你的。」此時雪越來越大了，楊真向得茶握手告別的時候，臉上露出的微笑，讓得茶想起了醫院裡他向寄草姑婆的微笑，那是很坦然的，讓人放心的，但又是令人心驚的——它是那麼樣地令人心碎，以至於看上去，那告別甚至有一點兒像永別了……

龍井山中的杭盼，是那天下午終於決定不再等車，從山中徒步向城裡走去的。她撐著一把橘黃色的油布雨傘，傘上綴滿了一層雪花。她眼前也是密密麻麻的大雪片，天地間一片大白，什麼都被遮住了。

從山裡出來的時候，她還不時地聽到竹子被壓斷的聲音。喀嚓，喀嚓，然後嘭的一聲，竹子折斷了，壓在別的樹上，反彈出一簇簇的雪花，拋到山路上，拋到走在山路上的行人們那一把把的傘面上，再簌簌簌地往下掉，在行人的眼前，撒出一小片粉塵。有時，她也走過一大片一大片的茶園，它們像是蘸著白顏料畫出來的一道道臃腫的粗線，幾乎就看不到綠色的葉子和茶蓬了，只看到它們躲在雪花被子下的隱約的曲線，像那些伊斯蘭教規下的披長袍的婦女。

偶爾，她還會在雪路上看到一絲絲的鮮紅的色澤，當她定睛細看的時候，它們又消失了。這時她就會站定，略有些不安地環視周圍，有一次她甚至蹲了下來，她覺得這些逶迤不斷的紅色，真的很像是鮮血。然而沒過多久，大地又開始一片雪白。她不知道有誰與她擦肩而過，也不知道誰留下了這些印記，仿佛這也是神的聖蹟，但她還不能理喻。

少許的惶恐之後，杭盼又恢復了平靜。多少年來，杭盼已經熟悉了這樣的孤寂。那些只有自己知道的曾經創傷劇痛的夜晚，已經不會再來光顧她了。有多少人惋惜她的美麗的容顏，多少人被她以往歲月的經歷傾倒，多少人為她不動心的聖女般的意志困惑，如今青年已經過去，連中年也快要過去了，這一切都已經過去，她開始老了。

當周圍沒有人時，她輕輕地唱起了讚美詩：

仰看天空浩大無窮，萬千天體錯雜縱橫，
合成整個光明系統，共宣上主創造奇功。
清輝如雪溫柔的月，輕輕向著靜寂的地，
重新自述平生故事，讚美造她的主上帝。
……

她很少去想她自己的事情，思念主，向主祈禱，這是她目前唯一要做的事情。期待主的降臨，神蹟降臨，期待主拯救他的羔羊。還有就是愛，無盡的愛，因為愛就是主。要守住愛，這是最根本的，守住了才能施愛，這是信仰，秘而不宣在心裡，杭盼因為它而活到今天。

她深一腳淺一腳地走進城市，繞過清河坊走向中山中路時，她看到前面有一個女子沒有撐傘，卻在雪中散步，揹著一個大包，兩隻手插在口袋裡，像一個漫不經心的少年。雪那麼大，把白天也罩成了黃昏，在這樣的日子出遊是大有深意的。她走過她身邊，把傘湊了過去。

傘下的那個姑娘並不感到驚訝，她淡淡地看了看幫助她的人，她面色慘白，幾乎和白雪一樣白，她的眼睛漆黑幽暗。她拿出一張紙，問她認不認識這個地址。杭盼驚訝地看了看她，輕輕地取下她揹著的包，說：「跟我來吧……」

第十七章

一九六六年陰曆除夕，杭家羊壩頭兩位主人在青燈殘卷中迎來黃昏。杭嘉和以他如此智慧的頭腦，一天之後依然沒有擬出一副對聯；葉子等待了一天也依然沒有等著一個親人。這個白日本來就風雪交加，到傍晚更哪堪點點滴滴，雙重的暮色裡，葉子連燈也沒有心情點。直到時鐘敲過下午五時，迎霜濕著一雙棉鞋從大門口跑了進來，在門外喉長氣短地叫著：「來了來了——」這小姑娘一天裡不知道大門口跑進跑出跑了多少趟，總算等來了第一批家人。

兩位老人激動地站起來打開門，略為有些吃驚，杭盼陪著一位陌生人進來，他們迎接了一位他們不認識的女客人。杭盼話少，只說她是專門來找得荼的，在清河坊十字路口恰恰碰著了，就一起過來。嘉和與葉子立刻表現出杭家人特有的熱情，他們讓出了爐邊的小椅子，讓她坐下。她脫下大衣的時候他們同時看到了她掛在手臂上的兩塊黑紗。這是一種非常奇特的掛法，兩塊黑紗串在一起，倒像是左邊生了一隻黑袖子。小屋裡一時沉寂下來。但這種沉寂很快就被更加的熱情衝破。

他們看出來了，這位姓白的姑娘心神不寧，還沒有從户外的緊張氣氛中緩過來。但她已經能夠感覺到眼前的溫馨。燈一開，金黃色的暖洋洋的熱氣，就輕盈地飄浮到她臉上，她眼前的一切也開始浮動。這種夢幻般的感覺，讓她驚魂甫定中又猶猶疑疑，仿佛這一切都是她前一段驚心動魄的日子裡留下的夢。

她搖搖晃晃的樣子，讓人一看就知道她疲倦到了極點。因此，當她喝著葉子端上來的麵湯的時候，嘉和已經安排了家事。他親自把火爐搬到了花木深房裡，又讓葉子抱來新翻乾淨的棉被，還重新沖了一個熱水袋。等她吃完了，讓她洗了一個臉，她驚人的與眾不同的容顏在吃飽喝足之後，終於泛上了紅暈。她開始感到昏昏然，頭重腳輕，打哈欠。葉子輕輕地拉著她的手，包好她的頭巾出門。曲徑通幽處，禪房花木深。房間裡牆上的〈茶具圖〉讓白夜重新睜開了眼睛，但她很快被睡意籠罩，她倒在床上，葉子把她蓋得嚴嚴實實。矇矓中她感覺到爺爺走到她的身邊，爺爺問：「你就是白夜吧？」她一下子睜開眼睛，看著爺爺清瘦的面容，她的臉上出現了某一種習慣的受驚嚇後的神情。但爺爺的聲音使她安心，爺爺笑笑說：「如果我沒有猜錯，你是楊真先生的女兒。」

白夜坐了起來，問：「我爸爸呢？」

「……他還活著。」

白夜一下子就躺倒了，卻又迷迷糊糊地問：「得荼怎麼還不回來啊……」

嘉和怔了一下，他想，她果然沒有問她的丈夫，他不知道怎麼回答她。她已經閉上眼睛了，突然又睜開，掙扎地坐了起來，說：「我要見我的父親……」

嘉和輕輕地把她扶下去，說：「你放心，我們會告訴他的……」

「我能見到他嗎？」

「試試看吧……」嘉和想了想，說。

「最起碼讓他知道我回來了，請得荼告訴他，我回來了。可是得荼呢？」她又問，她還是沒有提她的丈夫。一會兒，她就睡著了。

從花木深房回到自己的客堂間，他發現又多了一位女眷，寄草趕到了。這三個女人正在嘀嘀咕咕地說著什麼，見了嘉和，寄草就緊張地站起來，說：「這是怎麼回事，得放不見了，得荼更不用說了，鬼影兒也不見。方越、漢兒，還有二哥，今年都得在牛棚裡過年，忘憂也不知道能不能從山裡趕出來，我要曉得這樣，我就不讓布朗到他爸爸那裡去了。他這個人沒心沒肺，我怕他跟著得荼他們兩個又惹出事來，想想羅力一個人在場裡也是孤單，兒子去跑一趟，看不看得上都是個心意。沒想到把這裡就給冷落了。莫非今年年夜飯，杭家屋裡那麼多女人，就跟你大哥一個男人團圓？」

嘉和開始換套鞋尋雨具，一邊說：「我出去一趟。」

葉子驚訝地攔住他說：「你幹什麼，這麼大的雪，你不過年了？」

嘉和終於轉過身來，說：「你們先吃飯，我怕是一時趕不回來。」一邊說著一邊把寄草拉到門角問：「楊真先生是不是還在醫院？」

寄草告訴他，她正是從醫院趕過來的，撲了一個空，聽說他已經被吳坤和得荼一起送回上天竺了。

嘉和一聽有數了，回頭就交代葉子，說：「你們幾個人守家，白夜醒來後就陪她說說話，告訴她我去辦她託的事情。她父親會知道她回來的。」

「哪個白夜？」葉子吃驚地問，「你說的那個白夜，是不是那個吳坤的新娘子？她沒有問她丈夫的消息嗎？」

「這種落材女婿，你們都沒看到，楊真被他們打得都沒人樣了！」

「落材」是落棺材的意思，是最厲害的咒語了，杭家只有寄草說得出來。寄草這一說非同小可，葉子幾個立刻又去檢查窗門的嚴實，然後湊過腦袋來，小聲地問：「這是真的，怎麼我們一點也沒有聽說？」

「得荼千交代萬交代，不讓我和布朗跟你們說。快一個月了，多少次我都想張口告訴你們，憋在心裡，難過死了。」寄草眼淚汪汪，頓時就一片唏噓之聲。嘉和眼眶也潮了，楊真的事情他也知道，他也去看過，可他就不說，女人啊。他一邊換鞋子一邊說：「都記住，一會兒白夜醒來，你們都去陪她說說話，弄些高興的事情做做，千萬不可再提她父親挨打的事情。還有，她那個丈夫，她不提，你們也不要提。居民區若有人來查戶口，就說她是得茶的同學，外地人，到我們家來吃年夜飯的，其他的話都不要說了。」

葉子一邊給他找雨衣，一邊說：「但願今天居民區放假不來查人。哎，這麼個雪天，上天竺多少路，我陪你去算了。」

嘉和搖搖手，意思是讓她們不要再多話了，男人決定要做的事情，女人再多話有什麼用呢！他拿了一個大號手電筒，戴上棉紗手套和棉帽，又套上一件大雨衣，整個人像個巡夜的。門一開，白花花的一片，幾個女人突然同時跳起來，叫道：「你不讓我們去，我們也不讓你去！」

真是千巧萬巧，迎霜又激動地叫了進來：來人了來人了！一道幽暗的白光瀉入了杭家人的眼簾：忘憂啊！杭家的女人們都驚呼起來。往年春節，忘憂常常就在山裡守著過的，今年不放假了，他是想著什麼法子出來的呢？忘憂啊，當所有的杭家男人幾乎都不在場的時候，你出場了！

聽了杭家女人緊張而又輕聲的幾句交代之後，杭嘉和的外甥林忘憂，幾乎連一口氣都沒有喘，放下行包，揮揮手，就跟著大舅出了門。杭家幾個女人想起了什麼，七手八腳地跑上去，往他們口袋裡塞了一些吃的。杭嘉和不喜歡這種渲染的氣氛，一邊小聲說著快回去快回去，一邊就大步地走進了雪天中。忘憂緊緊地跟在他身邊，兩個人的身影很快就消失在雪夜裡了。

白夜是在一陣奇異的暗香中醒來的，幽暗中她聽到一個磁性很足的女中音說：「嫂子你沒記錯吧，那玻璃花瓶的底座是兩個跪著的裸女，去年夏天你們真敢把它留下，真的沒有砸了？」

另一個聲音是奶奶的，她雖然看不到，但一下子聽出來了，那聲音像小溪的流水，非常清新，一點雜質都沒有，但語速卻有些急，像小跑步，她說：「我自己的東西我會不知道？當時倒是想砸的，你大哥想來想去捨不得，說是法國進口的好東西，砸了，永世也不會再有。我也是沒辦法才想出一個辦法來，給那兩個裸女做了一條連體連衣裙，你等等我摸摸看，好像就在這裡，開了燈就看得出。」

那磁性的聲音說：「那就算了，等一等她醒了再說，醒了再說。你說什麼，你給它們套連衣裙，虧你想得出。」

聽得出兩人是在躡手躡腳往外走，白夜卻起身開了身邊的台燈，說：「沒關係，我已經醒了。」

兩個女人就站在了白夜的床前，那高眺個兒的手裡拿著一束臘梅，不好意思地對白夜說：「你看你看，想著不要吵你，才睡了兩個鐘頭，還是把你吵醒了。睡得可好？」

看白夜微笑著點頭，葉子就說：「這是得荼的姑婆，我們是來找花瓶的。你只管躺著。」一邊說著一邊蹲下，果然就取出了一只套著連衣裙的玻璃花瓶。寄草姑婆接過來，三下兩下就剝了那裙子。白夜注意到了，這果然就是兩個裸女跪坐的姿態組成的花瓶底座，淺咖啡色玻璃，一看就是一個有年頭的進口貨。葉子還有點不安，寄草一邊用抹布擦著一邊說：「怕什麼，就在這屋裡放一夜，明天再把裙子套上去不就是了。」

白夜一邊起身一邊悄悄說：「你們家還有梅花，真好！」

寄草說：「是我從家裡院子摘的。暖氣一熏，剛剛開始發出香氣來了，你聞聞。那個臭婊子還盯著我看，我心裡想，我的房子你占了，你還想占我的花啊，年腳邊我看你跟誰發威！我反正是破腳梗了，你叫我飯吃不下，我讓你覺睡不著！」那後面幾句話顯然是對葉子說的。

了，葉子早就習慣了寄草說粗話，她一邊小心翼翼地往那玻璃瓶裡插梅花，一邊說：「真是亂套了，梅花是應該插在梅瓶裡的，梅瓶倒給我砸了，反而用這插玫瑰花的瓶子插起梅花來了。」

「算了算了，你當還是在你們日本啊，什麼真花瓶、行花瓶、草花瓶的，今天夜裡有什麼插什麼，就算是運氣了。」

「我哪裡還有那麼多想頭，真要照我們的規矩，這梅花也排不上二月的。白姑娘你真起來了，你稍稍坐一歇，我這裡弄完了給你沖茶。」

白夜記得得茶對她說過，他奶奶是日本人。此刻她雖然依舊心事重重，但睡了一覺略微好一些，聽著她們的對話，一邊致謝著說不用不用，一邊就插了一句：「我上大學的時候學外事禮節和風俗習慣，說到日本茶道中的插花，好像還記得，從一月開始到十二月，每個月都有規定的花的。現在是二月，應該插什麼，我卻記不得了。」

「你是說二月裡應該插什麼花啊，很簡單，茶花。因為二月二十八日是千利休的逝世日，是這個日子指定的茶花。花瓶要用唐物銅經筒。你知道什麼是銅經筒嗎？就是裝經文的容器。說出來你別有忌諱，經筒是紀念死者的茶會上常用的花瓶。可我們是中國人，我們可不會像他們日本人一樣地來喝茶，我們就用這個光膀子的玻璃花瓶。」寄草一口氣說了那麼多，白夜驚訝地發現，她能把臭婊子和千利休和光膀子這些完全風馬牛不相及的事物說到一塊去，卻不讓人覺得不協調。

門輕輕地開了，杭盼和迎霜也一起走了進來，迎霜手裡捧著一把雪，說：「就用這雪水養梅花吧，奶奶你說好不好？」

杭盼卻輕輕走到白夜身邊，說：「睡醒了？吃點東西吧，我們剛才都吃過了。」她身上有一種非常慈祥的東西，她的睫毛和得茶很像，是的，他們甚至容貌也很相像。

作為一家之主的葉子交代迎霜說，去，到那沒人走過的地方，弄一臉盆乾淨的雪水來，給你白姐姐坐一壺天泉，等爺爺他們回來也好喝。白夜這才想起來沒看見爺爺，才問了一句，寄草就拍拍自己的額頭，說：「看我們剛才弄花把什麼忘了。爺爺讓我們告訴你，他去通知你爸爸你回來的消息了，好讓你們安心過個年。」

眼前走動的全是女人，連她在內竟然有五個。因為屋裡暖和，她們脫了那一色的黑藍外套，就露出裡面的各色絆線織成的毛衣，五顏六色的，很戧眼。她們不管高矮錯落，卻一律的都是苗條瘦削的，但和白夜一比，就比出南北來了。她們窸窸窣窣的聲音，走進走出的身影，彷佛在一霎間把那些殘酷冰冷的東西過濾掉了。這些南方的女人輕手輕腳地做著自己的事情，全是一些瑣事。外面是什麼世界啊，白夜不敢想像自己經歷的事件。她不明白，同樣是女人，同樣在受苦，為什麼她們和她生活得完全不同。她走到窗前，掀起簾子的一角，看著黑夜裡潔白的雪花，她想，她們之所以能這樣生活，正是因為有那些為她們在雪夜裡跋涉的用自己的受苦受難來呵護著她們的男人吧。她說：「對不起，實在是對不起，我到哪裡都是添亂的，對不起……」

那幾個各忙各的女人直起腰來，沉默地看了看白夜，寄草走過來，看著白夜，說：「我認識你爸爸那會兒，還沒有你呢。」

葉子轉了出去，很快就回來了。一隻手拎著茶壺，另一隻手托著一個木托盤，裡面放著粽子、茶葉蛋、年糕，還有幾小碟冷菜，對白夜說：「我們就在這裡守夜好了，這裡靜，不大有人會過來查的。你肚子還餓嗎，我給你煨年糕，這是我們南方人的吃法。你坐，你們都坐。」

盼兒突然想起來了，一邊從包裡往外掏東西，一邊說：「我這裡還有吃的東西，小撮著伯送來的龍井茶，二兩光景，夠我們今天夜裡喝的了。還有小核桃，是我的一個教友送的，教堂裡去不來了，她想到送我一斤小核桃。」

寄草又站了起來，小聲道：「真有龍井茶啊，我聞聞。」她取過那一小罐茶，打開盒子，深深地一吸，閉上了眼睛，說：「不曉得多少日子沒聞到這香氣了。小撮著伯也真是，兒女的事情是兒女的事情，要他難為情幹什麼，多少日子也不跟我們來往了。」

葉子也接過盒子聞了聞，說：「我正發愁呢，做茶人家，過年沒得茶喝，這個茶送得好，白姑娘你聞聞。」

白夜接過來看了，寄草就在一邊給她解釋：「這是明前龍井，撮著伯的手藝，你們看看，撮著伯挑過的，一片魚葉也沒有，等等開湯，那才叫香呢。」

葉子突然長嘆：「不曉得得放得茶哪裡去了，他們也該品品這個的，這兩個小鬼啊，心尖都給他們拎起了。」

話音未落，就被寄草輕輕搡了一下，說：「你看你嫂子，今年上頭規定不過年了，得放得茶他們不在學校裡還會在哪裡？你不用為他們擔心的，我去看過他們的，都有自己的造反司令部呢，他們無法無天，日子比我們好過，沒準現在也在學文件喝茶。我剛才說的也是氣話，現在不氣了，有這麼好的茶，還氣什麼！」

明擺著這是寬心話，葉子卻聽進去了，站起來說：「今日有好茶，還有好水，我去拿幾只好杯子來，我看再過一會兒，你大哥也要回來了，他最在乎這個了。」正要站起來往屋外走，就被盼兒攔了，說：「媽，你坐著不要動了，我去取杯子。」

三四個女人為誰去取杯子又小小爭論了一番，最後還是杭盼去了。白夜聽她們杭家女人對話，有點像是看明清小說。她也插不進去話，就開始小心翼翼地咬著那外表光溜溜的小玩意兒。她從來沒有吃過這種東西，一時也不知從哪裡下嘴，迎霜見了，就從木盤裡抽出一個夾子，說：「看我的。」

她一夾一個，一夾一個，夾出好幾塊核桃肉來，細心地與殼剝開了，說：「白姐姐你吃吧。」

說話間杭盼就回來了，捧著個臉盆，裡面放著幾只杯子，都是青瓷，只有一只黑碗，葉子見了，說：「你把天目盞也拿來了？」

這只天目盞，嘉和原本說好要給方越的，他現在連窯也沒得燒了，只好先存在這裡。杭盼把臉盆放到爐上，又從水壺裡往那臉盆裡沖水淨杯。白夜呆了，她從來沒有看到，也從來沒有想到過，連沖水都能夠美得讓人流淚。杭盼的手拎著水壺，那水壺是簡陋的，儘管擦得鋥亮，但它的器形包括它的壺嘴，都是粗放的。然而在幽暗中，為什麼水從那粗糙的口子中流出時，卻神奇般地精緻絕妙了呢？你看它是那麼悠久細長，那麼縷縷不絕，它又是那麼綿延無盡；水從高處下來，成一筆直的線條，卻又無聲無息地落入盆中，沒有一滴水花，沒有一絲聲音。一圈，又一圈，白夜的心，被這一圈圈的繞指柔腸揪住了，她從來不知道女人被女人之美感動時是怎麼樣的，在這樣一個嚴寒的絕境般的冬夜，在杭家的花木深房裡，她第一次體會到了。

女人們都仿佛意識到她們進入了什麼樣的莊嚴的儀式當中，她們默默地看著盼兒淨杯，只有寄草輕輕地給白夜解釋，說：「看到了嗎，這是盼兒在歡迎你來做客呢。」

白夜不解，葉子用手做了一個逆時針的動作，說：「就是這個。」

迎霜也跟著奶奶做這個動作，說：「這是來來來，」她又順時針地做了幾下，「這是去去去，盼姑姑現在是對你說來來來呢。」

她的話讓女人們都輕鬆地笑了，氣氛便從剛才的肅穆中跳了出來。盼兒卻一言不發，只是輕輕地取出毛巾來洗杯。她的手薄而長，手指尖尖，乾淨白皙，靈巧洗練，她洗茶杯時的手的形狀倒映在了對面牆上，放大了，像兩朵大蘭花，像兩隻矯健的大蝴蝶。

這裡的氣氛是東方式的，而且是東方的中國江南式的。一只臉盆架在火爐上，一個女人在臉盆裡細心地洗杯子，她穿著絳紅的開襟毛衣，裡面是一件格子背心，白夜便在想像中給她換上了一件旗袍，她為她的這種奇異的想法而感到了好笑。寄草沒注意到她的表情，她繼續擔當著她自己的解說的角色：「杯子是一定要洗乾淨的。器具是品茶的一道重要程式。你有沒有聽說過，沒有好的朋友是不足以一起品茶的，沒有好的環境是不足以品茶的，沒有好的火水是不足以品茶的，沒有好的器具也是不足以品茶的。現在我們幾乎什麼都有了。你看，我們已經有了你，楊真的女兒，我們就當你爸爸在我們當中；我們還有了好茶好水，我們也有了那麼好的一間屋子，暖洋洋的。」說到這裡，環視了一下周圍，突然又站了起來，到得茶的書櫃裡去翻東西。

葉子小聲地勸阻她說：「你可不能翻他的這些東西，等他回來怨死我。這裡的東西都是他大學這麼些年搜集的，說是將來有一天要派用場。舊年我要燒掉，你大哥死活不肯。虧了得茶是烈士子弟，這房子又離正房隔了兩進，左鄰右舍也還算有良心，這些東西才保下來。」

「嫂子，迎霜，還有你，白夜，你們再給我檢查一遍門窗，窗簾都給我夾緊。」寄草沒理會嫂子的勸阻。白夜看出來了，父親年輕時代的女朋友是一個愛說愛動、聰明絕頂又有些自說自話的女子。現在她一邊翻東西一邊說：「我曉得的，你放心我不會給他少一樣東西。不過這種東西藏在這裡不見天日，多少有點暴殄天物。你看，我們已經有花，有茶，有水，有器，還有客人，怎麼著還得有張畫吧——好哇，找到了，你們看，把這個掛起來怎麼樣？」

這是白夜第一次看到的〈琴泉圖〉。她並不知道凝聚在這張畫上的人世滄桑，但她還是能夠看出這張不大的畫對杭家人的特殊意義。白夜不懂國畫，看上去這張一尺長、一尺寬的紙本，也就不過是左下方的幾只水缸一架橫琴，倒是右上方的那首題詩長些。白夜來不及定睛細看，就見葉子站了起來攔住寄草說：「這可是你大哥的性命，萬一被人看到了不得了。」

寄草可不管，一邊掛那畫兒，一邊說：「性命也要拿出來跟人拼一拼的，不拼還叫什麼性命！」

寄草姑婆的這句話突然感染了白夜，她站了起來，邊蔽著自己的前額邊說：「瞧我給你們帶來了什麼，我也知道得荼一直在搜集這些跟茶有關的東西，你看看我給他帶來的。」

她從她帶來的那個大包裡取出一塊長方形的東西，湊到台燈下，杭家那幾個女人也圍了過來，白夜輕輕地把它打開，一塊色澤烏亮的方磚展現在她們眼前。寄草還沒有接到手中，就準確地對嫂子葉子說：「是茶磚。」

這是一塊年頭很長的茶磚，磚面上印著一長溜的牌樓形狀，圖案清晰秀麗，磚模棱角分明。盼兒愛不釋手地端詳著它，輕輕地說：「這麼漂亮，真不是拿來吃的。」

「我好像在得荼哥哥的茶書裡看到過它的，是得荼哥哥給我看的。」迎霜說。她接過茶磚，像捧孩子似地捧了一會兒，還給了白夜，然後果斷地走到書櫃旁，學著寄草姑婆的樣子翻起書來。

葉子看著孫女要動得荼的書又心疼，忍不住說：「你也不要翻了，如果我沒有弄錯的話，這應該是一塊牌樓牌的米磚，從前我們茶莊裡賣過的。」

迎霜卻固執地抽出一本書，仿佛為了證實她在這方面也是專家似的，很快就翻到那一頁，那上面有著幾種型號緊壓茶的圖片，下面還配有圖片說明。

現在，這些女人仿佛都突然忘記了自己的身份，仿佛她們現在正置身於學院的圖書館內，仿佛她們又回到了汲汲求學的年代。這年代其實離白夜並不遙遠，但回想起來，竟然已經有了一種恍然隔世之感。圖片上標有米磚的那一幅，果然與她們手裡捧的那一塊具有一樣的圖形，下面的一段文字上說：

米磚是以紅茶的片末茶為原料蒸壓而成的一種紅磚茶，其撒面及裡茶均用茶末，故稱米磚，有牌樓牌、鳳凰牌和火車頭牌等牌號，主銷新疆及華北，部分出口蘇聯和蒙古。

迎霜好奇地抬頭看著白夜，問道：「白姐姐，你是去過新疆了？還是內蒙古、蘇聯了？蘇聯現在已經是蘇修了，人家說從前是蘇聯的時候你在那裡住過。你在那裡吃過它嗎？」

白夜的心緊了起來，她的臉色一下子蒼白了，但她離開了台燈光，女人們沒有發現她的變化。她坐回到爐前，定了定神才說：「是的，我在蘇聯時常喝這種茶，不過那時候我還小。你們不知道蘇聯人喝茶有多凶。我們一開始也是入鄉隨俗，後來就和他們一樣離不開茶了。不過我們和你們江南人不一樣，我們熟悉各種各樣的紅茶。真不好意思，我得告訴你，我早就知道這是米磚茶了。我低估了你們，怕你們不瞭解這個，還特意抄了一份詳細的解說，喏，就是這個。要是我碰不到得茶，請你們轉交給他。也許沒什麼用了，但這對我來說很重要……」

她一邊說一邊就往外拿她抄的那份紙，她的眼睛裡閃耀著一種渴求，仿佛如果她們不看，什麼重大的事件就變得毫無意義一樣。寄草接著，一邊說：「看你說的，這是你的心意啊。」就接過了那張紙片。

紙片上抄著那麼一段話：

米磚產於湖北省趙李橋茶廠，生產歷史較長，原為山西幫經營。十七世紀中葉，咸甯縣羊樓洞產八十餘萬斤。十七世紀中國茶葉對外貿易發展，俄商開始收買磚茶。一八六三年前後俄商去羊樓洞一帶出資招人代辦監製磚茶。一八七三年在漢口建立順豐、新泰、阜昌三個新廠，採用機械壓製米磚，轉運俄國轉手出口。俄商的出口程式，一般是從漢口經上海海運至天津，再船運至通州，再用駱駝隊經張家口越過沙漠古道，運往恰克圖，最後由恰克圖運至西伯利亞和俄國其他市場，後來還動用艦隊參加運輸，經海參崴轉運歐洲。由於米磚外形美觀，有些西方家庭給米磚配以精製框架放入客廳，作為陳列的藝術品欣賞。

杭盼默默地讀完了這段文字，把它摺疊好，放到書架上。然後對她說：「等得茶回來，我們讓他把這塊茶磚也放到鏡框裡去。」

米磚靠在書架上，發出了它特有的烏澤。畫兒掛在牆上，散發出了朦朧悠遠的微光。牆角的梅花也在散發著微香，而坐在爐上的水壺又很快就發出了輕微的歡唱，台燈給這間不大的屋子罩上了一層非現實的微妙的幻覺，女人們的身影投射在牆上，微微地搖曳著，白夜覺得自己的心裡也在開始微微發光，她是在做夢嗎？她怎麼能在這樣的冰天雪地裡，找到這樣一個聖潔的地方？

沸騰的雪水突然在這時候溢出來了，她們手忙腳亂地忙著沖水。她聽到迎霜問：「奶奶水開了，可以沖龍井茶了嗎？」

不等葉子開口，白夜就回答說：「再等一等，再等一等，等爺爺回來，爺爺應該是快回來了吧。」

當她這麼說著的時候，那些微光突然停頓了一下，台燈暗了暗，仿佛電壓不穩，剛才那些微乎其微的感覺消失了，花木深房的女人們，開始把心轉到了等待男人的暗暗的焦慮之中。

多麼大的風雪夜啊，杭嘉和能夠感覺得到風雪的無比堅硬的力量。他老了，這樣的對峙已經力不從心了。如果沒有忘憂，他會走到目的地嗎？他看了看眼前那個渾身上下一片雪白的大外甥，他緊緊地跟著大舅一起走，已經走過了從前的二寺山門，走過了靈隱。他們又熱又冷，汗流浹背，頭髮梢上卻掛著冰凌。杭嘉和突然眼前一片漆黑，他什麼也看不見了，他彷彿掉入了萬丈深淵，一下子往上伸出手去，想要抓到什麼，但他馬上站住了，向上伸的手落下來，遮住了臉。他那突然的動作讓忘憂擔心，他說：「大舅我自己去吧，我先把你送到靈隱寺，我那裡有熟人的。」

杭嘉和站著不動，他清楚地知道他現在什麼也看不見了，但他同時又看到了無數石像，披著雪花朝他飛馳而來。耳邊殺聲震天，哭聲震天，火光映紅了整個天空。這是他的心眼打開了吧，他惶恐地想，他多麼不願意重歷數十年前的滅頂之災啊。

就那麼站了一會兒，他抬起頭，雪花貼在了他的眼睛上，他感覺好一些了，模模糊糊的白色的世界重新開始顯露出來。他對自己說，不用那麼緊張，我只是累的。他問忘憂他們已經走到哪裡了，忘憂回答說，已經過了三生石了。他又問忘憂現在幾點，忘憂說他是從來不戴錶的，不過照他看來，現在應該是夜裡八九點鐘吧。嘉和握著忘憂的手，說：「你看這個年三十讓你過的，明天我們好好休息。」

忘憂不想告訴他明天一早他就得往回趕，他只是淡淡地說：「這點山路算什麼，我每天要跑多少山路啊。」

他們繼續往山上趕路。雪把天光放射出來了，現在，杭嘉和已經能夠看得到路旁茶園邊的那些寺廟的飛簷翹角，它們壓了一層厚厚的白雪，看上去一下子都大出了很多。還有那些茶蓬，它們一球一球的，雪白滾圓，根本看不到綠色。兩個寡言的男人結伴夜行，雖一路無言，但心裡都覺得默契。幽明中他們時而聽到山間的雪塌之聲，有時候伴隨著壓垮的山竹那吱吱咯咯的聲音，像山中的怪鳥突然鳴叫。有時候，只是轟轟的一聲，立刻又歸於萬籟俱寂。彷佛那蒼涼寂寥之感，也隨雪聲而去。忘憂無聲地笑了笑，說：「大舅，你猜我想到了什麼？」

「林冲夜奔，風雪山神廟。」

嘉和一邊努力往上走著，一邊說：「這個想法好，過一會兒看到楊真先生，可以跟他說的。」

「只恐那管門的不讓見。」

「走到這一步了，還能無功而返？」嘉和突然站住了，拍拍忘憂的肩膀，說，「天無絕人之路，我們杭家，虧了你留在山中。」

「我喜歡山林。」忘憂話少，卻言簡意賅，正是嘉和喜歡的性情。

「我也喜歡山林，可我回不到那裡，真要走投無路了又離不開它。哪一天我找你，必有大難。我不指望得茶，只指望你了。」

這話讓忘憂吃驚，他站住了，想說什麼。嘉和卻只往前走去，他的腳步很輕，像在山間飛。大舅身上，有時候會閃出一道劍俠之氣，比如此時此刻，雪夜上山急人所難。這樣的時候當然很少，也不易發現，但忘憂知道。當年他挽著方越出山，在杭家客廳，忘憂也曾經感受到過大舅包藏很深的風骨。當時他擔心因為方越的父親李飛黃當了漢奸，大舅不肯收留方越，又擔心杭家人不肯放他回山林，一進大廳就給他跪下，不說一句話，只是定定地看著大舅。大舅站在他面前，正色而言：「我剛從越兒那裡來，跟他說了，他願意姓方，願意姓杭，都由他喜歡。只是以後不准他再姓李，你聽懂我的話了嗎？」他依舊跪著，不肯起來，大舅又說：「你的房間我給你留著，你願意來就來，你願意去就去。」大舅有此承諾，他才起來，走到大舅身邊。又見大舅取出一個東西，正是那青白瓷人兒陸鴻漸。他把它掛在他的身上，那瓷人兒是濕的，不知是汗是淚。那天只有他一個人看到了大舅的淚水，那淚水難道不是濕潤到心，直到今夜。

忘憂緊緊地拽住大舅，想說什麼，又閉上了嘴，默默地走了一會兒，才說：「我把山林給你們備下了。」

風雪很快把他們兩人的背影蓋住了。現在，離他們出門已經有幾個小時了，他們已經看到了上天竺寺那雪光中的一簷翹角了。

或許，正是此刻，夜漸入深之時，花木深房小門訇然而開，把葉子嚇得一下子撲到〈琴泉圖〉旁。台燈很暗，白夜幾乎認不出得茶來了。他沒有戴眼鏡，因為眼鏡使他看不清楚她。剛才他在門外站了一會兒，目光在鏡片後面激動地閃耀，喘出的熱氣一會兒就把鏡片蒙住了。他不顧一切地就把眼鏡摘了下來，現在他突然衝了進來，不戴眼鏡的面容一下子陌生了許多，也好笑了許多。白夜真的就笑了起來，他抓住了她的手，但立刻就感到了他自己那雙手的寒冷，連忙退回去一邊搓，一邊放在嘴上哈氣，還說著：「對不起太涼了對不起太涼了……」白夜窘迫地看著杭家的幾個女人，她熱淚盈眶，一邊握手，一邊嗔道：「你這是幹什麼啊你！」

杭得茶想不了那麼多。屋子裡暖洋洋的，女人們的眼睛也是暖洋洋的，潮濕的，多麼美好，白夜站在燈前，像畫中的女神。得茶傻乎乎地看著她，時間停止了，幸福開始了，現在幾點鐘了？得茶搖頭，答非所問：「我都怕再也見不到你了。」

他的樣子讓家族中其餘的女人們吃驚。她們沒有想到，他們的書呆子得茶還會有這樣一面。因為屋內的熱氣，得茶的臉少有地發出了健康的紅光。白夜從來也沒有感覺到過得茶是個漂亮的小伙子，他很得體，均勻，不戧眼，也許是因為架著一副眼鏡，看上去總像是被什麼給擋住了，是被遮蔽著的很內在地藏起來的一種類型。但是今天他很快樂，他少有地把他暗藏的那一面流露了出來，他一下子變得光彩奪目，英氣逼人。而這一切，在常人眼裡，卻是屬於吳坤的，甚至白夜也不得不承認，吳坤是那種外表很能展示風采的人。

葉子小心翼翼地問，得放是不是和他在一起，得茶目不轉睛地盯著白夜，顯然是心不在焉地回答，說他不知道。「奶奶我餓了，給我做點什麼好嗎？」他微笑地要求著，他的索取使奶奶幸福。但另一個孩子的消息使她不安。「得放到哪裡去了呢？」她再一次問寄草。寄草已經拉著迎霜往外走了，邊走邊說：「我跟你說不要擔心，你看得茶不是就這樣回來了嗎？」

四個女人就一起擁到廚房裡去了。葉子一邊打開爐子，一邊問：「你們看這是怎麼回事，她不是姓吳人家的新娘子嗎？」

「把姓吳人家的新娘子搶來，也是我們杭家人的本事。」寄草開玩笑地說。葉子的臉終於掛下來了，說：「寄草，你就真的不在乎這些事情？」

寄草一邊捅爐子一邊說：「怎麼不在乎？可是你急成這樣了，我還能把我的在乎說出來？」

杭盼回到客廳裡去了，多少年了她都是這樣，所有的關於情愛方面的事情，她的對策，都是眼不見為淨，耳不聽不煩。倒是迎霜頑強地堅持著不去睡覺。她想再到大門口去迎幾次，也許，得放哥哥就會這樣地被她迎候回來呢。

花木深房中，得茶看出她微笑中的心事。是的，這是他們共同的心事。青春飛馳，他們在奔跑中尋找一個人，這就是他們奔跑的全部意義。只要找到一個人就夠了，全部就在這「一個」裡面了。其餘的東西都可以退到很遠的地方，直至消失。

得茶不想讓那短暫的彩虹那麼快就被陰霾遮蔽，他們接下去還有很多嚴肅的話題，他要告訴她一系列的計劃，他變了，他已經成為有力量的人。但他對這個變化著的自己還有一些不習慣，他還有些羞於在她面前立刻暴露自己的變化。水再一次開了，白夜要用沸水往杯裡直接沖茶，得茶阻止了她，他頑強地抓住了茶這個杭家人的永恆的話題，他需要深化它拓展它，他不想立刻就聽到她對她前一段經歷的敍述。他有些手忙腳亂，他告訴她，明前的綠茶很嫩，不能用一百度的沸水沖泡。他把水先沖到了熱水瓶中，還開了開瓶口，說最好是八十度，他們日本人的六十度我倒是覺得太低了一點。你現在看到我用青瓷杯沖茶了吧。因為邢瓷類銀越瓷類玉，邢瓷類雪越瓷類冰，銀雪和玉冰，你感覺一下，哪一種品位高啊。其實陸羽作出這樣的評價是主觀的，他有他的理由。他覺得茶湯本性泛紅，若用白瓷，更顯其紅，若用青瓷，倒襯出綠色來了。你看，他是不是想說，美有的時候是非常主觀的。噢，你看我奶奶，她把天目盞也拿出來了。你能看出來嗎？它是鋦過的，是一只破鏡重圓的歷史悠久的茶盞，從這裡能夠沖出宋朝的茶來。當然我這是跟你開玩笑。宋朝的茶全是粉末……你怎麼啦，白夜我的……我的……你怎麼啦？

得茶傻乎乎地看著白夜，令人吃驚的慾望突然爆發。那是一種似曾相識的感覺，當得茶剛剛知道世界上有白夜這樣一個人，看到她的相片就產生不可告人的慾望時，這種慾望被阻隔了。他們之間有過擁抱，但那是沒有這種慾望的擁抱，像父親擁抱女兒，兄長擁抱小妹。得茶來不及思考這股力量是怎麼樣陡然從心的谷底噴發出來的，他一把抱住了白夜的脖子。他從來沒有真正吻過一個女人，甚至不知道應該怎麼接吻——這就是愛情嗎？他開始焦慮不安起來，眼前出現了越來越多的白霧，大腦開始缺氧，他開始有些上氣不接下氣，他想得到更多。他的與以往完全不同的做派顯然使白夜吃驚。她按住了他的手，說：「不！」他立刻就愣住了，臉紅到了耳根，頭一下子扎到了她懷裡，白夜使勁地抬也抬不起來。好一會兒，他自己抬起頭來，平靜地說：「對不起。」

白夜笑了，她坐下，對他說：「我想和你說說話。」

得茶輕鬆起來了，彷彿歡迎遠方朋友歸來的接風盛典已經完成，現在開始進入正常的懷舊階段。

他坐下來說：「你等一等，先喝了茶再說，我發現你竟然連一杯也沒有喝。」

他說這番話的時候，動作和口氣都有些女性化，這使他看上去更像一個男人了。這種感覺，只有像白夜那種飽經風霜的女人才會體會出來，比起剛才的狂熱，她更喜歡這個溫和的杭得茶。她說：「我得告訴你我這段時間的經歷，我得讓你有一個思想準備，你收到我的信了嗎？」

得茶站了起來，凝望著白夜，他想，終究還是要談的，那就談吧，只是不要談得太深，他不想讓這些事情進入得太深，他想他會有辦法化解它的。他說：「你還活著，並且行動自由，這就說明了一切。至於其他的事件，我想那不是你的過錯，我瞭解你——」

「不不，你千萬不要對人說你瞭解了他（她），因為你永遠也不可能完全瞭解一個人，尤其是像我這樣的人。我剛才見到你們杭家的女人，真令人吃驚，她們使我自慚形穢。她們身上有些不變的東西，看不到年代的印記的、每個時代都會有的東西，比如說沖茶和洗杯子，也許這就是永恆。我要是早一點接觸到她們就好了。我和她們太不一樣了，時代的每一個浪花都能打濕我，使我險遭滅頂之災，這就是命運。我為什麼要和吳坤結婚呢？這簡直是太荒唐了。我父親曾經對我說過這個詞兒。不，我不能夠老是談我自己，我是首先為我父親回來的。請你先告訴我父親的下落，我曾經去過你們學校。可我打聽不到他的消息，我必須跟你談我的全部生活，因為也許以後我不再有機會了。」

第十八章

這個大風雪之夜，難道不同樣是翁採茶的百感交集的除夕！即便是一個貧下中農的女兒，受過許多生活的磨難，在年根邊離開家人，跑到這麼一個鬼地方來當看守，也是從未有過的事情。況且她的臉上還留著鮮紅的五個手指印，這是丈夫李平水在這個革命化的年關裡給她留下的光榮紀念。他們已經冷戰多日，表面的原因是翁採茶不准他與杭家來往。李平水對妻子從來沒有真正響過喉嚨，所以今天當採茶接到通知，要她重新上山看守楊真時，她也沒有想到丈夫會阻攔。一旦丈夫反對她上山的時候，她也沒有想到他會給她耳光。當他冷漠地問她，是不是她的親密戰友吳坤又給她打革命電話時，她只是輕蔑地對他點了點頭，說：「是的，你想怎麼樣？」

他走到她的身邊，出其不意地說：「我想揍你！」

她愣住了，一邊收拾東西，一邊笑了起來，頭別轉漫不經心地說：「你是什麼東西，你這小爬蟲，敢動我一個小指頭！」話音未落，她臉上結結實實地挨了一下。她愣住了，打死她也想不明白，這突如其來的火山是怎麼會爆發的。一時不知道如何動作，只好呆著一雙大眼盯著他。就聽那李平水說：「你要是留下過年，你我還是一家人；你要是走，你就別再回來！」

採茶氣得渾身發抖，一頭朝李平水撞去，那受過訓練的軍人輕盈地轉開了，她捂著臉上了山，沒工夫和李平水打內戰。此刻夜深人靜，大雪無聲，她一個人縮在床前，委屈和憤怒才交替著上來。電話機就在身邊，伸手就能夠到。吳坤會來看她嗎？她自己也不知道，不過她相信他一定會來，哪怕為了這個老花崗岩腦袋楊真，他也不會忘了這裡。

臉上火辣辣的，她想起了白天挨的那一下，火苗子又從心裡竄了上來。她光著腳板一下子跳下床，從抽屜裡取出一枝筆和幾張紙。她正在積極地進行掃盲活動，結合大批判識字兒。現在活學活用，準備結合打離婚報告來識字了。這四個字裡後面三個她都能寫，偏那第一個她記不全了，房間裡又冷，山裡又寂寥，採茶這麼個豪情滿懷的鐵姑娘，也被那「離」字兒憋出了眼淚。正苦思冥想呢，就聽見山門外有人敲門。她還以為是她親愛的吳坤雪夜來訪了，套上大衣就往大門口奔。雪花被她踩得濺進了鞋子也不覺得冷。大門一開，竟然是兩個男人。手電筒一照她愣住了，說：「你！嘉和爺爺，你到這裡來幹什麼？」

嘉和與忘憂兩個沒有做任何解釋就進了門，這是他們事先商量好的，要是說了見楊真，保不定連門都進不了。

可是聽了嘉和要見楊真的要求後，採茶的造反面孔就拉下來了，她用她那枝重新開始學文化的筆敲打著準備打離婚報告的紙，說：「你們杭家人怎麼那麼頭腦不清，這個楊真是可以隨便見的嗎？他是什麼人你們是真不知道還是假不知道？年三十想起這齣戲來了，真是！快點趁現在還不算太晚回家去，這是我認識你，我若不認識——」她上下打量了他們一番，嘉和接著說：「你若不認識，把我們也得關起來審查，是不是？」

旁邊那一片雪白的男人就跟著這老頭兒咧了咧嘴，算是笑過了。那樣子讓採茶看了拎心。用那種居高臨下的口氣對別人說話，並不是採茶的習慣，嚴厲和粗暴並不是與生俱來的，這也需要有一個學習的過程。她不知道該把他們怎麼辦，就去叫了值班的那幾個年輕人。那幾個看守正把酒喝到了七八分，走出來就喊：是誰不讓我們過年，啊？誰不讓我們過年，我們就不讓誰過年！

嘉和這才對採茶說：「我們只跟楊真說一句話，告訴他女兒回來了。」

「一句話也不准說！」採茶愣了好一會兒，突然強硬地說，兩隻大烏珠子病態地暴了出來，這神情倒真是有點出乎嘉和意料之外了。他環視了一下周圍，便斷定楊真是住在樓上，給忘憂使了個眼色，忘憂就突然跑到雪地當中，對著樓上一陣大喊：「楊先生你女兒回來了，楊先生你女兒回來了！」

採茶大吃一驚，見樓上開著燈卻沒有反應，先還有些得意，想：你叫也白叫，人家被打怕了，根本不敢應。但她立刻否定了這個愚蠢的想法，突然背上就刷的一下，透涼下去，一直涼到腳後跟。她腦子裡閃過的第一個念頭就是「自殺」，這是吳坤千叮萬囑的，無論如何不能讓他死了。她自己一下子就腳軟了，只是催著那幾個喝酒的：「快上去看看，快上去看看啊！」其中一個就說：「老頭子吃過飯就坐在桌前沒動過。」話音未落，那忘憂已經在樓上了，他攀登的速度這才叫神速。憑感覺他衝開了楊真先生關押的那一間，屋裡果然坐著一人，背對著門，忘憂一看連走都沒有走過去：假的！再一看，後窗打開了，窗櫺上掛了一根繩子。此時嘉和也已經趕到樓上，往樓下一看，便回過頭來，對嚇得呆若木雞的採茶說：「人呢？」

採茶已經嚇得說不出話來，站著一個勁發抖，嘉和看著她，說：「快點把襪兒鞋子穿好，呆著幹什麼？」

只聽採茶一聲尖叫，幾如鬼嚎，七撞八跌，直奔樓下，給吳坤打電話去了。忘憂已經跑到樓下看過，這時扶著嘉和下樓，一邊說：「大舅，你看楊真先生會朝哪裡去呢？」

嘉和站在山門口，往西北看，是萬家燈火的杭州城，往東北看，翻過琅璫嶺是九溪十八澗，走出九溪，便是滔滔錢塘江。無邊的大雪越下越猛，雪片落在人的身上真如鵝毛。嘉和與忘憂已經完全忘卻了冷。他們的心頭火一般地燃燒。一個飽經憂患的男人亡命於漫天飛雪中，他會往哪裡去？嘉和問忘憂：「要是你呢？你會去哪裡？」

忘憂想了一想，把手指向了東北，嘉和抖了抖身上的雪，說：「我們走吧。」

這兩個風雪夜行人，重新沒入雪天，一直向大江奔湧的地方尋尋覓覓而去。

羊壩頭杭家的小姑娘迎霜，不知道第幾次來回打探了。客房裡乾坐的幾個女人，沒有再等回男人。迎霜一會兒就回來向她們報告一次：他們還在說話呢。寄草就問：「聽他們說些什麼了嗎？」迎霜想了想，搖搖頭說：「沒聽清楚，他們好像在吵架。」這話讓她們吃驚，他們不應該吵架。盼兒站起來說：「我去給他們續水。」她就走進了花木深房，兩個年輕人看著她笑笑，一言不發。她回到房間，說：「他們好像是有些不痛快。」葉子也站了起來，寄草說：「別去，等大哥回來再說。」迎霜問：「爺爺他們怎麼還沒有回來？我到門口都去了十趟也不止了。」她的話讓她們三個都站了起來，她們頂著雪花和子夜的寒冷，一起走到了大門口。路燈下雪厚得沒過小腿了，沒有人走過。

花木深房裡，這對年輕人的心就像越積越厚的白雪。他們不是不想心心相印，然而他們越真誠，給對方的疑惑就越深，這是始料未及的事情。他們彷彿一直在迫不及待地爭著向對方傾訴，實際上卻都沒有真正的勇氣面對他們所聽到的全部。知道其中的一部分，以此猜測其餘的，這就已經超過了他們可以承受的心理能力。但他們又不得不把自己的軟弱包藏起來，特別是得荼。在各自敘述的時候都表現得平靜自若，這使他們的心靈痛苦極了。她說了她的可怕的邊境之行，她說她最終在什麼樣的千鈞一髮之際回過頭。「當我在那家邊境小鎮上看到這塊茶磚的時候，我就突然想到了你，我想我得給你一點什麼，一定要給你一點什麼。我去買茶磚，回來的時候，他們就不見了。」

她幾乎隻字未提她和同行人之間的關係，但得荼完全聽明白了。他笑笑，勉強地說：「你做這樣的事情時，不像是一個有過經歷的人。」

「有過經歷」這個提法，隱隱地讓白夜不快，她說：「你不是在取笑我幼稚可笑衝動吧。」得荼看著她有些不悅的面容，她生氣的樣子很可愛。他摟住了她的脖子，盯著她的眼睛，說：「我越瞭解你，越覺得你像一個孩子。」

「你為什麼不覺得這個時代太老謀深算？難道我們不都是它的棄子！」

得荼鬆開了他的手，他覺得她的話非常沉重，她一點也不像他第一次看到的那樣，那一次她表現得多麼華麗啊。他輕聲地儘量和緩著話音，彷彿怕嚇著她，問道：「告訴我，你目前的處境到底怎麼樣？需要我做什麼？你得明白你現在有多危險，什麼事情都有可能發生。」

白夜明白了他的意思，她撫摸著他的頭髮，說：「從邊境回來，我在路上走了半個月，沒有人跟蹤我。其實我不怕跟蹤，也許我進監獄死掉更好。但是我想看到爸爸，還有你。當我看了你們杭家女人喝茶時，我覺得我不配活著，我太混濁了！」

得荼站了起來，走到窗前，一邊觀察著外面，一邊說：「我想知道你目前的真實處境，而不是你對你自己的道德審判。這對你我目前都不重要，明白嗎？發生了什麼，怎麼處理？現在你說吧。」他站在窗前等了一會兒，不見回答，回過頭，發現白夜低著頭，手捂住了臉，一言不發。他走到她身邊，蹲了下來，摸著她的後頸，說：「對不起，我不是不想跟你談一些別的，但是我們必須面對現實，你不也這樣希望嗎？」

白夜抬起頭來，突然說：「等爺爺回來，告訴我爸爸的消息，我馬上就走。」

「為什麼？」得荼很驚訝，「你以為你還可以那麼行動自由。也許你走出這個大門一步，你就被盯住了。現在讓我和你來統一口徑。第一，你無論如何不能承認，你是自覺跟他們去邊境的。你必須強調，你是被拐騙到那裡的，最後你利用買茶磚的機會逃脫了他們的控制。」

「我是自覺跟他們到邊境的。在北京不是沒有那樣的例子，有人就從南邊偷渡出去了。」

「請你不要再在我面前提起這樣的事，一個字也不要提。」得荼突然急躁起來，聲音壓得很低，但口氣非常嚴厲，「你明白你在做什麼事情？」

白夜也突然站了起來，她的聲音又低又悶：「我們沒有犯叛國罪，我永遠也不會承認我們犯有叛國罪。我們說定了，等祖國的局勢一穩定我們就回來。我們的親人和朋友都在中國，我們是中國人，我們比誰都明白這一點。這就是我痛苦的原因，我們並不想離鄉背井，尤其是冒著這樣的危險，用生命去換取這樣昂貴的自由。除此，我們還能到哪裡去，我，陷在泥淖中的我，被別人的污濁和自己的過錯玷污了的我，還有什麼辦法讓自己逃脫噩夢？重新開始，不！不要說我幼稚，不要以為我是在異想天開，有極個別的人成功了，他們逃脫了。我的悲劇就在於我看到了，想到了，但是我永遠沒有能力做到。你無法體驗那種感覺，一步步地離家離國遠了，你越來越發現你對這塊土地的感情，和戀愛的感覺完全一樣，令人心碎，不可自拔。難道真的就沒有最後的退路？我一直在想這個問題，直到他們死在邊境線上。多麼殘酷的啟示，我突然明白，我也可以死。想到死我輕鬆極了。我終於獲得了自由。我曾經死過一次，但那是被迫的，盲目的，那不是有尊嚴的人的死。現在不同了，所以我開始往南方走，我要見我的父親，還要見到你。這是活著必須做到的事情，可是我對我自己做過的事情絕不後悔！」她面容刷白，嘴唇哆嗦著，「你讓我一個字也不要提，可我提了那麼多，現在該你說了。」

她重新坐了下去，在這個雪夜，她突然爆發出來的叛逆的力量令人吃驚。得荼的心抖了起來，他的一向自控力很強的情緒，頓時激盪起來。這就是白夜的魅力，她總能使人進入非常狀態，這也是她的痛苦，因為別人為她而受苦。她當下說的話，不管怎麼有理，都是大逆不道的，得荼自己從來也沒有想到過亡命天涯，所以他從來不曾思考還有一種尊嚴，它的名字叫逃亡。他的激動的眼神在鏡片後閃著異樣的光，他說：「我請你不要再提那件事，也就是讓你不要再提『死』。我爺爺曾經告訴我，死是很容易的，比活著容易多了，所以他選擇了活。再說一切並不像你想像的那麼可怕，是你自己把自己推向極致。我們現在必須拋開道德層面上的論證，現在是革命年代，我們要學會行動。」

他們目不轉睛地對望，彼此都覺得有些陌生，因為他們都期待對方與自己一模一樣，但革命年代使他們出現了差異。白夜被得荼的力量有所征服了，她點點頭說：「好吧，我聽你說，也許你是對的。」

她的態度使得荼的心鬆了一些，他緊緊地握著白夜的雙手說：「看上去你好像麻煩很多，實際上抓住主要麻煩就行。那麼你說你目前的主要麻煩是什麼呢？」

白夜皺眉看著他，她還不大明白他想說什麼。得荼放開了她的手，在小小的斗室裡來回走了幾圈，他下了決心，要把他做的事情都告訴她，他不想對她有任何隱瞞。他靠在書櫃前，說：「吳坤是主要矛盾的主要方面，只要他的問題解決，什麼問題就都能夠迎刃而解。」

白夜也站了起來，她有些吃驚，問道：「你要解決他？」

「我已經開始解決他了。」

「怎麼解決？」

「也不過是以牙還牙以眼還眼罷了，並沒有什麼新招。」得荼這才把吳坤這段時間來的所作所為，包括他給楊真先生帶來的災難，粗粗地對白夜說了一遍，但他隱去了楊真被打得奄奄一息的那個細節，然後說：「我還得感謝你給我提供的炮彈，是你告訴我他在北京是屬於歷史主義派，是翦伯贊和黎澍先生手下的一員後起之秀，我把這些老底都給他揭出來了。」

「你說這些是我提供的炮彈？這些是炮彈？」白夜不相信自己的耳朵，「你把這些都給他揭出來了？」

「其實這些都不算是什麼，主要是先在群眾中把他搞臭，」得荼說到這裡，自己也笑了起來，興奮得雙頰發紅，「我沒想到群眾對此反響這麼大。不過群眾運動中群眾的態度並不是起決定作用的，吳坤以為我不知道個中奧秘，但他錯了，在心狠手辣方面，我以往的確不是他的對手。但是，從今天夜裡之後，一切都改變了。」

白夜驚奇地看著眼前這個興奮得有些摩拳擦掌的青年男子。他在屋子裡來回地走著，一會兒坐下一會兒站起，他停不下來，雙眼閃閃發光。他目光中冒出的那種狂熱的一意孤行的意志，是她剛剛認識他的時候，一丁點兒也沒有發現的。他用的那些詞彙——解決、以牙還牙、以眼還眼、炮彈、對手、揭老底、心狠手辣……這是一些本來完全與杭得荼無關的詞組啊，為什麼他的口氣中有了一種似曾相識的東西，當他這樣說話的時候，他開始像誰呢？

現在，杭得荼再一次握住了她的雙手，仿佛她已經與他結成聯盟：「你不是希望我能夠保護你的父親嗎？我一直擔心自己不能夠做到。這是我的使命，我必須完成。現在我可以告訴你，吳坤完蛋了！」

白夜一下子站了起來，她突然明白他開始像誰，他說話的口氣，開始像那個他要他完蛋的人了。但她還是不知道他有什麼辦法讓他完蛋。儘管得荼把吳坤形容得像一個惡棍，但白夜並沒有仇恨吳坤到這一步。不，她遠遠說不上對吳坤有什麼仇恨。她只是懷疑他，有時也討厭他罷了。她和他的婚姻中的確有許多無奈，但難道不也有她自己的失誤？她只想離開他，但並不想讓他完蛋。

她的心情是得荼當下不可能瞭解的，他想當然地認為她應該完全與他想到一起。由於信任，由於自己也從來沒有過的體驗，他沉浸在自己的世界中。他迫不及待地要把自己的好消息告訴心愛的人。他說：「吳坤不是最喜歡拉大旗作虎皮嗎？不過他頭上有辮子，屁股上有尾巴，真要拉大旗作虎皮，他拉不過我。今天夜裡的這頓年夜飯，我是和一些關鍵人物在一起吃的，我告訴他們，吳坤對他們而言，是一個多麼不可信任的傢伙。我讓他們認為，吳坤和你父親的那一層特殊關係，使他決不可能完成他自己誇下的海口。我告了他一黑狀，或者說，我狠狠地打了他一個小報告：這是一個藉革命名義達到個人目的的野心家。事情好像就那麼簡單，他完蛋了。其實並不簡單，我在這之前做了許多的鋪墊，我知道，即便在同一個大派別裡也有許多的小派別。比如趙爭爭的父親和北京方面的來人，他們看上去在一條線上，其實並不在一條線上。事情就這樣起了轉機。明天一早，我就可以到上天竺，把楊真先生轉到我的手下。我已經拿到了手諭，你高興嗎？」

白夜像聽天方夜譚似地聽得荼說了那麼多，好幾次她企圖打斷他的話來表達自己的意思，她想告訴他，她沒有給他提供什麼炮彈，她也不希望吳坤在他的攻擊下完蛋，但她根本插不進去話。得荼亢奮起來，也有一瀉千里之情。當他說話的時候，她就只好悄悄地掀起窗簾的一角，窗外是陰曆年一九六六年除夕的最後時光，雪依舊像是夢一般在下著，沒有剛才那麼密集，但一片片更大了，緩緩地從天而落。這樣的子夜，仿佛是要昭示你認可一種鐵定的不可改變的現實。白夜想，現在她能夠說什麼呢，她唯一能夠堅持的，就是見到她的父親。

她回過頭來，說：「明天我和你一起去接我父親。」

「這正是我馬上就要和你談的事情。」得荼走到了白夜的身邊，他把她摟到自己的懷裡，他知道他接下去要說的事情會讓她傷心，但此事無可通融。他說：「你明天不能夠和我一起去。不但不能一起去，你還不能夠露面。不要讓任何人知道你已經回來了，我會想辦法連夜就把你轉移的。」

「這怎麼可能？爺爺已經去通知父親了。」

得荼皺了皺眉頭，說：「我們會有辦法的，我們會說你已經走了，不知去向，這樣的事情很多。」

「為什麼要這樣做？」

「別人會拿你做文章的。無論是吳派還是杭派，都會拿你做文章，所以你必須隱藏起來。」

這一次白夜是真正地吃驚了，她掙脫了得荼的擁抱，瞪著他，輕聲地叫了起來：「可我是為了見我的父親才回來的！」

得荼低下了頭去，好一會兒才抬起頭問：「沒有一點別的原因了嗎？」

「也為你，但不是現在的你。我沒想到你捲得那麼深，你失去的會比得到的多。」

「我知道，我想過了，但我還得那麼做。」

白夜像突然生了大病似的，臉上的紅光一下子黯淡了。

「那麼說你還是不能同意我去見我父親！」

他點了點頭。他們僵持在了那裡，突然她抓過大衣就往外面衝，早有準備的得荼一下子就把她抓住。她一聲不吭地就和他扯打起來，沒打幾下，就聽到門口有人驚慌失措地跑開，他們立刻住了手。

得荼說：「別怕，是迎霜。」

白夜一邊掰他的手一邊說：「我怕什麼？我誰都不怕，你放我走，我要見我的父親！」

他們又開始在花木深房裡拉扯起來，得荼的力氣遠遠比白夜想像的要大得多，他攥住她的那隻套著兩只黑袖章的胳膊說：「你不能露面，因為你現在還是吳坤的合法妻子，你自己的事情還要靜觀事態，更不要耽誤你父親的事。楊真先生幾乎被他們打死，當務之急要把他先救出來，你要理智一些，不要因小失大，聽見了沒有！」最後一句話他是不得不咆哮出來的，雖然聲音壓得很低，因為白夜看上去有些喪失理智。

原來得茶一直不敢告訴楊真挨打的事情，現在不得不說，白夜聽到這裡，手鬆了，雙手一把就扯住了自己的頭髮，說：「這是可以想像的，可以預料的，從北到南，到處都在死人，你要是不那麼說，這才奇怪呢，是不是？」她那樣子突然變得古怪起來。

客廳裡那幾個杭家女人進了花木深房，一股寒氣被她們夾帶了進來。寄草厲聲輕喝：「得茶你幹什麼？」白夜這才想起來，一把抓住寄草的前衫胸口就問：「姑婆，我爸爸快被打死了？」你看寄草白了得茶一眼，說：「哪有那麼嚴重？挨倒是挨了幾下，文化大革命，誰能不挨幾下？你看我，我都被他們用臭柏油澆過。」

白夜放下了抓住自己頭髮的手，直到現在她才徹底明白了她和她父親的處境。寄草姑婆故作輕鬆的口氣中透露出的完全是相反的資訊。她開始明白得茶為什麼會有點像吳坤。可是要把她藏起來，這是她絕不願意的，她無力地坐倒在爐邊，雙手捂臉，搖著頭，她的身影毛毛茸茸地映在牆上，頭髮亂糟糟的，像一個囚犯。

葉子見此情，使了個眼色，大家開始收拾剛才被弄亂的房間。正在此時，迎霜的腳步又響起，她的聲音在子夜的雪天中格外清晰—「來了，來了……」

葉子手忙腳亂地拍著胸，說：「這個迎霜，現在已經半夜三更了，還那麼叫。人家不嚇死，他爺爺都要給她嚇一跳呢。我去看看！」要去拉門，就聽門外一陣騷亂的腳步，門被一陣強力推開，人未進，聲音已經進來：「杭得茶，你給我把人交出來！」說話間，吳坤一陣風般地殺了進來。

翁採茶把電話打到吳坤那裡的時候，他正在趙爭爭家吃年夜飯，趙爭爭的母親半盛情半要挾地把他弄到她家裡。他一邊喝酒一邊聽那老頭回憶他和副統帥的戰鬥友誼。老頭喝了一點酒，心情也愉快，談笑之間也不時透露一點內幕，在吳坤聽來，那都是高層之間的分分合合的政治鬥爭。吳坤對這些話題天生是感興趣的，他像一個虔誠的小學生在聽政治課，貪婪地吸收著這些光天化日之下不可能吸收到的政治營養。他也豪飲了幾杯，年輕氣盛的心一時就膨脹起來，模模糊糊地想到了他的新對手：杭得茶啊杭得茶，你那麼徒勞無益地死保楊真幹什麼呢？你知道這場運動的真正目的何在嗎？他過去對識時務者為俊傑這句話一直是反感的，以為那是投機取巧的代名詞。現在他開始明白什麼是時務，什麼是識時務。大勢所趨時，逆歷史潮流而動者，絕無好下場。楊真被打時他升上來的那些內疚之情，就在此時沖淡到幾乎烏有，舉起杯子就對趙爭爭說：「爭爭，不用說了，當著你父母的面，這杯酒算是對你的賠禮道歉吧。」

趙爭爭的眼淚一下子湧了出來，她是個十分倔強的人，從小嬌寵，也不大知道害怕，吳坤那一掌是真正打到她心裡去了。她就那麼站著，一時不知道是甩門走掉好呢，還是接過酒來一飲而盡好。只聽父親說：「行了，這件事情就到此為止。你們都不是小孩子了，起碼的政治素質還是要具備，都那麼衝動不冷靜，將來怎麼接無產階級這個班，啊？」

這話批評得讓吳坤真是舒服，他想，要學的東西真多啊！他正要再舉酒杯，電話鈴就響了，趙爭爭過去接，一聽那聲音，就把話筒遞給吳坤，一邊說：「喏，阿鄉姑娘打來的！」這聲音裡有醋意，吳坤笑笑沒在意，但他的心裡卻忐忑不安。整個晚餐他一直在暗暗擔心著楊真那裡會不會出事。也許精神準備充分，真的聽到這天大的消息時他反而沉住了氣。放下電話他只說了楊真失蹤的消息，白夜回來的事情他就隱下了。他套上大衣就要走，趙爭爭一聽，什麼也不顧了，起身就要和吳坤並肩戰鬥去。他父親一個眼神，母親一把就抓住她的手說：「你去幹什麼，這是吳坤他們的組織行為，你就一個人，參與得還不夠深？你看你給小吳已經帶來多大的麻煩，他不好意思說，你還真不明白了，你給我坐下！」

這話讓吳坤聽得心裡一愣，還沒有反應過來，那當爹的過來，一邊給吳坤遞圍巾，一邊說：「別著急，路上小心，天大的事情也得細細去做。」吳坤打開著門，略一遲疑，老頭子又問：「有車嗎？」

他連「事情有結果後打個電話」這樣的話都不說，吳坤的心一下子寒了下去，就像這屋內屋外的天氣反差那麼大。他點點頭，勉強笑了笑，鑽進吉普，就奔進了雪夜。

憑一種直覺吳坤就準確地判斷出，白夜此刻必定是在杭得荼的花木深房裡，很難說楊真會不會也在那裡。

他的火氣是看到花木深房才開始爆發的。自己的老婆在人家的書房裡，雖然不像是出了什麼事情，但依然怒火中燒。他那一聲吼也帶些詐，如果楊真真的在他們那裡，這一聲突然襲擊怕也是能把他們杭家人嚇出馬腳來的。但他的目的顯然沒有達到，白夜驚異地站起來，看著已經半年沒見的丈夫，輕輕地問：「你說什麼，把什麼人交出來？」

吳坤一個大步衝了上去，可是他沒有能夠抓住妻子，他們之間插進了杭得荼。兩個男人出手同樣迅疾，各自抓住對方的胸襟。這種戲劇化的衝突讓吳坤和得荼都痛苦，他們幾乎同時閃過了「可笑」這個詞。然而此時的行動不可能不大於思考，尤其是容易衝動的吳坤。他盯住杭得荼，沒注意到周圍所有的女人都突然冒了出來盯住了他。並沒有人來攔阻他，這反而使他不好下手，他只好再咬牙切齒地重複一遍：「杭得荼，別裝蒜，你給我把人交出來！」

直到這時得荼才突然明白吳坤子夜襲擊的原因，他也咬牙切齒地問：「你在找誰！啊？你在找誰！」

吳坤從對方的眼睛裡明白了現實，大禍臨頭之感直到這時才升騰上來，他垂下手，茫然地看著這間他曾經在此高談闊論的小屋。他看到杭得荼向他揮手，彷彿對他叫喊：還不快去找！然後他看著杭得荼推著白夜出去，他也跟著走到門口。風雪之夜使人渺茫，一個人消失在其中，將是那麼的輕而易舉，他還沒有開始尋找就意識到他將不可能找到。回過頭來，看著杭家的這些女人。她們沉默地看著他，其中有一個還靠在牆頭，顯然是為了護住那張古畫。她們的神情和動作使他憤怒，他幾乎下意識地伸手一抓，一把扯斷牆上的另一張。直到跑出大門口，他才想起來，他扯斷的正是那張杭得荼臨摹復原的陸羽的〈唐陸羽茶器〉，但他顧不上那些了，他、杭得荼、白夜，他們坐上了同一輛車，在漫天飛雪之中，在一九六七年大年初一到來的剎那，直衝杭州西郊上天竺山中。

發生了不能控制的事件，吳坤從進入上天竺前二樓的禪房開始，就不可扼制地開始發抖。他走到窗前，看到那根掛下去的繩子，它硬幫幫地掛在那裡，被冰雪凍成了一根冰柱。那隻已經被打掉了門牙的「死老虎」，就是從這裡出山的。但山外還會有什麼？他探出頭去，仰望天竺山中的天空。雪開始小了，山林可怕地沉默，山林披著孝衣，它是在預示誰的消亡？是楊真他們，還是我吳坤？

趕到這裡的人，都分頭去搜尋了，連杭得荼帶來的人也共同參與了此事。杭得荼是聽說爺爺朝九溪方向尋去之後，立刻尋跡而去的，走前還沒有忘記過來交代白夜，讓她在父親房中好好地等待，他一定會帶回消息的。她那已經有些失態的神情讓他不敢再跟她多說什麼，但他還是沒有忘記走到吳坤面前問了一句：「你呢？」

這是運動開始以來得荼第一次對吳坤產生了惻隱之心，他那不可控制的茫然是他以往從來沒有看到過的。他彷彿對尋找楊真並不積極，彷彿已經看透了這場大搜尋之後的結果，他搖搖頭，呆呆坐在椅子上，一言不發。得荼無法再跟他說什麼，他自己也已經到了心急如焚的地步，掉頭走到門口，卻發現吳坤跟了出來，在樓梯口攔住他，問：「他還活著嗎？」

得荼盯著無邊的黑夜，他無法回答這個問題。身邊站著的這個鐵青臉的男人是冰冷的，因為一臉的鬍子沒有刮去，吳坤比他平時的容顏多出了一分猙獰，他看到了他平時沒有看到過的那一面：那種狂怒之下的隱忍，隱忍之下的惶恐，甚至還有惶恐之下的絕望。與他相對的是另一張容顏：楊真先生浮腫的眼皮間射出來的一線光芒，在天竺山的雪夜中噴發出來。杭得荼突然閃過了一個念頭：原來一個人的力量也可以是那麼巨大的，他使另一群人因為他而絕望！因為他使他們無法得逞！他迅速地下了樓梯，不想再見到眼前這被慾望扭曲的面容。

而他，也就這樣一無所獲地回到了屋中。可以說，直到現在，吳坤才開始瞭解這個他本來完全可以稱之為岳父的男人，直到他在他眼皮底下消失了，他才真正開始感受到他作為一個人的存在。

他還沒有失去懺悔的機會，直到現在他還不算走得太遠，他和她還可以有共同的苦難。這種機會總是瞬息即逝的，要意識到它的一去不復返又幾乎是當事人不可能做到的，至少吳坤和白夜都沒有這種自覺。現在他們處在一間屋子中，仇恨和同情像兩股大浪不時擊打著他們不堪重負的心。他走到她的身邊，看著她，想：這是為什麼？我為什麼愛這樣一個女人，為什麼要因為她毀了自己？他盯著她，像盯著一個陌生人，他想推開她，他想擁抱她，他需要她，他想永遠不再看到這樣的容顏。他張開嘴，自己也不知道自己要說什麼，他耳語般地幾乎無望地問：「告訴我，他到哪裡去了？」

他說話時的熱氣噴到她臉上，因為這個男人的氣息、因為焦慮、因為已經無法理清的痛苦和憤懣，她厭惡地別過頭去。這厭惡並不是僅僅針對他吳坤的，那裡面始終包括著對自己的厭惡：一種可怕的對愛慾的厭惡——如果她的肉體裡沒有愛慾的魔鬼，大難臨頭之時，她或許還可以對父親有所慰藉；我不是應該靜悄悄地，像那些淨杯品茶的女人一樣，無聲無為地度過艱難時光嗎？是什麼原因讓我把事情做到不可收拾的地步？是什麼原因，把我和眼前這個男人綁到了一起？

她的厭惡被他看出來了，但他並沒有看出她對她自己的厭惡，他只看到她拒絕他的那部分。他從心底裡驟然躥出了巨大的不可扼制的仇恨，仿佛靈魂裡的那扇地獄門一下子打開了，他一下子扼住了她的脖子，咬牙切齒地吼道：「說，他到哪裡去了！」

他的聲音如此凶猛，連他自己都不敢相信。夜半天竺寺，轟隆隆地響起了他的咆哮，但很快又歸於沉寂，沒有一個人來理會他的怒吼。白夜被他扭過了臉來，現在她不得不正視他——他要幹什麼？揪頭髮？劈耳光？大發雷霆？爭吵不休，或者乾脆大打出手？或者像他從前一樣，一把抱住她的腿，跪下來痛哭流涕？或者不理睬她，揚長而去？

他們誰都沒有想到，甚至連吳坤他自己也沒有想到，作為一個人他竟然還會有那樣一面！他撲到門口，嘭的一聲，一把關上了門，狠狠地插上。白夜尖叫了一聲：你要幹什麼！話音未落，電燈開關線被吳坤狠狠地一拉彈到半空，屋子裡一片黑暗，他抓住她的腰，一把扔到了床上。從這時開始的一切行為，就都是一個惡棍的行為，一個強暴者的行為。她覺察到了不對，開始尖叫起來，只叫了兩聲，便被什麼東西塞住了嘴巴。她的兩隻手，被他的一隻有力的手擰在了一起，她能夠聽到黑夜裡她的棉襖扣子噗噗噗地彈扯開的聲音，她的掙扎仿佛激起了他的更大的狂暴。她被按在床上的時候，甚至連鞋子也沒有脫掉。他的肉體令人噁心，即使在這樣的時刻她還有能力分辨出，她遇到的是愛，是慾，還是蹂躪。一開始她拼命掙扎，後來她不再反抗，她想，她現在並不是和人在搏鬥，因為她面對的完全已經是一隻野獸。

他終於鬆開了他的手，取出她嘴裡的堵塞物，她長長地嘆出了一口氣，強烈地咳嗽起來。隨著她的咳嗽聲，他坐了起來，發出了類似於哭泣的吭哧吭哧的聲音。她開了燈，他不再發聲，彷彿已經精疲力竭。他體內那種獸性的狂熱衝動已經被發洩掉了，現在，那毒蛇一般齧咬著他的恐懼和絕望總算能夠被忍耐住了。他哆哆嗦嗦地穿著大衣，一言不發，直到白夜站起來，走到門口。

他像是已經恢復了理性，趕快跑上前去頂住了門，問：「你要到哪裡去？」

白夜厭惡地輕輕一喝：「走開！」她一下子推開了房門，朝樓下走去。雪大概正是這個時候停止的吧，世界在某一個特定的時刻凝固住了。大門被打開時發出了清晰的聲音，白夜輕輕地往前走著，像夜半時分的怨魂。雪撲簌簌地往下掉，像是她痛哭之後的餘泣。雪地裡有幾條長長的腳印，有的伸向城裡，有的一直往九溪方向而去。她幾乎是下意識地開始翻越天竺山，她要翻過那綠袖長舞的茶山琅璫嶺，沿著茶樹生長的路線，去尋找她的父親。

吳坤氣急敗壞地跟在她後面，苦口婆心地跑前跑後，雪地裡被他踏出了深深的雪窩。現在他混亂的頭腦開始清晰起來。他不停地開始說：「你可以提出和我離婚，你對我提出什麼都可以，但是你現在不可以拋頭露面，我希望你能夠明白這一點，你必須立刻就隱蔽起來。」

白夜站住了，驚異地喘了一口氣，她不可能不想到杭得茶，怎麼他們竟然說出了一模一樣的話。吳坤再一次誤解了她的意思，他以為她已經被他說動了，就拽住了她的衣袖，他的兩條腿就幾乎全部沒到路邊的雪層裡面去了。他說：「你父親突然失蹤，你突然出現，你說這意味著什麼呢？」

白夜想，是啊，這樣神秘的聯繫，意味著什麼呢？意味著父親不想見我嗎？他們已經登上了山頂。天色已經在潔光雪片中顯出晨曦，大雪已停，天放晴了，白夜能夠看見夜半行人的腳印，深深淺淺，伸向遠方。她想，哪一條腳印是父親的呢？

吳坤也停住了，站在高處，面對群山雪峰、空曠無人的世界，呼吸著凜冽的仿佛接受過洗禮後的空氣，在暗暗的生機之中，他活過來了。他說：「白夜，我知道你的處境，你的事情別人不知道，我都知道。可我不怪你，有時候，我欣賞你的離經叛道。可是你現在應該回去。你放心，你想跟我離婚，這並不難，你會很快如願以償的。接下去，也許就該是輪到我做階下囚了……」

說到這裡他再也說不下去了，他搖搖晃晃地朝來時的方向下山，他對那麼多人尋找楊真的舉動，根本不感興趣。在他看來，楊真是永遠也不會再出現了。

錢塘江畔，六和塔下，杭家三個男人在此會合。最初的腳印就是在這裡真正中斷的。江邊一塊大石頭上，放著那本三十年代的《資本論》。正是千山鳥飛絕，萬徑人蹤滅的時節，江上連那獨釣寒江雪的蓑笠翁也不見了，也許他隨江而去，也許他沉入江底，也許他化作了那駕怒潮來去的素車白馬的英雄潮神——而那三個男人在此佇立，亦不知是憑弔，是追懷，還是遙祭。他們的面頰上掛著堅硬的冰水，那是不會流淌下來的男人的淚。

後來他們捧起了放在大石頭上的《資本論》，他們打開了扉頁，那上面的暗紅的字跡使他們心潮起伏。他們仔細地辨讀那行字母時，得荼的心為之大跳大慟起來，這是蘸著血書寫下來的：風雨如晦，雞鳴不已。

滔滔錢塘江，正是在此折一大彎，再往東海而去的。那掀起全世界最大浪潮的錢塘江潮，正是在此醞釀而成的。天眼開了，烏雲中射出一道強烈而憤怒的光芒，而在雄偉的六和塔與凝重的錢江橋之下，江水發著青光，那是一種像青銅器一般的色澤，它在不動聲色地向前流淌，偶爾，從它深處發出了閃閃的白光，瞬息即逝。這三個男人也仿佛不動聲色地立在江邊，他們也仿佛罩上了江水的青光。

而那邊，那邊是已經不再繁華的舊時古都，那有人甚囂塵上有人噤聲屏息的省城，那亂哄哄你方唱罷我登場的歷史舞台，那依舊像蜘蛛網般的南方的雨巷間，一扇不起眼的後門悄悄地打開，一對少男少女從門裡貓著腰出來，看著四周無人，這才伸開手打了個哈欠。大雪鋪蓋的大地使他們吃了一驚，他們一夜窩在半地下的貯藏室中，從事著他們的神聖使命，竟不知道外面發生了什麼，改變了什麼。此刻他們的手，已經都讓油墨沾黑了。他們相互看了看，指著對方的花鼻子臉，都忍不住笑了起來。

整整一夜，杭得放和謝愛光都是在假山內的貯藏室裡度過。他們的第一份政治宣言已經誕生，靜悄悄地疊在假山內煤球筐子後面的小柳條箱裡。緊張與危險之後，他們來到了天光下，青春一下子釋放出來，他們開始打起了雪仗，從小門內外衝進打出，嘻嘻哈哈的聲音，回響在羊壩頭杭家的大雜院裡。

然後，他們仿佛發現了什麼，他們手裡捏著雪球，突然站住了。他們回過頭去，看見了杭家那些個女人。她們悽楚的容顏令他們吃驚，手裡捧著的大雪球，便惶恐而無聲地落到地上去了。

第十九章

春天依然到了。一九六七年春天的茶芽與革命一樣蓬勃發展，它們沒有因為去年夏天以來的劫難而垂頭喪氣，革命的人們與被革命的人們，對它也依然保持著同樣親切的心情，仿佛一切都面臨著砸爛，茶卻超越在了砸爛之上。

在世代事茶的杭家那驚心動魄的風雨小舟中，早早就被社會放逐的小人物杭方越，既進不了中心，也不具備進入中心的素質。連批鬥他的時候也大多是陪鬥，打他的時候也一樣，往往是痛打別人的時候陪打。這個整數後面的零數，就在這個春天，被發配到玉皇山腳下的八卦田中，幫著郊區的貧下中農們種田。

正是油菜花開的季節，方越挑著一擔糞，一邊在阡陌上行走著，一邊還有雅興看看玉皇山。單位裡現在也不再讓他研究什麼青瓷越瓷了，可他們，主要是那個占了他房間的年輕造反派又不想讓他回來。恰好人家環衛所的環衛工人們要造反，緊急向有知識份子的單位呼籲，要一批知識份子的牛鬼蛇神來替他們倒馬桶，條件是知識越多越好，越多越配倒馬桶。這一下子，杭州城裡各個有知識份子的單位就找了一批出國歸來的、懂三國外語的、彈鋼琴的、動手術刀的、世代書香門第的、教書的、唱歌的，方越和他們一比，知識竟然還不算多，湊合著一起就發配過來。半年之後業務發展，一條龍服務，乾脆讓他們把糞便直接送到地頭田邊去。方越負責的就是這裡，杭州城南山腳下。

天氣很好，空氣中浮動著遊絲，方越幹一會兒活，就朝玉皇山仰頭望一會兒。春天，站在玉皇山上往下看，能夠看到這八卦田。看上去它很有些古怪，像是一個神秘的大棋盤。老杭州人都知道這是南宋時的籍田，是用八卦爻畫溝塍，環布成象，用金黃的油菜花鑲嵌成的邊，裡面的青菜杭人叫做油冬兒菜，那可真是長得像碧玉一般的綠。

八卦田當然也是四舊，小將們也不是沒有來造過反。但造八卦田的反實在太累，不像砸那些佛像，一錘子的買賣，這裡可夠你挖十天半個月的土，不划算。杭州人把算計叫做「背」，小將們背一背，背不過來，就胡亂挖了幾個洞，走人了，方越他們這些牛鬼蛇神這才有了一個繼續勞動改造的場所。

方越喜歡這裡，杭州城雖三面環山，但唯有南邊一帶對他最有吸引力，他總能在那裡找到一些有關官窯的蛛絲馬跡。手握糞勺幹活時，他不時地放下糞勺，跑到前方被糞澆濕的那塊地上，撿起一些被打濕後發出光亮的東西，有時候是一塊石頭，有時候是水泥，有時候也會是瓷片，但絕不是他想要的那一種。他手握糞勺，再一次眺望南山，他一直就有一種預感，認為陶瓷史上數百年未解的一個謎——修內司窯窯址，就在眼前。他所能看到的這片山間。

和杭家的大多數人不一樣，他們是品茶，他杭方越卻是品茶具。但他真正決定把研究瓷器作為自己的一生的選擇，還是因為某一個偶然的機會，在花木深房幫助義父整理爺爺杭天醉的遺物時產生的。

爺爺的遺物其實已經不多了，在那不多的東西中，一把舊摺扇引起了他的興趣，摺扇的一面畫著一個品茗的白衣秀士，坐在江邊品茶，天上一輪皓月，但那茶杯明顯地就不是紫砂壺。摺扇另一面是一幅字，上書杜毓的〈荈賦〉，全文並不長，但方越看得很吃力：

靈山惟嶽，奇產所鍾。厥生荈草，彌谷被崗。承豐壤之滋潤，受甘露之霄降。月惟初如秋，農功少修，結偶同旅，是採是求。水則砥方之注，挹彼清流。器擇陶簡，出自東隅。酌之以匏，取式公劉。惟茲初成，沫沉華浮。煥如積雪，曄如春敷。

方越的古文根底並不好，這和他幾乎沒怎麼受過完整的傳統文化教育有關，但他明顯地就對這段文字表現出濃烈的興趣。他請嘉和幫他解釋這段文字。

正是這一篇古文讓方越進入了一個奇妙的世界，他由此而知道，在那高峻的中嶽嵩山上，長著滿山遍野的茶樹。一群一千五百多年前的文人，結伴而行，到山中去採摘與品嘗它們。煮茶的水呢，是要用山間流淌下來的清流的；煮茶的器具呢，要用上好窯灶，還要用越瓷的茶具。用瓢來斟茶，這規矩是從公劉那裡學來的。這個公劉是個了不起的人，是古代周族的領袖，他率領著周族遷居並發展了農業，開創了周代的歷史。這樣把茶煮好了之後，茶渣就沉在了下面，而茶的精華，就浮在了上面。那時候的茶啊，看上去明亮得像積雪，燦爛得就如春花一樣美麗呢。

嘉和講述這一段內容時平平靜靜，但方越卻聽得如醉如癡，他從來就沒有想到過，茶是可以這樣來吃的。他不解地問：「父親，我不明白，我們喝的茶，顏色應該是綠的啊，怎麼杜毓卻說它是明亮得像積雪一樣的呢？難道古代的茶是白色的嗎？」

嘉和笑了起來，說：「你讓我想起我小的時光，我也是和你一式一樣地問過我的父親，他說，你自己看書想去吧。」他看到方越一時著急的模樣，才說，「這個也不難，我告訴你就是。茶嘛，古代的人跟我們是不一個吃法的。他們是要把茶弄碎了，跟其他東西拌在一起做成了茶餅，喏，就是現在的磚茶那種緊壓茶。等到要吃的時候，還要再把它們弄碎，用茶碾子碾，也就是現在中藥店裡的那種藥碾子的樣子。碾成了白色的粉末，再煮，煮好了，白花花的一層在上面，好看得很。一次煮好了，也就是盛個四五碗，大家喝，要是水摻得太多了，就不好喝了。這種品茶弄到後來，就開始鬥茶了，看誰的茶越白越好了。喏，下城區孩兒巷裡住著的陸游，就是寫『小樓一夜聽春雨，深巷明朝賣杏花』的那個陸游，下面還有兩句詩，寫的就是鬥茶：『矮紙斜行閑作草，晴窗細乳戲分茶。』這個分茶，就是鬥茶啊。」

方越還是好奇，問為什麼今天的人不鬥茶了呢？父親的回答讓他心服口服，父親說，喝茶要又簡單又好喝才行，因為說到底，這是老百姓的飲料，不是人參白木耳，富貴人家只管掉頭翻身玩花樣。比如這樣喝茶，喝到宋朝人手裡，皇帝都是品茶高手，品茶倒是品出精來了，但茶農可是苦死了，玩物喪志，國家也亡了一半了。所以到了明朝朱元璋手裡，下了一道命令，從此宮廷裡不進緊壓茶，統統都進我們現在喝的這種散茶了。所謂唐煮宋點明沖泡，說的就是這個過程。

聽到這裡，方越突然恍然大悟，說：「我現在曉得，為什麼天目盞的茶碗大多是黑的，碗面那麼斗笠形的了。你聽我說有沒有道理。因為那時候崇尚茶要白色，所以碗要黑，碗面要大，這樣白色才襯得出來。後來喝我們現在這種樣子的茶了，茶要綠了，所以青瓷白瓷就吃香了，你說是不是？」

方越的不大的眼睛機智地閃著光芒，讓嘉和看了突然心疼。方越越長越像他的親生父親，但他身上並沒有父親的油滑和賣弄，這孩子是忘憂從火坑裡救出來的啊，就像是他杭嘉和的親骨肉。他摟住了方越的肩，說：「放暑假的時候，我帶你到處去走走。」

方越能說得明白，燒一輩子窯，這個最初的決心，是在曹娥江的那一段江面上產生的嗎？那年夏天，義父嘉和帶著他遊歷了一次浙東。他們去了上林湖，那裡的原始青瓷片隨處可撿；他們沿著曹娥江走，到了上虞那越瓷的發祥地。在餘姚，他們甚至還去了一趟瀑布山，正是在那裡他第一次聽說了丹丘子這個名字——漢代餘姚人虞洪上山採茶，遇見了一位道士，牽著三頭青牛。那個道士把他引到了瀑布山，對他說，我啊，就是有名的仙人丹丘子，聽說你很會煮茶，就常常想能不能讓你煮一些茶給我嘗嘗。現在我告訴你，這山裡頭有大茶，你可以進去採摘。不過你得答應，以後有了多餘的茶，別忘了給我一些。果然，虞洪從此以後就採到了大茶。以後他就用茶對丹丘子進行祭祀。

他們是在那個名叫河姆渡的村子裡喝過了好茶再進山的，但他們並沒有遇到丹丘子。隨後他們又去了上虞三界茶場，這就是當年抗戰時期吳覺農先生辦的抗日茶場啊。方越說：父親，吳覺農先生就是今天的丹丘子吧。父親想了想，卻說：丹丘子是仙人啊。方越又說：我不過是一個比喻，吳覺農先生也是指引你們茶人怎麼得到好茶的，和丹丘子一樣。嘉和點點頭說：這個我知道。但還是不要這樣說更好，要學會不說。

方越沒有在那一次遊歷中學會不說，這是他遭難的原因之一。但他在那一次遊歷中得益亦匪淺，其中曹娥廟給他留下深刻印象。它那規模宏大和壯麗輝煌，它那眾多雕刻名人書贈的匾額楹聯，它那些石柱、桁、梁、軒和石板，還有那千年中國第一字謎的「黃絹幼婦外孫齏臼」，給了他強大的衝擊力，但他吸納最多的還是有關越瓷的知識。正是從義父的老朋友們那裡，方越第一次知道舜曾經避難於上虞，並在那裡做陶灶製陶；他也由此知道，那裡的小仙壇東漢青瓷窯的瓷片證明了它們已經達到了現代日用瓷器標準，是成熟瓷器的發源地，也是中國青瓷的發源地。巨大的獻身熱情正是此時萌生的，他拒絕了母親的建議：讓他轉道香港去美國繼承遺產。高三學生杭方越遊歷歸來，心裡塞得滿滿的，關於對祖國山河的熱愛，對表現在越瓷上的美的熱愛，以及因為孝女曹娥的刺激而愈加深刻體會到的對杭家親人們的熱愛，這眾多的來自不同角度的愛，促使他向美國發了一封豪情萬丈的信之後，就報考了美院的工藝美術系。他非常清楚那一次出行的意義，那就是義父的無言教誨。在短短的大學時代，他理清了越瓷發展的脈絡：越窯自東漢創瓷，至孫吳、兩晉出現了第一次高潮，杜毓當年在山中煮茶所用的東甌，應該就是這時候的越瓷吧。到了南朝和隋代，越瓷面臨著第一次的短暫低落。但是不要緊，因為偉大的聖唐時代到了，第二次大發展的時代到了。至於五代吳越國，為了保境安民，把越瓷作為向中原納貢的重要特產，因其特殊的歷史地位而繁榮，並一直延續到宋代初年。然後，它就不可遏止地衰落下去了。

方越沒有在不可遏止面前停止步伐，即使他被劃為右派發配到龍泉山中去之後，這種愛也沒有結束。他在哥窯弟窯的所在地、當地人稱之為大窯的地方一待多年，那遍地的碎青瓷片使他欣喜若狂。啊，哥窯，那胎薄質堅、釉層飽滿、色澤靜穆的哥窯，它的粉青、翠青、灰青和蟹殼青，它的冰裂紋、蟹爪紋、牛毛紋和魚子紋，它的紫口鐵足，是怎樣地讓他欣喜若狂；還有弟窯，它的滋潤的粉青酷似美玉，它那晶瑩的梅子青宛若翡翠，那是陶瓷藝人最高的藝術境界啊，那樣的美，難道不是難以企及的嗎？

接著便是官窯了。真是九秋風露越窯開，奪得千峰翠色來啊。這世界碎紋藝術釉瓷的鼻祖，讓人嘆為觀止。那獨特的胎薄釉厚，那創造性的開片和紫口鐵足，那深刻展示宋代哲理的簡約的造型和線條，方越看到這些寶貝，就會眼睛發直。

和中國許多傳統的工藝大師一樣，因為心無旁騖，他的技藝在他的那個領域裡越來越精深，而對別的事情卻越來越隔膜。那種對命運執著的懷疑精神、辨析能力、形而上的思考，原本正是他們杭家男人的內在精神資質，方越卻很少涉及這個領域，因此避開了精神領域裡的一個個重大的暗礁。職業給了他另一種狂熱。即使是現在，淪落到最底層了，他的腦子轉來轉去，轉到後來，又回到了他的瓷器上。他呆呆地望著南山出神地想：那修內司窯，到底是在哪一片山林之中呢？

一個女人扭著屁股向他的方向走來。走走停停，那樣子很是古怪。方越能夠感覺到她的樣子像誰，但他沒有往細裡想。實際上方越是很喜歡女人的，這彷佛是畫家藝術家的職業習慣，但他確實也已經好幾年沒和女人打什麼交道了。妻子死後數年，剛剛緩過一口氣，準備考慮續弦的問題呢，文化大革命就開始了。他出神地看著那女人在春天原野裡的身影，女人穿著一件陰丹士林藍的大襟衣衫，下面是一條差不多顏色的藍褲子，整個人的樣子，就像一只正在向他走來的祭藍葫蘆形瓷瓶。這年頭還能看到這樣的線條，簡直就是一個奇蹟。他正想入非非呢，就見那祭藍葫蘆瓶喊開了：「喂，你是不是方越，喂，杭方越，杭方越，要死啦，我到處找你，山上都爬過一圈，你快過來，你快過來，你阿爹叫我一定尋著你，啊喲皇天，我總算尋到你了……」

不知道從什麼時候開始，嘉和開始害怕聽到來彩的尖嗓子，害怕聽到她那高亢的一聲：杭家門裡——電話！他知道這樣是不公正的，她甚至連一個傳遞消息的人也算不上，她只能算是一個傳遞消息的工具。如果那些消息是不幸的、悲哀的，那和來彩有什麼關係呢？

昨天夜裡得放突然打電話來，嘉和心裡一驚，就叫葉子去接。電話是得放的聲音，沒有了平時的故作鎮靜，說是嘉平爺爺在牛棚門口的大操場掃院子呢，也不知道是哪裡來的一塊飛磚，從牆那頭飛來，不偏不倚，就砸在爺爺後腦勺上，當場就把爺爺給打倒在地。醫生看了，要求病人臥床休息。造反派想了想，還是把這個花崗岩腦袋推出去了事。他們心裡或許還暗贊許那個放暗箭扔飛磚的傢伙，幫他們做了一件好事。這些天來他們對付這個老傢伙可把他們氣壞了。

直到這時候，革命群眾才發現杭嘉平這個人很怪：他不是共產黨，挨不上黨內走資派的邊，也不是國民黨，挨不上台灣反共老手的邊；他甚至連個民主黨派都不是，說他和共產黨沒有同心同德，更掛不上號；且也沒有資產，和資本家沒什麼關係；他是一個無黨派人士，你又不能說他不革命，因為他幾乎可以說是從十七八歲就開始革命了，中國人民解放事業中所有的進步事情他都參加了，你說該把這個哪頭不落實的老傢伙靠到哪裡去呢？造反派們總覺得太便宜了他，可再想一個什麼整他的辦法還有待於研究。正琢磨呢，牆外飛來橫禍，一切問題迎刃而解。

葉子接到這個電話，回到家中，三言兩語把事情交代清楚，就開始收拾東西，一邊說：「迎霜看家，我們先一起去一趟馬坡巷，到那裡再看是你留下還是我留下。」嘉和吃驚地看了一眼妻子，在昏黃的燈光下，葉子突然一下子挺拔了許多，甚至人也高出了一截。她說話的口氣也變了，點石成金般的，她自己也沒有感覺到，仿佛一下子回到了幾十年前，她還是嘉平妻子時的神情了。

在馬坡巷，得放已經把爺爺接了回來。從前那兩間朝北的小房間，現在成了祖孫兩個的棲息地。嘉平躺在得放的小床上，面色蒼白，但精神還好，看見他們來了，還搖著手說：「不要慌不要慌，我那是嚇嚇他們，找個理由好回家的，那麼敲一下哪裡就敲出禍水來了。要那麼容易出事，我這一年老早死過去一百次了。」

嘉和坐下來，看著弟弟的臉色說：「還好還好，我倒真給你嚇一跳。你先不要動，我們想想，接下去怎麼辦？」

兩兄弟在商量著怎麼辦的時候，葉子麻利地走到了另一間屋子，鋪床，打掃屋子。這是她第一次到嘉平家裡來，但她熟門熟路，像個在這裡居住過幾十年的主婦。她先是到廚房裡燒好了開水，餵嘉平吃藥，然後和嘉和一起扶著嘉平回到他的那個小房間。她甚至能在這麼短的時間裝上一個窗簾，還有一盞台燈。女人啊，就是生活。三個男人默默地看著這個女人在忙碌，那種心驚肉跳的手忙腳亂的哆嗦，仿佛意識到災難太大只有責無旁貸地挑起，竟神奇地消失了。

嘉平的小床旁放著一張躺椅，葉子點點它說：「誰守夜誰就躺在這裡。」

嘉平連忙說：「不用了不用了，我現在已經好多了。沒事情，讓得放守夜就可以了。」

嘉和連忙說：「夜是一定要守的，哪怕裝裝樣子也要裝的。這次既然回來了，就要想辦法不再回去。」他說話的聲音很低，但決心很強。

「那你看誰留下來呢？」葉子問。

嘉和想了想，其實他出羊壩頭門的時候就想好了，只是他不想那麼快地就把自己的主張說出來，他不願意讓嘉平和葉子有任何的尷尬，他要讓這件事情做得天經地義，看起來也天經地義。他掏出一個信封，交給葉子，說：「這個月的工資，你們先拿去用。我想想還是你在這裡守好一些，順便好給他們做一點吃的。我們單位裡也是三日兩頭地找我，他們造反，茶又不造反，生出來要摘，摘下來要評，評茶的人造反去了，尋來尋去還是尋到我。我到這裡來，他們找不到我，也是一個麻煩，你們看呢？」他又露出多年來的語言習慣：徵詢意見。

杭家人都知道，當大哥嘉和說「你們看呢」的時候，也就是說「就這麼定了吧」。嘉平沒有再說話，看著大哥，眼睛裡的神情，只有他們兄弟二人知道。

葉子把嘉和送出小門口的時候，正是春風拂面的夜，天上一輪殘月，細細彎彎，幾粒疏星，粗鹽一般，撒在兩旁。葉子摸了摸嘉和的袖口，說：「回去添一件衣裳，夜裡頭涼的。」嘉和笑笑說：「幾步路就到了，別擔心。」葉子說：「這倒也是。」她站著不走，嘉和就知道她還有話說，也站著不走。突然葉子叫了一聲：「大哥……」就不說下去了。嘉和先是暗暗吃驚，多少年葉子沒有這樣稱呼他了，再一看葉子還是不說話，就有些急了，說：「你看你你看你，有什麼話就直說，你看你這個人，啊？」葉子什麼也沒說，突然發出一個久違的聲音，嘉和想了一會兒才回憶起來，竟然是一句標準的日語，「謝謝你」的意思。

嘉和醒了過來，他突然意識到葉子是一個日本女人啊，一個日本人啊。他這麼多年來，幾乎已經把這一條徹底忘記了。在他的眼裡，葉子已經是一個杭州弄堂裡的標準的江南女人了。他輕輕地抬起手來，擦著葉子的眼淚，說：「你要做的事情都是我要做的，我們兩個人是一個人，我們三個人也是一個人。你懂不懂？啊，我的話你要往心裡頭去，你要相信我。」

但是杭嘉和並沒有能夠很快實現自己的諾言，第二天一大早，他又聽到了來彩的尖嗓子：杭家門裡——電話——她的聲音簡直像利劍一般直插進他的胸膛，他害怕這不祥的聲音，預感到不幸比不幸降臨還要使人感到不幸。迎霜看到爺爺呆呆的神情，嚇得自己先就打了一個寒戰，問：「爺爺，你怎麼啦？」

嘉和首先就想到，會不會嘉平出什麼意外了？脫口而出的卻是另一句話：「迎霜，你去幫爺爺接個電話好不好？」

迎霜放下正在吃的泡飯，就朝巷口跑去。嘉和一下子清醒過來，連忙也跟著跑了出去，三步兩步就超過了迎霜。電話卻出人意料之外，那一頭也是一個哭哭泣泣的女人的聲音，但不是葉子，卻是個長途電話，是得荼的養母茶女打來的電話，說方越的兒子杭窯，作為反革命被抓起來了。

一聽這晴天霹靂般的消息，嘉和眼前幾乎一團焰火爆炸，他立刻想會不會弄錯了，連忙壓低了聲音問：「你弄清楚，你說誰反革命？窯窯，他幾歲？」

那邊的聲音顯然已經急得哭都哭不出來了，只說：「窯窯八歲了，不算小了，我們這裡還有六歲的反革命呢！你快想想辦法怎麼弄吧。我自己現在也是泥菩薩過河，不牽連你們已經算天保佑了，你快想想辦法吧。」

嘉和連忙又安慰她。

原來杭窯從龍泉山裡出來的時候，帶著一個燒製好的胸像，一直就放在壁龕裡，也沒有人去問過那是誰。誰知前天一個鄰居來串門偏偏就看到了，也是多嘴問了一句那是誰啊，正在打彈子玩的窯窯神秘地笑了，說：「那是誰你還看不出來啊。」

「那到底是誰啊？」那人好奇，又問。

「偉大領袖毛主席啊，你怎麼連毛主席也不認識了？」

那人還真是嚇了一跳，定睛一看，笑得肚子真叫痛。原來這尊像，不點破，誰也不知道那是誰，一旦點破了，越看越像毛主席。這個漫畫般的毛主席胸像把那鄰居笑得直在地上打滾，一邊喘著氣問：「這是……哎呀誰讓……你那麼……我的媽呀……讓你做出……來的啊？」

窯窯理直氣壯地說：「我自己呀，大人燒窯的時候，我自己捏了一個毛主席，我自己把他燒出來的啊。」

小小的村子並不大，一會兒就來了不少參觀毛主席胸像的人，一個個捧著肚子笑回去，再作宣傳。終於，公社的民兵們來了，造反派也來了，看了胸像，鐵證如山，揹起窯窯就跑，立刻就扔進拘留所。像他那樣的小難友，還真不少呢。縣裡也不知道該把這些個小反革命怎麼處理，往省裡一請示，過幾天就送到杭州來等待發落。

杭嘉和一下子頭腦清醒過來，說：「你別急，我今天就趕到，你等著，叫窯窯別慌，爺爺今天就到。別的事情我到了再說。」

放下電話機，見身邊正好無人，他拱起雙手，對來彩作了一揖，說：「來嫂子，家裡出天大的事情了，你無論如何要幫我一忙，幫我立刻找到方越，只說一句話，萬一有人問他兒子的事情，讓他說他兒子做的事情，他一點也不知道，拜託拜託，拜託拜託。」他一連說了四個拜託，把來彩的眼淚都拜託出來了。二話不說，託人代管了電話亭，就直奔南山而去。

這頭嘉和回到家中，又對迎霜說：「奶奶不在，你就是家裡的女主人，你就是一家之主。現在到你爺爺那裡去告訴他們，我要到窯窯那裡去一趟，去去就來，叫他們別著急，有什麼事情可以找布朗叔叔。我現在要先去得茶哥哥那裡一趟，他還有要緊事情做呢。大爺爺講的話，一句也不要對外人說，聽到了沒有？」

迎霜連連點頭，但還沒回過神來，就見大爺爺已經奔出門去，他走得那個快啊，無聲地，就像風從水上飄過去一樣，轉眼間就不見了。

嘉和、得茶祖孫兩個到茶院公社的最後一站路，是划著烏篷船趕去的。日子仿佛偏偏要和時局對著幹，革命形勢發展得越快，生活就越過得一成不變，同樣的茅草房，同樣的小石橋，同樣的牛耕田，同樣的小木船，不同的只是越發破舊罷了。船兒慢悠悠，嘉和得茶祖孫兩個心急如焚，眼看著小船駛過通向烈士墓的小路——當地政府在茶園內專門修了一個烈士墓，隔著茶園新抽的茶芽枝條，還能夠看到拱起的青塚，祖孫兩個相互對了一眼，嘉和說：「等事情辦好了再回來掃墓吧。」

窯窯到底還是一個孩子，只當杭州爺爺接他回杭州，能夠看到爸爸了，心裡一下子就歡喜得把小反革命這件事情也給忘記掉了。在茶園裡對著烈士墓鞠了一躬，就開始東張西望地捉蝴蝶，撩蜻蜓，又去採了那嫩茶葉塞進嘴裡，一個勁地叫著，茶葉好摘了，茶葉好摘了。

嘉和現在的全部心思，都在他手裡捧著的這個牛皮紙袋上，剛才那個治保幹部專門交給他的。當時他已經揹著窯窯走出那個臨時的拘留所了，治保幹部突然捧著這麼個牛皮紙口袋衝了上來，他示意讓窯窯先下來，然後把牛皮紙袋交給嘉和，一邊說捧好捧好。嘉和不知道什麼東西，剛要問突然明白了，把口袋捧在手裡就朝那人深深地鞠了一個躬。嘉和看孫子開心地跑遠了，猛然把那紮緊的紙袋往青石碑上一砸，裡面的東西立刻就碎了，滑到了碑腳下。得茶先是吃一驚，繼而恍然大悟，趕快上前一步，想把紙袋裡的陶片倒出來碾碎，被爺爺一把搶過，說要到河邊洗手。得茶不由分說地取過紙袋就往墓後面的那條通小河的石階走去。石階邊正好沒人，得茶借著洗手，就把那紙袋裡的碎陶片全都撒向了河中心，剎那間一切都消失得無影無蹤。

得茶並沒有馬上走回墓地，他在小河邊站了一會兒，這裡很安靜，他也想使自己焦慮的心情有所緩解。有許多心事埋在心裡不能說，有些事情還非常大。兩個月來杭城出現了一些內容非常出格的傳單，表面上看是針對血統論的，而有心人卻看出了其中的矛頭，那文筆不由得就讓杭得茶想起他的弟弟得放。前些天回家，偶然從花木深房前的假山旁看到得放，還有他的親密戰友謝愛光，這是他第一次看到這個姑娘。她看到他時明顯地臉紅了，不是害羞而是某種程度上的緊張與不安。他們手上都有油墨，他看著他們期期艾艾地從他身邊走了過去，當時他就想，一定要找個機會好好和他們談一次。此刻，站在這寧靜的小河旁，這種心情更加急迫了。

感覺到後面有人，回頭一看是爺爺。祖孫兩個慢慢地走上了台階，重新走到了烈士墓前。往年清明，總會有一些學校機關到這裡來獻上些花圈的，也許因為今年革命要緊，沒有花圈了。作為烈士家屬，嘉和覺得很正常，去年夏天以來，有不少墓還被人挖了呢。像杭憶和楚卿這樣驗明正身之後還是革命烈士，還能夠安安靜靜地躺在這裡，嘉和已經很欣慰了。他這麼想著，一邊摘了一些抽得特別高的嫩茶枝，做了個茶花圈，放在石碑下，祖孫兩個有了一番短短的墓前對話。

「聽說吳坤已經出來的事情嗎？」

得茶的手指一邊下意識地摸著父親在石碑上的名字，一邊點點頭，過了一會兒才說：「是姑姑告訴你的吧。」

嘉和搖搖頭說：「吳坤來找過我了。」

這才真正讓得茶吃了一驚，細長眼睛都瞪圓了，盯著爺爺，嘴微微張著。吳坤是楊真失蹤之後立即就被隔離審查的，白夜心力交瘁，從天竺山下來就住進了醫院，出院那天做常規檢查，連她本人在內的所有的人都大吃一驚，她懷孕了。大家面面相覷，誰也不敢問這是怎麼回事，甚至一開始誰也不敢告訴得茶。這個消息最後還是由白夜自己告訴得茶。

事情並不像杭家女人們想像的那麼嚴重，得茶面色慘白，但神情始終保持著鎮靜，他冷靜地問，接下去她有什麼打算。白夜說，在她回北方的時候，吳坤已經把她的户口轉到杭州，她想跟盼姑姑一起到龍井山中去教書。得茶想了想，說這是個好主意，有盼姑姑照顧她，大家都放心。白夜又說，她不想再見到他了，無論是他，還是吳坤，她都不再想見到了。

得茶聽了這話，没什麼表情，但額角的汗一下子滲了出來。耳邊嗡嗡地響著，嘴卻機械地說，你覺得怎麼好就怎麼辦，我尊重你的意見。這麼說著的時候他站了起來，似乎有些不好意思地補充說：「你知道我很忙，恐怕不能送你進山了，以後我也可能會越來越忙，身不由己……你要學會保護自己，你……我……」他說不下去了，便要去開門，手捏著門把好幾次打滑，白夜站起來給他開了門。他笑著，她也笑著，但彼此的目光都不敢正視。他的嘴角可笑地抽搐起來，眼鏡片模糊著，他幾乎是摸出門去的。他和她都没有提及孩子的父親。對得茶而言，這幾乎可以說是一個血淋淋的話題——一位與他有深厚關係的老人消失了，一個與他毫無關係的生命卻開始萌發，而他們都是通過她向他展示的。這是什麼意思？這是什麼意思？痛苦就在這樣的隱秘的持續不斷的心靈拷問中打成了死結。

嘉和看出了孫子的驚異，但他不想再迴避這個話題，他已經很長時間沒有機會和得荼在一起說說話了。楊真的失蹤事件，給了吳坤派沉重打擊，反過來說，當然也就給了杭派一個揚眉吐氣的機會。不管得荼願不願意再招兵買馬，擴展隊伍，反正他已經被推上了那個位置。他想抽身重新再做逍遙派，那幾乎是個幻想。僅僅大半年時間，他和吳坤的位置就奇蹟般地換了個個兒。嚴格意義上說甚至還不能說是換個兒，得荼殺出來之前還是一個普通群眾，而吳坤打下去之後卻真正成了一個楚囚。

這正是嘉和日夜擔心的地方：孫子越來越離開了自己的本性，他在幹什麼，他要幹什麼？他眼看著孫子一天比一天地粗糙起來，這種粗糙甚至能夠從體內滲透出來，顯現在表皮上。他講話的聲音，他的動作舉止，甚至他的眼神，都變得非常洗練明快。偶爾回家，喝著粗茶，他的聲音也開始喝得很響。這十來年他們杭家平日裡也是喝粗茶的，但把粗茶喝細了，正是他們還能夠保留下來的不多的生活方式之一。現在，這種樣式開始從得荼身上退去了。所以他想他要和他好好地談一談。他說：「吳坤放出來了，聽說審查結果他沒什麼問題，這事你比我清楚。我也不喜歡吳坤這個人，說實話我第一次見到他就心裡沒底，可你對他的那一套我也不喜歡。」

得荼張了張嘴又閉上，他不打算也無法和爺爺解釋什麼。爺爺繼續說著他其實並不想聽到的信息：「吳坤來找我了，他說他已經去過白夜那裡，她懷孕了，他向我打聽，誰是這孩子的父親？」

得荼終於忍不住了，放下一直按在墓碑上的手，抓住自己的胸口問：「難道你也以為是我？」

嘉和看著孫子，孫子突然閉上了眼睛，然後，眼淚細細地從鏡片後面流下來。他幾乎已經記不得孫子什麼時候流過眼淚了，這使他難過得透不過氣來。就在此時，隔著搖曳不停的茶葉新梢，他看到了遠遠駛來的囚車，他還看見窯窯在歡呼跳躍，一邊叫著：「車來了，車來了！」他搖了搖頭，說：

「好了，不提這個事情了……」

上了囚車的窯窯快活得簡直就像一隻嗡嗡亂飛的大蜜蜂，他高興死了，因為他已經忘記了什麼是坐汽車的滋味。囚車裡很暗，兩個小窗子用鐵柵欄框死了，外面的春光就像拉洋片似地從他的小眼睛面前拉過。他把臉貼在鐵欄杆上，一會兒衝到這頭，一會兒衝到那頭，目光貪婪地望著外面廣大的天空和田野，一會兒突然跳了起來，叫道，鳥兒啊鳥兒啊，飛啊飛——這麼看了一會兒，突然想起來，這一切都是爺爺給他帶來的，撲上去抱住爺爺的腿，把小臉貼在爺爺的膝蓋上，問：「爺爺，我們是不是真的去杭州，是不是真的去杭州，爺爺？」

嘉和靠在囚車的角落裡，看著天真爛漫的小孫子，由著他一會兒衝過來一會兒拉開去。得荼坐到前面去了，嘉和堅持要坐在後面陪這個最小的孫子。窯窯遠遠說不上脫離災難，一到杭州，他就要被關進由孔廟改造成的臨時拘留所。要把窯窯真正弄出來，還有一番周折。嘉和想，要是現在能夠由我來代孩子坐牢，我就是天底下最幸福的人了。是的，如果現在上蒼能夠幫助他杭嘉和實現一個最大的願望，那麼這個願望就是代孫子坐牢。

窯窯一直貪婪地盯著窗外，兩個小時之後，路邊的房子開始越來越多越來越大，他高興地叫了起來：杭州到了，杭州就要到了！

第二十章

杭得茶在杭嘉湖平原父母親烈士墓前，那條平靜的小河旁的不祥預感果然應驗了，杭家又一個青年陷入了這場革命的政治險境。

這一天傍晚，對小布朗而言，乃是他在杭州生活的最後一個安詳之夜了，因為那一天他是與茶在一起的，他第一次作為評茶師的助手，進入廠部的評茶室。茶葉並不好，連小布朗這樣對龍井綠茶沒有什麼特別研究的人也看出來了，這是一些低次茶，最多也就在七級上下。這些年來持續不斷的大幹快上，已經使茶葉產量整整翻了一番，但它卻是以改製炒青茶、增加粗老茶、減少優質龍井茶為代價的。布朗想，怎麼他在茶廠裡，卻總是看不到小撮著伯伯悄悄塞給嘉和大舅的那些扁平光滑呈糙米色的茶呢，那一兩二兩的，遠勝過這裡堆放的一麻袋兩麻袋。剛到杭州時布朗對龍井綠茶一無所知，現在憑眼力就能分出好壞來了。但比起大舅來他依然屬於茶盲。在他看來，那精美的龍井茶就是謝愛光，那粗糙的，自然就是翁採茶了。

儘管茶不好，但依然少不了看乾茶，嗅、摸、開湯，看色、聞香、細品那一系列評品的過程。幹這些活布朗是走不到前面去的，他提著一個水壺繞來繞去地跟在後面，看著那些評茶師一本正經地品論。那些評茶的人們剛才還在會場裡互相指著鼻子大辯論，對罵，有的低著頭挨鬥，有的揪著對方的衣領給他來噴氣式，這一會卻都穿上白大褂，戴著白帽子，一人一杯茶，一起低下頭看，一起壓著杯蓋晃蕩晃蕩搖出那香氣來聞，一起含著那茶水在嘴裡，眼睛朝天，像漱口那樣發出一種只有評茶師才會發出的奇怪的聲音，然後眨巴眨巴眼睛，說：七級吧，我看七級也就差不多了。

這時候牛鬼蛇神啊，造反派啊，走資派啊，歷史反革命啊，大家在茶上的感覺也不知為什麼都會那麼相似，即便有分歧，也就在那左右間小小搖晃一下。那一霎間他們好像又回到了那些建設和勞作的日常歲月。要不是小布朗這時候出去沖開水，看到門口牆根上靠著的那些大牌子、那些大牌子上的打著叉叉的名字，真不能想到，下一場批鬥會還在等著他們呢。

小布朗很喜歡這種莊嚴的勞動，實際上他依然是一個勤雜工，但他覺得這活兒很有權威性。他手裡提著個水壺一本正經地走來走去，總算找到了一種正在幹正事的感覺，和鏟煤球到底不一樣。就那麼出出進進地弄了大半天了，依然興趣盎然。就在他最後一次走出工作間取水的時候，他拎著水壺的手僵住了，落日的餘暉中，他看到了那個小兔子一樣擔驚受怕的姑娘，她站在前面樹蔭底下，半個身子從樹後探出來，看見他就一個勁地招手，卻不走過來。他著了魔似地拎著個水壺就朝她走去，屋子裡的人叫著：水呢，水呢，水怎麼還不來？他就根本聽不見了。

謝愛光本來是應該去找杭得放的，但她的腳一拐，卻找到了杭布朗，驟然發生的事件把她嚇壞了。幾個月來，她一直和得放秘密地進行宣傳工作。他們散發的關於出身論思考的傳單，已經在杭州城裡掀起不大不小的風浪。這些文章大都是從北京傳過來的，在本質上是擁護革命的，只是對革命中發生的種種不可理解之事提出自己的見解。一開始他們也可以不必做得那麼隱秘，但得放和她都更喜歡目前這種地下工作者一般的狀態。後來他們才開始發現他們的地下狀態是絕對必要的了，因為專政機關已經開始追查這些宣傳品，甚至被列入了反動傳單，予以查禁。杭得放怎麼可能被一個查禁就嚇倒了呢，他們越查禁，他就越要行動。他們窩在假山內的地下室裡，像兩隻鼴鼠在燭光下互相鼓勵，他握著她的手，雙眼炯炯有神，問：「你害怕嗎？」

謝愛光那秋水一般的眼睛也放出了鋼鐵般的光澤，她也緊緊地握著他的手說：「和你在一起，我就有為真理獻身的勇氣。」

是的，只要和這位眉間一粒紅痣的美少年在一起，謝愛光就無所畏懼。然而一旦離開他，她就膽戰心驚，她就又變成當初那個多愁善感、身世不幸的江南少女。看來杭得放並不是不明白這一點，所以每次外出發傳單，他都和她在一起，今天是唯一例外的一次，他被爺爺的意外事故拖住了。原本他們說定了到農業大學去散發張貼傳單，因為今天是個特殊的日子，吳坤派重新崛起，在農大召開誓師大會。吳派是杭城著名的出身論的堅定維護者，得放就專門針對他本人的出身寫了一篇文章，來說明這個觀點的謬誤。他用的完全是反詰的口氣，把吳坤的腳底板一直挖到他叔伯爺爺吳升那裡，最後反問：照吳派「老子反動兒混蛋」的邏輯，那吳坤本人不就應該是一個貨真價實的大混蛋嗎？我們不妨問一問他本人，他承認自己是一個大混蛋嗎？如果他有勇氣承認，那麼他的追隨者也願意追隨一個大混蛋去做小混蛋嗎？如果他們也願意追隨他做小混蛋，那麼，所謂的革命造反的吳派組織，不就是一個混蛋組織嗎？而一個混蛋組織，又怎麼可能是一個革命者的組織呢？怎麼配在這樣風雲際會的革命時代粉墨登場呢？

這份傳單，只有交給謝愛光去單獨完成了。她答應得也很豪邁，讓得放放下心來。但問題是她一到現場就抓瞎了，繞來繞去怎麼也下不了手，最後也不知怎麼搞的，竟然繞到了女廁所裡。一到那裡她才發現什麼叫冤家路窄，整一個房子裡竟然就讓她碰上了趙爭爭一個人。趙爭爭並不認識她，而謝愛光卻聽到她的名字都會談虎色變。可以說吳坤的這一次重新出山，有她趙爭爭的一大半功勞，吳坤對她自然感激涕零，所以目前她的氣焰正盛，看上去她的鼻孔眼睛嘴巴裡都彷彿在噴火。謝愛光偷偷地看著，看著看著越看越怕，越看越怕，一邊繫褲子一邊就往外走，走出門口幾分鐘之後才清醒過來，一下子嚇得目瞪口呆——她把那只放傳單的繡有「為人民服務」的軍包，丟在廁所裡了。她剛要回頭去取，就見趙爭爭從廁所裡出來，肩上就挎著那只包。愛光閃到樹後，心尖子拎到了喉嚨口，是去向她要，還是躲開？她思想激烈地鬥爭，手心額角全是汗，腦袋裡一片空白。再緩過神來，趙爭爭已經走回了她那個革命鬥爭的大本營。謝愛光幾乎要虛脱了，怎麼辦？她幾乎是失神地、下意識地走到了小布朗的茶廠，把這件事情告訴他之後，她一屁股坐在樹下，就站不起來了。

小布朗已經很長時間沒看到愛光了，他可不能看到女孩子遭這樣的罪，胸脯一拍，說：「什麼鳥事把你難成這樣？看你布朗哥哥給你跑一趟，立馬擺平。」話畢，拖過大舅給他買的自行車，一把拎起那愛光，把她架到後座上坐好，嗖的一聲，就飛出茶廠。他身上還穿著工作用的白大褂，臉上甚至還戴著個大白口罩，不知道的人，還以為他是個醫生呢。

這一路上杭布朗是又拍胸脯又說大話，也沒見他歇了嘴，不一會兒就到了農大的校址華家池。進了校門，先讓那謝愛光去探探風，然後再作打算。誰知沒過幾分鐘愛光就慌慌張張回來，輕聲道：「趙爭爭她又上廁所，一會兒就出來，喏喏喏，就在那前面，就在那前面，樹林子後面，那條路很偏僻的，啊，她出來了，一個人。她出來了，背上那個包就是我的，她幹什麼老往廁所跑，她是不是想逮我！」

一邊說著就一邊往外跑，直怕那趙爭爭眼尖看到她。

應該說這時候的杭布朗要幹什麼，心裡是很盲目的，今天橫空裡殺出一個謝愛光，把多情的布朗心攪亂了。也是忙中生亂，他橫衝直撞地駛向趙爭爭，偏偏那自行車的剎車突然失靈，布朗是想擦過趙爭爭身邊時來一個海底撈月，搶過此包就跑的，誰知繞過樹林子，真擦過趙爭爭身邊時非但沒剎住車，還把那剛想轉身的趙爭爭撞了一個四仰八叉。華家池因為大，本來人就不多，這條通向廁所的小路此刻更是沒有一個人。布朗撿起那包就往回騎，後面一點聲音也沒有。他騎出大門口見著了愛光，遠遠地就把那包往她身上一扔，愛光驚訝地問：「成了嗎？」布朗一揮手說：「走你的吧。」順手就把白大褂和口罩、帽子脫下一起扔了過去。愛光也不敢再戀戰，嗖的一下也就跑得看不見了，前前後後的時間加起來，不過也就那麼三五分鐘。

布朗本來可以回去幹他的活了，但他扶著自行車，心裡卻有些嘀咕，因為他的本意是搶包可不是撞個姑娘。這個動作做得不規範，讓布朗心裡也不踏實。他是個膽子大到天邊去的人，又有好奇心，就想著偷偷回去看一看。重新騎著自行車往回走，我的天，那姑娘還躺在地上。布朗這一下也就顧不得那許多了，衝過去就抱起那姑娘，大聲地喊著來人哪來人哪有人倒在這裡啦。

其實廁所離吳坤他們的會議室並不遠，只是當中隔著林子，聽到人喊，出來一看就亂了，趕緊張羅著把趙爭爭往車上送。趙爭爭看來是腿折了，頭腦清醒過來，對吳坤說書包被搶。吳坤一聽這才急了，一把抓住布朗的胸問有沒有看到人搶軍包。布朗橫抱著這個被他撞倒的姑娘，一時愣了，說不出話。他生來就不是一個會撒謊的人，而且五分鐘前他剛剛作過案，同時要他編謊話他還一時編不過來。倒是那趙爭爭還算頭腦清楚，說：「我刮到一眼，那人是穿件白大褂的，剛剛走，這個人就過來了。」

吳坤盯著趙爭爭，臉上做出心痛的樣子，心裡氣得破口大罵，這疊傳單他已經看到了，當時就想叫人送回去封好。偏這個趙爭爭多事，要在廁所附近再候一候，結果煮熟的鴨子飛了。心裡這麼想，嘴裡卻焦急萬分地說：「快快，快送醫院！」

布朗因為抱著趙爭爭，一時就放不下來了，只好跟著他們那一夥上了他們的車。真是荒唐，他原本是要上另一輛車的啊，一切都亂了！

現在是第二天早上了，得放正要送爺爺去醫院，就見一頭霧水的謝愛光搖搖晃晃地出現了。他吃驚地把她拉到門後，問：「你怎麼啦，這些傳單沒發出去嗎？」他一把接過了那只裝在另一只旅行包裡的黃軍包，緊緊攥在手裡。

謝愛光幾乎就說不出話來了，使勁睜開眼睛，才吐出那麼幾個字：「我在外面待了一夜，沒敢回家……」

得放一看這架勢，就知道事情不好，趕快又細問過程，等謝愛光終於說完之後，才又問：「那麼我的布朗叔呢？」

謝愛光無力地晃著腦袋，說：「我也不知道，昨夜我一直在他家門口等到十一點，他會不會被他們抓走了？」

得放想了想，讓愛光等著，拎著那包就回到房間裡。爸爸杭漢也是昨天夜裡趕到的。看著奶奶和爸爸，得放抓了抓頭皮，說有要緊事情，一定要現在跑一趟。奶奶心疼孫子，說：「放放，這些天你都在幹什麼，你看你瘦得多麼厲害，你有心事要和家裡人說啊。」

嘉平斜靠在床上，搖搖手說：「去吧去吧，自己當心就是了。」

得放正要走，想了想，把那只包塞在床底下，說：「這是我的東西，可別和任何人說。」

葉子看著變得沉默寡言的孫子，又說：「放放，可不能到外面再去闖禍啊。」

得放站了起來，看著這一對風燭殘年的老人，看著一聲不響站在旁邊的父親，鼻子一酸，嗯了一聲就往外走，他得趕快找到布朗叔叔。把他也拉到他們的行動中來，這是他沒有想到的。但他不能責怪謝愛光，看她一夜驚魂未定流浪在外的樣子，他還能對她說什麼呢？

杭家年輕人裡頭，仿佛再沒有人像布朗那樣富有傳奇色彩了。他帶著山林和岩石的氣息，來到這個江南的不大不小的城市，往哪裡一站，都顯出他的與眾不同。

吳坤他們一群人把趙爭爭往醫院裡一塞，就緊急佈置搜尋傳單的製造者去了。他剛從審查中解脫出來，急於需要製造一些事件來證實自己。今天是他重新出山第一天，搶包事件倒也是歪打正著，正好可以體現一下他的能力。趙爭爭的父親到醫院看了看女兒，沒有多少安慰，還責備了她一頓，她也是個要強的女人，紅衛兵，不是說倒就倒的。可是等圍著她的人都匆匆散去，她就悲從中來，摸著上了夾板的斷腿大哭起來。

把她親自抱到醫院裡去的布朗，原本是可以拔腿就跑的，反正誰也沒看出他是罪魁禍首。可是看人一個個走了，竟然沒有一個男人留下來為她張羅，他就有些不好意思走。後來護士終於來了，他想他這下子可以走了，不料姑娘卻哭了起來。女人的眼淚，在布朗看來是很簡單的，那就是像男人發出的求救信號。姑娘哭了，布朗心亂如麻，深深自責。幸虧他這點頭腦還是有的，還沒有發展到當場懺悔坦白交代的地步，但這時讓他抬起屁股就走，他是死都不肯的。什麼女紅衛兵，女造反派，只要是姑娘，就是女人。女人低頭捂臉在哭，布朗心旌搖動，老毛病又犯，階級立場派性立場，統統灰飛煙滅。他就上去，兩隻手一起上，摸著她的頭髮和後腦勺，輕聲輕氣地說：「好姑娘，別哭，好姑娘別哭，很快就會好起來的，我不會不管你的。」

趙爭爭除了那天夜裡和吳坤在床上跳了一回舞——那也是屬於激烈運動——這輩子也沒有聽到過這樣溫柔的話，領略過這樣溫柔的動作。布朗又因為不怎麼會說杭州方言，與人交談，多用在學校學的國語，這倒反而給他平添一分文明。這個都市裡的唐吉訶德的肢體動作狠狠地嚇了趙爭爭一跳。女強人猛然抬頭，大叫一聲：「流氓，你想幹什麼！」

這一聲流氓，可算是當頭一棒，把布朗給當場打醒了。這是他在杭州城裡第三次享受這種殊榮，而前兩次「流氓」之後的下場，想起來還都讓布朗他不寒而慄。他神經質似地跳了起來，連一聲再見都來不及說，一下子就蹦到門口，剛要開溜，聽那女人又一聲厲喊：「站住，你是誰，哎喲，你給我站住！嘶嘶嘶——」她用力太猛，斷了的腿被拉了起來，痛得她直抽涼氣。布朗一隻手還搭在門把上，頭回過來說：「你忘了，我是把你送到這裡來的人，我是你的救命恩人啊。」

這都是趙爭爭從來也沒有聽到過的話，趙爭爭的聲音也低了，聲音也不自覺地溫和了，說：「你過來，你別走，我想起你來了。」

這一坐就坐住了。趙爭爭腿疼，寂寞，睡也睡不著，又不時地想動彈，拉住杭家那帥小伙子布朗就不讓他走了。也是布朗被那一聲流氓叫出了一根神經，當趙爭爭問他姓什麼的時候，他沒說他姓杭，他說他姓羅。趙爭爭就小羅小羅地叫個不停起來：小羅啊，你可不能扔下我不管啊，你已經救了我一回了，你可要救人救到底啊。新上任的小羅心裡卻有點發毛，他沒想過要把她護送到底，他只想把她護送到有人接手就仁至義盡。人生要緊關頭，不是一步兩步，實際上只差半步。剛才只差半步他就逃出一門之外，和這女紅衛兵從此井水不犯河水。可現在他真的走不了了，眼看著夜色降臨，他對小趙說他得回家，明天還要上班呢。小趙嗲聲嗲氣地哭著說：不行不行你不能不管我，今天夜裡他們肯定要開半夜的會，不到十二點鐘他們不會有人來看我，你得等到他們來後才能走。這種口氣，打死趙爭爭也不可能對吳坤說。在吳坤面前發嗲，就好像用《梁山伯與祝英台》的越劇腔進行大批判發言，死活對不上號的。但這個小羅像是從天上掉下來的，地裡冒出來的，和他們平常對話的人一點關係也沒有。小趙看出來了，她和他不是一個階層的，果然，他是工人階級。階層越不一樣，交往起來越輕鬆，萍水相逢，反而容易推心置腹。再說趙爭爭跌斷了腿，搶去了包，刺激不小，吳坤對她，又比對那阿鄉採茶還一本正經，況且那白夜竟然要生孩子了，真是豈有此理。趙爭爭和翁採茶，從哪方面看都不是一種性格的人，但從心亂如麻這一點來看，卻是殊途同歸。也是火山總要噴發，藉此突然事故，趙爭爭心火亂躥，忙中出恍惚，看來是把稻草當黃金，把小羅當吳坤來依靠了。總之，種種因素使趙爭爭一把抓住布朗不放。春暮時分，豆蔻年華，革命激情，受傷的心靈，得不到的愛情，難以出口的慾望，加上那個歇斯底里的狂熱，乖戾的扭曲的個性，濃縮成一團火，曾經一茶炊砸死陳揖懷的女學生，現在搖身一變，成了楚楚可憐的江南小女子。

布朗再喜歡姑娘，也被這種突如其來的不正常的狂熱弄懵了。他不能不對姑娘的懇求作出積極的反應，但他心裡直犯嘀咕，不知道他那麼一求就應的態度對不對。另外，姑娘那種明顯的依賴也讓他覺得不太正常。他想，即使他真的救了她的命，她也用不著緊緊抓住他的手不放啊。他再一次想解釋他為什麼要回去的原因，但姑娘不聽。姑娘說：什麼春茶夏茶，我是不喝茶的，資產階級的一套。你別去茶廠了，給我當助手吧。布朗連連搖手說不行不行，我剛剛找到這個工作，評茶，很有意思的工作，我不能丟了。趙爭爭笑了起來，又嘶嘶嘶地疼得直抽冷氣，說你呀你呀，真是沒見過世面。我讓你給我們總部開車怎麼樣，我們這裡剛到了輛吉普車，差個司機，你來，我讓你來，沒人敢不答應的。

小趙握著他的手，目光深情地看著他。她這種突如其來的移情，這種對愛情的渴望，這種心理學家也分析不清楚的扭曲的精神狀態，怎麼能讓布朗搞得清楚呢。他本是膽大的小伙子，但這斷了腿的姑娘的感情還是讓他有些害怕。他說讓我想一想，讓我想一想。總算此時救兵到了，吳坤重新走了進來，趙爭爭這才放了布朗一碼。

布朗回家的路上，想到他的自行車還在華家池，只好一路步行，走回去找車。正是滿天的繁星，花香四溢的春夜，黑暗遮蔽了馬路兩邊圍牆上的長長的大字報，他聽到有人在扯大字報的聲音。那是窮人的聲音，窮人們的一種新的冒險的謀生方式，像老鼠一樣晝伏夜行，撕了大字報再賣到廢品站去，小布朗聽著撕紙張的窸窸窣窣的聲音，看著法國梧桐樹上新生的綠蝴蝶般的新葉，突然想念起剛才的姑娘。她的眼淚雖然有些莫名其妙，她的發嗲雖然有些生硬做作，她的熱情雖然有些神經兮兮，她的狀態雖然有些喜怒無常，但那畢竟是衝著他來的啊。為了什麼？也許什麼也不為，就因為我救了她，一位英雄在她面前出現了。布朗心裡有些發癢，自以為是的情感又在他的心裡蠢蠢欲動。他昏頭昏腦，但總算還能認出自己的自行車，他騎上車子，橫衝直撞，看著天上一輪明月，街上已空無一人，橫河邊繡球花開得密密匝匝，一大團一大團地在陰影中凹進凸出，一陣揪心的刻骨銘心的思念湧上心頭。他太想念遠方那茶樹下的父老鄉親了。鼻腔有一些發酸，嗓子有一些發癢，一聲山歌就響徹了江南靜悄悄的西子湖畔——

月亮出來亮旺旺亮旺旺，
想起我的阿哥在深山；
哥像月亮天上走天上走
哥啊哥啊哥啊
山下小河淌水清悠悠……

不知為什麼，他吼得那麼響，竟然沒有聯防隊來喝令他不准唱黃色歌曲，也沒有社會治安指揮部來捉拿他擾亂社會秩序。郊外的夜，沒有人來打擾，這個城市的夜晚表面上看去依舊美麗靜謐，但有人正在密謀，有人正在流淚，有人剛剛被噩夢嚇醒，有人卻已經死去。他不知道，那個名叫謝愛光的姑娘就在他歌唱的時候離開了他的家門口。夜太深了，她等了他幾乎大半天，直至深夜，她等得失去信心了。

得放聽了愛光的話後匆匆離去，葉子就要張羅著帶嘉平上醫院。嘉平卻不想去，說自己實在沒什麼，有點頭暈罷了，也沒什麼了不起的，休息幾天就好了。再說醫院裡現在看病也講成分了，要自報家門，牛鬼蛇神給不給看病，還要看醫生的心情。要是真不給看，還不是加一層氣，本來沒什麼病，反倒添出病來了。

嘉平說這番話的時候也是頭腦清清楚楚，不像是病重的樣子，葉子一聽就沒了主意，被杭漢一個眼色喚了出來，悄悄地對母親說：「這種事情一定不能放鬆，我認識的一個人也是這樣被打了一下，開始那幾天木知木覺，後來不對了，越來越糊塗，現在變成傻瓜了。」

葉子一聽更急了，不知如何是好，母子兩個重新回到嘉平床前時，葉子一聲也不響，還是杭漢說：「爸，趁我現在在身邊，陪你去醫院走一趟，看不看得上醫生，那是另外一回事情，你也不要太在意。你想想你是以受傷的名義送回來的，現在醫院裡都不去一趟，人家不是又要說你沒病，把你拖回去了？」

嘉平聽了此言，微微回過頭來問葉子：「你說呢？」

葉子突然一陣心酸，這種熟悉的神情叫她想起多年以前，她輕輕地彷彿淡漠地說：「隨你。」嘉平怎麼會不從這句話裡讀出無限的怨嗔呢，他說：「那就去吧。」話音剛落，他就看到葉子笑了，她的小薄耳朵現在皺起了花邊，不再透明了，但她的笑容依然像六十年前。

笑容剛落，葉子的眉頭又皺了起來，她開始為怎麼樣把嘉平送到醫院裡去而犯愁了。嘉平的腦袋不好抬起來，必須躺著，可是現在還有誰會為嘉平備車啊。杭漢走到門口去看看，也是奇怪，今天大街小巷裡連輛三輪車也照不到面。倒是巷口有一輛垃圾車停著，車的主人正在吃杭州人的早餐泡飯，聽了杭漢的發問才說：「今天杭州城裡，除了大板車和垃圾車，還會有什麼三輪車，統統都到少年宮開大會去了。」杭漢大半年關在郊外，聽了三輪車工人也造反，不免又覺稀奇，那吃泡飯的說：「你當只有『杭絲聯』『杭鋼』是工人，人家踏兒哥就不是工人？是工人就好造反。你看我這輛車子為啥乾乾淨淨擱在這裡，我們環衛工人也要造反上街遊行了。」

杭州人叫踩三輪的工人踏兒哥，今天是踏兒哥們的盛大節日，看來找三輪車的念頭可以休矣。杭漢看著那輛乾淨的垃圾車，突然心裡一動，說：「師傅師傅，我爸爸生毛病了，特約醫院又遠，在洪春橋呢，一時也弄不到車，這輛垃圾車能不能借我們用一用？師傅幫幫忙好不好？」

那環衛工人倒也還算仗義，一邊剔著牙一邊說：「你們杭家門裡人，我們這條巷子也都曉得的，這次吃生活了是不是？你們也有今天這種日子。好了好了，飯吃三碗，閒事不管，我這輛車昨天剛剛發下來，用了一天，昨日夜裡我用井水剛剛沖過，你看看，是不是跟沒用過一樣的？」

杭漢一聽算是明白過來了，悄悄就塞過去兩塊錢，那人卻不好意思了，說不要那麼多的，一塊就夠了，又叫他們快去快回，「你當我就不擔風險啊，我也擔風險啊，人家問起來，這老頭子怎麼坐到垃圾車裡，誰給他的車，我怎麼說——」他還在那裡剔著牙齒說個沒完，杭漢卻拉起垃圾車就往家門口跑了。

這母子兩個用廢紙鋪好了車，把最後那塊板子和上面的板子都抽掉了，又在車裡放了一張竹榻，然後小心翼翼地把嘉平抬了出來。往竹榻上那麼一靠，嘉平笑了起來，說：「沒想到老都老了，還出一把風頭。」母子兩個都不懂這話什麼意思，嘉平有氣無力地說：「人家蓋叫天才配坐在垃圾車裡呢，去年夏天輪到他遊街時，杭州城裡萬人空巷，平常看不到他戲的人，那天都看到他台下的真人了。我倒是沒有想到，我也有這麼一天。」

杭漢聽父親那麼說話，心裡難受，放下車把手說：「要不我再去想想別的辦法？」

嘉平連連搖手說：「你這個孩子，羊壩頭裡住住，連玩笑也不會開了，坐垃圾車不是很好？再說三輪車工人革命也是有傳統的。二十年代三輪車工人就造過好幾次反的，不過那時候他們是想當踏兒哥，要革公共汽車的命，今日革命，要革人的命，性質兩樣的。」話說到這裡，他還精神著呢，突然頭一歪，哎喲哎喲叫了起來，嚇得葉子、杭漢兩個撲上去抱著他直問哪裡疼哪裡疼，他也不回答，只是叫個不停，當下葉子的眼淚就嚇了出來，突然嘉平睜開了一隻眼睛，斜看了旁邊一眼，接著兩隻眼睛都睜開，面部一下子恢復了正常，他就不疼了。

葉子捂著胸說：「哎喲阿彌陀佛，你剛才是怎麼啦？」

嘉平疲倦的臉上露出了狡黠的笑容，讓她把耳朵湊過來說：「住在我們家院子裡的兩個造反派剛剛出門，現在他們會到單位裡去說，我的病有多重了，連老臉都不要，垃圾車都肯坐了，我是裝給他們看的啊。」他嗨嗨嗨地笑了起來，葉子輕輕地用手指點了點他的頭，說了一聲，看你這死樣，嚇死我了，自己也笑了起來。杭漢一看父母的樣子，心裡也就輕鬆了很多。他現在才明白為什麼會有那麼多女人迷戀父親的原因了。

三個人上了路，果然招徠不少看客。正是西子湖桃紅柳綠的四月天，人們再是革命，也忘不了在湖畔順便地觀光。有不少人其實是觀光順便著革命。去醫院的路上要路過湖濱，還要沿裡西湖走，不少人就跟在那垃圾車後看西洋景。杭漢在前面埋頭拉車，倒也心無旁騖，嘉平閉著雙目躺在竹榻上是眼不見為淨，唯有那葉子，在後面扶著車，照顧著嘉平，還要受許多眼睛的盤問，心裡便有些慌。她自一九四九年之後就沒有出來工作過，平時一家人吃喝都要靠她張羅，她幾乎沒有一個人出去走走的習慣了。這一次大庭廣眾之下步行穿過半個西湖，她就有點手腳眼光沒處放的感覺。路過少年宮——從前的昭慶寺時，見那裡人山人海好不熱鬧，到處都是三輪車，車夫們到這裡來聚會遊行。那些站在會場邊緣的人，看著他們杭家人這奇怪的樣子，都樂得哈哈大笑，葉子聽得心慌起來。嘉平閉著眼睛說：「別怕，都當他們死過去了。」可葉子還是怕，低聲地說：「他們會不會來攔我們的車？」這話還真是給她說著了，就見一個踏兒哥惡作劇地攔住他們的車說：「給我停了，交代，什麼成分？」

杭漢被這些人一攔，只得停住，回頭看看葉子，葉子突然鎮靜下來，說：「你倒是去看看，杭州城裡哪裡還找得著一輛三輪車，都到這裡來開大會了，有這輛垃圾車還算我們運氣。我們是城市貧民，老頭子昨日摔了一跤，你看他這副樣子，快點放開，一口氣上不來我們找到你不放，還不是你倒楣？」

那人一聽連忙放開，眾人復又大笑，杭漢拉起車邁開大步就往前飛，葉子跟在後面一溜地小跑，那樣子肯定是又緊張又滑稽的，嘉平就睜開一隻眼睛，瞄靶子一樣地朝後看著，一邊誇獎著葉子說：「還行，應答得好，到底還是杭家門裡的女人。」葉子一邊擦汗一邊說：「冤家，前世修來的苦，一輩子都在為你這種人擔驚受怕。」嘉平哈哈地笑了起來，一邊皺著眉頭，腦袋就隱隱地疼了起來。葉子又擔心，叫著杭漢慢一點慢一點，一面又去扶嘉平的頭問疼不疼。嘉平突然一下子抓住葉子的手說：「葉子，你恨死我了是不是？」

葉子嚇了一跳，只怕兒子聽見，但眼淚卻不聽話地流了出來，默默地走著，朝旁邊看，那是斷橋啊，白娘子和許仙相會的地方，她搖搖頭，就把手抽了回去。

真是奇事，少年宮和北山路不過相隔半里，但一拐進北山路，左邊是白堤和西湖，右邊是葛嶺寶石山，人立刻就進入了另一個世界。湖邊水面，已有荷葉浮起，上有晶瑩露珠。葉子就記得嘉和曾告訴過她，湖邊植荷，乃是杭人對白樂天的紀念，《西湖夢尋》中所謂「亭臨西湖，多種青蓮，以像公之潔白」，說的就是這個事情。一下子想到嘉和，葉子的心就緊了起來。

快到從前鏡湖廳的地方，嘉平叫杭漢先把車子停下來，這裡人已經不多了，一般遊客走的都是白堤，相對而言，此處倒是一個僻靜地。今日天氣也好，西湖水面亮晶晶的，這才是蘇東坡的「水光瀲灩晴方好」呢，嘉平精神一下子振作了許多，說：「就當我們踏青吧。」

葉子搖著頭，心裡想，也就是你這樣的人，還有心賞風月，卻不把這話說出來。

嘉平看出葉子的心事了，卻舉起手來，這才發現手抖得厲害，說：「葉子，你看放鶴亭還在呢，我倒一直擔心它也被砸了。」

這時杭漢也放下車把說：「不能把什麼都砸了吧，人家總要來玩，西湖畢竟還是天堂嘛。」說完這句話，卻見二老都不應答，回頭一看，父母眼中都濕漉漉的，他們想到了什麼？一下子杭漢也就想到了蕉風，心裡面一陣陣地刺痛，就蹲了下來，說不出一句話。卻聽到父親說：「可惜大哥今日不在。」又聽母親說：「也沒有藕粉蓮子羹了。」這話倒如打啞謎一般，讓杭漢這樣實在的人也生出許多玄想，他抬起頭來看看，仿佛看到了當年的西湖博覽會，看到了那頂早已被拆掉的通往放鶴亭的木橋。三個人悶聲不響待了一會兒，就見頭上柳條兒飄飄搖搖，像一把把綠頭髮，蕩來蕩去，綠枝下有紅白桃花瓣兒紛紛揚揚，落了一地。二十分鐘前他們還在一種甚囂塵上的世界裡呢，此地卻照樣一片落英繽紛。待在這樣的湖邊，他們三個人甚至產生了一種幻覺，仿佛他們是從某一個時間隧道裡突然鑽出來似的，杭漢嘆了一口氣，重新拉起了那輛垃圾車，這輛車子使他們回到了現實之中。

直到過了岳墳，他們的話才重新多了起來。想是因為一路上杭漢話少，又怕他觸景生情，想念蕉風，就另找一個話題，問他這些日子，除了革命、交代問題之外，有沒有進行別的科研活動？比如，你們的那個龍井四十三號，實驗有沒有停下來啊？

說到茶事，杭漢這才像是觸到了哪根筋一樣地一下子振作起來，回頭問父親，你怎麼也知道龍井四十三號啊？嘉平說我怎麼不知道，你當我抗戰期間跟茶是白白打交道的。什麼有性繁殖無性繁殖，都是吳覺農先生告訴我的呢，可惜他老人家現在也和我一起倒運了。我記得龍井四十三是六〇年開始培植的吧，它算不算是無性繁殖系啊？

杭漢連連說我正在做這個課題呢，反正這種事情總還是要有人去做的。爸爸你的記性真是好，這種專業的問題，我本來以為只有伯父這樣的人才能夠問得出來，沒想到你也知道。龍井四十三當然是無性繁殖的。媽媽你知道吧，有性繁殖是通過種子來完成的。因為異花授粉，所以遺傳基因不好，跟魯迅先生的那個九斤老太說的那樣，會一代不如一代的。無性繁殖呢，是利用茶樹的營養器官，喏，就是利用葉啊，莖啊，根芽啊，來培育成一株茶樹，這個原理嘛，就是細胞全能性的原理。好了，我不說這個了，這個太複雜，不過我要告訴你，當年迎霜生出來的時候，正是為了紀念迎霜這種無性繁殖系新品種培育成功才取的名字。迎霜屬於小喬木型，中葉類，早芽種，是一九五六年從平陽橋墩門茶場引進的福鼎大白茶和雲南大葉種自然雜交後代中再單株選育而成的。那時候蕉風正在市茶科所呢，整個過程她都參加了——他突然煞住了話題，這三個人都是那麼費盡心思地想繞開傷心的話題，但繞來繞去還是繞不開，痛苦始終還是他們的軸心，他們離它不過半步之遙。倒是這時候醫院幫了他們的忙，他們終於到了此行的目的地。

「這就是你們的醫院吧。垃圾車拉進去要不要緊啊？」葉子擔心地輕聲叫了起來。

差不多就在這輛垃圾車跌跌撞撞拉進醫院的同時，一輛吉普車也駛入茶廠。小布朗上班才一會兒，就被人叫了出來。從車裡跳出了一個男人，看上去面熟，那人上下打量了他一番，說：「你就是羅布朗吧，昨天我看到過你，跟我走吧，你們那個趙部長正等著你呢。」

布朗想，什麼部長，難道那個小趙還是個部長？他倒沒有問這個，只說我正在評茶呢，單位裡工作緊得很。那人寬容地笑了笑說：「這些事情你不用多管，你現在安心學開車，有時間就陪陪趙部長，她的腿摔斷了，不是你先發現的嗎？」他說話的口氣有點奇怪，眼睛一直專注地盯著布朗。布朗搖手說：「我不去我不去，我們當工人的，和你們學生搞在一起算什麼。我也不會守病人，你們自己回去吧。」說到這裡，吉普車裡跳下一個司機，推著布朗就往車上拉，一邊說：「你是不是有毛病，你知道是誰親自來接你了。我跟吳司令那麼多天，你還是他第一個來接的人呢。走吧走吧，你交運了。」

這之前，吳坤已經到過他們廠部。在那裡，吳坤發現「羅布朗」姓「杭」不姓「羅」，但他還是把布朗送去學開車，讓他成為趙爭爭的司機。

第二十一章

初夏杭城是四時中最美的季節，劉莊更占西湖山水之秀。青年軍官李平水卻毫無心緒，一個由地方與軍隊聯合召開的高級會議正在此地秘密進行。乘會議間隙時間，他獨自來到湖邊散心。

劉莊原主人劉學洵，乃廣東人氏，在西湖丁家山下建劉莊，近人記載：落成之始，最稱宏麗，蝸牆虹棟，錯雜水湄，窗際簾波，與湖際水波互相縈拂，洵為雅觀。一九五四年，又集西湖舊園林中韓莊、楊莊、康莊、范莊於一體，改建為西湖國賓館，與一水之隔的汪莊遙遙相望。劉莊、汪莊，都是中國最高領導人常來常往的地方，作為軍人，李平水知道，毛澤東這些年來基本都居住在汪莊。故而這次省一級的高級會議，才能到這裡的劉莊來開。

會議在湖山春曉樓旁的望山樓開，景色雖美，卻把會議所要討論的內容襯托得更加劍拔弩張。近日杭州發生了千人衝擊軍區倉庫的重大事件，今日各路山頭派系的核心人物，被召集在此，共同協調此事。這本是一件黑白非常分明的事情，誰知越開越不分明。李平水只是工作人員，但他多少總能刮到幾句，心裡氣悶，便出來走走。剛剛入伍那幾年，他曾經在這裡當過警衛人員，此次也算是舊地重遊，沒走幾步，就碰到了也來參加會議的杭得茶。

杭得茶是從丁家山東麓繞過來的。會議休息期間，他特意去看了看當年康有為題刻的「蕉石鳴琴」，這是一塊形如蕉屏的石崖，相傳雍正年間浙江總督李衛常常在此彈琴，音韻繞石，響入行雲，故有「蕉石鳴琴」之說。得茶從未到過這裡，倒是小時候聽父親說康莊還有南海先生所題的「人天廬」等景。信步走去，卻看到山間一片茶園，還有幾個戰士在茶園採茶，這稀罕的情景倒叫得茶有些納悶。正思忖著這湖上園林之最的劉莊怎麼會有茶園，卻見李平水朝他走來，紅著臉伸出手來對他說：「杭老師，原諒我那天態度不好，我急瘋了，罵你了吧，罵你什麼我記不起來了。」

「你罵我膽小鬼，見死不救的王八蛋。」杭得茶提醒他說。

「你看你都記住了，我們當兵的就是粗。」李平水悔恨地敲著自己的腦袋說。杭得茶擺擺手說，「算了算了，誰碰到這種事情不急。」

原來那日千餘人包圍軍區武器庫時，李平水就在現場，實在頂不住時，曾打電話向得茶求救，但得茶沒有回應，不是不想來，是實在抽不出身，他們這一派攔住了已經整裝待發的吳坤派，把他們堵在他們佔據的那幢樓裡。兩幢大樓裡朝外的喇叭，每天都在高聲大叫著，一邊讀〈致杜聿明投降書〉，一邊就回〈別了，司徒雷登〉，一邊唱造反有理，一邊就回文化大革命就是好。這一派趙爭爭傷癒歸隊，那一派得茶就找來了得放，兩邊都是能言善辯之輩，吳坤和得茶，只在幕後搖扇子。這裡除了批鬥牛鬼蛇神之外，派別之間也已經有過好幾次血腥的衝突，雖然還沒鬧到死人的地步，但畢竟已經給人一種不祥之地的預感，行人單獨也不敢再從那通過。

人們越來越急躁了，越來越不願意持守勢而不進攻了。文攻武衛的口號越來越被人們接受。得茶絕不想出名，但名聲依然大振，社會上與他們觀點接近的人們紛紛慕名而來，工農學商，什麼樣的職業都有。他們開始把這裡當作自己的陣營。前幾天，不知有誰喊了一聲：吳坤他們已經在進武器了！大家紛紛探出頭去，就見一輛解放牌大卡車駛進校園，沿圈站著十幾個頭戴藤帽手執鐵棍的彪形大漢，他們跳下車之後，得荼他們才發現，卡車上放的全是鐵棍藤帽。吳坤他們這一派的人看到領導階級工人老大哥給他們送糧草來了，激動地大喊大叫，一個個跑出去抱鐵棍的抱鐵棍，扛藤帽的扛藤帽，倒像是過年了小朋友們爭相著出去看煙火。有幾個男的，還掄著鐵棍朝得荼他們的大樓空打，動作像舞台上的孫悟空戲金箍棒。兩派的人趴在窗口上看的，都有人神經質地笑。杭家兄弟沒有跟著笑，運動以來，笑容幾乎已經在這對兄弟的臉上放逐了。

幾個摩拳擦掌的核心人物，不約而同地來到得荼身邊，他們要得荼在最短的時間裡做出判斷：如果一旦發生衝突，吳坤還會承諾他曾經許下的諾言，不在校園裡實行紅色恐怖嗎？得荼對這一問題無法作出肯定的回答。簇擁著他的那群青年人，是把他當作那種在錯綜複雜的情勢下相對冷靜而又能審時度勢的人來擁戴的，他們把他的沉默當作了認可，立刻就有人向工人老大哥們打電話：喂喂，我是總部啊，我們緊急向你們求援，我們緊急向你們求援，請給我們送一卡車文攻武衛的戰鬥武器來。什麼，槍？什麼槍，氣槍，打鳥的，行啊，別管是打什麼的，是武器就行。

操場沒稍停地熱鬧了一天。這裡來一卡車武器，那裡也來一卡車武器。也搞不清楚誰有槍沒槍，看來雙方都有了槍，恐怕還有手榴彈。武器搬完了之後又來了人，得荼和吳坤兩個人的眼睛都紅了，兩個人的面孔都鐵青了。他們不再聽得進別人的意見，只想著如何進行較量。不同的是吳坤凡事先行一步，藤帽鐵棍一到，就立刻發放下去，槍和手榴彈先讓人保管著。而得荼他們這一派的武器一到，他就親自點數，放進臨時倉庫，他以從來也沒有過的嚴峻說：「都給我記住，沒有我的命令，誰也不能動武。」沒有人反對他的意見，但每個人心裡想的不完全一致。得荼掂掂自己的分量，他吃不準他能不能駕馭這些已經被武裝起來的人。

可以說這是他從來也沒有面臨過的嚴峻形勢，他知道這是吳坤的一著險棋，他們彼此之間太知根底了。吳坤瞭解他在大多數情況下都是被動的，他還瞭解他憎恨暴力，可是他吳坤卻是那種與天與地與人奮鬥都其樂無窮的人，他早已不滿足每天對著大喇叭互相對罵的局勢了。別以為我不知道是你們在散佈我的謠言，整我的黑材料，你們讓我吃不下飯，我還能讓你們睡得著覺？拉來這一車的鐵棍，是威脅，也是一種可能性。這就像美國製造了原子彈一樣，必須擺在那裡讓人們膽戰心寒。好吧，我現在看你杭得荼怎麼辦？他透過他那頂樓辦公室的窗子，看著對面，杭得荼的窗子。杭得荼正在這時候踱向窗口，他走到窗前，下意識地拉開窗簾，幾乎憑本能地抬起頭來——他相信對手就在眼前。

他們的目光隔著大操場相擊了。隔著窗子，兩人都只露出上半身，他們一言不發，唯一有區別的是嗜茶如命的得荼手中依然還捧著一杯茶。他們在怒目而視中沉默地較量。

李平水那十萬火急的電話正是這時候打來的，他緊急呼籲道：「怎麼你們還沒有出來嗎？我們這裡已經抗不住了，這幫暴徒已經扣押了我們倉庫的保衛人員，正在威脅我們，說再不把東西交出來就要往倉庫裡衝呢！」

得荼一邊擦著一下子不知從哪裡來的汗，一邊也對著話筒叫：「你看清楚了嗎，真是來搶武器的？」

「我看到我那個混賬老婆了呢，她衝在最前面，媽拉個巴子，我真恨不得拿起槍來崩了她，這臭婊子養的！」

不到萬分危急的地步，李平水哪裡會罵出這樣的髒話。得荼高聲提醒他：「國家有令，搶劫軍用倉庫，可以用軍法處置！」

「杭得荼你是不是還沒睡醒，今日天下還有什麼王法？有王法還敢衝部隊嗎？我們上頭有令不准開槍，你懂嗎？倉庫裡有一百萬發子彈，一萬多顆手榴彈，一千多件槍械，四十多萬軍用物資，要是被他們搶去後果不堪設想。上頭讓我們死守，又不讓我們開槍，他媽的屌毛灰的上頭不讓我們動，說軍隊一動，天下就大亂，死的人就更多。你懂嗎？現在只有一條路，就盼著你們來救我們一把了。杭得茶你要是不來你就是見死不救的王八蛋！」

那頭電話重重擱下，杭得茶生出來到現在也沒有被人家那麼王八蛋王八蛋地罵過。但杭得茶最後還是忍住了沒有去。他知道，只要他一動，吳坤就會動，而吳坤一動，就會流血，就會死人。這是不可逾越的界線——他的手上決不能沾有血跡。兩害相衡取其輕，李平水罵他，他也是可以理解的。但不願意看到李平水不安的樣子，便換了一個話題，問：「我是第一次來這裡，都說劉莊景色好，沒想到這裡也有茶。」

李平水臉色也輕鬆了一些，說：「那還是前幾年毛主席讓我們警衛員種的。那時候不是困難嗎？我們還養豬呢。毛主席和我們一起還摘過這裡的茶。」說到這裡，他的表情就不免自豪。

杭得茶看他的樣子，笑笑說：「怪不得迎霜崇拜你，你還有些資本可誇。」

「她說我什麼啦？我好久沒見到這小姑娘了。」李平水真的有些興奮起來，他喜歡這個小姑娘，和她很有天談。

「她跟我嚴肅地談了一次，說我沒有救你，沒有站在你這一派上，是錯誤的。她還說你心情不好，我更應該支援你。你看，她才幾歲，還知道你心情不好，她是堅定的李平水派，對你的立場很堅定嘛。」

他們總算露出了一點笑容，但很快就消失了，李平水又被杭得茶的話觸到了痛處。是的，他心情不好，很不好，他不知道他的生活中發生了什麼，一切都因為這場革命而亂套了。

李平水和翁採茶感情很不好。開始他還當她是天生脾氣暴烈，可能神經還有些過敏，後來才隱隱約約地發現事情不對。他哪裡知道翁採茶她心裡躁得很。她剛開始認識親愛的小吳時，趙爭爭還若隱若現，那白夜還不知道在哪裡飄呢。可如今一轉眼，白夜都快生孩子了。雖然吳坤他從不回家，白夜也從不找他，但他們法律上總歸還是一對夫妻啊。這倒也不去說它了，翁採茶最氣不過的是趙爭爭。這個趙爭爭，仗著她父親在造反派裡走紅，還有就是和北京的關係，死活纏住這親愛的小吳不放。話說回來，這次小吳遭難，她也沒少給他出力，反過來她翁採茶就是罪魁禍首了，要不是她看管不嚴，楊真能不見嗎？因為如此，小吳對她就淡了許多。同時，吳坤為了革命，又不得不和她趙爭爭虛與委蛇。趙爭爭一夜一夜地賴在小吳房間裡不走，還一趟趟拉小吳到她家裡去，接受各種各樣的指示。小吳常常嘆著氣告訴她，看樣子他們家裡是就等著他離婚，好把這個神經兮兮的女兒嫁給他了。可是他現在得頂住，他不能離，他要一離，就沒法和純樸的最愛最愛他的小採茶在一起了，不要說明鋪，連暗蓋都不行了。

正是因為這樣的左右夾攻內外煎熬，把個翁家山裡長大的採茶姑娘也弄得神經兮兮，心理變態了。一方面她是看到李平水就觸氣，他那張一點也不比吳坤遜色的、充滿軍人正氣的臉，在採茶眼裡，突然變成了臭狗屎。她不知道，其實她的那張圓盤齜牙大臉，在他心裡喚起的感覺，也和她對他的感覺一模一樣。這樣的感覺還能有肌膚之親嗎？見它的鬼去吧！李平水沒有一點蜜月的感覺，倒是採茶有，但那是和小吳的蜜月，和這個紹興佬渾身渾腦不搭界。她給自己仇視丈夫李平水找了很多理由，比如不能和她一樣站在毛主席的革命路線一邊，卻和祖祖輩輩壓迫他們翁家的杭家人眉來眼去，交往密切，喪失最起碼的階級立場等等。其實往深裡一想，李平水真是活活要冤枉死。翁採茶她分明是恨趙爭爭，恨白夜，愛吳坤，那恨不能明著恨，愛又不能明著愛，憋在心鍋裡煮，還不煮成一鍋的毒汁，見著李平水就噴，能不噴得他們之間的關係漆黑一團嗎？

大年三十李平水給了翁採茶一耳光，春節之後，他就提出了離婚。但翁採茶堅決不同意。其實採茶是很願意離婚的，真正不同意她離婚的是吳坤。她和他的交往到目前為止，實質性內容遠遠要比與趙爭爭交往來得多，但表面上看起來卻遠遠不如與趙爭爭親密。吳坤不願意讓採茶離婚，他順口胡編著一些理由，告訴她何以他不能當下離婚的原因。第一第二第三第四，她認真地點頭，全神貫注地敬仰地看著他。她對他的感情，已經從崇拜發展到了迷信的地步。隨便他說什麼，她都一點一滴地往心裡去。因為專心致志地凝視，她的眼珠仿佛甲狀腺病人一樣鼓鼓地突了出來，她那樣子反倒越來越像她的爺爺小撮著。看來她的無限忠於的不僅僅是毛主席，還有他吳坤的。她那種愚蠢而又忠誠的樣子，真是讓吳坤看了又感動又厭煩。他站起來想揚長而去，但卻又把這個蠢貨壓倒在床上。蠢貨啊蠢貨啊，整個動物性的過程中，他心裡沒有停止過這樣的嘆息。

從床上起來的翁採茶，像是吃足了夜草的馬兒，備足了乾糧的旅人，憋足了勁兒的拳擊手，雄赳赳地打回家門去。不離！李平水，你想得美，你一個當兵的，竟然也敢和老百姓一樣無法無天，你竟敢離婚！你憑什麼要和我離婚？你說我不乾不淨？你血口噴人，你給我找出證據來，你找不出證據，我告你誣陷。李平水當然找不出證據，他又沒法到造反總部去捉姦，他只是憑感覺能夠意識到他們必然是心中有鬼，但那不足以離婚啊。再說因為老婆是個造反派，部隊這一方也特別謹慎，部隊要顧全大局，只好讓李平水忍氣吞聲了。

世代當師爺的李家祖輩，學會了從蛛絲馬跡中發現破綻，李平水天生地也仿佛有著這種遺傳，對那個翁採茶的革命引路人吳坤的行動也就特別關注。今天的會議，他第一次看到吳坤，就坐在他斜對面。李平水自己就是一個相當帥的小伙子，但他看了吳坤，還是不得不承認吳坤的風采當得上英姿颯爽、風華正茂，他立刻明白了翁採茶如此討厭他這個丈夫的重要原因。這個漂亮的敵人一看就不好對付，但李平水他暗下決心，一定要把他給對付下來。

真是說到曹操曹操就到，他突然就看到吳坤朝他們這個方向走過來，便問得茶，要不要一起走開。得茶想了想，說：「你先走一步，我看他是又要找我動心機了，且看他如何表演吧。」

吳坤笑容滿面地朝得茶走來，好像他們從來也沒有怒目而視、血流五步的千鈞一髮之際。他顯然已經伸出手來要和得茶言和，見得茶沒有那反應，也不在乎，手就順勢往空中畫了個拋物線，指著湖光山色說：「真是名不虛傳的好地方，什麼叫人間天堂，我今天才叫真正明白了。」看得出來，他這話是由衷讚嘆，並非沒話找話。他從囚禁中出來，感覺與沒有失去過自由的人顯然不同，現在他更熱愛生活了。他現在也更不在乎別人對他怎麼看了，關了兩個月，他悟出了更深的東西，他也更有了洞察力。剛才會上那些決策者們的動作，在他看來，不過是一場政治遊戲，他笑笑，對得茶說：「讓他們鬧去吧，跟我們無關。」

他這話顯然是針對他們兩派都沒有介入那天衝擊軍隊倉庫的事件而言的。這話讓得茶厭惡，因為這裡面沒有絲毫的正義與道理，只有權力和陰謀。仿佛他們這些二十世紀六十年代的人一下子又退回到兩千多年前的春秋戰國，仿佛他們不過是各路諸侯，正在進行一場大混戰。

他的這種心理活動吳坤是知道的，他過去很在乎得茶怎麼想，但現在完全不一樣了。他站在湖邊，看水波如綾，暖風如酒，楊柳如髮，青山如眉，雙手使勁地拍了拍漢白玉製成的欄杆，不禁吟道：「……斷鴻聲裡，江南遊子，把吳鉤看了，欄杆拍遍，無人會、登臨意……稼軒的〈水龍吟〉，還記得嗎？」

儘管杭得茶對與吳坤對話已有了充分的思想準備，但他此刻的表現還是讓得茶驚異，雖然他在念詞，但他這個樣子實在有點接近於小丑。

「我知道你怎麼在心裡評價我，你在說，這個人怎麼會變得那麼厚顏無恥，在經歷了這一切後，怎麼還會那麼輕鬆地與我對話。可我還是要一意孤行，而且我還是要感謝你的。我要感謝你兩條，一條是我被審查時你沒有再落井下石，當時只要你一句話，我就徹底完蛋。第二條是你沒有下令衝出去保護倉庫，你沒動所以我也沒動，那天我們手裡有機關槍，你要一動，我們雙方就是一場血戰，事情就徹底鬧大了。當時我已經控制不住自己了，你卻有這個自制力，這是你的高明之處。我對你不斷有新的認識，看來你也並不是不能搞政治的人。」

「我想一個人待一會兒。」

「我和你的想法恰恰相反，可能是一個人待的時間太長了，我現在特別想和人待在一起。」

「那你就去找你同道吧，我就告辭了。」

「等一等，」吳坤突然聲音低沉了下來，他的臉色也刹那間變得難看了，他沒有再看著得茶，卻問他，「……你知道白夜什麼時候生……」

他的問話把得茶的心也拎起來了，他痛苦地抓住了欄杆，搖搖頭，說：「你真是一個卑鄙的傢伙。」

這話不但沒有讓吳坤火冒三丈，他反而還似乎有所解脫，他說：「對不起，我也想孩子不會是你的，可憑什麼證實，那孩子是我的呢？你知道她在北方和什麼樣的亡命之徒鬼混在一起——」

得茶真想給他狠狠的一掌，但他還是克制住了，掉頭就走，此時的吳坤就像甩不掉的牛皮糖一樣黏在他身後，走過夢香閣，走過半隱廬，走過花竹安樂齋，一邊不停地嘮叨：「你知道接下去的議題是什麼，啊？是治安，是抓現行反革命！你以為這事情跟你無關嗎？你想抽身已晚，你回去問問，你們家那個布朗先生，是怎麼會到趙爭爭的總部開車的，他明明姓杭，怎麼又會突然姓羅的？」

得茶一下子站住了，回過頭來：「你說什麼，什麼姓杭姓羅？」

吳坤就乘機拉住了得茶的胳膊，一邊重新往湖邊走，一邊說：「我跟你說，我們倆的話還沒有談完嘛，你著什麼急呢。回到學校，手下一大批人，我們又得針尖對麥芒，好不容易有這麼一個機會，在國家領導人享受的地方享受一下，你怎麼就不能和我坐下來好好談一談呢，我不是跟你說了，我是感謝你的，投之以桃報之以李嘛——」

得茶沒工夫聽吳坤囉嗦，打斷他的話又問：「你跟我說清楚了，布朗的事情，跟治安有什麼關係？」

他們重新走回到了湖邊，吳坤笑笑說：「他們這些中學生毛孩子，也就只能當當馬前卒，太缺乏頭腦了。有人撞了趙爭爭，搶了傳單。有人又救了趙爭爭，正是你那個表叔，趙爭爭傻瓜一個，還把他留下來開車。我仔細看了攻擊我的傳單內容，滿口混蛋，幼稚得很。但寫到我們家祖上的不少事情，倒是有鼻子有眼。杭州城裡誰對我們吳家知根知底呢？非杭家莫屬也。」

杭得茶像聽天方夜譚一樣地聽著吳坤說這些，他已經很久沒有回家，家裡發生的事情，他真是一點也不知道。

「你別以為我會懷疑你在幕後操縱，不，從傳單的文筆和思想來看，顯然這不是你的思路。再說，我也不會真正在乎這些小玩意，它們掀不起大浪。問題在於，杭州城最近連續不斷發現了一些政治傳單，從一開始對出身論的討論發展到對中央文革的攻擊，甚至還有對文革本身的質疑——你說，這不是太幼稚了嗎？」

杭得荼越往下聽，心裡那可怕的陰影就越深。

「從傳單的紙張，寫文章人的口氣，印刷傳單的器具來看，都和寫我的傳單如出一轍，你說，這事情應不應該告訴你啊？」

杭得荼面色蒼白，鏡片後的眼睛眯了起來，遠遠地望著湖對面的汪莊。從楊真先生失蹤以後，他就一次次地想抽身退出這混亂的派系戰場，一次又一次，總有事由讓他退不下來。今天他又一次下了決心，這決心又被重大的事件攔腰打斷。

「欲加之罪，何患無辭？」他說。

「在這件事情上，我準備向你學習。你當初沒有對我落井下石，並非你對我有什麼惻隱之心，你只是實事求是罷了。這一次我也一樣，我也實事求是。而且我比你做得更好，到現在為止，我還沒有對任何一個人說起過我剛才對你說的那番話。有許多時候，我並不像你想像得那麼卑鄙。」

這番話打動了得荼，他第一次側過臉來，不那麼警惕地看了看吳坤。吳坤卻輕輕一笑，換了話題，指著對面的汪莊，說：「你看到汪莊了嗎，從前的茶莊，改變中國的多少重大決策，就是這樣喝著龍井茶作出來的。比如關於無產階級文化大革命的決定，就是在那裡通過的草案。你還記得去年夏天我和白夜登記後的那天夜裡嗎？你和得放、我和白夜擠在一間房間裡聽廣播，這個改變中國、也改變我們個人命運的決定，就是從對面發出來的。我真想到那裡去看一看啊！」他最後的一句話，幾乎像做夢一樣自言自語吐露出來，那聲音輕得幾乎只有他自己聽得到。

得荼搖搖頭，即使這樣的時候，他還是沒有真正放鬆警惕，他打斷了吳坤的遐想和夢語，問：「說吧，你到底想和我做什麼交易？」

吳坤那英俊的面容一下子扭曲起來，仿佛從一個美夢又回到了噩夢般的現實，他牙痛似地抽了抽腮幫，看著湖面說：「不管你怎麼罵我，請你幫我核實一下，究竟誰是孩子的父親。我知道你沒有再去見過她，可我去過。她什麼也不會對我說，但她會對你說實話。我知道這種想法和要求都很卑鄙，和你對我的評價一樣。但它像毒蛇一樣纏住了我，無法擺脫。拜託你了，好不好？」

在如此美麗的湖光山色之間，在進行了這樣重大的有關革命與抱負的嚴肅對話之後，最後的心願又落實到這小小的隱秘的一角，得茶被吳坤的要求驚駭了。他看見他的發紅的雙眼，甚至有些可憐起他來。他們的頭上，楊柳枝嘩啦啦地飄著，在寂寞中，這本來屬於溫柔的聲音，也顯得很剛烈了。

杭家政治旋渦邊緣中的另外一群老弱病殘，撇開了年輕的核心人物，他們自己有自己的中心事件，他們的秘密和熱情，一點也不亞於那些在歷史舞台上企圖扮演主角的人。被吳坤發現了蹊蹺的布朗，就參與了這起家族中的秘密行動。

吉普車在飛馳，窯窯實實在在地被摟在了杭嘉和懷裡，他的心少有地安寧和平靜，這是一種無所依託之後的感覺。那種遙遠的青年時代由於堅強帶來的一意孤行的感覺，經過多年的沉寂之後，從他的暮歲重新迸發浮升而起，變成一種固執的力量。他對他自己重新建立起信心——在日常生活中的優柔寡斷後面，原來他還不是一無所有，他依然深藏著非常狀態下的沉著果敢的玄機。

小布朗開著車就坐在他身旁，初夏的景色飛快地倒退而去，他突然明白過來，即使是和他的晚年的寄託、他的孫子得茶，也不必尋求深刻的瞭解，他們之間也已經淡遠了那真正深刻的聯繫。孫子總是和他談論誰是誰非，但杭嘉和不喜歡談論這個。在連高聲說話都覺得不禮貌的嘉和看來，眼下發生的所有事件對他都是無意義的，天大的事情就是把窯窯救出來。

使他絕望的是，他最親愛的孫子得茶並不這樣排列事件。他再也不會是那一個與他對茗的眉清目固執的小妹妹寄草的全力支援。在他冷靜周密的策劃下，行動居然初步成功了。趁他現在還活著的時候，一次性根治好這塊心病。這個近乎於瘋狂的行動，得到了熱烈堅定而又同樣些孩子會被好好地放回去，從此沒有陰影地生活。他從窯窯父親的身上看到了窯窯未來的命運，他要一天天地在拘留所裡備受著煎熬，這正是他堅決地要把窯窯搶出來的根本原因。因為他決不再相信這秀的年輕人了。在得茶無奈的臉上，寫著永遠有比挽救窯窯更大的事件，而他的寶貝孫子窯窯就這樣

按照事先的步驟，已經在孔廟另一進大院裡生產紀念像章的寄草一馬當先，到看守大隊那裡去套近乎。她已經給所有的戰士洗過兩次被子了，給隊長洗過了三次，還天天惦記著給他們曬被子。她的這種高漲的擁軍活動，一開始讓解放軍叔叔們著實受不了，不過凡事一多，也就平常了。

關係一近，寄草開始得寸進尺。找到隊長，一枚小碗大小的偉人像章就仔仔細細地別在隊長的胸口，自己的上半身呢，也算是半虛半實地碰撞一下隊長的軍裝口袋，便聽到隊長緊張的呼吸聲了，寄草知道機會已到。一聲隊長啊，便倒出無限苦惱——反正總是人手不夠，現在全國人民都在掀起忠於毛主席的運動，毛主席像章供不應求，但我這裡訂了貨卻交不出去，這是一件很重大的事情，希望部隊支持。

隊長說，我們很願意支持，可是怎麼支持啊？我們這裡的一群小現反還不知道該怎麼辦呢。我看有幾個人，還得我們餵飯吃，還得我們給他們換褲子呢。隊長這話說得不假，那幾個和窯窯差不多大的，吃飯睡覺也不知道自己照顧自己，晚上踢被子，還得隊長去蓋。隊長有一天沒去，第二天就好幾個拉肚子了。這些孩子哭啊鬧啊，哪裡還哄得住。喊爹喊媽哭聲震天，真是把個孔廟也要掀翻了。寄草見有縫隙可鑽，又說：「隊長你看這些孩子，哪裡就真的會是反革命了，不就是不懂事失手幹了一

些自己也不知道輕重的事情嘛，遲早有一天會送他們回去的，我看你也犯不著太認真。真反革命，槍斃也活該，這些孩子，睜一隻眼閉一隻眼好了。」

寄草的話甚合隊長之意。惻隱之心，人皆有之，何況面對的又是這樣一群孩子。寄草便出一兩全其美之策，說，我這裡人手緊，像裝盒這樣的事情，小孩子也可以做的。你們帶他們過來，弄點事情給他們做做，旁邊守著人，我們也給你們看著，這裡高牆深院的，小不點點的孩子，能逃到哪裡去。你們也不用那麼費力看著，我們也算是添了一點人手。你看呢？隊長你去請示一下，不過就看你怎麼說了。

半老徐娘的寄草就用胳膊肘子碰碰隊長的腰窩。而有著千里之外山村農婦老婆的隊長，被城裡女人的媚眼和胳膊若有若無地一撩撥，腰板也就軟了下來，面色倒還是莊嚴的，胸前剛才別著的那枚碗口大的像章已經波浪起伏，寄草微微一笑，走了。隊長靈魂深處私心一閃念：那婦人的眼光和少女的到底不一樣，婦人的眼光拋給過來人——哪怕這個過來人是個解放軍叔叔，也是擋不住的誘惑。那意思明白極了，明擺著就是要讓人犯〈三大紀律八項注意〉第七條的錯誤。隊長一邊鬥私批修，一邊心猿意馬，一邊又據理力爭，没過兩天，孩子們就放過來了。隊長有些磨磨蹭蹭，說，廠長，我還是出了力的。寄草繼續拋媚眼，手搭在隊長肩上，使勁一拍，拿出了下層城市婦女的市民腔，說：「可惜啊，可惜啊，可惜我已經四十出頭奔五十的人了，一朵鮮花敗得差不多。要是退回去十年，我杭寄草不把隊長老婆彈掉，我就不是杭州城裡的龍井西施。隊長，你不相信去打聽打聽，我杭寄草什麼角色？多少『王孫公子』排著隊伍來追我，過去了，過去了。隊長，你可真是年輕有為，前途無量啊。」

可惜隊長是個北方農家老實子弟，也没有看過《紅樓夢》，否則不可能不想起那個嬉笑怒罵的烈女子尤三姐。總之隊長是懵了一下，他可没想到這個看上去不過三十多歲的女人，實際上要大出去那麼一截。而且她那麼又拍肩膀又大聲說笑的風格，俺們貧下中農出身的軍人也不習慣。正怔著呢，寄草恭恭敬敬地捧過一杯香茶，雙手送到隊長面前，說：「隊長，我是真的要謝謝你的了，粗茶一杯，請用。」

隊長再看了看這位女同志，這時她的大眼睛裡，只有深情和誠摯，還有一種說不出來的距離。隊長接過杯子，喝了一大口，說：「好香的茶啊。」他的臉就紅了。

那一天終於來到。牛鬼方越把他的糞車沖洗得乾乾淨淨，暗中撒了消毒藥粉。上午九時，進了孔廟。孔廟裡有一個廁所，說是今日要來淘糞。門口把關的，看也不看，就讓方越進去了。跑過工場的時候，方越看到寄草站在門口呢，手裡還捧著一杯茶，茶杯上有一只蓋子，這是他們的聯絡暗號，說明事情一切順利。

工場裡面，瞎子果兒正在一邊幹活一邊演出他的拿手好戲，背唱一首首的語錄歌。他唱的語錄歌，和所有的人都不一樣。別人唱的，大多是劫夫譜的曲，果兒唱的，全是他自己譜的曲。他能用紹興大板、越劇、楊柳青和蓮花落——凡是他從前討飯時光想得起來的曲調，他都能夠用方言來套在毛主席語錄歌裡，唱一首，大家拍手笑一首。他說他一個人就是一支毛澤東思想文藝宣傳隊。今天他唱得格外賣力，孩子們一邊把像章往盒子裡裝，一邊聽得哈哈大笑。

趁大家笑得前仰後合之際，寄草就過去又輕輕踢了窯窯一腳，他就一個人捂著肚子出去了，廁所不遠，就在工場後面。班長光顧著聽果兒的節目了，也沒人跟著窯窯出去。窯窯到了廁所門口，旁邊就轉出來一個人，把草帽往頭上一仰，窯窯愣了，嘴巴就癟了起來，方越看看不好，再不止住，窯窯就要拉「警報」了。連忙說：「不許哭，爸爸是來救你的。」話音剛落，一把挾起孩子就往糞車裡塞，邊塞邊說：「窯窯再臭也要熬住，出了大門爸爸會抱你出來的，一聲也不准響。」然後咣噹一聲就蓋上了蓋子。大糞車裡那個刺鼻啊，還不光光是臭，方越也許是怕太髒，往那裡面不知倒了多少亂七八糟的消毒粉劑，熏得窯窯連氣都透不過來。糞車飛駛，來得個快，窯窯在裡面像個不倒翁，一會兒摔到這裡，一會兒摔到那裡，兩隻手也不知道是捂鼻子好還是扶糞車壁好，他那一顆小小的心啊，嚇得把眼淚都給凍住了。

等到他真正被爸爸從糞車裡抱出來的時候，另一股臭氣撲面而來，他看到了一條河，一條臭烘烘的大河。父親把糞車往一座大石橋下一擱，揹起他就往橋上走。橋很高，他們一口氣爬到了頂上。下面一片白晃晃，窯窯的眼睛被刺得閉了起來。他叫了一聲「爸爸」，緊緊抱住爸爸的脖子。爸爸沒有像剛才那樣迫不及待地安慰他，與他說話，這時他卻聞到一股刺鼻的酒氣，爸爸的兩隻眼睛像兔子一樣血紅，呼呼地直喘粗氣。爸爸呆呆地站在大石橋上，看著橋下的流水和橋兩岸的人家。他不知道這樣過了多久，直到他害怕起來，叫了一聲「爸爸，我餓了」，爸爸才醒過來。

在橋下的小吃店裡，父子兩個買了幾個肉饅頭，窯窯接過來就吃，這段時間在孔廟，吃得太差，窯窯見了那肉饅頭，眼睛就發出異樣的光芒。他人小，胃口到底不大，兩個饅頭塞下去就飽了。接下去的事情駭人聽聞，但因為他昏昏欲睡，竟然沒有覺出太大的恐懼。他們來到了沿河的一間小屋子。爸爸把他放在床上，緊緊地關鎖上門窗。爸爸的動作和神態都有些怕人，屋裡點亮了一盞燈，孔廟囚牢裡的那種感覺又回來了。不過終究身邊有了爸爸，窯窯縮在床頭，發現爸爸依舊保持著剛才那種在大石橋上的怪樣子。他死死地盯著兒子，問：「窯窯，你說這樣弄下去，什麼時候是個頭？」他翻來覆去的，老是這句話。窯窯聽不懂。但有一句話他聽懂了，爸爸問他：「你還敢去孔廟辦學習班嗎？」窯窯一聽這話，身體立刻又縮小了一半，一直縮到了牆角落裡。爸爸笑了起來，懷裡掏出了一瓶酒，已經有半瓶在行動之前喝掉了。方越是不勝酒力的，有一點就醉，今天一口氣竟然喝了半瓶，還塞到窯窯嘴裡說：「你也喝一點，喝了酒我們一起到極樂世界去。」窯窯拼命抵抗，甚至哭了起來，叫著爺爺。爸爸嘆了口氣說，叫爺爺也沒有用啊。爸爸不想讓你跟爺爺走，你還是跟爸爸走，我們一起上路好嗎？窯窯就搖頭，他還是想跟爺爺在一起，爸爸的樣子讓他害怕。爸爸不再理睬他，管自己喝酒發呆，一會兒踮起腳來看電燈線，一會兒在抽屜裡找出了一把剪刀，還看著兒子發愣。兒子卻睏了，開始睡覺。醒來時發現一切都不對了，他是被爸爸拉扯醒的，爸爸渾身上下都是血，他嚇得尖叫起來，爸爸說：「別叫，爸爸不小心把手割破了，你去打電話，隔壁小店裡有公用電話，叫來彩阿姨把爺爺叫來。我告訴你電話號碼，你會打電話嗎？」

窯窯生平打的第一次電話，救了爸爸的命。他一點也不知道他睡著之後發生的一切。他不知道父親舉著那把剪刀是怎麼來到他身邊的。他想先殺了兒子再自殺，刀舉起來幾次卻下不去手，最後他氣急敗壞了，乾脆一刀先把自己割了。最初的血噴出來時他一點也不疼，還有一種突然釋放的愉悅，仿佛那沸騰的酒氣也隨之而去了。但接下去的事情開始不妙，當方越因為失血過多開始無力開始感到就要失去知覺時，他突然酒醒了，他突然明白自己是在幹什麼了。他掙扎著叫醒孩子，他要活，兒子則讓他活了下來。

接下去發生的一切，窯窯是記不全了。他很幸運，接電話的正是來彩，來彩立刻陪著爺爺和奶奶一起過來了，他們推門進去的時候，窯窯依舊縮在牆角裡。地上、床上、牆上都是血，孩子瞪著大眼睛，看著門背後。方越斜倚在那裡，已經半昏迷了，但他還知道用一塊毛巾紮住了自己的手腕。奶奶一把抔住方越的手腕，給他重新包紮，二話不說先上醫院。嘉和問她要不要緊，奶奶翻翻方越的眼皮說還來得及。來彩已經嚇昏了，不知所措地抱著窯窯。

醫院不遠。奶奶讓布朗揹著方越進去，又把窯窯交給嘉和，說：「布朗一出來你們就走，這裡的事情我來料理，方越沒事情，會活過來的。」

「那我就按原來的計劃行事了。」

「我就說方越找不到兒子才割腕的。」

老夫妻倆處理這件人命關天的大事時，彷彿在說別人的事情。窯窯在這一事件中混混沌沌，連哭都沒有再哭一聲。他渾身上下依然臭烘烘的，不一會兒，就跟著爺爺又上了車。

汽車往西天目駛去。布朗直到現在才開始明白，為什麼杭家那麼多人反對他學車的時候，唯有大舅一個人要他堅持下去。他今天是向趙爭爭請了一天的假把車開出來的，他只說是家裡鄉下客人要用一下，自己也不知道到底要做什麼事情。剛才他們在羊壩頭等了半天，差點以為事情不成功了。後來才知道，方越救出窯窯後，沒有按原計劃給他們打電話，卻自顧自喝酒想自殺。幸虧他懸崖勒馬，父子兩條命都保住了。他的汽車，終於還是派上用場了。

布朗盲目地開著車，一路上幾乎沒有和大舅說一句話，他有他的煩惱，而眼前最大的煩惱，則是家族的人對他不再信任了。他相信，如果不是用車實在是需要他，他是斷斷不會被嘉和大舅派用場的。為什麼不再信任他，那還用說，替那個趙部長開車了，這不是叛徒嗎？他想到昨天到羊壩頭去時，竟然碰到了謝愛光，正和迎霜說話呢，見了他，用那樣一種鄙視的目光看，頭一揚就別開了。他跑上去拉住她說：「我這是怎麼啦，我不就是開一個車嗎，為什麼你們都不理我了？」謝愛光看看他，說：「布朗，你沒有把什麼都跟你那個女人說吧？」

布朗氣得直跺腳，我的女人，我有什麼女人，我倒是想要有個女人呢，可女人在哪兒啊？那趙部長能算是女人嗎？採茶能算是女人嗎？還有你，你還能算是女人嗎？我把你的事情擺平了，可你連一聲謝謝都沒有，又和那個得放鬼鬼祟祟搞到一塊兒，鼻孔指甲黑乎乎的，你們幹的那些事情真讓人擔心啊。昨天那個親自接他去學車的吳坤還看著他問：「小羅，你姓杭吧？」把他一下子就問愣了，一句話也答不出來。那吳坤就看著他笑，點點頭走了。這事情他多想跟一個人說一說，可是他跟誰說呢？

布朗想，我要是渾身上下都長上嘴巴，那該多好啊。他不知道該怎麼為自己辯解，他會唱歌，會說情話俏皮話，可就是不會說道理。他只好氣得一跺腳走人，被迎霜拉住了，說：「你別走，表叔，我相信你不是叛徒，可你幹嗎要跟那個殺人犯好啊！」布朗跳起來直叫：「誰叫你們不早點告訴我的！我怎麼知道她是殺人犯！」

布朗想離開趙爭爭，但他不知道該怎麼開口。趙爭爭那裡永遠人來人往，熱鬧非凡。受傷家養，使她細皮嫩肉的苗條身材豐滿了一些，她本來長得有些單薄，這讓她的五官清秀之餘不免有些尖刻，但現在她看上去面相溫柔多了，這倒使她更為放肆地把動作做得大大咧咧，把口氣罵得更鄉村俚語。從她那張櫻桃小嘴裡，不時地蹦出各種走資派、對立面的頭頭、牛鬼蛇神的名字。她做一個豪爽的一掃光的手勢，說：「劉少奇嘛，斃了他完事！杭得荼，我看也順便一起斃了！」大家看著她那颯爽英姿的樣子，紛紛鼓掌。

但天下哪有不散的宴席？如火如荼的造反歲月，有多少陰謀和陽謀，一天下來，也總有沒人來陪她的時候，特別是吳坤，日來漸稀。没奈何，只好把保鏢兼司機的小羅再找來，並且看著健美的小布朗，目光再一次迷離。她說她要洗頭了，鬆了頭上那兩個「小板刷」，讓布朗提一壺溫水，替她從頭上澆下去。布朗說我可不是幹這個的，趙爭爭說好你個小羅，你敢跟本部長頂嘴，你没看我腳不能動嗎，你就連一點革命的人道主義精神也没有嗎？她嬉笑怒罵，軟硬兼施，布朗想想倒也是，說來說去，是他把她給撞成這樣的，他有責任，這責任因為不能公開，竟然成了心病，使他堂堂正正的杭布朗，不得不成為一個小羅，被這個趙部長牽著鼻子走。他垂頭喪氣地拎著一壺溫水，給這黃毛丫頭沖頭，沖著沖著，突然那茶炊事件閃現在眼前，那可是迎霜親口告訴他的，絕對不會走樣。這一嚇，把他嚇出了一身的冷汗。他怪叫了一聲，扔了茶壺就跑，趙爭爭濕淋淋地抬起頭來，怎麼也不明白這個小羅是怎麼一回事情。

現在，車已經到西天目山苕溪口子上，大舅抱著窯窯下了車，對布朗說：「回去後什麼也別說，明白嗎？」

布朗真的火了，他突然覺得他在杭州的這些親戚，心機實在太多了，便大叫一聲：「不用你們交代我也知道！」

嘉和愣了一下，放下窯窯，走到布朗身邊，扳過他的肩，說：「你這是替我大舅受委屈了，不要緊，想得開。」

布朗抬頭看看，這裡的青山綠水，和西湖完全是另一種風光了，他說：「這是什麼地方，這裡的山和杭州可不一樣。」

嘉和想告訴他，這裡還只是西天目山，世事就這麼怪，明明是為了去東天目山，但為避人耳目卻從西天目繞道而去。想了想，還是沒有說，只說：「你先回去，大舅已經給你另外安排了一個地方工作，那裡對你更好。」

布朗點著頭卻不和大舅對話，自顧自說：「我知道這裡是忘憂表哥的地方，你不說我也明白，你們都小看我，把我當叛徒，什麼都不告訴我，你們都是很糟糕的，我要回雲南去。」

這可是布朗從雲南回來以後說過的最嚴厲的話了。嘉和苦笑了一聲，這才說：「布朗，我們這次救窯窯，我連得荼都没告訴，再說忘憂表哥也不在這裡。這裡是西天目，他可是在東天目呢。」

原來這天目山脈，自安徽黃山蜿蜒入浙，就在那浙西，形成了山地丘陵。在吳越王錢鏐的故鄉臨安縣城，形成了東西天目山的主峰。布朗說錯了，他的忘憂表哥，是在安吉境內的東天目山麓當守林人呢，和這裡可是兩個方向，差不少的路程。布朗一聽大舅相信他超過了相信得荼他們，心裡立刻就清爽了，露出笑容說：「你們要上這西天目山嗎？我和你們一起去，這車我也不要了，扔掉拉倒。反正待在杭州我也實在受不了了，看到大山，我真快活啊。」

嘉和看著這二十幾歲的大孩子，心裡真是擔憂，他想，一把窯窯安排好，他就立刻回來幫助這個外甥。他要把相信他的晚輩們一個個地料理好，他才能夠死得瞑目啊。他語重心長地對布朗說：「布朗啊，我這次回去，想把你和你爸爸安排得近一些，你常常能夠見到他。你說好不好？你是男人，大男人，是山裡來的，也是城裡來的，你要懂得什麼是忍，什麼叫咬著牙挺過去。大舅想一個一個地替你們把事情做好，你說好不好啊？你看，窯窯最小，得先安排他。是不是？布朗，你是聽話的好孩子，你讓大舅喘過一口氣來好嗎？」

嘉和是想教誨外甥的，但他的聲音已經那麼淒婉，幾乎接近於哀求，那是心力接近交瘁時的一種自然反應，是在最親密的人面前不需要任何隱瞞時的自然流露。大舅那隻斷了小手指的傳奇的左手，搭在布朗的肩上，微微地抖動，布朗驚呆了。回杭州這些年，大舅在他心目中，德高望重，舉重若輕。他今天這樣說話了，我小布朗還是一個人嗎？他雙手舉起大舅的這隻手掌，劈面就給自己兩個大耳刮子，那聲音響得窯窯一個膽顫抱住爺爺的大腿。然後，布朗二話不說，跳上車就發動了汽車，一聲不吭地開足馬力，向東天目駛去。布朗將他們平安送至目的地，才獨自回城。

現在，在一場驚嚇之後，孔廟的黃昏終於降臨了。

這是一個美麗的黃昏，斜陽西照，把廟堂翹檐拉出了長長的影子，如今的孔廟當然不再被叫做孔廟，也斷然不再有抗戰前漢奸未拆之時那麼壯觀，但依舊還保留著夫子的氣息。隊長獨自走過那圓柱排起的長廊，那大石板一塊塊地依舊鋪在地上，沒有被後來的大眾化的水泥取代。院子裡有松有柏，有被填埋的月池，現在很安靜，白天卻亂作一團。一個小反革命不見了，這件事情直到快吃午飯的時候，才被值勤的班長發現。問題很快查清，廁所旁邊有個通往外面的大窨溝洞，沒有蓋蓋子。只有一種解釋，孩子上廁所，不小心掉了下去。隊長親自帶著人下去撈，什麼也沒撈上來。大家唏噓的唏噓，檢討的檢討，孩子們重新被關進了三道門內，大氣不敢再喘。隊長到局裡緊急彙報，又來了幾個人，看了看周圍環境，說：「早就說要搬，怎麼就磨蹭到現在？」

隊長心裡沉重，他不知道這件事情會對他有什麼影響，軍職的升遷可不是鬧著玩的。遙遠的北方山中那燭光下的妻兒老小的面容，淒涼地浮現在眼前，他原本可是打算堅持到十五年之後讓妻子隨軍的啊。這麼想著時，他聽見刷衣服的聲音。他抬起頭來，那個讓他剎那間心猿意馬的女人正在埋頭刷洗衣服。他踱到她身邊，看了一會兒，摸了摸那塊大石板，說：「這裡還有不少這樣的大石頭。牆角裡、大殿後面都有，不知道是什麼時候搬到這裡來的。」

「有八百多年了吧，」寄草說，「你看這塊石頭，吾善養吾浩然之氣。皇帝寫的。」

真的？隊長表示懷疑，這女人點點頭，當然是真的，我和這個孔廟是什麼關係？我義父就是死在這裡的，就是撞死在這裡的石板塊上的，也許，就是撞死在這塊石頭上的。你聽說過我義父嗎？

隊長驚異地問：你義父就是那個姓趙的，趙寄客就是你父親？我們剛進來時就作為革命故事教育戰士呢，是你的義父？那你是誰？你和那個杭嘉和是什麼關係？你是他的妹妹？啊，我明白了你是誰。

我現在全部明白了。

他們倆就在暮色中沉默了一會。片刻，寄草說：「喝杯茶吧。」她又為他沖了一杯香香的濃茶。他捧過來，啜了一口，說：「喝你們杭家人的茶，不簡單啊。」

寄草一邊繼續洗衣服一邊說：「喝了也就喝了。」

隊長往不遠處那個沒蓋上的窨溝洞看一看，說：「可惜那孩子死了。」

「死了，對你來說，總比這孩子逃出去要好，是不是？」寄草繼續洗著衣服，像是拉家常一樣地說。

隊長怔了一下，他再一次掂出了這杯茶的分量。默默地再喝了一口，說：「明天我們就撤離這裡了。」

「噢，」寄草吃驚地抬起了頭，「那麼快？」

「早就這麼議著，這些孩子雖然都還小，但都是有現反記錄的，關在這個大院裡犯人不像犯人，勞改不像勞改，怎麼辦？明天就搬到正式的勞改農場去了。」

寄草看了看囚門，那裡面還有一群孩子，她突然一扔刷子，說：「可憐！」

隊長搖搖頭：「這孩子死了，死得真是時候。哎，我走了，喝你們杭家人的茶，可真不簡單。」

他又強調了一句。

他拖著沉重的腳步走了，走進了那扇小囚門。寄草明白他跟她進行了一番什麼樣的對話。

夜色降臨到了從前的孔廟之上，黑暗重新籠罩了這塊土地，寄草長長地鬆了一口氣。

第二十二章

夏天的某個中午，小布朗到趙爭爭處退車鑰匙。趙爭爭正在午睡，趴在桌上，嘴裡還流著口水。杭州的夏天熱，一點也不亞於雲南。小布朗呆呆地看了一會兒趙爭爭的睡相，覺得她那樣子很好玩，就伸出手去捏住她的小尖鼻子，趙爭爭醒過來了，見是小布朗，生氣地用手一擋，喝道：「你幹什麼你？改不了你的流氓腔！」

小布朗被這些杭州姑娘「流氓流氓」的也罵皮掉了，臉皮石厚，也不生氣，車鑰匙在手指頭上瀟灑地繞了幾圈，就甩了出去。咣噹一聲，準確無誤地扔到趙爭爭眼前，嬉皮笑臉地說：「流氓我不伺候您了。」

趙爭爭還沒從瞌睡中完全醒來，聽了小布朗的話，說：「你別胡說八道，我還有事情要審你，你給我坐下。」

小布朗不但不坐，反而走到門口，說：「我可是跟你說過了，我不伺候你了，你這樣的姑奶奶我也吃不消伺候，再見。」

趙爭爭這才清醒過來，一下子關上門，黑下臉來問：「你別想就那麼走了，給我說清楚，你到底是姓羅還是姓杭？」

小布朗一下子愣住了，那麼熱的天，他的背刷的一陣冰涼，半張著嘴，好一會兒也說不出一句話。

也是絕處逢生，他突然指著趙爭爭的鼻子喝道：「你問我，我還問你呢，陳老師是不是你用大茶炊砸死的！」

這一問也算是擊中要害，趙爭爭也一下子愣住了，她的俏麗的五官可怕地扭動起來，好一會兒，才說：「你聽誰說的？」

「大家都那麼說，誰都說是你。」

「不是我一個人！不是我一個人！」趙爭爭突然輕輕地叫了起來。小布朗看著她，直到現在，他才真正相信大茶炊事件不是傳說，他從趙爭爭的臉上讀出了事實的真相。趙爭爭仿佛也看清了此刻小布朗的神情，她突然換了一種口氣，說：「打死他又怎麼樣，一個花崗岩腦袋，打死了也就打死了，你想幹什麼？」

「我也不想幹什麼，就是想弄弄明白，我救的那個女人是個什麼東西！」

小布朗要走，手剛拉著門把，又被趙爭爭一聲喝住：「羅布朗，你以為我不知道就是你撞的我？你說，是不是你撞的我？」

小布朗突然血往上湧，一下子回過頭來，衝著趙爭爭就低吼：「是我撞的你，怎麼樣，你再拿把大茶炊來砸死我啊？我等著呢，來啊，朝我頭上砸啊！」

他一隻手指著腦袋，頭就朝趙爭爭身上逼，把趙爭爭直逼到角落裡。他們兩人呼哧呼哧喘氣，好一會兒，趙爭爭突然說：「我要砸你，我早就砸了，吳坤問我多少次了，我都保了你。還有那個翁採茶，這個阿鄉，她也說你不是好東西，她跟你什麼關係，她怎麼認識你的？」

小布朗這才放下手來，他可沒想到離開趙爭爭那麼犯難。他說：「趙爭爭，你可不能再打人了，要遭天神報應的，真要到了那一天，我小布朗也救不了你了，你明白嗎？」

這麼說著他一下子拉開了門，真是千巧萬巧，翁採茶和他碰了一個頂頭呆。她呆呆地看著他，突然指著他鼻子叫道：「你真的在她這裡幹活啊！」

小布朗一把撞開了她，說：「滾開！」就揚長而去，他煩透了，這都是一些什麼樣的女人啊！

翁採茶摸不著頭腦，走進來說：「爭爭你真用的他，他就是那個人啊，吳坤專門讓我來認一認，沒想到真是他！」

一聽翁採茶提吳坤的名字趙爭爭就來氣，一來氣她的脾氣就又發作：「我用什麼人要你管啊，你是個什麼東西，也配來問我？滾開！」

翁採茶丈二和尚摸不著頭腦，一分鐘裡挨了兩次罵，不由尖叫一聲，捂著臉就衝了出去，剩下那趙爭爭在房間裡渾身發抖地繼續咒罵：「你是個什麼東西？也配來問我，你是個什麼東西？」她自己也搞不清楚，她這是在罵羅布朗呢，還是在罵翁採茶。

和愛光又有另一番的告別。實際上他就沒有想過要和謝愛光再見，杭州姑娘傷透了他的心。不過一點兒招呼都不打就和她再見，他又覺得自己沒有盡到責任，想來想去，還是去找了一趟得放，想跟得放交代幾句再走，順便再見一見二舅。沒想一到馬坡巷，就在得放的小房間裡看到了得放和愛光。他們正一人一枝筆地趴在床沿上寫什麼東西，那麼熱的天，他們關著門窗，拉著窗簾，電燈加了罩子，拉得很低。黑簇簇的斗室裡看到布朗，愛光就有點不好意思，說：「布朗叔叔，我錯怪你了，你和那個趙爭爭沒關係。」

瞧，從前可是叫哥哥的，現在隨著得放叫叔叔了，聽了真難受。布朗也不回答她的話，拿起床上那把蒲扇嘩嗒嘩嗒使勁掮了起來，一下子就把滿床的紙掮得五花飛散，邊掮邊說：「你們這是幹什麼，不怕把自己蒸熟了？」他一動作，那個響聲啊，頓時就把得放、愛光兩人嚇得一把拉住了他，壓抑了聲音說：「別吵別吵，爺爺好不容易睡著，他這些天老頭痛，夜裡也睡不好，我們一點聲音也不敢響。」

布朗撿起一張飛到眼前的紙，隨便刮了一眼，問：「這姓蘇的人是誰？哪一派的？」愛光接過來就說：「是蘇格拉底，也不是哪一派的，是外國人。這些你就別問了，聽說你要走？」

布朗的確是要離開杭州了，大舅很快實現了他的諾言，他將作為一名杭州茶廠的外援人員對口學習和支援，到浙中腹地金華花鄉羅店，專門負責收購茉莉花。可現在聽到愛光那麼說他心裡難受，還有點傷心，什麼蘇格拉底外國人，他知道他們說的東西他插不進去話，他們寫的那些東西也不是他能夠摻和進去的。這才大半年時間，愛光就變了，她的頭髮又開始長了起來，臉上有了些堅毅的神情，那種楚楚可憐的無依無靠的神色正從她的目光中消退。他知道，她的變化與得放有關。

這麼想著，他就拉過得放，拍了拍他的肩膀，說：「侄兒，我就把愛光交給你了，你做什麼事情都要心裡有數，愛光有個三長兩短，我可饒不了你。」

他的自作多情讓兩個少年有些不知所措，惶恐中得放禁不住開了一句玩笑：「你怎麼只說愛光，我要有個三長兩短你怎麼辦？」

布朗就使勁用扇子打了一下得放的腦袋，說：「你要有三長兩短，我也饒不了你！」他的眼睛在昏黃中閃閃發光。兩個少年看著他，都很感動，但不知道怎麼跟他對話。他就又笑了，嘭嘭地敲著自己的前胸，說：「有你布朗叔叔長輩在此，你們怕什麼？哪怕吃槍斃，我劫法場也要把你們劫出來！」

說得好！得放暗暗地叫了一聲，突然蹲了下去，把前些天搶回來的那包宣傳單從床底下掏了出來，神色莊嚴說：「布朗叔，我想求你一件事情。這包宣傳品在杭州是不大好發出去了，放在這裡我又不放心，怕牽連了爺爺。你看看，能不能帶到外地去發了，隨便你怎麼散發都可以。這是我和愛光的思考，我們不想就這麼讓它埋沒掉。」

布朗抱過了那只包，激情澎湃，拔出插在後腰的簫，就遞給了他們，說：「表叔我也窮，沒別的送給你們，這管簫你們就留著，想起我布朗就吹一吹，不管我在哪裡都會聽到……」

也不知出於什麼樣的感情驅使，得放突然一下子抱住了布朗，房間裡更加幽暗了，激性藉著暮色暗暗湧動，三個青年人的眼眶裡，頓時便盈滿了生離死別的眼淚……

羅店離市區不算遠，每天收集的花，就由布朗集中收購，送到市區的茶廠去。這個過程，也是他學習製作茉莉花茶的過程。杭州也產茉莉花，廠裡也有生產花茶的打算。不過運動一來，什麼打算都泡湯了。這次他能到這裡來，還是大舅下的大力氣。也是大舅的徒弟在造反組織裡還算混得好，因此還給師傅一點臉面，把個哪裡都能派用場、哪裡都不能正經派用場的「百搭」杭布朗發派出去了。

浙東和浙中，武鬥正在日益升級，金華的派仗，打得如火如荼。雖然如此，花兒到了季節，也是要管自己開得如火如荼的。茶廠既然未到徹底停產的地步，總還有人守在那機器旁出活。那條送花的路上十分地不安全，已經出過好幾次事情。有時候封路，有時候子彈往耳邊飛出去，嚇得那些送花的姑娘連哭帶叫，花兒人兒跌成一團，不敢再往城裡送花了，眼看著那些花兒就在枝頭上白白地枯萎，多少心痛！小布朗一來，解決了。他可不怕，他總有辦法把花兒都送出去，在這裡竟然幹得比杭州還好。

浙中金華，扼閩贛，控括蒼，屏杭州，水通南國三千里，氣壓江城十四州，是個人傑地靈的好地方。那個寫了《海瑞罷官》、成為文化革命批判先聲的史學家吳晗，就是此一方土地之人。布朗讀書不多，對此也無大興趣，他倒是對這裡的花兒真有一番熱情。

此地素有花鄉之稱，分為三大類：木本花卉一類，有紫荊、臘梅、梔子花、佛手、茉莉、玳玳花、白蘭等，草本花卉有蘭花、荷花、百合花、紫羅蘭等，盆景花卉有六月雪、石楠、羅漢松、山楂、紫薇等。

花茶也是中國一絕。茶性易染，用香花窨了茶葉，花香為茶吸收，就成了花茶。美國人在冰茶裡添加了檸檬香精，越南人把荷花蕊磨成粉拌入茶葉，那都不是中國式花茶。

窨製花茶，最早記載見之於南宋。一個名叫趙希鵠的人，寫了一本《調燮類編》，其中專門講了蓮花茶的製法，説：在太陽還没有出來的時候，將半開的蓮花瓣撥開，在花心中放入一撮細茶，再用麻皮繩鬆鬆地紮住，讓它在裡面過一夜。第二天早上倒出來，用紙包好後焙乾。這樣反覆三次，最後焙乾了再用，真是不勝香美啊。他又説：花兒開了的時候，摘下那些含苞欲放的，以一比三的比例來配茶葉。在瓷罐裡，一層茶一層花地放，直到放滿了，再用紙箬紮固後入鍋，隔鍋湯煮，取出後待冷，用紙封住，再到火上去焙乾。這些記載，也可以説是中國花茶窨製工藝的雛形了。

真正大批量地生產花茶，應該説只是二百多年前的事情，以福州和蘇州為中心。北京人愛喝花茶，稱之為香片。這數十年來，華東華中和華南地區也開始生產花茶。小布朗生活的雲南，主要生產緊壓茶和紅茶，所以花茶對他來説，著實是一件非常新鮮的事情。到目前為止，他看到的只是茉莉花茶，像白蘭花茶、珠蘭花茶，還有什麼玳玳花啊、桂花啊、玫瑰花啊，甚至柚花啊，都能製成茶呢。採花期分為三季：霉花，從入霉到出霉；伏花，伏天採的花；秋花，秋天採的花；布朗是伏天去的那裡，正是花汛期間，花期短，產花卻最多，幾乎占了全年花量的一半。

布朗是個大眾情人，正在花田裡的摘花姑娘們一見布朗就叫：那麼多的蘿蔔擠了一塊肉！那麼多的蘿蔔擠了一塊肉！一開始布朗真不明白這是什麼意思，後來才懂，原來姑娘們是蘿蔔，而他是肉啊。他很高興，他生來就是那種喜歡當擠在蘿蔔裡的肉。杭州的姑娘們傷了他的心，現在好了，舊的已去，新的又到，金華姑娘們來了，而且是伴隨著鮮花一起到的。他一邊幫著她們採花，一邊信口胡說：「我是上面派來管你們的工人階級，我是老大哥，你們統統都得聽我的。從現在開始，你們可別跟我講這派那派的，因為我是少數民族，不管你們漢人這派那派，毛主席有指示的，不讓我們少數民族參與你們的事情。」

農村少女，到底實在一些，還真被他的胡編的最高指示蒙住了。她們一個個睜大了眼睛，鼻子對著鼻子地觀察著他，想知道少數民族和她們有什麼區別。她們看了他半天，有一點失望，說：「你怎麼看上去和我們一樣啊？」

布朗又胡說：「你們知道什麼，我剛到杭州的時候，吃的是生肉，夜裡就睡在院子裡，我平時連衣服也不穿，就披一塊毛氈。我也不會說漢話。不過我們少數民族是很聰明的，到什麼山唱什麼歌，你看我現在已經什麼都會了，除了不會參加派仗。」

有個姑娘讀過初中，見過一些世面，懷疑地問：「被你那麼一說，你不是變成西藏農奴了？」

「你知道什麼，西藏農奴是穿不上衣服，我是不喜歡穿衣服。我們西雙版納可舒服了。我們那裡的人，過的都是神仙一樣的日子。從來沒有人凍死餓死的。因為我們那裡，插根筷子也發芽啊。餓了，手一伸，摘串香蕉，吃飽了就睡。想唱歌就唱歌。」他看著那一個個烏溜溜的眼珠，禁不住故伎重演：「怎麼樣，聽我唱一個我們那裡的歌好不好？」

姑娘們小嫂們一時就連摘茉莉的心思都沒有了，叫著嚷著要聽他們那裡的歌，唯有那初中女生警覺地問：「你們那裡的歌不會有封資修吧，黃色歌曲要批判的。」

「小姑娘你靠一邊去，乖乖聽著別說話，你知道什麼是封資修，啊？封、資、修，三個台階，一級比一級高，我們那裡連封都還沒封上呢，我們那裡是原始共產主義，是共產主義，原始的，懂嗎？」

再沒有人敢對布朗提出什麼來了，採花的金華姑娘們不懂何為原始，但何為共產主義她們還是知道的。但鄉下人和城裡人到底不同，城裡人只管造反，每月工資照拿，總有飯吃。鄉下人，不伺候著地裡的東西長出來，他們就得喝西北風。因此婦女們大多還是留在了田頭阡陌。除了鬥大隊和小隊裡的地主富農之外，她們還沒有多少可能參與更大的階級鬥爭風暴。有那麼多的農活要幹，她們想派性也派不成。聽說有歌兒聽，她們倒也喜歡。小布朗先唱了一首土家族的山歌：

韭菜花開細茸茸，
有心戀郎莫怕窮，
只要兩人情義好，
冷水泡茶慢慢濃。

他唱得字正腔圓，大家都聽明白他唱的是什麼了，有幾個害羞的姑娘就紅著臉。倒是那幾個小嫂兒膽子大些，問：「你們少數民族現在還准唱這種邪火氣的歌啊？」

布朗不懂什麼是邪火氣，但猜想，大概就是不正經的意思吧，連忙點著頭說：「我們那裡什麼邪火氣的歌兒都讓唱的。」

「是毛主席批准的嗎？」

「不是他老人家恩准還能是誰？」

大家就放心了，七嘴八舌：「那你也不能光唱茶啊，我們正在摘花呢，你怎麼不唱花兒呢？」

「怎麼不是唱的花兒，韭菜花開細茸茸，不是花是什麼？」

「那算是什麼花啊，要茉莉花才是花呢，你聽我們唱——」一個膽子大一點的小嫂兒就開了口：好一朵茉莉花，好一朵茉莉花，滿園的花香比呀比不過它，我有心摘一朵戴，又怕種花的人兒將我罵。大家聽了都說好，只是擔心這歌不是少數民族的，毛主席沒批准。布朗說：「毛主席怎麼會沒批准？毛主席舊年就在天安門上說了，好聽的歌就好唱。」

採花的人兒聽了真是喜歡，也不想討論是真是假，也不去追究布朗是不是在假傳聖旨。一個女子邊採花邊就唱開了當地的民歌：李家莊有個李有松，封建思想老古董，白天屋裡來做夢，勿准女兒找老公，鬍子抹抹一場空。

大家聽了哄堂大笑，她們都知道這首民歌很有名，但不知道這首〈李有松〉還曾唱到一九五七年的世界青年聯歡節上去過。好多年都沒唱了，沒想到來了個杭布朗，把大家的興頭都吊了起來。有個大嫂嫂突然心血來潮，拉開喉嚨唱道：索拉索拉西拉西，爹娘養我十八歲，婚姻大事由自己，高跟皮鞋帶拉鏈，六角洋鈿儲袋裡，夫妻兩個去登記，登記歸來笑眯眯。

一群女人花叢裡這麼唱著，笑得腰都直不起。直到那鄉村女知識青年突然說：「不對，你這裡怎麼還有高跟皮鞋帶拉鏈啊，那可是四舊呢！」

大嫂嫂正在懷舊的興奮中，被後生小姑娘一駁就生了氣，叫道：「我們那時候就是講穿高跟鞋的，是毛主席共產黨人民政府叫我們穿高跟皮鞋的！」

那小姑娘也不示弱，說：「那他們城裡人為什麼現在要斬高跟皮鞋的跟？我們城裡的姨媽皮鞋跟統統斬掉了。」

「那是她們不曉得毛主席發過話，喂，杭同志，毛主席是不是說過高跟皮鞋好穿的？」大嫂急著要找最高指示來給自己撐腰。布朗一想，不能什麼事情都往毛主席頭上推，萬一有一天被揭發出來了不好辦。靈機一動，指著手裡的花兒叫：「怎麼我手裡的花和你們的不一樣啊？」

大家就圍攏來看，七嘴八舌：「這個是單瓣，那個是雙瓣，當然不一樣囉。」

原來這單瓣的花兒，又叫尖頭茉莉，是本地的土產。那雙重的花瓣是從廣東那裡引種來的優良花種，一個是傍晚六七點鐘開放，一個是晚上八九點鐘開放。一個姑娘看著布朗手裡的花叫了起來：「哎你怎麼那麼亂採啊，你怎麼花萼也沒留下來呢？」

原來採花採茶一樣，都是有學問的。像這種窨製花茶的茉莉花，採摘標準也是很講究的。一是要含苞欲放，能在當天夜裡開放的；二是花體要肥大，要留花萼，花柄要短，不留莖梗；三是青蕾和開花，一個沒開，一個已經開過了，那是萬萬不能混採進去的，四是採摘時間，放在下午兩三點鐘之後，此時的花兒質量最好。

布朗看著姑娘們那靈巧的手兒在花間飛舞，食指和拇指尖夾住花柄，掌心斜向上，兩指甲著力，輕輕一掐，那花蕾兒便離柄而下了。天氣熱，花柄就韌，姑娘們在採前兩小時已經用水噴淋過一次。此刻，她們已經採完了今天的花兒，按慣例又複巡了一遍，把那剛剛成熟的花蕾再次採盡，免得明天開了花，就沒有用了。

採完了花，布朗帶著姑娘們，一串的自行車，浩浩蕩蕩去了城裡。那車後座上，一律用兩根硬木扁擔，加固兩只花簍的耳環，固定在載重架上。每只花簍上安放通氣筒一只，花簍上還罩著一層紗布。布朗帶著這一隊的人馬，不由感慨地說：「把花送到茶那裡去，就好像把女兒嫁出去一樣啊。」

眾女子又笑，說：「你才曉得啊。剛剛鬆開了心子的花，就是十七八歲的黃花閨女啊，嫁到茶那裡去了，吃虧啊！」

布朗不明白有什麼吃虧的，大家又笑，說：「你可是到這裡學製花茶的，你到廠裡去看看就明白了。茶可不是個好男人，一天裡要用三個花女人呢，用過了，就扔掉了，可憐啊，你去看看就曉得了！」

不知道是不是因為有布朗帶著隊，還是一路花氣襲人，終於逼倒了那些打派仗封路口的造反派，總之，他們送花的路上還算平安，有幾次有人攔住他們，聽他們說花兒等不得，上去翻倒兩筐，見裡面沒有槍支彈藥手榴彈，也就放行了。如此這般，半個月時間布朗都在花地裡，與姑娘們打打鬧鬧，唱唱小調，胡編些最高指示，竟然沒有人來揭發他。

有時，小布朗送完花，就留在廠裡幫忙學做花茶。

布朗是個肯出力氣的小伙子，他先學攤放花層，藉此他還有機會每日見到那些他已經在心裡很放不下的採花姑娘。花兒一到，攤晾，堆積，翻動和篩花，忙得個不亦樂乎。然後再拿茶與花來搭配，拌放。這是個累活快活，必須在三五十分鐘裡完成。製成窨花後他就可以喘一口氣。它們堆在用竹圍成的圓囤裡，布朗想，它們總算是被送進洞房了。想起那些花兒正在迅速地萎縮下去，而它們的茶男人卻精氣神越來越足，媽的！他就喜愛地拍拍那圓囤，你們的日子可真是比人還好過。

第二天又是累活兒，一夜洞房，花兒已經老得不行了，只得篩除。然後還得讓茶再娶上兩次新嫁娘，又是烘啊，又是提啊，最後花兒總是被吸乾了精華，扔到一邊，那茶卻越來越香，越來越漂亮。最後裝箱之前，還得像炒菜時撒味精似的，撒上那麼一些花乾。一杯花茶，浮現那麼一二朵潔白的茉莉，想想看，有多漂亮。布朗現在天天喝花茶了，不喝，他覺得對不起那些採花的姑娘們。

絕大多數的夜裡，小布朗就睡在花地旁的草棚裡，半夜露水打下來，小布朗睜開眼睛，一下子就看到了草棚蓋子上露出的那長長方方的一塊小玻璃天窗，像是鑲上了星星的火車票。每當這時候，他就想起了遙遠的大茶樹，想起了他的近在咫尺的爸爸。羅力的勞改農場離這裡並不遠，可是他一直就沒有時間去看他。花汛未過，小布朗一天也不能離開這裡啊。

得放交給他的任務也沒法完成。這只繡有為人民服務的軍包裡的宣傳品內容，小布朗從來就沒有拿出來看過，他只知道那是專門罵吳坤的。吳坤在省城，離這裡一大截路呢，小布朗簡單地想。軍包就壓在他枕頭底下，那些紙再不散發掉，就要被壓壞壓皺了。

下午摘花前，小布朗就把這些紙拿出來，悄悄塞在姑娘們的花簍裡，沒兩天就塞完了。這些紙採花姑娘們可不會去看，一路送到城裡的茶廠，就倒進了花堆，小布朗就在這時候留心地再把它們揀出來，放在那些辦公桌上，傳達室裡，大門口，有時也扔在人家過往的自行車兜裡。他覺得這件事情太簡單了，這算一個什麼事情啊，還值得他們幾個為之熱淚盈眶。

他漸漸地習慣了這種與花與茶相伴的日子。這些從土地和山林裡生長出來的東西，與他有一種無法言說的默契，那是因為他以為自己原本也是從土地和山林裡生出來的吧。但這樣的日子也長不了。半個月之後就開始不對了，茉莉花田裡開始出現了幾個男人。他們一到，採花的女人們再也不敢唱民歌了，一個個低著頭幹活，乖得很。布朗從來沒有看過《紅樓夢》，但他和賈寶玉的觀點出奇地相通：寶玉以為男人是泥做的，女人是水做的。布朗認為，男人和女人比，女人好，男人不好。他倒明白不能以偏概全，雖然採茶和趙爭爭都是個大大造反派，但他依然認為，現在主要還是男人在造反，女人不造反，不造反好。他的生活方式習性，一切都和造反對不上路。比如田裡來了幾個男人，他就沒法唱歌了。女人好，咬著他耳根，悄悄告訴他快走，這些男人是來查他的反動言行的。這半個月裡，布朗編了多少毛主席語錄，唱了多少邪火氣的山歌，連自己也弄不清楚了。看來還是有人告了他的密。

初中女生也過來跟他咬耳朵，問他知道這些男人究竟是來查什麼的？布朗搖搖頭，他臉上的表情說明他已經知道事情的底細了。姑娘說：「那些傳單是你發的吧，別人沒看出來，我可是看出來了。」

「查就查出來吧，也沒什麼了不起。」

「說是反動傳單呢，正在查那個寫的人。你要不走，抓住了，弄得不好要吃槍斃呢！」

這可真是晴空霹靂，嘻嘻哈哈的小布朗怎麼也沒有想到，他也會有這一天。現在他該怎麼辦呢？他可不能再回杭州，那就是自投羅網，更不能把這攤爛污甩給大舅，他為他操了多少心啊。他也不能去看近在咫尺的父親，父親已經夠倒楣了，他不能再給他雪上加霜。

就這樣，他躺在窩棚裡，看著那張帶星星的火車票，突然跳坐了起來，他想：該到走的時候了！

真是捨不得啊，那雪白花叢中的香噴噴的江南女子們。布朗只好咬著牙齒離開她們，直到這時候他還做不到不辭而別，他蹲在花叢中，和那幾個鐵桿的姑娘嫂子告別。花兒就在他的臉上摩挲，香氣一陣陣地撲來，手裡汗津津地拿著幾張紙幣，摺攏了又攤開，還不停地說：「放心，我一回雲南就給你們把錢寄來。」原來他還有本事從這些窮鄉下女人手裡借到路費。那些和他一起唱過歌的採花的金華女人，一邊看著那濕漉漉的鈔票，一邊心疼地問：「你地址有沒有記清楚？不要到了那邊雲南寄不回來錢！」

小布朗急了，就要把錢重新塞還給她們，說：「我是這樣的人嗎？那我還配唱那些歌子給你們聽嗎？」

女人們頓時就慷慨起來，把那幾張爛鈔一邊往小布朗身上塞，一邊說：「快跑吧你這闖禍坯，回到你們少數民族那裡去吧，別到我們漢人這裡來夾手夾腳了，快跑吧！」

夜裡，那位初中女生採花姑娘悄悄地把布朗送出小河頭，還給了他一封信，說：「你到國清寺裡打聽一下，肯定能找到我的表哥，這封信交給他，他會幫助你的。那裡的山大，山多，人家要抓你也不好抓的。」

原來小布朗也聰明了，對外說是回雲南，實際還是在老地方轉啊。但姑娘的話讓他激動，小布朗的心，仿佛回到了大茶樹下。他知道，在大茶樹下的女人們會對他這樣赤膽忠心，可這裡是什麼地方啊？採花的姑娘啊，你為什麼對我那麼好啊！茉莉花在星夜下含苞欲放，一粒粒像是星星鋪地，他和她都流下了眼淚。這是花的緣分啊，多麼短暫和香美啊……

第二十三章

杭嘉和坐著得荼開的吉普趕到馬坡巷，來開後門的是葉子，看到這祖孫兩個，急切地湊上去耳語：「昨天夜裡他們來過了嗎？」然後彼此盯著，彷彿都害怕聽到更不幸的消息。好一會兒，嘉和才說：「什麼都沒找到。」

葉子輕輕拍著胸，說：「我們這裡也是。」

昨天夜裡，羊壩頭和馬坡巷的杭家都遭受突然的抄家，查問得放的下落，第二天一大早得荼就趕了回來。嘉和很奇怪，他已經好多天沒見到這個大孫子了。得荼彷彿比他還瞭解這次突然抄家一樣，帶上爺爺就往馬坡巷走。嘉和問他怎麼知道家裡發生的事情的，得荼搖搖頭不作回答。他沒法告訴爺爺，抄家一結束，吳坤就打電話把這個消息告訴他了，他還在電話那頭說他是守信用的，實事求是的，杭得放現在的確已經是反動傳單的重要嫌疑人了。他的文章不但攻擊他吳坤，還攻擊文化大革命，性質已經變了。雖然這一次他們什麼也沒有抄出來，但證據是最容易找到的。他還在電話那頭為自己辯解說：「你別以為我在火上加油，我什麼話也沒有多說。而且你看，行動一結束，我第一個就把消息通給你，我是守信用的。」他再一次強調。

實際上，前不久在花木深房裡，杭得荼和杭得放已經進行過一次長談。長談之前，得荼先關上了門窗，拉上窗簾，然後掀開床單，從床底拖出他連夜從假山下地下室裡搬出來的油印機，還有沒散發出去的傳單。得放吃驚地看著大哥，問：「誰告訴你的？」

「用得著誰告訴嗎？還有沒有了，都給我清點一下，立刻處理了。」得放本來想告訴他布朗帶走了一部分，想了想，到底還是沒有說。就見大哥拖出一個鐵臉盆，一張一張地往那裡面扔點著火的傳單。得放蹲下來，拉住大哥的手，生氣地說：「你幹什麼，我又不是寫反動標語，你幹嗎嚇成這樣？」

得荼一邊盯著那些小小的火團從燃燒到熄滅，一邊說：「我知道你想幹什麼，可別人不知道。」

「我就不能發表一些自己的起碼的見解嗎？人家的大字報不是滿天飛嗎？」

「你的文章我都看過了，你多次引用馬克思的懷疑精神，以此與同樣是馬克思的造反精神作比較。」這種危險的政治遊戲到此可以停止了。」

「你沒有理由扼殺我的思考。我好不容易有了一點自己的思想，想用自己的頭腦說一點自己的話，就像當年的毛主席和他的同學辦《湘江評論》時一樣。難道讓一切都在真理的法庭上經過檢驗，不是馬克思主義的精神來源嗎？」

小小的火團不時映到他眉間的那粒紅痣上，使他看上去那麼英俊，充滿生機。得荼說：「看來這一段時間你開始讀書了。」

「從媽媽去世之後我就開始讀書，從北京回來後我就更加想多讀一點書。我正在通讀馬列全集。」

「你在冒天下之大不韙啊。」

「我不明白你的意思。」

「你可以讀書，可以思考，但你不應該要求對話，更不能抗議。」

「我沒有抗議，我擁護科學共產主義，擁護馬克思主義，我也不反對這場文化革命。可是我反對唯出身論，反對文攻武衛——」

「你知道這是誰提出來的——」

「反正不是毛主席提的！」

得荼站了起來，真想給這個固執的早熟的弟弟一掌，讓他清醒清醒。可是他又能夠說什麼呢？不是他自己已經陷進去，而是整個國家、整個民族，都在沒有精神準備的前提下陷了進去，行動風馳電掣，思想被遠遠地甩在後面。而得放，剛剛發現了一點屬於自己的思想的萌芽，就急於發言。這裡有多少是少年意氣，又有多少依然屬於盲動呢？所有這些話，幾乎都是只可意會不可言傳的，他只能語重心長地交代弟弟，不要再繼續幹下去了，更不要把別人也扯進去。但得放顯然誤解了他的話，他輕蔑地說：「你放心，我不會把你扯進去的。我知道你現在和過去完全不一樣了。」

臉盆裡的餘火全部熄滅了，兩兄弟站在這堆灰燼前，他們痛苦地發現革命在他們兄弟之間發生的作用——革命的最偉大的口號，是讓全世界無產者聯合起來，結果革命卻不但沒有使他們兄弟融合，反而使他們分裂了。

此刻得荼皺著眉頭問：「得放不在家？」見葉子搖頭，就說：「奶奶你在巷口守著，暫時別讓得放回家。他要來了，讓他在巷口等我。按道理他今天一定要來的。」

葉子聽得眉毛都跳了起來，拉著得荼的袖子，問：「怎麼回事啊，布朗跑掉了，現在又不讓得放進家門，你們都跑光了，我這個老太婆還活著幹什麼？」

嘉和就朝得荼搖搖手，一邊安慰著葉子說：「沒啥事沒啥事，今天是中秋，得荼有點時間，過來看看二爺爺。嘉平怎麼樣，家裡的事情他知道吧？」

葉子一邊帶著祖孫兩個往院子裡走，一邊說：「大字報都貼到牆頭了，他能不知道？不過他倒沉得住氣，叫我把他弄到院子裡去，說是要看看天光，小房間裡憋氣死了。」

果然，嘉平沒病一樣，躺在竹榻上，在院子當中大桂花樹下擺開架勢，榻前一張小方凳上還放著一杯茶，見了嘉和笑說：「真是不湊巧，多日不見大字報，昨日夜裡又送上門來了。」

他指了指小門口貼著的大字報，又用手指指凳子，讓他們坐下。

嘉和卻是站著的，說：「大白天的，當門院子裡坐著，怎麼睡得著？坐一會兒我還是陪你進去休息吧。」

嘉平倒是氣色不錯，笑笑說：「這是我家的院子，現在弄得反倒不像是自家院子了。他們上班去了，我得過來坐坐，老是不來坐，真的會把自己家的院子忘記掉了呢。」

嘉和到底還是被弟弟樂觀的態度感染了，拖了一張凳子坐下，說：「昨日夜裡沒把你們嚇一跳？」

「到你那裡也去了是不是？這個吳坤，子係中山狼，得志便猖狂，是他出的主意吧，這就叫狗急跳牆！」

得荼聽了這話十分通氣，這些話也是他在心裡想的，只是組成不了那麼痛快淋漓的片語。趁著院子裡無人，也接著話頭說：「這一次好像沒那麼簡單，雖然不是正式的公安機關，但也不是簡單的群眾專政。」

「在朝在野差不多。你自己現在也算是一方諸侯了，你倒說說看，多少人是公安局抓的，多少人是你們自己揮揮手就抓的。現在你打我我打你的派仗，真有點當年軍閥混戰的味道。這種局面總是長不了的，到時候也總會有個分曉。」

得荼暗暗吃驚，這些話雖然和他所看見的傳單上的內容不一樣，但有一種口氣卻是相通的，那就是唱反調的精神，禁不住便問：「二爺爺，近日沒有和得放聊過什麼嗎？」

嘉平揮揮手，說：「你最近有沒有和你爺爺聊過什麼？」不等他回答，也不等得荼知道，這就是二爺爺對他的狀態的一種評價。可是他能夠對這兩位老人說什麼？所有的事情都糾纏在了一起，絞成了一團亂麻，他沒法對他們說清楚其中的任何一件。

嘉和不想看到孫子尷尬的神情，站起來仔細檢查嘉平後腦勺上被砸傷的地方，見傷口已經看不見了，就小心地又問：「聽葉子說，近日你有嘔吐的感覺？」

「大哥你可不要嚇我。」嘉平笑了起來，他的確是有一點要嘔吐的感覺，不過一來不嚴重，二來怕一說又弄得家中雞犬不寧，便閉口不提。他們兄弟兩個，雖同父異母，但彼此心靈相通。嘉平看得出來，嘉和是有心事的；嘉和也看出來了，嘉平不想讓他多擔心。兄弟倆都有話不說，又不能閑著，這才弄出另外一番熱鬧來了。

嘉平說：「大哥，我剛才躺在院子裡七想八想，竟然還叫我弄出幾個西湖十景，不過還沒全，等著你來補呢。」

「你看看你看看，都說我像父親，老了還是你像，你又是詩社又是踏青，造反派在屁股後頭戳著你你也不管，這不是杭天醉的做派又是誰的！」嘉和點點嘉平，看到弟弟無大礙，嘉和心裡到底要輕鬆一些。

嘉平指指南北牆頭上各生一株瓦楞草，說：「你看這牆頭，別樣東西不生，單單這兩株草生得好，又是南北對峙，我看正好叫做『雙峰插雲』。」

他這一說，得荼正含著一口茶，幾乎要噴出，眼睛恰巧就對著金魚池，池中還漂著幾片浮萍，便指著說：「你不用說，這裡就有二景，一個叫做『玉泉觀魚』，一個叫做『曲院風荷』，對不對？」

嘉平伸出大拇指，用道地的杭州方言誇獎說：「嶄！嶄！」又指著走廊南面掛著一口已經被砸得不會再走的鐘說：「此乃南屏晚鐘也。」又指著鐘前方掛下的一只空鳥籠說：「此乃柳浪聞鶯也。」

嘉和攔住他說：「二弟你這就牽強了，既無柳也無鶯，哪裡來的柳浪聞鶯呢？」

嘉平搖搖手說：「大哥有所不知，你看這鳥籠下園中有一片草是不是長得特別好？那是去年得放他們來造反時，把他自己養的八哥砸死了，迎霜哭了一場埋在此地，不料生出這麼些草來。看到它，就好比聽到那八哥的聲音了。」

這話又回到感傷上來了，嘉和勉強地說：「這倒也算是新的一解，前無古人後無來者的。不過我看你這裡恐怕也是再生不出什麼蘇堤春曉、斷橋殘雪了吧。」

嘉平一看氣氛又不對起來，得想出個新招讓大哥寬心，急忙又說：「西湖十景我就不提了，我這裡還有新節目，說出來你保證笑煞。還是關在牛棚裡的時候我們詩詞學會的會長老先生教我的。他能把所有貼他的大字報都斷句成詞曲，那可是要有點功夫的。我學了好久才略通一二。剛才我還試了一次，你看，那面小屋門口不是新貼的大字報嗎？」

大字報是昨夜一行人來查得放沒查到，一怒之下寫的標語，無非謾罵罷了，沒水平且不說，連文句也不通。全文如下：「牛鬼蛇神，聽著了，此事定難逃爾等密謀與暗中勾結，鐵證如山罪惡重重，新出路在眼前，坦白可從寬抗拒從嚴，不許留一點，竹筒倒筷子滑溜！」可嘉平說：「你看我當場就把它給斷成〈虞美人〉，而且用的就是李煜那首詞的韻。他開頭那句，不是『春花秋月何時了』嗎，你看我的──」

嘉平斷完大字報，嘉和苦著臉，這時也笑得說不出話來。你道他是怎麼斷的，原來是這樣──「牛鬼蛇神聽著了，此事定難逃。爾等密謀於暗中，勾結鐵證如山罪惡重。重新出路在眼前，坦白可從寬，抗拒從嚴不許留，一點竹筒倒筷子滑溜！」

得茶笑著說：「什麼叫一點竹筒倒筷子滑溜，不通！」

嘉平也笑了，說：「本來他的大字報就寫得狗屁不通，又是爾等，又是滑溜，風馬牛不相及，我也就拿它來開玩笑罷了。」

話說到這裡，氣氛算是活躍一點了，嘉和嘆了口氣，這才對得茶說：「今天這個日子，你能到場，我對你二爺爺也是一句交代——」

剛剛說到這裡，就見嘉平眼圈紅了，邊揮著手說：「算了算了，想得起來想不起來都已經那樣，得茶還算是有心，得放連一次都沒有去過呢。」

得茶一下子站了起來，原來誰都沒有忘記今天是什麼日子——今天是得放的母親自殺一周年的忌日啊。還沒來得及說什麼呢，就見葉子匆匆忙忙跑了進來，對著這三個男人說：「來了。」

躺在竹榻上的那個男人幾乎跳了起來喝道：「小心暗鉤兒，別讓他進來！」他一衝動，把從前做地下工作時的術語都用了出來。

「不是得放，是那個姑娘，愛光。」葉子這才把話說全，「我讓她在巷口等，你們誰去？」

得茶站了起來，說：「前天我就和得放說好了，今天夜裡到雞籠山和得放會一會，得放還沒見過他媽埋的地方呢，以後掃墓怎麼掃啊。」

兩個老人看著得茶要走，嘉平就伸出手去，問：「得茶啊，跟我說實話，得放會坐牢嗎？」

得茶又坐了下來，他不知道該怎麼跟這兩位老人說好，斟酌了片刻才說：「不知道……」

嘉平的手鬆了下來，想了想，說：「告訴得放，今天夜裡我也去。我們不去，你們找不到地方。」

得茶看看爺爺，爺爺說：「我們也去。」

謝愛光對第一次與得茶見面記憶猶新。她能夠清楚地記得那輛吉普是怎麼樣行駛到她面前的，他對她說的第一句話是——「上來」。那個年代，自己會開車的非駕駛員是很少的，杭得茶戴著眼鏡的那副典型的斯文樣子，和他開車時的熟練架勢，看上去有些不那麼協調。他的神情雖然不可以說冷漠，但起碼是冷淡的。她上車後坐在他的身旁，他幾乎連一句話都沒有跟她再說，就沿著南山路出了城。與謝愛光恰恰相反，第一次交談，杭得茶對這個半大不大的姑娘幾乎沒有留下多少深刻的印象，他只看到了她眼睛裡的那種可以稱之為恐懼的東西，但這種恐懼，時不時地就被另一種東西克制住了。許多年以後，杭得茶明白了一些簡單的道理：沒有什麼東西能夠戰勝恐懼，甚至單純的勇氣也不能，但愛能使心靈強大無比。沒有對紅痣少年的那份初戀，謝愛光便只是一個軟弱的單薄的少女，她之所以看上去勇敢無畏，並非是與生俱來的。

而在得茶看來，她幼稚得甚至都不知道自己在幹什麼，她不知道自己已經陷得有多深，他們的前面，將有什麼樣的萬丈深淵在等待。他把她盡可能地往城外帶，他們的車，一直開到了錢塘江畔的月輪山下。上山的時候她氣喘吁吁，他淡淡地看了她一眼，伸出手去，姑娘的臉立刻就紅了，搖搖頭拒絕了。她站住了，從半山腰上，也已經能夠看到錢塘江，六和塔黑壓壓地矗立在頭頂，山上幾乎沒有人。他們繞著塔走了一圈，得茶才問：「是得放讓你來的？他今天夜裡還能夠去雞籠山嗎？」

他說話的口氣和神情都有點冷淡，起碼給愛光的感覺是這樣。她告訴他說，一切照舊，她就是為傳達這句話來的，現在她要走了。

得茶突然讓謝愛光等一等，問她，想不想爬六和塔。這個建議讓愛光奇怪，但她還是勉強同意了。塔裡幾乎連一個人都沒有，他們兩人繞啊繞的，越繞越窄，爬最後兩層的時候，謝愛光累得動不了了，還是讓得茶硬拽上去的。到了頂層後，謝愛光一句話也不能說了，依在塔牆上只有喘氣的份兒。得茶看著她，想：這樣的姑娘，進了監獄，怎麼禁得起打呢？想到這裡才問：「你打算怎麼辦？」謝愛光被得荼的話問愣了，脫口而出道：「我，我和得放在一起啊！」

「不，你不能和得放在一起。」得荼繞著那狹小的塔樓，一邊慢慢地走著，一邊說，仿佛是在自言自語，甚至沒有再看謝愛光一眼。「你們誰都不知道你們在做些什麼，你們不知道言論的深淺——言論可以讓一個人去死。」

他就這樣踱到了塔窗前，眺望著錢塘江，他敬愛的先生就是在這裡失去蹤影的，在他看來，楊真先生和眼前這個黃毛丫頭，雖然同樣發出了自己的聲音，但對世界的認識，依然是不一樣的。他說：「你跟我走吧，我帶你暫時去避一避。」

他以為她會和得放那樣不聽話，可是他越往龍井山中駛去，就越發現這黃毛丫頭的神情自若起來。當他的車停在獅峰山下，他帶著她往胡公廟走去時，他甚至發現她跑到他前面去了。快到目的地時他停住了，說他得再打聽一下，愛光笑笑說不用了，還是她帶他去吧。他恍然大悟，說：「你們就住在這裡？」

「放暑假的時候白姐姐叫我過來住的，得放有時也來住，我們一直和白姐姐保持密切來往。」

他的後腦勺一陣灼熱，站在原地，沒有回過頭去。因為他知道她就在身後，只要他回過頭來，他就能看到她。剛才攀登六和塔的時候，他不是已經下了決心嗎，讓愛光住在這裡是最安全的。其中也不乏權宜之計——至少，為了白夜，吳坤會有所收斂。想到這裡他更加難過，現在他已經證實了一些模糊不清的東西，他知道，白夜之所以敢這樣做，正是因為她身上還有著控制吳坤的力量。而眼下，除了骨肉之情，還有什麼力量對吳坤來說才是最重要的呢？他猶疑地看著愛光，說：「你能不能上去跟白姐姐說一聲我來了，想見見她？」

愛光答應著往山上走，沒走幾步又被得茶叫住了，說算了，以後再說吧。愛光就鬆了口氣。她知道白姐姐現在絕不願意見到得茶，還不如不提出見面更好。得茶緩緩地朝山下走去，漫山的茶叢正在萌發著夏芽，中午的陽光熱極了，仿佛連茶蓬也被這陽光曬蔫了。

他好不容易才找到一個公用電話機，很巧，接電話的正是吳坤。他是這樣對他說的：「你不是很想瞭解白夜的情況嗎？她現在和得放他們在一起。是她把他們接到山上的。你還不至於把白夜也牽連到所謂的反動傳單裡去吧。至於你想通過我瞭解的問題，我覺得白夜已經作出了回答，你沒有必要再通過任何人去瞭解了。」

吳坤在電話那頭耳語：「我只能給你一天時間，你讓得放趕快離開白夜，公安局正在立案，事情弄大了，已經不在你我控制中了，明白嗎？」電話機兩頭的這兩個男人分頭放下耳機時，臉上都露出了極其複雜的神情。不安和痛苦交替出現在他們的臉上，他們想到的每一步都出乎他們的意料之外，這真是一個神秘的悖論，他們想把握時代，結果連自己也把握不了。不知為什麼，他們個人的命運和他們心目中的時代目標，越來越南轅北轍了。

一九六七年的中秋節幾乎和節日無關。入夏，中國陷入了轟轟烈烈的全面武鬥，從棍棒石頭，到長矛大刀，到機槍手榴彈。所幸天氣雖然炎熱，派仗也打得熱火朝天，終究還沒有打到茶園裡，老天保佑，那一年的茶事倒還算過得去。入秋，毛澤東視察華北、中南和華東地區之時，茶場正在對茶園、工分、成本和產量進行定量和微薄的獎勵，而杭州亦剛剛作出了憑工業品購貨卡可以買些微低檔茶的規定。

在那個中秋節，茶學家杭漢被一紙借令暫時從牛鬼蛇神勞改隊裡提了出來，省勞改局指名要他專程到金華勞改農場的茶區去，說是那裡有一個留場人員發明了茶樹密植法，要專家去專門進行核實與技術指導。

造反派很驚異，說杭漢又不是搞這個科研專案的，他是有嚴重歷史問題的傢伙，還是半個日本佬，怎麼好當了專家請到外地去？萬一他去破壞革命形勢怎麼辦，萬一他潛逃怎麼辦，萬一……他們一連提了許多個怎麼辦，被勞改局的人一句話擋回去了：什麼怎麼辦？我們點誰就是誰！你們是嫌我們沒有階級立場，還是嫌我們不懂茶葉？告訴你，我們勞改農場的茶園多得很，我們種的茶不比你們少。

來人穿著軍裝，又是專政機關，氣勢先就強了三分，造反派一聽也就不敢犟嘴，速速通知了正在茶園裡挖地的杭漢。杭漢看了那通知也犯了愁，說：「我得準備下個月的茶樹害蟲預防噴治工作，再說，茶樹密植也不是我主管的科研專案，能不能換老姚去？」老姚也是他們一個隊的老牛鬼，據說也是有嚴重歷史問題的人，年紀大了，這些天被造反派整得夠嗆，杭漢就想把這個美差讓給他去。沒想到造反派牛眼睛一瞪：「叫你去你就去！你想不去你自己跟他們說。」杭漢被領到辦公室，來人見了杭漢倒蠻客氣，伸出手去稱他杭專家。杭漢搖著手說不敢不敢我叫杭漢，來人說我知道你是杭漢，我們要的就是你這個杭漢。杭漢還想向他們建議讓老姚去，來人連連搖手，說：「我們可是點名要的你這個杭漢，是有人專門向我們推薦的你啊，你認識一個叫羅力的人嗎？」

杭漢張著嘴，好一會兒才點點頭，問：「這密植法是他發明的？」

來人點點頭，問：「你去不去？」

杭漢說他一定去，只是有些資料都在家裡，他得回家去拿。來提他的人笑笑說：「我們有車，現在就送你回城，今天夜裡你在家裡住，我們也不來打攪你，你給我們找些資料和科學證據，要真是個發明，對羅力也有好處呢。這話我就不多說了，明天一早我們來接你。」杭漢還傻乎乎地問：「我們這裡沒有人跟著我去？」來人大笑，還拍拍他的肩說：「你還真以為你是個漢奸了，你要是漢奸你抗日戰爭怎麼沒往日本跑啊！」看來那人不比這裡的造反派對他瞭解得少，杭漢的心一下子就放寬了。

當天上午杭漢就回了家，先去馬坡巷看父親，長輩對他隱瞞了抄家之事，他也沒有向長輩們提及今天是蕉風的周年忌日，倒是說到了羅力的密植法，這無疑是個雪中送炭的好徵兆。杭嘉和說：「羅力也做茶了，這密植法真是他發明的？」杭漢回答：「這正是我要弄明白的事情，我對密植法沒有專門做過研究。不過我知道金華屬於浙中地區，雖然不如浙東浙南浙西北，也算是茶的次適生區。」「那裡也是有一些好茶的，東白山茶、磐安茶，還有蘭溪毛峰等，我不知道羅力他們生產的是什麼茶。」

嘉平就催著杭漢回羊壩頭，說有許多有關茶的書籍都在得荼的花木深房中，你得趕快回去重新核實一些資料。父子兩個告別的時候看上去非常隨便，就同他們依然是天天在一起時一樣。嘉平只是問了一聲：「能對付嗎？」

杭漢說：「那得看姑夫幹得怎麼樣，到底經不經得起科學的實證。」

「經得起你要大吹特吹，經不起你得給我說成經得起，你得幫著他把這事情擺平了。」嘉平說。

杭漢一時就有點發窘，不知所措地看看伯父嘉和。嘉和用他那雙瘦手乾搓著自己的老臉，一邊說：「我估計著，勞改局方面一定要漢兒去，就是看準了我們杭家和羅力之間的關係，就是要我們公私兼顧。難為他們這種時候還想得到茶葉。你看看這個世道，血淋淋的打成什麼樣子了。倒是勞改局的人不去打派仗，當然他們也不能打派仗，放著這麼些犯人要守呢。不過守著犯人，還能想到地裡生的東西，這就算是順天意民心的了，我們要為人家想到這一層。第二層，你姑夫這個人實在，他要是調皮，哪裡會坐十五年牢。他既說他發明了密植法，也就是八九不離十，還得看你怎麼說。你說得好，你姑夫就跟著好，你說得不好，你姑夫就跟著倒楣。這也是你姑夫點了名要你去的緣故吧。再退一步說，哪怕這密植法是不成功的——」

「——你放心，我總會把它弄到了成功為止。我也想著搞點科研呢，多少日子荒廢掉了。」杭漢聽了這兩位老人的發話，心裡有了底，便表態說。

杭漢對茶樹的栽培，多年來已經積累了許多經驗，但出國好幾年了，關在學習班上，他主要的任務就是懲罰性的挖土，有時害蟲多了，也讓他過問，但密植這一塊，這些年國內的科研現狀他瞭解得不多。嘉和對製茶評茶銷售茶這一塊，可謂瞭如指掌，但說到栽培，他到底還不是個行家。伯侄倆吃了夜飯，就通宵翻書查資料。這些資料，本來杭漢都有，這場運動，七抄八抄，都不知散落何處了，幹這一行的杭漢弄不到，反而是學史學的得荼這些年來積累了許多，他是作為茶文化書籍版本搜集的，放在花木深房裡。破四舊抄家時他也沒有處理掉，塞在床底下，這會兒就派上大用場了。

杭漢面臨的，是茶葉栽培史上一個重大的課題。茶，從野生到栽培，從單株稀植到多株密植，從叢栽密植到條栽密植，由單條到多條，是一個不斷發展的過程。布朗生活過的雲南原始大森林裡，有著原始的野生大茶樹，有著過渡期的大茶樹，布朗的義父小邦崴就生活在那些過渡性的大茶樹下。還有一些人工栽培的古代大茶樹，時間也有千年了。

嘉和一邊敲著自己的太陽穴說：「老了，記性到底不好了。記得我小時候讀茶書，《華陽國志》裡是記載過茶的，說周武王的那個時候，就把茶當作貢品，說是『丹漆茶蜜……皆納貢之』，是不是這個意思？」

過這種東西，跟他們講也是沒有用的，他們只管現在的密植成不成功，還會管你三千多年前的事情？」

「你還說你記性不好，一個字都不差的。我們說到茶樹栽培有史可稽，就是從周武王開始的。不過這種東西，跟他們講也是沒有用的，他們只管現在的密植成不成功，還會管你三千多年前的事情？」

「這也難說。秦始皇焚書坑儒，做得總算絶，結果把他自己絶掉了。三皇五帝，照樣絶不掉。為啥，總有人要聽這些事情，要用這些事情。比如西漢吳理真，在蒙山頂上種茶，『仙茶七棵，不生不滅，服之四兩，即地成仙』。現在是說不得的，說了就是四舊，封建迷信。不過總有一天人家會曉得，會感謝這個吳理真。為什麼？因為他就是史書上記下來的第一個種茶人。沒有他們這些種茶的，我們能夠喝到今天的茶嗎？多少簡單的道理，只不過現在不能說罷了。」

杭漢驚訝地抬起眼睛，說：「沒想到這些東西您都還記著，我們小時候你都教我們過的。」

嘉和連連搖手，「哪裡哪裡，我就曉得到這裡為止了，比如《茶經》裡說的『法如種瓜，三歲可採』，我就知道得不實。本想查查賈思勰的《齊民要術》，事情一多，也就過去了。現在再要找，怕是早封了燒了。賈思勰該是魏人，封建主義吧。」

杭漢這才露出點笑意，說：「還好你點了一個我知道的題。《齊民要術》上說了，當時的種瓜，是在墾好的土地上挖坑深廣各尺許，施基肥播籽四粒，這就算是穴播叢植法了。唐代人就是這樣種茶的。到了宋代，《北苑別錄》記載到種植密度，說是『凡種相離二尺一叢』，用的是圈種法。我算了算，大概是一千五百多叢一畝吧。到了元明時期，開始用穴種和窠播，每穴播茶籽十到數十粒。到清代就更進步了，出現了用苗圃育苗然後移栽的。你看這段史料倒蠻有意思，沒想到得荼還會搜集這個。」

嘉和坐下來，看著杭漢，手就搭在他的肩上，他能說什麼呢？什麼也說不出來啊。杭漢嘴角抽搐著，還在笑呢，中年男人的眼淚滲了出來，說：「伯父，只有你曉得我為什麼心都撲在茶上。茶養人，茶也救人吧，茶不是救了姑夫嗎？」

嘉和多麼想告訴他孩子們又逢劫難的事情啊，可是叫他怎麼說呢，他又怎麼能夠說呢？只有悶在心裡啊……他老淚縱橫的樣子，讓杭漢看了萬箭穿心。也許是不忍看下去又無法說出口，他竟然像一個孩子一樣摟住了嘉和的脖子。靜悄悄的花木深房，黃昏中頹敗蕭瑟，現在，身邊沒有女人和孩子們，兩個傷心之極的男人，終於可以相擁而泣了。

和長輩們完全不一樣，得荼和得放連一滴眼淚也沒有。在越來越濃的暮色中，他們每人手裡捏著個手電筒，在西郊杭家祖墳的茶蓬間半蹲半伏，滿頭大汗地尋找著黃蕉風的埋骨之處。去年今日，也是深更半夜，杭家人匆匆做賊一般地把蕉風的骨灰葬在此處，當時種下一株茶苗，留作記號。無奈此一年家事國事俱遭離亂，老人尚能識得舊地，年輕人卻反而找不到地方了。今日中秋，本該月圓，卻是個陰雲出沒的夜晚，杭家兄弟久等不到家中老人，只得取了電筒，自己來尋找。

幾代人的老墳，又加這幾十年的變遷，周圍都變了樣，這兩兄弟東摸摸西摸摸，驚飛了幾多夜鳥，擾亂了幾多秋蟲，秋茶在他們的撥弄中嘩啦啦地響個不停，但他們依然不能確定那株舊年的新茶，焦慮和痛苦燒乾了他們的淚水。得荼還時不時地擔心著怕有人跟蹤得放，摸索一會兒就直起身體來，看看遠處山下的龍井小路，依稀有光，他立刻就讓得放蹲下來，一動不動。兩兄弟這樣摸索了很久，終於放棄了努力，找了一蓬大茶，得荼看了看說：「這是太爺爺，我們挨著他坐。」得放也不吭聲，坐下了，拿出一包煙來，取一枝給得荼，得荼看了看弟弟在暗夜裡的模糊的面容，說：「你還真抽上了。」兩人各自抽著那劣質的香煙，靜悄悄地等著長輩們的到來。

月亮倒是很大很圓，不過時常穿行入陰雲，一會兒又鑽了出來。星光下的茶園明明滅滅，一會兒發出蠟般的色澤，像靚麗少女，一會兒沒入暗夜，卻像個陰鬱的男人。得荼已經記不得他有多少天沒有度過這樣清寂的夜晚了。從前在養母家求學時，夜裡他是常常到父母的墓前去的，今天的這片茶園讓他想到了那些日子。他拍了拍兄弟的肩膀，彷彿為了要減輕他思念母親的痛苦，說：「別著急，爺爺說要來，就一定會來的。」

得放的唇邊亮著那微弱的一點紅，劣質煙味就在兄弟間瀰漫開來，他淡淡地說：「我不著急。」他看了看哥哥，又補充說，「其實我常到這裡來。有幾篇文章就是在這裡起草的。」

得茶不想跟他再爭論，另外找了一個話題，說：「我還真擔心你把那姑娘再帶來。」

「她是想來的，我沒讓她來，盼姑姑到城裡去接爺爺他們了，白姐姐身體不大好，我怕她一個人待在山裡出事。」

得茶一下子悶住了，聽到她身體不好的消息，他就站了起來：他為什麼會這樣狹隘，他為什麼跨不過這一道關口——誰的孩子難道就那麼重要嗎？他狠狠地吸了口煙，悔恨和說不出來的無所適從，堵住了他的胸口。

就在這時候，他聽見弟弟問他：「大哥，他覺得她怎麼樣？」

得茶嚇了一跳，以為他問的是白夜，此時月亮又出來了，清輝普照大地，茶園裡的枝枝條條在月光下閃閃發光，弟弟眉間的那粒紅痣也在月光下閃閃發光。他的聲音也變了，變得像月光一樣柔和。他的漂亮的大眼睛在月光下蓄滿了少年人的深情。得茶突然明白，他指的是另一個姑娘，連忙說：「好啊，很好啊！不過你現在問我這個是不是太早了？」

「那你就答應我一件事。」得放轉過臉來，看著哥哥，說，「我不相信會發生什麼了不起的事情。可是，事情真要像你說的那樣發生，你得答應我照顧愛光。」

得茶怔住了，得放變成了另一個人，變成了那個他彷彿不認識的年輕人。他聳了聳肩，不想把這重大的託付表現得太隆重，說：「這算個什麼事情，我現在也會照顧你們。」

「你要當著先人起誓，對茶起誓，」得放說，「當著我媽媽的靈魂起誓！」得放那麼激動，讓得茶不知所措起來，他一邊說「好的，我起誓」，一邊站了起來說：「好像事情還沒到那麼嚴重的地步。昨夜是抄過了家，不過沒抄出東西，再說也不是公安機關，也沒有通緝令捕你。」

得放依舊蹲著，說：「這個我知道。不過我不理解你對女人的態度，你對白姐姐就沒有行使你的責任。」他說這話時，不像一個十八歲的青年，卻更像一個已婚的男人。

得茶一下子誤解了他的話，他蹲下去，失態地一把揪住弟弟的胸口，失聲輕吼：「我再跟你說一遍，這孩子不是我的！」

「我不明白這對你怎麼就會變得那麼重要。如果愛光碰到這樣的事情，我是說，這樣的痛苦和凌辱，我會更加愛她。更加更加更加更加……愛她……」他說得氣急起來，發出了急促的聲音，「大哥，你不知道你對白姐姐意味著什麼，她有那麼豐富的心靈和智慧，她只是缺乏力量，因為她所有的力量都被提前用完了。她無所依靠，我在北京時就看出來了，她沒有人可以依靠……」

「是她不讓我見她——」

「她是女人！」得放打斷了他的話，「你對她的感情太複雜了！你本來應該聽懂她的意思！」

「閉嘴！」

「——所以你也不知道愛光有多好，你永遠也不會知道愛光有多好，我現在是多麼多麼地愛她。我現在和你坐在一起，我多麼想把你換成她，剛才我們在尋找媽媽的骨灰，我想要是和我尋找的是她，那該多好。如果我們找到了，和我抱頭痛哭的人當中，要是有她那該多好。對不起，我並不是說你對

我不重要，我不是這個意思——」他笨拙地還要解釋，被得荼擋住了，說：「我明白……」然後就一個人走到茶叢中去了。他遠遠

揹著得放一個人站在茶叢中，有的茶蓬和他差不多高，他看上去彷彿也成了一株茶樹。天上的烏雲散了，月亮奇蹟般地掛在天空，因為無遮無擋，月亮看上去是那麼孤獨，那麼無依無靠。嗚嗚咽咽的，那是什麼聲音？是得放用小布朗送給他的簫吹奏呢，小布朗正在天台山中避難，他不能來，得放就把他的簫拿來了。但他不會吹奏，只能發出一些簫才會有的特殊的聲音。得荼站在茶叢中，他沒有意識到自己正在流淚，弟弟的話擊中了他，弟弟的嗚咽的簫聲擊中了他……得放把他的感覺全都說出來了，如果此刻，是他和她坐在一起，是他們在茶園中抱頭痛哭……他為什麼不敢見她，什麼事情把他變得那麼複雜膽怯，他依然說不清楚，但他相信一旦見到她她會清楚的，他要立刻就去見她，馬上，現在

——一豆燭光朝他們奔馳而來，越來越近，越來越近，那個身影終於在茶園邊緣停住了，他們看見了那個單薄的細長老人，甚至看見了月光下的那根斷指。只見他分開了茶道，朝得荼走來，得荼驚訝地問：「爺爺，怎麼只來了你一個人？」

他沒有聽見爺爺回答，爺爺突然用手遮住了自己的眼睛，他聽見他說：「等一等，等一等。」他說著蹲了下去。得荼連忙上去扶起爺爺，焦急地問：「爺爺，你眼睛怎麼啦？」

得放也停止了簫聲，他驚得全身的汗都涼透了，朝他們跑去時，身邊的茶蓬嘩啦啦地響動著，他們等了好久，才看到大爺爺站了起來，說：「現在好了，看見了。」然後對著得放說：「得放，你爺爺要到這裡來了，我是說，要到這裡來陪你媽媽了……」

月亮彷彿也不忍聽到這樣的消息，它就一下子躲進雲層，茶園頓時就陷入黑暗之中了……

第二十四章

老人在受難，新人在出生，年輕人在逃亡。通過得荼和小布朗的秘密安排，得放潛入杭州以東的崇山峻嶺之中。

天台山，山有八重，四面如一，當鬥牛之分，上應台宿，故曰天台。從地圖上看，它位於浙江東南，南接括蒼，西連四明，跨天台、新昌、寧海、奉化、鄞縣，東北向入海，構成舟山群島，它那西南與東北的走向，亦成了錢塘江、甬江和靈江的分水嶺。唐詩僧靈徹詩云：天台眾峰處，華頂當其空，有時半不見，崔嵬在其中。六十年代初，天台主峰華頂來了一群杭州知青，建起了林場和茶場。動亂以來，秩序不再，這裡有許多人下山了，留著幾個守林人和一些空房子，布朗一到這裡，就和得荼取得了秘密聯繫，現在他再也不敢亂說亂動了，他得成為他們杭家人的堅強後盾。

得放安頓好嘉平爺爺的後事之後，由得荼陪著來此山中。得荼這樣做，一旦發覺，自然冒天下之大不韙。得放還阻止過他，說：「吳坤正愁抓不到你把柄呢。」得荼搖搖頭，他突然覺得那些事情的可笑，他要回到他的茶上去。很久以來他就心儀此山，不僅因為山中有國清寺，還因為日僧最澄與榮西都來此山留學，茶之東渡，此山為重。他要重新撿起他的學問，就從現在開始。只是他不曾想到，第一次訪天台，他會以送一個落難者為由來到這裡罷了。

國清寺在天台山南麓，得荼他們一路上來，過寒拾亭，就坐在豐干橋頭休息。這豐干，與寒山拾得，都是唐代國清寺的高僧，橋卻是宋時的古蹟，菩薩保佑，古剎建在山中，小將們砸城裡的四舊一時忙不過來，這裡的四舊成了漏網之魚留下來了。得荼一行坐在橋頭，見此時寺門已封，陪他們一起來的那位金華採花少女的表哥、名叫小釋的林場青工，開了一句玩笑，說：「去占個卦看看我們還能不能反過來。」

布朗看看得放，說：「占什麼卦？和尚尼姑都沒有了，他們連自己的命都占不過來呢。」

想必他們三人都想到了去年砸靈隱寺的事情。得放就有些不好意思，換了個話題，打聽這國清寺的年代。得荼善解人意，正要回答，便又被那小釋搶了先，說：「國清寺是天台宗的根本道場，北齊時候就有了。」

布朗大大咧咧地問：「什麼叫北齊，我怎麼從來就沒聽說過？」

小釋一下子就說不出來了，只道那國清寺的開山祖庭智者禪師是北齊名僧慧思的弟子，據說離現在已經有一千多年了。那年他入天台山，過石橋，見了一個老和尚對他說，山下有皇太子基，可以造寺院。智者就問他，現在連造個草房都那麼難，怎麼可能造成那麼大的寺院呢？那老和尚說，現在還造不成，要到三國統一之後，自有貴人來造。還說：寺若成，國即清。後來果然就跟老和尚說的一樣，這個寺院就叫國清寺了。

聽了這樣的半傳說半史話，大家就看著得荼。得荼不想說話也不行了——北齊啊，公元五五〇到五七七年嘛，三國也不是魏蜀吳，是北周北魏和南陳吧，小釋你說是不是？小釋連連搖手說我可不知道那麼多，杭老師聽你的，那貴人是誰呢？「貴人是誰你真不知道？」得荼已經看出來了，這小釋有一種出家人的舉止，必是國清寺還俗的和尚無疑了。他怎麼會不知道貴人呢，貴人不就是那隋煬帝楊廣嗎？傳說那年楊廣在江都生病，智者帶著天台茶為他看病，茶才這樣地傳到了北方各地。所以才有釋皎然的「丹丘羽人輕王食，採茶飲之生羽翼」之說嘛。楊廣繼位之後，這才在天台山建了天台寺，後稱國清寺，一時香火鼎盛，僧侶達四千多人呢。

聽罷此言，布朗長嘆一聲：「也不知道貴人會不會救我們一把呢？」得放立刻反駁：「什麼貴人，那是皇帝，我們會有皇帝來救嗎？徹底的唯物主義是不相信任何神秘力量的。從來就沒有什麼救世主，也不靠神仙皇帝！」

布朗嚇了一跳，他惶恐地看了看得茶，說：「皇帝是沒有的，貴人怎麼會沒有呢？有一首歌不是這樣唱的嗎——桂花兒開在桂石崖哎，桂花要等貴人來……貴人就是毛主席嘛！」

「毛主席是人民領袖，但不能把他當神仙皇帝，也不是什麼貴人，我反對把毛主席庸俗化！」得放一根筋似地照自己的思路說話，他平時對愛光也是這樣說的，便以為別人也會像愛光那樣崇拜他的思想。無奈布朗聽不懂這個，也不感興趣，說：「反正一個人說大家聽，這個人就是皇帝。說毛主席是皇帝有什麼關係？毛主席不是萬歲萬歲萬萬歲嗎？這個我知道，我看過很多老戲，見到皇帝都是那麼叫的。」

得茶不想聽他們兩個風馬牛不相及地扯這個危險的話題，便指指橋頭一塊碑，說：「小釋，這塊碑上寫的東西倒是有點意思：一行到此水西流。一行就是那個僧人數學家吧，為什麼他一到這裡，水就西流呢？」

小釋見那兩個爭論，真是一頭霧水，倒是這個鬱鬱寡歡的杭老師有點禪意，這時候得茶不介入他們的話題，卻問這麼一句話，就像趙州禪師說「喫茶去」一樣。他心裡贊許著杭老師，但要他說有關此地古物的更深的事理，他是說不出的。他只好老老實實地回答說：「我只曉得，當年有個會算算數的禪師，聽到寺院裡的算盤珠子自己簌簌簌地響了起來，就說，今天要來一個弟子，讓我算一算他什麼時候到。一算，禪師就明白了，又說：門前水西流，我的弟子就要到了。果然，不一會兒，水西流了，一行大師就到了。」

得荼站起來，藉這件機緣巧合的事對二位說：「可見有些事情是沒有道理可講的。橋下的水明明是向東流的，怎麼突然就朝西流了呢？你怎麼想也想不通，但這是一個客觀事實。所有的推理和邏輯在事實面前就止步不前了。是先承認推理和邏輯，還是先承認事實呢？好了，你們再坐一會兒，我到前面看一看，立刻就回來的。你們不要動了，休息好，這裡的山，夠你們爬上一天的呢。」這麼說著，就朝國清寺大門走去。

得放是明白人，知道大哥這就是在回答他們的問題了。但他們還是聽不太明白。得荼自己也不太說得清楚。但是他剛才坐在豐干橋頭望著這塊碑時，心裡確實動了一動，他被這條碑文的口氣吸引住了：一行到此水西流！這是一種毋庸置疑的斬釘截鐵的口氣。從前他聽人說到佛教信仰者的勇氣，有「逢祖殺祖、逢佛殺佛」一說，這種氣概在這條碑文上體現出來了。其實，一行到此時，恰遇北山大雨，東山澗水猛漲，千轉百迴，奔流湍急，出口處一時無法傾吐，就向西山澗奪道而流，「水西流」遂為事實。在此，水西流是第一性的，是源頭，是以此發生作為後來事物的印證的。如果一切邏輯推理最後得出了水沒有西流，那不是水西流的錯，因為水依然西流，那是邏輯和推理的錯誤。比如領袖與萬歲的關係……杭得荼驚愕地站住了，靈魂像一大片無邊無際的荒野，因為無人走過，裡面生滿了荆棘，他站在它面前，心中升起了從未有過的豪氣和恐懼。

小釋跟在得荼身後，他是個饒舌的精力過剩的言語誇張的乖巧後生，一路指著那遙遙相望的寺院大門，熱情地當著解說員：「杭老師，我看你這個人真是有慧根，你說的話也句句是機鋒。別人就不問水西流，就你問到了。杭老師現在我告訴你，水向西流是一句，還有一句叫門朝東開，你看這寺院的大門是不是朝東開啊。杭老師你知道不知道門為什麼朝東開啊？」

「是紫氣東來吧。」得茶隨便答了一句，小釋一下子愣在了大門口，說：「你怎麼知道？」

小釋說這句話的時候，得茶也微微愣住了，他看見那上了封條的朝東開的大門上，端端正正地貼著一張大通緝令，得放的相片赫然其上。他從來也沒有想到，狂熱的革命者得放，一旦扮演一個在逃犯的角色，看上去也會那麼像！這像是當頭一個棒喝：原來要成為一個階級敵人，是這麼簡單的一件事情啊！

小釋趴在門縫上看寺內，一邊說：「也不知道那株隋梅怎麼樣了。那是全中國最老最老的一株梅樹，有一千四百多年了呢。」一邊說著，一邊不動聲色地就把那張通緝令扯了下來。

陪著得茶他們上山的時候，小釋一路上想必是為了寬得茶他們的心，說的都是山中人語，仿佛此地不知秦漢，無論魏晉，還扳著手指頭把天台八景數了一個遍：赤城棲霞、雙澗回潮、寒岩夕照、桃源春曉、瓊台夜月、清溪落雁、螺溪釣艇。登到一峭壁斷崖之處，但見草木盤桓其上，瀑布飛泉間擔有一石，懸空挑起，上書「石梁飛瀑」四字，千丈瀑布自上而跌，一路飛瀉而下。眾人見了驚呼起來，那小釋說：「這就是八景中的石梁飛瀑一景啊，這鐫在石梁上的四個字還是康有為的字呢。」

得放問：「怎麼紅衛兵沒來把它當四舊炸了？」

「這是天地造化，鬼斧神工，想炸，那麼容易！」小釋回答。

此時的得放，倒有興味想起他學過的知識，便考據說：「你們看，這裡的山體由流紋岩、凝灰岩和花崗岩構成，因為是節理發育，所以經世代侵蝕之後，才會形成這樣的地貌。我說的沒錯，出來之前專門叫愛光找了本地理書看的。」

杭家幾個年輕人一邊說著，一邊坐下來休息。又問那小釋，還有什麼風光可供口資。那小釋倒像是此處老農似地回答：「天台山的風光，哪裡是一天兩天走得完說得盡的。光那山下你們走過的國清寺，就夠說上幾天幾夜的了。還有一個叫『太白瑩』的地方，傳說那是李白讀書和創作的『天台曉望』處。又有個右軍墨池，據說是王羲之草書《黃庭經》的地方。還有個地方叫『歸雲洞』，你們過一會兒再上去就能看到的。那裡的茶特別好，有兩句詩專門講這個的，叫做『霧浮華頂托彩霞，歸雲洞口茗奇佳』。從歸雲洞再往上爬，就到山頂的『拜經台』了。站在那上面，往東是東海，往北，還看得見杭州灣呢。」

這小釋懂得那麼多，真讓得茶吃驚，布朗指著他說：「我怎麼來那麼多天了，還不知道你說的這些？」

小釋道：「你也沒杭老師那麼感興趣問我啊。」

得茶看出來小釋還想當誨人不倦的老師，便有心問：「我沒來過這裡，不過看漢代史書上記著，說是葛玄在華頂上開闢茶圃，現在還能找到嗎？」

那小釋就驚奇地看著得茶說：「你連這裡有葛玄的茶圃都知道啊。人家都說歸雲洞口的那些茶樹上千年了，就是葛玄種的呢。聽我師父說，這個葛玄是一千年前的人呢，那麼這些茶樹就是一千年的樹了，跟山下寺裡的隋梅年紀一樣大的了。」

「真要是葛玄種的，那就比隋梅年紀還大了。葛玄是東漢末年的道士，我們杭州不是有座葛嶺嗎，那是紀念抱朴子葛洪的，葛玄是葛洪的長輩，距今有一千八百多年了。」

「噢，茶還能長那麼多年啊，那還不成了茶樹精了。」

「從茶的生物學年齡來看是一種長壽植物。短的也有幾十年，長的，上百年上千年的都有，這是並不奇怪的。這裡的華頂雲霧茶非常有名呢，到山頂喝茶去吧。」得荼淡淡地說著，站了起來招呼大家快走，他發現山裡的氣溫的確很低。剛進山時有人就交代過他們，說華頂山上無六月，冬來陣風便下雪。現在已經入秋了，他們剛才汗出得前背後背都貼住，現在卻涼颼颼的有些抗不住了。

要是兩年前能夠到國清寺天台山來一趟，杭得荼的心情會和今日天壤之別吧。那時他還想對日本國與中國茶事活動的淵源關係專門寫一篇論文，非常想親自走一走當年日本高僧最澄走過的地方。公元九世紀初，最澄到國清寺學佛，回國後開創日本天台宗。第二年其弟子空海再來天台，他們都帶回了茶籽播種在日本本土。宋代日僧榮西再來東土，到天台萬年寺學佛，回國後撰〈吃茶養生記〉，開篇便說：茶者，養生之仙藥也，延壽之妙術也；山谷生之，其地神靈也；人倫採之，其人長命也，天竺唐人均貴重之，我朝日本酷愛矣。得荼當時還有心情注意到榮西關於佛理與茶理之間的那種特殊的觀照。按照佛教之理，榮西在書中論證五臟的協調——心、肝、脾、肺、腎的協調，乃是生命之本，同五臟對應的五味，則有苦、酸、辣、甜、鹹。心乃五臟之核心，茶乃苦味之核心，而苦味又是諸味中的最上者。因此，心臟，也就是精神是最宜於苦味的。這些書本上輕輕鬆鬆接受到的東西，現在重新感受，卻完全不一樣了。

那小釋一邊跟著得荼他們走，一邊悄悄地問得荼：「杭老師，你怎麼知道的東西那麼多啊？」得荼想著自己的心事，漫不經心地回答說：「你是說我知道茶吧。你知道得也不比我少嘛。再說，我本來研究的就是這個，專業嘛。」

「我也是專業啊，」小釋突然興奮起來，貼著得荼耳根，「茶禪一味啊，我在寺裡就是專門伺弄茶的。」

得茶的細長眼睛睜大了，目光一亮，小釋不說，他是不會問他的。

「你是山下國清寺還俗的吧？」

「也不叫還俗。運動一來，還也得還，不還也得還，我們國清寺的師兄師弟都被趕跑了。我不走，就到山上茶場裡等著。」

「等什麼？」

「等著有一天再回寺啊！」小釋自信心十足地回答。

得茶站住了，問：「你怎麼知道你還能回寺？」

「杭老師，你怎麼啦，你不是讀書人嗎，你怎麼也問我這個？書上不是都寫著嗎？歷朝歷代，種種劫難，反正總是要輪迴的啊。沒有毀寺，哪裡來的建寺啊？哪裡會總是這樣下去的呢，阿彌陀佛，你不是也要回去教書的嗎？」

得茶真沒想得那麼遠，他甚至有點吃驚了，問道：「你怎麼知道我要回去教書呢？」

小釋得意地說：「猜猜也猜出來了，你不回去教書，你跑到山裡頭來幹什麼？你不好在城裡頭搞運動啊。我看出來了，你要是出家，肯定是個高僧。」

得茶想了想，說：「我永遠也不會出家。」

「為什麼？你有家嗎？如果你有妻兒，你可以在家當居士啊。」

「我也不當居士。」

「啊，我知道了，你有女人，破不了執。」小釋得意地說。

登至華頂，天已傍黑，人們將歇下來。聽山風陣陣，心中便有些戚戚。剛從杭州城跑出來的時候，一心只想有一個安全的地方藏身，現在這個地方算是安全了吧，不知怎麼地卻開始想念起不安全的杭州城來。小釋給他們一個個安頓好，又跑去燒水，一會兒開水上來了，每人沖了一碗茶。得放便問得茶，這是不是他剛才說的雲霧茶。得茶到底沒有爺爺的那點功底，他只聽爺爺說過，好茶未必都是明前茶，比如華頂茶，便是穀雨後立夏前採摘細嫩芽葉製成的，但他自己也沒有看到過，更不要說是嘗了。現在看到大粗碗底躺著的這種山中野茶，條索細緊彎曲，芽毫壯實顯露，色澤綠翠有神，一股熱水沖下去，香氣就泛了上來，嘗一口，還真是滋味鮮醇。雖如此，還是不敢妄加斷語，眼睛就看著小釋。那小釋真是個機靈的人兒，想必在國清寺時也是個稱職的茶僧，一邊給各位倒茶，一邊就口占詩一首：「江南風致說僧家，石山清泉竹裡茶，法藏名僧知更好，香煙茶翠滿袈裟。各位現在喝的，正是華頂雲霧茶。」

杭家人雖然茶字掛在口上，其實這些年來，和大家一樣，也喝不到什麼名貴茶，爬了這一日的山，口又渴了，如今一碗下去，真是醍醐灌頂，瓊漿玉液一般，紛紛地只道「好茶」二字。得茶頭上密密的汗出來，心裡卻一下子清了許多，坐在床板一頭，說：「可惜是過了炒茶的季節，否則真是要好好看看你們是怎麼樣製作這茶的，和龍井茶真有另一番特色。」

「這有什麼難的，我跟你一講你就明白了。鮮葉攤放，下鍋殺青，再攤涼，用扇子搧水氣，再揉，再烘，再攤涼，再搧，再鍋炒，再攤涼，再炒，再乾，再攤涼，再藏。」

小釋說得快，大家又不是真正懂製茶的，滿耳朵聽去都是攤涼。就有人笑說：「這茶可真是夠熱的，只管攤涼。」小釋卻一本正經地說：「這就叫水裡火裡去得，熱裡冷裡經得嘛。沒有這番功夫，哪裡來的好茶。做人也是一樣的，也是要攤涼的，你們這會兒不是正在攤涼嗎？」

各位端著茶的，正喝得起勁，聽了這小釋一番話，竟然都如中了機鋒一般，有些愣怔起來了。得茶便到屋外茶園去領略天風。小釋跟著出來問道：「杭老師怎麼還不休息啊？」得茶笑了笑說：「爆炒了那麼多天，我正要好好地攤涼攤涼呢。」

華頂山頭，舊有茶園二百多畝，還分了兩千多塊地方。又因為山頭坡度大，茶園多建築石坎，成梯形茶園，有的還在那梯級上種糧食，只在坎邊種茶樹，稱為坎邊茶。別小看這坎邊茶，每年每蓬大的可採五斤，小的也可採一二斤。茶園的周圍，都種植著高大茂密的柳樹、金錢松、短葉松和天目杜鵑、沙蘿樹，還有野生的箭竹和箬竹等，它們形成了一道擋風避風的天然屏障，是茶樹生長的陽崖陰林的又一個極好的例證。小釋告訴得茶，從前這裡是有許多個精巧的茅蓬的，每個茅蓬裡都住著一二個寺僧，專門管理著附近的一二片茶園。現在，這些茅蓬都沒有了。

得茶問他，是不是一個也沒有了，小釋有些黯然地說：「反正我是沒有看到過。我也沒有在那些茅蓬裡住過。」

他突然說：「小釋，我託你一件事情好不好？」

小釋說：「杭老師有慧根，只管吩咐。」

得茶說：「這件事情並不難辦，別讓我弟弟看到剛才的通緝令。」

小釋想了想說：「知道了。」

不知什麼時候，小布朗已經守在他的身邊，他們兩人談了很久。得茶把許多話都告訴他了，包括通緝令的事情，包括他回去後可能會遭遇的境況。很有可能他會被隔離審查，這還是輕的，不過再嚴重的後果他也已經考慮到了。他希望他能夠照顧好得放——他太年輕氣盛，沒有韜晦，但他純潔，正直，他相信得放絕不是什麼反革命。躲過了這一陣子就好了，關鍵是要把這一關躲過去。拜託你了，表叔，你雖和我年齡一般大，可你是我的長輩。你自己也在逃亡當中，不過你沒有被通緝，再說你的生存能力比得放強，你有你的大茶樹，不是嗎？你比我們都強，因為我們沒有大茶樹下的故鄉。

小布朗按著心口說：「我的大茶樹，就是你們的大茶樹啊！」

兩人就無言了，再從山頭放眼，又有一番景象，真如史書記錄的那樣：東望滄海，少晴多晦，夏猶積雪，自下望之，若蓮花之萼，亭亭獨秀。坎邊茶倔強地生在石岩山土之中，在暮色中就像修行打坐的老和尚。得茶想起了他還曾經記錄著的一首有關天台茶的詩：華頂六十五茅蓬，都在懸崖絕洞中。山花落盡人不見，白雲堆裡一聲鐘。現在他就站在華頂，白雲就在腳下，但他聽不到鐘聲。他命運的鐘聲暗啞了。城裡的親人啊，我必須回到你們的身邊，我還要盡我的責任啊。

反動標語的事件之後，小學應屆畢業生杭迎霜，已經將近有大半年離校逃學。家裡的災難，一波又一波就沒有停過，甚至連她這樣敏感的小姑娘，都被災難整麻木了。雖然如此，初冬的早晨，在西湖邊法國大梧桐樹上看到那張大大的通緝令，看到通緝令上哥哥得放的相片，迎霜還是差不多嚇昏過去了。她一把抱住樹身，仿佛想用自己的身體遮住通緝令，抬頭一看，二哥還在她眼睛上頭，他的熟悉的大眼睛，他的英姿煥發的眉間一痣，依然向她發著特有的光芒。他微微抿著的嘴唇裡發出的聲音，只有小妹妹一個人聽到了，他正在問她：小妹妹，除了加加林，誰能記住那第二個登上月球的人？

膽小如鼠的迎霜，偶爾卻會冒出一些膽大包天的念頭。她一隻眼盯著通緝令，一隻眼盯著湖邊人行道上來來往往的行人。天知道她怎麼突然出手，昏頭昏腦地一跳，扯下了那張通緝令，三疊兩疊地就塞進褲子口袋。至少有十個人以上看到了她的出其不意的反動之舉。他們張大著嘴，被這種光天化日之下的無法無天驚得目瞪口呆。還沒等他們開口叫出聲，迎霜已經跳上了一輛公共汽車，揚長而去。一隊遊行隊伍恰巧過來，人們的目光就被新的節目吸引，聲音也被新的口號掩蓋。每天都有新的號外傳來，這一次是慶祝什麼？噢，是慶祝郊縣的一次武鬥勝利。戰鬥發生在三國東吳領袖孫權的故里。一千多年前他們就愛打仗，現在這傳統被再一次光榮地繼承了。這一仗打死了一百多人，傷殘了三百多人，關押了七百多人，燒毀房屋一千二百多間，砸了兩千多間，順便砸了一百六十多個單位。這是多麼輝煌的戰績啊——毛主席萬歲萬萬歲！

在一片打倒和萬歲交錯沉浮的口號聲中，小姑娘迎霜立在車廂裡，一隻手抓車把，一隻手捂住那通緝令，她已經嚇得靈魂出竅，眼神失散，幾乎昏倒。她不知道自己是怎麼下的車，下到了哪一個車站，走進了哪一扇大門，推開了哪一間屋子的窗。李平水正坐在窗前發愣，突然窗子打開了，一張面色蒼白滿臉汗水的小姑娘的臉出現在他面前。他驚訝且疲倦地站了起來，問：「迎霜你怎麼來了？快進來。」

迎霜搖搖頭表示自己不進這個家門，李平水突然明白了，說：「進來吧，她不在。」但仿佛已經嚇破了膽的小姑娘還是不進來，李平水嘆了一口氣走出門去，一邊摟著那小姑娘的肩，把她往裡推，一邊說：「你放心，她不會再來了，我們剛剛辦完離婚手續。」

李平水這些日子，和他們杭家人，真算得上是同死落棺材，倒楣在一起了。他所在的部隊保護的地方省級領導，全都成了「二月逆流」，李平水死心塌地忠於的首長們，被造反派們像一大串螃蟹般地拎到台上，強扯了領章帽徽還算客氣，乾脆剝了軍裝就按著跪倒在地上，又是打又是拔頭髮又是噴氣式。本來李平水他們這些下級軍官也只是在台下看著，算是受蒙蔽無罪反戈一擊還有功呢。但巧不巧的，李平水這鄉村教師的兒子這時候耳邊卻突然響起了年初周恩來總理給他們打來的電話，他那年輕的胸腔一熱，跳了起來就憨喊：「周總理說我們這支部隊是好的，是為了顧全大局才受委屈的，你們敢反周總理嗎？」

上上下下的人看著這青年軍官一時都傻了，這擋車的螳臂！這撼樹的蚍蜉！這不到黃河不死心的小爬蟲！吳坤坐在主席台上，看著這群氓中的一分子，這小數點後面的又一個零，心想：又一個歷史的犧牲品，他們永遠不懂何謂政治，永遠不懂什麼叫此一時彼一時，永遠不懂什麼是政治角逐中的叢林法則。你這塊弱肉，我本不想強食，但你送到我嘴上來了，我有什麼辦法？

和李平水一起鬧事的軍官民兵，這下可被整慘了，一個個被打得七葷八素，還有人被打死的。也不知道是不是因為那時採茶還沒有和李平水離婚，打得還算手下留情。不過李平水一點也不後悔，他要不是那麼主動跳出來，恐怕那翁採茶還不肯跟他一刀兩斷呢。現在好了，打也打過了，人也弄臭了，就等著轉業後發配了，你還不跟我離嗎？

迎霜來之前，李平水剛剛和採茶辦完了離婚手續，採茶開了一輛車來搬她的東西。她指揮這個指揮那個，搬這搬那的，眼睛尖得很。整個過程中李平水就坐在桌旁的那張椅子上，背對著他們這群強盜坯。他一點也不生翁採茶的氣，只是納悶，從認識到結婚再到離婚，不到一年，這女人從開頭到結尾完全不一樣。究竟她生來就是一個強盜婆呢，還是這不到一年的時間內才變成了一個強盜婆？她那又愚蠢又莊嚴的樣子，讓人看了哭笑不得。他不願意再去想她。但她還是不放過他，臨走時高喝一聲：「李平水，你過過目，看看我欠了你什麼？」

李平水回過頭來一看，好哇，清湯寡水的一個家，比他單身時更加家徒四壁。他沒意見，只要她肯離開他，就是他天大的造化。此刻，她正用苦大仇深的目光盯著他，仿佛要用目光的利劍把他釘在歷史的恥辱柱上。也不知為什麼，他突然微微地笑了，他說：「很好，你走吧。」

哪怕翁採茶已經被吳坤的迷魂湯灌得失了本性，這微微的一笑，還是讓她心裡一動。然而也就到此為止了，她不會也沒能力讓這心再繼續動下去的，於是，她哼了一聲，昂首闊步，颯爽英姿，永遠地斷開了她的短暫的第一次婚姻。

遵照李平水的囑咐，迎霜記住了不要把通緝得放哥哥的這件事情，告訴家中的爺爺奶奶。一切都變了，爺爺死了，大爺爺的地位也改變了。單位裡的人，不再像從前那樣把他當作烈士家屬看待了，現在他是幾乎接近於反革命家屬了。單位裡好幾次把他叫去要他說出他那個侄孫的下落，陪鬥也有過好幾次了。

奶奶的日子更不好過，居民區三天兩頭把葉子弄去，要她說清楚她和日本鬼子的關係。也不知怎麼回事，每一次葉子被召去，會議到的人都特別齊。說起來也都是幾十年的老鄰居了，但運動一來，突然重新陌生，大家看著她就像是看西洋景。她怎麼到的杭州，怎麼先嫁的嘉平後嫁的嘉和，真是打破沙鍋璺到底，一遍又一遍，永遠也不厭煩。每次葉子還沒有到現場，老遠就聽到這些放了半大腳的老太婆津津有味地肆無忌憚地扳著手指頭，老大啊老二啊誰先誰後啊說個不停。等她終於受盡污辱出來之後，門口總也會圍著一群看熱鬧的男女，仿佛她是那種秘密從良的妓女，運動一來，底牌翻出，洋相出盡。

乾脆批鬥就批鬥，坐牢就坐牢，這也罷了。但現在就像鈍刀子殺人。對他人隱私的熱衷夾雜在高昂的批判運動中，就像味精撒在了小菜中。沒有這種所謂的風流事情可揭發批鬥，人們來開批判會的熱情就不高，甚至假借各種事情不來了。隨著運動的無休止，葉子的位置也越來越顛倒。她本來是佐料，最後卻成了主菜。時間長了，有人甚至奇怪葉子怎麼還不自殺。居民區裡已經有好幾個差不多問題的女人死了。葉子比她們的事情都要複雜，她卻不自殺，還每天去買菜。日本佬兒，到底心凶命硬，你看他們杭家被她剋成了什麼樣子。革命的老太婆們咬著耳朵散佈著迷信，看著她那踽踽獨行的背影說。

迎霜從李平水處回家，在弄堂口碰到來彩。來彩也被揪出來了，不讓她管電話了，讓她天天掃弄堂。她倒不在乎，掃就掃吧，她也就重新從來衛紅回到了來彩。那麼多人見了葉子都不敢說話了，就她見了還喊：「杭師母，買菜啊。」這會兒看到了迎霜，她也不避諱，叫著說：「哎呀迎霜你怎麼才回來？你奶奶發病了，爺爺剛剛把她送到醫院裡去呢。」

迎霜急得耳朵就嗡嗡地響了起來，就在弄堂口跺著腳叫：「來彩阿姨啊，我奶奶生的什麼病啊，昨天她去菜場，回來我就看她不好了呢，她生的什麼病啊，到哪家醫院去了啊，來彩阿姨，我爺爺留下什麼話了嗎？」

來彩看迎霜急成這樣，說爺爺只讓她乖乖在家等著，她讓她趕快回家看看，也許家裡會留下紙條什麼。迎霜急忙回到家裡，奶奶床頭亂翻一陣，什麼也沒翻出來，正急得要哭呢，枕頭底下突然飛出半張紙來。迎霜看了眼睛都發直了，那不是剛才她留在了平水哥哥家裡的通緝令嗎？怎麼奶奶的枕頭底下也會冒出來呢？得放哥哥的臉上還有淚痕呢，迎霜明白了奶奶為什麼昨日回來就生病了。「奶奶啊……」迎霜捧著那張扯成了小半張的通緝令，淚水又疊到淚水上去了。

第二十五章

杭嘉和的視力是越來越不行了，但葉子一病，他的眼睛彷彿又亮了起來。昨天葉子嗆了一夜，他們倆都失眠，但互相間卻誰也不提。早上葉子起來，跟往常一樣發爐子，他也像往常一樣跟了出去。葉子提著爐子，蹲下來搧火，突然輕輕地哎呀一聲，人就歪了下去，倒在地上。嘉和一看，天都要塌了，一把抱起來，就往屋裡衝。葉子拼命掙扎，說不要緊不要緊，昨夜沒睡好，頭有點昏罷了。嘉和哪裡肯聽，他預感到大事又要不好了，拿上一點錢，關了門，揹了葉子就出門。葉子說：「嘉和，我真沒事情啊，你讓我躺一會兒就好了。」

可是這句話說完，她就一下子昏了過去。嘉和揹著她出門，醫院離家並不遠，兩站路的光景，下了車，葉子又清醒過來，說：「我真沒大病，你一定要來，多禮數。」這最後一句杭諺是說嘉和多事，嘉和卻笑了，他產生了錯覺，真的以為自己是多禮數了，說：「來也來了，還是看看放心。」掛號的時候葉子坐在凳子上等著，還撐得住。醫院裡人多得如沙丁魚罐頭，等嘉和急急地掛了號子，回過頭來一看，一群人正圍著葉子，葉子又昏過去了。有人說她是小中風，有人說是高血壓，有人說是心臟病，嘉和急得抱起葉子就往門診室裡衝。幫幫忙，幫幫忙，他的聲音讓人同情，大家讓開一條縫，讓他們擠到醫生身邊。兩個醫生對面對坐著，一個臂上掛著紅袖章，一個胸前別一塊黑布。紅布的年輕，黑布的年老，紅布的氣盛，黑布的氣餒，紅布的面前畏畏縮縮沒幾個人肯上去，黑布的面前擠了一大堆人，嘉和本能地轉向了黑布者。好不容易輪到了葉子，幾句話問下來，黑布老者就說：「老同志，你的愛人病很重，要立刻住院。」

葉子迷迷糊糊的一聽要住院，急得撐起來就要往家裡回，被嘉和一把按住了，厲聲說：「不准動。」葉子嚇了一跳，看看嘉和的臉色，不再反抗了。嘉和連忙又問黑布老者要不要緊，老者也不說什麼，只說快住院快住院。嘉和心一沉，知道這就是醫生的診斷，病人已到了非住院不可的地步了。

葉子就在這時候猛烈地咳了起來，黑布老者看了看紅布，小心翼翼地問：「這個人病得不輕，要立刻掛瓶，我去去就來。」

紅布便有些不耐煩，說：「你是在這裡看病的，外面的事情要你多管幹什麼？」

老者為難地站住了，來回看了好幾次，咬咬牙又說：「病房滿了，這個人必須馬上掛瓶消炎，我去去就來。」

紅布生氣地看著他，終於揮揮手說：「去去去，就你事情多。」

老者拔腿就走，邊走邊對嘉和他們說：「跟我來，跟我來。」嘉和抱著葉子出去時，還能聽到那紅布故意大聲的說話：「牛棚裡放出來半天的人，還當自己是從前三名三高的專家，不要看現在這裡當著大夫，下半日還不是掃廁所倒垃圾，神氣什麼？」

嘉和聽得清清楚楚，他不由看看走在他身邊的老大夫，那大夫卻好像沒聽見似的，把他們叫到三樓走廊盡頭上的一張空摺疊床邊，一邊幫著嘉和把葉子扶下，一邊說：「你再來遲一步，連這張床也沒有了，先躺下再說吧。」

老大夫又走到急診室裡面，跟一個小護士說了幾句話，那小護士點點頭說她知道了，老大夫這才走了出來，告訴嘉和說現在就給病人掛瓶子，趕快治病，半天也不能拖了。嘉和把老大夫送到樓梯口，老者突然回頭問：「你是杭老闆吧？」

嘉和不由一愣，已經很多年沒有人那麼叫他了，偶爾有人這樣問，那必是四九年以前買過他們忘憂茶莊茶的老顧客。他點點頭，老者一邊往下走一邊說：「好多年沒喝過你家的茶了。」嘉和下意識地跟著他往下走，一邊問：「大夫你看她的病——」

老者嘆了口氣，「你還是送遲了一點，試試看吧。」

嘉和說：「拜託你了，我這就去辦理住院手續。」

老者看了看他，像是有話要說，又不知該怎麼說，嘉和明白了，問：「是不是住院不方便？」

老大夫這才回答：「你想想，要不我怎麼把你帶到這裡來。病人先躺在這裡再說，能住就住，不能住放在這裡我也好到時候過來看看。每個住院的人都要登記出身，我怕你們住不進呢。」

「沒關係，我有烈屬證。」嘉和連忙說。

「就怕他們查她的。實話告訴你吧，我和你妹妹寄草在一個醫院工作過，你們家的事情我知道，我碰碰運氣看吧。」老大夫嘆了口氣，急急地要走，說：「我也是被監督著呢，再不走又得挨批了。我走了，有什麼事情再聯繫。」

老人走了，嘉和看著他那慌慌張張的背影，心裡堵得自己彷彿也要發心臟病了。

心裡有事，嘉和是能不露在臉上就不露在臉上的，奇怪的是葉子總能從同樣的風平浪靜中看出漩渦來。一見嘉和那張平靜的面孔，她就準確地判斷出丈夫的心情。她躺著，頭上一盞日光燈直逼在臉上，身邊走來走去的到處是人，她不再說她要走了。閉著眼睛，眼淚卻從眼角流出來了，嘉和看看不對，掏出手帕給她擦，擦了又出來，擦了又出來，好一會兒也沒擦乾。周圍人的腳在他們身邊踏來踏去，有幾雙腳還停下片刻，不一會兒又走開了。這對老人在這樣鬧哄哄的走廊上靜悄悄地傷心，仿佛只是給那個沸騰的世界作一個注腳。護士來了，葉子順從地伸出手去，讓她們扎針。她一生也沒生過什麼大病，這把年紀了，看到打針還是害怕，別過頭去不看。嘉和一邊摸她的頭髮一邊說著好了好了，你看馬上就好了。偏偏那扎針的護士把葉子的手當作了實習的器具，扎來扎去的，血出了好多，嘉和心疼得眉頭直皺，護士一走，他抱住葉子的腦袋問：「痛不痛，不痛吧？扎進去就不痛了。」葉子抖著腦袋說：「沒事情，你放開你放開好了。」

看葉子掛了吊針穩定多了，嘉和心裡稍微平靜了一些，他想出去給得茶打個電話。近來得茶比前一陣子空多了，他已經靠邊站，原因是給得放通風報信，幫助得放逃跑。在嘉和看來，得放已經是夠狂熱革命的了，他只是提出了唯成分論反動、文攻武衛這個口號值得商榷，鬧到正式通緝這一步，真是連他也沒想到。得放一跑，吳坤派就吃住了得茶，得茶靠邊審查，雖不能回家，但比本來卻清閒多了。電話打過去，接電話的卻說得茶不在，有緊急事情出去了。嘉和又想找寄草，突然想到寄草去了龍井山裡，和盼兒一起陪著白夜，白夜的預產期快到了。

這麼想了一圈，也沒再想出人來，嘉和惦記著葉子，回頭就往樓上跑，還沒到三樓走廊口上呢，就聽見樓上吵著像是誰在訓誰，上去一看，那不是紅布頭正在訓那年輕護士嗎？「誰讓你們隨便打的針，你弄清楚這人身份了嗎？院裡造反總部定的新規定，成分不清者一律不准住院，一律不准按住院條件治病，你們是吃了豹子膽了，誰是你們的幕後策劃者？」

那剛剛給葉子掛瓶的護士，嚇得說不出話來，只會說半句：「是、是、是你們那裡——」

「是那老東西讓你幹的吧，我就知道這事情不明不白。把針頭先拔了，他們這一對老甲魚要是沒問題，我頭砍了給你們看！」

說著就要往葉子身上拔針，嘉和撲過去一把攔住，大聲叫了起來，說：「你不能這樣做。」周圍立刻就聚了一群看客，也不說話，也不勸，也不走開，定定地看著他們。那紅布頭見了嘉和，冷笑著說：「我當你躲到哪裡去了，看看你這相貌都不是好東西，你說，你什麼成分？」

嘉和拿出烈屬證來。紅布頭一看，自己臉就紅了起來，說：「你怎麼不早拿出來？」

嘉和使勁噓下了一口氣，才說出話來：「剛才照顧病人，沒想到拿。」

紅布頭看上去也使勁噓了口氣，說：「以後記性好一點，到處都是階級敵人，給你看病的老東西就是個階級敵人，不認真一點能行嗎？」

這麼說著，到底自討沒趣，掉轉屁股就走了。看客們見這裡打不起來，也一哄而散，嘉和連忙蹲下來，對一直閉著眼睛一言不發的葉子說：「好了，沒事了，好了，沒事了。」葉子睜開眼睛看看丈夫，微微點點頭。陽光照了進來，照到了葉子的臉上，她的小小的耳朵上，耳朵不再透明了，不再像一朵含苞欲放的花兒了。嘉和伸出手去，捏住了她的那隻耳朵。這是他們最親密的最隱私的動作之一。葉子朝他有氣無力地笑了。她的身體的感覺很不好，但心裡很安靜，她不知道，為什麼這種時候，她的心裡反而很安靜了。

小護士過來，拍拍胸說：「嚇死我了，你們是烈屬啊，早一點拿出來多好，明天床位空出來我們就讓你們先進去，我還當你們也要打道回府呢。」

嘉和說：「謝謝你了，小同志。」那護士輕輕說：「謝我幹什麼？謝我們老院長吧，就是剛才那個老牛鬼。你們真是險，撞到那紅布頭手裡，他是專門和老院長作對的，幸虧你們是烈屬呢。」

話還沒說完，葉子就激烈地嗆了起來，嘉和把葉子上半身抱在懷裡，一邊輕輕拍著背，一邊說「就好，就好就好」，一邊親昵地理著她的頭髮，細細地把落在前額的髮絲夾到她的耳後根去。他的那種新郎般的親昵和他們之間的那種忘我的恩愛，把小護士都看呆了。

那邊，入冬的龍井山中胡公廟旁，那十八株御茶前，那低矮的簡陋的農家的白牆黑瓦裡，燈光昏黃，年輕的孕婦正在不安地輾轉。

寄草小心翼翼地用手指頭按了按白夜的腳脖子，像發麵一樣凹進去一個洞，深深的，這使盼兒緊張起來，問：「姑姑，要不要緊？」

寄草搖搖頭，說：「你們早就應該把她送到醫院去了。」

「不是說待產期還有一個月嗎？」老處女盼兒心慌地拉著姑姑走出了房間，一邊輕輕地耳語說，「白夜不願意那麼早去醫院，她不願意看到吳坤。」

正那麼說著，就見站在門口的得荼攔住了她們，屋裡一道燈光劈來，把他的臉剖成兩半，兩隻戴著鏡片的眼睛，一隻完全蒙在暗中，使這張臉看上去近乎於一個海盜。他那一言不發的神情叫這些杭家的女人看了害怕。主啊，盼兒輕輕地在心裡祈禱了一句，她不是一個多言的人，只管自己把眼睫毛飛快地顫抖起來。

「她怎麼樣了？」他問。

「盼兒你去找人，找擔架，我去燒水。你怎麼來了，你不是被他們隔離審查了嗎？」這最後一句話才是對得荼說的。

「我跳窗出來的。」得荼說，兩個女人仿佛不相信地看了一眼，他不再作解釋，搖搖手就走進了屋子。盼兒一邊劃著十字一邊驚異地問：「小姑，他真是跳窗出來的？」

寄草一邊推著盼兒往山下走，一邊說：「快去吧快去吧，總算來了一個男人，可惜沒有吉普車了。這麼多山路，怎麼送出去啊！」

在那個夜晚，謝愛光看到了得茶的驚人的一面。她沒有這種心理準備，當他的面容從門口出現時，她還長吐了一口氣，說：「我真擔心通知不到你，還怕他們不肯放你出來。我確定不了你到底能不能夠到，沒敢告訴白姐姐——」接下去的話被得茶那令人驚異的動作打斷了，她看到他一言不發，突然走進裡屋，跪在床前，雙手一下子摟住了白夜的脖子。

此刻的白夜是背對著得茶的，也許她根本沒想到得茶會來，也許她早就有心理準備，總之她沒有回過頭來。得茶仿佛用力要掰過她的面孔來，而她也在用力地迴避，甚至把自己的臉埋到了枕中。他們兩人這樣一聲不吭地扭來扭去，把跟進了裡屋的愛光嚇壞了，她發出了哭音輕聲叫道：「大哥你要幹什麼，白姐姐剛剛睡了一會兒。」

得茶突然停止了扭動，他站了起來，在房間裡急促地不安地走動著，突然站住了說：「愛光你出去！」

「你瘋了！」謝愛光生氣了，「你不知道白姐姐要生寶寶了嗎？」

「五分鐘！」

「一分鐘也不行！」

得茶盯著這固執的少女，他的隱在昏暗中的瘦削的臉，讓她想起倫勃朗的畫，那還是運動前在一個偶然的時刻看到過的畫——她從來也沒有想到她會碰到這樣的人，她現在所經歷的事情使她變成了另一個姑娘。

得茶看上去還是那麼冷，他和得放多麼不同，得放是火，是普羅米修斯，得茶呢，他像什麼，像水嗎？

「你出不出去？」他再一次問。

愛光搖搖頭，她吃不準他要幹什麼，現在她有些後悔起來，她不該悄悄地把得茶叫來，白姐姐會生我的氣吧。她沒有時間多想，因為她看到得茶再一次伏到白夜的臉前，一邊用一隻手撫摸著她的汗津津的頭髮，一邊開始親吻她的脖子、她的額角、她的眼睛、她的面頰。他的忘我的神情，甚至是有點喪失理智的神情讓愛光驚心動魄，他除掉了眼鏡，在昏暗中她清清楚楚地看到他的變得有些陌生的面容，她還親眼看到，他的眼淚落在白夜的緩緩轉過來的蒼白的酒窩裡。開始閉上眼睛的謝愛光發起抖來，一邊慢慢地往門口移。當她再一次睜開眼睛的時候，她看見他正在親吻她的唇，他們想克制自己的哭聲，但他們的低啜更像是嚎啕大哭，他們相擁相依的場景，讓謝愛光忍不住也哭了起來。她走出門外，走到那星光燦爛的茶坡前，她一直在哭，一邊叫著得放的名字，這一切超過了她能夠想像的、能夠承受的極閾，愛情原來是這樣地痛苦啊……

滿天的星光閃爍，盼兒在茶園間奔跑，她拉著九溪奶奶在茶園裡奔跑，茶蓬鉤攔著她們的衣服，一片刷刷刷的聲音。九溪在後面照著手電筒，一邊推著她們一邊低聲地催：「快一點兒，快一點兒，真是小腳老太婆也比你走得快啊。」

杭盼不知道發生了什麼，是不是主讓她把這個生孩子的事情接下來。和白夜只有過一面之交，那一面就是驚心動魄、跌宕起伏，她發現她是那種要讓上帝特別操心的女人。她仿佛是一條純潔的歧途，一個無辜的陷阱，一種命中注定的錯誤。盼兒和這樣的女人的區別，仿佛就是此岸與彼岸的區別。但這並不妨礙她對得茶所產生的那種奇特感情的理解——人們被自己與生俱來所不具備的一切所神秘地吸引，你能夠說那是因為什麼？沒有迷途的羔羊，便沒有上帝。杭盼甚至認為這一切和運動無關，沒有運動，杭得荼依然會和白夜一見鍾情，白夜依然會和吳坤分道揚鑣。運動來了，有一些溫文爾雅的人開始殺人，那並不能證明是因為運動帶來了撒旦，使他們變成魔鬼。盼兒想，那是因為撒旦早就已經潛伏到人心最黑暗的深處了。

九溪奶奶也已經快七十了，冬夜無事，正在家裡整理霉乾菜，聽說有個大肚皮快要生了，夾起個包袱兒就往外走，一對大腳，倒也走得利索。一邊在茶園裡奔著一邊自說自話：「要死不要死啊，什麼也沒有怎麼生伢兒啊！尿布呢？啊，紅糖呢？雞蛋？這種東西老早就要備好。山裡頭生孩子，多少不放心，又不是從前舊社會。人家都往城裡跑，她這個產婦娘怎麼反而往山裡跑——」這麼說著，突然在御茶樹前停住了，盯著盼兒問：「杭老師，她不會是資本家地主出身吧？」

九溪在後面扛著擔架，擺擺手，說：「老太婆，你是要吃巴掌了是不是，看你說什麼呀，你怎麼能這麼說呢？」

九溪奶奶仿佛醒了過來，叫了一聲「我這個老發昏」，拔腿就跑。他們已經聽到了哭聲，那是愛光的哭聲，仿佛這時候她已經有了預兆，災難又要降臨了。

是的，隨著暮色的降臨，嘉和發現災難真正降臨了。他坐在葉子床頭，握著葉子的手，卻看不見葉子了。這使他心裡升上了從未有過的恐懼。黑夜張著血盆大口，一次次地要吞沒他，但至今還沒有把他吞沒，但每次都仿佛又吞沒他一點點，一個手指頭，一隻胳膊，半隻肩膀，一條腿。現在，黑暗開始來吞沒他的心。

每次都是這樣，在他幾乎徹底絕望的時候，光明在千鈞一髮之際趕來救他。這是一場光明與黑暗的秘而不宣的戰爭，雙方選了他的肉體來做戰場。他一個人獨處時，還有選擇忍耐的餘地。但這一次他真的驚慌失措，因為這是一個陌生的地方，冷颼颼的走廊，一隻瘦弱的手，依賴地躺在他的大薄手的懷中。剛才護士收去了大瓶，護士說明天能不能住進病房還得看情況。現在嘉和真是後悔也來不及了，他想回家，可是怎麼回去呢？他得的肯定是夜盲症，但昨天晚上還能看到大致的影子，為什麼現在一片模糊呢？

心裡越是恐慌，越是害怕葉子知道。葉子不知是睡了一覺精神好了許多，還是因為掛了瓶子藥起了作用，總之她不再咳嗽了，握在嘉和手中的手，仿佛有了一點力氣，反過來握著他的手了。兩隻手相依為命，相互滋長著活下去的殘存之力。他什麼也看不見了，但他微笑著，仿佛他洞察一切。他心裡戰戰兢兢地想著：是的，他能夠挺過去的。一輩子都挺過來了，這一次就挺不過去嗎？別人身上都挺過來了，在葉子身上——他的一生中最長久最美的伴侶身上，難道就挺不過去嗎？他要挺不過來，葉子怎麼辦啊，她那麼孤零零的一個人躺在走廊上，這可怎麼辦啊？他想都不敢想這件事情，剛剛想了一個頭，他就嚇得頭髮根子都倒豎了起來，一使勁地就抽出手來，握住了葉子的耳朵。他只是憑感覺握住的，但他的感覺非常正確。葉子一點也沒有覺察出來，她還會輕輕地嗔怪了一句：「七老八十的，幹什麼啊，也不怕人家看見。」

「半夜三更的，有誰啊。」他說，葉子看到了他的微笑，多日沒有見到過的溫柔的微笑。這是他年輕時的笑容啊，是葉子也曾經為之深深動心的笑容啊。葉子的眼淚就流了出來。走廊裡沒有人了，她想跟他說說心裡話。

「大哥哥，你不要生我的氣吧。」

「生病不肯看，我怎麼能不生氣呢。」他還是笑著，故意岔開話題，他知道她說的是什麼，可是他直到現在還想迴避這個話題。葉子卻故意不迴避了，是重病給了她勇氣吧，她一向就是順著他的意思說話的啊，她最能夠懂得他的不說出來的意思，她是他潛在的生命河流中的一葉小舟啊。

「我是喜歡嘉平的啊……」葉子說，她也微微笑了起來，彷彿還有點驕傲，「我從小就喜歡他。我只弄錯了一點點事情。」她握住他的另一隻手，「有很長時間，我一直以為你像我的兄弟，他像我的男人。後來我才知道，這件事情恰恰反了，是他像我的兄弟，你像我的男人啊。」

嘉和把頭貼到了她的耳邊，他的熱氣吹到了她的耳根上，他能夠想像出六十年前的透明的小薄耳朵，他想起了他的手足兄弟嘉平。有多少話活著的時候來不及說，又有多少話活著的時候不能說啊。兄弟，難道我看不出你對葉子的愛，難道我看不出你多少年來的悔恨嗎？可我還是想得到那個女人的全部，那個靈魂也全部屬於我的女人。他輕輕地耳語：「你什麼時候才弄明白這個簡單的道理啊？」

「是你真正到我房間裡來的那天吧。第二天早上，我就明白了。」

「過了那麼多年才肯告訴我……」嘉和還是笑了，只有他明白，什麼叫「真正到我房間來的那天」。

「本來想好了，到我死的那一天告訴你的呢。」又怕這樣做不吉利，「你要生氣的。……看，生氣了？你看你還是生氣了。」

「我生氣了，我要罰你呢。」

「罰我什麼都認，只要能回家就認了。嘉和，你到窗口看看有沒有星，明天的天氣好不好。」

「從這裡就看得到，滿天的星，明天是個好天氣。」

「明天我們回去吧，我們在家裡養病，還有茶吃。在這裡你連茶都吃不到呢。」

「好的，明天天一亮我們就回家去，我們吃藥打針，不住院掛瓶了。」

「說話算數——」

「你看你，我什麼時候說話不算數過呢？」

盼兒滿臉是汗，也許還有淚，她對到來的一切措手不及，儘管她已經把送白夜的時間安排在最近的明天，她還是沒有趕上新生命的步伐，新生命執意要在今天夜裡降臨。在她的身邊降臨，這是主的旨意啊。

擔架抬到南天竺山路邊的辛亥義士墓前，就再也無法往前走了，白夜的慘叫在黑暗籠罩的茶山間震盪迴響，得茶親自抬著擔架，他幾乎可以說是在暗夜中狂奔，他聽到他的心在他的眼前引路，狂跳，狂叫，他還聽到姑婆寄草在叫：不得了，血從擔架上流下來了！

有人叫著手電筒，有人放下了擔架，只能在茶園裡生孩子了。直到這時候，得茶還沒有想到死，他只想到生。他撲上去，抱住那正在生育的女人上身，急促地傾訴：「……我的寶貝我的心，你生的是我的孩子，是我的親骨肉，你一定會做得很好，我們會永遠在一起，一分一秒也不分開……」

冬日的夜，一陣風吹過，星轉斗移，茶蓬在黑暗中嘩啦啦地抖動，鳥兒撲簌簌地飛上了星空，得茶仰天看著星空，他看見群星嘩裡啪啦地往下掉，一直掉進了茶叢，一大片一大片的，像螢火蟲，像流星雨，白燦燦變成了一片片的茶花，他看到女人垂死的面容，她在強烈的慘叫之後會有間隙的呻吟，那時她望著星空，吐出的聲息他能聽懂，她在向他傾訴……我愛你……她的一隻手使勁地抓住了一根茶枝，那紛紛揚揚的茶花滾動著落到她的身上，滾入她的血泊。他看到了她一次次往後仰去的脖頸——那是她活著的時候就在不斷逝去的容顏。他要抓住那美，可是直到此刻他依然不知道他為什麼會那麼愛她——因為那注定要消逝的美麗，因為那麼悲慘，那麼美好，那麼樣祈禱之後依然還會有的茫然——也許還因為過失——因為過失悔恨而分外奪目的美麗……

接著，女人的喊叫仿佛已經不再重要，在那越來越暗的手電筒的慘澹之光下，杭盼親眼看到新生命黑鬱鬱的腦袋，從生命之門噴湧而出，一個女嬰掉進了茶叢。她孱弱地啼著，九溪奶奶手忙腳亂地倒提著她的那雙小腿，拍著她的小屁股，一邊包裹一邊說：「姑娘兒，姑娘兒，恭喜恭喜。」

白夜不再叫喊了，但再也不會睜開眼睛了。她歪著頭，依偎在得茶的懷中，世界重歸於寧靜，天人合一。杭盼聞到了一股香氣，這種香氣只有她們這裡有了，那是茶花在夜間發出的特有的茶香氣。她走遠了幾步，重新看到黑黝黝茶園在月光下發亮，這是夢境中的神的天地，這是天國的夜。

她跪了下來，輕聲歌唱讚美詩：

……

清輝如雪，溫柔的月，輕輕向著靜寂的地，

重新自述平生故事，讚美造就她的主上帝；

在她周圍，無數星辰，好似萬盞光耀明燈，

一面遊行，一面頌神，反覆讚揚創造深恩。

……

然後她聽見那邊所有的人叫了起來：「白夜，白夜，白姐姐，白夜……」夾雜著哭叫聲的，是嬰兒星空下的貓一樣的哭聲……

天亮了，杭嘉和挺過來了，他感受到了一絲光明，兩絲光明，三絲光明，他感受到了一小片光明。

他看到他心愛的妻子靜靜地躺著，一段黑夜，仿佛把他們隔開在了永恆的忘川。不過現在好了，那不過是仿佛，一段模擬的地獄，現在他挺過來了。他下意識地想從葉子的手裡抽出自己的手。他發現有些僵硬，他用另一隻手去摸摸葉子的耳朵，也有些僵硬。他的心一下子僵住了。他伏下頭去貼在葉子的面頰上，他立刻就全身僵硬了。他的眼前一片漆黑，他重新掉入了黑夜。

第二十六章

隨著綠色世界的沉寂，紅色世界更加沸騰了。

一九六九年的春節與九有緣，走到哪裡，人們都在畫葵花。一共九朵，象徵著就要召開的九大。少女們手裡舉著兩朵綢製的大葵花，一路唱著：長江滾滾向東方，葵花朵朵向太陽……

那一年春節什麼都得憑票，連買茶葉末末都得排隊。大家都在馬路上擺市面，人行道上，買茶葉的隊伍排得幾里長。馬路上，迎接九大召開的舞隊也排得幾里長。兩條並排的長龍相互看著，誰也不干擾誰。居民區憑證指定購買的茶葉店，正是杭家從前的忘憂茶莊，先是公私合營，之後成為國營商店，一路改了許多名字，最後改成了現在的紅光茶葉商店。白天依稀還能看到一點天光的杭嘉和，多年來第一次自己排隊到他自己從前開的茶莊去買茶。

就在這時候他聽見有人叫他，憑感覺他知道了，這是特意來向他們告別的軍人李平水。

轉業的消息剛剛知道的時候，李平水首先想到的便是那個名叫迎霜的小姑娘。他倒也沒有認真想過對那小姑娘究竟懷著怎麼樣的一份情誼，只是覺得杭家與他的個人感情，眼下已經可以用患難之交來形容了。這麼想著，就到了羊壩頭杭家。聽說迎霜不在家，心裡卻有些失落。爺爺嘉和一邊排隊一邊跟他聊了一會兒話，告訴他，受得放的牽連，得茶現在還在海島普陀山的一家拆船廠裡服苦役，好在盼姑姑帶著他的女兒夜生在那邊陪他，他還算過得去。老人家不願意多講自己的不幸，轉了話題，對即將脫下軍裝的李平水說，「平水是個好地方，劉大白就是平水人。」

李平水很興奮，說：「爺爺你也知道劉大白？他和我爺爺他們可是年輕時認識的，很有名氣的呢。」

「我也認識他啊，寫〈賣布謠〉的，中國最早的白話文詩，是我的老師啊，葬在靈隱，也不曉得墳有沒有被挖掉。」

他們過去也沒交談過多少話，那一天卻說了不少。突然他們都不吭聲了，他們幾乎同時都看到了那支正在馬路上練習迎九大召開的舞蹈隊。

舞蹈隊中的杭迎霜，人一下子拔高了，奇怪的是她的脖子竟然長出了一截，兩隻細胳膊正在嚴肅地揮著那紙向日葵，有時，隨著音樂向前伸兩隻胳膊，有時向後飛上一條腿。她看上去就是那種跳主角的人物，一群少女總是圍著她轉。她是葵花心子，而她們只是葵花葉子。李平水克制著自己內心的激動，他很想叫她一聲，但他知道那樣是不妥的。他又希望她能夠看到他，因此站著不動，等著她向他一步步地舞來。她果然和她的隊友們舞過來了，但她沒有看到他，她專心致志地飛了過去。李平水很失望，他呆呆地看著姑娘遠去的方向，剛要轉身，突然看到那明眸皓齒向他飛快地一轉，那粲然的一笑，便瞬息即逝了。

那天夜裡，突然鑼鼓喧天鞭炮齊鳴，高音喇叭震天響，李平水沒有開門出去打探究竟。他正處在這樣一個空檔：部隊已經把他當地方上的人看待了，而地方還在把他當部隊上的人。很奇怪，一旦他被踢出了歷史的前台，他對前台的熱鬧也就一下子完全失去了熱情。大牆外很快就傳來了口號聲，李平水乾脆倒到床上去了，剛剛躺下，就聽到有人敲門，他拉開門，一股風就旋了進來，他愣住了，迎霜睡眼惺忪地站在他面前，手裡拿著一朵向日葵，吃力地吐著一個個的字眼：「黨……的九大……勝利召……開了……給我一口水喝……」

李平水愣了一會兒，猛然清醒過來，趕快讓迎霜進門，這姑娘一進來就陷進他放在屋裡的唯一的奢侈品——一張破沙發上，兩隻腳伸直了，直拿手當扇子搧風，一邊斷斷續續地告訴李平水她來這裡的原因。

原來他們學校有一個硬性規定，一旦最新指示降臨，有人來敲門通知你，哪怕你半夜三更也得起來，並且立刻通知你的下家，反正你不能讓這條聯絡線給斷了，要以最快的速度，把紅太陽的聲音傳到千家萬戶。今天她練舞蹈練得很累，晚上回到家中就早早地睡了，連晚飯也沒有吃。誰知到了夜裡，就有她的上家嘭嘭嘭地來敲門了，一邊敲一邊叫：杭迎霜，杭迎霜，黨的九大勝利召開了！黨的九大勝利召開了！迎霜正睡得稀裡糊塗，好不容易睜開了一條縫，走到大門口，見她那上家也是睜不開眼睛的樣子，上氣不接下氣地對她說：「黨的九大勝利召開了！你怎麼叫半天也不出來？」說完這句話，她就精疲力竭地朝門板上一靠，累得說不出話來了。這上家正是迎霜讀小學時那個對她齜牙咧嘴態度十分惡劣的大個子姑娘，她進入中學後對迎霜倒客氣起來，沒想到杭迎霜還不道她好，她竟然說：「明天再說吧！」那大個子姑娘愣住了，不相信自己的耳朵，又加了一句：「你不要搞錯，黨的九大勝利召開了！」迎霜沒有搞錯，但她依然堅定地說：「我知道，明天再說吧！」然後，她一言不發地就往門裡走，邊走邊說：「我太累了，我真的太累了！」這麼說著，一晃就不見了。

迎霜並沒有真正睡著，她昏沉地睡去，竟然在一分鐘裡夢見了大金牙，他向她揮舞拳頭，大喊大叫，又好像她被揪上台去，人們開始紛紛批判她，大個子姑娘衝在最前面。她嚇得一下子就醒了過來，套上鞋子就往外衝。她衝出大門，見大街上已經紅綢飛舞，鑼鼓震天。她捂著胸膛想，自己剛才都在說什麼啊，竟然說到明天再說。誰不知道最高指示不過夜啊，我竟然說讓它過夜。她飛快地往她的下家衝去，不知道該作什麼樣的實際行動，才能夠補償自己的罪過。七想八想，只能祈求毛主席他老人家保佑她，讓她的下家還在家裡，不要讓她的上家捷足先登。她的下家離她家的路著實不近，三五里路小巷子裡摸過去，也不知道害怕，只管心裡喊著：毛主席，原諒我！毛主席，原諒我！——但她不知道毛主席究竟有沒有原諒她，反正她的下家已經不見了，她家的人說九大召開了，她到學校裡去了。迎霜頓時就嚇出了一身冷汗，二話不問就往下下家奔去。到下下家又是三五里路，不幸的是下下家也不見了，也到學校裡去了。這一下迎霜可真嚇出了眼淚，抽泣著絕望地在杭州黑夜的大街小巷裡橫橫豎豎地走，不知道她下一個目標是哪裡。現在她既不敢回家，也不敢去學校。她的頭腦仿佛失去了思考，卻由她的腳來代替。她就是這樣來到李平水處的，在她自己每每感到走投無路的時候，她的腳總會帶著她的頭腦來到這位年輕的軍人的門前。

李平水喜歡看到那少女的神情，他對她產生了一種令人苦惱又難以啟齒的深深的慾望，這是一種多麼不可告人的低級趣味，她才十六歲啊！他在心裡詛咒自己。

為了與他身上那種可怕的墮落的動物性作鬥爭，他站了起來，一邊用兩只茶杯倒騰著涼開水，一邊說：「那天我看到你了，我去向你告別，我要走了。你在大街上跳什麼呀？跟芭蕾舞裡的吳清華一樣，你沒看到我吧，你那個認真勁兒，我可不敢叫你。」他把涼了的茶送了過去。這半大不大的少女飛快地喝了一口，繼續倒在破沙發裡說：「那是倒踢紫金冠，最大的難度。你看到我了嗎？我也看到你了，可我沒辦法和你打招呼。」

她依舊坐著喝茶，過了一會兒才突然醒悟過來，她問：「你說什麼，你要走了，你要走了，你要到哪裡去？你要離開杭州嗎？」

「我想大概是那麼一回事情，如果順利，我可能會回到平水去，我的家，紹興，我從那裡來，再回到那裡去，這是一件很正常的事情。你幹什麼，你哭什麼？我還沒有走呢，也不是說走就走的，你要是想來，你可以天天到我這裡來，我帶你玩去，反正我現在也已經是在等通知了。」

她沒理睬他，管自己痛痛快快哭了一場，頭就靠在沙發上，一會兒，睡著了。李平水拔了一件軍大衣在她身上，他想：小姑娘，你快長大吧。

第二天，她沒有來，第三天也沒有來，第四天也沒有來。李平水想，這個小姑娘不會再來了，她已經把他忘記掉了。

江南多雨，難得有那麼春意盎然的日子，杭漢在襯衣外面加了一件中山裝，一大早就來到了所裡後園茶樹育種研究室的那片茶園中。這個研究室是杭漢在非洲的時候建立的，現在已經頗具規模了。運動一來，雖然一切都停頓了，但從前的積累還在。草木不懂人間的運動，依舊顧自己春來萌芽，秋去開花，長勢良好。

宋代老祖宗宋子安在他的《東溪試茶錄》裡，把茶樹分為七種：白葉茶、柑葉茶、早生茶、細葉茶、稽茶、晚生茶、叢茶；把樹型分為了三種：灌木、半喬木、喬木。把茶葉分為兩類：大葉與小葉，它們發芽的時間也分早與晚。一般來說，葉片大萌發早，新芽肥壯，製作出來的茶就好。以後各朝代沿用的都是這個分類法，杭漢他們，現在依據的也還是這一種傳統。

新品種示範園裡種植的一些新品種，倒是杭漢還沒有出國的時候就已經見到過的。五十年代末的那幾年，杭漢和他的幾個同事，花了三年時間，跑遍了浙江省，調查出了二十多個比較好的品種。加上引進的雲南大葉種茶與當地福鼎茶的雜交種，再加上蘇聯和日本引進的品種，還有全國各種的優良茶品，當有數百種之多了。比如龍井四十三，這種中葉類特早芽的無性繁殖系新品種，早在一九六〇年春天就開始試種了，那還是杭漢和他的同事們在龍井茶區眾多的茶樹品種群體中，採用單株選育而成的呢。從目前的試驗情況來看，它的發芽早、發芽齊和產量高、品質優的優勢已經是顯而易見的了。

這幾天，在造反派的監督下，他們這些臭老九知識份子，還是給龍井四十三作了一次鑑定，發現它的產量每畝大約能夠產毛茶二百公斤以上，比福鼎的大白茶可增產百分之二十呢，製成的炒青或烘青，品質也都超過了福鼎茶。

當然，最關鍵的還是看它能夠製作出什麼樣的龍井茶，為此他們特意到西湖各鄉村去網羅炒茶高手來。誰知造反派說「請」之前還要政審。原本倒是看中小撮著的，無奈這個老革命和資本家牽絲攀藤，最近仗著老資格和孫女的牌頭，又在起撬頭呢。

原來春天剛剛到，握著刀子前來割「尾巴」的人也跟著就到了。自留地、宅邊地、零星果木，統統逼著大家「自動捐獻」，又合併了生產隊，核算單位也改為生產大隊。小撮著眼睜睜地看著他多年來伺候得好好的茶蓬，一夜之間都成了國家的，農民白天還敲鑼打鼓地去捐獻，夜裡睡在床上，想想有一口血好吐。茶鄉那幾個平時和小撮著談得來的老茶農就來給他戴高帽子，說撮著伯啊，你孫女現在是什麼人啊，你孫女嗆一聲，杭州城裡就要發寒熱病啊。要我們邊邊角落都交回去，你撮著伯情不情願我們不曉得，可我們貧下中農實在是不情願啊。你去跟採茶說說，我們這裡好不好不要來割尾巴了。

小撮著也是打腫臉充胖子，明明知道採茶不會替他們貧下中農說話，但不去良心不安，譬如當譬如，去一趟，回家也好和鄉里鄉親交代。誰知採茶當了造反派，脾氣完全變了，住在招待所裡，一張嘴巴練得刀槍不入。手背在後面，房間裡來回走，邊走邊數落爺爺：「你懂什麼？這種複雜的革命形勢下你還給我添亂！你以為這一次又跟上一次你要給毛主席發電報一樣。實話告訴你，這一次是有步驟有計劃有口號的，要上報給黨中央毛主席的。你就知道眼面前這兩株茶，這種時光來添亂，居心何在？你不喝這杯龍井茶，你就不活了？你不跟他們杭家人來往，你就骨頭發癢了？」

小撮著見孫女在眼面前晃來晃去，頭髮鬼一樣蓬在頭上，喉嚨嘶啞，又聽她說他「居心何在，骨頭發癢」，站起來一拍桌子，說：「我居心不良，我反對毛主席反對黨中央，我骨頭發癢，你把我抓進去殺掉算了！」他掉頭要走，倒是採茶拉住爺爺，口氣緩和下來，說：「爺爺，你就千萬不要跟隊裡那幾個壞分子鬧了，爺爺你曉不曉得，我也快入黨了呢，你這種時光來添亂，我說不說得清！」一提到「黨」這個字眼，小撮著就跟泡到熱水裡去一般，渾身骨頭軟了下來。小撮著二七年脫黨之後找不到黨，以後再要恢復黨籍，真是萬里長征一直走到今天，走來走去還在瑞金城。他雖不要看孫女這副吃相，但孫女要入黨他還是高興的，想來想去，長嘆一聲，說：「入了黨要做好人啊！爺爺不給你添亂了。」

不添亂也來不及了，造反派最後確定的製茶高手乃三代貧農，正是大名鼎鼎的九溪爺。

九溪爺一上手，抓一把茶葉便倚老賣老，抖著那嫩葉子說：「哎，識不識貨，就看你識不識得茶的神氣。你當只有人堆裡頭有神氣啊，茶堆裡頭也有神不神氣的啊。你看看這個，鋥亮；再看看這個，暗蔟蔟的，癆病鬼一樣。」

有個年輕的造反派專門負責管押杭漢他們這幾個牛鬼，人倒還嫩茬，此時把那兩種乾茶比了又比，說：「有什麼花頭精，我看差不多。」九溪傲慢地盯了他一眼，說：「那是，懂行的人才能夠明茶事哩，那年周總理來了，看了我的炒茶，倒是說出一番內行話來。你們這種鬍子還沒生出來的潮潮鴨兒，能夠說出一個什麼來呢？好比看中醫，總還是要找老中醫的。為什麼？老中醫一望你這臉的氣色，便曉得你病在哪裡了啊。你能行嗎？」

那年輕的造反派雖然碰了一鼻頭，倒還算是一個求知欲尚未泯滅的人。又加九溪爺三代貧農，工農一家，不好較真的，便蹲下來一邊看著九溪爺爺打磨那口鍋，一邊問他，同樣的茶，怎麼炒出來的神氣會有區別。老九溪攤開手心，指著當中那一點說：「這叫什麼你曉得吧，這叫勞宮穴，炒茶人的精氣，我們炒茶人叫它脂漿，統統都要由勞宮穴裡流出來，進入茶葉片子裡去。人的精氣足，茶片子的精氣也足，人的精氣不足，茶的片子也不足。」

那年輕人拍拍胸膛，說他精氣足啊，他炒出來的茶最好！九溪爺爺看看他說：「那倒是，你行嗎？十大手法，抓、抖、搭、拓、捺、推、扣、甩、磨、壓，你要行，我這只位子讓給你。」年輕人尷尬地搖搖頭，說他進茶科所還不到一年。九溪說：「正是啊，你也就配押送押送這幾個不敢動彈的人。」

九溪明擺著是在為杭漢他們幾個抱不平呢，可把杭漢他們聽得冷汗嚇出。倒不是怕他們再吃皮肉之苦，卻是怕年輕人火氣上來不做這科研，又把他們押了回去，那一年的季節可就又耽誤了。沒想年輕人那天脾氣還特別好，只說老大爺你說給我聽聽，也是學一手，抓革命促生產嘛，以後這些東西總要學的。杭漢他們幾個也低頭哈腰地不停給九溪打眼色，讓他放一碼。九溪這才擺擺手說，你要願意，我們老頭子也不會把這一手帶到棺材裡去的。說起來總還是你們年紀輕的人脂漿足，炒出來的片子亮頭光，神氣足。我們老頭兒，喏，還有她們婦女，比不過你們的。女人一般就炒炒青鍋。女人家手勢軟，也就是把嫩茶葉子上的露水抖抖乾，葉片嘛甩甩燥，等到青鍋炒好，攤在匾裡涼一涼，梗子葉脈裡的水分往葉片上走走勻，炒第二鍋的「輝鍋」，那就一定要由男人出場了。壯男人有勁道啊，不拿出勁道來，這茶葉片子怎麼拓得平，又怎麼壓得扁呢？毛毛糙糙的又怎麼拿得出去呢？因此，吃茶吃到壯男人炒出來的茶，那是很運氣的呢。

小伙子一聽樂了，說那我以後就專門吃壯男人炒的茶。九溪爺爺看看那後生，卻搖頭說，我看你面相，現在還不能喝壯男人的茶。須喝我這樣老頭子或者婦女炒的茶才行。他這一講，別說那年輕的造反後生愣了，連杭漢他們幾個也有些納悶，看面相還能看出喝什麼茶來，這倒也算是個新鮮說法了。正心裡打問號呢，九溪自己就揭了謎底，說：「年輕人，你現在火氣旺得很啊，陽氣太足，你須喝我老頭子的茶，採採陰，陰陽互補，這才有好處。」

年輕人開始聽了還笑著點頭，後來卻聽出弦外之音，這不是說他們做人太凶嗎？杭漢連忙搖手說開炒吧，九溪爺爺這才一板一眼地用心幹起活來。那次炒出來的茶外形秀挺，呈糙米色，泡開來喝，香氣持久，滋味醇厚，九溪爺爺一邊品著，一邊對杭漢說：「不相信讓你伯父來說說看，他肯定說是和獅峰龍井一模一樣的。」

「比群體龍井茶品種的產量可要多得多了。」年輕人突然這麼來了一句。九溪爺爺說：「後生你倒是說了一句行話。這幾個牛鬼，你跟他們多學一點，以後你不會吃虧的。」年輕人朝杭漢他們看看，竟然沒有發火。

此刻，杭漢蹲在茶園坡地旁邊，靜靜地看著這些沉默不語的茶蓬，看著它們在陽光下無憂無慮的樣子。除了偶爾抬起頭來看看天空，又看看手錶，他幾乎一動也不動，彷彿自己也已經蹲成了一蓬春茶。

正在此時，見那專門管押他們的年輕人急急地走了過來，見了杭漢也蹲了下來，輕聲問：「老杭，你是不是有一個兒子，眉間有粒痣？」

杭漢吃了一驚，連忙要站起來，被那年輕人按住了。從那回九溪爺爺炒茶之後，這年輕人對杭漢他們，特別是對杭漢本人，態度是要好多了。杭漢點點頭，年輕人緊張地說：「我把他從後門帶進茶園了，你千萬別說是我帶進來的，我見過他，」他遲疑了一下，還是說出來了，「在通緝令上。」杭漢的背上一下子就滲出一層冷汗，然後一把抓住了那年輕人的手。年輕人慌慌張張邊回頭要走邊說：「你叫他說完話就走。哦不，你叫他等今天飛機噴藥之後再走，人多就可能認出來！」沒等杭漢說你放心，那年輕人就連走帶跑地不見了。

兩分鐘後，得放從茶樹蓬裡站了起來，他彷彿是從土裡一下子鑽出來的一般，見了父親，拍拍屁股上的土說：「你放心，沒人看到我！」

杭漢依舊一言不發地看著他，兒子彷佛有些尷尬，說：「聽說愛光要上山下鄉去了……」淺藍的天空上突然響起了飛機的轟鳴，杭漢一把拉著兒子蹲下，說：「不要緊不要緊，是我們茶科所和民航系統合作，用飛機在大面積防治害蟲，這些天每日這個時候都來。」

說話之間，就見飛機開始噴灑農藥，一股強烈的敵敵畏氣息在空氣中彌漫開去。得放彷佛聞到了死亡的氣息，他想起了上次和愛光一起來時，爸爸告訴他們的那些關於茶葉害蟲的事情。他本來沒有想過要和父親談什麼害蟲的，結果開口卻是一句專業用語：「防治效果怎麼樣？」

「敵敵畏、敵百蟲、樂果，這些農藥治茶尺蠖、茶蚜，那可真是百分之百，不過魚塘裡的魚也死了，桑樹也污染了，總是有一利有一弊吧。你怎麼樣，見著你那個女朋友了嗎？」

得放突然臉紅了，手一下子就按住了胸口，那裡面藏著他的護身符，那兩條美麗的長辮子。他的整個身體都往東面望去，那裡的一架山嶺自天竺山由北而南，幾經周折，延伸到五雲山。天空是多麼遼闊，多麼藍，雲薄得幾乎透明，薄到了幾乎沒有。空氣多麼香，是陽光下的鮮茶的香氣，帶著強烈的青草氣，連敵敵畏聞上去也帶有一絲甜味——什麼都發生過和什麼都沒發生過一樣平靜。

飛機又回來了，飛得很低，發出了很大的響聲，得放漲紅著臉對父親說：「爸爸，我這次是從天台山偷跑出來的，表叔要送愛光去雲南，這還是我和表叔一起出的主意。可我實在是想見她一面。我知道這樣做很危險，所以我沒找別人，找了你。我不能再連累我們杭家人了，我已經把大哥給害慘了。我現在我哪裡也沒去，你想辦法讓她到琅瓚嶺上來等我好嗎？」

杭漢摸了一下兒子的頭髮，兒子東藏西躲，竟然已經年餘。父親願意為他上刀山下火海。他說：「我也受著監督呢，不准隨便進城。不過我可以想想看，能不能讓你妹妹替你跑一趟，我明天能夠見到她。」

春天來得早，西湖郊區群山間的明前茶綻出了嫩芽，採茶姑娘們上了山。

杭迎霜因為突然下來的任務而很僥倖地躲過了對她的責難，他們這支文宣隊跟著全校初中生，一起來到了翁家山煙霞洞旁。

採茶是個看上去快樂實際上非常累人的活兒。往年採明前茶是斷斷不會要這些學校的女學生的，為只為今年九大召開，要從月初開到月底，而龍井茶歷史上就是貢茶，四九年以後不叫貢茶了，叫人民大會堂需要的茶。這次九大在人民大會堂開會，頭一個點了名的，就是這龍井。大批量的採摘，人手就一時不夠，這事情恰好讓翁採茶負責，還是吳坤給她出的主意，找一些中學女生到龍井茶鄉學農勞動，光榮的任務就是替九大採茶。迎霜她們這些女孩子，這才來到了茶區。

來雖來了，還不是一上手就行的，學校方面特意安排了兩堂課，一堂是老貧農的憶苦思甜，一堂是茶葉工作者講解有關採茶方面的知識，迎霜一見那老頭兒眼睛就直了，那不是龍井村的九溪爺爺嗎？大爺爺和九溪爺爺有些交往，迎霜一看到就認出來了。

但九溪爺爺會幹活不會說話，一說話就要豁邊，講到不該講的範圍之外去。比如憶苦思甜，他一憶兩憶，就從舊社會一直憶到六〇年：六〇年的那個苦啊，沒飯吃啊，那也是真叫苦啊！聽得老師們直跺腳，坐在台下的同學們哄堂大笑。六〇年沒飯吃的苦，其實在座的同學們那時五六歲了，都是吃到過的，雖然小，也已經有了記憶，但後來飯吃飽了，也就不提這段家醜了。現在讓這苦大仇深的老貧農一說，不但不覺得同情，反而好笑——好笑這貧下中農老頭兒真沒覺悟，反動話都那麼一本正經說到大會上來了；又好笑他雖那麼說，卻也是真話，雖然反動，但誰也不會去告發他。九溪爺爺一邊被人家客氣地往下架，一邊還扭著腦袋想跟人評理：六〇年沒飯吃是真的苦啊，我也沒有說假話，六二年就開始好起來了，六五年飯讓你吃飽，好茶也吃得到了，前些年哪裡吃得到……一直架到外面茶蓬裡，還能聽到他奮力辯解的聲音。

因為有了九溪爺爺的教訓，再講採茶知識，學校專門到茶科所去請專家，挑來挑去，竟然挑到了杭漢。他是一塊臭豆腐，聞起來雖臭，大家卻搶著要吃。看來學校方面也不一定知道杭漢就是杭迎霜的父親，總之父親走上那臨時的講台後也沒有對迎霜流露出特殊的感情，他的目光漫射了一下台下，在女兒的臉上停留了片刻，露出了只有迎霜才能感覺到的笑容。迎霜的脊樑骨一下子挺了起來，一陣深刻的自豪感升起在她的心間——那是我的爸爸啊，是我的爸爸來傳授知識了啊，她取出小本本，目不轉睛地盯住了爸爸。

也許這就是杭漢一向的工作作風，也許這裡面確實夾著父親對女兒的特殊的感情，總之，那天杭漢的有關龍井茶的採摘課，講得非常用心，非常仔細。

他先講了採摘茶葉的重要意義。他說，採摘茶葉，既是茶樹栽培的結果，又是茶葉加工的開端，它關係到茶葉品質和產量，也關係到茶樹生長的盛衰和壽命的長短。

接著他開始說龍井茶的特點以細嫩見長，細嫩裡頭還要再分品級，分為蓮心、雀舌和旗槍。

他又講到了採摘的標準：若按季節，春茶是按一芽一葉的標準開採的，清明前後採的是特級茶和高級茶，到了穀雨前後至立夏，那就可以採一芽二葉了，再遲一點，也可以採一芽三葉了。

再接著，他說到國家定的標準，收購茶葉，都是有標準樣品的，一至八級，再加上一個特級，那就一共有九個等級了。若要說到鮮葉的標準——杭漢說到這裡，舉起手裡的鮮茶嫩芽，告訴大家，現在大家採的特級龍井茶，就是這樣的：一芽一葉，或者一芽二葉初展，芽要長於葉子，芽葉間的夾角很小，芽葉的長度是二至三釐米。等到採一至二級的茶葉時，芽葉的長度就基本相同了，葉片也要略略大一些了。再到三至四級時，採的就是一芽二葉到三葉了，葉子也開始長於芽了，葉片也就更大了，到了五至六級，葉芽裡頭就可以夾著幼嫩的對夾葉了，葉子可以長到五釐米了。至於到了七至八級，葉子就已經長到極限，不再長了。

他講課的時候，又是實物，又是圖片，坐在下面的同學們紛紛站了起來伸出手去，嘴裡就嚷著：給我看看，給我看看，迎霜靜悄悄地坐著，她看不到父親了，只看到一片雀躍的手。一會兒，大家都坐了下來，像擊鼓傳花一般地傳遞著那枚小小的芽大於葉的龍井鮮茶芽，一直傳到了迎霜的手裡，迎霜就不再往下傳了，她輕輕地把這枚芽茶放在手心，她抬起頭來看了看父親，父親的目光掠過了她，盯在窗外的茶山上，父親開始講採摘期了。

如果不是父親告訴她，那麼，會有誰讓她杭迎霜知道，茶樹剛剛吐露出春芽的時候，茶農就開始在三月的春風裡開採，那是被稱為「摸黑叢」的呢。而春茶為什麼不宜留真葉，為什麼要洗叢呢？那是因為春茶留下的真葉到夏茶時會轉青，那就被茶農們稱為「抱娘茶」了。這些抱娘茶半老不老的，會在採摘夏茶的時候被摘下來，影響夏茶的質量啊。

至於說到採摘方法，父親說得多麼好，「採定級，炒定分，」採摘是茶葉品質中多麼重要的一環啊。這裡的茶農歷來用的都是提手採摘法。父親類比了一下這種採摘法的樣子，真像採茶舞裡那些姑娘的採茶動作啊：手心向下，大拇指和食指夾住魚葉上的嫩莖，輕輕向上那麼一提，看著的同學們都輕輕地會心地笑了起來。父親的動作，還有他說話的口氣，那是多麼幽默啊。

突然，父親的口氣嚴肅起來，父親說：採下的茶葉，一定要是芽葉成朵，大小一致，勻度好，不帶老梗、老葉和夾蒂，這樣，既不會傷害芽葉，又不會扭傷莖幹。同時，要求茶叢採淨，順序從下採到上，從內採到外，不漏採，不養大，不採小，要全部採淨。

大個子姑娘真討厭，不知道她是不是已經不習慣這種嚴肅的傳授知識的課堂，還是為了出風頭，一舉手站了起來，然後兩隻手像雞啄米一樣滑稽地動了起來，又像一隻下水鴨子般地叫了起來：「喂，那你說這樣採茶，是台上跳跳的，還是真的那麼採的？」

她的話顯然沖淡了剛才大家嚴肅的學習氣氛，大家看著她不由得笑了起來，大金牙笑得嘴上一片金光。這個大金牙，一直從小學跟他們進了中學，就像甩不開的牛皮糖一樣令人生厭。迎霜氣憤地盯著大個子姑娘，她恨她，覺得她是一個野蠻人，一個小市民，一個從頭到腳粗俗不堪的弄堂女人。她想父親一定會很尷尬，但父親卻比她估計的要平和得多。他甚至也一起笑了，說這個同學問題提得好，雙手採摘是一種新採摘法，一九五八年，由梅家塢大隊的沈順招和她的十姐妹從提採法發展而成的。不過這種採摘法一定要做到「一集中，三協作，五個巧」。一集中，是要思想高度集中，這樣才能做到心靜，手靈，眼準，腳勤。三協作，是要眼、手、腳密切配合。五個巧：突出枝條的茶芽要自下而上交替採；叢間茶芽要雙手插入，用手擋開枝條採；不同高低的茶叢要蹲立交替採；雨天和露水茶芽要抓把採；晴天要隨採隨手放入茶簍。

又有人學著大個子姑娘喊：那茶簍是不是也像台上跳舞用的那樣呢？大家又是一陣哄笑，這一次迎霜也不像剛才那樣氣憤了，她發現父親能夠輕鬆地應付這種場面。父親已經開始作結束語了，他一邊收拾著那些實物和圖片，一邊說：「茶簍也要講究啊。鮮葉一下樹，就容易失水，還會散發大量的熱量，所以要用通氣好的茶簍。他們現在這個季節採茶用的高檔茶簍，都是一斤到兩斤裝的。等採中檔茶了，可以用三斤裝的。等採低檔茶時，就可以用五斤裝的茶簍了。還有，千萬記住，不要為了多裝就用力揿壓，這樣會把鮮茶揿壞的。你們看，還有什麼要問的？」

大家站了起來，擁到杭漢面前，七嘴八舌地問這問那，倒把迎霜擠到了外面。她的心裡熱乎乎的，父親啊，我多麼愛你，你讓我多麼驕傲啊！等到大家慢慢散去的時候，她才走到父親身邊，叫了一聲爸爸，眼睛裡濕濕的，就不知道說什麼了。倒是杭漢平靜一些，問他剛才講的課她有沒有聽懂，迎霜用力點點頭，說她都聽懂了，還記了筆記呢。

那一天對她多麼重要，她向老師請了假，送父親下山。她和爸爸走在一起的時候，分明看到了人們向她投來的羡慕的眼光，有一絲這樣的目光她就夠了。

已經是薄暮時分了，同學們都去集中吃飯，煙霞洞前沒有人了。父女倆站在洞前，杭漢突然說：「從前洞口豎著一塊字碑，上面寫著：煙霞此地多。那是因了前人的一句詩，叫做『白雲煙霞此地多』，你大爺爺告訴我，這就是煙霞洞的來歷。你們現在當了臨時宿舍的房子，從前就叫做煙霞寺，後來改作茶樓，我們一家還到這裡來喝過茶呢。」

迎霜很少聽父親講那麼多家常話，她有些吃驚地問：「我怎麼不記得了？」

父親撫著她的肩膀，說：「那時候還沒有你。」他想了想，又說，「不，已經有你了，在你媽媽肚子裡，正好三個月。」

他沒有像家中的其他人一樣，在她面前儘量不提媽媽，這使迎霜感到巨大的溫暖。她想，就因為他是她的父親吧，他們之間有權利互相溝通他們的痛苦。正是這種慰藉安慰了她，使她聽到媽媽這個字眼時，沒有像往常一樣流下眼淚。他們趁著最後的天光往洞裡走去，說著女兒和父親之間的悄悄話。

她第一次知道父親原來懂得那麼多。當她問他，為什麼這個洞裡會有那麼多石雕的和尚呢？你看，都被紅衛兵砸得那麼七零八落了，還剩下那麼多——為什麼呢？

於是父親便告訴她關於煙霞洞的傳說：一個和尚，經神人指點，在洞裡看到六尊羅漢像顯形，所以把它們鏤刻出來。他刻完了六尊像後就死了。又有一天，吳越王做夢，夢到那和尚對他說，我有兄弟十八，現在才只有六個，那其餘的得讓你來幫我聚起來了。吳越王醒來後就到處找，果然在這個洞裡面找到了六尊石像，連忙就把那十二尊補上去。這都是我們小的時候你嘉和爺爺帶我們出來踏青時講給我們聽的。這裡本來有三十八尊大石像，還有一些小的，我小時候專門數過。這些石像，都是利用天然岩穴鏤刻而成的，他們大多是五代時的作品。五代你知道是什麼朝代嗎？不知道，真不知道？算了，你就記住是夾在唐宋之間的那個朝代吧，以後還是要讀點書啊。你過來看，這裡的入口處有一尊蘇東坡的像，那是清代人刻的。你看看這洞口兩旁的觀音像，你看那身上披著的薄衣，真的像是風都可以吹起來的呢。

迎霜禁不住上前摸了一把，說：「真的吔，好像給她哈一口氣她就會活過來一樣。」

杭漢看到女兒懂事的面容，他想：可惜蕉風看不到，女兒長大了。

他們走出洞口的時候天色又暗了一層。父親把她帶到了煙霞洞左邊的象鼻岩前，這是一塊天然生成的象形巨石，兩隻耳朵緊貼著，鼻子下垂著一直拖到地上。父親問女兒這是什麼石，女兒說我們一來就知道了，這是象石啊。父親又問她，還看見了什麼，女兒搖頭。父親指著那石大象腹下一隻小石象，說：看到了吧，它躲在大象肚子下面，不敢出來了呢。迎霜看看膽怯的小象，又看看父親。父親突然說：「爸爸就是大象，你和你哥哥，就是我的小象。」迎霜抱住了爸爸的脖子，眼淚就流出來了。十六歲的少女知道父親的脾氣，她明白父親到了什麼樣的境地，才會說出這樣的話來。

關於二哥回來以及他想見一見謝愛光的事情，就是在這時候由爸爸告訴迎霜的。迎霜聽了這消息之後，吃驚地說：「爸爸，愛光姐姐明天就要走，我們還要到車站去送他們呢，這件事情交給我了，你放心，這件事情交給我了。」

第二十七章

愛光本來是被發到黑龍江去的，一九六八年底，《人民日報》正式發表文章，傳達了毛澤東關於知識青年上山下鄉的最高指示。浙江省六萬軍民在省城集會，杭州一百三十名中學畢業生和近千名知識青年，表示要到遙遠的冰天雪地黑龍江支邊，愛光首當其衝地被安排在這批人員的名單之中。

布朗把這消息傳到天台山中，得放就開始坐立不安。好幾次動腦筋想溜回杭州，都讓布朗給擋了。他把胸膛拍得嘭嘭響，說：「侄兒，你要相信我，把愛光交到我手裡，我送她回雲南去。等她在那裡安頓好了，發個消息，你也一起來，我們全家到大茶樹下快活。」

得放說：「你要走早就好走了，你又沒人抓，不是寄草姑婆不放你走嗎？」

「這麼待下去也不是一個事情啊！反正工作也丟掉了，老婆也討不到了，還不如一走了之呢。」

得放聽了深感慚愧，無論丟老婆還是丟工作，得放覺得都和自己有關。倒是布朗大方，說了一聲你在山裡等著我的好消息，可別亂跑，找不到你大哥要跟我算賬的。粗粗叮嚀了一番，便下了山。他和得放不一樣，年來還出入過杭州城幾次，派仗打得正緊，也沒有人來管他，他倒還算順利地回了家。他開門見山地跟媽媽寄草說，他想帶著愛光回雲南，愛光一個人發到黑龍江，非得死在那裡不成。

寄草一開始有些驚異，說：「你把她帶走了，那得放怎麼辦？」

「過一段時間風聲不緊了，再把得放也接到雲南去，讓他們在大茶樹下去成親，比什麼不強？」

布朗又開始拍胸脯蹺大拇指做大。

寄草這一下子真是連話也說不出來了，她眼前晃來晃去的，就是那唱著山歌的大茶樹下的小邦崴的身影。她撲上去抱住兒子的高大的身軀，聲音都發起抖來了，說：「兒子，他們成親，你怎麼辦？」

布朗愣住了，母親一問，他所有的快樂、堅強都土崩瓦解，突然悲從中來，打開柳條箱子，一隻手捧著一團定親的沱茶，趴到了床上，嚎啕大哭起來。

寄草也傷心地大哭起來——杭家幾乎所有的人都走了，但她不能走，大哥嘉和得了眼疾，夜裡什麼也看不見，她得陪著他；羅力在勞改農場，她時常去看他，她不能離開杭州。母子兩個抱頭痛哭的聲音，驚動了鳩占鵲巢的老工媳，她出來看了看，心裡暗暗高興，想：這個雲南蠻胡佬，終於要被發配回去了，這院子終於要全部歸我了。

火車站裡鑼鼓喧天，人山人海。布朗和謝愛光意外地在月台上發現一身行裝的趙爭爭。一開始他們想迴避她，後來發現大可不必，這時候的她根本不可能看到他們這兩個小人物。她眼裡看到的，只有滾滾的時代潮流。

此刻，她一邊等待來送她的吳坤，一邊發表告別演說。她也要去黑龍江了，是作為支邊的優秀代表人物去的。她父親對她去黑龍江並不怎麼支持，但也不便公開反對，倒是吳坤私下裡一直鼓勵她去，為了動員她，他甚至還吻了她。他說他永遠也不會忘記她，他會等待她的。海內存知己，天涯若比鄰，他倆的心是連在一起的。趙爭爭被吳坤那麼一吻一噓，又認不出東南西北了。再說她想，父親也已經答應了她，過一段時間就把她送到軍隊中去。她一定會回到吳坤身邊的，那時候他就不會像現在那樣委靡不振了。

大家都看出吳坤的情緒低落來了。按理說，他目前的處境是相當不錯的啊。他一步步進入權力的核心，正在積極策劃參與全面揭開舊省委階級鬥爭蓋子的行動。他是省裡造反派的主要筆桿子，整理材料全靠他和他手下的一幫子人。每日熬得眼通紅，喉嚨沙啞，情緒低落與鬥志昂揚周期性地在他的身上交替出現。對立面已經被鎮壓下去了，連杭得茶這個老對頭也已經被他送到海島上去做苦力了。吳坤最近正在翻讀馬基雅維利的英文版《君主論》，有時他還斷斷續續地翻譯著，他學習這個十五世紀文藝復興時期義大利人的思想，完全就和學習二十世紀六十年代的毛澤東思想那樣投入和認真。

即便這樣，偶有空隙的時候，他依然感到絕望。白夜死了，他失敗了，他最終也沒有得到她的心。這使他甚至恨她，她用死來打敗他，還剝奪了他的女兒。他從來也沒有看到過女兒，因為從一開始他就沒有承認過她。在杭得茶的罪狀中，除了知情不報，包庇弟弟進行反動宣傳之外，還有一條人們津津有味掛在口上的，就是作風糜爛，流氓通姦，給他吳坤戴了綠帽子，白夜給杭得茶生了一個私生子。大家都同情他，他也不得不裝出一副可憐相。

今天他也到車站來了，出於把假戲演好的責任感，他也要把趙爭爭這個神經質的姑娘送走。火車站人山人海，群情激昂，他遠遠地看到趙爭爭正站在一堆貨物上發表宣言。如果說兩年前這個形象還讓他有所美感的話，她現在的樣子卻讓他想起了翁採茶。她們倆一個聰明一個蠢，但在吳坤眼裡卻都是愚昧。看著她那種被人賣了還在數錢的興高采烈勁兒，吳坤想：千萬注意，不要落到她那個下場。

他依然在趙爭爭與翁採茶之間搖擺。真是士別三日，當刮目相看，現在採茶姑娘的政治地位越來越高，已經可以和趙爭爭抗衡了。她作為省首屆貧下中農代表，參加了代表大會，還是常委呢，還坐主席台呢，還發言呢，當然這發言稿少不了小吳給她擬定初稿，添油加醋，又訓練她一遍遍朗誦，連哪裡聲音輕，哪裡聲音響，哪裡拖音，哪裡斬釘截鐵，都得做了記號。

就這樣，採茶模擬讀稿的時候，吳坤還是氣得火冒三丈。原來採茶不會斷句，總是犯「人的正確思想是從天上掉下來的——嗎？」這樣的白癡性錯誤，且怎麼罵也沒用，她的自尊心一點也沒有「受傷」；只要是來自小吳的聲音，即使罵得她一佛升天二佛入地也是美妙享受，吳坤一想到個人崇拜中還要忍受這樣的負面效果，這才體會到個中的滋味。

代表大會召開那天，吳坤也坐在主席台上，一把黃汗都被捏出，總算採茶還爭氣，該出的效果還是出了。什麼掀起農村鬥批改新高潮；什麼敢想敢說，敢於鬥爭，敢於造反；什麼對一切階級敵人，一切修正主義黑貨，一切資產階級四舊來一個徹底的大掃除——這都是吳坤他專門劃了紅杠杠，要讀出威風來的，倒還真是讓她給讀出來了。會後，喇叭裡奏響〈大海航行靠舵手〉，採茶熱烈地和省裡的頭面人物們握手。吳坤站在邊幕上看著這一切，仿佛看到採茶那兩隻袖筒裡扯出了兩根線，線頭正在他吳坤手裡捏著呢。翁採茶油頭汗出，兩眼放光，活像楊家將裡的那個楊排風。那天夜裡，楊排風羞羞答答地上門來聽取意見了，被吳坤無事生非狠狠訓斥了一頓。可憐採茶一個鄉下姑娘，哪裡曉得知識份子的這些彎彎肚腸，只當自己事情沒做好，連忙掏出一個小本子就認真地記。她又認不了多少字，急得圓珠筆亂點。吳坤訓完了，從她的眼睛中看到了那種生理性的渴望，越發生氣，心想自己難道是頭種馬嗎？就說：以後沒事情多讀點書，少出點洋相，你現在也已經是個人物了，別給我丟臉。說完一甩門走人。

此刻，當他正要朝趙爭爭走去的時候，突然看到了一張久違的臉，他定了一下神——是他們杭家人啊！好大的膽子，這種時候，還敢到火車站來。他搖了搖頭，正想走開，突然又看到一個少女朝他們走去，且與他們耳語。這一次他不再想走開了，他要看看他們杭家人，在杭得茶不在的情況下還會有什麼動作。想到那些挖他吳坤家族腳底板的宣傳品，吳坤心裡就升上了巨大的仇恨，這些公開拋出的資料，畢竟還是影響了他繼續上升的走勢。一方面他覺得上升也很無聊，一方面他卻不能沒有那條上升的拋物線。他的心就在這種對抗中僵持著，卻發現周圍突然萬籟俱寂，鴉雀無聲，然後，月台上升起了另一種完全與剛才徹底相反的感情，巨大的哭聲，衝破鑼鼓和口號，震天動地地響了起來。

少女迎霜腰間繫著一根大紅綢帶，看樣子是被那突然響起的哭聲驚住了。她惶恐地往四周看了看，布朗叔和謝愛光已經不見了。現在，這裡是人的海洋，她的嘴巴一下子張成一個O形，她顯然是叫出了聲，但樂曲聲響了，她不得不舞起紅綢，跟著節拍舞蹈。但她發出的卻是另一種聲音，她跳著歡天喜地的舞，流下了眼淚。她身邊有許多人在痛哭流涕，她不可能不觸景生情。從她臉部的表情可以看出，她也已經在哭了。但她不敢停下她的大紅綢子。哭聲和鑼鼓聲樂曲聲仿佛在打一場殊死的派仗，最後哭聲終於被打下去了，變成了抽泣和呻吟，但歌聲卻越來越鬥志昂揚，迎霜依舊合著那節拍在揮舞，但她的表情麻木和茫然，現在，她什麼也看不見了，她也什麼都聽不見了……

十里琅璫嶺，綠袖長舞，直抵江邊，山巒翠色，盡在其中。左枕危嶂，右臨深溪，緣木攀蘿，方可登臨。舊時又稱捫壁嶺，自古以險峻難行而著稱，只有身強力壯的膽大兒郎才能攀越，故琅璫亦稱郎當。

杭漢陪著杭嘉和，守在那五雲山的通道口上。這一條遊人罕至的道路，擋不住進山香客的腳步，每年春秋兩度的履行，曾踏出了一條二人並行的山路。這些年不再燒香，茶園雖盛，山路卻漸漸地被荒草埋沒。得放與愛光到這裡來秘密相會，就是看中了此地的荒僻。他沒有想到，大爺爺和父親也趕到了這裡。

得放回來的消息，杭嘉和竟然是從吳坤那裡得來的。吳坤有內線，因此杭得放一進杭州城就被盯住了。他立刻就去了一趟杭家。杭家客堂間裡沒有人，他想了想，就熟門熟路地朝後院的花木深房走去。

門開著，一個老人坐在門口曬太陽，一個孱弱的老人，一個失去了任何力量等待太陽下山的老人。聽到腳步聲，他抬起了頭，但他不說話。吳坤看到他手裡捧著一杯茶，看到了他捧茶的那隻斷了小手指的手。老人的心一驚，定住了。

他說：「我是吳坤。」

老人想了想，說：「知道了。」他的聲音多麼平靜啊，吳坤佩服這樣的聲音。他湊過臉去，對著他的耳朵，輕輕地耳語，單刀直入地問：「知道得放回城的事情了嗎？」

老人一聲不響，過了一會兒，喝了口茶，目光看著空中，問：「有人在追捕他了？」

吳坤躊躇了片刻說：「是的。」

「少不了你的功勞吧。」老人又說。老人朝他看了一眼，他突然發現，老人能看見他。他又躊躇了片刻，說：「是的！不過現在還來得及，請你快跟得放聯繫，讓他無論如何不要反抗，追捕他的人都帶著槍，已經有令，他要拒捕就開槍擊斃。爺爺，我和你一樣，都不希望出意外，你看，怎麼辦才比較好呢？」

他幾乎就要為自己的誠懇感動了，如果那老人不是突然扔過來那樣一個冷笑。老人招招手，讓吳坤把臉湊近了一些，彷彿要仔細審讀一番，繼而才說：「來尋良心了？」

他的話讓吳坤大吃一驚，他張了張嘴，什麼也說不出來，杭嘉和已經站了起來，風一樣地朝前庭走去，一邊說：「我們杭家，和你們吳家作了一百年的對，但你和你爺爺還是不能比。他比你清爽多了。」

話音未落，他已經出現在大門口了。

長長的琅璫嶺，滿山滿坡的美麗的茶園，像健美的少年和優雅的少女……得放擁抱著親愛的姑娘，他太愛她了，太愛她了，但他以往從來也沒有這樣親吻過她，他的手從來也沒有掠過美麗的姑娘那溫柔的胸膛，他們曾經一夜夜地暢談，但他們從來沒有互相擁有。現在他們多麼渴望在藍天白雲下，在滿山茶蓬中，在青山綠水和鳥語花香中奉獻出自己啊……

布朗親自陪著愛光來到這裡，他一邊氣急敗壞地罵著得放，一邊為他們站崗放哨。他輕聲咆哮著，叫著：「得放，你不聽我的話，你不是我的侄子！你知道你這樣做有多危險嗎？我會被你大哥罵死的！」

得放一邊把布朗往外推一邊説：「行了行了我的好表叔，讓我和愛光待一會兒吧。」

「一個小時夠了嗎？」

「你説什麼，一個小時，你瘋了，我從天台山趕過來——一個小時？」

「最多不能超過兩個小時！」

「兩個小時？」這對年輕人同時叫了起來。布朗吃驚地看著他們説：「兩個小時還不夠啊，你們也太貪心了！」

「兩個小時怎麼夠呢？從前我們説話，能夠從天黑説到天亮呢！」紅痣少年説。

小布朗更吃驚了，他幾乎叫了起來：「什麼，姑娘馬上就要被我帶到天的最南邊去了，你還只想跟她説話，你們——啊，你們多麼傻啊！」

這對年輕人開始有些明白表叔的意思了，他們一下子就臉紅了起來，愛光就拿她的手去打布朗的背，邊打邊撒嬌般地說：「布朗叔你壞，你壞！」

小布朗可沒有時間跟他們開玩笑，他一把抓住愛光的手，掏出那只祖母綠戒指，一下子就套在愛光手上，說：「結婚吧！你看，連戒指也有了，我本來是想在雲南大茶樹下為你套的呢！」

愛光右手的無名指套著那枚戒指，尖尖的手指朝向天空，她的手哆嗦起來，她的眼淚也在眼眶裡哆嗦起來。她跪倒在茶坡上哭了。得放有些手足無措，一邊也跪下來，一邊手忙腳亂地為她擦眼淚，對她解釋說：「別哭，別哭，我不跟你結婚，你放心，我不是和你來結婚的，我告訴你我看了多少書，我們那裡山高皇帝遠，一些知青的書籍倒沒有燒掉，正好供我讀。史學書，有郭沫若的，翦伯贊的，范文瀾的，吳晗的，還有一些古典名著，《靜靜的頓河》、《春潮》、巴爾扎克的《人間喜劇》、莎士比亞的悲喜劇──」他沒有能夠再把書名報下去，他的嘴已經被姑娘的溫熱的唇堵住了。

呵……在藍天下親吻是多麼神奇啊，你的眼睛也被我吻成藍色的了，你渾身上下散發著茶的香氣，散發著野花的芬芳。青春多麼美好啊，我們一定要活下去，我現在知道了許多關於愛的事情，我現在明白為什麼大哥不贊成我寫那些東西了。大哥並不是不勇敢，你看，他不是很坦然地到海上小島去服苦役了。我聽說當時他也可以不去，只要他堅定地和我劃清界限，可是他不認為我有什麼反動之處，他說這不過是對真理的一種思辨罷了。是的，大哥只是認為我遠遠還沒有想透就想叱咤風雲。也許他是對的。我單槍匹馬，讀一點書，知道一些皮毛就寫文字，雖然用了大字報的語言，看上去有些張牙舞爪，我自己卻越來越清楚，實際沒有多少花頭。瞧，我向你承認這一點，真讓我難為情，你不會因此而看不起我吧……噢……可是你的親吻真甜蜜啊，我真想和你永遠地躺在茶山上，親吻，親吻，親吻，直到茶葉把我們倆全蓋上。呵，我們過去浪費了多少好時光，我還剪過你的辮子。我多傻啊，越讀書，越覺得自己蒙昧。真不明白他們為什麼還要通緝我。其實我什麼也沒有說透……你怎麼不親我了，你吻我啊，你吻我啊，我只有在你的吻中才會才思洶湧……有時候我想，我還是被他們抓住了更好，會判刑嗎？也許，三年兩年的，熬一熬也就熬過來了。關鍵問題是要碰到能聽得懂我的話的人，誰是真正的馬克思主義者？我們不妨到法庭上辯一個高低吧，這個世界上，難道真的就沒有聽得懂我的話的人……你看，天多麼藍啊，請在藍天的襯托下，讓我看一看你手指上的祖母綠吧。表叔該罵我們了，我們為什麼還在說個不停，我多麼愛你啊，其實我想說，我多麼愛你，不是說話的那種愛，是另一種愛，在那一種愛裡，吻是遠遠不夠的……你看到我懷裡揣著你的長辮子了嗎？我每一個夜晚都是親吻著她睡去的，現在，她就在我懷裡……讓我像表叔說的那樣來愛你吧……怎麼啦，你怎麼啦，你聽到了什麼？有人在喊？他們在喊什麼——

他們突然驚坐了起來，聽到布朗大叫一聲：快跑——他們不但沒有跑，而且還驚站了起來。然後，他們看到了前方出現的兩個人，是爺爺和父親。他們朝他們這裡搖著手，得放很高興，掏出貼在心口的那兩根大辮子，也搖晃了起來。就在這時，他本能地感覺到還有人在盯著他。他回頭一看——槍！舉槍的人！他大叫一聲：愛光快跑，嗖的一下跳了起來。他拉著愛光飛速地開始奔跑。他們看見茶蓬一團團地在眼前蹦跳起來，鳥雀驚叫，蜂炸蝶驚，山下的粉牆灰瓦東倒西歪，他們好像聽到後面有人喊：別跑了別跑了，前面有危險！但他們什麼也沒有聽見，他們像風一樣地掠過，像鳥一樣地飛，像小鹿一樣地跳躍，他們彼此聽到了強烈的喘息，茶蓬嘩啦啦地驚呼起來了，他們突然彈跳起來，有什麼東西把他們拋向了空中，然後，他們就像兩片剛剛浸入水中的茶葉一樣，舒展著，緩緩而優美地沉入綠色的深處去了……

後面的人在峭壁前煞住了腳，布朗只來得及抓住那兩根落在茶蓬上的大辮子。所有的人都驚呆了，連茶蓬都驚得目瞪口呆，天地也在那突然的一躍中同時沉入谷底。追趕者面面相覷，有人飛快奔跑，尋那繞向懸崖的路。布朗驚異地抓著這兩根辮子，茫然地捧給了後面追上來的嘉和與杭漢。辮子上沾著茶葉，也沾著那對青春少年的柔情蜜意，它在簌簌簌地發抖……突然，所有的人都聽到了一聲慘叫，他們看到另一個人朝峭壁撞去——是杭漢！他發出了根本不像是他發出的那種慘烈的長長的叫聲。又聽到另一個聲音撕心裂肺的大叫：布朗，拉住他——

人們就見杭漢直往崖下撲去，他的腳被那個剛才大叫的半瞎的老人一把拖住。但老人的分量那麼輕，被瘋了的杭漢一下子甩了起來，甩到了茶蓬上。杭漢拚命地踢，用腳，用手，瘋狂地朝那老人砸去，想擺脫老人，好跟那一雙兒女而去。老人像一片落葉一會兒翻到東一會兒翻到西，在茶蓬上發出了嘭嘭的聲音，但他咬緊牙關，一聲也不吭，而杭漢卻歇斯底里地不停地發出慘叫，他的叫聲，真是令石頭也要落淚，讓那些持槍的軍人也側過臉去。這時布朗已經衝上去，從背後挾住了杭漢，他們倆一起也制服不了杭漢，杭漢依舊瘋狂地衝著跳著喊著，直到布朗也大叫起來：「大舅，大舅！大舅啊！」杭漢才停止了衝動。他癱倒在茶蓬前，那被他甩在茶蓬上的嘉和搖搖晃晃地站了起來。他什麼也看不見了，但他還能夠在布朗的攙扶下，走到杭漢前，慢慢地扶起侄兒。這杭家的三個男人，一聲不響就尋尋覓覓地找那通往懸崖的絕路去了。

當年夏天裡的某一日，羅力站在勞改農場茶園路口迎候杭漢。羅力是個高個子，但背明顯地已經駝了下來，花白頭髮卻還是又濃又密，穿著一件背心，一條長褲，渾身曬得和非洲黑人沒什麼兩樣，襯在一大片的藍天、綠坡和黃壤之間，十分顯眼。他站著的樣子，依稀還有當兵的架勢，他幾乎沒有挪步，定定地立在那裡，等著杭漢走近。他們已經見過好幾次面了，這一次見面，只是伸出手去，和他握了一握，他的手掌疙疙瘩瘩，完全像老農的一樣了。

這一片密植的茶園，一個個茶蓬，個頭兒又矮又壯實，羅力說：「這是我最早開闢的一片密植茶園，你不是一直想看看嗎？」

杭漢的一頭黑髮全白了。他一句話也沒有說，靜靜地蹲了下來。

羅力說：「天太熱，先喝水，先喝水。」

杭漢依然一聲也不響，羅力把水勺湊到他的嘴邊，他喝了起來。羅力一邊對他說：「這裡的茶，一年能收三四百斤乾茶，比一般的茶園產量要翻一番。」

杭漢看了看茶蓬，彷彿有些厭惡地別過頭去。羅力彷彿沒有看見，他嘴裡嚼著一片鮮茶，指著茶園說：「其實這種種茶法，五十年代我剛剛進來時就有人開始試驗了，叫多條式矮化密植茶園。那時候一般茶區實行的都是單條式種植，我們這裡卻是三條式矮化密植。你記住了，大行距一百五十釐米，小行距三十釐米，叢行二十釐米，每畝大約一萬五千株。這片茶坡，原是個荒山，就交給我負責，班上原本還有個專門種過茶的，教了我不少本事，刑滿釋放走了。這樣七弄八弄也有十年了吧。」

杭漢依舊不響，羅力看了看他，說：「你不是問過我這個茶種是什麼種嗎？我一直也沒有跟你說過，我跟家裡的任何人也沒說過這個事情。你想聽嗎？」

杭漢終於點點頭，算是他見到羅力後的第一個反應。

下面這個故事，就是羅力一口氣講完的，杭漢在整個過程中，幾乎沒有插過一句話，但一直都是全神貫注聽著他說。

「事情得從一九六一年說起，餓死人的那一年。其實在這之前的兩年，我們勞改隊裡已經開始餓死人了。我認識一個上海的大資本家，從前的大資本家，他有三個老婆，三反五反的時候抓進去的，他開始在田頭抓螞蚱吃，有一天他抓了四十幾隻。從那以後，我們勞改隊裡就開始餓死人了。當然，他最後也餓死了。」

羅力那麼說著的時候，仿佛是在說著別人的事情，他們靠在大樟樹下，風兒習習，陽光刺眼，和這個故事的陰森的背景恰恰形成了一個強烈的反差。羅力一邊說著，一邊不停地抽煙。

「我算是身體比較好的，但我還是餓死了。這話不是誇張瞎說，我是真的餓死了一回。」

「我是怎麼樣被人抬進棺材，我自己當然是記不得了。但是那天半夜裡，我突然從一種激烈的震盪之中醒來了。四周一片漆黑，我抬起手來，發現我的前後左右都是東西，怎麼推也推不掉。我的耳邊，還響著一陣陣的狼嗥，還有就是一刻也沒有停過的震盪，從身邊兩個方向夾擊，我花了好長時間，才明白自己是在什麼地方，我遇見什麼了。」

「是狼吧？」這是杭漢插的唯一一句話，他的嗓子完全變了，嘶啞得難以讓人聽清他說的是什麼。

「我們那時候，常常把死人埋到茶山旁邊的一個土坑裡去。那地方本來沒有狼，後來狼開始出沒，吃死人的屍體。有時候它們能成功地把棺材弄開，把屍體拖出來，有時候不行，它們只能把棺材啃得坑坑窪窪，天一亮，不得不離開。

「說實話，我應該感謝那些想吃掉我的狼。你知道它們餓到了什麼程度，它們幾乎就把我的棺材都抬起來了。他們有的四面夾擊，有的爬到頂蓋上去咬蓋子，它們叫成了一片，把棺材翻了好幾個個兒，我就在裡面來回地翻身。你知道，那時候的棺材很薄，我甚至能夠感到狼的爪牙和我只有一張薄紙的間隔了。從狼開始來吃我的時候開始，我就再也沒有昏過去，一直跟它們耗到天亮，我從棺材縫裡看到了天光。

「天開始亮時棺材不再動彈。一開始我也以為狼已經全部走了。我的棺材因為被狼折騰了半夜，棺材上的釘也被咬得鬆開了。用不著我花多少力氣就把那蓋子撐開，我從棺材裡爬出來的時候，嚇得一下子定在棺材裡說不出話來。我的棺材被拖到了一棵大樟樹底下，棺材板周圍，橫七豎八地躺著好幾條死狼，血淋淋的腦袋撞開在棺材上，撞得棺材板上到處是狼血，樹根上也是狼血。原來狼隔著一塊板吃不到我的肉，就恨得使勁用頭撞棺材，撞樹樁子，結果，棺材板沒撞開，樹也沒撞倒，倒把它們自己撞死了好幾條。

「我爬出棺材板，就覺得自己又要死了，我連一點力氣也沒有，只好坐在死狼旁邊。正巧，腳下有幾株茶蓬，矮矮的，根腳處發著很小的枝芽，在早晨的風裡微微顫動，還有一滴小得不能再小的露水落在那上面。你知道我這時候想起了誰？」

「……」

「我想起了大哥。一九三七年，我上前線的時候他跟我告別，曾經跟我說，一定要活下去。當一個人活不下去的時候，想一想山裡面的茶，它們沒吃沒喝，一點點的水，一點點的土，可是它們還是活了下來，還發芽，開花，長成茶蓬。一個人，要像茶一樣地活。想到這裡，我就把那幾根茶枝吃了下去。可是我連用手去拉茶枝的力氣都沒有。我就躺在茶蓬下面，用嘴咬著茶枝，一點一點咬上去。直到吃掉那株茶蓬的新葉，我才活下來了。」

話說到這裡，他們兩人不約而同地站了起來，看著身邊的這株大樹。

很久，杭漢才問：「是這裡吧？」

「就是這裡，茶救了我。我活過來以後的第二年，就要求到這裡來種茶。農場答應了。我拿那株茶蓬做了扦插。我後來知道，這就是他們搞茶葉的人說的單株選育。我還給這種茶取了個名字，叫不死茶。」

杭漢握緊拳頭，捶打了幾下樹幹。陽光很猛，青草氣陣陣襲來，他看著滿坡的綠茶蓬，全都是黑的。

羅力終於說：「還有迎霜啊！」

杭漢的嘴唇抖動了起來。羅力又說：「聽說跟著一個轉業軍人到紹興去了，也好。反正總是要下鄉的，還不如跟一個好人，也能照顧得到。」

杭漢的嘴裡摘了一把鮮葉嚼著，看著老茶蓬一樣的羅力，他說不出話來，他也流不出眼淚來了。

第二十八章

公元第一千九百七十一年之秋，東海邊的苦役犯杭得茶，照例在海灘上度過他的白天。那是他在列賓的名畫〈伏爾加船夫〉上看到的生活，但數年過去，他已經開始習慣了。

得茶所在的拆船廠，環境倒是不壞，「南方有山，名補怛洛迦，彼有菩薩名觀自在。」得茶在一本破舊的《華嚴經》上看到了這段文字，補怛洛迦是普陀的梵語，漢語意為小白花，也是中國著名的供奉觀音菩薩的佛教聖地。

自一九六六年的革命以來，這個從唐代開始興盛的中國佛教四大名山之一的海天佛國，僧尼已經被趕得幾乎一個不剩。得茶在勞作之餘，踏遍了這個十二平方公里的小島，那些被稱之為普濟、法雨和慧濟的大寺，那些從前的小小的庵院，是得茶經常光顧的地方。千步金沙和潮音古洞，常常是寂寞無人的，正好由著他杭得茶去叩訪。在那些監禁他的人看來，只要他不離開島，他就算是蹲在一個大監獄裡。而在杭得茶看來，只要能夠脫離了那場他深陷其中的醜劇鬧劇，他就算是脫離了樊籠。

他和這裡的景色非常默契，大海、沙灘、破敗的佛門，落日、打魚的船兒。夏天到來的時候，海上雲集的風暴把天壓到極低極低，黑雲翻墨，世界就像一個倒扣的鍋底，他和他們的那一群，背著繂繩在沙灘上跋涉著，拖拽著那些從泊在海邊的破船上肢解下來的零件。他們的身體幾乎彎到了貼著地面，他們的手垂下來，汗滴到了腳下張皇爬動著的小蟹兒身上。苦難就這樣被勒進了他的肩膀，鞭子一樣抽在他的靈魂上。肉體的苦到了極致，就和精神的煎熬合二為一。苦到極處之時，偶爾他抬起頭來，看沙灘與田野接壤的堤岸，那裡長長的地平線上是高闊的天空，天空下是兩個小小的點兒，那是盼姑姑和女兒夜生。她們幾乎每天都到海邊來眺望他，給他生存下去的慰藉。

孩子已經虛齡五歲了，十分可愛，一直就由杭盼養著。她很想給孩子取一個跟上帝有關的名字，甚至悄悄地取名為聖嬰。但她不敢公開那麼叫她。接生的九溪一家與左鄰右舍七嘴八舌，報了一大批時髦名字：衛東、衛彪、衛青、紅衛、衛紅、文革、聞雷，聽上去簡直就是一支皇家侍衛隊或者宮廷御林軍。最後還是得荼一語定乾坤，說：「孩子是夜裡生的，又是白夜生的，就叫夜生吧。」大家聽了都一愣，說不出不好，也說不出好。有人冒失，便問那姓，得荼有些驚異地看了看對方，仿佛這根本就不是一個問題，說：「我的孩子，當然隨我的姓。」

知道底細的杭家女人，一開始都擔心吳坤會來搶了女兒回去。竟然沒有，連看都沒有來看一次。江南大學和一般社會上的人，都把此事作為一件稀罕的風流韻事，甚至那些對吳坤很反感的人，也以為他在這件事情上做得很大度。不錯，杭得荼的確因此而一棍子打下去了，但這能怪誰呢，竟然生出一個私生子來，吳坤沒有一刀殺了杭得荼就算有理智了。

得荼並不算是正式的公安機關判刑，實際上還是一種群眾專政的特殊形式。定下來送海島後，盼兒一聲不響地就辦了退休手續，杭家的女人中，只有她可以陪著得荼一起去服苦役。男人受難之際，也是女人挺身而出之時，這是從祖上傳下來的傳統。這在別人也許是不能想像的，但對他們杭家的女人而言，卻恰恰是天經地義的。

杭得荼開始了另一種生活。

也許那種泛舟海上的古代高士的夢想，一直在他的意識深處潛伏，也許他生性本來就是恬靜，趨於自然，厭倦繁華的，也許這幾年火熱的入世的硝煙彌漫的戰鬥生活，實在是離他的性格太遠，也許他到島上的時間還不長，離群索居的生活的可怕的那一面還沒有顯現出來。當然，還也許海邊人們對他還算不錯，他們中甚至還有人對他抱以一定程度的同情。再說，他幹活也著實讓他們挑不出毛病。人們難以想像，這樣一個瘦弱的戴眼鏡的大學老師，怎麼還能跟得上他們的步伐。得茶甚至連病也沒有生過一場，看上去明顯的變化，只是他的背駝了下去，他還不到三十，腰已經有些伸不直了。

休息的時候，他也和那些拆船的民工一樣，端著大茶缸子喝茶。茶是本地人自採自炒的，也是他杭得茶過去從來沒有吃過的。休息的日子，得茶在山間行走散步的時候，曾經在寺庵附近看到過不少茶蓬，它們大都長得比大陸上的茶蓬要高大。他記得普陀十二景中，還專門有「茶山風露」一景。民工們對他多有敬畏，那是因為他們已經聽說了他杭得茶流放前的赫赫名聲。他們告訴他，他們現在喝的就是佛茶，聽說可以治肺癰呢。這個說法讓得茶覺得新鮮，茶葉可治白痢，得茶倒是在不少史籍中見過，但此地的茶可治肺癰血痢，卻是他頭一次聽說。為此他還專門寫信回去，向他的爺爺嘉和討教。

爺爺嘉和在給孫子得茶的信裡，儘量把有關佛茶的事情寫得詳細，那是他對孫子的最深切的愛。他已經七十出頭了，但他也在和時光較量，他也在等待。他用那種平常的口氣對孫子這樣說：

普陀山對於你是一個新鮮的地方，對於爺爺我，卻是不陌生的。只是多年不曾上島，不知當年滿山滿寺的茶樹今日尚存否？你在信上說，這裡的茶樹長得特別高，當年我也就此問題問過山中茶僧，蒙其告知，原來此地的茶一年只採一次，夏秋雨季養精蓄銳，到了穀雨時分，自然就「一夜風吹一寸長」了。我還不知道你有沒有可能去看一看此地人的採摘茶葉的方法，當年我上島時，正是穀雨時分，我就發現了他們的採摘方法，較之龍井茶，是比較粗放的，但粗放自有粗放的好處，另外，佛茶也有龍井沒有的潔淨之處。尤其是炒茶的鍋子，炒一次就要洗涮一次，所以成茶的色澤特別翠綠。再者，不知你有沒有注意到乾茶的樣子，我已經多年未見這佛茶了，但當年佛茶的樣子我卻記憶猶新，它似圓非圓，似眉非眉，近似蝌蚪，有人因此叫它「鳳尾茶」。憑爺爺數十年間對茶的瀏覽，這種形狀的乾茶，還是獨此一家呢，不知今日還存此手法否？……

見爺爺信後，得茶立刻就取來乾茶比較，卻是一些常規的長炒青，並無鳳尾狀之茶。有一位老人說，你爺爺此說無錯，當年佛茶正是這樣蝌蚪狀的，不過那都是和尚炒的，從前的茶，也大多是和尚種的。如今和尚沒了，哪裡還會有什麼佛茶。

祖孫之間的這些通信往來，從不涉及家事和國事，甚至連得放與愛光的雙雙墜崖的大事也過了很長時間才告訴他。這樣，他們才漸漸地少了許多監視下的麻煩。盼兒與夜生有行動自由，但幾年中她們一次也沒有回省城。來回做聯絡工作的還是寄草。經過一段時間的修整，杭嘉和的眼睛白天依稀能見光，他常常和孫子通信，他口授，寄草筆錄，往往孫子的一封信，他能回兩三封。

儘管如此，入秋之後他還是有一段時間未收到孫子的信，這使他忐忑不安。所幸不久盼兒來了信，原來得茶的右手骨折了。得茶受傷，是因為拉縴時，繃緊的鋼縴繩突然斷裂，縴繩飛揚到了半空，分頭彈了開去，一邊的斷頭不偏不倚地打到了他的右手臂上，當下打斷了他的手臂，把他痛得當場就昏了過去。

短暫的養傷的日子，杭得茶莫名地煩躁起來，夜裡失眠，白天也無法克制自己的失落。這種極度的靈魂的痙攣，在他聽到他永遠失去了他的手足得放和愛光之後，曾經劇烈地發作過一次。在那些日子裡，他甚至想過要葬身大海。活著太痛苦了，所以越來越多的人尋求死亡，這種無法忍受的煎熬直到現在也沒有平息。此刻，望著湛藍的大海，他焦慮不安，彷彿又有什麼事情會在那個秋天發生一樣。看得出來，草民們對那些翻來覆去的政治風雲變幻，已經失去了一九六六年的熱情，他們已無暇面對更遠更大的東西，他們幾乎已經被他們自己的細密如秋茶般的憂愁和煩惱壓得喘不過氣來了。

只有杭盼，依舊虔誠如故，現在她祈禱主能夠讓得茶趁受傷這個機會休息幾天。島上的人對他不錯，有不少人認為他遲早是要回陸地去的，甚至直接奉命管教他的人也對他睜一隻眼閉一隻眼。不過國慶節後，得茶還是重新回到海灘上。他的右手還吊著繃帶，但這並不妨礙他用左肩背縴。大家都勸他幹些輕活，他那一份他們會替他幹的。得茶沒有答應，他覺得他已經好了，可以上工了。

一切彷彿並沒有改變，依舊拉著沉重的縴繩，在沙地上匍匐前進，汗依舊流在大地上，蟹蝦們依然在沙灘上蹦跳。當一條條大船被一點點拆完的時候，他杭得茶的命運彷彿也在這樣一天天地被拆掉。天那麼高，風那麼緊，心那麼涼，沙灘上的人們被襯得那麼小，前景那麼渺茫。遠遠望去，他看見一個女人抱著孩子從沙灘上向他跑來，孩子一邊歡快地跑著一邊叫著爸爸，那是盼姑和女兒夜生。風吹起了她們的頭髮，這是一幅他已經領略過多少次的圖畫，所有的無奈、等待、消沉、絕望，希冀和慰藉，都在這裡了。汗從他的眉間雨一般落下來，他擦了一把。現在他的視線不像剛才那樣模糊了，但他卻比剛才更難受，他像是被挨了一槍，氣都透不過來了，站在原地發呆，拉縴的隊伍立刻從他身邊過去，他的縴繩脫落在地上。他看到了她們身後的那個男人。女兒很快就跑到了他的身邊，杭盼驚魂未定地對他說：「怎麼辦？他來了怎麼辦？」女兒也慌慌張張地對著他耳語：「爸爸，壞人來了，壞人來抓我們了！」然後一把抱住了得茶的脖子。

那個男人終於在離他們不遠的地方站住了。他們互相對望了一眼，得茶把目光重新投向大海。平靜的海面上，有幾條漁船在緩緩地遊弋，然而這個人來了，新的驚濤駭浪又將掀起來了。

吳坤幾乎可以說是浙江最早得知九一三事變的知情者之一。他非軍人，與此軍事集團雖保持良好關係，但還不是那條線上的人，照後來的人說，他還沒有上那條賊船，這實在可以說是萬幸。也曾有人提出疑問，說他與趙爭爭保持了非同一般的關係，而趙爭爭之父卻明顯是上了賊船的小集團成員，他這個準女婿能沒有一點關係？保吳坤的人立刻反駁：這正是吳坤抵制反黨小集團、捍衛正確路線的鐵的事實。眾所周知，趙父和其女趙爭爭多年來一直想把吳坤納入他們的勢力範圍之內，吳坤同志以大無畏的革命精神、靈活機智的革命策略，像打虎英雄楊子榮一樣地深入威虎山，像鋼刀般插入了敵人胸膛，既消滅了敵人，也保全了自己。現在，他終於可以和他多年來相戀的革命伴侶、我省傑出的貧下中農代表翁採茶同志喜結革命連理了，你聽，那喜慶的鞭炮聲，既是對毛主席革命路線的又一次偉大勝利的歡呼，也是對這革命友誼的昇華的由衷讚嘆。

想把吳坤打下去的那一方，聽著那結婚的鞭炮，還真是無話可說，暗暗咬牙切齒：這隻狐狸，真是越來越狡猾了！

此時此景下的吳坤，真是悲喜交加：悲的是他不得不和翁採茶這個他現在討厭透頂的女人綁在一塊兒過日子；喜的是他總算擺脫了趙爭爭——照杭人的方言，他可是差了「一刨花兒」，就得和趙爭爭綁在一塊兒了。

吳坤和趙爭爭，原本定於那年國慶節結婚，他雖然還想拖，但趙爭爭的父親終於出馬了。他不想讓女兒的相思病繼續生下去，也不希望趙爭爭真的在廣闊天地幹一輩子革命。女兒精神異常，他也不是一點不知道，他想讓女兒回來發展，首先得建一個家，穩定她的政治能力和精神狀態；另外，趙父對吳坤還是滿意的。接班人的問題，於家於國都是最重要的大問題啊。就這樣，老將出馬，一頂兩，談了一個下午，主要是談革命，最後順便談了談感情。吳坤何等聰明一人，立刻心領神會，他躊躇片刻，才暗示趙父，這個主動權不在他，完全就在趙爭爭。趙父對他的回答很滿意，當下就給趙爭爭發了電報。遠在天邊的趙爭爭，在黑龍江火速地辦好一切手續回來，天天等著和吳坤去進行法律登記，但吳坤卻遲遲不辦。趙爭爭這一下是真急了，吳坤卻輕描淡寫地說：急什麼，明天結婚，今天登記也來得及。

吳坤倒不是因為要等著林彪的飛機在溫都爾汗爆炸。他遲遲不辦手續，是因為他實在不想娶這個能夠一茶炊把老師打死的悍婦。她那種嘴臉，反應在家庭裡將是一場長期的內戰，這一點他已經有了充分的思想準備。

他為什麼一定要娶他實在是不想娶的女人呢？這個絕頂聰明的男人，對這個問題無以回答。他只知道他是不自由的，有一種超越個人之上的冥冥中的力量在左右著他。但他已經走在前不著村後不巴店的半道上了，要回去是不可能的，回頭就是滅亡，別人不答應，他自己也不答應。那麼，只好往前走了。而往前走，首先就得娶趙爭爭這個神經質老婆。兩難的境地把吳坤搞得自己也幾乎發精神病。時局卻在這意想不到的時刻伸出手來，救了吳坤一把。

二十日那天，未來的岳父大人應該從上海回來，但他不但沒有回來，而且開始音訊全無。與此同時，杭州那些和趙父一條船上的人，也開始同時失蹤。政治嗅覺極靈的吳坤，立刻通過他的耳目，打探到了最機密的消息。這個爆炸性的消息幾乎把吳坤震昏。他一直以為自己還殘留著的那些可以被稱之為信仰的東西，這一次徹底毀滅。接下去他要做的，就是操作層面上的事情了。不再有行動，只有許許多多的動作了。

國慶節那天，原定吳坤與趙爭爭的結婚日，趙爭爭披頭散髮地來到了吳坤的住所。她手裡拿著一張當日的省報，指著那上面繼續刊登的中國二號人物的巨幅畫像，說：「你看，他不是還在嗎？誰說他死了，啊！誰在散佈政治謠言，誰敢陰謀迫害寫進黨章的接班人？」她面色蒼白，目光呆滯，二十日那天夜裡吳坤宣佈不能和她結婚時，她就一下子痰迷了心竅，以後幾天她的精神狀態越來越不對頭，一會兒頂兩個枕頭，一會兒抱一床被子，一會兒跳紅頭繩舞，吵著鬧著非要和吳坤結婚。周圍的人不知吳坤底細，都對他冷眼相看，已經有傳聞說他也要步他那個準岳父的後塵。

恰恰正是在這千鈞一髮之際，吳坤找到了默默忍受心靈煎熬的翁採茶。翁採茶的政治生命十分乾淨，她和吳坤的關係早就中斷了，但對吳坤的愛情有增無減。可以說她的生命的再創造過程，完全是由吳坤一手完成的。沒有吳坤，就沒有她翁採茶的今天。擁抱吳坤，就是擁抱今天，就是擁抱她翁採茶自己的生命。這種愛已經到了完全盲目崇拜的地步，愛也使她「智慧」起來，使她甚至有所發明有所創造，把所有獻給毛主席的歌，都悄悄地換成吳坤的名字，把所有的我們，都換成了我——把敬愛都換成了心愛，這就夠了，所有的獻給毛主席的歌，這一來都成了情歌：心愛的吳坤，我心中的紅太陽，心愛的吳坤，我心中的紅太陽，我有多少貼心的話兒要對你講，我有多少熱情的歌兒，要對你唱……

她雖然心裡日夜唱著情歌，但她和趙爭爭一樣，披頭散髮，喉嚨嘶啞，和愛情的本質——美——越來越相去甚遠。就在這時候，她那不忍目睹的形象又讓酷愛女人美的吳坤見到。吳坤站在門口，一見那母夜叉樣子，渾身都搖晃起來。眼看著他就要厥倒，翁採茶一個箭步上前把他扶住，她淚流滿面、痛不欲生地叫了一聲：小吳，我會幫你的！我會幫你渡過這一關的！吳坤這才清醒過來，他默默地幾乎可以說是勇敢地端詳著採茶的臉，一咬牙一跺腳一別臉，牙齒縫裡擠出一聲：嫁給我吧！還沒等她回答，他就面無人色地一個人走了。

事情並沒有到此就結束。越來越糊塗的趙爭爭刮到了一點風聲，更加變本加厲地來鬧。有一天他半夜才回家，打開帳子，嚇了一大跳，趙爭爭一聲不響地躺在他的床上，兩隻眼睛睜得大大地看著帳頂。見了吳坤，笑嘻嘻地說：你可回來了，新婚之夜讓我好等。已經決定和翁採茶結婚的吳坤，這些天度日如年，正在等待著上面給他劃線，豈能容忍趙爭爭再來添亂。這個瘋女人，不知道會把她自己和他吳坤都送上歷史的陪綁台。真是無毒不丈夫，吳坤大吼一聲：把她綁起來，送到古蕩去！

杭州人都知道，這裡的古蕩就是指第七人民醫院，也就是精神病院的所在地！他那麼一聲吼，下面的人還不手忙腳亂，趙爭爭哭著叫著，口吐白沫，就被送到精神病院去了。趙爭爭是獨女，家裡還有一個母親，正在為丈夫日夜以淚洗面呢，聽說女兒被那背信棄義的「女婿」綁到精神病院去了，還不打上門來拼命。吳坤倒也有「大無畏」的精神，坦然相迎趙母，把她請到屋裡，壓低聲音，說：我讓你看看，這些都是什麼？說完就拿出一大疊子信。趙母一看，站不住了，幾乎昏倒在沙發上，原來都是有人告發趙爭爭當年用茶炊砸死人的事情。吳坤這才對她說，過去這些事情壓著不辦，是因為趙父之故，現在大樹一倒，誰來護她？他吳坤也是泥菩薩過河，無力保她的。殺人是要償命的，最輕的也得判個十年二十年，你說怎麼辦？我還怎麼跟她結婚？我想來想去，最好的辦法就是把她送進精神病院，精神病人殺人不犯法的。再說我們也不是故意把個好人送到精神病院去。她的確是有病，誰不知道她精神失常，阿姨，難道你們真的不知道？

趙母頓時就被吳坤的分析擊倒了，她想來想去，也只有送爭爭進精神病院，才能逃過這一關。她當然也知道吳坤乘此機會逃脫了，但她一句厲害的話也不敢說，她怕吳坤把那些信拋出去，那她的女兒就徹底完蛋了。

吳坤和翁採茶的婚事，是在幾乎無人喝彩中舉辦的。採茶倒是請了所有的要員，她現在是個人物了。但那天這些人沒有一個到的，倒是來了一大群長著和翁採茶差不多鼓暴眼睛和齙牙齒的鄉下親戚，他們很快就進入了吃喝的主題，操著一口郊區方言，為酒精和蹄髈鬧得熱火朝天。他們還一個勁地來勸新郎倌喝酒，說出來的話粗魯又肉麻，把個吳坤絕望得恨不得掀酒桌。他自己也喝多了悶酒，對這一次的撈稻草般的婚姻行為越來越沒有把握：如果結婚什麼也改變不了，他吳坤照樣要進班房，或者照樣要被一棍子打到泥地裡去，那麼他何苦要結這個婚呢？

採茶再笨，也清楚吳坤因那些政治要員的缺席而不安，就一個勁地安慰吳坤，說：「這些天會多，他們沒有時間。真的，真是臨時有一個會議，要不不會一個不到的。」

新婚之夜讓採茶看上去溫柔了幾分，吳坤對她生起了一番憐憫，他想，憑什麼她非要嫁給他這個明天就有可能進牢房的男人呢？她是真的撲出性命在對他啊。正那麼想著，醉醺醺的小撮著過來了。他顯然是喝多了，話語就亂說，舉著個酒杯嚷道：「孫女婿，孫女婿，我這個孫女是我一手養大的，有句話我是要倚老賣老講的。本來這句話我不會來跟你講，現在你是我孫女婿，我要跟你講了。你看林賊骨頭也已經摔死了是不是？我看你也好快點把得茶放回來了。你這樣搞人家幹什麼呢？孫女婿，我們欠他們杭家人的情啊，你把得茶放回來吧！」一語未畢，他就癱倒在地，嚎啕大哭起來。

他這一番酒瘋，把吳坤鬧得手腳冰涼，把整個酒席也都給攪了。翁採茶氣得話不成句，厲聲喝道：「把這個死老頭子給我弄出去！」家裡的人倒也從來沒有看到過採茶還有這樣的威嚴。「死老頭子」倒是被他們抬出去了，但他們自己也一塊兒跟著溜之大吉，這個婚禮就此宣告結束。

昏黃的燈光下，採茶看著垂頭喪氣坐在床頭的吳坤，緊張又心疼，一頭抱住他的膝蓋就跪了下去，說：「吳坤，我求求你振作起來，死活我都和你在一起。你放心，我們雖不能同年同月同日生，但願能夠同年同月同日死……」情急之中，她把古裝戲裡的台詞也搬出來了。吳坤長嘆一聲，想：到底是鄉下人啊，談情說愛也是一股鹹菜味道。這麼想著倒頭就朝裡床睡去。

採茶嚇得大氣不敢透一聲，悄悄給他脫了鞋，蓋上薄被，關上燈，挨著他躺下。想到奮鬥多年，她現在終於成了吳夫人，還嗚嗚咽咽地哭了一場。早上醒來，手一摸，嚇得就從床上蹦了起來：天哪，新郎倌不見了！

現在，兩個對手重新坐在沙灘上對話。嚴格意義上說，這只能算是一個人在進行獨白。一開始他們都沉默不語，吳坤遞給得茶一枝煙，得茶沒有接，吳坤也不勉強，自己點上了，說：「我知道你是不抽煙的，不過有一段時間你好像抽得很凶。我從我那個窗戶口裡常常看到你抽煙，有時夜裡你一直抽到半夜。」

三年之後的他們都發生了很大的變化。得茶靠在一塊礁石上，穿著百衲衣一般的工作服，腰裡紮根大帶子，手上還掛著的白繃帶已經黑得和他的衣服分不出顏色來了。他的背微微弓著，比以往更瘦，頭髮又多又亂，或許因為海風之故，他黑得幾乎讓從前的熟人見了他都要一愣。那種黑是一直要黑到骨子裡去的，脖頸處和腳踝都還沾著泥沙印子。他渾身鬆懈下來斜躺在地上的樣子，幾乎像一個奄奄一息的行乞人。相比而言，吳坤不知是胖還是略有些浮腫，看上去比過去大出了一塊，也白了很多，只是鬍子拉碴的，看上去沒有過去精幹了。他們之間的眼神也有了變化。得茶是越來越不動聲色了，你甚至搞不清這是麻木還是冷靜，他的那雙眼睛，抵消了他所有的落魄。吳坤的眼睛布著血絲，眼袋發黑，控制不住的疲倦感從他的眼睛裡跌落，強烈的煙酒氣在他們之間瀰漫開來。

吳坤一邊抽煙，一邊告訴得茶，其實他對他的情況還是很瞭解的，有關他的情況還常常送往省城要人的案頭，有人對他埋頭拆船做苦力，難得一點空餘時間便看看佛書、學習英語以及談談茶事的狀態不理解，以為他是在放煙幕彈，但是他吳坤心裡明白，杭得茶就是會這樣生活的人，況且他還有女兒和姑姑相陪。

女兒夜生彷彿聽到了兩個大人在談論她似的，她跑了過來，親昵地靠在爸爸的身上，一邊叫著爸爸，一邊偷偷地拿眼角瞟著對面抽煙的那個男人。她的頭髮鬈鬈，完全是白夜的遺傳，但她的神態五官卻非常像對面坐著的那個男人。五歲的小姑娘漂亮得像個天使，吳坤看著她，心都揪了起來，他的靈魂都彷彿要被這小不點兒的東西抽走了。他一眼就認出來了——這是他的女兒！千真萬確，這是他的女兒！喝了一夜的酒，他的胸口和腦袋都劇烈疼痛起來，是那種腸子斷了的痛。

酒精使他雙手哆嗦，他要伸出手去抱女兒，她立刻警覺地閃開了。他皺著眉頭問：「她怎麼那麼黑？」

盼姑姑過來拉走了夜生，小姑娘一邊叫著爸爸再見，一邊還沒忘記瞟那男人一眼，突然用手一指，說：「壞人！」然後拔腿就跑，大大的海灘，留下了她歪歪斜斜的小腳印。

吳坤笑了起來，針扎一般的感覺一陣一陣地向他襲來。然後他聽見他說：「你不會為了我女兒黑不黑，專門來一趟這裡吧。」

杭得荼第一次聽到林彪事件，就在這個時候。吳坤盡他所知，把有關副統帥的爆炸事件告訴了他。他看著在下午陽光下閃閃發光的平靜的海面，說：「等著吧，文件很快就會傳達，全國人民很快就會像從前祝福他永遠健康一樣，舉起手來打倒他，像從前打倒劉少奇一模一樣……」

顯然話說到這裡，他開始感到表達的困難。他知道杭得荼一定會像他最初聽到這個消息一樣震驚，但杭得荼不會願意在他面前表露任何感情。他知道他在杭得荼眼裡，乃是一個貨真價實的偽君子，一個壞人。時至今日他依然認為他和他之間的感情是不平等的。當他遠遠看到他背著縴繩在沙灘上蠕動時，他的眼眶發熱發潮，這印證了他的預感——他跟他杭得荼之間的關係遠遠還沒有了結。

他開始自言自語，杭得荼發現他酒醉未醒。但他並沒有醉到話不成句的地步，相反，他的思路反而異常活躍起來。他手裡拎著一個二兩裝的小酒瓶，不時抿一口，一邊就像從前那樣高談闊論起來。他談到了歷史上一些重大的事件，正因為其重大，所以發生的原因才是相當複雜的；因為複雜，所以認識和廓清是需要時間的。我們這一代人遇到的這一場運動可以稱得上歷史重大事件了，它是需要時間和空間來完成的——三年，五年，十年，二十年？誰知道。這要看一些歷史人物的具體情況，歷史人物往往是歷史事件的起始與終結的標誌。我研究秦檜時就有這種體會，秦檜真像現在蓋棺論定的那樣，僅僅只是一個千古奸臣嗎？不那麼簡單吧。他就一點也不考慮時代的大勢，國家的利益？也許在他那個位置上，他認為這樣才能真正保全社稷江山呢。這是一個很複雜的問題，不是用一句人民的意願就能解釋的。可是他和趙構一死，事情就起了重大的突變。如果我以後還有可能研究史學，我一定要做這樣一篇文章——〈論死亡在歷史進程中的關鍵作用〉。你看，林彪一死，我們對這場運動的認識就到了某種水落石出的深度。但是，我們怎麼可能超越這個階段去認識時代呢？我是說，如果我們的選擇被歷史證明是錯誤的，這怎麼能怪我們呢？

他誠懇地也有些茫然地盯著得荼，仿佛得荼就是歷史老人，他急需要他作出某一種解釋。直到這時候，得荼才站了起來，他向海邊走去。他不可能不激動，但他依然警覺，他對這個人失去了起碼的信任。看來他認為他自己是大難臨頭了，也許林彪事件已經牽涉到他。但他跑到這裡來幹什麼呢？他的心裡一陣緊張，難道他是為了夜生而來？

他拎著個小酒瓶，跟在他後面，依舊喋喋不休，他說他什麼都看穿了，人性就是惡的，林彪都當了中國的二把手了，他依然不滿足，在如此的高層中還要發生這樣的權力之爭。再沒有什麼比政治更醜惡了，他吳坤還是被愚弄了。接下去會怎麼樣？他不知道，也許他們之間該換一個個兒，該是由他來背縴了！

那支背縴的隊伍從他們身邊喊著號子，緩緩地走了過去。海邊的天氣，說變就變。剛才還是萬里晴空，突然海角就升起了不祥的烏雲，它妖氣騰騰的鑲著異樣的金邊，不一會兒就彌漫了整個天空。海鳥在海上亂飛，發出了驚慌失措的喊叫。世界黑暗，仿佛末日降臨，烏雲在天際飛速地扯裂又併合，大海洶湧險惡，變幻莫測。歸帆在和大海搏鬥著，想趕在暴風雨前歸來，但它們已身不由己了，它們被大海張開大嘴一口咬住，只露出了一點點桅杆的頭。有時又吐出一口，這時船身就露出了船舷，人們剛剛鬆了一口氣，船身又陷到波濤之中。然而歸帆並沒有真正被吞沒，它們正在作最後的拼死一搏！

背縴的隊伍，仿佛根本就沒注意到暴風雨就要來臨，他們深深地彎著腰，軀體幾乎就要和地面成水平線了。他們拉縴的號子和著海浪激盪回響，一波一波地傳到了他們的耳邊：

一條大船九面波喔——杭育
萬里洋面好玩玩喔——杭育
碰到南風轉北暴喔——杭育
十條性命九條拼喔——杭育

大滴的雨像眼淚，噼噼啪啪地打下來，打到了衣衫襤褸的得荼身上，也打到了衣冠楚楚的吳坤身上。吳坤本能地往回跑了幾步，想找個避雨的地方，但回頭看見杭得荼站在老地方看著大海，他就又走了回來。大雨很快把他們兩人澆成了水柱。吳坤拎著那只不離身的小酒瓶，他顯然進入了一種亢奮的狀態，揮舞著手，對杭得荼大聲地喊著：「我知道你心裡怎麼看我，我知道在你眼裡，白夜死後我就徹底墮落了，我甚至不敢認我的女兒，我竟然反誣我的女兒是你的血肉，我用我的並不存在的綠帽子換回了紅纓子，你心裡想說什麼我全知道。可有一條你無法否定，我知道她是我的女兒，是我的女兒！」

杭得荼一把拎住了吳坤的衣領，他什麼都能忍受，但無法忍受夜生不是他的親骨肉的說法。他從對方的眼光裡看到了惡意的快感，他聽到對方說：「你以為只有你痛不欲生，你不知道我每夜這裡都在痛！」

得荼輕輕地收回了自己的手——不，他不要和這樣一個靈魂對峙，他曾經把他杭得荼的靈魂降得多麼低，他絕不要和這樣一個靈魂對峙。他轉身走了。吳坤拎著酒瓶，固執地跟在他後面，說：「你得跟我說幾句，你不能這樣一聲不吭地打發我走。我可以向你保證，我要是沒事，這一趟我要是躲過去了，我第一件事情就是把你弄回去，我向你保證，我一定把你弄回去。我跟你說的是真話，你看我給你帶來什麼了，你看看這些。」他從兜裡拿出幾張舊報紙，雨點很快把報紙打濕了，「你看，這是我這次回老家專門為你收集的茶業大王唐季珊的消息。你看這裡還有阮玲玉的相片，她給唐季珊做情人，人稱茶葉皇后。我沒想到我那個吳升爺爺把這些都從杭州給揹回去了，要是留在杭州，那還不燒個雞巴乾淨。」他粗魯地笑了起來，但旋即收住，「這些東西對你以後一定會有用的。你那個茶葉博物館，遲早會辦起來，我在這裡預言。你相不相信，啊，你相不相信？」

得荼默默地走了回去，雨大得發出了擂鼓般的聲音，他取過吳坤手裡的已經被雨澆濕的報紙，放進他的口袋。吳坤看著他，嘴一直也沒有閑著：「我要是落難了，你可不要忘了我。我想來想去，我周圍那麼些人中，只有你不會忘了我。」他痛哭起來，從昨天夜裡到今天下午，他一直不停地喝酒，心被酒澆得火燒火燎。這場暴雨來得好啊！

然後，他就看見杭得荼朝那隊拉縴的人群走去。他有些茫然地跟在他後面，一邊說著，一邊流著眼淚，但他沒有能夠擠到他們的隊伍中去。他只看到得荼背起了那根屬於他的縴繩，他那剛才仿佛被勞作壓垮的身軀突然彈跳起來，力量神奇般地回到了他的身上。他和人群中那些人一樣，把身體繃直，幾乎和地面成一平行線，暴雨像鞭子一般抽到他的背上，他嘴裡也發出了那種負重前進的人們才會發出的呻吟般的呼號聲。

他有些惶恐，跟在得荼身邊叫著：「你不能這樣，我的女兒還在你手裡！是我的女兒，你不能一句話都不跟我說，你給我停下，你給我停下，停下！」

他歇斯底里地叫了起來，捶胸頓足，痛心疾首，他一點也不明白得荼為什麼一句話也不跟他說——拉縴的隊伍就這樣從他眼前過去了，緩緩地越拉越遠。他只聽到他們的嘶啞的呻吟的聲音：

一條大船九面波喔——杭育
萬里洋面好玩玩喔——杭育
碰到南風轉北暴喔——杭育
十條性命九條拼喔——杭育
……

第二十九章

春天來了！

天氣乍暖還寒，陰沉沉的雲縫中，不時還有日光從陰霾裡射出光線，杭州西郊那美麗的山林裡，茶芽又開始萌生了。

一群人緩緩而行在茶山間。看得出來，這是一支有老有小的家族的隊伍，一位老人由他的晚輩左右攙扶著，走在最前面。山路崎嶇，起伏不平，這些人一會兒陷入了茶園深處，一會兒又冒出半個身子，像一葉小舟，在茶的波浪間犁開一條細細的航程。

這是杭嘉和的第七十六個春天，也是他的第七十六個清明節。當下還不能判斷這個春天屬不屬於他們杭家人——整整十多年沒有團圓在一起的親人們，竟然奇蹟般地聚會在一九七六年的清明節早晨。

並不是所有的自由人都到齊了的，從雲南歸來的小布朗就沒有能夠及時趕到。此刻，斷後的杭得茶與杭寄草走在一起，他悄悄地問：「姑婆，他跟你說了他會趕到這裡來的嗎？」

寄草搖搖頭說：「哪裡來得及說，一見面就先和我吵一架，沒良心的東西，隨他去！」

杭得茶眯起了眼睛看著天空，說：「我有點擔心，杭州街頭這兩天到處都是標語，不知雲南那邊怎麼樣？」

前幾天就從紹興趕到杭州的杭迎霜，看了看大哥，說：「悼念周總理，全國都一樣吧。」

自得放愛光出事之後，布朗被抓進去審了一段時間，沒弄出什麼新材料，這才放了他。他一出獄就回了雲南，小邦崴的好幾個女兒等著他挑選呢。這次是為了祖墳的遷移之事才重返杭州城的，媽媽寄草專門到火車站去接他。深夜到的杭州，在車站就被人擋住了，說起來讓人不相信，他是讓一個女瘋子攔住的。那個破衣爛衫的女瘋子，一邊哼著「北風吹，雪花飄」，一邊在月台上踮著腳跳芭蕾舞，引來了很大一群人，有人笑著，有人還問：瘋婆兒，你的大春呢，你的大春哪裡去了？那瘋婆兒大吼一聲，指著對方厲聲責問：你是什麼人，敢對趙部長這麼說話？無產階級專政的鐵拳不會放過你們！說話間的時候，她的一雙眼睛就朝人群裡射來，像一把鈎子鈎住了布朗。布朗打了一個冷戰，低下頭問媽媽：「媽媽你看她是不是趙爭爭，是不是？」寄草冷笑一聲說：「她也有今天！」

趙爭爭瘋了的事情他們倒是早就聽說了，當時甚至還有點拍手稱快，老天罰她發瘋也不為過。但親眼目睹她現在的慘狀，寄草還是不舒服，心想還是頭低低下管自己一走了之，趙爭爭眼睛卻已經盯住了布朗，目光中露出了狂喜的神情，她大叫一聲：「大春，大春，你終於回來了！八路軍回來了，黃世仁你等著吧——想要逼死我，瞎了你眼窩——」她突然唱了起來，筆直地朝布朗撲去：「大春，大春，我等得你好苦啊——」

這一招驚得布朗回頭就跑，旁邊的人哄笑著讓出一條道來，看這女瘋子追她的大春。布朗趕緊重新跳上車廂，一邊對乘務員說：「你們怎麼不把她送回去？她一個人在這裡鬧多可憐。」那乘務員卻說：「你是說那個女花瘋啊，聽說還是造反造瘋的，精神病院裡出出進進多少次，現在連他們家裡的人都懶得管她了，外面的人怎麼管得住她？」

布朗和寄草只得另找一個小門悄悄往外溜。走到外面廣場上，布朗就站住了，吞吞吐吐地要說什麼，寄草就先開了口，說：「你是不是想去照看那個趙爭爭？」

布朗連忙說：「媽媽，你說怎麼能這樣呢？她可以進監獄，可以進醫院，可以開會批判，可是不應該讓一個女人在夜裡發瘋。」

「槍斃她也不為過！」寄草想起了得放愛光，狠狠地詛咒了一句。

布朗想了想，說：「可還是不應該讓她在夜裡到火車站發瘋。媽媽你說一句話，你答應我把她送回去，我就把她送回去。」

「我要是不答應呢？」

布朗想了想，說：「那我也得把她送回去！」

寄草還有什麼話可說呢，她生氣地低聲叫了起來：「要去你自己去，反正我是不去的！」她揮揮手就自顧自朝前走，還以為兒子會跟她走呢，沒想到再回頭一看，兒子不見了。這母子倆剛剛見面，就不歡而散。

十歲的夜生蹦蹦跳跳地跑在小徑上，她耳尖，聽到了爸爸們的對話，接著自己的思緒說：「周總理我看到過的。盼姑婆，你說是不是，周總理是不是我們都看到過的噢？很好看的！」她讚嘆了一句，雖不那麼莊重，卻是由衷的。

「你那麼小，還記得？」杭寄草說，「我們夜生真是好記性。那年她才幾歲，七二年，才六歲啊，剛剛從島上回來，大哥在樓外樓給擺了一桌。就那天周總理陪著尼克森到樓外樓吃飯，還吃了龍井蝦仁呢。有許多人看到他們了，那時候周總理還沒生病吧。」

「爸爸你看到周總理了嗎？」窯窯問。他操著一副正在變聲的嗓子，那聲音聽上去很奇怪，讓夜生一聽就要笑，一聽就要笑。

方越一邊擋開那些伸過來的茶枝，一邊說：「周總理倒是沒見著，但是我看到了美國的將軍黑格，那天我到解放路百貨公司買東西，看到他也在那裡買東西，你們猜他在買什麼？」

迎霜果斷地說：「他在買茶！」

方越吃驚了，不是裝出來的，盯著她問：「你怎麼知道，他真是在買茶，聽裝的特級龍井，我親眼看到的。」

迎霜有些心神不寧，清明祭祀一結束她就急著要趕回去。此番來杭，她有她的特殊使命。

在行進中，只有前面那三個男人一直沒有說過一句話，杭漢、忘憂和一邊一個扶著的杭嘉和。歲月仿佛已經成功地改造了他們，使他們越來越趨同於家族中最老的老人杭嘉和。此刻，他們在茶叢中小心翼翼地走著，悄悄地對一個眼神，不時地朝前面看看，祖墳馬上就要到了。

祖墳早已成了一種家族史的象徵，後逝的人們已經不再長眠在此。杭州西郊山中的隆起的青塚正在歲月中漸漸隱去。但既然還是祖墳，過往行人總還繞著點兒，茶蓬不經修剪，在它們四周長得又大又密，幾乎蓋住了它們。這一次是市里統一行動，要徹底起掉這一帶的土葬之墳，統統夷為茶園。初夏，杭家祖墳就要全部被遷往南山。今年清明，將是全家到雞籠山的最後一次上墳了。正是這個大舉動，把杭家人又集中到了杭州西郊。

杭家祖墳中的這些先人的骨骸，本來可以埋在裡雞籠山中的茶園，那就要簡單多了。這也是一片重新聚集的墓地，連蘇曼殊的墳也遷葬到了這裡。那前面還有一塊空地，是辛亥義士墓，也是前幾年剛從西湖邊遷來的，有陶成章的，徐錫麟的，陳伯平的，馬宗漢的。這些人的名字，當年如雷貫耳，如今與茶相伴，也是無人問津了。杭嘉和卻覺得這樣很好，一個時代被埋在了茶園裡，這是一種很好的歸宿。但他還是決定把祖墳都遷到今日的南山陵園，葉子、嘉平、得放和愛光，還有白夜的墓地都已經安排在那裡了，他自己也將在那裡將息，他不想讓那些已經死去的人再與他們隔開。很奇怪，他不信神，但他重視死的儀式。他不相信真正會有另一個世界，但他在活著的時候想像那個世界，並在那個世界裡為自己尋找歸宿。

他的眼睛不好使，但他看得清這裡的一切。他用他的那根斷指，緩慢地深情地一個個地指著那些茶蓬：這是他父親杭天醉的，這是他母親小茶的，這是他大媽媽沈綠愛的，這是他妹妹嘉草的……他非常準確地一下子指出了埋骨黃蕉風的地方。那裡種著一株迎霜，生得茂盛，正當壯年。

不知晚輩中哪一個冒失地問了一句：都在這裡了嗎？杭嘉和嘴唇哆嗦起來，面容蒼白，他怔了一會兒，一個人就往旁邊小溪對面的那片斜坡走去，他單薄的身子把那片茶蓬蹭得嘩啦嘩啦響。忘憂連忙上去，扶住嘉和。他們一起走到山坡茶園邊，他四處看了一看，認出了那棵大茶蓬，他在這棵大茶蓬下站了一會兒。模糊的目光就幻出了往事：是看到了一起被埋進了墳裡的大水缸，還是被嘉草抱著的那條玉泉的大魚？他使勁地甩著腦袋，不知道是想把這些令人心碎的往事埋進心墳，還是甩出胸膛。滿嘴的苦味泛了上來，眼前的遊絲越來越多，越來越粗，金光閃閃的在他面前亂舞，耳朵也跟著聽到一陣陣金屬般的聲音。他在四月的春風裡站不住了，下意識地拔了一把鮮茶葉塞進嘴裡嚼了起來。

成年的杭家男女們，只有寄草在前人的隱隱約約的傳聞中得知她那個同父異母的漢奸哥哥的下場，她卻從來也沒有問過大哥嘉和。每當他們上墳從山上下來，路過山腳下的那片茶園時，大哥嘉和總會把腳步放慢一點，他從來也不把自己的目光投向那片茶園，那是一種故意的拒絕。

現在，只有他杭嘉和一個人知道這個家族的秘密了。那個叫吳升的人也已經死了。吳升是在抗戰勝利之後的第一個春天找到他杭嘉和的。他老眼昏花，帶來了一只骨骸盒，他們倆一起把它埋在了這裡的山腳下茶園邊。吳升沒有因為這樣安排而責怪嘉和，他知道為什麼這只骨骸盒不配進山上的祖墳。

家族中的許多人都把這個人徹底忘記了，更年輕一些的，甚至從來沒有聽說過他——是漢奸，是仇人，也是親骨肉。不配進杭家的祖墳，但到底也沒有讓他暴屍荒野。這是家族史上的死結，不能說，不能聽，也不能看。一切的記憶帶來的創傷巨痛，能到此為止嗎？

家族中其他的成員，就在祖墳前坐下來等待。只有夜生站著，遠遠看著忘憂，她是昨天剛剛見到這位爺爺的，不知為什麼她又好奇又害怕。此刻，她緊張地悄聲問窯窯：「你跟忘憂爺爺住一起是不是？」

窯窯點點頭，他是那次歷險之後第一次回杭州，他的小反革命事件早已經不了了之了，但十六歲的少年還是十分小心，一直少言寡語，唯獨和小夜生一路聊個不停。他告訴她什麼是三枝九葉草，什麼是華中五味子，什麼是辛夷，什麼是何首烏，南天竹的果子要到秋天才紅，虎耳草可以治身上癢和耳朵疼。七葉一枝花長在高山頂上，你要是爬得上去，你就能看到它，它可是名貴的草藥啊。獨花蘭就更不好找了，只有西天目山和寧波有。你去過西天目山嗎？你見過那裡的大樹嗎？一大蓬聚在一起的樹，真是要多漂亮就有多漂亮，爺爺說這是一個野銀杏的家族，已經五代同堂了。那上面還有幾個人也抱不過來的大樹，山越來越高，樹越來越大，樹就開始不再像樹了，它們和巨人一樣長到雲天裡，讓人覺得人和天很近很近了。

夜生聽得氣都透不過來，但她還是不按輩分叫他窯窯，論起來他該是夜生的堂叔，但夜生只叫他窯窯，「他那麼小，我怎麼叫他叔叔啊！」小姑娘撒嬌地說。

此刻，她盯著不遠處綠茶叢中那雪白的大人，繼續問：「他那麼雪雪白的，你夜裡慌不慌他？」

窯窯搖搖頭說：「忘憂叔叔是世界上最好最好的人，我每天夜裡都跟他腳碰腳睡在一起的。」

杭窯不願意告訴夜生他第一次看到忘憂表叔時的情景：在越來越濃的暮色中他從山林中浮現出來：

天風浩蕩，飄其衣衫，望似天人。走至跟前，只見他渾身雪白，面露異相。在此之前，杭窯他從來也沒有看到過這樣渾身上下雪白的人。他的白眼睫毛很長，他的面頰是粉紅色的。杭窯本能地一下子抱住了爺爺，爺爺卻把他正過來面對忘憂表叔，對他說：「他是表叔。」

他就這樣跟表叔度過了八年，現在他完全可以說，表叔比他的親生父親還要親。

「全世界我爸爸最好，我盼姑婆第二好，我自己第三好。」夜生突然說，她說的話，把那些靜靜等待著的人們都說笑了。

「那你就一定會喜歡你忘憂爺爺了。」

「為什麼？」

「我爸爸說，忘憂表叔和你爸爸脾氣都一樣的，都是隨了嘉和爺爺的。」

「為什麼？那我是隨了誰的？還有你呢，你是隨了誰的？」夜生不停地搖著窯窯的腿，窯窯一時說不出來，就愣在那裡，說：「讓我想一想，讓我想一想。」

杭得荼把女兒拉了過來，說：「小姑娘話不要那麼多。」

迎霜摸摸她的頭，說：「她真能問，是個當記者的料。」

杭得荼像是為迎霜專門作講解一樣地說：「我明白小叔這句話的意思。我們杭家人儘管每個人都很有個性，但基本上分成了兩大類，一種是注重心靈的，細膩的，憂傷的，藝術的；另一種是堅強的，勇敢的，浪漫而盲目的，理想而狂熱的。」

「像嘉和爺爺和嘉平爺爺，也像你和二哥。」迎霜補充說。除了她，還沒有誰敢在大哥面前提起得放。她身上有了一種杭得荼過去不熟悉的東西。滄桑在她的眉間留下了印記，她的從前有些傻乎乎的神色如今一掃而光。她的朦朦朧朧的眼神變得有力明亮，今天，她的目光中還有著一種抑制不住的企盼和激動。十六歲那年她毅然退學，跟著李平水回到茶鄉平水，她在那裡勞作，幾年後成了一名鄉村小學教師。她和李平水還沒有結婚，已經六年過去，她依然在等待某一種命運的改變，她越來越開始像她的已經逝去的三哥。

「爸爸快告訴我，我隨了誰的嘛，我隨了誰的嘛。」夜生還在叫。她很活潑，還有點杭家女子都沒有的顧盼神飛。她的頭髮鬈鬈的，打扮上也透著股洋氣。杭盼養著她，把她給有點養嬌了。

得茶卻注意到了那個看上去落落寡合的小窯窯。窯窯在東天目山的安吉讀完了小學。安吉是個產竹子的地方，旁有太湖，還有一條河流東苕溪，他和忘憂表叔卻住在深山坳裡。在人們眼裡，守林人林忘憂是個神秘散淡的邊緣人物。守林人帶著孩子去上學，每天要走五里山路。手裡拿一根棍子，沿路打草驚蛇，露水濕了他們的草鞋，也濕了他們的褲腿。這裡的山民都把窯窯當作表叔過繼的兒子，他們對他很好。在這個少年的身上，有著許多的積累起來的同情。

這個少年看上去有一種很特殊的山林氣，但和土氣卻是不一樣的。此刻他手裡抓著身下的一團泥，正在下意識地捏弄著，他生得清秀，下巴尖尖的，手指很機敏。

方越有些驕傲地說：「我去看過窯窯燒的東西，他遲早有一天會超過我的。」

原來讀書之餘，窯窯一直在幫著表叔燒土窯。表叔常常燒製一些簡單的民間陶製品，它們大多只是些碗碟之類，與山裡人以物易物，但許多時候他都是送人。他是一個盡責的守林人，在家裡養豬，養蜂，南瓜爬到瓦屋頂上，香菇在屋後的木頭架子上生長，破開的竹片從山後接來泉水，日日夜夜在門口的大缸裡流溢。窯窯來後他就更忙了，他們只有在等待出窯的那一會兒才會靜靜地坐在一起。那時表叔的白睫毛靜靜地垂下來，火光反映到他臉上，發出了充滿著涼意的安詳的光芒。

忘憂他仿佛早就洞察到自己的命運，因此他不但學會了節制，還學會了怎樣節制。他的這種性情也成功地移現在了窯窯的身上。因此，儘管有著父親的誇耀，窯窯依舊沉靜地看著茶園不說話。

父親就及時地提醒他說：「你把你那段看不懂的古文拿給你得茶哥哥看看啊？」然後轉過臉來對得茶解釋道：「你知道窯窯在學燒紫砂壺，昨天他拿了一段話來讓我翻譯，是《壺鑑》上的。我倒了那麼些年的馬桶，還真翻不好了，我就讓他抄了帶給你，帶來了嗎？」他轉身又問兒子。

窯窯按著口袋，看得茶，得茶拍拍他的腦袋，說：「我試試看。」

窯窯這才把那張紙從口袋裡取了出來，小心地交給了大哥。

原來前年忘憂去鄰縣長興出了一趟差，回來時給窯窯帶了一把紫砂壺和關於紫砂壺的一本書，還說那是他特地在長興街頭給他買的。因為用這種壺泡茶容易聚香，隔夜不餿，外表越養越好看，天冷暖手，天熱不燙手，還可放在溫火上燉燒，價錢又便宜，就帶回來了。

但窯窯看到的卻遠遠不止這些。他捧著那把方壺，愛不釋手。很難說清楚這種第一感覺的產生，究竟緣於何方。那是一種生長在山裡的人們的藝術感情吧，就像江河邊的人對水的感情一樣——山裡人對土石的感情、對那種凝固的物質的感覺，是非常直覺的。

那本同時帶回的名叫《壺鑑》的書，是在一個熟人家裡得的，而那熟人則是在抄從前的一戶大戶人家家的時候抄來的，窯窯甚至連許多文字都讀不懂。品壺六要：神韻、形態、色澤、意趣、文心和適用，他找了父親，好歹解釋下來了。其中有段文字，他讀不通，也不知有多少白字兒跳過。問忘憂表叔，他也搖頭，說他可以告訴他一株樹的知識，但他說不出一把壺的道理，這該問爺爺。

那年九月，杭窯小學畢業之後就不再直接進入中學了，表叔把他帶到了長興鄉間一戶製壺的農家，他的即知即行的製壺生涯從此開始。

長興與陶都宜興一縣之隔，雖然一為浙，一為蘇，但接壤毗鄰，因為學習製陶手藝，他也就常去那裡。都說宜興之所以成為陶都，歸根結底是和這裡特有的紫砂泥土有關。這種特質的泥長興也有。歷史上長興人雖有「千戶煙灶萬戶丁」之說，但主要還是以生產粗放的大缸為主。真正生產紫砂壺，時間並不長。杭窯很幸運，在長興學到了手藝。又以那裡為基點，常常往宜興跑。那時候，大師級的人物顧景舟、蔣蓉等人，都還倒楣著呢，是很容易見到的。有人悄悄地向他們討教，使他們心中暗自欣慰，而少年杭窯也學到了不少東西。

大人們教他一門手藝，初衷是想讓他今後有一碗飯吃，並因此可以去養活家中的老人和病人。殊不知同情與恩愛正是藝術的一雙門環，少年拉著它們打開了大門，走了進去，雙手沾滿了紫砂泥。他的藝術生命開始了。

他一直沒有機會把《壺鑑》上的那段話抄給爺爺看。昨天一到，就問爺爺，爺爺卻說，問你大哥吧，他現在在資料室裡工作，他讀的書多。窯窯今天就特意帶來，只是不好意思拿出來給大哥看。他以為祭祀是個很隆重的過程，大哥不會在意他這小小的要求，他沒想到生死之間的關係是那樣融洽的，在墓地上，他照樣可以求知。

這段文字一般的人翻起來還真是費勁：

若夫泥色之變，乍陰乍陽。忽葡萄而紺紫，倏橘柚而蒼黃；搖嫩綠於新桐，曉滴琅璫之翠，積流黃於葵露，暗飄金粟之香。或黃白堆砂，結哀梨兮可啖。或青堅在骨，塗髹汁兮生光。彼瑰琦之窯變，非一色之可名。如鐵，如石，胡玉？胡金？備五文於一器，具百美於三停。遠而望之，黝若鐘鼎陳明庭。迫而察之，燦若琬琰浮精英。豈隋珠之與趙璧可比異而稱珍哉。

得茶凝思了一會兒，剛想問誰帶筆了，迎霜就把筆和一張紙放到他手裡。他幾乎不假思索地就開始翻譯起來：

說到那泥色的變幻，有的陰幽，有的亮麗。有的如葡萄般的紺紫，有的似橘柚一樣的黃郁；有的像新桐抽出了嫩綠，有的如寶石滴翠。有的如帶露向陽之葵，飄浮著玉粟的暗香；有的如泥砂上灑金屑，像美味的梨子使人垂涎欲滴；有的胎骨青且堅實，如黝黑的包漿發著幽明；那奇瑰怪譎的窯變，豈能以色調來定名。仿佛是鐵，仿佛是石，是玉嗎？還是金？齊全的和諧歸於一身，完整的美均勻著通體。遠遠地望去，沉凝如鐘鼎列於廟堂；近近地品，燦爛如奇玉浮幻著精英。何等的美奐美輪啊，世上一切的珍寶都無法與它相匹。

杭得茶幾乎可以說是一揮而就，把杭迎霜看呆了，說：「齊全的和諧歸於一身，完整的美均勻著通體——大哥真虧你翻得出來。」

得茶搖搖手不讓迎霜再讚美下去，說：「哪裡哪裡，這都是我早就翻譯過的，這跟茶也有關係嘛，屬於茶具這一類的文獻，是吳梅鼎的〈陽羨茗壺賦〉吧？」他問窯窯。

製壺少年結結巴巴地連連稱是，他很激動，口不成句地告訴大哥他所知道的有限的茶壺知識。即使迎霜擊節讚賞，窯窯還是不能懂得，什麼叫「齊全的和諧歸於一身，完整的美均勻著通體」。這些道理，都要在他製壺多年之後才開始明白。他只能就他有限的見聞傾吐他的藝術熱情，他說他那本《壺鑑》中有許多實物的相片，有供春的，陳明遠的，時大彬的，還有曼生壺。他甚至知道了第一個在壺身上刻字的人俗名叫陳三呆子。最後他終於激動地問：「大哥，我們家也有一把曼生壺吧？爸爸告訴我這是我們家的傳家寶，我什麼時候能夠看到它呢？」

得茶看著坐在他面前的那兩個孩子，他們一人把一隻手搭在他的膝蓋上。他就想，其實血緣也是可以通過後天來締造的吧，窯窯和夜生與杭家本無血緣關係，但現在有誰會說他們不是我們杭家人呢？他們的舉手投足，神情舉止，甚至他們的容貌，都越來越和杭家人一樣了。

這麼想著的時候，他把那張寫有古文譯文的紙朝裡摺了一下，準備交給窯窯，突然他眼睛一亮，下意識地就把紙攥進了手心，然後看著迎霜，神情嚴肅地問：「這是從哪裡來的？」

「都是從杭州出去的啊。」迎霜微微一愣，便坦然地說。顯然，大哥他已經看見了紙張背面的〈總理遺言〉的。

得茶讓窯窯帶著夜生到前面茶園中去玩，然後再一次嚴峻地問迎霜：「你不就是想讓我看這份東西嗎？現在再問你一次，這是從哪裡來的？」

得茶的神色讓迎霜有些吃驚，她這才告訴他，她在紹興的時候，就收到了董渡江他們給她寄的這份傳單了。現在她終於按捺不住自己內心的激動，她問大哥，他能判斷出這封遺書的真偽嗎？

得茶站了起來，離開了祖墳，往前面那片竹林走去，迎霜看不出來他到底是怎麼想的，她跟在他後面，一句話也不說。這幾年她很少和大哥見面，很難想像從流放中回來的大哥會不會有什麼變化。

得茶卻用與剛才沒有多大區別的口吻說，如果她真的想聽聽他的真實想法的話，他可以說，這份遺書，他已經看到過了，據他分析，八九不離十是他人寫的。迎霜對此回答立刻表示異議，顯然她太希望這是一份真實的遺言。她強調說，這封遺書的真實性是顯而易見的，從遺書中對人的評價來看，這也是符合周總理一向的風格的。

得茶站住了，看著滿坡不語的春茶，別轉頭問：「你認為周總理的風格是什麼？」

迎霜一下子就被大哥問住了。但她已經不是那個纖細膽小神經質的姑娘了，她想了想，反問道：

「那你說周總理的風格是什麼？」

得茶仿佛也被這姑娘問住了。他眯起眼睛，看著前方的春嵐，一會兒，才指了指正在萌生新芽的茶叢，說：「我也說不好，不過用茶來比喻，大概也不會離得太遠吧。」

直到這時候，他還是不太想把自己的真實想法告訴迎霜。因為在他看來，周總理首先是政治家，周恩來既無子女也無個人財產，死後甚至不留骨灰，這個徹底的唯物主義者絕對不會依賴死後的遺言。他不忍對眼前這個姑娘說破這一點，但又不想讓她過深地捲到其中去，只好沉默。然而對杭迎霜言，用茶來比喻周恩來，的確也是她從未聽到過的見解。苦難沒有磨損大哥的銳利的思想，他依然是一個有獨立見解的人，但此刻的談話使她發現她和大哥之間的距離。問題也許並不在於這份遺言的真偽，而在於你希望它是真的還是偽造的。

「即便真是政治謠言，我想也沒什麼大不了的，大家都在散佈謠言，部隊、工廠、農村，我只是其中的一個。」她坦然地對大哥說。

「歷史上一些重大轉折關頭，輿論從來就是先行的，法國有啟蒙學派，中國有五四運動。你不要以為時勢僅僅造英雄，時勢也造輿論。反過來，輿論再造時勢，相互作用，重塑歷史。」他們這麼交談的時候，已經走得很遠，茶園濃烈的綠色層層渲染，「這是夜生的出生地。」他突然話鋒一轉，說。

他的口氣那麼平靜，以至於迎霜以為得荼已經來過這裡許多次，或者他的痛苦的心靈已經趨於緩和，變成了一種長久的隱痛。但敏感的姑娘立刻發現並非如此，她聽見他說：「這是白夜走後我第一次來這裡，沒有你的陪伴我沒有勇氣來。」他低下頭去，咬緊的牙根把腮幫也鼓出來了。他站了一會兒，突然快速地往回走，邊走邊說：「那麼多年過去了，我依然認為只有白夜是我的知音，只有她能聽懂當我說到歷史的殉難者時，我是指的什麼。我們也已經有許多年沒有提起楊真先生了，如果他活到今天，如果你二哥和愛光還活著——」他的聲音再一次發起抖來，「我知道你現在想和二哥那樣地活著，我知道你已經不是那個只會沖茶的小姑娘……」他又沉默了，他在為永遠失去的東西痛楚，「但我還是要說，我們喝茶的杭家人天性就是適合於建設的，適合於彌補和化解的，而我們目前遭遇的則是一個破壞的年代。這破壞中甚至也包括了我的名字，我也是我自己的迫害者。」

迎霜不能完全聽懂他的話，但她被他的話感動了，她好幾次想打斷他的思路，但都沒有成功，遠遠地他們看到祖墳前的家人在向他們招手，得茶一邊加快步伐，一邊說：「這一切是怎麼發生的？為什麼會發生？這一切到底要到什麼時候才能終止？我把希望寄託在你們身上。相對而言，你們年輕、自由，如果我說現在你們的使命是讀書，認識，積累，還有，至關重要的一條，保存自己，做歷史的見證者，做我們杭家茶人的傳人，難道我有什麼錯誤嗎？」

大哥噴薄而出的話使迎霜熱淚盈眶，她拉住了大哥的手，剛才她幾乎沒想過要把這事情告訴大哥，現在她突然發現此事非常重大。原來昨夜她從已經當兵的董渡江和當了工人的孫華正處回來時，帶回了他們印發的一批遺書傳單，連帶著一只小型的油印機。孫華正說他這幾天好像已經受到了監視，而董渡江是軍人，一切都在光天化日之下，沒有可以隱藏的地方。

「你把它們藏在什麼地方了？」

迎霜臉紅了，回答說：「我先到了假山下的地下室，那裡是二哥他們印過傳單的地方，還和從前差不多。我把它們藏在煤球筐後面，本來想今天下午上街時帶上的。」

「這件事情就由我來處理了。」

「那怎麼行？最起碼也得我們兩人一起來處理。」

得茶再一次站住了，他們很快就要回到家人的隊伍之中去，有很多話不能當著他們的面講，他的酷似爺爺的大薄手掌壓在了迎霜肩上，他說：「這不算個什麼事情，我能把它處理好。至於你，當然不能回家了，上完墳，你就跟忘憂叔走。不要擔心，一切都會過去的。你要聽我的話，跟著忘憂叔，他救過方越，救過窯窯，跟著他到山裡去，你會萬無一失。好了，我們不能再討論這件事情了，到此結束。」

迎霜還要爭辯，得茶指著不遠處那些已經老了的杭家男人，說：「小妹妹，你看看你爸爸頭上的白髮，你看看爺爺，你看看那些墳上的老茶和新茶……」

迎霜聽到大哥的聲音在發抖，她看到了大哥眼中的淚。大哥那年去海島勞動改造，也是微笑著的，他現在流淚了……

他們踏著急促的腳步，朝祖墳走去，夜生一直在叫著他們，墳前已經插起了香燭，供放著清明糰子。這個幾乎中斷了十年的民間習俗，終於從室內走向了戶外。與別家不同的，只是杭家人那特殊的祭祀方式，一杯杯祭奠的香茶已經沖好了，杭家人在茶香的繚繞之中，跪了下來，連從未參加過這種儀式的窯窯和夜生，也隨著他們跪下來了。

尾聲

就這樣，漫漫長夜之後的又一個白日來臨了。

它依舊是那種和暮色一般的白日——但那是春的暮色，然後還會有更黑的夜，會有無數的小白花來抵抗那黑，無數細密的光明在孝布一般的深黑中交織，夾著深深不安的老人的嘆息；女人哭泣，青年揚眉劍出鞘，魑魅魍魎在密室蠕動幢幢鬼影。然後，山中之民有大音聲起，天地為之鐘鼓，神人為之波濤，九州莽莽蒼蒼，茶林如波如雲……

老人杭嘉和行走在大街上，他拄著拐杖，似乎沒有目標地漫步著。大街上人很多，連人行道也幾乎擁擠得水泄不通。天氣乍暖還寒，陰沉沉的雲縫偶爾射出一道金色的陽光，他看到許多人舉著標語，喊著口號向市中心走去，他們臉上的表情，讓他想起半個多世紀前他和嘉平參加的那場運動。甚至還有人散發傳單呢，有一張，像美麗的蝴蝶飄到了他的身上，他眼力很不好，但還是讀出了那些標題：……遺言……

他小心地疊了起來，放到內衣口袋裡，他想回家去好好地拿著放大鏡看看。有人群向他的方向擁來，他站住了，不動，讓人群從他身邊漫過去。

從山間掃墓歸來的晚輩們幾乎都守在他的身旁。只有孫子杭得荼帶著女兒夜生先回家了。臨走時孫子和忘憂叔耳語多時，之後忘憂就和迎霜一起走了。孫子還讓家中的其他人陪他到寄草姑婆家去等小布朗。這些細節嘉和都聽在耳裡，他心裡明白，但一言不發，他知道，又有什麼事情要發生了。一條長龍似的大幅標語，像擋箭牌一樣地橫在路上，汽車也不得不小心翼翼地繞過他們，有時車頭挨在「懷念」上，有時又挨在「傑出的共」上，標語太長，手握標語的人們一字兒排開，還彎了好幾個彎，排成了三大行，迎霜眼尖，突然指著第二排叫道：「你們看那不是布朗表叔！」

小布朗肯定也已經看到家人了，他得意地拍拍自己的胸膛，又蹺蹺大拇指，仿佛這件天大的事情已經包在他身上了。他的頭上和許多人一樣紮了一塊白布，上面寫了一些什麼他沒有在意。把趙爭爭安頓好出來，已經是今天早上了，他一上街就進入了人的洪流，看見家裡的人，他使勁地招手，意思是讓他們全進來。

這時，一輛囚車呼嘯著從杭嘉和身邊駛過，老人的心一緊，囚車氣勢洶洶地朝前衝，但前面的人越來越多，杭家人幾乎都擁了上去，只有盼兒緊緊地挽著父親的手，靠在一株大樹下。杭漢他們回頭朝他看看，他揮了揮手，意思是讓他們自己活動去，他不要緊，他能把自己照顧好。

囚車被遊行隊伍擋住了，車上那個戴眼鏡的男人，貪婪地把眼睛貼在囚窗上，他好幾次看到了那個把手捂在胸前的老人，他被一個中年婦女扶著，慢慢地走著，不時地沒入人海，但又及時地浮出來，有時還抬起頭，以他特有的那種神情，面向天空，嗅著空氣。看到老人那期待的神情，戴著手銬的男人，臉上就露出不知是欣慰還是痛苦的神情。

儘管得荼作了比較精細的安排，他還是晚了一步，帶著夜生走向羊壩頭那杭家的老宅時，翁採茶領著的搜查小組已經搜出了迎霜藏在地下室的傳單與油印機，此時正在巷口的公共電話亭裡給吳坤打電話，讓他趕快過來。吳坤接了採茶的電話大吃一驚，說：「你在省裡管的是農業這個口子，公安這一塊你插什麼手？」

「還不是為了你！」採茶一邊觀察著外面的動靜一邊輕聲說，「從杭家搜出了東西，這不是明擺著給你機會！」

正在獨自喝悶酒的吳坤恨不得順手就給採茶一耳光，他不明白，翁採茶為什麼那麼恨他們杭家人，這可真是有點無緣無故的恨了。短短四五年間，採茶的地位就升到他上面，根據分析，她甚至有可能當下一屆的中央委員。老造反派吳坤卻時運不濟，他從林彪事件中擺脫出來後，卻一直沒有能夠東山再起。翁採茶替他分析原因，說他是栽在他們杭家人手上了。因為在讓杭得茶回來的問題上，他表現得過於熱情，結果杭得茶是回來了，他卻失去了上峰的信任。

吳坤知道事情並不像採茶說的那樣，政治鬥爭，在他們這幫人中，越來越演變為豬狗般的權力之爭。他不屑為了一個委員去雞鬥鴨鬥，越來越看不起那些粗魯的破腳梗。他內心深處非常鄙夷那個「老娘」，文革初期他曾看到過一些她的出身背景資料，不過也就是一個土地主的女兒，上海灘上的三流小明星。他對那個專寫社論的筆桿子也很不以為然，酒至七分時想，「什麼一座座火山爆發，一頂頂皇冠落地」，整一個東北二人轉，他的文章我吳坤照樣寫出來。這群人當中，只有那個戴眼鏡的軍師他尚有幾分佩服。

他更加看不起採茶，但也越來越不能與採茶抗衡。採茶依舊讀破句，念白字兒，頑強地掃盲，越來越醜，但官越做越大，口氣也越來越自信。現在她命令他，問他：「你來不來？」

「不來！」吳坤憤怒地一下子擱掉了電話，他心裡一片亂麻，知道大事不好，誰要是攪到總理遺言案中去，十有八九是要掉腦袋的了。女兒！這個字眼立刻就跳出來了。他緊張地掂量，要不要和他們杭家聯繫一下。正要出門，翁採茶已經出現在他面前，一把把他推進房間，厲聲喝道：「吳坤，我不管你是不是老酒又燒糊塗了，你跟我馬上走！你今天要是不跟我走，你就永世不得翻身！」

吳坤拍案怒起，一把推開翁採茶，大罵一聲：「放屁，你是個什麼東西，敢跟我這麼說話！」

奇怪的是採茶沒有跟著發火，停頓了一下，才溫和地說：「小吳，跟我走吧，這一次該是你打翻身仗了。想一想，你已經有多久沒坐過主席台了？」

這是多麼低級趣味又是多麼赤裸裸，但又是多麼準確、生動、形象，多麼一語中的：是的，你已經有多久沒有坐過主席台了？而那種呼嘯的群眾場面，那種一呼百應、地動山搖的著了魔似的感覺，是多麼令人欲仙欲死啊！

有多少普通的人，甚至愚蠢的人，都無法擺脫這樣的致命的誘惑——你看，我眼前的這個柴火丫頭，這個曾經話不成句的蠢女人，她多麼流利地道出了權力的快感啊！

可是你知道你在冒什麼險嗎？水可以載舟，也可以覆舟，我們真的就這樣一條道走到黑了嗎？你從來就沒有想過，有一天，我們會上歷史的審判台嗎？

什麼，你說什麼？我們上歷史的審判台？翁採茶茫然地搖搖頭：沒想過，從來沒想過！再說想也沒用，反正也退不回去了。你要是現在不跟我去，你完蛋，我也得完蛋。你想想，這些年來，要不是我頂著，你還能坐在這個位置上嗎？你真的肯跟杭得荼換個個兒，去揹那個縴嗎？

吳坤呆住了，他那麼聰明一個人，卻發現聰明不過採茶的愚蠢。翁採茶已經看出了他的心理演變，加重了語氣，說：「這都不是你說的嗎，皇帝丞相什麼的莫非就是天生的，這不都是你告訴我的嗎？」

採茶上前，抱住了他，把她的臉貼在他的胸口，對他說：「別害怕，有我跟你在一起呢。你看，我不是聽了你的話，連孩子都不要了嗎？我不是早就跟你說過，不能同年同月同日生，但願同年同月同日死嗎！我們無牽無掛，我會陪著你一條道走到底的！」

他按住胸口，他的心在痛，他知道那是良心在痛，是他又要從惡時的一次良心的警告。但這樣的警告從來也沒有真正起過作用，因此他痛恨他的殘存的良心。他拼命地捶打著胸口，想把那種痛苦打回去——他一邊搖搖晃晃地套著風衣，一邊問：他本來是要走進那富麗堂皇的宮殿的，為什麼結果他卻走進了一間茅草房呢？

夜生不明白發生了什麼，上墳歸來，剛到巷口，來彩媽媽就向她招手，對她耳語，說：「快叫你爸爸跑！」話音未落，得荼已經來到她們身邊。看著來彩的神色，他頓時明白了一切，因此吐了口長氣。剛才他讓寄草姑婆和盼姑姑把爺爺接到她們那裡去坐一會兒，就是怕萬一家裡發生了什麼不測讓他們再受打擊。他託來彩管著夜生，對她說：「爸爸要出門去了，可能要去很長時間，不要緊，家裡還有很多人呢，他們一會兒就會回來的。」

正在那麼說著的時候，一個披著件大衣服的男人走了過來，手裡還拿著一本厚厚的書。夜生想，這個人怎麼跑到我們家裡呢？

那個人和爸爸說話的時候，卻幾乎一直盯著她，這使她很不自在。然後她聽到他說：「沒想到吧。」

她又聽到爸爸說：「倒是想到了，這種時候你哪裡閑得下來，卻是沒想到你親自來了。『捕快』之舉，你也有興趣？」

那人笑了，夜生記住了他的話，她聽到他說：「我剛才去過你的花木深房，和過去一樣，你的茶具圖還在牆上。我還注意到了一幅茶磚壁掛，右下角有她的字……白夜……還有，你看，這部《資本論》，我記得那是楊真先生留下的。那上面寫著什麼，我上一次沒有看出來，我以為是我不認識的什麼英語單詞，剛才我突然明白了，那是拼音字母：風雨如晦，雞鳴不已。」他看著夜生，蹲了下來，把書交給她，朝她抽搐著臉說：「這書沒問題，你留著吧。」

得荼突然閃過了一個不相干的念頭，他想起了那個大風雪天，在醫院裡，隔著窗簾，寄草姑婆朝楊真先生對天指了指，他們會意的神情一直放在得荼心上。許多次他想問姑婆，那是什麼意思，最後都重新嚥進肚子裡。他知道，有些話是永遠也不能問的，但是現在他有些遺憾了。

夜生看看爸爸，見爸爸沒反對，就把那部《資本論》接受下來，抱在懷裡。

吳坤說：「東西從你家抄出來，不等於你是禍首，如果你和此事無關，你可以上訴。」

「上訴什麼？」

「我當然不相信你會是政治謠言的傳播者。」吳坤鐵青著臉，暗示他。

「當今天下，誰還和此事無關？」

吳坤愣住了。夜生緊緊地抱著爸爸的腿，恐懼地看著吳坤。得荼輕輕地摸著女兒的鬈髮，他說話的口氣幾乎就如嘆息：「你啊，走得實在太遠了……」

他那譴責中的痛心，只有吳坤一個人聽得出來，他的眼眶一熱，就大叫起來：「走得太遠的是你！」如果他不是這樣氣勢洶洶地大叫，他對他自己就失去控制力了。

「就像你永遠出乎我的意料之外一樣，我也永遠出乎你的意料之外啊！」得荼的微微駝著的脊梁挺了一挺，人突然就高大了一截。他很淡地一笑，是的，即便如此之淡的笑容，他也已經很久沒有過了。

現在，囚車終於從人群中衝了過去，那幅巨大巨長的標語被衝開了，人群擠在囚車後面，憤怒地呼喊著，揮著拳頭，就像是密密麻麻鋪天蓋地漫山遍野的新茶。布朗、迎霜，還有其他的杭家人，他們從各個方向走來，雲集在此，又都被這巨大的洪流衝散了，裹挾進去了，他們互相招呼著，攙扶著，橫拽著標語的隊伍又往前進發了……

七十六歲的老人抬起頭來，一縷陽光漫射在他的臉上，正是那種茶葉最喜歡的、來自于陽崖陰林的溫和的光。他嗅到了四月的空氣中那特有的茶香，他一邊被人群推動著，不由自主地往前走著，一邊彷彿看見了這個時候的茶山——

……天空蔚藍，眼前濃翠，一道道綠色瀑布，從崖間山坡跌落下來，南峰北峰的青翠綠毯，彷彿剛剛用水洗過；新芽如雀舌，齊刷刷地伸向天空；自由的鳥兒在天空飛翔，歡快的澗水下水草在綠袖長舞；粉蝶在茶園間翩翩起飛，蜜蜂發出了春天的特有的懶洋洋的嗡叫；新生的藤蘿繞著古老的大樹悄悄攀緣，姑娘們在山間歌唱：

……

溪水青青溪水長，
溪水兩岸好風光，
哥哥呀，上畈下畈插秧忙，
妹妹呀，東山西山採茶忙，

……

他想，今天可真是採茶的好日子啊……

總尾聲

三季發芽，一季開化，結籽休眠，再到來年。如此生生不息，綿延無盡，屈指算來，杭州郊外群山中的茶坡，又綠過了二十餘載。真正是吾生須臾，長江無窮啊……

金秋十月又來到了，這是二十世紀行將成為歷史的見證。江南杭州，良辰美景，不亞於春時。茶葉世族羊壩頭杭家傳人杭得茶，與女兒夜生、女婿杭窯，小心地推著一把輪椅，把他們杭家的世紀老人杭嘉和，送上了秋意盎然、秋茶芬芳的龍井山路。

自從祖墳遷走之後，嘉和就再也沒有去過雞籠山了，算起來快有三十年了吧。他從來也沒有想過，自己竟然能活得那麼久，幾乎就已經活到了一個世紀。他的頭腦依舊清楚，遙遠的往事想起來特別親近，眼睛卻幾乎已經完全失明了。

秋高氣爽，晨嵐已散，一片巨大的茶園，如藏在無人知曉處的神秘的綠色湖泊，寧靜得連一片葉子也不動彈。秋風屏氣靜心，迎候這杭家四口的到來。茶園中突兀地立著一株金色銀杏，亭亭玉立，煦陽下如孤獨美人。溪畔蘆花，晨暉中透明如紙。柏油路從灌木叢中繞出，仿佛一頭平坦通向紅塵，一頭蜿蜒伸往世外。遠遠望去，茶園上空升起了一些五顏六色的彩球，掛著長長的飄帶，上面的大字在風中轉折，一會兒飄出「和平、發展，二十一世紀」，一會兒又飄出「熱烈慶祝和平館揭幕」等不同的字樣。

從家裡出來，杭嘉和始終沒有說過一句話。他低垂著目光，兩臂護在膝前，大手中握著那把祖傳寶物，它靜悄悄地躺在他的懷裡。壺在土中深埋了幾十年，一點也沒有變化，壺是屬土的，大地保護了它。

壺藝家杭窯借國際茶文化節，在中國茶葉博物館辦了一個個人壺藝展。今天他們這一行人，是作為杭家人的代表，專程替茶博館送這把壺去的。「內清明，外直方，吾與爾偕藏」，他們決定讓這把家傳之物參加杭窯的壺藝展，算是祖先對晚輩的福蔭。展覽結束之後，他們將把此壺捐獻給茶博館。也就是說，把這把壺永遠珍藏在杭家先人曾經長眠過的地方。

中國茶葉博物館於一九八七年在吳覺農先生九十壽辰祝會上，由中國茶界著名人士聯名簽字倡議籌建，遍察中國茶區，最終決定，館址設在杭州。

選擇具體方位的時候，江南大學文化史教授杭得茶，也被市政府提名為顧問之一。但他教學工作很忙，有好幾次選址活動他都沒有機會參加。直到最後一次，繼承了父親事業的茶學專家杭迎霜給他打來電話，他才知道，茶博館最終有可能選在他們杭家從前的祖墳所在地。

「你不覺得這很有意思很有些神秘嗎？」迎霜說。

得茶知道迎霜是在用這種口氣掩飾她那多少有些激動的心情。一九七八年，杭家一下子歸來了三個人——已經被打入死牢的杭得茶、在勞改農場中留場的羅力和逃亡在外的杭迎霜。杭得茶作為英雄，在大學受到了隆重的禮遇；羅力徹底地被平反了，寄草親自把他接回城中，破鏡重圓，他們收回了房產，在小院子裡安度晚年。杭迎霜考入農大茶學系，畢業後才與李平水結婚。研究生畢業之後，不管她願不願意，她就作為一個專家進入了政界。

迎霜此刻的這個消息多少讓得茶吃驚，同樣為了掩飾自己的潛在的心理活動，他也用輕鬆的口氣說：「從文化民俗學角度看，風水術不過是人對自然界山水地貌的評估罷了，所以我們杭家老祖宗看中的地方恰恰和人民政府看中的地方不謀而合，這是一點也不奇怪的。」

迎霜問大哥，他對這一選址持什麼態度。得茶說，他當然將投贊成的一票，並且相信這一票將能夠代表爺爺。作為世紀老人，爺爺已經成為杭家人的牢固紐帶，他的認可依然是舉足輕重的。

反過來得茶問迎霜怎麼看，迎霜笑了，說：「你又不是不知道，我是黃昏裡的貓頭鷹，我現在研究和建議的是兼併、破產，市場競爭和國際接軌，如果有一天讓我親自出馬，我要讓我的企業只剩三分之一的人員。所以我是個萬人嫌，你是個萬人愛。比如我看到的茶就和你看到的茶完全不一樣。你看到的是那幢漂亮的供人品茶說閒話的博物館，我看到的是八十年代中期以後開始步履維艱的茶葉貿易。我在破，你在立；我在批判，你在讚美；我在摧毀，你在建設——」

「——所以我們不過是一枚硬幣的兩面。」得茶堵住了迎霜貓頭鷹式的歌唱，自八十年代中後期茶葉貿易進入低谷之後，他們常常就茶事爭論：一個說不要再總是唱讚歌翻老黃曆了，中國雖然是茶的故鄉，但一八八六年對外出口十四點三萬噸，直到將近一百年後的一九八四年，才超過這個數字，印度早就走到我們前面去了。從茶葉市場的狀況來看，品牌混亂，出口疲軟，企業倒閉，價格不一，茶山荒蕪，假冒偽劣產品不斷，進行治理乃當務之急，歌功頌德，懷念先人，不妨往後靠一靠再說吧。

得茶聽了這話，耐耐心氣，細細解說：歌功頌德也是解放生產力的一種手段，要實事求是，不要搞教條主義。從歷史上看，多年來的大力呼籲和埋頭苦幹，被實踐證明是可行的。本世紀初華茶不也一度陷入嚴重危機嗎？所以才有吳覺農先生的呼籲：中國茶業如睡獅一般，一朝醒來，決不至於長落人後，願大家努力吧。正面的鼓勁和反面的批評一樣都是同等重要的。現在出口貿易不好，我們多做宣傳，打開國內市場，也是一條茶業自救的道路。不管怎麼說，我們和一百多個國家有著茶葉貿易往來，我們的茶葉產量，始終排在世界前三位嘛。

迎霜聽了放聲大笑，說大哥你到底還是不是個歷史學家啊，怪不得這些年你專著出得那麼少。得茶聽了也放聲大笑，說小妹你不是一向最佩服浙東學派的經世致用嗎，黃宗羲算是世界級大史家了吧，他還提出農商皆本呢。史家若能和吳覺農說的那樣即知即行，恐怕中國的事情就要好辦得多了。

三年之後的一九九〇年十月，茶博館試開館之時，首屆國際茶文化研討會也在杭州開幕了。那段時間，杭家人幾乎都被這件事情拖進去了。除了那塊特製的茶磚壁掛，得茶幾乎把他花木深房裡多年積累的資料全都拿出來了。館裡收集資料的年輕人依然不滿足，他們小心翼翼地找到了年屆九十的杭嘉和老爺爺，年輕的姑娘甜言蜜語地對老爺爺說：老爺爺，老爺爺，你是茶界的老壽星，你再回憶回憶，一九〇〇年的時候，茶館是怎麼樣的？嘉和想了想說：一九〇〇年，我好像還在媽媽的肚子裡。年輕人就笑了，悄悄地把筆帽蓋住了筆尖，看上去這位老爺爺木木的，神情總有那麼幾分恍惚，眼睛也不好使，給他看一張相片，他用了放大鏡，還要湊到鼻尖上，問他一個問題，他要沉思半天，才會說「是」或者「不是」。年輕人是性急的，或許還是急功近利的，他們不相信還能從這個半盲的九旬老人身上打聽出什麼茶事來。不過他們倒是喀嚓喀嚓地拍了不少相片，但這些相片最後也沒有用出一張去。他們排來排去，杭嘉和老爺爺既不是當代茶聖，也不是茶界泰斗，忘憂茶莊既不是汪裕泰，也不是翁隆盛。杭嘉和老爺爺就這樣心安理得地被隱到茶史的背頁上去了。

倒反而是多年沒有回杭的布朗，由迎霜提議，藉著為茶博館建雲南竹樓，名正言順地回了一趟老家。迎霜說這樣一來他也算是為這件大事出過力了。竹樓就搭在館內的斜坡之上，還沒有搭好呢，就有不少遊客來樓前拍照了。布朗對此深為得意，他喝了一點米酒，微醉醺醺，但絕不會從竹樓上掉下來，他騎在竹竿上，眼前是青山綠水，滿坡茶樹，還有紅瓦白牆，修竹芭蕉，不禁興起，就高聲地唱起來了：

山那邊的趕馬茶哥啊，你為什麼還沒有來到？
快把你的馬兒趕來吧，快來馱運姑娘的新茶！
馱去我心頭的歌，細品我心底的話，茶哥哥啊——

他把那一聲「茶哥哥」的拖音喊得迴腸盪氣，餘音繞茶，白雲山間儘是他的「茶哥哥」。人們聽了都笑了，唯有小布朗騎在竹竿上哭了，他想起了得放和愛光，想起了他們像綠葉沉入水底般的飄搖的身姿……

他的「茶哥哥」沒有影響在茶博館對面賓館召開的茶文化研討會，曾經作為政變和陰謀策源地的五七一工程，現在作為浙江賓館，正在進行中日茶道沖泡表演。中方的茶博士中，有杭家茶事傳人杭夜生，她是作為華家池農業大學茶學系中一名年輕的女教師的身份出場的。盼姑婆把她那手沖泡茶的絕活都教給了夜生。夜生也把她的大量業餘時間花在琢磨茶藝上了。

而日本方面出場的茶道專家中，則有一位年屆六旬頭髮曲鬈的女士，從她今天的容顏之中，依然能夠看得出她當年的端莊美麗。她的表演與眾不同，華麗的和服配以現代鋼琴協奏曲，茶具燦爛奪目，動作近乎於舞蹈，與日本傳統茶道中那種克制、枯寂的最高境界距離甚遠。得茶注意到台下坐著的那些日本茶人中，有一些不禁以帕捂嘴，輕輕笑了。得茶想，也許這在日本國，乃是一種離經叛道之舉吧。這是一種故意的、自覺的世俗，他記住了那個名字：小堀小合。表演結束之後他卻沒有再看到過她，後來，他漸漸地把她忘了。

自一九九〇年第一屆國際茶文化研討會在中國常德召開，一九九四年八月第三屆在中國昆明召開，一九九六年第四屆在韓國漢城召開，一九九八年第五屆又將回到中國杭州。

整個夏天杭得茶一直很忙，作為資深茶文化研究專家，他被會議有關方面聘為顧問，但他在人們眼裡，終究不是一個完整純粹的茶界中人，而在史學界，他的研究幾乎就屬於雕蟲小技了。相比而言，杭漢父女作為茶葉專家在國內外茶界的影響更為人知。所以，當一封尋人啟事般的來信寄往國內時，作為收信人的中國國際茶文化研究會會長先生，首先還是派人把此信交給了專家兼官員杭迎霜女士。

信，正是那位名叫小堀小合的日本女子從京都寄來的，她是日本茶道百合流派創始人，從前是一名優秀的服裝設計師，後來傾其家產從事茶道。十年之後，創立了自己的百合流派，並開始了和中國茶界的頻繁接觸。此次，她的茶道表演團亦在被邀請之列。會議將在一九九八年十月間舉行，但小堀小合卻突然來信，說自己想在會議之前先趕到杭州，並希望會長先生幫她尋訪她那死在杭州的父親的有關情況。

在創建中國茶葉博物館中的國際和平館時，小堀小合出過很多力。該館一旦建成，全世界茶人將在產茶大國中國擁有自己最大的活動中心。在日益發展的茶文化活動中，這無疑是一件可以入史的大事。會長先生非常重視這件事情。正是在這封信裡，他第一次知道，小堀女士的父親，是作為一名侵華日軍軍人而死在杭州的，小堀小合，正是為了贖父親的罪孽而選擇了和平之飲的茶道，並從此走上了中日友好之路。

是出於某種直覺，德高望重的會長先生想到了有著日本血統的杭漢父女。曾經擔任過政協主席的會長先生對茶學家杭漢比較熟悉，由此也認識了杭家的後起之秀杭迎霜。父女二人，父親已經老了，依舊偏重於他的茶葉栽培學，而女兒的本業則在茶葉的綜合開發利用。會長很快就把信轉給了他們。

迎霜立刻把信送到大哥得荼處，也是憑著一種直覺，她覺得這位女士和杭家，將會有某種不可分隔的關係。得荼拿到此信，粗粗一讀，就完全明白是怎麼回事了，轉至爺爺處，還沒讀完，杭嘉和就不再讓孫女讀下去，翻箱倒櫃地找出了一張照片，照片上那個櫻花樹下頭髮鬈曲的少女，儘管和今天的六旬老媼相去甚遠，但得荼還是一眼就把她認出來了。

那天夜裡，他和爺爺談了很久，爺爺告訴他，小堀投湖之前，的確是留下過一點東西的。他除了歸還曼生壺之外，還在那壺裡放了一塊懷錶，懷錶上刻著「江海湖俠趙寄客」七個字，他親眼看見過，是盼兒給他看的。

「你是說，這塊錶一直就在盼姑姑手裡？」得荼小心翼翼地問。

「還有那把曼生壺。」爺爺閉著眼睛回答。

「可我們那麼多年了，再沒看見過那把壺啊？」得荼不免疑惑。

倒是正在美院工藝系進修的杭窯想起來提醒說：「我倒是記得爸爸說過，他幫著盼姑姑埋過一把壺，壺裡還有一塊錶。」

方越作為中國瓷器專家，正在美國巡迴展出中國古代瓷器精品，一時半會兒的哪裡回得來，倒是杭窯又想起來了，爸爸好像還說過，那天埋壺，寄草姑婆也在的，還有布朗叔叔也在場。可是眼下寄草和布朗不在，這一家子真是能走，布朗在雲南不說，寄草和羅力卻又跑到東北老家去了。他們倆也已是古稀之年，一生顛沛流離，多少有他們那些經歷的人，活不到一半就嗚呼哀哉了，有幾個能像這對夫妻那樣越活越新鮮，仿佛下決心要把青春奪回來一樣。平反以後，他們兩個就開始了國內大旅遊，一年去一個地方，補發的錢全讓他們花在路上了。好在嘉和有他們的電話號碼，立刻就讓得茶撥過去，巧得很，接話的正是杭寄草。她聽了他的話之後很不以為然，說：「你們真是鹹吃蘿蔔淡操心。曼生壺是祖上傳下來的，誰不知道它的貴重，那麼些年，埋在土裡誰也不提，為了什麼？你們也不想想，盼兒一輩子沒嫁人，每天念叨上帝，她不就為了圖一個清靜。現在來了一個日本女人，就算她是那個小堀的女兒，也犯不著我們再去為她效勞！她爹是個什麼魔鬼，把我們杭家害成什麼樣了，血海深仇啊！你們不記得，我和大哥可記得呢！」說著說著，寄草激動起來了，聲音裡就有了哭腔，「你們看看爺爺那隻斷指，就不會再去動這種腦筋了！」

接過寄草姑婆這樣的電話，連已經傾向於小堀小合的杭得茶也開始動搖了。至於窯窯，他和比他大一點的得茶、迎霜以及再小一點的夜生一樣，對此事完全是一無所知。但專門從事紫砂壺製作的工藝師杭窯對這只曼生壺發生了強烈的興趣，他可真是想一睹為快啊。

杭窯很早就知道自己本沒有杭家人的血緣。美國倒是有他的親奶奶，奶奶雖然死了，但留下了一筆遺產，還有那個美國飛行員埃特，他父親這一次就是在老埃特的安排下去的美國，但忘憂表叔對這件事情幾乎完全無所謂，他本來可以隨爸爸一起出去，老埃特甚至專門給他發出了邀請，但忘憂表叔謝絕了。窯窯想，忘憂表叔留在國內，不能說跟他的首次紫砂壺展沒有關係。他現在一心希望自己的這次紫砂壺展能獲得成功，不辜負老人們對他的一片苦心。他想，若他有那麼一把曼生壺，哪怕借來幾天擺一擺，也是壯他的行色，他是杭家人，他叫杭窯啊！

那天夜裡，他把他的心事告訴了他的新婚妻子夜生。第二天，他們直奔龍井山中，他們在那個已經完全破敗了的佛門小院內徘徊了很久，他們看到了那兩株經歷了八百年滄桑的宋梅，他們還看到了那片破廟深處的山泉，山泉旁倒是長著一些茶蓬，可是有誰知道，那把曼生壺究竟埋在哪一株茶蓬底下呢？

夜生搖著頭對窯窯說：「不，我不能對盼姑婆要求這個，她把我一手拉扯大，我不能挖她心裡的痛處。」

杭盼又回到龍井山中她從前的居處，每個星期天，她依舊到城裡的教堂中去，她的生活，可以用一成不變來形容。

夜生看著那半坡的獅峰茶，眯起了眼睛，說：「文革結束時那個人自殺，他的女人也跟著一起死了，事情鬧得滿城風雨，家裡人從來也沒提起過。你還記得嗎？連你也不提。」

「那時你才幾歲能記住什麼？」窯窯知道夜生說的「那個人」是誰，「再說他也沒有養過你一天，這事和你沒關係。盼姑婆因為能夠養你，她是很幸福的。」

夜生的眼眶裡開始盈上了淚水：「你說得不對，我並沒有什麼都忘記。那時候我已經不小了，我還能記得那天夜裡那人來找我和爺爺的樣子，他喝了很多酒，連站都站不住了。」

那年秋夜，人們正在大街上狂歡，吳坤最後一次來見他的女兒。在此之前許多次，都是他悄悄地跟在後面，沒有讓她和杭家人發現，這一次無所避諱了。

他是在大門口碰到杭嘉和的，夜生正要領著他到清河坊十字街頭去看遊行隊伍。他們在夜色中的驟然相逢，顯然令嘉和吃驚。

他說：「求你們一件事情。等得茶回來，把這些資料交給他。我今天整理東西的時候發現的，那年我去海島前專門為他搜集的，當時沒留下，現在毀掉了也可惜。得茶以後一定用得上的。」他勉強地說著，聲音很輕，仿佛氣力已經用盡。

嘉和明顯地猶疑一下，推了推夜生，讓她過去拿。夜生遲遲疑疑地走上前去，接過那個大信封，突然，她被吳坤一把抱住，只聽他囁嚅道：「女兒，女兒，我的女兒，是我的女兒，是我的女兒啊……」

他的嘴就親在了夜生的小臉上，嚇得夜生大聲尖叫起來，太爺爺太爺爺地狂叫起來。嘉和血一下湧了上來，大聲叫著撲上去，一把奪過了夜生，一邊叫著：「你幹什麼，你幹什麼！你們的路走到頭了！你們的日子過到頭了！」

吳坤彷彿並不在乎老人的怒喊，他立刻就清醒過來，放開了夜生，站著不動。嘉和挾著夜生退回大院，狠狠地關上了大門。不知道過了多久，門打開了，嘉和一個人走了出來，他輕輕地問：「你還在嗎？」

「我在。」吳坤回答。

「我眼睛壞了，什麼也看不見。你剛才說，得荼能回來？」

「你說得對，我們的日子過到頭了，你們的日子開始了。」他苦笑了一下，答非所問。他突然覺得萬分疲倦，他覺得他所有的話都已經沒有必要說了。

「你想走？」嘉和彷彿感覺到了什麼，問。

「以後也不會再來了。」

嘉和沉默了，他在掂量這句話的真正意思。

「你手裡拿著什麼？」

「茶……」

「我還以為是酒呢。」他苦笑了一下。

嘉和想起了許多年前那個星夜來訪的年輕人，他仿佛聽到了葉子為他專門去打酒時的急促的小碎步子。

一陣鑼鼓和口號聲，再一次潮一般地湧過，然後重歸秋夜的寂靜，他們聽到了幾隻秋蟲在牆角的顫鳴。

「你有什麼話要說嗎？」老人終於問。

年輕人想了想，抬起頭來，說：「無可奉告。」

這是他說的最後一句話，然後，他就走入了秋夜，一會兒就消失在黑暗中。

黑暗中的杭家老人，手中捧著一杯茶。他們的對話，門背後的夜生全聽見了。

現在，曼生壺靜靜地躺在老人的懷裡，壺中的那只懷錶，盼兒親自給小堀女士送去了，她們此刻該正在泛舟湖上吧。壺是忘憂親自起出來的，杭家人並不知道他和盼兒之間進行了什麼樣的交流，只知道沒費什麼口舌，盼兒就領著忘憂來到埋曼生壺的地方。起出壺來之後，林忘憂又陪著盼兒一起去見小堀，他知道沒有他的陪伴，這次對話將是不能成行的。

守林人林忘憂已過天命之年，像一杯茶那樣，並不讓人時時記得。他守在山中，仿佛就是等著山外人的召喚，一旦大事了卻，他便重歸山林。

他是最懂杭嘉和的人，當得茶打電話告訴他，爺爺希望他回一趟杭州，他幾乎什麼也沒有問，第二天早晨，他已經在嘉和的面前了。

嘉和雙眼模糊，他聞了聞空氣，說：「忘憂啊……」

忘憂帶來了山中的氣息，嘉和聞得出來。他說：「忘憂啊，茶博館的國際和平館要揭幕了。今年十月，要來千把個國際茶人呢……」

茶葉博物館的一切大事情，他們杭家人都知道，杭得茶是他們的特約研究員。

忘憂說：「大舅，你說吧，要我做什麼？」

嘉和想了想，才說：「去找找盼兒吧……」

他知道，只有忘憂能夠說動盼兒，只有忘憂才有資格去說。

輪椅行至茶葉博物館的入口處，杭嘉和讓他們把車停住。他遙看著前方，看到了前方那片朦朦朧朧的又紅又白又綠的雲中仙境一般的地方，他指了指那個方向，問：「這就是茶葉博物館嗎？」得茶和夜生都點頭稱是，杭嘉和也點了點頭，說：「……和我二十歲時看到的一模一樣……」

夜生驚訝地看看杭嘉和，小聲問：「太爺爺，你八十年前就看到過茶博館了？」

杭嘉和點點頭，舉起那隻斷了一個手指的手，指著前方，很慢很清晰地說：「那天你趙太爺把我從山上接下來，就在這裡，我看到了它，紅的，白的，綠的，和我現在看到的一模一樣……」

夜生緊張地看了看父親杭得茶，父親並沒有她的緊張，她鬆了一口氣，又問：「那，別人也看到了嗎？」

杭嘉和搖搖頭，沒有再回答重孫女的話，他只是指了指前方，然後，把曼生壺又往懷裡揣了揣。微風吹拂茶山，茶梢就靈動起來，茶的心子裡，鳥兒就開始歌唱了，茶園彷彿湧開了一條綠浪，推送著他們，緩緩地就朝他們想去的地方駛去……

無聲之中，獨聞和焉……

一九九八年十一月二十八日二十時十二分

築草爲城：茶人三部曲之三 ／ 王旭烽著. --
初版. -- 臺北市：臺灣商務, 2001 [民 90]
面： 公分, -- (Open；3:18)

ISBN 957-05-1677-1 (平裝)

857.7 89016610

U0039158

GOBOOKS & SITAK GROUP ©

廢物旅行

旅行是很考驗感情的一件事情，
跟爸媽或伴侶出去玩，更是考驗的最高級。

基隆游太太（Echo）著

高寶書版集團

記得我們想妳，

但也努力戒掉傷心。

願那裡，永遠綠草如茵。

謹將此書獻給正在天上進行另一場廢物旅行的，

我親愛的媽媽。

序

當我還是一個少女的時候，我常常幻想自己是一個荒野獨行的背包客，能夠帥氣的拋下一切，花費好幾百天的時間環遊世界。

隨著年歲漸長，我慢慢認清現實，自己的旅途其實一點都不帥氣：其實我搭巴士會暈車、去叢林玩會中暑、從來無法習慣旅途中不乾淨的廁所、也無法判斷搭話的人，究竟是善心人士還是詐騙集團。而且，每一次旅行之前都會忍不住跑去種睫毛，總是糾結於要帶什麼衣服才能拍出漂亮的旅行穿搭。説穿了，我不過是個再普通不過的平凡人。

只是我探索世界的好奇心從來沒有中斷過。即使結婚後身邊多出跟背後靈一樣的丈夫，對於不常見面而越發想念的父母也產生更多牽腸掛肚的情緒，但我還是相信，再怎麼步履蹣跚，平凡人也應該能夠擁有屬於自己的祕境旅程吧？

慚愧的是，我固然有著決心但卻非常缺乏耐心，每次與父母、老公出遊，總是落得悲憤收場。我將這些好氣又好笑的經驗書寫在我的部落格《蠢女飛行日誌》，意外引起許多網友的共鳴。

我這才發現，原來這麼多人在風光明媚的地點打卡，卻有一百種想翻白眼的念頭無從抒發。

這也是我的第一本書誕生的緣由。作為文字記者，過去十年我寫過許多企業家與上市櫃公司的成功故事，但是作為基隆游太太，我不想假裝自己上知天文下知地理，也不期待自己寫出什麼曠世鉅作，這個世界不缺專家學者，也不缺網美明星，但我猜想，每個人都需要快樂的能力。

寫字是我這輩子唯一擅長的事情，從記者變成作者，有太多想要感謝的人。鼓勵我開設個人部落格的前輩 Kisplay，陪我一邊哭一邊笑然後完成此書的血牛編輯，以及，在部落格與書中不斷被我消費的爸爸、媽媽與老公，謝謝你們成為我的廢物旅伴。

還有還有，總能突破臉書演算法前來替我留言按讚的粉絲們，謝謝你們讓我的創作之路不那麼孤單難行。縱然這世界充滿各種困頓與乏力，但如果把逆境化為笑料，希望我們都能擁有多一點，好好生活的勇氣。

基隆游太太（Echo）

Chapter 1
帶父母出遊不生氣守則

Chapter 2
跟老公旅行不崩潰指南

Chapter 1
帶父母出遊不生氣守則

帶雙親一起旅行真的是很有勇氣的行為，
因為沒有什麼「如果」、「萬一」，跟爸媽出遊是「一定」會生氣的，
當他們不斷挑戰你的忍耐極限，請告訴自己：父母才是這趟旅程的主角吧。

前言

先認清：主角是爸媽
帶父母出遊？

「欸，妳帶妳媽出門玩的時候難道都不會生氣嗎？」友人帶母親去歐洲自助旅行之後，絕望地對我發問。德不孤必有鄰，我是這麼答：「會！怎麼不會？我每天都在生氣！」

曾經單槍匹馬攜母遊北海道，帶雙親前往澳門輸到脫褲，或跟父親一起到清邁體驗住樹屋，非常慚愧的是，雖然我真心誠意希望闔家歡樂，但脾氣壞的我還是經常氣得七竅生煙！我也曾經忖度自己是否真的不孝？不過，經過多次征戰，並與友人多次分享交流，我要鄭重呼籲大家：「別愧疚！帶爸媽出門想咆嘯完全是正常的！」

但為了替父母安排一段開心的旅行，有許多重要而基本的考量和準備，後面將會一一敘述，但其中首要該認清它、接受它、放下它的就是調整自己的心態，認清「旅行的主角是爸媽」，什麼浪跡天涯的浪漫情懷、省吃儉用的背包精神、買到卡刷爆的鐵腿瞎拼……最好把自己過去的、期待的旅行樣貌通通拋到腦後，重新思考：爸爸媽媽想要什麼樣的旅行？

善用「旅行團」：導遊可以幫你擋子彈

你有沒有認真想過，其實爸媽心中夢幻的旅行地點可能跟我們很不一樣？所以，首先決定目的地的最大原則就是：請去「大家」普遍都知道的地方。

所謂大家，可能是電視上面看過、親朋好友曾經去過的地方，沒什麼理由、就是剛好看到覺得好像還不錯，所以就掛在心上了。長輩的思維有時候很直接，就媽媽會念你「某親戚的兒子結婚了你為什麼還沒結婚」是一樣的道理，沒有惡意但容易讓人起殺機。

所以，有一個小小重點是，如果親友剛好也去了你打算帶爸媽去的地方，請至少提供同等級以上的行程，千萬不要有「明顯比別人遜」的地方。比如別人在洞爺湖住的是溫泉飯店、如果你訂不到飯店又沒辦法鑽到地底開一個坑讓溫泉噴出來，那乾脆就不要去北海道了。

還有，通常爸媽想去的地方會是風景優美、建設進步的地方，請他們舟車勞頓大老遠去一片廢墟裡只為了看一塊石頭，如果不是真有特別的興趣嗜好，他們難免狐疑：「為何要花錢出國受苦？」

另外，除非你是自助旅行高手、父母也異常開明喜歡冒險，否則到自助把握度沒有那麼高的地方旅遊，請斷然選擇跟團。至少，萬一父母有任何不滿意的地方，還有導遊可以幫你擋子彈啊。

規劃行程：有點黏又不要太黏

至於規劃的行程的訣竅，首要就是請你忘掉過去行程排好排滿的習慣。在旅途中迷路對父母來說不是浪漫冒險而是體力透支；但是成天在飯店游泳池泡水的放空行程建議別妄想啦，對於旅行期待滿點的爸媽絕對會整天腳都在癢，外加念個沒完。

個人建議，旅遊書上必遊的芭樂景點可以佔行程表的七成。比如澳門的大三巴牌坊人超級霹靂無敵多、手信街也頗為無聊，但是就算要抱著仙人掌替爸媽開路，你也必須、一定、非得要替他們在上面拍張照。不然去巴黎沒看過鐵塔、去紐約沒上過帝國大廈，去北海道沒看過函館夜景，不要懷疑，你就是逆子！

剩下三成，可以根據父母的興趣來安排。比如我老爹是個喜歡拍照的室內設計師，可以找一些特別的建築物、有歷史感的景

▲雖然照片中的笑容燦爛，但帶著父母出遠門，除了偶爾生氣暴怒，更多時候是擔心他們不滿意的緊繃心情。

點讓他參觀拍照，時間也可留得充裕一些。

另外，也可以找一些旅行團不會去、老一輩人不會知道的私房景點，比如到曼谷可以帶他們去《醉後大丈夫》的高空酒吧，電影裡面的場景，是不是很拉風？這些景點如果有時間去，可以讓爸媽有「跟別人不一樣」的行程。如果沒時間去，也不會讓他們少去了哪些熱門景點。更重要的是，如果太累了，隨時放棄都不可惜。

旅途中的讀心術：隨便、都可以絕非旅行的意義

旅行過程中聽到爸媽說：「隨便、都可以」的時候，請即刻繃緊神經，解讀一下「都可以」到底是什麼意思？

有一次在澳門，我問我爸：「你想去看樂高展嗎？」他看起來有點遲疑。又有一次在吳哥窟，我問我爸：「這個廟的樓梯很陡，你想看嗎？」他也一樣很遲疑。但，一樣遲疑的表情，他的真實想法卻不一樣。前面那個案例，他不想看，但是怕打擾我們的興致所以猶豫不決。後面那個案例，則是他很想爬那座廟，但怕自己體力不好成為我們的負擔。練習解讀他們的回答，做出適當的決定，是旅行中一個重要環節。

此外，無論他們回答「要」或「不要」，只要看到廁所，把

他們推進去就對了。根據不負責任市場調查，父母總在奇怪的時間點喊尿急，絕對是讓子女在旅行中想咆哮的主因之一。比如友人的母親總是在搭乘歐洲大陸跨國火車的下車前幾分鐘才說自己想去上廁所，讓她幾乎要得焦慮症了。

面對國情不同，年輕力壯的我們都會為了找廁所而苦了，何況是出遊經驗並不豐富的爸媽。所以，就算覺得很煩，還是要一直問、一直問：「爸媽，你們要不要上廁所？」以免因為媽媽的膀胱，造成你們沒辦法順利在法蘭克福下車，最後直達阿姆斯特丹……。

善意的謊言：這些都是招待的，一點都不貴

大部分的父母知道兒女要帶自己出遊都會很開心，但同時他們的腦海也會上演老人家的小劇場：「唉唷會不會花他們太多錢？我們會不會成為他們的負擔？ 」或是看著菜單上的天價，默默說：「唉唷這好貴，算了我不冷也不餓，不用進去吃啦。」

這時候，適時把價格遮起來，或者假裝有打折、假裝這是包套行程中的一環、假裝自己超級想吃這家餐廳拜託陪我吃一下啦，也是一門學問。

還有，如果行程耽誤，造成該吃飯的時候還在路上，他們如果說自己不餓，千萬不要相信，他們只是怕造成你的麻煩而

已。大聲跟他們說：「你們不餓但我餓，我現在要去吃東西」。不要忘了，爸媽是世界上生理時鐘最標準的人。

打卡之必要：那些他們不說但希望你做的事情

如果只是需要一個合格的導遊，爸媽大可跟團就好，相信大部分的導遊都比我們稱職。所以，別忘了帶爸媽出遊的初衷：闔家出遊享天倫之樂啊！有一些不做不會怎樣，爸媽也不會說出來，但如果做了他們會覺得很開心的事情，請記在心裡吧。

- **幫他們拍照：**

記得多幫他們拍照，有招牌的地方他們都會想拍（尤其是媽媽）（笑），更不要忘記幫爸媽一起拍合照，順便鼓勵他們做一些很好笑的動作，比如壁咚、阿帕契姐之類的動作。如果爸媽不排斥使用 3C 產品，也送他們一支自拍棒吧。這些都是日後回想起來非常美好的回憶。

- **跟他們一起拍照：**

小時候我們總是纏著爸媽不放，隨著長大成人叛逆獨立，一起出遊的時間不多，合照機會更是越來越少。爸媽是害羞的，他們有時候不一定會跟你說他們其實很想多多跟你合照，所以請自己提議「我們來拍照吧！」

▲爸爸喜歡大自然的鬼斧神工，每到一個景點就會變身荒野探勘小隊長。

◀媽媽則是慵懶樂天派代表，跟她一起窩在躺椅是我最有成就感的時刻。

• **幫他們打卡：**

欸，根據研究機構調查，現在臉書都是老人在使用了，如果你的父母會透過臉書看親友在做什麼，親友也會透過臉書看爸媽日子過得怎麼樣。但通常老人家又不太會使用科技產品，就算打卡也只是「墾丁夏都一遊！」寥寥數語。就替這實在有點無聊的打卡動作，加上你的心意吧，幫忙組圖、套濾鏡、Tag 他們說：「颱風天來墾丁，旱鴨子爸爸終於學會游泳了！父親節快樂！」這樣比較生動，還可以偷偷暗藏幾個愛心，爸媽看了開心、親友也更容易理解你們的快樂心情。

危機處理：萬一真的生氣怎麼辦……

不要想什麼「萬一」、「如果」了，跟爸媽一起旅行是一定會生氣的啦。

但，帶父母出遊的宗旨，不就是讓爸媽開心嗎？你記不記得小時候全家出遊的經驗，爸媽總被我們氣得半死、折騰半條命，但是他們還是會安排下一趟旅行，他們揍我們、但還是愛我們。

如果爸媽如果真的不斷在旅途中挑戰你的忍耐極限，不如回想小時候自己做了哪些讓爸媽氣瘋，但他們沒有掐死我們的事蹟，心裡默念：「他們開心就好！」每個人帶爸媽出門都一定會生氣的，只要這趟旅行的美好回憶大於殺機，我們就不是不孝（子）女！

也建議你將以下這段話用螢光筆劃線，再把這一頁折角、將書放在爸媽的床頭：念在小時候你也會打我的份上……請相信我們吧～我們不是逆子～我們真的很愛你們！

台灣墾丁

先來場國內出遊訓練 別妄想一步登天出國

旅程一如人生，從來沒有保證一帆風順。有時候天氣惡劣，有時則是父母頑劣（咦？），然而，如果人生必須有那麼個「第一次」，在惡劣的天氣帶著頑劣的父母出門旅行，我多麼慶幸這是發生在台灣。

那年父親節，我們排好假期，要到墾丁慶祝父親節。不料八月正是颱風好發季節，就這麼不巧，被我們遇上了一個中度颱風。

前一天晚上，我們看了氣象預報表示颱風未來幾天只會稍微擦過台灣，未必會發陸上颱風警報。於是一家人欣然入睡，隔天一早起來興沖沖地搭高鐵，咻一下到了高雄，租車櫃檯的服務人員謙和有禮地對我們說：「喔！一家

▲若是不幸選在天氣不好的日子出遊，無聊當有趣的阿Q精神是必備的應對之道。

大小不畏颱風前來，遊興十足喔！」

由於出發上路的心情太雀躍了，我們完全沒有聽出服務人員的意思。我們當然不知道前一晚颱風已調皮轉向，不但會發布陸上颱風警報，還是從恆春半島登陸，也就是，颱風今晚將從我們頭上掃過。

+ + + + + +

原訂第一晚入住我跟姊姊都很喜愛的小型民宿，把小徑走到盡頭就能對著萬里桐的海發呆。豈料，車子已經開到恆春了，卻接到民宿的緊急來電：「不好意思，因為颱風直衝南台灣，所以我們今晚必須封館，請你們不要前來。」哇，這下傻眼，當然能理解這是誰也不願意碰到的天候因素，不能怪罪民宿，但，我們人已經在恆春了，應該要繼續往前走，還是折回高雄呢？

經過一番天人交戰，綜合考量全盤因素後，我們決定還是繼續前往墾丁，提前入住本來第二天才要入住的夏都沙灘酒店。

我的大學時光是在高雄度過的。每年夏天，一定要厝頭厝尾相揪騎車去墾丁，否則就辜負了南台灣的艷陽。大學生雖然沒有錢，但是有著如鐵打的屁股，在布滿凹凸坑洞的馬路上顛簸四個小時，只是稀鬆平常的小事一樁。當時沒有智慧型手機，出門旅

遊得先在紙上手抄記錄要走的路徑，對於時下年輕人來說，這可能屬於骨灰級的都市傳說。我記得在前往墾丁的路上就有一幅夏都的戶外看板廣告，每一年騎車經過那裡我都想：「喔～以後賺錢一定要來住這裡！」

多年之後，拜搗亂颱風之賜，這個豪華心願成真了。因為接下來三天兩夜，我們被困在飯店裡，幾乎把夏都逛到爛了。

+ + + + + +

當天登記入住時，櫃檯人員相當貼心的提醒我們，飯店專屬沙灘已經暫時封閉，但泳池還有開放，如果想要玩水得趕快行動。因為風雨一旦變大，泳池就會隨時停止開放。於是我們一家當然立刻衝去泳池，享受這唯一下水玩耍的機會。

夏都的游泳池很大，有親子池，也有 SPA 池，還有稍微深一些較少小孩的區域。不過，爸爸卻一直待在水深不超過膝蓋的水療 SPA 池不動，我們姊弟三人與媽媽在水深及肩的地方游來游去，拚命對爸爸招手。

爸：「我在這裡就好了。」

我：「為什麼這麼孤僻？」

爸：「就不想動。」

這樣的對話持續了三百回合後，爸爸終於抵擋不住女兒的盧小攻勢，說了實話：「我不會游泳啦。」我這才發現爸爸真的不是在開玩笑，他不但不會游泳，而且還肢體僵硬無法漂浮，讓我大感詫異。因為小時候，爸爸常常帶我們去基隆和平島玩水，或是去坪林一帶山間溪旁野餐，那時我最喜歡坐在橡皮艇上，叫爸爸帶我去水深的地方玩。原來看似什麼都會的爸爸，多年來根本就是一隻旱鴨子。

仔細想想，長大以後每次去有游泳池的飯店，他都說自己忘記帶泳褲，擺明想要瞞天過海，連媽媽都被蒙在鼓裡。媽媽還爆料說，難怪年輕時他們去海邊玩，爸爸曾經在橡皮艇翻船後偷偷說：「腳踩不到地～好可怕。」聽了真是想翻白眼……爸，不會游泳你去那麼深的地方幹嘛啦！

深感受騙，悲憤交加，我們三個小孩決定對爸爸展開魔鬼特訓。塞給他兩塊浮板，一人拉手一人顧腳，規定爸爸要游完一個游泳池的長度，沒有游完不能吃晚餐。爸爸忍不住抗議說：「今天不是父親節嗎？為什麼要這樣虐待我？」

＋＋＋＋＋＋

晚餐後，颱風籠罩整個恆春半島，住在面海的房間，可以清楚看到像是瘋女十八年般在海面上跳舞的海浪。風聲很大，「呼

▲爸媽在夏都酒店的沙灘找到一小角落自得其樂。

▲離開墾丁大街，鵝鑾鼻附近舊聯勤公園幾乎沒有人跡。

——呼——」颳過屋頂，連天花板上的隔板都被吹了起來。原本要入住的民宿就在堤防旁邊，還擁有大片玻璃落地窗，要是入住，確實安全堪慮，難怪必須封館了。一家人輪流洗完澡，躺在床上滑手機，不一會兒就陷入昏睡狀態。

隔天一早，我迷迷糊糊地起床，讓我的軀殼跟大家一起去吃早餐，天亮了看海更是清晰，海面上層層疊疊的浪濤異常兇猛。趁著爸爸去取餐，我姐偷偷跟我說：「媽媽說，爸爸早上想要開車去看海。」

咦？我立刻清醒了？爸爸媽媽的起床時間通常遠早於我們，這時他們會百無聊賴的找事做，但……想要在這種天氣出去開車？找……死嗎？此時，爸爸端了滿盤豐富的水果回來，我想也不想就把手伸了出去：「爸，車鑰匙給我。」爸爸顯然不知發生何事，乖乖交出鑰匙，我一把抓下後才問：「聽說，你早上想要開車去看海？」

爸爸發現自己被媽媽出賣了，開始抗辯：「早上風沒有很大啊，而且我是要去看車子有沒有被樹砸到，」簡直滿嘴荒唐，我指著窗外比人還高的海浪，以及被吹歪的椰子樹說：「這樣叫做……沒有很大嗎？」

懶得跟他爭辯了，荒唐的爸爸就是要配強硬的女兒，總之，車鑰匙就這樣被我沒收了，直到傍晚風雨漸歇，景點陸續開放，

這位做錯事情的小學生，才領回了他被老師沒收的車鑰匙。

＋＋＋＋＋＋

待在飯店裡，哪裡也不能去的我們，為了要消耗爸媽精力，只好不斷「叫他們來照相」。

爸爸本來就是個喜歡攝影的人，能幫美貌如花的女兒（？）照相，自然是滿滿的心甘情願。媽媽也喜歡照相，而且到哪都喜歡照，自從得到兒女致贈的自拍棒之後，兩老更是愛拍到了極致。光是在飯店的各個角落留下大同小異的照片，就殺了很多時間。此外，關在飯店裡的這一天一夜，我們還跑去做了兩次 SPA，也使用了健身房、兒童遊戲室，逛了禮品店，結帳時我都不敢看帳單了。

直到第二天傍晚，颱風總算走了，雖然仍然颳風下雨，但至少讓人有出門的勇氣。我們驅車前往海生館看企鵝走走路，以及到恆春鎮上的小餐館吃飯，沿路爸爸依然持續為自己辯解說：「你看風雨很小吧！」兇巴巴的女兒仍不被影響，兩人繼續呈現各說各話的狀態。

這樣兇爸爸，是不是對長輩有點不禮貌？但我們家可是出了名的沒大沒小，也只有親生父母可以這樣互虧互嗆，爸也相當享受被女兒控制的過程啊！換作是公公婆婆，我可沒那個膽，

只能唯命是從了！

第三天離開墾丁前，我們繞到佳樂水，把一座矗立在草地上的白色旅館作為我的私房景點，介紹給爸爸媽媽。雖然天氣很爛，每一張照片的天空都顯得灰白無力，但我們的笑容一點都沒少。每次颱風來都只能在家吃泡麵，這次換一個地方被困住，每天都吃自助餐吃到飽，全家人聚在一起滑手機，也是另類的豪華颱風假吧。

全家出遊就是這樣，帶上輕便雨衣跟夾腳拖，以及一下下就氣消的好脾氣，坦然面對旅途中的突發狀況吧。

▲經過佳樂水時，很難不被這棟純白色的洋房給吸引住。坐在圍籬上望著一條馬路之隔的海，是屬於台灣夏天的回憶。

台灣墾丁

與眾不同的南台灣度假

特色亮點

雖然墾丁近年來飽受物價高昂品質下降的批評，但，他終究是最具代表性的台灣夏天度假地。台灣最南端的角落，有一群人，試著讓這個旺季時顯得格外俗氣的地方有那麼一點點與眾不同。

交通與住宿資訊

搭乘高鐵至高雄站後，可租車自駕前往。大眾交通工具則可考慮墾丁快線，四人以上也可洽詢民宿專車接送，平均分擔價格不會比搭巴士貴上太多。

聯絡資訊

龍磐公園

地址：屏東縣恆春鎮台 26 線 946 號

Rock Garden 手工比薩（需預約）

地址：屏東縣滿洲鄉公館路 53 號

電話： 0931 242 991

+樂水 Hotel de Plus

地址： 屏東縣滿洲鄉興海路 36 號

電話： 08 880 2277

聽著海聲，迷路旅居

地址：屏東縣恆春鎮山海里萬里路 25-3 號

電話： 08 886 9866

行程介紹

如果你想測試能不能帶爸媽出國去海島度假，最好的試金石就是花個三天兩夜，把他們帶去墾丁。想訓練爸媽慵懶放空的能力，景點就別排得太多吧，避開週末假日、繞過遊客最多的墾丁大街，找一處安靜可愛的小民宿，搭配周邊的私房景點，就是很棒的度假行程。去了這麼多次墾丁，我私心推薦遊客相對較少的萬里桐海岸，以及佳樂水地區。

萬里桐海岸的小漁村

電影《海角七號》裡頭，男主角阿嘉不寫歌、偷偷跑來看海的地方，就是萬里桐。遠離墾丁鬧區，這個平凡的小漁村進出道路都相當窄小，但卻別有墾丁難得的純樸風情。這裡也是墾丁的熱門潛水點，帶著長輩雖然不太適合深潛，但此處的潮間帶生態相當豐富，租個浮潛蛙鏡下水也是不錯的選擇。

「聽著海聲，迷路旅居」主人在墾丁擁有數間民宿，但我獨愛位在萬里桐海邊的這一棟建築，距離海邊只有五公尺的距離，下午茶時間，端著民宿提供的飲料，爬到海堤上看海，頗有種隱居於世之感。雖然建築物的土地面積不大，但每一層樓都有大片面海窗景，二樓以上還有面海浴缸。但因為離海太近了，颱風時節會視氣象預報決定是否封館。

大草原和私人小灘

沿鵝鑾鼻往東部前進，過了最熱鬧的墾丁大街，緊鄰太平洋有一座懸崖邊上的大草原——龍磐公園。雖然不乏遊覽車載著旅行團到此一遊，但因為草原面積廣大，不至於擁擠吵鬧。

來到龍磐草原別忘了向兩旁無人之處探索，這裡的地形景觀豐富，除了海景還有壯麗的崩崖，夏季花朵盛開，如果你喜歡做日光浴，選一處遠離人群的草地躺下，這裡是能夠好好聽完一張音樂專輯的好所在。夜晚的龍磐草原更是毫無光害，能夠看見滿天繁星。

而在佳樂水地區，臨海的一片大草坪襯著白色的大房子，像一艘大船擱淺在岸上。「+樂水」這間設計旅館近年替佳樂水打響了名號，裝潢以純白色系的工業風格為主，每一間房間都有與海對話的空間，但有些房型需要爬梯，帶爸媽或幼童可能需要避開。我最喜愛點一杯飲料，坐在草坪上的懶椅發呆。穿

▲龍磐公園的海壯麗得讓人震懾。

越馬路濱海處有一塊小小的沙灘，雖稱不上絕美，但在飯店召集義工維護下，作為自己的私人小小沙灘絕對不減遊興。

今晚就吃叢林裡的披薩店

在墾丁要吃什麼？除非你生性「很愛熱鬧」，否則並不推薦到墾丁大街上鬼混。畢竟，整個夏天的墾丁大街已經到處都是人了，各種高價收費鬧上新聞也不是一天兩天的事。

有限定桌次、私人營業的小餐廳是悠閒度假首選，每年來墾丁，我都會去佳樂水一帶的 Rock Garden 吃飯，老闆是一個外國丈夫與台灣妻子的組合，提供的菜單很簡單，就是 Pizza 與咖哩飯，兩種餐點我都非常推薦，咖哩飯是會把舌頭伸出來把盤子上的醬舔乾淨的那種好吃。胃裡若有多餘空間，老闆自製的冰淇淋布朗尼也非常值得試試。

▲ Rock Garden 手工披薩的起司超級濃厚，總是來不及好好拍照就被分食乾淨。

台灣宜蘭

今年我們不在家過年

「欸，我們今年除夕出去玩好不好？」當我向父母提出這個想法，爸爸立刻表示支持。反而是每年過年最勞累的媽媽愣了一下，憨憨地發問：「除夕出去玩，祖先會不會生氣？」

媽媽心目中的農曆新年，大約就是打掃家裡、準備祭祖、招待客人、煮年夜飯、送客後的清掃事宜，她從來沒有想過，除夕是一個「可以出去玩耍」的日子。她的疑惑還很多，開始跳針問我一些重複的問題，比如：「真的有人過年不待在家嗎？」「現在還訂得到飯店嗎？」「飯店是不是很貴？」「別人會不會覺得我們很奇怪？」

雖然我很帥氣的撂下狠話說：「跟著女兒走就對了，擔心這麼多幹嘛？」但沒說出口的是，我也不確定訂不訂得到飯店。問了好幾家厲害的五星飯店，發現全數客滿，掛上電話，我也是第一次驚嘆於，原來除夕夜不在家裡吃飯的人這麼多。最後，我請了一個早上的假，卯起來躲在房間裡打電話，終於訂到了一間位於宜蘭冬山河畔的飯店。

＋＋＋＋＋＋

除夕當天，我們拜完祖先就出門了。一路上，媽媽都在叨念各種雞毛蒜皮的小事。諸如：剛剛有報告祖先了，希望他們不要不習慣；昨天有到派出所拜託警察多巡邏，聽說過年容易遭小偷……啊對了，家裡的貓不知道會不會貪吃今晚就把明天的飼料吃光？

老實說聽在耳裡有點令人惱火，不過是出門一個晚上，可不可以還我清靜？不過，抵達飯店那一刻，我就不生氣了。

一走進飯店地中海風格的藍白色調大廳，媽媽立刻被吸引住了，嚷嚷著放下行李之後，就要去參觀被選入台灣十大婚紗拍攝景點的水上教堂。不過，走到房間，她又忘了剛剛自己說的話，直直奔到床上躺下來，大喊：「哇～好大張的床～太爽了！」我知道，她終於放下了懸在心上三十幾年「除夕就是要在家做牛做馬」的責任感。

記憶中的過新年，就是親戚們把小小的家裡擠得水洩不通，大人在餐廳圍爐，小孩夾完菜就滾到客廳坐板凳。從樂領壓歲錢的小蘿蔔頭，到準備紅包給長輩的社會新鮮人，縱然歲月流轉，我的身分不斷改變，但這場景卻從沒變過，媽媽也就數十年如一日地為了過年而忙碌著。

但我沒有想到，這世界上沒有一件事能夠恆常不變。

那其實是非常不好過的一年。媽媽在過年前幾個月檢查出相當嚴重的癌症，在醫院住了將近一個月，才剛返家休養。親戚們擔媽媽體力不勝負荷，決定今年不來我們家吃年夜飯。得知消息的當日下班回家，媽媽垂頭喪氣地坐在餐桌前，嘆著氣對我說：「哎，我是不是害你們沒辦法一家團圓啊？」

突然之間卸下工作，她顯然沒有如釋重負，反而相當失落。我可以想見除夕夜當晚，曾經擠滿二十幾人的餐桌只剩下一家四口配一隻貓，媽媽一定會覺得清冷孤寂。我一點都不希望媽媽這樣度過一年初始，何況，更坦白地說，誰知道媽媽還能陪我們過幾個年呢？

+ + + + + +

幸好，世界上還有旅行這件事情，能夠讓我們暫時離開討厭的現實世界，補充繼續往下走的能量。

▲一到飯店，媽媽就徹底把祭拜祖先的事拋到九霄雲外。

▲飯店裡擺放的古早味彈珠台，是打發時間的好良伴。

▲溫馨提醒，未婚無對象女性，請勿隨意帶父母到有水中教堂的場地過年。

▲宜蘭冬山親水廊帶，不論冬夏各有季節專屬的美感。

在宜蘭飯店的宴會廳開了一瓶從歐洲限時專送來的甜酒，配著餐廳準備的年夜飯。雖然媽媽不能喝酒，不過以茶代酒，色澤幾乎可以魚目混珠，管他的，必須替這難過的一年用力乾杯。

酒足飯飽以後，我們到大廳的古早柑仔店買了仙女棒去水教堂池邊玩，還點幾支沖天炮。夜裡的宜蘭相當安靜，煙火的咻砰聲很快就被夜色吞沒。我記得媽媽穿一件正紅色的外套，老人家總喜愛鮮豔的顏色，聽説那是為了提亮漸漸遠去的青春。

隔日，我們全家到附近的宜蘭傳統藝術中心走走逛逛，媽媽一把挑起展示用的扁擔，説他們小時候都這樣耕田。雖然看她興致高昂我也滿心歡喜，但，親愛的媽媽，別忘了妳的肚皮上有十幾公分那麼長的傷口。

其實，帶爸媽旅行，並不是非得有點什麼了不起的行程，有時候，只是需要一點膩在一起的時間，一起吃飯、一起走路、一起哈哈大笑。就像小時候那樣，即便只是去家裡附近的公園玩溜滑梯，對孩提時代的我來説，也像是盛大的遠征之旅。

對了，爸媽的旅行習慣是可以培養的，雖然媽媽始終擔心過年沒待在家會惹祖先生氣，但實際嘗試以後反倒完全敞開心胸，用生命玩耍。我想起有一次，買了高雄五星飯店的住宿券強迫爸媽兩人去玩耍。出發前拖拖拉拉的雙親，最後竟然在高雄寫了一張明信片給我，內容是這樣的：「親愛的阿妹，謝謝妳的招待，

希望下一次更好。愛你的爸媽。」收到時，我額上冒出三條黑線，咦，這麼敢許願，是誰說出門旅行很麻煩的呀？

「阿妹過來照相！」遠方在公園裡開心跟各種雕像照相的媽媽正擺好姿勢，一旁的弟弟表情無奈但乖巧地待在觀景窗內，等我加入隊形爸爸就可以按下快門。

我想，在哪裡過年應該不是最重要的事情，因為有家人在的地方，就是團圓。

日本
北海道

帶媽媽出國妳會感激的事：跟團!!

嗶嗶嗶嗶……鬧鐘響了，我從床上驚坐起來環顧四周，呼，我躺在一間狹小的旅館床上，媽媽在床的另一側滑手機看著每日新聞。太忙太累的時候我常會一覺起床卻不知自己身在何處，我快速在腦海中梳理記憶。對，這裡是北海道，這是我與媽媽首次出國旅行的第五天，也是最後一天。

「謝天謝地，終於要回家了。」這個聲音毫無防備的在我的腦海中出現，連自己都覺得詫異，天啊，我竟然覺得帶媽媽出門旅行很煩？

＋＋＋＋＋＋

▲跟團旅遊的好處，就是無論走到哪裡，導遊都會提醒你們與標註碩大景點名稱的告示牌一同合照。

我的媽媽是個家庭主婦，只要離開家超過三天，就開始擔心家中的蟑螂螞蟻會不會餓死，偏偏，她懷胎十月生出的女兒，卻是個三不五時就出差出國、把家當旅館來去無蹤的旅行狂熱分子。

每一次告訴她我又要去旅行了，她都會說：「好！帶我去，讓我看看到底有什麼好玩的？」平時我總是嗤之以鼻，但這次不一樣。為了鼓勵過去一年來，媽媽勇敢的撐過一個大手術，以及每個月固定回診做化療，我決定挑戰一次自己的極限。但是第一次帶母親出遊，實在沒有膽量自助旅行，還考量到母女兩人都沒有駕照、不會開車，以及北海道幅員廣大，參加旅行團應該能把旅行團的優點彰顯到極致吧。

把這個主意告訴媽媽，她很開心的說：「好！我要去看薰衣草！」真不忍心告訴這位婦人，薰衣草只有夏天有喔。

+ + + + + +

幅員廣大的北海道，五天的行程得從左邊的某某景點拉車到右邊的某某餐廳，漫漫搭車過程中，最惱人的就是導遊拿著麥克風的聲音。這位導遊先生是位中年大叔，大概北海道沒有悠遠綿長的歷史能夠介紹，他只好開始講起日本皇室雅子妃的風流軼事，但是說真的，雅子就算得了憂鬱症那干我屁事呢，講著講著，大叔還開始賣產品。

可以理解車上銷售是導遊收入的一環，賣巧克力、干貝糖都沒關係，但為了銷售健康食品，不斷地說「豬哥亮得了大腸癌」、「余天的女兒也得了大腸癌」，我就有意見了。我感覺到身邊勇敢的大腸癌患者顯得有些侷促，但，日本的遊覽車配備可真好，每個座位上方都有一個喇叭，清清楚楚、字字句句傳進坐立難安的母女耳中。

導遊的高談闊論告一段落，我就衝到導遊旁邊低聲抗議：「可以顧慮一下我們的感受嗎？」出發前早就跟導遊說明媽媽的病況，莫怪我對導遊態度兇巴巴。

除了導遊的高分貝轟炸，媽媽也有許多脫序行徑不斷考驗著我的心志。

第一晚，我們來到她最期待的洞爺湖溫泉鄉。母女兩人開心地脫個精光來去泡湯。我一邊帶媽媽走到沐浴區，一邊介紹日本人的泡湯文化，裸裎相見是很自然的事情，此外，先洗澡再進入浴池也是彼此尊重的禮儀。

不過，我話還沒說完，只是一個閃神，媽媽就脫離我的掌控，把頭湊近一位正在洗澡的日本女性身旁。如果我手上有尺，應該可以量出她與路人的距離只有三十公分那麼近。

我連滾帶爬地一邊道歉一邊把媽媽拉回來，很生氣的斥責：「妳在幹麻！不可以這樣看別人的身體！這樣很不禮貌！」媽媽振振有詞的辯解說：「不是啦！我是要看她在用的馬油沐浴

乳啦！」我氣到去旁邊冷靜一下，才能繼續好好跟娘親講話。

＋＋＋＋＋＋

第二晚，我們來到函館看夜景。百萬夜景人潮洶湧，我們好不容易排隊等到拍照的好位置，輪流幫對方拍了幾張照片，因為人太多了，沒有多加檢查照片便離開。事後，我打開相機，立刻就火冒三丈。

「媽！妳來看妳拍了什麼？」那張照片大概是這樣的，我的表情陰沈，臉部沒有光線，背景有電線桿之外，還有一個巨大的路人擋在鏡頭前。

媽媽把頭湊過來一看，呵呵笑了起來。「你爸爸也常常生氣說為什麼我都照歪掉，怎麼這麼愛生氣你們父女～」

我感覺怒氣已經累積到了危險臨界值，這兩天，我集滿各式各樣取景歪斜、路人搶鏡，甚至有衛生紙或口罩也離奇進入鏡頭的照片。為了避免爆發，我傳訊息向朋友們抱怨。土城許太太好整以暇地安慰我說：「哎唷，叫他們拍照就是找死啊～」

她說，某年深冬她帶著母親獨遊日本，外頭下著浩浩蕩蕩的大雪，她請母親替她拍張「我與雪景」，然而母親對焦超過三十秒都沒有動靜。「我都已經快被大雪淹沒了，她還在那邊說『對

▲在 100 次重拍之後我努力擠出最大的笑容，但還是被畫面左方母親的口罩搶鏡了。

▲札幌大通公園時計台附近街景。

▲搭乘函館山纜車欣賞百萬夜景。

▲想欣賞充滿歷史建築的小樽可從運河開始逛起。

不到焦！』」

更好笑的是，因為每天都擔心媽媽動作太慢讓全團等他們兩人，旅行最後幾天，許太太的腸躁症發作一直跑廁所。結果媽媽還反過來碎念他說：「妳吼，就是個性太急才會拉肚子啦！」

聽完許太太的遭遇，我瞬間得到了繼續旅程的能量，默默下定決心，從明天開始要好好善用自拍棒。

＋＋＋＋＋＋

放棄拍攝自己的美照以後，我開始回憶小時候的家庭旅遊，爸爸會拿著相機，幫我們拍很多照片。我想，不如，就把旅途的焦點放在媽媽身上吧。

第三天，我們來到一個我覺得空虛到有點好笑的景點——熊牧場，簡單說就是發給遊客一人五顆蘋果餵食熊，圍籬裡的熊為了吸引遊客的注意，紛紛站立或是作出奇怪的動作，媽媽感到非常驚奇。

「熊熊～吃蘋果囉！」她一下子就把自己的配額用完了，於是我把我的那一袋蘋果遞給她，自己拿起手機錄影，想拍下媽媽像小孩子一樣的畫面。「唷吼！丟中了！真的丟中了！」隔著起碼十公尺的距離，竟然不偏不倚的丟進了熊的嘴裡，媽媽大笑的聲音很有魔性，她不去當棒球投手真的很可惜。

第四天，天空看起來是要下雨，但落下來的卻是雪花。導遊說，這是今年北海道的第一場雪。「哇！太幸運了！雪欸！」媽媽沒有撐傘就衝了出去，一直想抓住片片雪花。「阿妹！幫我照相！」媽媽在細雪中快樂的吆喝我，而那時候我像是個幫傭的阿桑，背著兩個人的包包，手忙腳亂找著雨傘。

記得我生平第一次看到下雪，是大學時造訪京都，那也是我人生第一次自助旅行。那時出了門才覺得實在太冷了，走到巷子口便折回民宿添衣服。重新出門時，推開民宿的小門，便看到外頭落下絲絲細雪，那時心中好激動。

媽媽此時的心情，大概跟那時的我一樣吧。雖然心想：好吧，幫妳照相就照相，誰叫妳是我媽，但我把手中的傘撐開時，還是對她吼道：「妳給我過來撐傘！」

+ + + + + +

最後一晚我們住在大沼王子飯店，抵達的時間很晚，我們又去泡溫泉，玩了一整天，媽媽大概累了，較不如前幾天那麼躁動。我們在半露天的浴池並肩而坐，眼前是打了燈光的森林景致。

「啊～原來出國玩這麼爽！」媽媽擰了擰手上的小毛巾。

「對啊，多玩幾天更爽喔，要嗎？」我問。

「不要！不知道你爸爸有沒有飯吃。」媽媽斷然拒絕。

媽媽就是這樣，把全部的自己奉獻給家中的每一個人，深怕家人餓了、冷了，或是沒有人照顧。又過了幾分鐘，媽媽說溫泉泡久太熱了，想泡冷水池，她站起來轉身離開，皺巴巴的屁股離開我視線的時候，在空氣中丟下一句：「阿妹，謝謝妳帶我出來玩啊！」

三八，雖然我深深慶幸終於要回家了，可是，世界上只有一個人整天碎念讓我感到極其不耐，我卻依然非常愛她。那就是妳啊，親愛的媽媽。

▲乘坐遊覽車時經過的一片風景，時至今日已經忘記到底是哪裡，但對於媽媽在鄰座微微的鼾聲卻記憶猶新。

中國澳門

把他們當孩子照顧就對了！一個人帶著雙親出國

如果要說哪一次旅行讓我徹底頓悟「帶爸媽出去玩不可能不發火」，應該是 2015 年底的澳門之旅吧。

廉價航空的促銷總讓人腦波衰弱，加上想去看水舞間表演，但一直到處玩樂總是招人非議，於是我決定拿孝順當擋箭牌，把爸爸媽媽一起拖下水，帶他們同遊澳門。那時我心裡想的是，再怎麼糟，也不會比前一年帶媽媽獨遊北海道的經驗還要亂糟糟的吧，畢竟爸爸也經常到中國出差，應該會制止媽媽失控。不過，事實證明這些都是我的幻想！

我必須要提出嚴肅的警告，一個人帶著雙

親出國旅行，真的是一件非常有勇氣的行為，應該列為國家孝親楷模遴選標準才對。

想想父母之所以朝夕相處數十年而沒有離婚，就是因為他們臭味相投！當他們在旅程中輪流耍天兵，還互相幫腔辯解時，你卻孤立無援，一股氣不知道往哪抒發，相信我，真的很容易瀕臨中風。

+ + + + + +

如果你的爸媽並不是旅遊精，那麼澳門行程其實很好安排。第一必住威尼斯人酒店，第二必看水舞間表演，第三一定要去大三巴牌坊拍個照，第四就算不嗜賭也要去賭場逛逛。理由很簡單，別人來澳門都會來的地方，他們不能沒去到。

再來，依照自己與雙親的喜好增加一些次級景點。比如爸爸喜愛各式古老建築，澳門滿坑滿谷的教堂肯定得他歡心，而我特別喜歡王家衛的電影，那麼，尋找電影《2046》的老旅社場景，便成為我期待爸媽陪我完成的心願清單。

以飛快的速度排好行程，我還以為，這是旅程的吉兆，豈料，出發第一天，就鬧得雞飛狗跳。

+ + + + + +

澳門雖然小，但每天走路的時間卻相當長。光是在酒店裡頭，從東翼的房間走到西翼的賭場，就需要走老半天；從 A 景點移動到 B 景點，則必須依賴公車。

身為一個路癡，尋找公車站牌的正確位置必須花上一點時間，是很正常的事情。但，我同時也是一位天真又孝順的女兒，我實在不想讓爸爸媽媽跟著我走太多冤枉路。

事發地點是一個大大的路口，馬路很長，一次綠燈的時間內走完全程其實有些勉強，因此，馬路中間設有分隔島，讓走得慢的行人分兩次通行。我指著馬路對面的方向，對爸媽兩人說道：「我先去那邊看看站牌在哪，你們兩個慢慢走，我們在對面會合。」

「好！」兩老異口同聲答應我。於是我以小跑步的姿態，用剩餘的綠燈秒數趕著走了第一段路口，停在路中央的分隔島上。此時，眼角餘光瞄到川流不息的車潮中，一位歐巴桑以金剛不壞之身姿態闖越馬路奔來。第一秒我心裡想：「這一定是不怕死的強國大媽……」但第二秒立刻覺得不祥，因為，這個身影太熟悉了。

我轉頭一看，天啊，第六感是對的，我媽帶著「闖關成功」的燦爛笑容站在我身後，我爸則遲疑地杵在原地，隔著一條馬路與我們對望。

「我不是叫你們慢慢走嗎！為什麼要闖紅燈？」在等紅燈的

▲澳門除了白日的港灣海景，也有越夜越迷人的霓虹景色。

時間內，我連珠炮地訓斥媽媽一頓，並且再度跟她說：「待會你等爸爸過來，兩個人等下次綠燈再一起過馬路，不准再闖紅燈了。」

媽媽答應了，然後第二次綠燈號誌亮起時，她也乖乖地等著。於是傻女兒又再次放心的向前急行，當我終於走完那條漫長的馬路，行人號誌燈已轉為紅燈，我再度轉身，又看到我爸媽，勉強跟在行人隊伍尾端狂奔，差一點就被飛快駛過的車子撞到。

那一幕我到現在都沒辦法忘記，如果運氣再差一點，我回眸看到的就是爸媽被撞飛的畫面了。我氣歪、氣傻、氣瘋，連破口大罵的能力都喪失了，但爸媽仍然有他們闖越馬路的理由。

媽媽無奈地說：「我有跟他說要慢慢走！他自己不聽的！」

爸爸則理直氣壯地說：「我們開始走的時候還是綠燈，不算闖越馬路！」

為了避免我說出「這麼瞎的理由你要不要講給閻羅王聽？」這一類大逆不道的話，坐上公車以後，直到下車為止我都賭氣不跟他們說話。

我仔細檢討自己個性急躁也有錯，我根本不應該相信他們說的「好！」，應該帶他們兩個過馬路以後，再請他們站在原地等我找站牌。或者，我應該讓他們跟著我在街頭迷路，畢竟與被車撞相比，腿酸根本是一件微不足道的小事。

+ + + + + + +

經歷了一天的波折，回到寬敞的威尼斯人酒店，我連泡澡的力氣都沒有，立刻沈沈入睡。不知睡了多久，我的房內電話響了，我看了一看時間，噢，快十二點了。我沒好氣的接起電話，另一頭是一個陌生的女聲。「請問是〇女士嗎？我們這裡是酒店前台，您的父母現在在這裡……」

詐騙集團還會打酒店分機喔？我罵了一聲髒話然後掛上電話，不到十秒電話又響了，那位自稱前台的女士大概怕再被掛電話，講話速度更是飛快。

「您的父母忘了帶房卡，房間登記在您的名下，我得跟您做個身分確認……」我……我愣住了，爸媽不是應該好端端的在房間裡頭休息嗎？正當我半信半疑，卻隱約聽到話筒那一端，傳來母親嘻嘻哈哈的聲音：「呵呵呵～妳媽媽回不了家～」

這嬉皮笑臉的聲音化成灰我都認得，我連忙從床上跳起來披頭散髮地奔到樓下，完成身分認證手續，把這兩位蹺家的老人拎回房間。

「你們為什麼半夜要跑去外面？」沿路我氣急敗壞地問道。

「妳媽媽說她想去賭場看一看，」爸爸在笑。

「那為什麼不帶房卡？」

「我們有帶啊！但不知道為什麼不能刷！」

爸爸從胸口的襯衫口袋抽出房卡，猜猜他的襯衫口袋裡還放了什麼，呵呵，一支手機，還是錄影錄到發燙的手機呢。看到丈夫被女兒訓斥，媽媽又在旁邊幸災樂禍起來。

親愛的爸爸，你能否告訴我，為何要帶著手機下去賭場偷錄影？被保安抓起來的話，女兒是沒有錢贖你回來的。

當時我帶父母出遊的資歷不深，氣到說不出話來。把這兩個老人抓回房間，嚴厲告誡他們，若是沒有我陪同，不準再亂跑出去，然後就氣呼呼地回房繼續昏睡。

++++++

隔天一早醒來，以為事過境遷又是美好的一天，我一邊刷牙洗臉，一邊傳 LINE 想與爸媽約時間吃早餐。訊息一送出，爸爸秒讀秒回：「我們在逛 Shopping Mall，好多店都還沒開！」

嗯？你們早就出門閒晃了嗎？那……我昨晚的告誡被放到哪裡去了呢？一碰面，我又念了他們一頓。我媽卻老神在在地說：「阿妹，妳罵我們的樣子好像小時候我們罵妳喔～哈哈哈哈哈！」

雖然當場白眼無限，但媽媽這段話如同醍醐灌頂，讓我大徹大悟。

▲大三巴牌坊實際人潮比畫面中還來得洶湧，但好女兒即便捧著一盆仙人掌也必須替父母開路進去。

記得自己年紀小時，也曾在旅途中做過很多愚蠢事，比如有次全家出門兜風，我關車門時不慎夾到爸爸的手指，那可是一台板金厚實的進口車哪，爸爸當場痛得跳起來，我卻指著他哈哈大笑説：「好像猴子喔～」

這麼一想，我這種不肖女竟然還是平安長大了，所謂盡孝大概就是坦然接受現世報吧。於是，我啟動了自暴自棄模式，開始稱呼爸媽為「兒子」、「女兒」，並不斷回憶小時候做過的那些——讓爸媽氣瘋但他們沒有掐死我們的事蹟。

剩餘的澳門時光，我們走累了就找間咖啡店坐下來休息，看到有藝術家在巷子裡搭建舞台，我們就順勢彎進小巷尋幽。説也奇怪，當我不再想著事事都要操控爸媽之後，他們反而不再讓我抓狂。當然，不是因為他們進步了，而是我放寬心了，畢竟，經歷闖越馬路與夜半房卡消磁事件後，已經沒有別的事能嚇著我了。

+ + + + + +

後來，我把這段澳門之旅給我的啟示寫成〈帶爸媽出門不生氣指南〉，沒想到一篇文章居然意外創造超過二十萬的瀏覽人次，被各大媒體轉載，也因此接受了報紙的採訪，更在最後，變成了寫這本書的契機。

據說我爸有一次去客戶家，客戶向女兒這麼介紹：「這是那個〈帶爸媽出門不生氣指南〉裡面的爸爸。」那位女兒立刻笑說：「喔！我知道！我看過那篇！」本以為爸媽會覺得丟臉，畢竟我可是揭露了他們出門在外的種種脫序行為，不過他們看起來倒是挺驕傲的。

哎，親愛的「兒子」、「女兒」，如果說我對下一次旅行有什麼期待，大概就是希望你們開開心心的成為更高級的廢物吧。

日本
沖繩

我的沖繩婚禮
全家海外出遊升級

我的婚禮是在沖繩舉行，許多朋友聽到這件事，第一反應是：「哇！好浪漫喔！」

殊不知，我要的不是浪漫而是省麻煩。我只想穿一套白紗拍幾張照片，並與至親好友相聚，簡單但不失莊重是我想要的風格。我不想張羅說不出原因的禮俗，更不想堆起笑臉跟叫不出名字的賓客敬酒。

當時我打的主意是，購買海外婚禮包套行程一則可以有效率完婚，二則遠渡重洋避開三姑六婆的碎碎念攻擊，三還能順便展開首次全家人的出國旅行，而且，通常人一次只能為一件事情煩憂，當你的內心裝滿婚禮大小事情時，就可以自動忽略爸媽在旅途中種種惱人的

▲即便沒有特別的宗教信仰，但潔白教堂裡的證婚儀式仍然讓我感動不已。

舉動。

不過，如果想要一邊上班一邊處理婚禮與旅行，並且不想累死，就必需善用手足資源。這時，我那不中用的姊姊就派上用場了。婚前我的脾氣火爆嗆辣，家中大小事情都由我發號施令，加上我姊個又是個迷你哈比人，因此，我們都很習慣別人錯把他當成小妹。

但我也只有一個姊姊，只能將最後的希望託付給她了，婚禮前，我語重心長地交代她：「婚禮以外的場面都交給妳處理了喔！」

我姊果然不負所託，婚禮以外的事情都沒出紕漏，但婚禮當天早上她本人就搞了個大烏龍。

＋＋＋＋＋＋

我是個嗜睡如命的人，婚禮前一晚滾落床邊跪在地上還繼續睡，第二天早上又惡性賴床，在新娘祕書下達最後通牒之際，才十萬火急奔去新娘休息室。正當我忙著做妝髮的時候，我媽卻對我施展奪命連環 Call。

「妹啊，是誰要幫我化妝？」一接電話，媽媽的大嗓門從手機那一頭傳過來。我感覺到趕時間的化妝師眼神凌厲地掃向我，

似乎再耽擱一秒，就會被罰款幾十萬日圓。

「不是說是大姊嗎！」我沒好氣地回應她的問題。真是的，不要為了這種早就講好的事情來煩新娘好嗎，新娘很忙耶！

「但是你姊電話沒有人接，按門鈴也沒人開門啊！」媽媽無辜地說道。

什麼？我姊不見了？因為日本新娘祕書畫親友妝的價格真的是天價，我早早就商請我姊幫媽媽化妝，為何如今不見人影？我試著撥電話給她，還真的都無人接聽。

我連忙差人出去尋找總招待，心急如焚的一邊梳化一邊等待。過一陣子，我的手機又響了，是失蹤的姊姊打回來，我一把搶下手機按下接聽鍵，只聽到我姊好整以暇地問我：「欸，幹嘛啦？」

幹嘛？妳要幫媽媽化妝結果搞失蹤，現在問我打給妳幹嘛？原來當全世界都在找她的時候，她正閒情逸致地與姊夫在沖繩的海灘上散步，完全忘了要幫媽媽化妝。我……我真是……拳頭都硬了。

＋＋＋＋＋＋

有了姊姊的神來一筆，媽媽頂著一臉倉促成事的妝容參加拜別儀式，也是可想而知。不過沒關係，這些妝最後都得重畫

的，每個母親都會在拜別儀式哭得唏哩花啦。

跟我熟一點的人都知道，我的感情路況之差，連坦克車開過去都會爆胎，拜別儀式的開場氣氛溫馨感人，正當我與媽媽淚眼相望之際，媽媽伸出手來，對我說：「不要哭了喔，媽媽幫你蓋頭紗……」我也哽咽回：「好……」，眼看，拜別儀式就要溫馨催淚的結束了。

「……咦？」她的動作停了幾秒鐘後，大家都察覺有點異狀，媽媽沒辦法幫我蓋上白紗，是因為……我頭上根本沒有紗。「啊喲～媽媽～新娘要先去海邊拍照回來才會戴頭紗，待會進場前再請妳來蓋頭紗喔。」身經百戰的翻譯小姐忍著笑出來解釋。前一秒還梨花帶淚，這一秒全場爆笑。

「所以我還是蓋得到頭紗吼？」被帶回去補妝時，媽媽還不忘記確認到底什麼時候可以蓋頭紗，總是在奇怪的地方相當堅持，這果然是她的風格啊。

+ + + + + +

接下來，換爸爸出場了。

照理來說，爸爸已經有嫁過大女兒的經驗，嫁二女兒時應該能夠更豪氣萬千的牽女兒進場才對。不過，進場前，我發現爸爸

▲心目中的理想婚禮就是與至親好友相聚，因為感情夠好，中途出些無傷大雅的紕漏反而成為賓客之間的回憶與笑料。

看來有點緊張，心中升起不祥的預感。

果不其然，爸爸一出場就踩到我的禮服裙襬。而且不管我怎麼對他打暗號，他都接收不到，每向前一步，他就踩我裙襬一下，下腳之重，讓我驚嚇到連路該怎麼走都忘了。教堂的走道不過十公尺吧，走起來卻如同三千公尺那麼長，行經賓客席時，不良友人們噗哧噗哧的笑聲此起彼落，是的，全世界的人都感覺到，再多走一步，新娘就要跌個狗吃屎了。

終於走到牧師面前，我總算鬆了一口氣。後來爸爸偷偷告訴媽媽，他也鬆了一口氣，因為他的眼眶已經淚水滿盈，再多走一步就要哭出來了。幸好，在女兒跌倒、爸爸落淚之前，我的手被交到游先生手上。

然後，最經典的畫面來了。爸爸轉身才發現自己被纏繞在女兒的裙襬中……OK, Fine，這麼催淚的場景，他選擇「跳」出白紗裙作結。

當儀式結束，新人緩緩步出禮堂，享受親友祝福，撒花瓣時間何等浪漫，但……我卻聽到角落傳來莫名的歡呼聲：「游太太、凍蒜！游太太、凍蒜！……」對，我可愛的朋友們搖旗吶喊群魔亂舞，以至於這一段我笑到不行，完全沒有合攏嘴的照片。

順道一提，我都沒有提到弟弟並不是因為他特別聰明。晚上他跟我們說他要出去走走，做姊姊的當然要盤問他去哪裡與怎麼

去，阿娘喂～不問還好，一問才發現他身上只有幾百塊日圓然後想要坐計程車。

看來，生活能力低落應該是我家的優良血統吧，我慎重其事地跟他說：「日本是世界上計程車計費最貴的國家之一，要不要我先借你錢？」

+ + + + + +

雖然狀況百出，但我還是得大力推薦海外婚禮，尤其是像我或者我們家這樣少根筋的家庭。其實大部分的長輩都很明理，但，他們所知道的婚禮都是台灣常見的傳統婚禮，就算你說服了長輩，神出鬼沒的三姑六婆們仍可能隨時一句話就讓你翻白眼、更翻轉了長輩心意，讓你功虧一簣。

值得慶幸的是，三姑六婆們參加海外婚禮的經驗少之又少，所以在海外結婚的好處就是，只要她們對你的婚禮有任何意見，一律推託說：「日本都這樣做欸！」反之則稱：「這個日本沒有喔！」

而且，海外婚禮簡單方便，婚禮結束後，姊姊還能帶著爸媽去看鐘乳石洞，我與游先生慢吞吞收拾殘局換衣服，即便放慢步伐，不過四十分鐘我們就換回平常的衣服站上殘波岬的燈塔，真正體認到什麼是所謂「無事一身輕」，等著晚上繼續大戰商店街買伴手禮，隔天還能繼續跟家人朋友遊玩踩點。

雖然，媽媽在婚禮一年後病逝。但在最後的病榻上，她常跟我提起沖繩婚禮的種種細節。整理書稿時，我忽然想起她曾經跟我説過自己對抗癌痛的獨家祕方：「我覺得很痛的時候，就想你們帶我去過哪裡玩。」

旅行對我們全家都很重要，謝天謝地，除了蠢事連連之外，我們至少完成了一次全家動員的出國旅行。

▲沖繩美麗海水族館的超大鯨鯊，水族館就是有魔力讓人站在前頭盯著久久不能自己。

柬埔寨
吳哥窟

我的老天，爸在吳哥窟走失了？

我跟著一群嘟嘟車司機在柬埔寨的暹粒機場出境處，舉著隨便亂畫的接機紙牌等爸爸，心裡一面亂想著理由安慰著自己，以後再也沒有媽媽在旅途中擾亂我們了，但越想卻越覺得好像少了些什麼。

這趟柬埔寨旅行計畫因為媽媽過世而中斷，足足推遲了三個月才出發，那時為了轉移悲傷的注意力，我拚命查詢旅行相關資料，畫滿整片家中的白板牆。

還記得我邀請爸爸在我與游先生結束柬埔寨西部的叢林探險後，到暹粒與我們會合一起旅行，他起先拒絕了我的邀約，大概覺得打擾小夫妻的旅行吧，何況這是我們婚後第一次出

國呢。

但媽媽離開不過一百天，悲傷是那麼猖狂在家人心中肆虐，我想，我們都很需要來一場抽離現實的旅程。所以，我以「你不來誰幫我照相」作為理由，傲嬌的天蠍座老爸才勉強答應來柬埔寨當我們的攝影師。

這不但是第一次沒有媽媽同行的家庭旅行，與老公、爸爸一起出遊更是前所未有的經驗，出發前，我不斷告訴自己，爸爸還在學習沒有媽媽照顧的生活，千萬不要對他生氣。

但，第一天都還沒過完，我就大翻白眼了。

+ + + + + +

為了讓岳父與女婿能有獨立的活動空間，這趟旅程預定住宿時，我都刻意挑選「雙臥室」的房型。第一間住宿是在Airbnb 上找的別墅，擁有兩棟分開的房子，其中一間是很大的客廳與廚房，一間則是臥室。

一進房間，爸爸就坐在沙發上說：「我睡這間吧！」雖然加了床後也是寬敞舒適，女兒不免還是有些歉疚讓爸爸睡客廳，但到了半夜，我才知道為什麼他要選這間。

那天晚上，我使喚游先生去廚房倒熱水，去的時候他滿臉

不悅，回來則是強忍笑意，以一副小學生跟老師打小報告的嘴臉對我說：「欸，我剛看到你爸在用電腦！」

「什麼！」這小報告打得很對，我立刻就翻了白眼。旅遊向來走隨性風的我，為了爸爸特別製作了非常詳細的行程表，裡頭開宗明義就提醒他：不、要、帶、電、腦！

沒想到，游先生推開門，看到爸爸坐在吧台，好整以暇地使用「違禁品」，當他發現自己被抓包，竟還有條不紊地說：「哎呀～被看到了，那我明天就可以光明正大拿出來了～呵呵～」聽到岳父如此強詞奪理，女婿頓時不知道該說什麼才好，只好趕快跑回來跟老婆打小報告。

喔對了，其實行程表裡面還貼心叮嚀爸爸要帶上頸枕、泳褲，當時他一句：「行李太滿了，裝不下那麼重的東西。」草草解釋他沒有攜帶必備品的理由。但我倒是滿疑惑的，爸爸的行李箱不知道是什麼神奇的牌子，電腦那麼大的東西帶起來絲毫不費力，泳褲是有多大條竟然塞不進去？其實，那只行李箱只放得下他自己想帶的東西吧。

哎，相信爸爸會把這些話聽進去，就是女兒的不對。

＋＋＋＋＋＋

隔天早上剛睡醒，我收到民宿主人馬丁傳來的訊息：「我進

▲吳哥窟所在的暹粒市飯店密度非常高，只要避開團客下榻的大型連鎖飯店，可以找到不少小型且優質的民宿、酒店。

來做早餐，但是沒有看到妳爸爸？」

我咚一聲立刻從床上彈起來！一邊在心中碎唸，現在是在演綜藝節目《爸爸去哪兒》嗎？馬丁是搬來柬埔寨快二十年的美國人，與他的小愛人住在別墅隔壁的房子。他說，他依照約定時間過來做早餐，但無論敲門按門鈴都沒有人反應，打開門才發現，哇，整間房子空空如也。

我一邊回傳訊息給馬丁：「他應該出去散步了，他通常起得比較早，」一邊衝去梳洗。過了一陣子，馬丁又傳來：「喔，我看到他了。」我才大大鬆了一口氣，轉回慢條斯理的速度，悠悠哉哉地去用早餐。

「你早上跑去哪裡？怎麼大家都找不到你？」早餐時間，我開始數落爸爸。「我才沒有亂跑，他自己沒看到我的！」一如過往，爸爸嘴可硬的，他堅持自己只是在別墅附近散散步而已。

不過，馬丁的別墅明明不在熱鬧街區，附近還都是三三兩兩的木屋與無盡的田，在沒有路燈的晚上開車回家，連馬丁本人都會迷路。我檢查了爸爸相機的照片，果然，事情沒這麼簡單。他口中的「附近」，是在爛泥巴黃土路至少步行超過一公里遠的距離，他一邊「散步」還一邊拍了許多牛、狗、以及村落裡的小女孩。

「照片很漂亮啦，但是難道不能等我起床再去探險嗎？」我碎嘴念著。

爸爸也繼續反擊說：「等妳起床都不知道幾點啦。」

拜託，這時候才早上八點耶！我深深吸了一口氣，安慰自己：「我可是帶父母旅遊界的權威耶！怎麼可以為了這種小事生氣？」

＋＋＋＋＋＋

用過早餐後，我們把吳哥窟滿滿的人潮拋在後頭，一股勁地駛往柬埔寨北邊與泰國交界處，被列入世界文化遺產的柏威夏寺。

柏威夏寺非常廣闊，在一座山的不同高度處，錯落著一層又一層如今已是斷垣殘壁的神廟遺址。三人走在這廣闊而荒涼的壯觀地方，中途我停下來跟游先生討水喝，再轉頭要請爸爸幫我拍照時，才發現爸爸居然不見了。起先我也不特別在意，但找了三五分鐘還不見人影，腦海裡開始警鈴大作。想起在吳哥窟最熱門的景點吳哥寺時，爸爸曾開玩笑對著我的鏡頭說：「我老人痴呆……不知道自己在哪裡……」當時我們笑成一片，殊不知一語成讖。

我們不顧旁人側目，開始在傾斜的石柱之間一次次探頭，在幽曲的迴廊裡一圈圈繞著找人，並且連名帶姓的叫著老爸的

名字，就連告示牌寫著 No Entry 的小徑，我們也不死心的闖進去看，還被鎮守在那的管理員請了出來。日頭炙熱，我很急，也有點害怕，這裡不是熱門觀光區，會講英文的人不多，爸爸一定也很著急吧？我心裡默默吶喊著，媽媽，快告訴我，我該怎麼辦？

我也不知道到底找了多久，也許根本不超過半個小時，但感覺像過了一世紀（我知道這形容很老套，但真的是這樣），滿身臭汗的小夫妻終於放棄在迷宮陣裡尋找爸爸，決定到最上層看看。

柏威夏寺的最上層是一個懸崖，峭壁之下就是廣大的平原，山的這一頭是柬埔寨，另一頭則是泰國。越靠近懸崖，遠遠就能看見柬埔寨民眾帶著供品來到這裡祈福。等等，懸崖邊的樹蔭下，有個黃色衣服的老人怎麼看起來有點眼熟？等等，這意思是說，我們找得氣急敗壞，他老人家在那裡乘涼看風景⋯⋯。

我氣急敗壞的衝過去，連珠砲似的數落他「為什麼不跟好要亂走！」「這樣很危險你知不知道！」「你身上的美金在這裡根本很難用！」

爸爸依然一副狀況外的樣子：「我以為你們已經先走了啊，誰知道你們還在後面？」後來又搔搔頭說：「喔～這樣說起來，我剛剛確實有聽到好像有人在喊爸爸，我以為是在叫別人。」

本來我是有點動氣，但聽到這句我又忍不住笑了出來，先

▲柏威夏寺的宮殿分布在好幾個不同平台，爸爸在這裡失蹤，尋人任務格外困難。

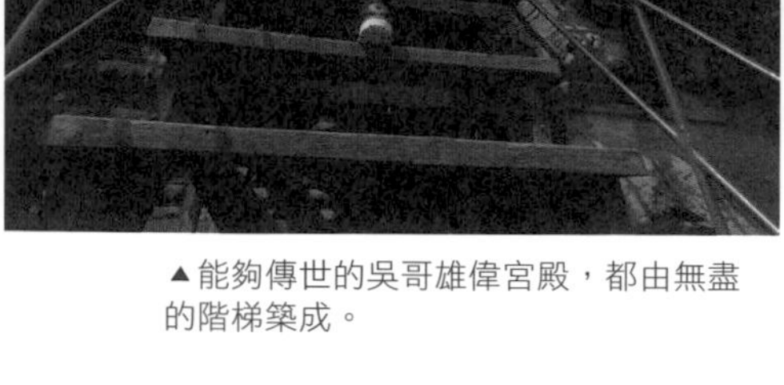

▲能夠傳世的吳哥雄偉宮殿，都由無盡的階梯築成。

▲宏偉建築都在一片荒野中拔地而起，這是吳哥寺最迷人的地方。

生，我做你女兒已經三十幾年了，難道你認不出來是我的聲音嗎？我還沒拔刀真的是要報答你的養育之恩呢。

+ + + + + +

把失蹤老人逮捕歸案後，我們踏上歸程。

遠離吳哥窟景區後，每一個景點都很遠，從柏威夏寺回到暹粒市區，要花三個半小時，車子行駛在草比車高的山間小路上，我們打算補眠。爸爸說他睡姿很正，不需要頸枕，但十五分鐘後，他的頭已經點到可以搗出蒜泥醬了。我嘆了一口氣，默默地把自己的頸枕塞到他身上。

後來，爸爸跟我說，他在車上夢到媽媽了。我跟爸爸都是少夢的人，這一百天來，媽媽很偏心的都只去姊姊的夢裡，我倆則是什麼都沒夢到。他說，夢境裡我們一樣在柬埔寨旅行，當車子在某一座神廟前停妥，他打開車門，看到一個婦人蹲在車門旁邊抬頭衝著他笑，看著那張好傻好天真的臉孔，爸爸突然想起來，啊，那是他老婆。

一直到很後來我才發現，這趟旅行所有令人發怒的癥結點，全都是媽媽惹的禍。第一次沒有媽媽幫忙收行李，第一次早起的爸爸沒人陪伴打發晨間時光，第一次在景點亂亂走時，沒人幫他

左顧右盼。

這大概是媽媽大老遠跟著我們一起來柬埔寨旅行的原因吧。如果那時媽媽也在車裡，希望她知道，我有記得她的交代，不能讓爸爸孤單。

媽，我們還在習慣沒有妳的旅程。那妳呢，妳喜歡不用買機票，也不用搭車搭到屁股痛的旅行了嗎？

柬埔寨吳哥窟

甩開觀光客的自在旅行

特色亮點

我的吳哥之旅與大眾行程不同，不想花上整整兩、三天做景區神廟巡禮，並不是因為這些寺廟不值得一看，而是因為我承認自己只是一介俗人。我的旅行之道就是輕輕鬆鬆走完自己想看的點，想吃就吃，想睡就睡，自自在在登頂俯瞰這曾為王朝的一片荒野。所以，這樣的旅程如果可以甩開大批觀光客，真是美好。

交通與住宿資訊

吳哥窟文化景區內的交通方式，乘坐「嘟嘟車」即可。若離開景區後建議談包車。

票價依座位區域分為 C 區（十八美元）、B 區（二十八美元）、A 區（三十八美元），除了 A 區可預留指定席外，其餘均先到先選位，建議選擇 B 區票價並提早入座。

聯絡資訊

Phare 馬戲團

網址：https://pharecircus.org

在網路上訂與旅館代訂價格差不多，但不建議在那裡的餐廳用餐。如果去看表演，可以請去程載你的嘟嘟車司機等你結束後再載你回程，別擔心走散，只要你還沒付回程的錢，他們會在擁擠的散場人潮中萬中選一找到你，儘管 Enjoy the show!。

建議行程

第一天： 當地市場巡禮＞空邦魯水上人家＞洞里薩湖夕陽＞夜宿暹粒市區

第二天： 崩密列＞貢開＞夜宿柏威夏精品旅館

第三天： 柏威夏寺＞女皇宮＞馬戲團表演

＊如果真的很喜歡古蹟，可另安排1日，全日走訪吳哥窟文化景區大大小小的廟。

▲巴揚寺面積不大，但大大小小微笑的佛像讓它立於經典。

行程介紹

樓梯、樓梯、還是樓梯。柬埔寨的廟就是要用手腳並用往上爬到頂，你才能理解古代高棉人如何崇拜他們的神。

最基本的吳哥窟玩法，是以小吳哥（吳哥寺）做為中心輻射出去，最內圈行程稱作「小圈」，再來是以大吳哥為主的「大圈」，在網路上可以看到各種地圖和參觀順序分享。只要購買吳哥窟景區門票，幾乎可以參觀大、小圈所有景點，到了再外圍的外圈、郊區，則需要另外購票進場。不過，越往外走，水洩不通的人潮也逐漸消散。

帶著長輩 不是每個廟都非得看

基本上，小圈、大圈拿來當作順路與否參考用即可，「不去會被笑」的那幾個點有去到就好，例如吳哥寺、巴揚寺、塔普倫寺、精細紅土雕刻的女皇宮，不然帶著長輩，還要爬上爬下、排隊，絕對會累慘。

我自己認為必遊的景點就是吳哥寺與巴揚寺。巴揚寺則有著名的「高棉微笑」，四十多座尖塔上有上百張微笑臉譜；吳哥寺

雖然人多到爆炸，但它絕對有它人滿為患的理由，吳哥寺的中央有五座寶塔，周圍有完整保存的層層迴廊與護城河，是吳哥景區中保存最完整，最雄偉，也最細緻的一座建築。

雖然與大批洶湧遊客共賞古蹟，經常得排隊半個小時才得以登上高樓層，還會不時聽到導遊對著排隊登樓的團員說：「大姐，我不是怕妳上不去，我擔心的是妳下不來。」人多難免不耐，但衝著它廣大的規模，還是忍下去吧。

至於經常被指名必遊的景點塔普倫寺，擁有高聳的巨樹盤根錯節地纏繞神廟的樑柱，是安潔莉納裘莉在此取景拍攝《古墓奇兵》的地點。只不過，我在這裡逛到生氣，只覺得此地根本像拍《活人生吃》吧，哎，遊客太多了，實在看不到那種在荒涼中沈睡的空曠歷史感。

逛市場、造訪水上人家以及沒有馬的馬戲團

為了避免「第一天很驚嘆，第二天還是很驚嘆，第三天沒感覺，第四天就很厭煩」的悲劇出現，有效緩解視覺疲勞的辦法，就是在無止盡的神廟參觀行程中，安插一些「非古蹟」的行程。

如果只有零碎時間，不妨請你的司機帶你去「真正當地人才會去的市場」，雖然有些髒亂，但可以看到當地人最真實的樣貌，

小巧的蔬菜、裝在竹簍裡的淡水魚、以及柬埔寨人視為珍饈的蛇，高高掛在攤子前。

吳哥窟所在地的暹粒，東南方有座東南亞最大的淡水湖——洞里薩湖，附近有幾個傍水而生的村落，他們的家至少必須離地三公尺，夏季水位高時是漂在河上的村落，枯水期時則露出地面變成了高腳屋。較推薦的村落是「空幫魯」與「空幫亮克」，注意不要去到越南浮村了，那兒過於商業化，許多旅客都有在那被強迫推銷的不好經驗。

▲洞里薩湖上的高腳屋村落，每到夏季便成為貨真價實的水上屋。

特別分享，在柬埔寨殺價的祕訣就是「看誰時間多」，例如嘟嘟車靠近你問你要去哪，你告知目的地與希望價格後，他肯定是大搖頭、開高價，此時千萬不要動搖，你微笑拒絕後自己繼續向前走，嘟嘟車司機自然會追上來，每追上來一次他就會自動減一點價，最後自然會達到你心目中的理想價格。不過建議殺價適

▲洞里薩湖的夕陽如血輪般下沉，值得一看。

▲吳哥窟外圍的崩密列與貢開人煙較少，更能體會荒涼雄偉之美。

可而止，且請做一位有良心的旅人，切忌殺完價又反悔不搭乘。

如果可以，或許可以請你的司機幫你安排在市場採買食材後，到村民家中請他們代為料理，一邊享用午餐、一邊等待夕陽時間。柬埔寨人用餐習慣把菜飯放在地上，自己也坐在地上享用，我在其中一間民居用餐後，還懶洋洋地睡了一個午覺，才出發去看夕陽。洞里薩湖的夕陽很美，不過由於上下船出發點河道很小、都是爛泥，太陽一落下去就要立刻返航，不然就得塞船囉！

我也很推薦柬埔寨的馬戲團 Phare，這裡沒有被鐵鍊拴著的動物，而是以非營利機構的方式幫助在地藝術家，其中不乏有到歐美巡迴表演的優秀成員喔！每天的節目都是用戲劇結合雜耍的方式呈現，主題深入淺出，比如我造訪那天，節目以沈重的霸凌為主題，但卻是一路笑到結束，還加碼了柬埔寨少男的新鮮肌肉秀啊。

欣賞荒涼　來趟外府之旅

若要欣賞神廟聳立在荒涼的叢林中的孤寂感，還非常建議甩開大批大批的觀光客們，到外圍的景點去，安排兩天一夜的外府之旅，第一天走崩密列、貢開金字塔，剛剛好在柏威夏住上一晚，第二天早上再上山探訪佔地廣大的柏威夏寺。

我在尋覓包車司機時，遇到好幾位司機以「柏威夏回暹粒距離不遠」、「柏威夏不安全」為由，建議我無論跑到哪裡晚上都要回到暹粒市區過夜。但實際走過一趟後，我要反駁這些說詞！第一，柏威夏離暹粒的距離，對台灣人來說絕對是遠的要命王國，年輕人可以一試當日來回，但帶長輩出門的話就別折騰他們了。第二，柏威夏地區只有一間可在訂房網站預定的旅館，員工都會說英文，房間乾淨，還有游泳池可以休憩，住客都是悠閒自在的歐美人，沒有不安全的考量。

崩密列、貢開金字塔和柏威夏寺三間神廟的風格完全不同，崩密列正如其名，像是一個剛崩毀的迷宮，頹傾的樑柱四處倒放，樹木們毫不留情的攀長覆蓋其上，如果你喜歡塔普倫寺的風格，那麼應該也會喜歡崩密列的廢墟感；貢開金字塔則是高達四十公尺的高聳建築，沿著樓梯爬到頂端，可以俯視整片茂密的叢林，記得在這裡閉上眼睛，想像這裡曾是歌舞昇平的一代王朝；至於柏威夏寺，不愧是泰柬兩國爭奪的聯合國世界文化遺產，一層又一層的山勢，通向泰柬邊境的懸崖，向天地自在展開吐納的廣闊風景，是整趟吳哥之旅中我最喜愛的景點。

泰國清邁

陪他們完成吧！爸媽也有旅遊夢嗎？

我覺得遺傳是非常神祕的，做父母的就算沒有特別教小孩，甚至從來沒在小孩面前展現過某些行為，他們的個性、怪癖仍然常常跟邪教一樣，傳給下一代。

遺傳到底有多神祕呢？比如我弟小時候常常在上廁所時，把沾濕的衛生紙揉成小球往上丟，這些紙球就會黏在天花板上，然後被我媽揍；後來才知道，我爸小時候也這樣做、被我奶奶打過。我爸小時候很討厭某人，就會在紙上寫「〇〇〇王八蛋！」然後塞到土牆裡面去；實不相瞞我小時候也把討厭的老師名字寫在紙上，然後塞到象山的石縫裡面。（哎唷我好像把我爸形容成屁孩）

▲擁有一間蓋在樹上的房子，在裡頭藏些珍奇寶貝，應該是許多人孩提時的夢想。

這樣的神祕遺傳，還不只展現在生活中。二〇一七年四月，我決定放自己一個長假，到泰國清邁「微・Long stay」一個月，還規劃到按摩學校上課。第二個禮拜，爸爸就從台灣飛到清邁找我玩。雖然我們感情真的很好，但他造訪的原因並非捨不得寶貝女兒，而是女兒要帶他去住兩層樓半那麼高的樹屋。

其實，世界各地的「樹屋」一直長期被我列在訂房網站的心願單，每當我想要逃離現實世界而開始上網搜尋民宿資料時，就特別容易被蓋在樹上的房子吸引，直到某次我跟姊姊在娘家聊到寮國的樹屋，才知道原來一切都是因為父女之間的神祕遺傳之一。

「我小時候就有一個夢想，想要住在樹屋裡面。」

「那你可以去住溪頭小木屋啊！」我們說。

「那種不算，要真的蓋在樹上，越高越好！」爸立刻反擊說。

「那你敢住這種嗎？」我立刻拿出手機，找出寮國樹屋的宣傳影片。

完全不誇張，爸爸一看到影片裡面的樹屋聳立在樹海之上，眼睛整個亮起來説：「這個很好」。而且，在此之前，我邀請他來清邁找我玩，他都推託自己比較想去大陸訪友，看完影片之後他態度大變，主動排好行程問我那些時間來找我玩可乎。

不過，寮國樹屋酷歸酷，但體力挑戰大，還要睡吊床、烤營火，我立刻從我的樹屋住宿清單中找到另一個備案，在清邁古城北方開車約一個半小時的地方，有一個「相較之下比較有親和力」的樹屋度假村，那就是我們這次的目的地。

＋＋＋＋＋＋

時間快轉到爸爸抵達清邁那天。

年輕人喜歡長時間體驗旅行，但長輩出門超過五天就會很不自在，因此，我喜歡分開訂機票，自己可以安排早點出發、或者晚點回程，中途才和爸媽會合，這樣大家都能安排自己習慣的旅行天數。而這次爸爸首度挑戰獨自搭廉航從吉隆坡轉機到清邁，因此，比較早出發的我，刻意選擇跟爸爸一樣的飛行路線，沿途拍照製作「吉隆坡轉機圖解」，連同泰國入境表的填法，千叮嚀萬交代的傳到他的 LINE 群組。

為了避免爸爸在吉隆坡機場走失，那天我還設定了凌晨四點的鬧鐘，想起床確定他有準時抵達，並且找到下一個航段的登機門後，再繼續睡；六點再起來一次，確認吉隆坡往清邁的班機有準時飛。睡睡醒醒的結果就是最後睡過頭，早上十點多氣急敗壞趕到機場時，我爸已經領好行李，很悠哉的坐在清邁機場入境大廳等我攤開接機用的歡迎牌，跟他合照一張。

爸爸看到我，說的第一句話是：「我沒帶到 iPhone 的充電線耶。」如果你爸爸是天蠍座，不要懷疑，這意思就是他現在要買一條線。於是我花了兩百五十泰銖在機場買了一條號稱通過原廠認證但根本接觸不良的線。看吧，雖然他一定覺得自己記性很好，但忘東忘西這件事情絕對也是遺傳。

+ + + + + +

四月是泰國最熱的時刻，超過攝氏四十度的氣溫已經不是新聞，當車駛進兩線道蜿蜒山路，窗外張牙舞爪的熱氣慢慢冷靜下來，我終於稍微鬆了口氣，因為樹屋沒有冷氣。

但爸爸似乎完全不擔心熱，一路如好奇寶寶般四處張望，看著窗外無止盡的樹啊草啊，他忍了很久才開口：「路上完全沒有房子耶！」我個人認為，這是他對我的讚美，畢竟不是人人的女兒都能找到深山野嶺裡的樹屋吧！

下午三點我們準時抵達，樹屋的主人 Mr.Lee 是一位退休的建築師，他正在櫃檯等著我們。或許看到我帶著爸爸，Mr.Lee 說，我預定的房型樓梯很高，空間也不大，今天住宿房客不多，也可以選擇蓋在小河旁，沒那麼高但較為寬敞的房型。

但查看兩間房後，爸爸說：「麻煩一點沒關係，住高一點比較重要！」也是，大老遠跑來這，不就是為了住樹上嗎？

▲泰北未經開發的山林小徑，騎著腳踏車隨意闖蕩也是種雅緻之意。

▲貓咪是樹屋園區裡數量最多的動物。

▲樹屋房客晚間得爬樓梯到一樓如廁實在危險，這間高空中的露天廁所因而誕生。

Mr.Lee 最後也把另一間房的鑰匙給我，他說晚上可能有風，萬一樹屋太晃，我們也可以自行換房。不過我想，我們台灣人碰到地震第一時間不是逃命而是上 PTT 發廢文，應該不怕晃吧。

+ + + + + +

整個下午我跟爸爸沒做什麼有意義的事情，在樹上拍照、在樹下拍照，或者老的在鞦韆上滑手機、小的在躺椅上滑手機，以及不斷重複「從樹屋走下來以後發現某樣東西還在上面，於是再走上去拿下來」的腦弱流程。

啊，我還在嘗試使用了陽台上的半露天廁所。雖然出門前我有強迫自己先把肚子裡的存貨清空，但一親近大自然，依然忍不住地屎意滾滾……在樹上如廁，起先很緊張，怕蟲、也怕沖不掉，但坐了一陣子，正對著綠蔭滿天，其實頗為愜意。

在這前不著村後不著店的地方，我們預定了民宿提供的晚餐，這頓晚餐一點也不孤單，民宿養的寵物紛紛來向我們打招呼，二、三隻狗、十二隻貓，還有好幾隻公雞堅持在我們面前表演飛上枝頭。隨餐還搭配有現場演奏音樂，白天是蟬叫聲震耳欲聾，入夜後則換青蛙打卡上班。

那晚我們早早洗完澡，九點多就準備睡覺了。原本擔心房間

沒有冷氣會熱得睡不著，不過似乎白擔心了，夜裡涼到我把爸爸的被子整件搶走，他只好默默穿上他的外套睡。

凌晨三點，嗡嗡盤旋的聲響把我吵醒。換作平常大概會害怕，但當時實在太睏，我根本不想管他是虎頭蜂還是大黃蜂，只想 Let it go。但這隻被夜燈困住蜜蜂拼命撞牆，最後爸爸也醒來了，我們倆躺在床上，開始討論對策。

「要殺他嗎？」

「不知道有沒有毒……」

「那我們把燈關掉好了。」

「好，動作要快！」

關燈以後蜜蜂瞬間就找到出口秒逃，但奇妙的是，隔天早上起床以後，卻發現蜜蜂死在門外，百思不得其解，父女倆互指對方殺死蜜蜂，故稱清邁奇案。

+ + + + + +

我們出門玩耍有個默契，爸爸不會硬把我挖起來，而是自己在住宿地點附近散步、拍照。我以第二天早上八點我悠悠醒來，爸爸已經帶回很多來自森林的戰利品。

比如，樹屋樓下遇到的新朋友，一隻色彩斑斕的蜥蜴，噢No，繼吳哥窟大蜥蜴後，東南亞叢林再度刷新了我的極限。他

也在果園裡撿了掉在地上快爛掉的木瓜，還摘了野生藍莓。只能說他實在是很忙。

不知道是不是客家人的勤奮節儉特質作祟，爸爸說要把這些木瓜帶回清邁市區，我們僵持了一下，因為他說他包包放得下，而且他也吃得完。拜託，誰相信啊，事實證明，最後他留了兩大盒木瓜在我的冰箱，撂下一句「這留個給你老公吃」，就拍拍屁股回台灣了。欸爸，你女婿還要一個禮拜後才會抵達清邁，到時候木瓜都爛掉了好嗎。

＋＋＋＋＋＋

為了消耗爸爸過剩的體力，像許多媽媽溜小孩那樣，出門旅行，我也要遛爸爸，騎著民宿的免費腳踏車到處晃晃。

其實我爸不會騎機車，我媽說以前她們都是搭國光號約會，爸爸再陪她走田埂回外婆家。在此之前我也沒看過我爸騎腳踏車，我很懷疑他真的會騎嗎？我問爸爸上一次騎腳踏車是何時？他答：「我念五專的時候。」嗯，那不就是幾十年前的事？但他說他會就是會！不要惹爸爸不開心！於是我只好挑一台矮的給他，然後……開啟控制狂模式上路，沿路不斷大聲對著爸爸吼：

「騎慢一點！」

「靠左邊！」

▲一生難得住一次這種奇妙的房子，我與父親自拍超過一百張照片也不厭倦。

「但是也不要太左！」

「你身上有蟲快超越我我幫你撥掉！」

在樹屋附近騎車，隨時都在考驗你自己的認路能力，有些路充滿了碎石子，或者要急轉彎衝進樹叢，像是要參加荒島求生體驗。而且我們在正中午時刻騎車，怎麼想都很像是虐待老人。

+ + + + + +

回程車上，我爸的朋友透過 LINE 問他說：「你女兒一個人住在泰國你都不會擔心喔？」爸得意洋洋地拿著手機向我展示，一邊說：「小孩這樣出來玩很正常啊！他的小孩一定都偷偷出去不告訴他。」

是吧，長大嫁人以後，還能跟爸爸一起完成探索荒野的任務，當爸爸讚嘆著「這個樹屋都沒有用到木頭之外的建材！」「房子裡面有一棵活的樹，太特別了！」，我內心就開始無限量噴發成就感的小愛心，再怎麼邪魔歪道的景點都沒關係，只要爸爸喜歡，這就是一場五星級的旅程。

那晚我們回到先進舒適的清邁公寓，父女一樣早早床上躺平滑手機。我以為爸爸已經睡著，沒想到他突然翻身轉頭對我說：「我也來寫一篇文章！從建築角度看樹屋！這真是一個偉大的建

築！」（以下省略五百字碎唸）

當時我很想跟他説：「留點飯給女兒吃好嗎？」不過，至本書出版之時，旅行已經結束十個月了，這篇室內設計師的作品依然處於只聞樓梯響、不見人下來的狀態，看來，我應該不用擔心被搶飯碗了，呵呵。

挑戰住在樹上的度假提案

特色亮點

清邁古城北方的山林裡，一位建築師在退休後，與家人一起建造蓋在樹上的房屋，至今，一共打造了十間小屋。來到樹屋之前，先與當地泰國人同樂吧，到山裡的瀑布進行溜滑梯大賽，再盡情享受樹林裡的清幽。

交通與住宿資訊

如果你能夠開車，就租車自駕，否則包車也是不錯的選擇，從清邁市區到樹屋單趟車資約九百泰銖，如有增加停留景點，需另加收費用。

聯絡資訊

Rabeang Pasak Tree House Resort
地址： Luang Nuea, Doi Saket District, 清邁府 50220 泰國
電話： +66 87 660 1243

建議行程

第一天： 當地超市簡單午餐與補給＞瀑布＞樹屋 Check-In ＞夕陽＞晚餐

第二天： 早上騎腳踏車＞下午造訪清邁藍廟＞清邁市區

＊如果有多點時間，也可以 Mountain float 山中湖一起安排三天兩夜或四天三夜均可。請參考本書第 228 頁。

▲大樹的枝幹貫穿樹屋房間的中央，因應樹枝的生長狀況，每隔幾年就要調整建築物的細節。

行程介紹

Rabeang Pasak Tree House Resort 的樹屋座落在清邁古城北方大約九十分鐘車程外的山裡。打從在臉書發布樹屋的照片後，接獲廣大詢問。最多人問的問題是：「住起來是什麼感覺？」我必須非常坦白說，樹屋一共有十間房型，無論哪一間，都避不開昆蟲。

民宿養了一些狗，十幾隻貓，還有很多雞。母雞窩著孵蛋，公雞則很認真的在練習飛上與我同高的樹梢啼叫，不用豢養的在地動物也很多，比如晚上沒關好燈，大蜜蜂會不小心飛進來，比如我爸早上發現了一隻色彩斑斕的蜥蜴。如果你很怕昆蟲動物，抑或不能沒有冷氣與電視，真的不要勉強來住這裡。

在臉書上詢問度第二高的問題是：「附近有什麼好玩的？」最坦白的答案是：殺時間的景點有，氣勢磅礴的景點沒有，因為，樹屋就是這裡最大的賣點啊。

去瀑布溜滑梯

抵達樹屋前，可先順遊附近名為Bua Tong Waterfall的瀑布。這個瀑布跟台灣人心目中的瀑布形象不太一樣，坡度比較沒那麼陡，因此，當地人在這裡繫上繩索，瀑布頓時成為了水上溜滑梯。

膽子大的話，可以跟著當地人一起在瀑布間滑來滑去！也可以在沒有飲食管制的區域，跟攜家帶眷野餐的泰國人一起同樂。請注意，進入瀑布區後是嚴禁攜帶食物入內的，別看泰國人平常散漫的樣子，自然保護方面他們很守規矩。

抵達樹屋後，可向主人索取附近地圖，最近的 Viewpoint 是看山中落日的好地方，徒步可達。其他較遠之處，則可免費借用民宿腳踏車運動一下。不過，通往這些景點的路徑隨時都在考驗你的認路能力，有些根本像是要參加荒島求生體驗，用形容詞來說就是「顛簸」和「披荊斬棘」。所以務必在出發時告訴民宿主人自己要去哪裡，以免最後失蹤了，主人也找不到你。

礙於時間限制，我們只去了蝙蝠洞，大致跟台灣各式各樣的蝙蝠洞差不多，記得要帶手電筒。如果你能騎遠一點，還有個湖，民宿主人非常推薦，但起碼要有三個小時空檔再決定這麼做。

你沒有過的樹屋體驗

這裡總共有十間樹屋。其中詢問度最高的是我預定的「Tamarid cottage」，Tamarid cottage 也是民宿主人所建造最高的一間樹屋，拿台灣的房子來比的話，大概有兩層半樓那麼高。建在一棵枝葉茂密的羅望子樹上，這棵樹直直穿越了屋子的中心，待在屋外的小陽台上，羅望子葉細細小小如菊花瓣，風吹

過來就像下雨一般。

也因為高，屋子空間沒辦法蓋得太大。民宿主人說，樹種不同，房屋修建難度也不同。羅望子樹只會長高、修建起來不難；另外一間「Jackfruit House」的樹，不但身高會拉高，身形也會變寬，因此那間樹屋雖然不高，但有較多層高低不同的平台來支撐。參觀全部房型後，這兩間也是我最推薦的兩間房型。

樹屋附近只有散落的幾戶人家，幾乎沒有餐廳。因此除了泡麵，你只能選擇向民宿訂餐。晚餐三菜一湯與水果，一人約三百五十泰銖，價格稍高，但以此荒涼程度，菜色頗有誠意，炸魚深得我心。

走一趟清邁藍廟

河流上的竹筏漂流是樹屋主人提供的另一項付費行程，但考量到長輩未必喜歡這類活動，因此我建議在第二天退房後，可以到清邁藍廟參觀。

泰北有兩座藍廟，一座在清萊，內有斑斕的彩繪，走小而精緻路線。此處提到的藍廟正式名稱為班頓寺，位在清邁郊區，佔地廣大，足足有八十公頃，因建築物屋頂全是藍色而得名。班頓寺門口的龍、象雕塑有紅有綠，用色活潑，而且這裡放了非常多閃亮亮的鳥類塑像，相當特別。拜訪此地時，雖然天氣炙熱，脫

了鞋子往殿裡走時得用跳的才不至於被燙到腳底板，但當微風吹過，聽到風鈴叮叮噹噹的聲音，心裡卻不自覺地平靜下來。

泰國人篤信佛教，清邁著名廟宇都能看到民眾們虔誠祈禱。在廟裡頭，我會在門口買一份供品，有樣學樣的跟著當地人一起坐在墊上，就像在台灣拜拜一樣，跟神明說點悄悄話，感受空氣中飄散的信仰氣息。小小提醒，「腳」在泰國人的文化中是不潔的部位，所以在廟宇中，盡量不要把腳對著佛像，起身時也盡量跪姿離開殿前。此外，也不要因為覺得有趣，就購買佛像頭的T恤、藝術品，對泰國人的信仰可是大不敬。

▲在瀑布野餐、玩水中溜滑梯，似乎是泰國人攜家帶眷的假日活動。

台灣
台南

沒事，我只是和公婆一起參加里民遊覽

凌晨五點半，台南深山裡的走馬瀨農場，窗外濘著露水，天色濛濛亮。我睡眼惺忪地按掉鬧鐘，傳訊息問爸爸：「要一起去散步嗎？」不到一分鐘爸爸秒回訊息：「我已經在外面了。」

法克，五點半就給我跑出去外面，要不要給晚睡晚起的女兒留點活路！我匆匆忙忙把一旁呼呼大睡的游先生搖起來，刷牙洗臉整裝出門散步。游先生沿路都有點狐疑，平常出遊，我基本上不太在意爸爸的清晨冒險，為何這次這麼緊張？

因為，這是我踏入婚姻以來最艱難的一次挑戰，應公公婆婆之邀，帶著爸爸跟老公一起

參加里民遊覽！！！！！

＋＋＋＋＋＋

從小生長在台北市的都市叢林，「里民遊覽」對我來說，只是公寓一樓布告欄上會出現的一張紙。不過，對基隆游家來說，里民旅遊卻是他們的日常風景。

公公婆婆是很愛熱鬧、完全閒不住的人，經常看到他們與自己的朋友聚在一起聊天喝茶，揪團出遊更是家常便飯。有一次我們在家吃晚餐，電視新聞播放某前立委的後事遵循伊斯蘭教傳統很快就下葬，我公公看了便說：「以後我死掉，三天就把我燒掉。」立刻就被婆婆嗆說：「你最好是三天就可以燒掉啦，你這麼愛熱鬧。」我在旁邊聽著心裡是想說，你們兩個不用爭了，還是把孤僻邊緣人匾額還給媳婦我吧。

總之，雖然我也曾經動過念頭帶他們出去玩，但公公婆婆的社交生活太豐富，最高紀錄是一個月之中有半個月不在家，完全輪不到媳婦來規劃旅行。於是，當公婆邀我們參加兩天一夜的台南之旅，我心想，不如換我加入他們的旅行吧？遂欣然答應。

好客的公婆也邀請了我爸爸，因此我本來就有些緊張，深怕旅遊的過程中他們會互相交換女兒／媳婦的惡行惡狀。但我

千不該萬不該去 PTT 婚姻版爬了一下眾媳婦們跟公婆出遊的心得。因為清一色，慘烈！

聽說導遊都會大嗓門亂推銷，聽說遊覽車上的卡拉 OK 轟炸令人腦神經衰弱，聽說很多婆婆會在外人面前使喚媳婦以彰顯自己尊貴的地位……，因此，出遊前一夜我竟然因此失眠，不斷想著：帶著爸爸參加公婆的里民遊覽，這個決定是不是太大膽了？

+ + + + + +

里民遊覽那天，一大早就半夢半醒的被游先生推上遊覽車，一路睡到台南，前一夜的種種擔心都被睡意給擊破。

導遊大姐替大家準備一人一個環保杯，沿途替大家斟上各式熱茶與咖啡，算是一種平價版的空姐服務。雖然震耳欲聾的卡拉 OK 還是難以避免，不過以一種獵奇的心態看老人家唱《大船入港》，聽小屁孩聚在一起加緊練習合唱《抓泥鰍》，也是一種台灣獨有的旅行風景。

此外，搭乘里民專車還有一個優點，那就是完全不用擔心提不動行李的問題，甚至，只帶一個小背包卻買三大簍香蕉，都是稀鬆平常的事情，畢竟這台遊覽車是從我家巷口開出來的。在台南玉井市場，公公婆婆就買了好幾箱芒果，吃起來非常過癮。

◀▲走馬瀨農場佔地廣闊，光是在芬多精中散步就能耗去一整個上午。

▲四草綠色隧道是另一個幽靜而綠意盎然的台南景點。

最讓我驚艷的是，當天下榻在台南山上的走馬瀨農場，由台南農會經營的走馬瀨農場餐廳，雖然由鐵皮搭建、其貌不揚，但是端出來的菜色卻是超級美味，都市人要吃一塊厲害的牛排很容易，但要吃珍奇山菜卻不是簡單的事情。滿桌的茄子、菱角……，看得我眼睛發亮，吃得我撐破肚皮。

至於公婆有沒有在旅途中刁難我以顯示自己的長輩風範？坦白說，他們跟自己的朋友出遊，忙得要死根本沒空鳥我。頂多是晚餐時間被公公當成社交工具領去跟不認識的人們自我介紹一番。

公公：「這我媳婦～」

我：「哩賀～哩賀～」

不認識的人們：「金賀金賀～金水金水～」

我：「多蝦～多蝦～」

畢竟我不會做家事也不會煮飯，在生出游家的孫子之前，唯一能夠報答公婆把老公養育長大的作為，就是這樣：打扮合宜地，對不認識的人做出微笑。不過別怪我無法進行更多對話，因為連小學二年級的外甥台語都比我輪轉。

＋＋＋＋＋＋

把時間拉回這個驚悚的第二天清晨。我跟游先生走在結滿露

珠的走馬瀨農場之中，一邊找爸爸，一邊隨意散步拍照。

里民遊覽的行程都開始得很早，八點半就要離開這個佔地廣大的農場，沿途不斷遇到早已散完步的鄰居們，很溫馨的提醒我：「你爸爸在那邊～」按照他們的指示，沒一會兒我就看到路邊有一個老人正坐在樹叢下抓腳。

「〇〇〇！你是不是沒有噴防蚊液？」我清清喉嚨就連名帶姓的呼喚他並大聲開罵。不等人就自己跑出門也罷，讓自己的腿被蚊子叮一堆包，人家看到會不會以為我虐待生父？雖然親生父親如此不受控制令人無奈，但幸好，我們家從小就沒什麼禮節教育，對於自己的生父，不需要擔心什麼禮節問題。

後來爸爸嘻嘻笑説，他五點就出門散步了，他也遇到了許多女兒的鄰居，閒聊之際問他:「那你女兒呢？」爸爸如實答到:「哎喲～還在睡啦～年輕人哪有這麼早起床～」雖然公公婆婆應該都知道我的作息跟鬼魅一樣飄忽不定，但我還是非常「感謝」爸爸幫我向鄰里宣傳，他女兒（游家媳婦）是個晚睡晚起的夜貓子！

離開走馬瀨農場之後，遊覽車把我們載去七股，包了一艘膠筏出海看潟湖景色，船長還在一旁生火烤蚵仔給大家品嚐。這個行程人要是不多可玩不起來，喜愛單獨出遊的邊緣人如我，突然感謝起街坊鄰居的熱情參與。

太陽辣辣的，但是風涼涼的，新鮮剛烤好的蚵仔嚐來則是鹹鹹甜甜的。國小的外甥小屁孩們端著食物四處餵食老人家們，作為舅媽也就順便一起受惠了。雖然沒有去什麼驚天動地的私房景點，但是看到公婆的笑臉，心裡大概也明白，為何他們如此喜愛參加里民遊覽了。

\+ + + + + +

旅程的最後，遊覽車沒有按照原定路線直接把車開回基隆，反而在台北下了交流道。公公拿起車上的麥克風對大家說：「歹勢！稍微繞一點點小路，先送我親家公回家吧。」最後整台遊覽車就這樣開到娘家的巷子口，把爸爸放了下來。

公公拿出兩箱滿滿的芒果塞給爸爸，叮嚀他回家以後要打開讓芒果們慢慢熟成。我在車上跟著鄰居們一起揮手告別，看著爸爸搬著那箱芒果走路的背影，心裡覺得很暖。

在人情淡泊的都市中長大，起初總是不能理解，為何公公婆婆到外地遊覽總是要買大量的名產回家。後來才發現，即使再晚回到基隆，他們都堅持要騎著機車，趕快把這些他們認為好的名產，當成禮物分送給記掛在心上的親友。

旅行的方式可以表現出一個人的個性，還真沒錯。我有一對古道熱腸熱心鄰里的公婆，只要不太過頻繁，跟他們一起旅行還真別有趣味。

▲七股濱海地區盛行蚵仔養殖，無論是現吃還是煮成蚵仔湯都相當鮮甜。

台灣
花蓮

一家都是廢物旅伴！沒帶腦的父親節金針花之旅

來自台北的朱姓設計師一早就催促兒子起床準備出門，九點鐘大女兒會在台北火車站跟他們會合，一起搭乘早上九點十五分的自強號前往花蓮玉里。他一直知道這個週末要過父親節，但直到前一天晚上，兩個女兒才告知今天的集合時間地點。據說，此行目的是看金針花。

不過，八點五十分大女兒卻在家族群組中傳來一則訊息：「我現在才到捷運站……」大女兒是個逆齡生長的女神，可惜智商卻跟面容相反，與日俱減，據說早上顧著洗頭髮耽擱了時間，只好改前往離家比較近的松山火車站，也許還有機會趕上。

朱姓設計師覺得相當無奈，早知道就先跟她拿火車票……。是的，火車票在大女兒手上，他只好趕快跟兒子去買月台票，不過西元二〇一七年已經沒有月台票這種東西了，於是他們買了兩張台北到松山的火車票，原來先上車後補票是這種由來。

很可惜的是，當火車緩緩停靠松山火車站的時候，朱設計師的大女兒正在松山火車站內猶豫到底要往哪個方向走，等到她爬上正確的月台時，載著爸爸的火車已經緩緩啟動。「我還想說，喔～車剛到！結果火車是要開走了！」這位美貌無雙但智商低落的大女兒，只好氣急敗壞地改搭下一班車。

還有一件事情「怪怪的」，因為大女兒遲到的事件，LINE群組裡面一片混亂，向來多管閒事又脾氣暴躁的二女兒卻沒有任何發言，這非常不像她的風格。哎，所謂父女連心，此時二女婿從基隆家中發出訊息：「你二女兒她沒帶手機出門！」

負責訂火車票的大女兒遲到沒搭上車，負責訂民宿訂餐廳的二女兒沒帶手機人間蒸發。身邊只剩下不知道目的地也不知道今晚住哪裡的小兒子。是的，來自台北的朱姓設計師，就以這麼荒唐的姿態開啟了理應被款待的父親節旅行。

＋＋＋＋＋＋

沒錯，二女兒就是我本人，這位朱姓設計師則是我爸爸。這是去年父親節的故事。

事發當天我從基隆搭車到南港，準備在南港跟家人會合。其實我一上車想發訊息叫我姐幫忙買早餐時就發現自己沒帶手機了。當時，立刻檢查自己有沒有帶車票，嗯，有！那就 OK 了吧！

沒想到我懷著滿腹忐忑從南港站搭上開往花蓮的自強號，上車的那一刻，發現爸爸竟然很悠閒的在跟弟弟聊天，真是一幅父慈子孝的畫面，但，欸，怎麼沒有姊姊？

我：「欸？大姊人咧？」

弟：「對喔你沒帶手機！大姊沒搭到火車啊！」

我：「那你們怎麼上車的？」

爸:「我們先買台北到松山的票啊！現在沒有月台票了喔？」

我：「那你們知道今天要去哪裡嗎？」

弟、爸（異口同聲）：「當然不知道啊」

（……Good，很好，給你們一個最佳勇氣獎！）

結果，我那很正但是智商很低的姊姊，雖然搭上一班晚半小時的自強號，但她終點站是花蓮，而我們則是直達玉里。若要等她從花蓮再搭下一班南下的火車到玉里，恐怕要再一兩個小時。

第一，我不知道下午帶著爸爸在玉里可以幹嘛，畢竟玉里橋

▲山頭開著滿滿金針花的美照可遇不可求，出發賞花前還是密切注意花況較為恰當。

頭臭豆腐傍晚才開啊，第二，我姊說：「這樣太慢了，我搭客運去玉里好了！」救命啊，雖然我姊曾經在花蓮唸大學，但我真的不太信任她的行為能力。

於是，我拿出電腦連上弟弟的手機網路，開始迅速調整行程。對的，非常可笑，我帶了行動電源跟手機線，但沒有帶手機，我帶了電腦但沒有帶電腦充電線。我想我沒帶的應該是我的大腦。

正當我處理到一半，車廂內傳來宏亮的聲音：「各位旅客你好，現在開始查票。」喔靠，我爸跟我弟的火車票在我姊身上……我們手上只有她傳來的那兩張車票的「照片」。好吧，交給我吧。我用力深呼吸幾口氣，誠心誠意地對列車長開口：

「不好意思...我們負責帶票的這個人他睡過頭沒搭上車（指著空位），這是車票的照片，請問我們要重買一張票、還是補票、還是……？」

列車長皺皺眉頭先問我：「拿票的人現在在哪裡？」

我：「後面那台自強號上……」

列車長：「叫他把票拿給他那台車的列車長看，再叫那輛車的列車長打給我。」

於是我姊就在她那班車上，開始一段漫長的屁速列車尋找列

車長的旅程。她走了很久，都沒看到列車長，於是向打掃阿姨詢問：「請問列車長在哪裡？」阿姨還問他說：「妳要幹嘛？」（難不成是要劫車？）但阿姨很好心的跟她說，列車長休息室在一車。我姊抬頭一看，覺得無言，列車長休息室在一車，而她人在十二車。

+ + + + + +

總之最後，「準時出發兩人組」與「沒帶手機組的我」在花蓮火車站等了二十分鐘，才等到「愛洗頭髮組的姊姊」提著行李箱出現在花蓮火車站出站月台。我們一家人終於團圓，重新搭上南下的列車，直接到今晚下榻的瑞穗。

我訂了一間還滿豪華的民宿，房價雖然有點貴但是包含早晚餐，聽到含晚餐我就放心了，畢竟我們今天折騰了一整天，我真的不想再出門。值得一提的是，雖然四個人只有一間廁所，但是房客可以使用頂樓的半露天湯屋，湯屋裡有馬桶吹風機跟寶格麗的沐浴乳，於是我們四人都各自有了愉快的大便洗澡泡湯時光，以及，在游泳池前面拍了許多很有我們家風格的照片。

隔天我們出發去此行的重點——花蓮赤柯山賞金針花。不過當天上山後才發現，今年是潤六月，花況才兩成。花開兩成是什麼概念呢？就是，遠遠看過去會覺得「那裡好像有花」，

走近會覺得「唉唷不錯喔可以來拍個照」，但是怎麼拍都好像是在跟草叢拍照，除非拍特寫，不然根本看不出來這裡是金針花田。

不過，有沒有很多花可以賞，對我家人來說應該根本沒差，因為我們就是一群走到哪放空到哪的台北人（對的，我雖然是基隆游太太，但是我在台北活了三十年啊）。最值得嘉許的是，我們至少有一項行程是按照原定計畫進行的，那就是第二天的晚餐。

日本料理店「大安料理遊樂場」永遠讓人覺得自己是被款待的，雖然開在花蓮，但我卻莫名其妙吃了很多次，吃到跟老闆變成朋友了。老闆大安去日本拜師專攻會席料理，入座的時候菜單上會印著你的名字，他讓不吃蕎麥麵的大姊也覺得蕎麥麵好吃，不吃紅魽魚的阿爸也對著生魚片上的油花嘖嘖稱奇。拜父親節之賜，還得到許多好喝的酒！（備註：大安料理遊樂場已於二〇一七年十二月遷至台北）

不過爸爸依然被犧牲了，因為我們都不會開車，所以擔任司機的他不能喝酒。欸？這不是父親節嗎？

＋＋＋＋＋＋

▲花東縱谷雖然沒有太平洋的壯闊海景，但卻有暖暖的莊稼情懷。

這趟的父親節之旅的第三天也是最後一天，我們去買了名產，搭上回程的普悠瑪號，人都到了，行李都帶了，爸爸大概心想，終於可以結束這趟折騰的旅程踏上歸途了吧？呵呵，接下來才是這荒謬旅行的高潮，你的女兒才不會這麼輕易就放過你了呢～

當火車緩緩駛進南港車站，我站起來準備下車。

「東西都有拿吼？」我弟問。

「有啦！」我蹦蹦跳跳的走出車廂。

火車就這樣開走後，他們才發現頭頂置物架上還有一大包名產。「妳的喔？」我弟問我大姊。「不是我的啊……靠，你二姊沒拿到喔！！！」這次終於換少根筋的大姊傻眼了。

而值此同時我本人，以為那袋名產遺落在我從南港轉車回基隆的普快車上，跑去協尋失物找不到，因而一個人生悶氣。殊不知我從頭到尾根本沒有把它拿下車……。

由於我沒有手機處於失聯狀態，爸爸只好打電話給女婿（游先生），請他下班後到松山火車站領取老婆遺落在火車上的一袋名產。等到女婿下班從內湖趕到松山車站，天已經黑了，台北街頭車火馬龍霓虹閃爍，你們也知道岳父跟女婿通常沒什麼話可以講，而且為了這種愚蠢的事情見面還真有點可笑，游先生覺得自

己的老婆實在是太愚蠢了，想破頭最後很努力的擠出一句：「爸爸父親節快樂」。

就這樣，爸爸的二〇一七父親節之旅，因為我而畫上了荒謬的句點。說真的，當你覺得旅伴是廢物的時候，還是留給對方一線生機吧，畢竟物以類聚，誰知道你會不會在下一趟旅程腦筋斷掉，變成廢物呢？

泡溫泉吃臭豆腐，小農在地之旅

特色亮點

花蓮只有太魯閣、七星潭、東大門夜市嗎？錯了，南北狹長的花蓮，從北到南開車就要花兩個小時，也因為路途遙遠，越往南部走，不但能造訪未經大幅開發的溫泉鄉，更能遇見樂天知命的小農，在自家土地上堅持以有機方式種出天然又好吃的農作物。

交通與住宿資訊

建議自駕，亦可在花蓮市區租車，或搭乘火車到瑞穗、玉里再包車（旅遊旺季時記得一定要先預約）。

聯絡資訊

說時依舊民宿

地址：花蓮縣花蓮市節約街 6 號

電話： 0918 620 575

安通溫泉飯店

地址：花蓮縣玉里鎮樂合里溫泉 36 號

電話： 03 888 6108

另推薦吉蒸牧場、白川有機農場（需預約）、瑞穗有機農場（用餐需預約）和范家愛玉園（需預約），皆可上網搜尋相關聯絡資訊。

建議行程

第一天： 花蓮市租車＞吉蒸牧場＞安通舊鐵道單車散步＞玉里橋頭臭豆腐、玉里麵＞安通溫泉區過夜

第二天： 六至八月金針花季可上赤柯山、六十石山，非花季也可以至安通古道踏青、體驗手作愛玉＞白川有機農場採咖啡＞瑞穗有機農場何首烏火鍋＞瑞穗紅葉溫泉＞夜宿花蓮市區

第三天： 悠遊花蓮市區文創小店

▲花蓮的海灘多是礫灘，不走浪漫風格，反而透露著壯闊之情。

行程介紹

你可能去過花蓮，但未必造訪過花蓮南端的玉里。無論從花蓮市或台東市，都需要花上將近兩個鐘頭才能到達。我的好姐妹是花蓮玉里人，因此，我曾多次造訪這個花蓮人口最大的鄉鎮，來到花蓮的南端，不但有許多純樸小農自營的農牧場，更有溫泉與美食等你造訪。

在地的滋味：臭豆腐、古早味紅茶和溫泉

花東三大臭豆腐中，我最喜愛的就是玉里橋頭臭豆腐，以蘿蔔絲取代高麗菜作為泡菜食材，口感濕潤，臭得相當誘人。這家店最早的模樣相當奇妙，臭豆腐店面與漫畫店合而為一，後來才慢慢改成現在的模樣。陳設簡單、傍晚後才開始營業的隨興風格，每到假日總是誇張地大排長龍，等待時可以先點杯古早味紅茶，有阿嬤的味道。還記得第一次造訪玉里參加婚禮，一嚐之下驚為天人，顧不得隔日還要穿伴娘服，連吃了三盤才善罷干休。

從玉里鎮沿著玉長公路前往約二十分鐘車程的安通溪畔有多家溫泉旅社。安通溫泉區是土生土長玉里朋友一致推薦的純正溫泉，每一次造訪玉里朋友家，他的家人都會殷切催促朋友領我們去泡溫泉驅寒氣。最古老的當稱安通溫泉飯店，其前身為日治時

代的警察招待所，在業者興建的大樓後方，古老的檜木建築仍開放參觀。

飯店雖經整建，但畢竟是有歷史的建築物，對於基本設施不能存有五星飯店的要求。不過，每間房間都有純溫泉管線，假日滿房率相當高，可見溫泉的魅力驚人。如果沒有住宿於此，也非常推薦安通溫泉古早味的個人浴池或大眾浴場，大浴場中的出水口是雄赳赳氣昂昂的獸面圖騰，古老而精緻。

腳踏車巡禮 VS. 牧農場體驗

除了玉長公路，從玉里到安通還有兩條路。一條是昔日火車行駛的鐵路，是當時運送木材的重要貨運鐵路。現在鐵路改道，但鐵路則改建為自行車道，人車分道、清幽自在，沿途會經過已廢站的安通舊火車站，以及橫越安通溪的舊鐵橋，有趣的是，歐亞板塊與菲律賓板塊正好在這裡交界，橋中央有清楚的標記，讓你輕鬆拍出「腳跨兩板塊」的照片。可以在玉里鎮上租腳踏車，也可以到安通舊車站旁的捷安特店面租腳踏車前往。

另一條更為冷門的路線，是舊日「安通越嶺古道」的花蓮段，這條古道從玉里橫跨海岸山脈一路通到台東長濱竹湖，不過只有花蓮這一段較適合普通遊客。這條路段鄰近「范家愛玉園」，兩

甲地除了種植肉桂，還有滿山遍野的野生愛玉樹，不瞞各位說，我也是來到這裡才知道，原來愛玉樹也有分性別，需要靠愛玉小蜂進行播種才能結果呢。在農場，可以摘果實開始體驗愛玉DIY，夏天喝檸檬愛玉，冬天喝桂圓愛玉，也只有純的愛玉能夠煮成熱飲而不融化。

玉里北邊的瑞穗鄉，同樣遍布大大小小的農場，這裡的小農雖然種植不同的作物，但有一個共通點：沒有商業氣息，在地人熱情指數破表。這裡介紹我曾實際走訪過的三間農場，可依自己的喜好排入行程。

距離瑞穗火車站約十分鐘車程的吉蒸牧場，是這三家中較有規模的，飼養許多可愛的動物，比如馬、羊、鴕鳥，還可以餵乳

▲瑞穗有機農場的池畔素食火鍋。

▲白川農場老闆娘將整座農園小動物習性蹤跡摸得熟透。

牛吃牧草，不要覺得這是小孩子的把戲，其實看牛瘋狂咀嚼的樣子，相當療癒呀。此處有花蓮無毒農業標章，招牌產品「65 度C秀姑巒溪鮮乳」雖然有點貴、但是口感不錯，以此為基底做出的牛奶火鍋，奶味濃郁但口感不會太稠，值得一嚐。

白川有機農場儼然還原了記憶中的「外婆家」，老闆娘擁有一副真性情，一邊替遊客導覽，一邊數落自家的母鵝很壞、到處亂下蛋，問她殺自己養的雞會不會捨不得，她大方地說：「我從小就告訴他們，我養你是要來吃的，我不會浪費你身體的任何一部分。」來到這裡，除了逗逗雞鴨鵝等家禽，還可以體驗摘咖啡果，如果老闆剛好在家，他還會親手烘豆子、泡上一壺現磨咖啡給你品嚐。

▲花蓮市區內的日式老屋民宿。

▲花蓮小農自己種植的咖啡，自採自烘，別有風味。

而喜愛蔬食料理的朋友別錯過瑞穗有機農場，這是一群出家人與信眾齊力開發的農場。在河床上開發出的菜園、果園，所有葉菜都是聽佛經、澆大悲水長大的。來到這裡可以先體驗揉茶，我個人是覺得自己相當沒有慧根、揉了五分鐘就失去耐心，但師父們可是要保持適中的力量連續揉一個半小時，可以說是一種修行吧。我最推薦的是在農場一處幽靜的池塘旁用餐，涼亭名字喚做「忘憂亭」，何首烏火鍋和有機蔬菜都相當鮮甜。

如果玩累了，瑞穗也有溫泉可以讓人「鬆一下」。台東有紅葉溫泉，瑞穗的溫泉也叫做紅葉溫泉，想要體驗古早味，可以深入山腳下的溫泉發源處體驗「紅葉溫泉」，小小的獨立個人池便宜又乾淨，古早味浴缸貼滿鵝卵石浴缸，讓我想到阿公、阿嬤家的擺設。若想有更高級而清幽的享受，推薦另一家「松邑溫泉」，頂樓半露天的湯屋走奢華路線、空間寬敞，沒有溫泉區常見的人潮喧嘩。

花蓮市區的新樣貌

如果不趕時間，在造訪玉里、安通的同時，不妨多留宿在花蓮市一晚，隔日再搭火車回台北。人親土親的宜居環境讓花蓮市區吸引許多年輕人定居，每次到訪都能發現市區又有理念獨特的新店家開張，我很推薦大家到花蓮市的文青聚集地——節約街走

走。緊鄰花蓮舊鐵道商圈，幾年前這條小路上只有一家日式老屋改建的「説時依舊」日風民宿，主人看似溫柔美麗、骨子裡卻流著喜歡冒險而有點瘋癲的血液。隨著花蓮文創園區開張，節約街上的文創小店一家一家開張，若不想購買麻糬此類傳統伴手禮，不妨在這一區選些文青禮品、明信片，或是坐下好好喝杯咖啡，再從容地向花蓮會黏人的土地告別。

Chapter 2

跟老公旅行不崩潰指南

有人說，觀察一個男人最好的方式就是跟他去旅行，
在不熟悉的異地聯手解決突發狀況，才了解是否值得攜手共看一生的風景。

我說，別傻了，
無論旅程中或現實生活裡，再怎麼千挑萬選都沒有用，
最讓人惱火的沒有其他，肯定就是老公。

前言

先放下「自我」吧！跟伴侶一起旅行？

配偶是一生的伴侶，但也是旅程中甩不開的枷鎖。

我當然很愛游先生，也很喜歡跟他一起出國旅行（好話說前頭），但不知為何，老公們總會在旅行中出現一些毫無自覺的惱人行徑。若沒有篇幅限制，我應該可以寫出八十七件老公在旅行時會做出的令人髮指之事。

如果無法阻止他們在旅行途中失控，至少我們有點心理準備，遇到以下幾點狀況，除了處理它還要放下它，記得深深吸一口氣，告訴自己：「我不孤單，還有很多人的老公都一樣。」因為，以下諸多案例，都是集結身邊人妻們的血淚史而來。

收行李也是種互補：重要的東西他都會忘記帶

雖然出國前總是忙得人仰馬翻，但衷心地建議各位，能夠自己完成的事情，千萬別假他人之手，包括伴侶，畢竟靠山山倒、靠人人老，靠老公恐怕氣到飽。

然後，請務必稍微檢查老公的行李箱裡面裝了什麼。他可能拉著一個帥氣的登機箱，好像很瀟灑的樣子，可是什麼禦寒的衣物都沒帶。又或者，他可能帶了一堆並不需要的廢物出門，比如我可以接受長髮女子出門帶吹風機，但男人頭上就那幾根毛，帶吹風機根本奇葩。

有人可能會說，夫妻都是獨立的個體，丈夫要在行李箱裡面裝什麼東西，關妻子什麼事呢，但，當什麼都不帶的老公把妳帶得剛剛好的備品用光，或是拎著沈重行李箱的老公整天靠腰行李好重好累，很難不影響旅遊的心情吧？

此外，臨出門前一定要彼此檢查「手機、錢包與護照」。人妻 A 就親身經歷，老公原本還氣呼呼的怪老婆窮緊張，為何總要提早許多時間出門到機場，結果拎著大包小包搭上機場捷運後，其夫君摸了一下包包，突然以很溫柔的聲音說：「老婆……我好像忘記帶護照……」你說，為什麼要提早出門？就為了預防你這種經不得別人說，但總是丟三落四的人啊。

帶自拍棒吧：拍照這種事很講天份的

老公／男友的攝影功力拙劣，長期以來佔據旅遊吵架排行榜的 Top 5。諸如：如果他不是對焦在路人身上，就是對焦在妳不慎露出的嘴邊肉；按下快門的時間點亦相當令人狐疑，總是能夠精準抓住妻子每一個猙獰的瞬間。但我個人認為，最令人髮指的則是，他們總是能夠指著那些可怕的照片對妳辯解：「這與本人長得一致。」

基於以上種種，誠懇建議不要再爭論伴侶的攝影作品到底美不美了，畢竟他們此生所有的美感都在找老婆的時候用光了。出國旅行時請準備腳架、自拍棒之類的自救物品，自己找到最佳取景點把腳架放好，把老公視為一種配件。是的，文青網美拍照會拿本書、戴頂帽子，人妻拍照把老公「放」到畫面中也相當合理。

行程別太緊湊：留點老公的廁所時間

鄭重建議，不要安排早上太趕著出門或塞滿太多行程。至少留半個小時的空檔，給親愛的老公好好大便。

雖然完全不知道原因，但是有不少男人出國之後腸胃會異常興奮蠕動，人妻 B 就曾與老公一早就出了門，走了半小時，老公卻拋出「肚子痛想大便」的訊息，在國外前不著村、後不著店的，他還因為老婆叫他自己走回飯店使用廁所而惱羞不已。

而且老公們的「突然想大便」症狀並不限於早晨，可能發生

▲每當在旅程中怒火中燒，我總是會看看周遭美景再告訴自己，世界那麼大、人生那麼長，不要為小事動怒。

在一天中的任何時間，妻子必須準備好隨時被丟在路邊自己逛街，也因應這個症頭，不建議兩人共用一台 Wifi 機。

旅行節奏：排一個他喜歡的景點

這個建議並不是基於對丈夫的愛，而是為了避免丈夫一連串的愚蠢行為讓妻子理智斷裂，所必須出現的喘息空間。建議在旅途的中後段安排一個丈夫真心喜歡的景點，比如賽車、動漫、3C 科技……Whatever，如果是他真心喜愛的點，他在這一天就會乖巧溫順拍照、積極進取尋路，對於旅途中不順利的地方也較願意挺身解決。

而且這段時間妳可以完全放空，感受一下沒有人在背後碎碎念的自由空氣是多麼迷人。如果真的不知道老公喜歡什麼，也可以試著告訴他，今天要去的景點有限定版寶可夢可以抓，如此一來，或許就能與一個腳步勇健積極走完全部行程的男人一同旅行了呢。

當菩薩供奉就對了：出問題都是妳的錯！

男人那不容詆毀的自尊心在旅程中將會無所不在。

人妻 C 就曾經在印度泰姬馬哈陵再三告誡夫君「此處小偷很多、包包要往前揹」，沒想到她老公依然故我，保持帥氣後背姿勢走完全程，最後掉了一支 iPhone，妻子唸個幾句後，老公玻璃心就碎了，馬上生氣：「都是妳！說什麼要來印度！」而且，明

明兩個人都吃一樣的食物，只有他一個人拉肚子，還不肯承認自己腸胃差，振振有詞怪罪給餐點：「這裡的食物真是不乾淨！」

還有人妻 D 至北歐自駕旅行，老公總是開錯路、開太慢，但是卻不相信妻子的建議與指引，兩人一邊開車一邊大吵，最後甚至堅持一前一後完成冰川健行。妳以為這是旅行，但老公卻覺得是尊嚴維護大賽。所以，我的建議是，即使妳說的是對的，但在沒有生命危險的前提下，講個三次就好，因為講三次跟三百次的結果應該差不多，他們都不會聽進去的。

旅途中常見的狀況還有，丈夫會化身成一尊佛，必須以虔誠的心情供奉才不會氣得火冒三丈。比如：他會在曼谷街頭以一張比屎還臭的臉跟妳說「為什麼這麼熱？」、在夏威夷的海灘抱怨「怎麼這麼曬？」，或者在等待極光的時候大呼「太冷了」然後扭頭回屋內。這尊菩薩吃飯也相當挑嘴，到了歐洲說他現在想吃天婦羅，在新加坡問你為什麼這裡的人都吃這麼辣？

問路也是一大引爆點。人妻 E 就曾偕同未婚夫在深夜抵達京都，又餓又累的當下，丈夫卻堅持要使用 Google Maps 查詢轉乘資訊，她納悶於站務人員明明就站在眼前，為何不直接發問？還有一位人妻 F 到奧地利度蜜月，明明丈夫的英文程度比較好，但問路時卻像得了急性失語症不願開口，原因是「歐洲人的英文我聽不懂」，咦？難道妻子上輩子是奧地利人，就應該聽得懂嗎？

不用啦就是要：注意伴手禮的購買數量

出門旅行走跳總要買些伴手禮回家，這時有三件事情妳需要特別注意。

第一，講價。男人自己買東西的時候總是很阿莎力的直接買，但是跟妳走在一起的時候卻滿心希望妳幫他把價格砍下來，但，旁邊站著一個等不及掏錢出來的肥羊老公，這樣根本很難殺價好嗎。

第二，站在名產店前他們通常覺得沒什麼好買的，但是回國以後卻可能問妳有沒有多買幾份伴手禮，因為他想到應該要贈送給某人和某某人以及某某某人；或者，他總是在回國以後開封零食才碎念，這個真好吃，妳當時怎麼不多買一點？

最後，丈夫可能會阻止妳買東西給他的爸爸媽媽，總是說「我爸媽不喜歡這個啦」，多試幾次就知道，他說不要買的公婆反而特別愛，世界上最不了解父母的人大概就是親生兒子了吧。

其實，不管跟誰去旅行（也有可能妳的老婆天生就是個不適合出遊的天兵），很難沒有意見相左或是爭執的時候，遇到天氣冷又走錯路、票價貴卻又不小心遭竊的事情，真的很容易失去耐心。試著把眼光放在那些令人驚奇的事物上吧，畢竟旅行一如人生，有苦有甜才是趣味所在，日後想起來都是你們共有的回憶呢！

▲丈夫們永遠不會懂，為何在社群網站 PO 出的每張美照，都必須經過一百次、一千次重拍，這就是原因。

內蒙古

最好的旅伴都在婚前……最美的風景都在路上，

只有在廣闊的草原上，才能看到霸氣的整座半圓彩虹。「啊，這才是人生啊，」從來不是真正背包客的我，站在內蒙古的呼倫貝爾草原上，心滿意足地想著。

蒙古行的第一天，因為下雨，才看得見如此壯闊的彩虹。包車師傅聽我們大聲嚷嚷，便把車停在路邊讓我們玩個夠。

同行的三個旅伴之中，其中有一位男士，沿路都有禮貌且好聊天，玩起來不囉嗦還會幫忙拍照，更不豬哥也不佔女孩子便宜，儼然是菩薩派來的好旅伴。這位隨團壯丁姓游，住在基隆。當時我壓根沒想到，後來他會成為我的丈夫，更沒有想到，他所表現出的好旅伴形象，

就跟女孩子約會時常說「我食量不大，吃飽了」一樣，純屬禮貌。

＋＋＋＋＋＋

像路邊的彩虹這樣令人驚喜的場景，在包車六天的蒙古旅程中隨處可拾，那些讓你印象最深刻的風景，往往毫無預期，也很難找到確切坐標位置。

在中國與俄羅斯交界的邊境上，師傅突然停了車，指著路邊一座小山丘要我們上去。小山丘頂上的風景讓人異常驚艷。額爾古納河蜿蜒的河道就在這座山前轉了一個大彎，陽光照在河面上，波光粼粼帶點溫吞的閃耀。仔細看，可以看到對岸俄羅斯人在進行捕魚之類的水面活動。全長一千六百公里的額爾古納河，因蒙語原意為「奉獻」，而被視為母親的河，三百多年前清朝政府簽訂「尼布楚條約」，從此就一直是中俄界河。

在這之前我們才被騙去室韋坐了很貴又很無趣的遊船，此時坐在山頭唱首歌，看雲朵在天空飄動，一股悶氣至此全都消了。有苦有樂，這不就是旅行的意義嗎？

有日下午，大夥兒在車上昏沉沉跟著車身的顛簸節奏睡著了，沿路隱約聽到車頂霹哩啪啦的敲打聲，我想，下雨了吧。

又過了一會，車停了，師傅又趕人下車了。剛睡醒眼睛很

乾，一睜眼隱形眼鏡就快要掉出來，我一邊眨著眼睛一邊搖搖晃晃走到路邊，眼下是一片松樹林，上頭覆蓋著一層薄薄的雲霧，除了我們，路邊沒有別的車了，空氣裡很安靜，瀰漫著還未散去的瞌睡蟲，還有雨水濕潤的氣息，有兩個大石頭寫著「雲海松濤」，這標下得多好。

緊接著別台車經過也跟著停了下來，在呼倫貝爾就是這樣，最美的風景都在路上，人人都想一窺別人的私房景點長得什麼模樣。

更值得感動的是，游先生當時帶了一台單眼相機，只要我們喊他，就會老老實實地替我們拍照，而且，拍得真不賴，在莫爾道嘎森林裡頭，我興致一來要求再三拍攝吃了毒菇而變身成馬力歐的愚蠢跳躍照片，他也毫無埋怨，耐心大概是婚後的十倍。

＋＋＋＋＋＋

而且，那時的游先生不僅會拍照，還是我們遇見困難時的好夥伴，比如上廁所。

呼倫貝爾最常見的公用廁所，通常在風景區的出入口，木造建築看起來氣派，但每間廁所的結構都很簡單，一塊木板，幾個窟窿，兩腳一跨，下頭就是天然馬桶。當我的視線隨著飛舞而上的蒼蠅蚊蟲一看，哎唷喂，前人的血淚結晶就在腳下堆疊成山。

「欸！你就站在這！不准再靠過來了喔！」人在屋簷下，不

▲呼倫貝爾是內蒙古最青翠的一塊綠地，可以爬高遠眺白鹿島（上）、根河濕地（右），更可以走進如 Windows 畫面般的麥田。

得不低頭，這一望無際的草原上，又能夠去哪裡借廁所呢？每當三位女孩選定了有天然掩體的解放地點，速速深入輪流解放。游先生就得在最外圍把風，避免路人擅闖。

他的好旅伴貼心事蹟可不止這一項，在白鹿島，我們必須爬高。那塔起碼十米，樓梯又窄又陡、看來又有些年久失修，我爬到一半就後悔了，很想退回地面，進退維谷之際，游先生在後頭幫我加油打氣：「眼睛往上看！只要專心踏好腳下這一格就好！」我還真的有被激勵到，心內遂想，現在跌死是死、爬上去跌死也是死，不如看個風景再死比較痛快。最後一步一步，腳軟軟、心弱弱的爬上塔頂。

還有，我們去騎馬時，他從背包裡變出一條自行車用的頭巾，借給我們防風沙。更別說，此行大家需要衛生紙、濕紙巾時，他的背包就像小叮噹一樣管用，什麼備品都有。

行文至此，我真想抬頭問天：天公伯啊，現在在我身旁這個男人到底是誰啊？

\+ + + + + +

這趟旅途中，我們每個夥伴還各自發生一些既悲慘又好笑的事。有人感冒久咳不癒，還有一位遺失了相機，我則是我在蒙古包被不知名的蚊蟲咬成豬頭。

其實入住蒙古包前，師傅還特意警告我們：環境有點克難，姑娘們要將就一晚。那晚是農曆十五呢，我們人人手拿一罐內蒙古專屬的海拉爾啤酒，躺在草地上看星星。結果太忘我，錯過了熱水供應時間，沒有洗澡還算事小，隔天起床我看到自己滿臉布滿了大大小小的腫包，才知道事情嚴重了。幸好那天剛好要離開草原，我才順利在市區的藥房買到了類固醇軟膏應急。

至於游先生嘛，他在馴鹿園變成了泥巴人。當時我們跟鹿玩完，三個女孩正高談闊論生理用品話題，沒注意到他去了哪。一回神走到車邊，發現游先生膝蓋以下全是泥巴。大家嚇傻了，一問之下才知道，他不慎踩到一坨鹿屎，弄得鞋底髒兮兮，他怕上車被嫌臭，就去水坑洗腳，沒想到一步錯、步步錯，他選中的水坑是個深深的爛泥坑，當他發現事情不單純時，小腿肚已經淪陷。

幸好這裡是呼倫貝爾，雖然沒有洗手台、沒有水龍頭，但我們有母親一般的河流哪。師傅狂笑一陣，帶我們去野溪邊，伴著流水潺潺的聲音，讓這位屎男洗褲洗襪洗鞋，濕答答的鞋子繫在車頂曬了一個下午蒙古的太陽。行進間，偶爾聽到車頂傳來鞋帶敲打的聲音，噢，敞篷太陽浴耶，本次旅行運氣最好的就是游先生的鞋子了。

難道臉爛掉、遺失相機、踩到大便，不覺得很掃興嗎？其實……並不會，人生有那麼多事情我們無法掌握，旅行也是。

既然無法阻止衰事發生，那麼，只要確定大家都平安無事，酒照喝、舞照跳，別讓壞心情影響接下來的旅程。

＋＋＋＋＋＋＋

坦白說，這趟呼倫貝爾之旅，我對行程表上排定的既定景點都有些失望。

傳說中純樸的鄉鎮恩和，滿滿都是觀光客，滿州里的套娃廣場正圍起密密麻麻鐵絲網在維修。到處都能看到修路、蓋房、開飯店，青青草原上幾個好山頭，都讓柵欄給圍了起來，成為「私人景區」，有生意頭腦的南方人來到這裡，就租地做起出租蒙古包或騎馬騎羊騎駱駝的生意。

或許明年、後年，這裡的飯店不再有熱水瞬間冷掉的問題，這裡的路不再顛得讓人想舉辦「誰的下盤最穩」競賽。然而，我喜歡的內蒙古是，隨便一個牧羊人就管轄一千五百隻羊的霸氣，隨便一個麥田就能拍出 Windows 桌面的景色，隨便、隨便，空曠的草原沒有過度開發的財氣才叫作美。

慶幸我趕上最美的時節，我走在路上、走在景裡，還能這麼說：沒有，沒有柵欄與鐵絲網能夠圍住的風景。

▲黑山頭蒙古包前是欣賞夕陽的好地方，遠眺太陽消失在地平線之下。

▲大部分漂亮的風景都在路邊，一條小溪、一艘小船，就是一幅美麗的畫面。

蒙古
呼倫貝爾草原

來去包越野車馳騁大草原

特色亮點

包一台越野車，馳騁在沒有邊陲的草原之中，夜晚住蒙古包仰望無垠星空，白天則爬上山丘眺望滋養中俄大地的額爾古納河。到外蒙古也許有些困難，但由於語言相通，到內蒙古旅行其實是非常容易的事情，推薦沒去過的人買張台灣到海拉爾的來回機票吧，一輩子得要走訪一趟，體驗這特別的風情。

交通與住宿資訊

旺季包車一天的費用為轎車五百元人民幣，越野車六百元人民幣，由於每天需移動二、三百公里，建議三人以上選擇越野車較舒適。一般來說，與師傅談定的包車費包含油錢、過路費，不用替師傅負擔住宿費，但需支付他的餐費。

旺季住宿約二百至二百三十元人民幣就可以住到乾淨、有熱水、兩至三星堪用等級的房間，也可一併請師傅代訂。

聯絡資訊

在網路論壇上可找到許多包車師傅的聯絡資訊，透過 Wechat 就能商定好日期、行程、以及價錢。以下推薦兩位在論壇台港旅客頗有好評的師傅，我的旅程是由魏師傅提供服務。

魏春江

Wechat ID: wxid_i1rrk7amerc22

張海

Wechat ID: qq660713

建議行程

第一天： 海拉爾＞金帳汗（草原景觀）＞額爾古納（濕地）＞白樺林＞恩和（華俄小鎮）

第二天： 恩和＞七卡＞八卡＞九卡（邊境風光）＞室韋（口岸）＞臨江（日落）

第三天： 臨江＞老鷹嘴（崖邊巨石）＞月牙泡＞太平＞莫爾道嘎（蘑菇與鱒魚餐點）

第四天： 莫爾道嘎＞龍山公園（大興安嶺森林）＞德爾布爾（野炊）＞興安神鹿園（跟鹿玩耍）＞黑山頭（騎馬住蒙古包）

第五天： 黑山頭＞八大關濕地＞天鵝湖＞呼倫湖（鱒魚餐）＞滿洲里（俄式風情邊境城市）

第六天： 滿洲里＞國門＞套娃廣場＞巴爾虎蒙古部落＞海拉爾

＊內蒙古的旅遊旺季是每年六至九月，單純遊呼倫貝爾地區約需三至七天，如有七天以上，則可加碼遊阿爾山，行程大同小異，可與包車的師傅討論。

行程介紹

對我來說，到呼倫貝爾草原，有幾件事情是必須做的，你不一定得跟我一樣，但相信看了以後，絕對也會想要一試。

邊境公路眺望額爾古納河

邊境公路沿著額爾古納河而建。額爾古納是蒙語，原意是「奉獻」、「敬上」，代表這條河被視為母親一般，也是中國與俄國之間的界河。

根據我個人的慘痛經驗，不建議搭乘遊船至什麼中俄友誼橋，它就是一個再普通不過的水泥橋，看完很空虛。請師傅帶你到能夠眺望河景的山丘吧，如果天氣好，那畫面壯闊到像是假的一般。或者到室韋的邊境河畔，也能夠眺望對岸有俄羅斯人在捕魚，常有人在這邊對著那頭喊：哈～～囉～～如果不怕丟臉，不妨試試。

草原打滾　跟牛羊馬鹿來張自拍照

盛夏時節進入草原區，就像是走進 Windows 桌面一般，前方是翠綠的草皮，遠方有低矮的山丘，畫面前頭還點綴了幾朵小花，真的很想立刻躺下來滾個幾圈。立秋時節還能看到農人忙著「打

▲壯闊是呼倫貝爾的日常風景，初秋時節的呼倫貝爾草原上還會有著巨大的草捆，不過看似舒適地躺在草地上看雲，卻因為此處動物數量多故天然肥料也多，實際的氣味並不討喜。

草」，也就是開著挖土機，把草原上的枯草綁成一坨一坨的草捆，這些草捆散落在草原四周，不僅是特殊的風景，更是草原動物們過冬的存糧。

在呼倫貝爾草原的馬路上，經常會「塞車」。不過並不是因為車流量大，而是因為動物們過馬路，大多時候是牛隻，運氣好也能碰到牧羊人趕羊。別不耐或是驚訝，趁這機會下車，在安全距離內和這些草原的居民們照張相吧。需要注意的是，勿靠近馬兒的後腿一帶，小心他的迴旋踢；雄馴鹿的角不一定是磨平的，與他們拍照時切忌抓牠們的角，會引起雄鹿的不爽，還容易受傷。

黃沙上策馬奔馳

在草原上不來個策馬奔馳實在太可惜了，在黑山頭、恩和等地都有馬場，分成兩種類型，一種是你自己騎慢條斯理的馬，一種是讓馴馬師在你背後帶你騎快馬，兩者各有好玩之處，騎快馬時可體驗蒙古馬術師傅奔馳的英姿，以及黃沙奔騰的暢快感受。

不過要提醒幾件事情，第一，請選擇有提供保險與防護衣、安全帽的馬場。第二，怕風沙的人可戴上自行車騎士戴的那種只露出眼睛的面罩。第三，不管馬術師傅有沒有告訴你，你都要記得騎馬的時候要盡量站著而不是坐著，否則會跟我一樣下半身隱隱作痛三天。

住蒙古包看星星

雖然內蒙古的漢人大多沒有住蒙古包的習慣，但仍可以安排其中一天到黑山頭住蒙古包，有床與簡單的淋浴間，但沒有供暖氣，熱水也只在限定時段供應。雖然生活條件差，但夜晚的星空很美，值得一住。

如果想要體驗真正原始的蒙古包，可請師傅帶你深入草原拜訪牧民家。但遊牧民族逐水草而居，沒有固定地址，未必真能找著，而且現在的蒙古人因為政策關係有錢了，真正維持傳統生活方式的人也漸漸少了。此外，現在許多蒙古包都經過了改良，變成蒙古包的外表、飯店客房的內裝，但住起來可就沒什麼意思了。

品嚐在地羊肉料理　暢飲海拉爾啤酒

各式羊類大餐是呼倫貝爾草原上餐廳必備的「宰客」菜單，吃了被宰、不吃又覺得有些惆悵。你可以請你的包車師傅帶你去外頭的小店吃便宜的「烤羊腿」，記住，除非你一行人超過十人，否則到哪裡吃烤全羊都會破財。

也跟各位推薦「羊糞手把羊」，是師傅領我們去巷裡的破爛房子嚐的美味，簡單來說就是羊糞柴火燒的羊骨頭火鍋。羊骨頭丟下沸水中沒一會兒就撈起，一人認領一把骨頭，拿小刀把肉片削下食用，要是覺得不熟，就丟回鍋裡繼續滾，你一定會問：「怎

麼找回自己剛剛吃過的那一支呢？」抱歉，撈到別人的也沒關係，你儂我儂大家都是一家親。第一次嘗試時雖然驚訝得瞠目結舌，但還真好吃，建議一試。

不知道從什麼時候開始，到一個地方旅遊，嚐口本地生產的啤酒便成為一種「到此一遊」的表現方式。海拉爾啤酒在當地人口中稱作「海啤」，無論你在城市裡或草原上，甚至深山裡，到處都可以買到。海拉爾啤酒有麥香的甜味，喝起來爽口不苦，配烤羊肉或吃火鍋都很適合。機場跟外頭店家賣的價格一樣，最後一天在等飛機時，身上若有剩餘的零鈔，也可以在登機室買一瓶回家慢慢享用。

▲草原裡的塞車通常是肇因於這些步履溫吞的大傢伙們。

體驗溪邊野炊的風味

最後，如果你有足夠的時間，非常建議來場溪邊野炊。我們選擇的野炊地點是位在莫爾道嘎往白鹿島間山區的「德爾布爾」。師傅會在橋底下拿出預藏好的鍋子，吩咐女子負責到溪裡打水，男子到林邊撿柴生火，其實就跟台灣流行的露營烤肉差不多，只是把場景移到呼倫貝爾來而已。在呼倫貝爾的每一天，幾乎都在跟細長條狀的炒馬鈴薯相看兩厭，所以最後幾天來一頓溪邊野炊，可以治療自己每天吃羊腿與馬鈴薯的不耐症。

▲看似簡單的一鍋菜，卻是荒山野嶺中自己親手撿拾柴火做成的一頓佳餚。

台灣
南投

不一樣的拍照神手
價值觀永遠跟你

我在高速行駛的汽車中被奇怪的聲響驚醒，似乎是一陣拍打聲。努力在迷濛的視線中對焦，看見我親愛的老公正在駕駛座，拍打著雙臂替自己提神。

「你很想睡嗎？」我開口關心他。

「沒有。」游先生拍拍臉頰，佯裝一切如常。

哎，為何全天下的丈夫總愛如此，出門前我就提議路程太遠、不要開車，這傢伙不聽，堅持己見的結果就是只能鴨子嘴硬、死撐到底。

＋＋＋＋＋＋

此行的目的地是南投。

每年我們都會到竹山紫南宮參拜祈福，再到日月潭去看看湖景。即使年年的行程大同小異，出發前我們還是經常爭執不休。每一次我都想，搞什麼？去蒙古都能夠相安無事，為什麼在台灣玩卻有這麼多意見相左？

後來我搞清楚了，一切都是因為沒有講清楚、說明白。游先生自以為他跟我一個眼神就能心領神會，殊不知我們的觀念其實大不相同。比如說，「住哪裡」就是個大陷阱。

當我問游先生：「要住有湖景的飯店嗎？」游先生總是說：「好啊！不要太貴。」於是我夜夜在訂房網站與部落客遊記之間交叉查詢、精挑細選，最後找了幾家大約六千元的飯店，我的解讀是，在有湖景的飯店中，選一家沒那麼貴的即可，與涵碧樓、雲品等動輒破萬的五星飯店相比，這已算是平價的房型了呢。

不過，一窗美景值千金這種道理，在游先生心中是不存在的。他那番話意思其實是「有湖景最好，但不要太貴。」對我來說是標準配備的湖景，對他來說卻只是選配，所以，當他看到一晚六千多的房價，自然是一番跳腳：「這也太貴了吧？」

他覺得我奢靡，我才覺得委屈咧。來回溝通幾次，游先生才清楚說明他心中的理想預算，我勉強找到了幾間雖然沒什麼設計感但還是看得到湖的飯店，興匆匆地列給他看。結果這位

大爺看了看，依然皺著眉頭說：「這麼 Low 喔！沒想到妳會喜歡這種的……」

……當下還真想把老公送去上「說話的藝術」這堂課，以免哪天被他的無心之言氣死。不過想想，恐怕他學成之前我小命已休矣，還是自己改變問話方式比較快。

把時間倒帶到最一開始，我應該這樣問：「有湖景的飯店都要四千起跳，比較美的還要六千，這樣你還要住日月潭嗎？」游先生就會給我相當肯定的答案：「不要！」

如此這般，我就不用再虛擲青春，每個晚上在訂房網站過濾資訊了。

＋＋＋＋＋＋＋

婚姻大概就是這樣吧，兩個完全不同成長背景的人，開始過著一樣的生活。雖然我們對南投的想像畫面各自不同，但，一次又一次的走訪，建立共同的記憶，慢慢把歧見踏平。有時候，妥協反而讓我們遇到美好的事情。

好幾年前，我真的找不到符合我們需求和價位的日月潭湖畔住宿，只好到住埔里，順便到鎮上一家名為「 雋茖廚房」的私廚用餐。

小小的餐廳理所當然地客滿了，一盤綠咖哩、一盤豬腳，幾

▲白日有天然美景，夜晚有佳餚，在南投，我們從來不怕找不到旅行的樂趣。

乎客人一坐定飯菜就立刻上桌，豐盛的蔬果配菜健康新鮮，這樣的餐食很難不美味。我們狼吞虎嚥之際，一對姍姍來遲的情侶推門進來，看來唯一空著的那桌就是他們預約吧。

然後，整間餐廳的人都聽到老闆毫不掩飾的音量：「為什麼遲到？去門口罰站！」

在視客人如皇帝的服務業文化下，這樣的老闆未免太酷了吧？雖然嘖嘖稱奇，但還是不免膽戰心驚，深怕下一個挨罵的就是我們。不過，那晚，臉臭臭的主廚卻默默拿出了一瓶紅酒：「你們要喝一點嗎？想喝就說，不要客氣！」帶著受寵若驚的心情，我們在收攤的餐廳坐下聊到深夜。於是，我們就這樣在南投交到了一個好朋友。

今年，我們又再次造訪。看著隔桌的年輕男女躡手躡腳地走近吧台：「請問可以打包嗎？」主廚把頭探了出來，一臉厭世地問道：「打包？要打什麼包？」這傢伙壞脾氣一樣寫在臉上，游先生連忙把臉轉向我，憋不住一臉竊笑。

「欸，還有一組客人沒來耶？」後來只剩下我們了，我問主廚為什麼還有一張桌子上頭擺著 Reservation 的預約紙牌。

「哎唷，那是堵過路客用的啦。」他隨手就把那張的牌子收了起來。他每天依照預約量來採購食材，但仍然擋不住過路客臨時闖入，幾經解釋仍然執意要吃東西的狀況，氣得以後只得排滿

預約的牌子。游先生家裡也有經營餐廳生意，聽到這段，不由得頭倒如蒜。

「你說你們今天住哪裡？」主廚發問。

「日月潭啊！我說要住埔里，她就不要！」游先生立刻把握機會抱怨。

主廚先生也就順著這樣的氣氛酸我幾句：「哎唷，幹嘛去住那個池塘啦！」

++++++

我還真的戒不掉這個池塘，無論什麼季節，日月潭都好美。

曾經在晴朗的冬天沿著環湖自行車道慢跑，空氣雖然冷冽但卻無比新鮮。也曾經在秋天的文武廟前，一回頭就見到霧氣籠罩整個湖面。春天細雨綿綿時，坐上遊湖船隻近近觀賞湖上撩撥著絲絲紋路。而夏天，浸泡在飯店的游泳池裡頭看著湖景，又是不同的一番氣息。

日月潭的所有景點，都是環繞這座湖而生。這一次，我們隨意在水社碼頭附近的湖畔停下車，到草地上坐著曬太陽。光線很舒服地灑落在身上，我心裡慢慢放下出發前對游先生的憎恨，心想，曾經失戀來到此處療傷，如今能夠牽著心愛的人的手，慢慢沿著湖畔散步，就已經足夠了。

但知足惜福不會讓你的人生變得更加美好。不出半小時，游先生又把我惹毛了。

「妳到底在不爽什麼啦？」游先生努力逗著氣呼呼的我笑，但我真的笑不出來，因為我剛看了手機裡他替我拍下的照片。

「你看這張！」我把手機遞了出去，期盼得到先生的真誠懺悔，但不料我才是應該懺悔的那個人，怎麼會有這麼天真的念頭。游先生左看看、右看看，又擺出那張正經八百的臉孔對我說：「怎樣？妳本來就長這樣啊？」

我看著相機螢幕上的自己，眼歪嘴斜、面目猙獰，活脫脫是個起乩的通靈人士，我的笑容越來越僵，到後來嘴角真的無法再上揚了。我嘆了口氣，哎，請先生幫忙照相，最好的取景角度還是「剪影照」，無論你白眼翻到後腦勺哪個部位，都不影響照片的美觀。

那次回家後，我默默在筆記本裡加註一項旅行必備清單：自拍棒。

▲或許找一片草地放空、也可能對著湖慢慢看一本書，無論從什麼角度看，日月潭都有其美麗之處。

泰南小島

跟背後靈出遊比撞鬼更可怕

我是那種不喜歡安排太多景點的人。心目中美好的旅行就是要慢慢走，慢慢放空，一天只從事一種活動是最好的狀態。泰國南部的安達曼海景之美全球馳名，到這兒進行跳島之旅，對喜愛放空的人來說，再適合不過了。

那次旅行為期一週，從曼谷轉搭國內航班到喀比，然後經 PP 島再到我心目中的天涯海角蘭塔島。不過，直到現在，我還是有點懷疑，跟我一起去旅行的人，是我老公游先生，還是我的背後靈？

\+ + + + + +

如果非得選一樣跟老公一起旅行時最惱人

的事，我應該會在眾多罪行之中挑出「背後靈」這項。

我們在細雨紛飛的晚上抵達第一個目的地——喀比，匆匆吃完晚飯，便沿著冷清的奧南大街找著販售各式旅遊票券的旅行社，想要購買隔天的船票，不意外，我必須自己詢價、殺價。半夜睡到一半，房間跳電冷氣停擺，不意外，我必須自己打電話跟前台溝通，請人來修理。游先生在這些時候，總是不知不覺地，默默的飄到我背後躲起來，當我轉頭問他的意見，永遠會得到一句：「都可以。」

其實我的英文沒那麼流利，但過去經常國外出差，英文再破也得硬著頭皮上場，再加上我對萬事萬物都有著歐巴桑般的好奇心，所以到國外旅行時，大部分溝通還是由我負責。旅途順遂時，我很樂意擔任這個角色，但自助旅行的迷人與不迷人之處，就是旅途不可能永遠順遂。

最常見的不順遂就是點菜，在喀比的時候，颱風外圍環流帶來連日大雨，無事可做的我們只能緩慢地散步，在各式各樣的餐廳中不斷上演「我好像是自己出門」的戲碼。每當走進餐廳翻開菜單，上頭總寫著一大堆看不懂的字，而且就算看得懂單字，端上來的菜也常常跟想像的不一樣，而當我苦惱不已時，抬頭卻總是發現老公根本沒翻開菜單，活像一尊菩薩，好端端地滑著手機。

「你要吃什麼？」

「隨便。」

現在我已經根本不相信他的回答，因為基隆眾多美味小吃養出游先生的刁嘴，雖然點餐時說隨便，但菜一上桌就準備看他的結屎臉進食。

＋＋＋＋＋＋

在喀比短暫停留後，我們搭了兩個小時的船，抵達 PP 島。在 PP 島我們體驗了深潛。我是很容易緊張的人，一緊張就容易不舒服到覺得自己快死掉，游先生則不會游泳，我們本來並沒有計畫要深潛，不過一時興起，就在飯店的潛水中心預定了隔日出海行程。

我帶著教學 DVD 回房間看了一個晚上，認真練習呼吸、調整耳壓平衡，隔天忐忑不安搭著飯店的長尾船出海，正常來說一個教練可以顧四名潛客，但大概看出了我的不安，今日潛店大放送，我與游先生各自獨享一名教練。

光是下水我就在船上糾結了超過五分鐘。背著氣瓶坐在船板，根本做不到教練說的輕鬆向後倒頭栽入海，一群人圍著我，有的教練對我信心打氣：「Echo, trust yourself! You can do it!!!」，有的教練在旁邊笑。咦？我老公呢？他當然是在旁邊跟

▲乘坐長尾船出海體驗一日潛水，我很少誇獎游先生的攝影技術，但他確實完美掌握了我下水之後焦慮掙扎的模樣。

著笑，還不忘拿起相機幫我拍照，對的，他只有在我出糗的時候才會啟動攝影模式。

潛了大概半個小時，其實我忘記到底看到哪些魚了，但是在水底聽見自己巨大的呼吸聲，卻是一個難得的體驗，每一次調整耳壓向下沉時，我都還是滿心緊張，而不會游泳的游先生在教練的帶領下反而很悠哉。

後來看照片，全程我都緊緊抓著教練的手不放，超像情侶悠遊海中央，游先生至今都常碎念：「那個教練真是賺到了！」難怪那時，他一直靠過來抓我的腳想要合照，原來是在刷存在感兼宣示主權。

+ + + + + +

而游先生的存在感，也在此行最後一站蘭塔島，得到充分的彰顯。

當時我們在偌大的蘭塔島上環島探險，因為想蒐集到更多不同的 GPS 路徑，好在手機遊戲中獲得更高的分數，因此騎著機車闖入一條完全沒有遊客的泥巴路。

這是一條徹徹底底的爛泥路。路口有一個牽牛的泰國人在燒稻草，雖然我不斷提議「沒關係啦，我們放棄啦！」但游先生打死不從，在那位牽牛人面前重複著「衝進泥巴路、打滑、放棄往回走、不死心迴轉再來一次」的步驟五次以上吧。

最後邊騎邊牽車，終於克服了這條噴泥路。游先生的堅持總是發揮在奇怪的地方，此時若質疑他，他反而會勃然大怒說：「為什麼不相信我？」

那日，我們玩到日落才啟程回飯店，蘭塔島沒有路燈，我們自作聰明，跟著一台當地人的機車，一路衝啊衝，沿路我總覺得哪裡怪怪的，心裡有著莫名的不安，遂提醒游先生說：「這跟來時路長得不太一樣耶？」游先生誇下海口說：「安啦！相信我！」

相信老公就是悲劇的開始，屢試不爽。猛一回神，我們竟已被帶到一條深長的筆直小徑裡，一路跟隨的當地人機車卻神奇地消失無蹤。那一瞬間，我心中飄過一百則泰國鬼故事，不安越來越強烈，幸好手機還有訊號，趕快重新導航回飯店。

說也奇怪，我們確實在某個岔路轉錯了彎，但正確的路其實又大又寬，我們兩人竟然完全沒有注意到，反而一路跟著那台不知道是否存在的機車，轉進又黑又暗的叉路。回到正確的路上後又騎了二十分鐘的山路，天已經黑了，路上完全沒有車，感覺全宇宙只剩下我們兩個活著的人。即便打了遠燈，車燈在深深的黑暗裡反而顯得疲乏無助。

我曾經一度回頭看看後面是什麼？什麼都沒有，後頭就是無休無盡的黑暗，連引擎聲都好像快被這片夜色給吞沒了。我吞吞口水，覺得背脊發涼，一路上都不敢再回頭。

+ + + + + +

根據游先生的說法，當時他心想：「死定了，剛剛不應該這麼堅持，現在老婆一定快發火了……」確實，漆黑的山路實在太可怕了，加上我肚子很餓，到租車店還車、買了路邊的烤雞當晚餐，我一路保持沈默不想說話。

不過，穿越沙灘走回飯店時，一抬頭我就破功了。「哇！好多星星！」滿天的星星，就是像銀粉撒在畫布上那麼俗套。游先生見我開金口了，趕快打開他手機裡的法寶 Google Earth ，這個 App 可以帶你隨處夜觀星象。

據說冥王星就在我眼前，愚婦喜歡亂許願，我是這麼想的：希望身邊這位男子能夠多長一點智慧。

願望當然沒有實現。當我們從蘭塔島離開時，在約定地點等了半小時卻等不到接駁車，由於這天我們要回喀比搭飛機到曼谷、再轉機回台灣，一個環節出錯就會步步錯。正當我比手畫腳與當地人求援之際，別懷疑了，游先生又突然施展輕功默默地飄離現場。

嗯，跟沒有實質貢獻的背後靈出門，真比撞鬼可怕。

▲泰南小島雖然交通較為不便，但潔白沙灘搭配無敵藍天，還有喀斯特地形專有的奇岩怪石，即便多花費一點時間才能抵達，也是值得。

蘭塔島

到天涯海角度蜜月

特色亮點

同樣享有泰國南部安達曼海的蔚藍海景，蘭塔島比普吉島安靜，比PP島廣闊，更緊鄰每年只開放三個月的浮潛聖地。蘭塔島上最大的飯店將泳池別墅建在山腰上，一望無際的山海大景，配上無邊際泳池，適合只想遠離塵囂的愛侶們，慵懶度個長假。

交通與住宿資訊

搭乘國際線航班到泰國首都曼谷後，再轉搭國內航班至喀比（Krabi），飯店提供喀比機場至蘭塔島的接送服務，車程約兩個半至三小時。如果是長天數的跳島行程，也可從 Krabi 或 pp 島自行搭船抵達，船程亦約兩小時。

蘭塔島住宿依房型不同，五星飯店淡季價格約五千至一萬元不等。旺季（十二至二月）調漲至一萬至二萬五千元左右。如對山腰上的景觀房沒有執念，可預訂一般房型，離沙灘較近。

聯絡資訊

Pimalai Resort & Spa

網址：https://www.pimalai.com

行程介紹

如果要躲到天涯海角度蜜月，泰國南部的蘭塔島（Koh Lanta）是一個不錯的選擇。

不過，天涯海角意味著很難到達，從曼谷出發，無論選擇陸路或海路都需要舟車勞頓，花上三個小時的交通時間可說稀鬆平常。

島上最好的飯店海景無敵

蘭塔島最好的五星飯店就是 Pimalai Resort & SPA，因為我只住過這麼一家，沒辦法做比較，但當地人都是這麼說的。這間飯店依山而建，佔地非常廣大，以至於到哪裡都必須依賴高爾夫球車來接駁。打個電話就有專車接送，十分方便，只是要一直付小費心有點痛。

如果是度蜜月，蓋在山腰上的泳池別墅是相當合適的房型，可以看到整個海灣，風景非常漂亮，每間房間看出去的 View 都不一樣，有些熟客預定時會指定視野最好的全海景房型，每年都回來度假。

泳池別墅的空間非常地大，不但有一座大泳池與涼亭，還有主臥與次臥兩間房間，兩套衛浴，以及鍋碗刀具一應俱全的小廚

房。雖然看得出有些歷史，但房間保養的不錯。

飯店的專屬沙灘上有隨便你躺的日光浴區，還可免費租借一些水上活動的器材。三間餐廳的水準都不差，如果預算有限，就到飯店外面的烤肉攤買一隻雞帶回房間慢慢享用。另外，千萬不要被房間的泳池迷惑就不使用公共泳池，大廳前方的無邊際泳池相當迷人，坐在游泳圈上邊漂邊看書，是非常享受的一件事情。

造訪這座島時，我換了國際線航班、國內線、接駁車與接駁船總共四種交通工具，舟車勞頓才得抵達這座天涯小島，現在當地跨海大橋已經完工通車，可以直接開車往返喀比，總算省了些時間。這裡不但適合度蜜月，佔地廣大的酒店也適合親子同遊，但需要注意的是，天涯海角依然躲不了中國的十一長假人潮，如果可能，請盡量避開中國人的長假時段。

蘭塔島機車探險

蘭塔島很大，東西南北各有不同風景，大約需要兩天時間，就能悠悠哉哉的騎機車探勘全島。

沿著沙灘走大約十分鐘外的餐廳，可以租到摩托車（飯店無此服務），租車前記得試騎，因為島上不乏坡度超過 16% 的斜坡，租到一台爛車肯定會在半路崩潰。

島的北邊是蘭塔島的交通聯外樞紐，而沙拉當碼頭是當地「最

▲蘭塔島南端的燈塔，像是世界末日一般的存在。
◀在自己房間的游泳池裡頭眺望山海之間，絕對是人生一大樂事。
▼開往蘭塔島的慢船，船頂坐滿了悠閒自在且不怕暈船的老外。

熱鬧」的地區，可以找到大排檔餐廳、按摩店、還有賣明信片的店家。如果想要找便宜的浮潛店家，來這裡就對了。

島的西邊則充滿了沙灘與度假村，幾乎所有的飯店都集中於此，每天傍晚免費贈送血紅的浪漫日落。網路上有傳言越往南的沙灘越美，有鑒於 Pimalai 幾乎是最南邊的飯店了，因此我決定就這麼荒謬的相信了。

最南邊則是一座國家公園，必須注意路上有猴群出沒，可能會跟野狗一樣朝機車追來。此處有森林、礫灘與沙灘的交界，以及一座孤聳在島境之南的燈塔，漲潮時沙灘會被淹沒，只剩下一小條單向通行的路可攀上燈塔。站在燈塔旁的岩石上，風有點大，海有點深，給我的感覺有點像台東的都蘭鼻，風是銳利的，海是張牙舞爪的，前塵往事則是遙遠的。對了，蘭塔島的南邊因設立國家公園，所以沒有貫連東西的道路，逛完國家公園後，必須迴轉往北。

島東是蘭塔島的舊城鎮，沒有什麼觀光店家，只有一排沿著岸邊建造的水上小屋。路的盡頭有一間看起來像是咖啡店的紅色木屋，來自美國的老闆居住在這裡將近二十年了，他養著一隻貓，雖然供應的餐點不多，但他會相當殷切地翻遍冰箱招待客人。在此用餐、在面對海的木棧平台上散散步，是相當悠閒的午後選擇。

島東應該也很適合看日出，沿路有許多日出咖啡店。不過下午時分行經此處全都大門深鎖，如果有人在清晨四點騎車到島東

並且成功在此喝了一杯咖啡，請透過任何方式告訴我。

島的中間有兩條橫貫公路，沒有什麼觀光景點，大多是蘭塔島當地的穆斯林搭著簡單的木屋居住。由於他們的生活方式與大城市的泰國人並不相同，請勿闖入他們的生活場域，以免引起衝突。

季節限定：安達曼海上的浮潛聖地

如果你在十二月到二月的旺季造訪，請別傷心付出了較高的房價，我還得恭喜你逮到了最好的出海時機。安達曼海上的珍珠 Koh Rock，每年只開放潛水客造訪三個月，該段時間蘭塔島上的浮潛課程大多會選擇到此朝聖。預算若是充足，也可報名潛水體驗課程，前一日先帶一片 DVD 回房間學習調整耳壓與水下手勢，隔天只要跟著教練指示行動，就能潛到最深十公尺處跟海洋生物互動！

柬埔寨
戈公

情感的試金石：邊境長途巴士與海味行李箱

早上八點半，以一種壯士斷腕的心態，吃了暈車藥，套上頸枕，上車。

這裡是柬埔寨首都金邊，半個小時前，我在河邊舊日法國記者俱樂部門口遞給嘟嘟車司機一張紙條，那是我們要搭乘的客運上車地址，當然，是如蛇一般的柬文。那時我還沒學會怎麼跟嘟嘟車司機講價，就這樣給了他三塊美金。

然後我們搭上一台老舊遊覽車，將從首都金邊前往西部泰柬邊境的戈公省（Koh Kong，又稱國公省），同車除了我們與另外四名歐洲人，清一色是當地人。

▲雖然巴士看起來並不太破舊，但每當司機在休息站打開引擎蓋降溫，陣陣白煙飄出，都讓我好生擔心自己的生命安全。

▲漫漫長路後抵達塔太橋附近，我坐著的地方是當地最豪華的候車亭。

+ + + + + +

如果說旅行是夫妻情感的試金石，那麼，坐柬埔寨的 Local Bus 去旅行，絕對是兩棲蛙人等級的試金石。金邊市郊塵土漫天，當車子越駛越遠，沿途風景只剩下草叢，而且 Google Map 導航顯示只要四個半小時的車程，但巴士足足開了六個半小時。

天氣炎熱，陽光刺穿窗簾跟著路上坑洞一顛一跛地照在身上。車前小電視起初放些柬語卡拉 OK 伴唱帶，然後出現刺耳尖叫聲，本來以為是恐怖電影，結果是類似豬哥亮歌廳秀的節目，那是女明星被吃豆腐時發出的尖叫聲。以這樣的條件我還算是睡得不錯，只是後來已經搞不清楚吵鬧的聲音是柬式豬哥亮歌廳秀，或是同車嬰兒在哭鬧。印象中，我每次醒來，游先生都表情無奈地看著遠方，好像這班車永遠開不到終點站一般。

而且不知道什麼時候，走道上已坐滿了自備板凳的小孩。其中一個妹妹默默從她的包包裡拿出一個塑膠袋，無聲地吐出一袋蛋花湯，然後把塑膠袋打了個結放回她的包包裡。這畫面讓我印象非常深刻。

這輛巴士沿途停了三個休息站。所謂休息站就是公路邊的不知名小吃店，同車的柬人都歡樂地下車用餐，叔叔伯伯們直接走到一旁的草叢解放，司機也沒閒著，趕忙打開車尾的蓋子消火降溫。而我們啥都不敢吃，只能用自備的吸管喝可樂。

照著訂房時民宿主人告訴我的指示，我對車掌與司機說：「到了塔太橋後放我們下車」，然而試了幾次他們總是聽不懂。後來我決定將禮貌放在一邊，用手機打開一張塔太河的照片，大聲嚷嚷：TATAI ！ TATAI ！後來我才知道，原來他們的 T 是發重音，應該唸 DADAI。

最後，在一座橋前我們下車，看著巴士揚起塵土遠離視線，游先生四處看看，說：「這什麼鬼地方？」。

＋＋＋＋＋＋

我們在前不著村後不著店的路上等了半小時，才等到民宿的接駁船，是的，這是一間沒有陸路只能搭船前往的民宿。

塔太河是一條被雨林重重包圍的熱帶河流，民宿老闆跟我們這麼形容：「這是柬埔寨的密西西比河。」密西西比河是連接美國南北的大河，許多拓荒者就是循著河流一步一步開墾。塔太河沒那麼大，但早年叢林裡的盜伐者也是利用這條河，把上游的木材運至下游轉賣。尤其是被紅樹林遮蔽的支流，更是他們躲避查緝的心頭好。

耗了一天，此時已是下午三點。我們在民宿大廳用午餐，才進房間。我在訂房前就知道這裡主打的是對環境衝擊最小的生態旅遊，洗澡水是雨水回收系統，電力是採用太陽能發電並

供電給當地的學校使用。但真的進入房間，啊，抱歉，我還是倒抽一口涼氣。

這裡沒有熱水。洗澡時，我咬牙用冷水沖澡，肥皂怎麼嚕都無法在頭髮上產生泡泡，那時真的很想死掉，心想：「為什麼我要坐這麼久的車來這裡啊。」游先生一副看笑話的模樣，老神在在點評房內的蚊帳很有當兵的味道，但做人要有骨氣，提議到戈公體驗原汁原味柬埔寨的人是我，一定要撐下去。

\+ + + + + +

雖然路途漫漫，但不便利的交通也把這片原始雨林保護得極好，尤其是河上的夕陽，更是絕美。下午四點，我們與另外一對外國情侶出發去看夕陽。

塔太河跟湄公河那種混濁急促截然不同，它安靜而步調自在地躺在兩旁低矮的山丘叢林懷抱中。小船往下游行駛約半個小時，大約已是落日時間，船夫把馬達關掉，拿出事先準備好的冰桶，外國人喝啤酒與白酒，我怕我喝茫掉到河裡，只拿了可樂，不過管他呢，慶祝我們不遠千里來體驗原始人生活，乾杯。

夕陽很快就掉到山下，重頭戲是一片染紅的天空，河流也倒映出金光閃閃的波紋，我們為夕陽絕美再乾一杯可樂。那時四周安靜到連水流的聲音都成為噪音，上午巴士上的喧嘩與沿路折

▲一整天的舟車勞頓，就在寧靜的夕陽巡航之中煙消雲散。

▲隱身在大山大河之間，簡單的木造平台是我的日光浴空間。

騰，一瞬間像是上輩子的事。天色完全黑了之後，小船的馬達重新啟動，不讓月亮專美於前，星星替我們照亮返途。

游先生再度拿出他的把妹神器——手機 APP，對著天上一顆閃到星芒都凸出來的星星研究半天，這是金星，大概吧，大概。

+ + + + + +

隔天下午，我拎著書到碼頭邊的日光浴平台對著河發呆，這種事情，我老公是不可能幹得來的。

正當游先生一直喊無聊之際，好死不死讓他看見一對情侶划著獨木舟返回民宿。你們知道，有一種小孩病叫做「別人有的，我也要」，而我「長子」不能免俗也患有此病，老婆敷臉「我也要」，老婆吃維他命「我也要」，老婆幫自己按摩「我也要」……族繁不及備載，總之，他開始不斷盧我：「我們也去划獨木舟！」

其實我不準他下水是有理由的，稍早我曾下水一會兒，細細長長的水草勾到腳，感覺……很像被水鬼抓。而且，流動的河水不知道多深，附近也不可能有救生員。我老公不但不會游泳，小時候還曾有被水鬼抓腳以至於要收驚的紀錄，有時候我真不知道他的勇氣打哪來。

最後，這傢伙居然放大絕：「妳如果不陪我，我就要自己划！」這不是在逼我就範嗎？如果他被水沖走，別人一定會覺得我殺夫詐領保險金吧？

划獨木舟的訣竅跟照胃鏡很像，越緊張情況就越糟。由於本人平衡感極差，一划槳就強烈覺得快翻船，乾脆完全不動，全賴那位「很想划船」的人逆流滑了一陣子，再順流返航。四周非常很安靜，除了我們划船撥出的水波，柬埔寨的密西西比河毫無聲息。

＋＋＋＋＋＋

第三天叢林裡頭下著小雨，我們包了一台嘟嘟車往柬泰邊境走，一出叢林迎接我們的是艷陽天，車程約三十分鐘後，我們避開人較多的戈公海灘風景區，抵達當地的無名海灘。

這裡完全沒有外國觀光客，只有當地家庭來野餐。台灣人到墾丁要租陽傘跟海灘墊，柬埔寨人則租茅草屋跟吊床。我們再度下水漂呀漂，浸在水中時不覺得曬，玩完直接在沙灘上來回散步把泳衣曬乾，直到回家才發現，似乎被奇怪的水中生物叮得全身發癢，難怪當地人只在岸上都不下水。

這天我們也在「市區」吃飯。這裡對市區的定義，就跟叢林中的「路」一樣不太合乎我們的價值觀。日頭正烈，港口的垃圾隨海浪起起伏伏，路邊到處是工地、建材行、二手五金電器店，小攤販在灰濛濛的市場入口販售黃土口味燒酒螺，看似有錢人新建的房子流行養著吱吱吱吱叫個不停的大批鳥類。

傍晚我們搭著嘟嘟車往回走，我竟然在顛跛的路上睡著了。泡了一上午的鹹水、再經過一整天的曝曬，身上彷彿可以搓出鹽巴。回到民宿後覺得自己似乎中暑了，拉了肚子又頻冒冷汗，肚子也脹氣難受。急中生智拿起手機 google「自助刮痧」，整個脖子後面出了滿滿一片痧，到東南亞旅行真的不能沒有綠油精。

這段時間游先生在幹嘛？當我不舒服躺在床上昏睡的時候，他在我旁邊玩手機；當我自助刮痧的時候，他還是在旁邊玩手機；當我們去吃晚餐的時候，我一邊不舒服一邊負責點餐的時候，不要懷疑，他還是在玩手機。就連在路上被超級大青蛙擋住去路無法動彈時，幫我解決窘境的人也是貓而不是老公啊。

但我竟然沒有生氣，我把注意力放在今晚的超級月亮上，這天晚上是農曆十四或十五，叢林裡的月亮格外奔放，又大又圓的掛在河流上方。

＋＋＋＋＋＋

在戈公的第四天，我們再度到了沒有站牌的塔太橋邊等巴士回金邊，這是一趟長的歸途。巴士發車本就不準時，開到這裡的時間更無法抓準了。當時只有我倆等車，當地人讓我們待在陰涼處躲太陽。半個小時後，兩旁雜貨店、機車店、路過的村民們，七嘴八舌全對我們比手畫腳的大喊起來。我聽不懂，但那應該就是：「車來了！」

巴士遠遠從橋那邊駛來，遲緩地打開那扇就算卡住也不奇怪的車門。

又是六個半小時過去，逐漸增多的車輛與聲響告訴我，金邊到了，但游先生的臉上完全看不出結束長途旅程的喜悅。他的行李旁邊有好幾個裝滿蝦子的保麗龍箱。冰塊融化後，濃濃腥臭味的蝦水滲進了他的行李箱。我們喊了嘟嘟車前往旅館，一進房間他就衝進廁所瘋狂對著行李箱又刷又洗。

原來這天正好是柬埔寨的傳統節慶「送水節」，金邊湄公河畔有盛大到足以讓遊客擠垮一座橋的龍舟賽（真的曾發生這般慘案）。許多外地人趁著這時間，把家鄉的食物帶到金邊賣，那箱蝦子的主人，應該也是湊這熱鬧吧。

游先生崩潰時，我在做什麼呢？當然是坐在旁邊看好戲啊！身為一個不離不棄的妻子，我捐出了剩下半罐的綠油精，讓他於事無補的灑在行李箱上，看他氣急敗壞的模樣，心裡只有一個爽字。

戈公沒地方賣明信片，但這獨一無二的海味行李箱，是戈公留給我們的紀念禮物。

戈公

原始叢林神祕河流之旅

特色亮點

離柬埔寨首都金邊六個小時的車程，擺脫俗世塵囂、3C 束縛，戈公的自然美景和叢林裡的塔太河，讓你心甘情願被還原為原始野人。

交通與住宿資訊

從金邊出發抵達塔太河，最快捷的方式是搭計程車，約四個半小時，車資約八十美金，建議請旅館代定或協助與嘟嘟車司機溝通，若自行議價請確認在上車前有商談好確切下車位置。

最精省則是搭巴士，約五至六小時，車資約十至十三美金，巴士站的驗票員能講一點英文，但司機跟搬運行李的車掌則只會講柬語。建議請精通英語的酒店員工幫忙購買從金邊開往戈公（Koh Kong）的巴士車票，或請員工將巴士站地址寫在便條紙上，需要找路的話可派上用場，非節慶期間這個車資應包含嘟嘟車把你從旅館送到搭巴士處的費用。上車後請告知司機要在「Tatai bridge」下車，中間會停靠兩到三個休息站，可上廁所與購買食物。下車後，請找路邊雜貨店的人說你要去 Rainbow lodge，就會有船來接你！

住宿推薦彩虹小屋（Rainbow lodge）（無熱水），可預定瀑布健行一人十美金。

連絡資訊

巴士公司「Virak Buntham Bus Company」

電話：+855 89998761

每天有四至五班車不等，但建議越早出發越好，一來避免塞車，早上司機的精神也較好。柬埔寨路況不比台灣，請避免為了節省時間搭乘夜間巴士。

彩虹小屋（Rainbow lodge）

網址：https://www.rainbowlodgecambodia.com

電話：+66 982205975（英語／泰語）

行程介紹

大多數人來到柬埔寨，是到首都金邊出差，或是到暹粒觀賞吳哥窟的神廟。不過，柬埔寨西部緊鄰泰國的原始叢林中，有著相當豐富的天然地景風貌。此處推薦的戈公省塔太河，便是西部叢林裡的閃亮珍珠。

一大早，穿越一整座山到瀑布洗澡，下午，在寬闊的河面上划著獨木舟。清澈的河水隨著四時變化而倒映著不同的風景，有時是蒼翠的樹林，有時是滿天的星星。

▲塔太是一個跟水緊密相連的村落，它有平靜的河流，也有奔放的瀑布。

叢林裡的珍珠 塔太河

塔太河上的民宿沒有陸路可達，各間都有自己搭建的簡單小碼頭。如能接受沒有熱水，只有大廳有網路的原始生活，相當推薦彩虹小屋（Rainbow lodge），它在旅遊點評網站 Tripadviser 上，擁有九分以上的高度評價。

彩虹小屋開張迄今七年，以接待大廳為中心，共有九間棕梠葉搭成的小屋，兩位英國籍主人打理一切，一位負責行政管家等接待工作，另一位熱愛昆蟲生物的夥伴則負責帶導覽。其他員工如船夫、餐飲服務員都聘用當地居民，多半只會非常簡單的英文。喔對，這裡還有一個客座導覽員，是名為 Nicole 的狗兒。

由於地處偏僻，彩虹小屋房價內已包含三餐（飲料與各式行程則需另外收費），房間與大廳都放著行程建議表，每天晚上七點，所有住客如同家庭聚餐一般準時開飯，餐後民宿的工作人員，會逐一確認每組住客明天打算進行什麼行程。

推薦經典行程 瀑布健行

最推薦的彩虹小屋行程，就是「塔太瀑布（Tatai Waterfall）健行」，這項半日活動要價一人十塊美金。 起先我也疑惑於「走路也要花十塊美金噢，為何不自己走呢？」但這想法完全低估了原始叢林。根據 Google Map 的衛星圖，民宿到瀑布的直線距離

不長，大約三公里。但其間完全沒有「道路」，全是綠油油的叢林。

健行大約耗時三小時，所謂的「走路」，是半個小時手腳並用、直線向上攀岩，以及兩個小時走在僅供一人穿越，有時得低頭、有時得提臀跨越的「雞腸小徑」。

這段健行並不困難，但必須相當專注，避免撞到竹子，沒想到熱帶雨林裡面最橫行無阻的植物，竟然是台灣山林滿坑滿谷的竹子。一瞑大 N 吋的竹子長得很快，不但四處橫生的竹葉會擋住「路」的去處，時序一進入雨季會更糟，整叢竹子被打落塌到地上，往往連「路」在哪都找不到。不過不用太擔心，導遊會帶著鐮刀幫你闢出一條嶄新的小路。

越靠近瀑布越能聽到嘩啦啦的水聲，此時叢林的野性張揚不已。導遊會貼心拿出自己製作的高熱量餅乾補充體力，接著就是戲水時間啦！不過，天然瀑布哪裡有更衣室呢？是的，你必須穿著泳衣爬三個小時的山，雖然有點荒謬，但此時，你只想立刻脫衣跳進水裡！

畢竟不是國際觀光客的熱門景點，完全不用擔心在這裡人擠人，只有三三兩兩的遊客在河的兩端做日光浴。在瀑布必玩的就是爬到瀑布下方來個水簾洞裡的 SPA 浴，泡在涼涼的水裡感覺真好，但小心比基尼被水沖落。如果膽量足夠，請導遊或當地人告訴你深水區適合跳水的地點。

據說塔太瀑布是戈公有名的觀光景點，來此玩耍的柬埔寨阿

孋們泳裝是五顏六色的紗麗，他們玩水的姿態相當冷靜，不踢水不潑水，就靜靜地浸泡在水裡。她們大概也不常看到華人穿泳衣，我拍她們、她們拍我，煞是有趣。

標準行程玩水大約一個小時後，導遊領你原船返回民宿吃午餐。如果選擇每人加價六美金，可以得到飲用水與毛巾，舒舒服服度過瀑布邊的野餐時光，然後，自己划獨木舟回到民宿。

▲搭著小筏行進在這般的叢林河流之中，總容易幻想自己是大航海時代的探險家。

戒斷 3C 產品 享受單純的發呆假期

我也推薦在抵達的第一天就去河上看夕陽，對著安靜的河水乾一杯冰冰涼涼的啤酒，可以快速消減舟車勞頓的疲憊。如果還有時間，參加民宿的村莊巡禮吧，行程開支將直接轉化為村民的收入。值得一提的是民宿主人之一對昆蟲動植物的熱愛異於常人，如果對英國腔的英文還能招架，民宿的夜間生物導覽也頗受歡迎。

彩虹小屋的房內沒有熱水，也沒有 Wifi。初來乍到雖然有些不習慣，但大約第二天開始，也開始習慣掙脫 3C 產品束縛後的自由生活。千里迢迢來到此處，許多歐美家庭一待就是一個星期，我則建議最少待個三天兩夜才行。你可以哪裡都不去，賴在大廳或房間門口的吊床看書都行。

而且每天早上，照進叢林裡的陽光讓露珠晶瑩透亮，起床後總是應接不暇，忙著向大自然的恩賜說早安：「早安蚊子」、「早安蜘蛛」、「早安壁虎」，然後才是「早安塔太河」。在這裡，防蚊液比手錶重要。

由於塔太河所在的戈公省是東泰邊境，如果從曼谷搭長途巴士前來，其實較為快速，只是需自行通過邊境安檢，詳細方法可詢問民宿主人。

泰國
清邁

女子一人旅行很危險？事實證明老公相隨風險更高

「欸，妳是哪一家旅行社的這麼認真？」來自泰北滿星疊村落的泰籍領隊跟我搭話時，我已經在出關口最佳接機位置站了一個小時，實在沒事做，我們只好聊了起來。「我來接我老公啦！」我不甘情願的把手上的接機牌攤開，惹得他哈哈大笑。

清邁機場中國遊客如織，每個中國大媽經過都會遲疑地幫我念出牌子上寫的「歡迎……基隆……游……先生蒞臨清邁？？！？」（黑人問號臉）

那時我真心希望他們看不懂旁邊我請按摩學校老師幫我寫下「最帥的」「我愛你」的泰文。天啊，現在想起來，這麼丟臉的事情我怎麼做得出來。

二〇一七年四月，我一個人到泰國清邁進行一個月的學習按摩之旅，雖然出發之前鬧了一場小小的家庭革命，但最後還是順利啟程。單人出行，只有一個字就是爽，想吃就吃，想睡就睡。不過此時此刻旅程已經走到尾聲，游先生會出現在清邁機場，就是來押解老婆回台灣。

在我耐心用盡之前，游先生終於慢吞吞的出現了。看到我舉著浮誇接機牌，頻說「好丟臉」，但這根本是他自己要求的排場。我的心情也很複雜，一方面捨不得結束好吃好玩的泰國生活，一方面，畢竟將近一個月沒見面了，有血有肉的新婚人妻，還是滿心期待能跟自己的老公一同悠遊清邁。

但是，就是那個但是，世界上多少悲劇都來自於一時心軟，一個人旅行那麼自在！我到底是哪根筋不對勁，還期待能跟老公一起旅行？

+ + + + + +

清邁是我最喜愛的異國城市，我心目中的清邁生活是以街頭巷尾都能碰到的廟與咖啡店構成骨架，濃濃的人情味與各種特色市集，則是其中血肉。

出發前，游先生說「老婆要帶我去哪裡都可以」，但在他的飛機落地以後，這些話全煙消雲散。看著我貼在冰箱上的清

邁地圖，游先生說：「人家來清邁不是都會去看廟嗎？」「帶我去看廟！」好吧，看就看，反正我們有摩托車，而且清邁什麼不多就廟最多。

清邁聞名全球的廟宇，能看到絡繹不絕的泰國人誠心跪禱；巷弄中的小廟，則不乏幽靜宜人的環境，讓人想要帶本小書進去逗留整個下午。

我立刻在腦中安排了精華廟宇旅遊路線，第一天先造訪古城內最具名聲的三間廟宇：位於帕辛寺、柴迪隆寺，以及素帖山上的素帖寺，如果還有時間，再去拜訪我自己想去的銀廟、藍廟。

不過，第一天古城寺廟精華遊就徹底失敗！原因是……當我們抵達第一站的帕辛寺，游先生脫完鞋子走進廟內，就被端坐在入口處的高僧蠟像嚇到，「妳不覺得很可怕嗎？」「那裡有人真的不合理啊！」那蠟像是有點逼真，但也不到恐怖蠟像館的程度啊。可是游先生不是普通嚇到，而是真的嚇到心神不寧口齒不清的那種，面對淚眼汪汪、語焉不詳的游先生，我知道他真的被嚇傻了。

雖然內心吶喊著：「搞什麼啊！不是你吵著要來的嗎？」但我還是很理智地帶老公喝飲料壓壓驚，想當然爾，本日後續的廟宇行程全都取消了。

▲帕辛寺在清邁古城內的北方，金碧輝煌的佛塔是其一大特徵，寺內供奉著高僧蠟像，就是讓游先生嚇得要死的地方。

經過一夜好說歹說，游先生終於接受廟裡供奉高僧蠟像與舍利子並不可怕，而是象徵泰國人民篤信佛教的虔誠信仰。我們捲土重來，上山逛了素帖寺。

記得好幾年前首次拜訪清邁，很多人告訴我千萬不要騎摩托車上素帖山，很容易出車禍。這次再訪清邁，當地朋友拍胸脯對我保證：「現在不一樣了！路重新鋪過了！」我與游先生實際奔馳一趟，果然不假，雖然山路蜿蜒，但對於平常有在騎機車的台灣人來說，絕對可以駕馭。

素帖山是清邁人心目中的聖山，從市區騎車出發，莫約半小時涼爽的山路，每年的佛誕日，絡繹不絕的虔誠信徒們，從凌晨就開始徒步上山。我們早了一天，只看到每隔幾百公尺就有泰國警察忙著打點駐點搭帳，廟方也正忙著擺放貴賓席的座椅。從素帖山上亦可居高臨下遠望清邁市區全景，泰國第二大城市，竟然連一座摩天大樓都沒有，足見其清新可愛。

其實泰國最高的一座山也在清邁，他的名字叫做茵他儂山，山頂有兩座塔，分別紀念國王與皇后的生日，雖然泰國終年炎熱，但泰北多山地，高海拔區與平地的溫差依舊頗大，如果需要過夜，甚至夏天還需要帶到羽絨外套呢。

＋＋＋＋＋＋

游氏夫妻的清邁小城生活，絕不能少了各式各樣的市集。除了觀光客耳熟能詳的週末夜市，清邁還有各式各樣的農夫市集、麵包市集、清真市集……，規模雖然不大，但各有其迷人之處。

大概觀光客數量變多了吧，散布在古城各處的露天小夜市也變多了，游先生一抵達，我就興奮地夜夜帶他到各處晃蕩。

自己一個人旅行，即便再喜愛哪間店的裝潢風格，我幾乎都會在晚上八點以前回家，也不涉足小酒館等夜生活場合。游先生跟我一起旅行最大的好處，就是能把握機會用力夜遊。可以點杯啤酒，也可以繼續喝泰式奶茶，聽幾首現場演唱的歌曲，雖然聽不懂泰語，但音樂節奏是全球共通的語言，清邁的夜，清新地迷人。

此外，我還說服游先生陪我去尋找一家位於瓦洛洛市集附近的神祕人氣早餐店，這可是泰國網美熱愛的 IG 打卡點。說穿了這家店賣的就是油條豆漿，此一類的攤販在清邁並不少，特別介紹的原因是，這根本是一座油鍋裡的動物園，端上桌的油條分別是龍、恐龍、大象等各式各樣的動物造型，泰語不通沒關係，招牌上有幾項熱門商品的圖片，用手指著圖片就能點餐。會說泰語的人，不妨再跟老闆點些客製化商品。泰國人的創意，往往發揮在你意想不到的地方。

其實在出發之前，游先生對我的提議白眼連連，還説感覺很無聊，不過，當可愛指數滿點的恐龍造型油條端到眼前，他立刻態度丕變：「欸，幫我照相，我要打卡……」

沒錯，我老公就是這種人，雖然每一次他都覺得老婆旅遊選點的能力實在非常優異，但每一次出門前我還是得千拜託萬拜託他才肯勉為其難的一同前往。

＋＋＋＋＋＋

不過，游先生此行最讓我發火的事蹟並非在各式景點中，而是在自己家裡，這倒讓我始料未及。

那一天，我們一早就出門玩耍，直到晚上八、九點才回到公寓。為了讓游先生安心，我精心挑選這一個月來的短期住所，是間擁有四道嚴謹保全關卡的全新公寓大樓。

照慣例，我跟親切的警衛們打招呼，坐電梯上樓，走到房門口，掏出房卡靠近門鎖感應。欸？理論上開打門的時候，會冒出一串聽不懂的泰語（大概是門鎖已打開，歡迎回家！之類的吧），但今天怎麼這麼安靜沒有反應？

「該不會被消磁了吧？」我轉頭問游先生。

「妳把房卡放在哪裡？」他沒好氣地要我回想是否把房卡放在奇怪的地方。

▲在炎熱的泰國，即便是尋常的小旅館，都得備上游泳池才是正經事。
◀各種動物造型的炸油條，吃一頓早餐好像走一遍動物園。
▼來到泰國一定會做的事情：點一杯正宗的手標泰式奶茶。

我的腦海中開始浮現各種房卡消磁的經歷，我的人生總是常常這樣陷入窘境之中。比如在澳門，爸媽半夜偷溜去賭場結果房卡被消磁，或是在德國柏林，每天房卡都會神祕地消磁，旅館員工應該很想對我吐口水……但總之，無論我怎麼感應，房卡就是跟死了一樣。

好吧，再試一下，我就要通知房東了。我一邊試著轉動門把，結果……，門開了……。

不必感應卡，門一推就開，這代表什麼呢，代表我們今天早上，根～本～沒～有～鎖～門～。我再次轉頭，溫柔地看著親愛的老公，喔！我想起來了！早上游先生一邊碎念我忘東忘西，一邊穩重地四處巡視才帶上房門。我還沒開口，他就心虛立刻出聲辯護：「妳不是說門關起來就自己鎖上了嗎？」

原來這位先生看我回家後，會從房內按下門鎖「LOCK」，就自作聰明覺得出門也要按一下那個鈕再關門，才算鎖門。殊不知，他再按一次就是讓門變成「UNLOCK」，門關起來當然就不會鎖上，吼～我老公超大方啦，跟泰國的小偷們宣告：歡迎光臨 My home ！

還記得我獨自出發前，不斷被他數落，為何網路論壇上討論的清邁月租套房價格大約都只要七千元，而我卻偏偏要租萬把塊

的小公寓，會不會過得太奢華、太爽了！

現在可好！換我數落他了：「如果沒有警衛，現在我們的房間已經被搬空了！」

對了！當天晚上曬衣服時我又差點中風，因為陽台落地窗也沒有鎖，當然，前一晚曬衣服的人不是我……而游先生也是振振有詞的辯解：「我不知道要鎖啊！」。

我完全可以理解，妻子一個人在國外生活，丈夫肯定會擔心。但，也請全天下的丈夫稍微冷靜一下，我們都能跟世界上最危險的人同床共枕了，一個人出國對我們來說還算是危險的任務嗎？

雙人漫遊古城散策

特色亮點

我偏愛泰北。如果曼谷是個時尚的多變女郎，那麼清邁就是秀氣的小家碧玉。作為泰國第二大城市，無論是人生第一次隨興而為的荒野旅行，或是漫無目的 Long stay 數個月，清邁非常適合我們這種平凡人。

交通與住宿資訊

清邁有非常、非常多月租公寓大樓（Condo，附有公共設施的大樓），大部分集中在古城以北，以及古城以西寧曼路一帶。格局從 Studio room（套房）和 Suite（一至二房公寓）為主流。Studio room 就是開門見床，一整間沒有分臥室與房間的房型，附個微波爐給你，月租金約六千到一萬泰銖。Suite 則是有獨立一間臥室，一房的大多九千泰銖起跳，根據條件差異到一萬六千、一萬八千甚至兩萬都有可能，通常會有開放式的廚房。

在清邁的主要交通工具，通常會決定「住宿地點離最常去的地方」的距離。步行建議三百公尺以內，騎腳踏車（租借一日約五十泰銖）建議五分鐘內，騎機車（租借一日約兩百泰銖）建議十分鐘內。至於清邁的景點多在古城周邊，可攔雙條車前往（依照出發地不同車資介於三十至六十泰銖之間）。

聯絡資訊

International Training Massage School（ITM）

網址：http://www.itmthaimassage.com

Tai Massage School of Chiang Mai（TMC）

網址：http://www.tmcschool.com

Old Medicine School

網址：http://thaimassageschool.ac.th

Loi Kroh Tai massage & Spa

網址：http://loikrohmassage.com

行程介紹

盛妝撫媚，素顏秀麗，這就是我心目中的清邁。

到清邁旅行，不需要做太多的事前功課，只要訂好機票與前幾天的住宿，下飛機後就能直奔二十分鐘車程的市區。清邁大致以古城牆環繞的「古城區」為市區中心，此區充滿了悠閒的氣氛，有各式各樣民宿、旅館、按摩店、紀念品店、泰式小餐廳、以及提供一日遊的當地旅行社，適合工作忙碌到沒有時間思考旅行計畫的旅人。初次造訪清邁，可以先到此處找地方落腳，再開始思考：自己的清邁旅行應該是什麼模樣。

▲造訪泰國這虔誠信仰佛教的國家，不妨入境隨俗，跟著當地人誠心祈願。

清邁歡迎各種類型的旅客，無論你是一個人、兩個人、還是一群人；是小資女，還是假貴婦。你可以在深山叢林中的溜索上飛越滑行，去廚藝學校親手做一餐泰式料理，到大象保護區可以跟大象一起洗澡；而且也可以輕易買到通往泰北其他城市的巴士車票，比如以黑屋、白廟馳名的「清萊」，或是布滿壯闊古蹟的「素可泰」。

這些經典行程在網路上的資訊多如牛毛，但我只想強力的推薦你，如果你擁有一個月的奢侈假期，清邁是一個值得你虛擲光陰的目標。

最靜心的體驗活動：學按摩

清邁有許多適合長期學習的課程，我非常推薦學習泰式按摩。雖然學按摩這件事在台灣（或廣義的華人圈）並不流行，但到泰國學按摩的日本人、歐美人其實相當多。泰式按摩理論中，人的全身有十條「Energy line」，無論哪一種按摩療程，大致上的順序都是按照這些路線走。泰式按摩也有不同學派，而泰北按摩的最大特色則是節奏慢。

大部分的按摩學校，都會在每週一開設基礎按摩課程，每次課程為期一週，可以根據你喜歡的風格來選擇學校。像我自己是個嚴重肢體不協調的人，又只有一個人報名，下課後沒有練習對象，所以最重視小班教學，希望能得到多一點老師的關愛、多一

點練習時間。

一對一課程對初學者來説還有兩個好處，第一個是老師按你、你按老師。你可以感受老師施加在自己身體上的力道再來揣摩，老師也可以即時糾正你一些很細微的錯誤。第二是，雖然老師都會説英文，但教學時一對一的 Body language 比什麼都重要。因為就算你英文很好，但手腳不協調，老師叫你摸「Ankle」你還是可能跑去摸「Knee」。

在泰國清邁的按摩學校，我學了古法按摩、草藥球以及熱石按摩課程，不過，無論做什麼療程，開頭的暖身動作都是一樣的。手掌如大象走路那樣，緩而有力的行經對方的身體，從小腿到大腿然後停在大腿根部一會兒，你會感受到對方動脈「撲通，撲通」的跳動。數完二十秒慢慢鬆開手，手指從大腿根部輕輕掃到腳踝，被按摩的人會感覺到身體有一股熱流也跟著朝外走。而我這一個月最大的收穫不是證書，而是體認到，自己身體不夠延展柔軟，就無法給別人好的按摩，你沒有照顧好自己，就無法去做任何偉大的事情。

逛街區 探索古城

與幾十年前鄧麗君在此養病的清邁小城相比，現在的清邁已經是觀光大城了，享受更現代化的便利，但難以避免的是主要觀光景點總是充滿人潮。

按摩學校的下課時間是四點，下課後，我通常會騎著腳踏車在城內四處遊晃，找一間順眼的咖啡店坐下，或者滑滑手機、或者看看書。有時興致一來，也會找些沒那麼熱門的廟宇走走逛逛。等到太陽下山，天氣涼了一些，再慢慢騎回出租公寓。Long stay的好處，就是在這座城市裡有了安定感，才會心甘情願把時間用來探訪沒那麼經典、但充滿生活感的在地景點。

如果對逛菜市場有興趣，我是說真正當地人逛的菜市場，我推薦清邁古城北方的譚寧市場，將生食與熟食區分開規劃，也有簡單乾淨的用餐座位。點一份簡簡單單的打拋豬，坐下享用，那可是最寧靜的幸福。

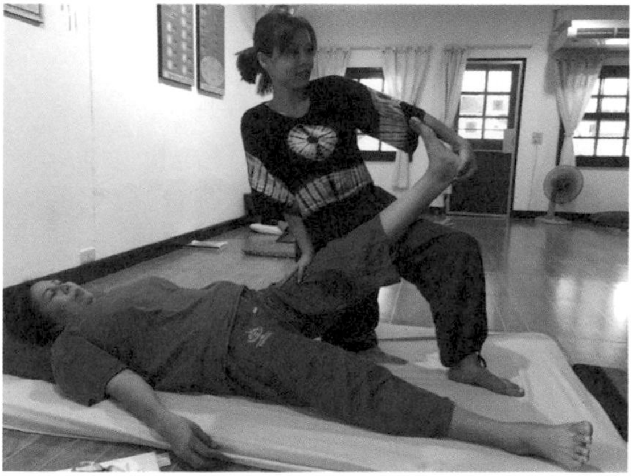

▲初學者的按摩課不會教授高深的理論，但在身體勞動的過程亦不乏帶入人生的啟發。

遊市集 蒐集在地生活感

清邁最知名的市集是從古城東邊塔佩門一路延伸至古城中心點的週日夜市，以及古城南邊清邁門附近的週六夜市。雖說旺季時可以見到一些當地設計師出來擺攤，但這幾年數次拜訪，我倒

▲如果喜歡在旅途中探索尋常百姓的生活，可請你的嘟嘟車司機帶你尋訪道地的路邊美食。

覺得觀光客多的夜市產品有量產化的趨勢。如果你的時間多，推薦造訪幾個觀光色彩較淡的市集。

例如，清邁大學附近的商家均以當地大學生為客群，後門有一整排便宜又大碗的泰式小吃店，風味不差但價格實惠，只是必須做好比手畫腳的心理準備。而正門對面有一排白色棚子，Malin Plaza 是大學生們買衣服飾品的地點，我在當地認識了一個學生妹，她帶我來這兒做美甲，一雙手亮晶晶的，兩百泰銖搞定，換作在古城區至少五百泰銖起跳。

每個禮拜六、禮拜天早晨，在古城外北方的 JJmarket 有洋溢文青氣息的「農夫市集」，裡頭到處是當地人自己種的蔬菜水果、泰式小點心，甚至還有理髮攤位，雖然市集面積並不大，但絕對看不到大量製造的公版紀念品，反而有著濃濃的生活感。此外，許多久居當地的外國人也定期舉辦「麵包市集」，交流自製麵包的心得，場地雖小，但名聲在當地生活圈打開之後，往往早上七點就大排長龍呢。

至於清邁古城東邊的「瓦洛洛市集」，這裡就像是台北車站後站叫賣南北貨的商行，雖然建築老舊但卻熙來攘往，外頭是成排的銀樓，往內走更是別有洞天，除了菜市場、成衣店，還可以找到各種香料、醬汁、器皿、五金用品、玩具、祭祀用品……。

如果對「怪奇紀念品」有興趣，恐怕三天三夜也逛不完吧。

因為《泰囧》這部電影在中國走紅，清邁市區近年湧入許多中國觀光客，往好處想，當地能夠講中文的人越來越多，就連雙條車司機也多能簡易溝通。不過，若對中國觀光客的觀感不佳，也不愛熱鬧，除了多費心尋找還沒被觀光客攻陷的景點之外，建議也可往泰北其他觀光尚不發達的地區前進。

此外，貼心提醒，在泰國講中文可能會得到最貴的觀光客專屬價格，如果能力許可，最好用英語溝通吧，偶爾夾帶幾句泰語，會得到出其不意的優惠價格喔！

泰國
清邁北郊

入住浪漫湖上小屋，但今夜我只想殺夫……

清邁 Long Stay 的最後一週，我安排了神祕的近郊景點想偕心愛的夫君同遊。「我們去住漂在湖上的小木屋！」我秀出手機裡的照片，給他看我精心搜索到的神祕景點，一處被群山環繞的湖泊。這個景點是由我正港泰籍房東推薦，她聽說游先生排斥荒野景點，就推薦了位於斯里蘭納國家公園內的小度假村 Mountain Float，一間擁有床、冰箱、浴缸跟陽台的小木屋漂浮在湖面上，說有多浪漫就有多浪漫。

不過，擁有一句話惹惱老婆之特異功能的游先生，立刻四個字終結浪漫：「太貴了吧！」

▲從酒店大廳向湖的中心點望去，很難想像只需要一個小時車程，就能完全遠離塵囂。

我解釋四千元泰銖的房價是包括從國家公園入口的來回船程接送，以及早餐、下午茶、水上遊樂設施的費用。他冷冷地說：「但它沒有冷氣！」在我老公心中，電視跟冷氣是生命不可或缺要件，其他茶几、沙發、床、浴缸和吧檯通通都是多餘的身外之物。

最後，游先生發現此處沒有公共交通工具可達，他開始與我談判，只要讓他開車，他就願意「陪我去」。什麼是婚姻呢？婚姻就是各種條件交換集大成，游氏夫妻很快便達成協議，他做他的自駕夢，我欣賞我的水上屋。

縱然游先生在旅行時令人髮指的行為罄竹難書，但他能夠一息尚存的原因，大概是「司機」這個角色他扮演得還不錯。在車上，我們好像可以維持很長時間不吵架，出乎意料的適合自駕旅行，究其原因，大概因為我是個不會開車也不會騎車的駕駛文盲吧。

我可以訂機票、找飯店、排行程、開口問路，以及搭訕各式各樣當地人，但，坐到車上，我就是個連看著 Google Maps 報路都會報錯的廢物。因此，我在車上的功能只有一直放音樂、一直講話，然後不知不覺睡著，就算游先生開錯路我也不會發現，自然也沒有吵架的機會。

但我看著他喜滋滋的研究全英文的租車網站，心中還是產生了疑惑：咦？你不是有英文障礙？吃飯都不會點餐嗎？怎麼要租

車時就突然就看得懂英文了？

不過算了，我那永遠在旅行中置身事外的老公，後來真的成功訂車並在租車櫃檯交涉準備領車，真是令人感動的一刻。我爸媽送我去上大學的那一天應該也是這種「吾家有兒初長成」的感覺吧？

＋＋＋＋＋＋

特別提醒，要開車自駕旅行，不管你的目的地是哪裡，應該先衡量，你和旅伴的能力與相處模式，是適合開車出門的組合嗎？

如果夫妻雙方只有一個人具備上路能力，駕駛累了沒有人可以換手，你們可能就不適合進行很多天、開車時間很長的自駕旅行。注意，我說的是「上路能力」而不是「有駕照」，有駕照但沒上過路，或者上路以後容易撞倒樹的都視同沒駕照，請來跟我一起當廢物。

而兩個人都會開車，雖然駕駛可以換手休息，但是……如果你們對駕駛都很有想法，平常就會為了「你應該走〇〇路而不是走ＸＸ路」、「剛剛那個路口為何不迴轉」、「停車位找太久了吧」、「你到底是怎麼拿到駕照的」、「為什麼又有超速罰單」等等各種原因拌嘴……嗯，旅行途中已經充滿各式各樣導火線了，加上開車根本是駛進火藥庫，誠心建議再三思。

還有一個最重要的叮嚀，雖然在如清邁這般的泰國外府自駕還算自在，但完全不適用於首都曼谷。旅居曼谷的朋友表示：「夫妻在曼谷開車就是跟婚姻開玩笑」、「在曼谷開車需要極度的勇氣，與非常非常多的耐心」。

如果你想體會在同一個紅綠燈口等個十五分鐘，車子連動都不會動，附近的車輛駕駛全都開始滑手機、打電動，還有滿臉不耐的嘟嘟車司機與摩托車騎士在你旁邊伺機發動引擎，那你就在曼谷上路吧，不要說我沒有提醒你。

而且在消費水平低的泰國，何必為難自己呢，有很多替代選擇。曼谷有地鐵、捷運，曼谷還有很多很多計程車和滿坑滿谷的

Uber 跟 Grab。最豪華的當然是包車旅遊，一天兩千泰銖內，而且能講中文的司機兼導遊越來越多了，現在還有包含旅遊側拍的服務呢。

畢竟自駕的初衷，是為了讓旅程更方便、更隨心所欲、更自由，而不是讓自己深陷危險之中，無論是行車安全或是感情狀態的安全，凡事還是要以安全為第一優先。

+ + + + + +

總之這趟各懷鬼胎的夫妻旅行，在我們順利取車出發，一路探訪幾座廟宇後，就往清邁古城北方的山中湖前進。

▼清晨的山中湖泊幾乎沒有聲響，即便開啟了全景攝影模式，也很難完整收錄眼底 360 度的清幽。

我預約兩點鐘的接駁小船，心想大概就跟去日月潭一樣，先找到湖畔，然後沿湖行駛就會看到碼頭。但事實卻不是這樣，在抵達這個國家公園之前，景色越來越蓊鬱（荒涼），道路越來越窄小，偶爾能看到幾個小小的指標，但別說「Mountain Float」的接待處了，我們連湖都沒看到。

「真的是這裡嗎？」「到底是什麼鬼地方？」「妳確定導航沒有導錯？」我不斷被游先生質疑。

我們繞了大概二十分鐘，才發現原來這裡是一個水庫，由於壩體高於地平線，所以開車看不到湖是正常的。後來決定把車停到國家公園入口的收費停車場內，跟當地的收費員問路，雞同鴨講一陣，才發現接我們的船夫根本就在旁邊等我們很久了。我仔細看了一下，足以識別他身分的大概只有衣服上繡學號般大小的 Mountain Float 字樣，我不禁想，難道其他來此玩耍的遊客，視力都那麼好嗎？

旱季水位低，我們先搭乘一台很像載豬的農用車，駛進黃土滾滾的水壩底部搭船。這裡沒所謂的碼頭，你得自己爬上船，但由於在柬埔寨已經搭過好幾次更破的船，心裡並不緊張。

有些悶熱的天氣，直到船發動之後才有微風解熱。眼前所及的山林之上沒有任何人造建築，只偶爾有幾間水上屋漂在遠處。這些水上屋大多是鐵皮與塑膠搭建而成的當地人住家，看起來都相當簡陋，此時，游先生的碎嘴又開始了：「如果花了四千塊是住這邊，我一定會跟妳翻臉喔。」

幸好，當船駛進湖的中心地帶，我終於看到了 Mountain Float，謝天謝地，它跟網頁上的照片一樣，從甲板到建築物全部都是木頭搭成。

+ + + + + +

房間內有迎賓水果、椰子汁，還有一盤作為下午茶的炒河粉，火速嗑掉後，我立刻開始化妝。因為就在前一天，我才臨時起意決定在清邁拍今年的小婚紗，把在花市買了一束二十泰銖的圓仔花綁成小捧花，穿上在 Uniqlo 買的白色洋裝。

拍照開始才不超過十分鐘吧，熱辣辣的陽光快速地把游先生的耐心燒光，他非常無奈的跟著我拍了幾個場景，就開始重複：

「好了嗎？」

「還要再拍多久？」

「我可以不要移動嗎？」

「好熱！」

「好了啦！」

「吼！」

我覺得我好像在幫我家的貓洗澡，起初乖乖受控制，接著開始躁動，最後終於忍耐不住狂喵一聲逃離現場。這樣的場景在我們的旅行中經常發生，我總是能想出各式怪點子來折磨他，他則一臉無奈欲迎還拒的全程面癱。

+ + + + + +

山中湖的一大特色，就是可以在湖上玩各式各樣的水上玩具。

我最喜歡漂浮了，湖水的流動速度沒有河那麼快，漂著漂著看天空中的雲朵飄過，是非常逼近完美廢物的狀態。游先生是個不會游泳的人，但是他卻有著無比的憨膽，從來不會覺得腳踩不到地板可怕，也不覺得自己離岸邊太遠。我們在水裡到處漂來漂去，我問游先生：「住這四千值得嗎？」他好像不願承認自己早先不屑的態度，顧左右而言他。

我們的晚餐是在自己房間的甲板上使用，餐點價格普通，吃來一般般，以獨佔市場來說可以接受了。如果你有自己攜帶烤肉用品，也可以事先預定在房間外來個 BBQ，這裡也有卡拉 OK，夫妻情侶造訪是很不錯，但我看著另一頭一大群學生在快樂的彈吉他唱歌，覺得，嗯，如果跟我那群廢物朋友來好像也是不錯的選擇？

而且團體房與雙人房最大不同，就是他們有漂在水上的沙發座！！！羨慕！！！

+ + + + + +

▲整間酒店都漂浮於湖上，甲板之間僅靠著木棧道作為連接。

▲與怕熱的丈夫一起拍照，最大的原則就是要能自得其樂。

▲ 如果丈夫不聽話，就讓他放水流吧。

用完晚餐後，游先生開始躁動，我在露台邊悠然自得地寫明信片，而他灌進再多飲料還是頻喊「好熱」，先行回房一陣子後，又跑出來說屋內更熱。

房內確實有點悶，但我懷疑游先生應該中暑了才會如此不耐。打開房內的吊扇、以及將電風扇開到最強，他還是覺得全身黏答答不舒服，大約九點就一臉屎樣說他要先睡了（一個以睡覺逃避的概念），而我就繼續寫著我的明信片。

結果，游先生整晚翻來覆去，每隔一個小時就會起床對我發脾氣：「好熱！」「老婆趕快來睡覺！」（難道我去睡覺你就不熱了嗎？）為了怕老公熱死，我寫完明信片後又大費周章把房間的落地窗通通打開通風，豈料這位公子又坐起來說：「為什麼要打開？」「這樣我會沒有安全感！」我也火了，好，關起來，熱死算了。

湖上之夜就在游先生毫不間斷的抱怨中度過了。夜裡我也覺得有點熱，但我不知道是真的熱呢，還是被枕邊人如蒼蠅盤旋的碎碎念激得氣急攻心。

隔天清晨六點我從床上彈起來，帶著怒意走到屋子外頭去透透氣。大家都還沒起床，獨木舟與小船都繫在大廳邊上。湖上有一層薄薄的霧，這是泰國熱辣辣的日子中少見的柔和光線，風兒吹過，門口的風鈴清脆的響了起來，啊，真的很美，突然之間，

我就氣消了。

大概這天回到市區我們就要搭飛機回台灣了，長達一個月的假期就要結束，心中有點感觸吧。我心中突然迸出濃濃的感謝之情，覺得自己能夠有勇氣走訪那麼多奇奇怪怪的景點，還是得感謝我有一個就算覺得一切狗屁不通，但還是跟在我屁股後面走的老公。

半小時後，游先生醒來了，一邊臭臉抱怨很熱一邊跑去沖澡，然後叫我去跟櫃台人員説離開的船要提早一個小時出發。於是，我好不容易對他產生的愛立刻就幻滅了，欸，先生，你老婆是欠你幾百萬嗎？臉這麼臭幹嘛？有人逼你來嗎？

我想，總在浪漫的地方發生不浪漫的事，這大概就是婚姻的真諦。若蒼天有眼，大概也能體諒我想殺夫的心情吧。

兩天一夜泰國自駕樂趣行

特色亮點

清邁雖然不靠海，但在北方距離市區一小時車程的山裡，卻隱藏著一座絕美的湖泊，旅人稱之為清邁的眼淚。這個湖泊上漂著一座精緻的小旅館，如果你不是第一次到清邁，也想造訪造型特殊的寺廟，這是一條相當適合的進階路線。

交通與住宿資訊

建議自駕或包車前往。如無交通工具，亦可參加台灣人開設的「漢清邁旅行社」一日遊行程，六人出團，約一千元。

清邁機場離市區不遠，可直接在機場租車。機場內國內線那一側有多家租車公司的櫃檯可詢問。可先在 AIVS 等租車網站上預定車，再到當地櫃台確認預約付款，抵押證件以後，拿著單據往 TAXI 的方向走出機場，左轉可看到 TAXI 停車區。尋找 AIVS2 的招牌，工作人員會找到你，將車子開過來開始點車，到時候還車也是在這裡！

租車時，工作人員會跟台灣一樣清點車子外觀的損傷，為了保障自己的權利，不管你遇到的工作人員是嚴謹還是馬虎，請一定要仔細把車況點好，以免還車時發生爭議。另外，無論機車還是汽車，點交時油都是加滿的，因此還車前要預留一些時間，把油箱補滿再還，差太多是會被罰錢的；還有，租車大多是二十四小時制，也請先確認「超時費用」怎麼算。最後，泰國警察非常非常愛賺觀光客的錢，無論開車或騎車，請隨身攜帶國際駕照，騎車務必戴上安全帽。

山中湖住宿推薦 Mountain Float　住宿雙人房約四千元台幣含早餐，請上官網預定。

聯絡資訊

銀廟

地址：100 Wua Lai Rd, Tambon Hai Ya, Amphoe Mueang Chiang Mai, Thailand

Mountain Float

網址：http://www.mountainfloat.net

行程介紹

從古城的南端開始一天的行程吧。可以先到古城南邊的清邁門吃點泰式清粥小菜作為早餐，接著向南散步約十五分鐘，過去此處被稱作「打銀街」，附近藏著不少精美的手作銀飾店，而俗稱「銀廟」的素攀寺（Wat Srisuphan），就是打銀街上最具代表性的建築。

▲銀廟佔地不廣但小巧精緻，造型相當卡通化的象神（左）是信眾心願的重要傳遞角色。

藍廟與銀廟　體驗當地信仰文化

素攀寺與其他廟宇的最大不同，就是整座佛殿的外表均採用全銀（鋁）材料來裝飾，這些古蘭納手工藝總共花費了三千五百萬泰銖來籌建。廟宇的側方有打銀工作區，可以看到工匠們在一片一片的銀（鋁）片上敲打出凹凸刻痕。不過，得向女孩們說聲抱歉，正殿是不允許女性入內的，幸運的男士們入內參觀時，別忘了觀察神像的臉部表情、衣著裝飾都非常細緻，而牆面也刻有許多佛祖普渡眾生的圖像。

女孩們在外頭則可以參拜象神，如果有什麼心願，可以在象神下方的鼠神耳邊說悄悄話告訴祂，同時要摀住祂的另一隻耳朵，願望才不會「左耳進，右耳出」。

接著一路向北駛出古城。出了城區就是田野，建議在市場補足零食水果等，今夜在荒野的湖畔才不會斷糧。第一站藍廟，也就是班頓寺（Wat Ban Den），離清邁市區約五十公里的距離，車程大約一個小時。

在網路上查資料時，本想說清邁藍廟上不過就是個中正紀念堂嘛，但實際造訪時卻意外喜愛。那日天氣很熱，抵達時已是中午，光是脫鞋子走階梯就足以把人燙得彈跳進入佛殿，但這座佔地廣大的壯觀廟宇卻讓人覺得很靜謐。廟裏有許多孔雀／鳥的刻像，全是藍色的石子貼成的，而建築與建築之間，掛了成串銀色

風鈴，微風一吹，細細脆脆的鈴聲像是爽身痱子粉，把心裡的燥熱給安撫鎮定。

走著走著，看到長廊尾巴有一群阿姨們低著頭跪坐於地，前方一位僧侶正在拿著水向大家灑。在潑水節時見識過這是一種祈福儀式（是吧，應該是吧），我一加入水就正好灑在頭頂，好涼，就算這不是聖水，也很消暑。

泰國自駕　先適應右駕與單行道吧

想特別介紹的是，這趟離開市區的旅程，我們採租車自駕方式。總體來說，除了曼谷，泰國是個適合自駕旅遊的地方，開車還算溫和，而且不太按喇叭。只是因為是右駕，初上路時一定會面對「一直想往逆向車道開」的陣痛期，想打方向燈結果一直打到雨刷（是的，大晴天看到車子的雨刷在動，那一定是外國人在開車）。

就連騎機車也是如此，畢竟，會騎機車不代表會在清邁騎車，需要不斷自我提醒「待會騎到路上要靠左」，不然大逆向然後再嚇到「雷殘」，當場變成清邁三寶，一點也不好玩。而且，清邁街頭有許多嘟嘟車、雙條車會停在路邊上下客，機車的數量也不少，騎車和開車一定會都有不適應的感覺，如果時間允許，可以頭幾天先用機車探索清邁，習慣這裡的行車規則後，再考慮租車去郊外。

另外，上路前也請先了解泰國的街廓設計與交通原則。清邁有很多單行道，古城外更用護城河把兩個不同方向的道路隔開，容易迷路（哎，我連騎腳踏車都可以完全騎反方向）。路標就算有英文字也是很小，錯過路口可以說是家常便飯，然後得要再開很久很久很久，才會看到迴轉道。而且，個人的小小提醒：請不要懶得找迴轉道，就隨意開進巷子裡想抄捷徑，因為巷子常常是死路，而且泰國的巷子又長，屆時就是庭院深深深幾許，倒車倒到淚滿襟。

所以，最合理的自駕行程安排方法，就是盡量走直路！盡量把同一個方向的景點都排在一起！去程玩這一側、回程玩那一側，否則最後可能有一半的時間都在找路迴轉，尿急時會格外想殺人。

▲擺放著各式繽紛色彩的動物雕像，清邁藍廟比市區的大部分廟宇都來的壯闊。

如果有打算到郊外去，請一定要確認駕駛人有開山路的能力！有些地方路陡、路小、路不平、彎路多就不說了，如果再遇到車子馬力不足的狀況，或是途中很長一段時間手機完全沒有訊號，甚至被莫名的獨眼龍軍人臨檢，會讓你的旅途變得很淒慘。

山中湖　愜意水上時光

此行的重頭戲是位於斯里蘭納國家公園的水庫，被旅行者暱稱為「清邁的眼淚」。湖面藏著一間精緻的小旅館，每一個房間，都是完全與陸地隔絕，漂浮在水面的「水上屋」，要到這裡，還得從岸邊搭二十分鐘的快艇。

Mountain Float 是由五間漂浮在水面上的木屋構成，最中間

▲清邁當地旅行社也有山中湖的一日遊行程，無交通工具也可考慮選擇。

的是大廳兼飯館，再由小小的棧道延伸通往兩側的甲板。如果你參加的是一日遊行程，那麼只能待在大廳，付費使用水上遊樂設施，住宿房客則是免費玩到飽。

來到這，千千萬萬要嘗試跳水，也千千萬萬要穿救生衣。不敢下水的人可以先嘗試划獨木舟，或者踩踩類似碧潭的那種天鵝船、水上腳踏車，另外，我非常非常喜歡彈跳床，泰國小鬼們跟瘋了一樣在玩「彈跳進河裡」的遊戲，歡樂的氛圍很輕易就感染到全部的人。

又或者，什麼都不做，光是漂在湖上也是很爽的一件事情。還有享受山中湖的夜晚也是必要的，湖面毫無光害，可以點一杯飲料，享受無垠的星空。雖然似乎看不到日出，但也很建議在清晨起身看著湖發呆，天濛之際，這座湖就像剛睡醒一樣，讓人幾乎忘了身處太陽毒辣辣的泰國。

至於房間的設施呢，雙人房「Cocoon」房間內部並不大（大約五至六坪空間），但是有裝潢，尚稱精緻。一張雙人床，一個冰箱，一張立刻被行李佔據的沙發，還有一台電視。浴室裡則有有水量充沛的馬桶、洗手台以及浴缸，不過其實浴缸放滿水得等上好一段時間，而且外面就有湖可以泡澡，浴缸可說是看爽而已的設備。必須注意的是這裡沒有冷氣，夏日會悶，但冬天的晚上可能還得蓋毯子呢。

除了雙人房之外，此處也有備有廚房、客廳與卡拉 OK 的水上公寓，很適合家庭出遊或一群朋友發瘋，最大的甚至有四個房間、五間廁所，可容納十二個人入住。

順道一提，如果你是到曼谷旅行，但也想嘗試漂在水上的「泰式水上屋」，距離曼谷約三至四個小時車程的北碧府 Sinaiharin 水庫上，也有同樣的選擇。但凡未經大幅開發之處，多半交通不便，北碧府的這個水庫同樣距離當地巴士站遙遠，車程還得再多上一個小時，而且只有包車一個選項。不過好處是當地旅館都可以代訂交通接駁，這種交通不方便的地區，旅館會想方設法把你運送到他們所在的地方。

不過，北碧府的水上屋走的是動感路線，各家旅館業者在湖上鋪了各種幾乎是百戰百勝等級的遊樂設施，跑起來驚心動魄很刺激，但房間內的擺設就沒那麼講究了。相較之下，清邁的水上屋比較適合情人約會。

馬來西亞樂高樂園

錯的從來不是旅伴，是地方

游先生的怪胎人格，展現在他熱愛樂高的一面。

第一次確認游先生是個「合格怪胎」，是在交往時造訪他的房間，打開衣櫃發現裡面沒有衣服、反而放滿了樂高。後來結婚裝修新房，游先生也只提出一個要求，就是要做一個大型落地展示櫃放他多年來的樂高蒐藏。

自從我開始在網路上撰文披露他在旅程中的種種豬隊友行為，並且還獲得廣大人妻迴響之後，心靈受創的游先生就提議，他要主動規畫一趟替自己洗刷冤屈的旅行，「多好的題材啊！」我內心暗想、竊笑並欣然答應。

▲在這個萬物都用樂高拼成的小世界裡，我的大男孩心中充滿了各種激動。

游先生主導的「雪恥之旅」第一站，理所當然落在「樂高樂園」，雖然他更想造訪位於丹麥的樂高公司總部，或是買樂高真的很便宜的美國聖地亞哥樂高樂園，但，第一次訓練老公規劃旅行，還是不要好高騖遠，從亞洲開始吧。

亞洲有兩個樂高樂園，一個在日本，一個在馬來西亞。為了跟先前的泰國華欣之旅串連，我們選擇馬來西亞分站，並且從新加坡機場直接搭巴士進入新山。

＋＋＋＋＋＋

前一天我們先住在新加坡與馬來西亞交界關口附近，飯店沒有提供早餐，第二天早上我提議到一公里半外的華美早餐店用餐。

游先生也想去這家早餐店，但他也不想浪費時間回來飯店取行李（很想趕快抵達樂高樂園），因此，我們為了「要不要拖著行李去吃飯」進行一場毫無意義的爭執，之所以說無意義，是因為雖然最後我妥協了，早早退房到樓下請行李員幫忙叫車，但還是被行李員「強烈建議」寄存行李，因為早餐店的空間實在不大。

華美早餐店的炒粿條入味而不膩，冰美祿濃郁好喝，也是必點。不知道為什麼新馬地區的美祿都比台灣好喝，問過幾位朋

友，絕非外國月亮比較圓的意識作祟，但總之這家早餐店讓酷愛巧克力飲品的游先生得到了滿足，夫妻爭執因此圓滿解決。

從關口坐計程車到樂高樂園大約二十分鐘，遠遠看到超大樂高人偶歡迎我們，游先生心中的男孩人格即刻爆發。由於避開暑假，樂園人潮不多，還能提前入住園內飯店。不過進房沒五分鐘，游先生就開始躁動催促：「動作快點！」明明現在才中午，就在擔心沒時間逛園區，如此積極向上的模樣，這輩子我只看過兩次，第一次是跟我求婚的時候，第二次就是現在。

但我想游先生愛樂高是勝過愛我的，從跨進樂高樂園那一刻開始，樂高的魔力讓他完全變了一個人。

第一，他已先做好功課，知道什麼時候該去哪裡做什麼事情。
第二，不會碎念嫌貴，快兩千元的門票也欣然刷卡買單。
第三，不怕熱、不怕走、原來常抱怨的流汗或腳痛問題突然不藥而癒。
第四，主動要求拍照、而且攝影技術突然變好！！！

＋＋＋＋＋＋

馬來西亞樂高樂園分成陸上跟水上兩個園區，我們第一天都泡在陸上樂園，有一些遊樂設施、樂高學校以及動腦手作區。

寫這篇文章之前，我問游先生：「老公，你覺得樂高樂園最吸引你的地方是什麼？」

他不加思索的回答：「大樂高人！」他指的是在園區裡面走動的大樂高人偶以及忍者劇場，也就是樂高布偶戲，劇情很易懂，大概就是「忍者們團結合作一起去救飛龍，棒棒！」游先生看完以後還很興奮的跟我說：「第一次看到真的樂高人！」

說真的，我聽到這個答案，還真是有點傻眼。話說，我大學時跟室友一起去東京迪士尼，遊行隊伍裡面的公主帶著奇異微笑對著大家揮手，室友感動得淚流滿面，當時我也是完全無法理解，我想，自己從小到大都缺乏少女心與童稚想像力吧。

出發前，熱心的臉書社團網友告訴我：「樂高樂園不適合大人去」，這是個非常中肯的評價。整個遊樂園都是小學生校外教學或是親子同遊，像我們這樣的夫妻或情侶少之又少。

不過，就算不是樂高迷也不是兒童，在樂高樂園還是有很多樂子可以玩。畢竟拜樂高魔力所賜，我擁有一個很會照相的丈夫呢，樂高樂園裡頭到處都是樂高拼成的造景，尤其有一區是「樂高版小人國」，簡單來說就是用樂高重現世界各地的建築，還有馬來西亞的熱門街景，很適合拍照。

唯一的缺點就是，所有遊樂設施都被「兒童化」了，迷你版的大怒神只能夠吹吹瀏海，飛龍造型的雲霄飛車則可練習尖叫紓

▲因為充滿了海綿版的樂高積木，平凡無奇的漂漂河有了新的玩法。

壓，暑假過了，樂園裡面人不多，工作人員甚至還會問你「One more time?」點點頭就好，不用出場，直接再玩一次。但也有出糗的時候，我看到一個遊樂設施是許多可愛的小馬，拉著游先生的手開開心心地跑向入口，才跑到一半就看到工作人員一邊笑一邊朝我大喊：「Sorry~~~~Only For Kids~~~~~」，好啦……我知道我太老了，默默退後離場。

+ + + + + +

走了一整天，游先生興致未消，但我已腿痠腳軟，趕快回飯店吃晚餐。園區的吃到飽餐廳裡面也有各種樂高玩具佈置，晚餐的桌面餐巾紙同時也是畫紙，每桌都會提供一盒樂高蠟筆讓孩子畫畫。我們坐在看得到夕陽晚霞的位置，不過游先生的注意力都放在隔壁桌的小屁孩身上。

那是一組中國家庭，全家都有樂高樂園的 VIP 通行證，小屁孩大概發現游先生一直在打量他，於是不斷偷偷探出頭來，比手畫腳地拿出通行證對我們炫耀。由於園區內到處設下看板提醒你，今天辦 VIP 全年票可以扣掉門票錢非常划算，加上小屁孩的刺激，游先生隔天他還真的認真去詢問細節，幸好最後沒有買……。

而樂高對游先生的改造魔力，也展現在晚餐時間。走到腳痠的我不需要自己去取餐，游先生不厭其煩地替我跑進跑出，裝取

我要的食物回來餵食我。我真是既感動，又感慨，一來只恨我是人類不是樂高，二來如果老公可以這麼勤勞、那平常到底是在裝什麼死呢？

樂高樂園附近是片荒野，晚上我們的行程就是去一樓大廳的樂高城堡玩樂高。這裡偶爾會有魔術表演，偶爾會有樂高大人偶走出來陪孩子跳舞，但作為一個成人坐下來拼樂高也不需要覺得羞恥，畢竟樂高是完全適合所有年齡的玩具，可以很簡單、也可以超藝術，只要想玩，就勇敢坐下吧！

+ + + + + +

第二天，我們再戰樂高水樂園。這個水樂園面積不大，外圍是由一條漂漂河圍起兒童專屬的滑水設施，第二層則是有點虛弱的假沙灘，以及需要大人陪同的滑水道。

我個人非常喜歡漂漂河，河上有許多海綿樂高漂浮流動，下水以後找個游泳圈，就可以跟樂高一起漂流。我們花了快一個小時，邊漂邊撿樂高起來拼，最後組了一個超大的正方形盒子。

但其實我們組完以後也不知道要幹嘛，於是就送給旁邊的小鬼。小鬼不可置信地衝過來抱著那盒子興奮鬼叫：「OHHHHHHH~~~BIG CUBE!!!!!!!!!!!!!BIG CUBE!!!!!!!!!!!!!!」頗

有日行一善之感，不過後來我在高處看到他老爸正在試圖重組被兒子玩到支離破碎的盒子，看來我們的熱心之舉，反而害一位父親的悠閒假期泡湯了呢。

由於樂高樂園並非樂高集團的財產，而是由一家英國上市集團取得授權在全球經營，或許因此，樂園商店販售的樂高積木其實並沒有比台灣的玩具店便宜多少，儘管我再三勸敗，但游先生查了很久的價格，最後只買了一盒忍者積木給外甥，自己則忍痛沒有買。

因為晚上還要回新加坡看 F1 賽車，這天買完紀念品後我們就收拾行李離開樂高樂園，搭上跨境巴士前，游先生還辯稱沒有依依不捨，但當車在大馬路開始奔馳，這孩子不到五分鐘就轉頭愁眉苦臉地說：「老婆……如果我說，我很後悔剛剛沒有買自己的樂高……你會不會很想打我？」

對的，一離開樂園，游先生就強勢回歸，那位做事拖拖拉拉、猶豫不決、碎念不止的游先生回來了。我不想打他，只想拔刀用殺的。

他就這樣碎念「好後悔」「好想買」一路到新加坡，然後謊報 F1 練習賽的開始時間，繞了很遠的路到一間購物中心，繼續逛樂高專櫃。看著他一副躊躇不前的模樣，我怒氣沖沖地說：

「這次如果你又沒買，我真的會發火！」

「為什麼會這麼難做決定？你人生有做過什麼明快的決定嗎？」

「呵呵，有啊，娶妳啊～」他冷不防轉頭瞅著我陰笑。

多惱人的答案啊，感謝樂高樂園給了我一場美夢，只是夢再美還是必須要清醒，老公主動規劃旅行這件事情，原來只是黃粱一夢。

新加坡

好旅伴不是一天養成的

還記得這趟旅行出發前幾個禮拜的某一天，游先生下班後，氣急敗壞的跟我說：「老婆！我發現新加坡旅館都好貴喔……」

新加坡本來就是個消費高又房間小的地方，我一邊嘲笑他大驚小怪，點開訂房網站一看，阿娘喂，但會不會太貴？勉強看得上眼的三星旅館都要七、八千元起跳，這是什麼狀況？

「因為大家都要去看 F1 啊！」游先生對我解釋。

「呃……F1是什麼？」

我腦中飄出了電視運動頻道中偶爾會出現

的賽車畫面——好幾台賽車在賽車場跟倉鼠一樣不斷繞圈圈。游先生趕忙解釋，説是的沒錯差不多的概念，不過新加坡 F1是唯一在晚上舉行的賽車，而且不是在賽車場而是在貨真價實的馬路上跑，而且，而且，今年可能是最後一年在新加坡舉辦了！

雖然我大概有百分之八十還是聽不懂，但聽到「唯一」「最後一次」這些關鍵字，心中便產生類似百貨公司週年慶搶購的衝動，而且，飯店太貴已成事實，既然都被影響到了，沒有看到比賽不是很可惜嗎？

我：「那我們也去看好不好？」

游先生受寵若驚地說：「妳確定嗎？會很吵，妳受得了嗎？」

我是個神經敏感的人，向來不愛擁擠、嘈雜的環境，游先生的考慮確實有其道理。不過，他剛剛問我「確定嗎」的眼神實在太像拉不拉多狗兒那樣閃亮亮，燒起了我陪他圓夢的母性。

最後這趟旅行，不但完成了游先生男孩人格的夢想——遊馬來西亞樂高樂園，還完成了屬於男人人格的夢想——看新加坡 F1賽車。

+ + + + + +

雖然是陪老公看，但是對運動賽事沒興趣的愚婦，把 F1當

成一種觀光活動參加，其實也是趣味橫生。

新加坡 F1 賽事為期三天，賽程大概是這樣：第一天練習賽，車手適應場地跑爽的，順便賺你的錢。第二天排位賽，比賽結果決定隔天正式比賽時的出場順序。最後一天，也就是票價最高昂的，正式賽——就是正式上場來比賽啊。

如果買了太貴的票，看沒幾分鐘萬一我就覺得太吵想離場，應該會當場上演殺妻劇情。為了避免這樣的情節發生，我們買了最便宜的練習賽門票，而且是最便宜中的最便宜，沒有固定位置、不能全場趴趴走，只能在其中一個區塊走動。不過，賤民等級的 F1 體驗，一個人的門票還是要一千八百元。（其實我一直以為是一千三百，直到剛剛請游先生幫忙看看是否有寫錯之處，他才坦承門票是一千八百，因為當時怕我嫌貴所以低報了……呵呵。）

＋＋＋＋＋＋

那天晚上，整個新加坡就像一個 F1 為主題的大型園遊會！新加坡政府在濱海灣地區封街用現成的馬路作為賽道，進場時會管制不能攜帶食物，但是完全不需要擔心餓到，因為會場設有各種食物販賣攤位，賣水、食物、酒，還有演唱會可以看。

黃昏時許多人攜家帶眷來這裡野餐，入夜以後微醺的老外慢

▲唐人街附近的 Scarlet 是我相當喜愛的小型精品旅館。
◀新加坡的遊樂園裡頭，小攤販賣著大受歡迎的美祿飲品及各式甜品。
▼聖淘沙水族館面積為亞洲最大，不過沒有鯨鯊這種大型水中生物作為鎮館之寶。

慢出現。雖然說沒有固定座位，但是會場設有許多自由入座的看台，我們吃飽喝足以後就找個地方坐好等開場。

等待開場的這段時間，游先生經歷了一場妻子的疑問大轟炸。

一支車隊一次派出兩個選手，那如果下一次我想換掉其中一個人可以嗎？什麼？一整年都是這兩個？那法拉利總共有幾個車手？法拉利車隊用的車是法拉利，那紅牛呢？紅牛的車是什麼牌子的車？為什麼有兩種車隊都是紅牛？如果車子撞到觀眾席怎麼辦？車子壞掉可以換一台車重新開嗎？練習賽他們會不會就隨便跑一跑就好？他們不會熱嗎？

可能為了感念妻子陪他來看賽車，他非常有耐心的解答以上我發問的白癡問題，然後，一轉眼練習賽就正式開始了。

第一次體驗賽車「轟轟轟」震耳欲聾地近距離駛過眼前，我感到相當新鮮。雖然這樣的比喻非常不恰當，但 F1 賽車絕對聽不到那種上氣不接下氣、或者突然破音的引擎聲，甚至也感覺不出來他們的時速已經高達一百多公里了。

練習賽主要是給車手適應場地、然後調整車子，對賽程排名不具影響，因此，不會有什麼驚險的場景出現，但我們站到的看台剛好是彎道附近，還是有看到幾次車子急煞全場「喔喔喔～～～」驚叫的場景。

除了看賽車，我認為自由看台上來來去去的觀眾，也相當值得觀察。比如，大家都喜歡在看台上來個自拍，站在後面的我勢必會入鏡，我一直按耐自己對著老外鏡頭比「Yeah」的衝動。還有不少人來到現場，很興奮的把手機舉起來直播。但是播了老半天觀眾只有兩到三人，實在不知道這是在播心酸還是播火大的。

許多觀眾是攜家帶眷來玩，他們的防護工作都很到位，好幾位媽媽都溫柔地幫孩子戴上耳塞。此外，還有小孩當場寫起了功課。至於全場最辛苦的人，莫過於扛著重重的器材的攝影愛好者。跑道沿線都可以看到他們帶著大砲鏡頭，為了拍出追焦鏡頭，不斷地重複著「轉身、回正」的動作。

總之，雖然自由走動的門票沒辦法擁有固定專屬座位，時間越晚看台就越擁擠，確實有點困擾，但是看累了就去吃吃喝喝、看演唱會休息一下，再走到下一個點去隨意看看，對於沾醬油式的一日車迷來說，是絕對不會無聊的。

\+ + + + + +

對了，我們下塌的飯店就在賽道旁，因此，前一晚也意外在路上碰到了法拉利車隊的明星車手 Kimi Raikkonen（奇米雷克南）。

當時我們正在找路回飯店，突然聽到兩位小女生在路上尖叫：「Kimi!!!!!!」（強烈感受到語氣中有一百個愛心噴發）雖然不知道 Kimi 是誰，但我可是有經歷過記者的專業訓練呢！立刻循著她們愛慕的眼神望去，看到兩位穿著法拉利隊服的男子乘坐高爾夫球車駛進管制地帶，其中一位臉帶尷尬，不過還是微笑地向迷妹們揮揮手。

沒有接受記者訓練的游先生什麼都沒看到，他不斷跟我確認：「你確定那個人有笑？」因為據説這位奇米兄台，就算跑贏了站上領獎台也還是一樣超級大臭臉。

我們回到台灣的那天，正式比賽正在新加坡舉行。回到家我在整理髒衣服，游先生還立刻接著坐在電視前開始看轉播，沒幾秒我就聽到他大聲狂叫的聲音：「太誇張了！太誇張了！比賽不用看了啊！」

我趕快跑回去客廳，原來是這位 Kimi 兄真是倒霉透頂了，因為我們離開新加坡之後就開始整日大雨，比賽開始不到五秒他就跟自家隊友以及敵隊紅牛的車手撞成一團、退出比賽，離場時，他臉臭到連安全帽都不想拿起來了。

我當時心裡想的是：啊，好險不是買貴鬆鬆的正式賽門票，不然就準備聽游先生整晚心痛的碎念吧。

+ + + + + +

▲F1賽車活動期間，包括知名的天空樹景點（上），幾乎整個濱海灣都成為派對場地，活動看台上擠滿了跟我們一樣自由入座的人們（中），即使你只拿著手機，也能拍到瞬間呼嘯而過的賽車。

不過，我必須很遺憾地告訴各位，即使你再怎麼拼命陪老公圓夢，老公缺少的神經也不會因為對這趟旅行的狂熱而長出來。

還記得在新加坡的晚上，當我們移動到武吉士唐人街上的酒店寄放行李時，遠方的天空已經有一大陀灰到發黑的積雨雲，頗有山雨欲來的氣勢，iphone 的氣象預報也說接下來兩個小時有百分之九十的機率落下大雷雨，我問游先生：「欸，我們要不要跟櫃檯借傘？」

「不用啦！地鐵站走一下就到了，」游先生說。雖然心裡覺得有點不妥，但我想，這是游先生規劃的旅行，他很想一舉洗刷被老婆評斷為豬隊友的恥辱，我還是不要一直打擊他。

哎，千錯萬錯，我就是錯在根本不該順著他的意見。從旅館走到地鐵站，會經過新加坡著名的萊佛士大酒店，走在氣派花園外的人行道上，那時我頭頂開始感受到落下的滴滴雨珠，不是細細雨絲，是有重量的，警告你走快一點的暴雨前奏。

「走快點吧，」我說。

「急什麼？栽煙煙～栽煙煙～」游先生慢條斯理的走著。

栽煙煙是泰語中慢慢來不要急的意思，我很想罵他「栽個屁？」但是來不及開口，傾盆大雨就落下了。熱帶國家的午後雷陣雨沒在跟你客氣，如颱風一般的暴雨讓眼前視線一片灰白，而我們人在萊佛士酒店氣派的大門花園前毫無遮蔽，奔到一百公尺

外最近的騎樓，一邊奔跑我一邊想：「天殺的，我幹嘛不堅持借傘啊？」

於是，被大雨淋到身體在滴水的兩人，一邊吵架一邊搭了半個小時的地鐵去聖淘沙水族館。對於自己不走快一點的原因，游先生解釋說：「我看路口的人也都慢慢走啊，」我心中的台詞是，那路口的人吃屎你要不要跟著吃呢？

關於堅持不借傘這事，他甚至很生氣的指責我推罪於他：「我第一次來，怎麼知道新加坡下午會下大雨？」那一刻我的怒火都快燒到天靈蓋了，難道剛剛拿手機給你看氣象預報，是我的幻覺嗎？

水族館裡頭冷氣又強又冷，我的皮膚感覺很冷，但是內衣裡的海綿吸收了滿滿的水，又熱又悶的黏在胸部上，沿途我都感覺自己是魚缸裡的一條魚，一條覺得應該給老公表現機會的蠢魚。

然後，我得到了一個心得：陪老公圓夢是一個有趣的過程，但千萬不要當作條件交換，期待他會因此突然開竅變成完美好旅伴，那恐怕會大失所望。好旅伴不是一朝一夕可以養成的，操之過急也只是徒增怒火而已。不如當成做善事積福報，讓蒼天保佑自己在每一個氣急攻心的當下不至於失手殺夫，畢竟，相愛相殺，才是婚姻的真諦啊。

泰國華欣

窩在五星級酒店生小孩 超完美不吵架行程

一直到結婚以後，我才知道為什麼「全包式旅行」會這麼紅。旅途中最容易起殺機的時刻，就是在又餓又累之際，你的旅伴還在耍白目。如果酒店推出包吃、包住，還提供許多活動方案，比全程跟團多了很多自由，小夫妻又不用為了吃什麼、去哪裡而無效溝通、相愛相殺，聽起來多麼完美呀。

每年生日我都習慣找個地方度假，今年我和游先生就決定跟著心裡的聲音，來場泰國華欣三天兩夜小旅行。既然是過生日，我這趟旅程的唯一的期待就是「不要吵架」，所以窩在飯店度假，就是最好的選擇。

▲華欣堪稱是五星級酒店一級戰區，沙灘美不美倒是其次，能夠以經濟實惠的價格享受奢華放空才是首要目標。

+ + + + + +

「去泰國三天兩夜？妳是把華欣當墾丁嗎？」朋友們知道了我的規劃，瞪大了眼睛直說浮誇。不過，相信我，去華欣真的跟去墾丁差不多價格。

按一按計算機，搭高鐵到高雄、搭飛機到曼谷，然後租車自駕抵達墾丁或華欣，兩晚五星飯店住宿，一晚一次按摩，午餐晚餐都編列一人五百元的預算，一定吃得到龍蝦，完全不虧待自己。這樣算下來，華欣只比墾丁貴一千元！

雖然廉價航空機票價格再便宜都還是比高鐵貴，但泰國酒店的住宿價格實在太佛心。華欣海岸線上飯店競爭異常激烈，洲際、希爾頓、安曼塔拉……許多知名五星酒店房價全都在萬元以下，離華欣市區稍遠的七岩地區，索菲特酒店旗下潮牌旅店 So Sofitel 更是下殺到四千台幣有找。

當然我也不是要推廣「去墾丁不如去華欣」畢竟我也擁有很美好的墾丁旅行回憶，口袋裡也有好幾家相當鍾愛的住宿空間（見 P.22）。我想表達的只是，如果想要換個口味出國放空，別把華欣想得太貴！

+ + + + + +

離泰國首都曼谷最近的海是暹羅灣，在曼谷的南邊，佔了地

利之便，暹羅灣東西兩側都有知名濱海景點，夜生活的擁戴者往西走去芭達雅，渴求安靜的旅人則選擇距離曼谷車程約三小時的華欣，這兒是泰國皇室的後花園，在位時間最久的拉瑪九世皇更曾長期在此休養。

不過，醜話說在前面，我不會用「祕境」來形容華欣，因為華欣的強項是交通便利，因此請不要期待海灘是萬中選一的美麗，更不要期待在華欣看到一如 PP 島上細白的沙灘。祕境美景的直譯名詞就是「遠得要命」，請把去華欣當成去墾丁就可以了，很公平。

雖然沙灘很普通，華欣卻有厲害的飯店大加分。我選的設計酒店品牌 So Sofitel，跟W走同一個潮潮的路線，無時無刻放著節奏感強烈的慵懶音樂，強調活力四射的各種社交活動。酒店門口有一隻《愛麗絲夢遊仙境》裡頭的兔子拿著時鐘，彷彿對我說：「把時間放在外頭，快進來耍廢吧！」

飯店裡有很多地方能夠讓你盡情放空，光是游泳，就有大泳池、小泳池、與有點弱的私人沙灘，沙灘上擺滿色彩鮮艷的懶骨頭沙發，意圖使人癱倒不起，化作一灘爛泥。游泳圈是泳池戲水的必備道具，可以把泳圈戴在身上游泳、轉圈，也可以整個人躺在泳圈裡面，連漂浮都不需要用力。耍廢這種事的訣竅，就是努力回憶自己的孩提時光，那個只要有兩顆彈珠就能夠快樂一下午的小孩子。所以，看著小泳池的體操選手雕像，

光是模仿雕像這個動作我就可以玩個半小時。

除了自己的房間，飯店裡面的設施也很重要，這裡有兩個餐廳、一個酒吧，以及一個做成山洞一樣的星空 SPA。不得不說，按摩師在枕頭噴上薰衣草精油，就像武俠小說裡的蒙汗藥，不一會兒就讓我倆陷入昏睡，中間，我還被游先生如雷的鼾聲吵醒。早上沙灘上會有瑜珈課，可以帶房間內的瑜伽墊去參加。不過時間太早我不可能起床的，沒辦法提供上課心得感想。說真的，每樣設施都要充分使用到的話，其實光是耍廢也頗為忙碌呢。

＋＋＋＋＋＋

為了充分實現懶散的度假目標，三天兩夜的旅程，我們只計畫造訪一個景點，因此幾乎有志一同的把華欣較知名的景點刪除，什麼餵羊駝啊、地中海風格花園啊，這種地方完全不適合沒有少女心的人——比如我，我只想去曾有三任泰皇到此一遊的那亞帕空洞穴。

據說兩百年前一位船夫在航程中遇到了颶風，為了尋找遮蔽處而誤打誤撞發現了這個洞穴，根據前人的遊記可得知，陽光從山洞頂端穿透而下，照在穴中廟的屋頂上，說有多美就有多美。

小夫妻平常沒什麼運動，爬完山之後大汗淋漓、雙腳發軟，趕快回飯店沖澡再泡在游泳池裡面放空。到了晚上，又跑出去市

▲五星飯店設施完備，無論是漂亮的 SPA 空間（上），或是私人沙灘（中）、池畔晚餐（下）……都能讓你整天都不需要踏出飯店一步。

區找平價的路邊按摩，對付筋骨痠痛。

到了靠海的城市不吃上一頓海鮮，總覺得哪裡怪怪的，每當我提出這個要求，游先生總露出一副「妳這個死觀光客」的嘴臉。而且，基隆有個半夜才營運的崁仔頂漁市場，以平實的價格供應新鮮魚獲，游先生自小被便宜大碗的海產慣壞了，出門在外，再大隻的蝦子在他眼中皆為無感。不過，這一趟旅行中我們意外地沒有因為這件事爭吵，游先生還是讓我在夜市裡點了碳烤海鮮，雖然訝異，但既然太陽打西邊出來，那就用力的吃吧！

說穿了，跟芭達雅相比，華欣好像沒什麼厲害的設施，沒有懂茲懂茲的夜生活，沒有燈紅酒綠的妹子滿街招搖，甚至文創夜市也得等到週末才開門做生意，常常在社團論壇上看到有人發問：「華欣是不是很無聊？」

我是這麼想的，你可以把華欣想像成基礎版的馬爾地夫，無數新婚夫妻到那裡與世隔絕，畢竟整天沒事做才能夠專心拼個蜜月寶寶啊。吃得好、睡得好、輕輕鬆鬆、安靜自在，而且完全不會跟老公吵架，這樣歲月靜好的旅程，怎麼會無聊呢？

不過，這趟說好不吵架的旅程，為什麼還是成了書中的一篇章？因為，我們還沒去馬爾地夫，就先為了馬爾地夫大吵一架！

前陣子我買了馬爾地夫雙人機票，作為明年游先生的生日禮物。當我跟他說：「老公，我買了明年要去馬爾地夫幫你慶生的

機票喔！」他還以為我在開玩笑呢，跟我確認了好幾次，還堅持要看訂票紀錄。當他發現這一切都是真的，你以為他會感動落淚嗎？不！他大發脾氣地說：「妳都不尊重我！」「為什麼不先跟我討論？」「我比較想去歐洲的樂高總部！」

明明他自己說過好幾次，也想要有一趟自己的生日旅行，加上老娘刷的可是自己的卡，天底下難道有先討論好的驚喜嗎？你們看過有人被請客去馬爾地夫，還氣呼呼的說不被尊重嗎？感覺真是有夠悶啊，說到底，還是華欣的五星級酒店較為平價，不致於因高價而引起夫妻失和。

至於馬爾地夫旅程中是否再生殺機？由於還沒出發，只能把這一次的美好療癒之旅放在心中，惡狠狠地對那位既白目又傲嬌的游先生說：未完待續……，走著瞧！

泰國
華欣

跟著泰皇走訪那亞帕空穴中廟

特色亮點

巨大的洞穴藏在崎嶇難行的山裡頭，泰國人民愛戴的泰皇造訪此處後，命人在洞穴的深處建造一座小廟。正午時間，陽光從洞穴頂端照射到廟上，金光閃閃，格外美麗。

交通與住宿資訊

那亞帕空穴中廟在華欣市區南方七十公里遠的三百嶺國家公園內，需自駕或包車前往。景點無須預約，可現場買票，外國人門票兩百泰銖，一艘船來回船資四百泰銖（可在入口店家處等待其他旅客共同分擔船資）。

貼心叮嚀

建議攜帶防蚊液、飲用水、擦汗用的衛生紙或濕紙巾或手帕，穿著長度約至膝蓋的褲裝（或利於摺起的材質），此外還建議穿溯溪涼鞋，可涉水也可爬山。不必因為擔心山路難爬而聘用當地嚮導，上山只有一條路，但早上前往較佳，勿於下午四點後進山。

行程介紹

如果崇尚悠閒的旅行步伐，請務必預留一個早上或一個下午，才能有充裕的時間來探訪這座美麗的洞穴。

那亞帕空洞穴首見於人類的眼睛，是一位漁夫躲避暴風雨時，在沿海地區發現，礁岩之中，竟藏有數個巨大的洞穴。今日的探訪都必須從三百嶺國家公園內的莎拉沙灘（Sala Beach）出發，

▲先坐船才能抵達登山入口，真是讓人大開眼界。

翻過兩座山頭才能抵達。身強體壯者可以選擇購買國家公園門票，全程徒步。跟我一樣沒什麼在運動的人，也可選擇加買民間業者經營的船票，搭船繞過第一個山頭，如此一來，只要爬第二座山就好了。

沿著沙灘涉水爬上長尾船，船夫發動引擎，沿途的風光相當標緻，不過要拍照可得抓緊節奏，大概十分鐘就抵達了，下船時記得捲起褲管，畢竟水深到四分之三小腿，你得跟偷渡客一樣自己涉水上岸。

下船後在這沙灘還會遇到第二個檢查口，拿出國家公園門票就可以順利通過。我們爬山時，船夫會在沙灘上等待旅客返航，必須注意，船夫只認售票處給的憑證，如果來程選擇與其他旅客拼船，回程記得不要走散。

回程若還有時間，不妨在沙灘上玩耍一陣，這個杳無人跡的沙灘細白美麗，比華欣市區的沙灘美上太多，此處也有露營區與小木屋，如果想安排住一晚，或許是個不錯的選擇。

洞穴裡的神祕景致

往樹林的方向走有一座登山石碑，明確說著此處距離帕空洞穴還有四百三十公尺。雖然從我家走到基隆火車站都不止

四百三十公尺，看起來很容易，但事情沒這麼簡單，第一這路很陡，第二它並非平整一致的階梯，第三這是石頭路面走來有點兒滑，如果平常沒有運動習慣，就要做好跟我一樣氣喘如牛的心理準備。

無盡的上坡大約要爬半個小時，沿途除了流汗跟趕走小黑蚊，還會經過一個看得到美麗海景的休憩平台。接著才向下深入鐘乳石洞穴，山洞很大，光線也都充足，裡頭涼涼的走起來很舒服。

帕亞那空是由巨大的鐘乳石所構成的三個大洞穴，抵達山中小廟前，會先經過千年河流沖刷而形成的「Dry water fall」，以及「死亡之橋」。

這些洞穴的頂部開口，是風吹雨打讓穴頂結構崩塌所致。死亡之橋的穴頂有兩個開孔，中間僅剩一條窄長的連接處因而得名。洞穴裡的草木們以一種獲得救贖的姿態，集中在在陽光覆蓋處爭相向上攀長，空氣裡的小塵埃在光線中輕盈地飄蕩，氣氛很奇妙。

三任泰皇按讚 意義非凡

其實三百嶺國家公園有很多類似景觀的洞穴，但由於有三任泰皇加持「按讚」，帕亞那空洞穴的人氣始終居高不下。西元一八九〇年，首任到訪此處的拉瑪五世國王驚嘆此處景觀攝人，便指示在中間的洞穴小丘上建造一座小廟，名為「The Tetrahedron Pavilion」。

這座廟在曼谷手工製成之後，再搬到這裡進行結構組裝。即便今時今日，山路都崎嶇難行，百年之前的建築工人還得運送建材上山，艱辛過程可想而知了。

最理想的拍攝時間是在正中午時，陽光撒在洞穴的正上方，廟的屋頂反射出金光閃閃的光芒，原始的洞穴有了最天然的鎂光燈，突然變身成一座精美的展示櫃。

後來繼位的拉瑪七世國王也來過這裡，廟旁的山壁上因而留下拉瑪五世、七世們的親筆鑿字，而在二〇一七年十一月完成下葬儀式的前任泰皇即拉瑪九世在位期間長期在華欣休養，更造訪此處兩次。因此，帕亞那空被視為極具歷史意義的景點。

▲從天上照下的光線，讓山洞中的氛圍顯得格外玄妙。

後記

明明知道這是一本謾罵他的書，但這本書出版前夕，游先生還是認命地，每天傍晚從編輯手中接過新做好的稿子，帶回基隆給我。隔天一大早再把我校對後的部分帶到台北跟編輯面交，持續了兩個禮拜。

「妳放的閃光都是刀光……」這是一位朋友在我的臉書動態底下留的言。事實如此，我很少在社群媒體對自己的丈夫讚譽有加，我最常分享的，是他又犯了哪些好笑的蠢事，讓我必須按耐住拔刀殺人的衝動。

游先生在旅行時惹惱我的案例之多，讓我足足寫了半本書還欲罷不能，看起來似乎是一樁痛苦的婚姻。但，每次好不容易逮到機會單人旅行，我還是經常沿路想著：「這個地方要是有老公一起來，該有多好？」甚至，兩人分開的那幾天，無人管束的游先生在家中自在地看電視，而我卻再睏都要纏著他陪我視訊通話。

旅行好像就是婚姻的縮影，只有真正上路，才知道沿路有著怎麼樣的風景，也只有同行的伴侶，才明白這段關係最真實的滋味。縱然對他恨得牙癢癢，必須在網路上開罵才能澆熄怒火，但時至今日，我還是覺得游先生其實欠打得蠻可愛的，話說回來，我還真是個志氣低落的無用女子。

在真實人生中，我是個狀況百出的麻煩鬼，而且經常出一些鬼點子考驗身旁人的應變能力。我總覺得心臟不夠強的人來當我老公，要嘛被嚇死，要嘛被氣瘋。但游先生總能以取之不盡用之不竭的驚人自信，在我開心時志得意滿，低潮時靜靜相伴。這一點，我對他倒是深深佩服。

針對本書的種種指控，游先生只有一句辯駁：「我在台灣吃飯也不點菜在玩手機，不是只有出國才這樣喔！」我想這意思大概是他在台灣也一樣欠殺。不過也多虧了他的欠殺，讓我有了源源不絕的寫作材料。總之，這本書能夠完成，沒有他的支持是萬萬不能啊。

對了，聽說出版社同仁與通路都覺得「基隆游太太」這個名字相當奇特，編輯還跟我再三確認，是不是真的要用這個名字當作者名。其實當初也是隨便亂取，想要用一個俗氣到不行的名字過出精彩生活，但如今看來，能夠在基隆展開我的人妻生活，並以這個名字出版這本書，真是一件幸運且被愛包圍的事情。

謝謝，閱讀至此的每一個你。

高寶書版集團
gobooks.com.tw

CI 122
廢物旅行

作　　者　基隆游太太（Echo）
主　　編　楊雅筑
封面設計　黃馨儀
內文設計　黃馨儀
排　　版　趙小芳
企　　畫　鍾惠鈞
特別感謝　Infinitea photography（https://www.facebook.com/squareteaphoto/）
　　　　　P.27、31、34、127、201、205、208、209、213圖片提供

發 行 人　朱凱蕾
出　　版　英屬維京群島商高寶國際有限公司台灣分公司
　　　　　Global Group Holdings, Ltd.
地　　址　台北市內湖區洲子街88號3樓
網　　址　gobooks.com.tw
電　　話　(02) 27992788
電　　郵　readers@gobooks.com.tw（讀者服務部）
　　　　　pr@gobooks.com.tw（公關諮詢部）
傳　　真　出版部　(02) 27990909　行銷部 (02) 27993088
郵政劃撥　19394552
戶　　名　英屬維京群島商高寶國際有限公司台灣分公司
發　　行　希代多媒體書版股份有限公司/Printed in Taiwan
初版日期　2018年03月

國家圖書館出版品預行編目(CIP)資料

廢物旅行 / 基隆游太太著. -- 初版. -- 臺北市 : 高寶國際出版 : 希代多媒體發行, 2018.03
面 ;　公分. --（嬉生活 ; CI122）
ISBN 978-986-361-502-6（平裝）
1.旅遊　2.世界地理
719　　107000970

凡本著作任何圖片、文字及其他內容，
未經本公司同意授權者，
均不得擅自重製、仿製或以其他方法加以侵害，
如一經查獲，必定追究到底，絕不寬貸。
版權所有　翻印必究

GOBOOKS
& SITAK
GROUP ©

OPEN系列／讀者回函卡

感謝您對本館的支持，為加強對您的服務，請填妥此卡，免付郵資寄回，可隨時收到本館最新出版訊息，及享受各種優惠。

姓名：＿＿＿＿＿＿＿＿＿＿＿＿＿＿＿　性別：□男 □女

出生日期：＿＿＿年＿＿＿月＿＿＿日

職業：□學生　□公務（含軍警）　□家管　□服務　□金融　□製造

□資訊　□大眾傳播　□自由業　□農漁牧　□退休　□其他

學歷：□高中以下（含高中）　□大專　□研究所（含以上）

地址：＿＿＿＿＿＿＿＿＿＿＿＿＿＿＿＿＿＿＿＿＿＿＿＿＿＿＿＿

＿＿＿＿＿＿＿＿＿＿＿＿＿＿＿＿＿＿＿＿＿＿＿＿＿＿＿＿

電話：（H）＿＿＿＿＿＿＿＿＿＿＿＿（O）＿＿＿＿＿＿＿＿＿＿＿＿

購買書名：＿＿＿＿＿＿＿＿＿＿＿＿＿＿＿＿＿＿＿＿＿＿＿＿＿＿

您從何處得知本書？

□書店　□報紙廣告　□報紙專欄　□雜誌廣告　□DM廣告

□傳單　□親友介紹　□電視廣播　□其他

您對本書的意見？（A/滿意 B/尚可 C/需改進）

內容＿＿＿＿　編輯＿＿＿＿　校對＿＿＿＿　翻譯＿＿＿＿

封面設計＿＿＿＿　價格＿＿＿＿　其他＿＿＿＿＿＿＿＿＿＿

您的建議：

＿＿＿＿＿＿＿＿＿＿＿＿＿＿＿＿＿＿＿＿＿＿＿＿＿＿＿＿

＿＿＿＿＿＿＿＿＿＿＿＿＿＿＿＿＿＿＿＿＿＿＿＿＿＿＿＿

＿＿＿＿＿＿＿＿＿＿＿＿＿＿＿＿＿＿＿＿＿＿＿＿＿＿＿＿

臺灣商務印書館

台北市重慶南路一段三十七號　電話：（02）23116118・23115538

讀者服務專線：080056196　傳真：（02）23710274

郵撥：0000165-1號　E-mail：cptw@ms12.hinet.net

廣 告 回 信
台灣北區郵政管理局登記證
第 6 5 4 0 號

100臺北市重慶南路一段37號

臺灣商務印書館 收

對摺寄回，謝謝！

OPEN

當新的世紀開啓時，我們許以開闊